Berthold Suhle, G. R. Neumann

**Die neueste Theorie und Praxis des Schachspiels**

Übersichtlich dargestellt in 329 auserlesenen, gründlich analysierten Partien aus

den Jahren 1857 bis 1864

Berthold Suhle, G. R. Neumann

**Die neueste Theorie und Praxis des Schachspiels**
*Übersichtlich dargestellt in 329 auserlesenen, gründlich analysierten Partien aus den Jahren 1857 bis 1864*

ISBN/EAN: 9783742892737

Hergestellt in Europa, USA, Kanada, Australien, Japan

Cover: Foto ©Lupo / pixelio.de

Manufactured and distributed by brebook publishing software (www.brebook.com)

Berthold Suhle, G. R. Neumann

**Die neueste Theorie und Praxis des Schachspiels**

# Vorwort.

Was der Titel anzeigt, wird man in dem Buche finden. Unsere Notation ist die in Deutschland übliche:

| | | |
|---|---|---|
| K | bedeutet: | König, |
| D | „ | Dame, |
| T | „ | Thurm, |
| L | „ | Läufer, |
| S | „ | Springer, |
| 0—0 | „ | Rochade mit dem Königsthurme, |
| 0—0—0 | „ | Rochade mit dem Damenthurme, |
| : | „ | nimmt, |
| † | „ | Schach! |
| ✝ | „ | nimmt mit Schach! |
| ✢ | „ | Schachmatt! |
| ✣ | „ | nimmt mit Schachmatt! |
| (!) oder [—] | „ | der beste Zug, |
| (?) | „ | nicht der beste Zug. |

Nachstehendes Diagramm giebt die Benennung der Felder an.

In dem soeben erschienenen Septemberhefte der neuen Berliner Schachzeitung wird eine Partie zwischen G. R. Neumann und A. Anderssen mitgetheilt (No. 144), deren Resultat mein S. 258 ausgesprochenes Urtheil über eine Muziogambit-Variante umzustossen scheint, nämlich über die Spielart:

| 1) | e2—e4 | c7—e5 | 8) | Lc4—f7† | Ke8—d8 |
| 2) | f2—f4 | e5—f4: | 9) | Sb1—c3 | De7—e5 |
| 3) | Sg1—f3 | g7—g5 | 10) | Df4—e5: | Sc6—e5: |
| 4) | Lf1—c4 | g5—g4 | 11) | d2—d4 | Sc5—f7: |
| 5) | 0—0 | g4—f3: | 12) | Tf1—f7: | Kd8—e8 |
| 6) | Dd1—f3: | Dd8—e7 | 13) | Tf7—f8† (!) | Ke8—f8: |
| 7) | Df3—f4: | Sb8—c6 | 14) | Sc3—d5. | |

Es folgen in der Partie die Züge 14) ... c7—c6 15) Sd5—c7, Ta8—b8 16) Lc1—f4 (!), Sg8—f6 17) Ta1—f1 (!), Kf8—e7 18) Lf4—g5, Tb8—f8 19) e4—e5, Ke7—d8 20) e5—f6: (?), Kd8—c7: und Schwarz behält die Uebermacht, woraus die Redaction d. Bl. schliesst, die hier versuchte (vom Unterzeichneten zuerst empfohlene) Fortsetzung des Angriffs müsse an dem 16. und 17. Zuge des Schwarzen scheitern. Diese Behauptung ist jedoch ein Irrthum, denn durch 20) Tf1—f6: (!) statt e5—f6: (?) kommt offenbar Weiss in

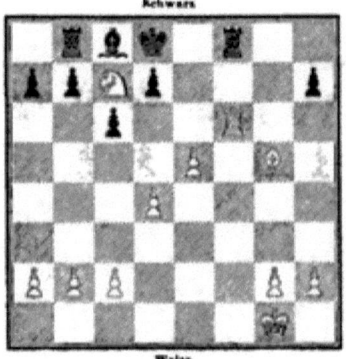

Stellung nach dem 20. Zuge von Weiss.
Schwarz
Weiss.

Vortheil; auf 20) ... Tf8—f6: z. B. würde folgen 21) e5—f6:, Kd8—c7: 22) f6—f7 und Weiss muss gewinnen; man betrachte das Diagramm!

Berlin, den 25. October 1864.

**Berthold Suhle,**
Dr. phil.

# Inhalts-Verzeichniss.

## I. Königsspringerspiel.
1) e2—e4, e7—e5 2) Sg1—f3.

### A. Vertheidigung mit dem Damenspringer.
2) ... Sb8—c6.

#### 1. Das Spiel des Lopez oder die spanische Partie.
3) Lf1—b5.

##### Erste Vertheidigung: 3) ... Sg8—f6.

###### a. 4) d2—d3.

Partie.
1. Anderssen gew. g. L. Paulsen. S. 1. (vgl. S. 359.)
2. Anderssen gew. g. L. Paulsen. S. 3.
3. Anderssen — L. Paulsen. S. 5.
4. Anderssen gew. g. L. Paulsen. S. 6.
252. L. Paulsen gew. g. M. Lange. S. 381.

Partie.
287. G. R. Neumann verliert g. Anderssen. S. 420.
314. L. Paulsen verl. g. M. Lange. S. 447.
326. E. Schallopp gew. g. Anderssen. S. 461.
327. E. Schallopp gew. g. Anderssen. S. 462.

###### b. 4) d2—d4.

5. P. Morphy gew. g. Anderssen. S. 8. (vgl. S. 359.)

253. M. Lange verl. g. L. Paulsen. S. 382.
254. E. v. Schmidt verl. g. L. Paulsen. S. 384.

###### c. 4) 0—0.

6. J. Kolisch verl. g. Horwitz. S. 9.
7. C. Lepge verl. g. L. Paulsen. S. 10.
8. München gew. g. Stuttgart. S. 11. (vgl. S. 359.)
9. C. Lepge verl. g. L. Paulsen. S. 13. (vgl. S. 359.)

255. B. Suhle gew. g. E. Schallopp. S. 385.
256. G. R. Neumann verliert g. L. Paulsen. S. 386.
258. B. Suhle gew. g. E. Schallopp. S. 388.
325. E. Schallopp verl. g. Anderssen S. 460.

###### d. 4) Dd1—e2.

280. L. Paulsen gew. g. M. Lange. S. 413.
293. Staunton verl. g. v. d. Lasa. S. 426.

##### Zweite Vertheidigung: 3) ... a7—a6.

###### a. 4) Lb5—a4, Sg8—f6 5) d2—d3.

10. Anderssen — P. Morphy. S. 15.
11. Anderssen verl. g. P. Morphy. S. 16.

12. P. Hirschfeld verl. g. B. Suhle. S. 17.

###### b. 4) Lb5—a4, Sg8—f6 5) d2—d4.

259. Newyork verl. g. Philadelphia. S. 390.
260. P. Morphy gew. g. Löwenthal. S. 391.

c. 4) Lb5—a4, Sg8—f6 5) 0—0.

Partie. | Partie.
13. „Ein Matador des akademischen Schachzirkels zu Breslau" gewinnt g. Anderssen. S. 18. (vgl. S. 360.)
14. v. Eynatten verl. g. B. Suhle. S. 20.
15. Kolisch gew. g. Anderssen. S. 22.
261. V. Knorre gew. g. L. Paulsen. S. 392.
262. G. R. Neumann gew. g. L. Paulsen. S. 394.

d. 4) Lb5—a4, Sg8—e7.

263. G. R. Neumann verliert gegen A. Anderssen. S. 395.

e. 4) Lb5—a4, b7—b5.

315. B. Suhle gewinnt gegen B. v. Guretzky-Cornitz. S. 446.

f. 4) Lb5—a4, Lf8—c5.
(Siehe Supplemente. S. 360.)

g. 4) Lb5—a4, Lf8—e7.
(Siehe Supplemente. S. 360.)

h. 4) Lb5—c6:

16. Chemnitz verliert gegen C. Lepge, A. Saalbach und P. Wenck zu Leipzig. S. 23.

Dritte Vertheidigung: 3) ... Lf8—c5.

17. P. Morphy gewinnt gegen W. Schulten. S. 24.
18. J. Löwenthal verl. g. P. Morphy. S. 25. (vgl. S. 361.)
264. B. Suhle gew. g. Mayet. S. 396.

Vierte Vertheidigung: 3) ... d7—d6.

19) Anderssen gew. g. B. Suhle. S. 26.

Fünfte Vertheidigung: 3) ... Sg8—e7 (vgl. S. 361.)

20. Medley verl. g. P. Morphy. S. 28.
21. Lemke u. Seifert v. g. L. Paulsen. S. 29.
22. V. Knorre, S. Mieses und G. R. Neumann — J. Beeger, B. v. Guretzky-Cornitz und B. Suhle. S. 30.
265. G. R. Neumann verl. g. A. Anderssen. S. 397.
266. Boden verl. g. L. Paulsen. S. 398.
324. E. Schallopp verliert geg. Anderssen. S. 459.

Urtheil über das Spiel des Ruy Lopez oder die spanische Partie. S. 30—32. (vgl. S. 361.)

2. Italienische Partie.
3) Lf1—c4, Lf8—c5.

a) Das Gambit des Capitain Evans.
4) b2—b4.

Erste Spielart:
4) ... Lc5—b4 5) c2—c3, Lb4—a5 6) 0—0, Sg8—f6.

23. B. Suhle gew. g. H. Waldüstel. S. 32.
24. G. R. Neumann v. g. B. Suhle. S. 33.

Zweite Spielart:
4) ... Lc5—b4: 5) c2—c3, Lb4—a5 6) d2—d4, c5—d4: 7) 0—0, Sg8—f6.

25. P. Morphy verl. g. Anderssen. S. 34.
26. B. Suhle gew. g. Niquet. S. 36.
27. B. Suhle gew. g. Oberst Lenz. S. 42.
28. A. de Rivière gew. g. Journoud. S. 42.

29. P. Morphy (blindl.) — Greenaway. S. 43.
30. B. Suhle gew. g. A. Schlieper. S. 44.
31. B. Suhle gew. g. Kronenberg. S. 45.
32. B. Suhle gew. g. Dr. A. Lange. S. 45.

**Dritte Spielart:** (vgl. S. 362.)

4) ... Lc5—b4: 5) c2—c3, Lb4—a5 6) d2—d4, e5—d4: 7) 0—0, d4—c3:
("Die compromittirte Vertheidigung des Evansgambits.")

33. P. Hirschfeld gew. g. Mayet. S. 47.
34. Kolisch gew. g. Anderssen. S. 49.

**Vierte Spielart:**

4) ... Lc5—b4: 5) c2—c3, Lb4—a5 6) d2—d4, e5—d4: 7) 0—0, d7—d6 8) Dd1—b3.
(Wallers Angriff.)

35. M. Lange gew. g. Richter. S. 50. (vgl. S. 362.)
36. M. Lange gew. g. Richter. S. 51.
37. Düsseldorf — Duisburg. S. 52.
38. P. Morphy gew. g. Kipping. S. 52. (vgl. 362.)
39. Kolisch verl. g. L. Paulsen. S. 54. (vgl. S. 362.)

**Fünfte Spielart:** (vgl. S. 363—364.)

4) ... Lc5—b4: 5) c2—c3, Lb4—a5 6) d2—d4, e5—d4: 7) 0—0, La5—b6 8) c3—d4:, d7—d6 (I)
oder:
5) ... Lb4—c5 6) d2—d4, e5—d4: 7) c3—d4:, La5—b6 8) 0—0, d7—d6 (I).
(Die normale Vertheidigung des Evansgambits.)

**Erste Angriffsweise:** 9) Sb1—c3.

40. P. Morphy gew. g. Stanley. S. 55. (vgl. S. 364.)
41. P. Morphy gew. g. A. de Rivière. S. 56.
42. P. Morphy gew. g. Hampton. S. 59.
43. Kolisch gew. g. E. Schallopp. S. 60.
44. v. Eynatten gew. g. J. Kohtz. S. 62.
45. L. Paulsen gew. g. Quincy. S. 63.
46. J. Kohtz gew. g. X. S. 63.
47. G. R. Neumann gew. g. E. Schallopp. S. 64.
48. A. de Rivière verl. g. P. Morphy. S. 65.
49. P. Morphy gew. g. W. Schulten. S. 66.
50. Mac Donnell gew. g. Anderssen. S. 68.
51. B. Suhle gew. g. P. Hirschfeld. S. 69.
52. V. Knorre gew. g. A. Lichtenstein. S. 70.
53. B. Suhle gew. g. A. Lichtenstein. S. 71.
53b. G. R. Neumann gew. g. V. Knorre. S. 72.
267. v. Guretzky-Cornitz gew. g. L. Paulsen. S. 399.
268. G. R. Neumann gew. g. Anderssen. S. 400.
269. G. R. Neumann — Anderssen. S. 400.

**Zweite Angriffsweise:** 9) d4—d5.

α. 9) ... Sc6—e5 (?).

54. E. Schallopp gew. g. A. Rothmaler. S. 72.

β. 9) ... Sc6—e7 (?).

55. P. Morphy verl. g. A. de Rivière. S. 73. (vgl. S. 364.)
56. B. Suhle gew. g. A. Schlieper. S. 74.
57. B. Suhle gew. g. Hillebrand. S. 75.
58. B. Suhle gew. g. Hillebrand. S. 76.

γ. 9) ... Sc6—a5 (!).

59. Green verl. g. Zytogorski. S. 77. (vgl. S. 364.)
59b. B. Suhle gew. g. Andersen. S. 78.
60. Anderssen gew. g. Kolisch. S. 78.

Partie.
61. Anderssen gew. g. X. S. 79.
62. Anderssen gew. g. X. S. 80.
63. Kolisch verl. g. L. Paulsen. S. 80.
64. Anderssen verl. g. L. Paulsen. S. 81.
    (vgl. S. 365.)
65. Mayet verl. g. P. Hirschfeld. S. 82.

Partie.
66. Blumenthal, Prengel und Krause verl.
    g. P. Hirschfeld. S. 84.
270. Anderssen gew. g. G. R. Neumann.
    S. 401.
292. Anderssen gew. g. G. R. Neumann.
    S. 425.

### Dritte Angriffsweise: 9) Lc1—b2.

67. A. de Rivière und Journoud gew. g. P. Morphy. S. 85. (vgl. S. 365.)

(Ueber andere Angriffsweisen Supplemente S. 365.)

### Sechste Spielart:
4) ... Lc5—b4 5) c2—c3, Lb4—e7.

68. A. Schlieper verl. g. B. Suhle. S. 87.

### Siebente Spielart:
4) ... Lc5—b4; 5) c2—c3, Lb4—d6.

69. B. Suhle gew. g. Mayet. S. 87. (vgl. S. 365.)

### Achte Spielart: (vgl. S. 366.)
4) ... Lc5—b6.
(Das abgelehnte Evansgambit.)

70. B. v. Guretzky-Cornitz verliert gegen
    B. Suhle. S. 89. (vgl. S. 366.)
71. V. Knorre verl. g. B. Suhle. S. 96.
72. Steinitz gew. g. Dubois. S. 97.

73. Deacon gew. g. Steinitz. S. 98.
317. Anderssen verl. g. B. Suhle. S. 450.
321. Anderssen — B. Suhle. S. 455.
323. Anderssen verl. g. B. Suhle. S. 457.

### Neunte Spielart:
4) ... d7—d5.
(Mittelgambit gegen Evansgambit.)

74. B. Suhle — M. Lange. S. 99. (vgl. S. 366.)

### Urtheil über das Evansgambit. S. 104—107. (vgl. S. 367.)

### b) Das Giuoco piano.
4) c2—c3.

75. General L. verl. g. B. Suhle. S. 107.
76. Hoffmann verl. g. A. Schlieper. S. 108.
    (vgl. S. 367.)
77. R. Beuthner verl. g. L. Paulsen. S. 108.

78. G. R. Neumann gew. g. B. v. Guretzky-
    Cornitz. S. 109. (vgl. S. 367.)
79. P. Morphy gew. g. A. de Rivière. S. 111.

### c) Die Rochade im vierten Zuge der italienischen Partie.
4) 0—0.

### Erste Vertheidigung: 4) ... Sg8—f6 (!).

80. M. Lange gew. g. Anderssen. S. 112.
    (vgl. S. 367.)
81. Kolisch — L. Paulsen. S. 114.

82. Kolisch gew. g. L. Paulsen. S. 114.
83. Kolisch verl. g. L. Paulsen. S. 115.

Partie.
271. E. Schallopp gewinnt gegen B. Suhle. S. 403.

Partie.
274. E. Schallopp verl. g. B. Suhle. S. 407.

**Zweite Vertheidigung: 4) ... d7—d6.**

84. M. Lange verl. g. Hirschfeld. S. 116.
85. A. Lichtenstein verl. g. B. Suhle. S. 117*).
86. Crefeld verl. g. Wesel. S. 119.

d) 4) d2—d3 in der italienischen Partie.

87. Kolisch gew. g. L. Paulsen. S. 120.
88. A. de Rivière gew. g. P. Morphy. S. 121.

**3. Die ungarische Partie.**

3) Lf1—c4, Lf8—c7.

89. B. Suhle gew. g. Mayet. S. 122.

**4. Das Zweispringerspiel im Nachzuge.**

3) Lf1—c4, Sg8—f6 (?).

A. Der Angriff auf den Bauer f7.

4) Sf3—g5 (!).

I. 4) ... d7—d5 5) e4—d5:, Sc6—a5 6) d2—d3 (?).

90. A. de Rivière verl. g. P. Morphy [blindlings]. S. 124. (vgl. S. 368.)
91. D. W. Fiske, E. Perrin u. J. A. Fuller gew. g. P. Morphy. S. 127.
92. X. verl. g. B. Suhle. S. 128.
275. Kipping verl. g. Horwitz. S. 408.

II. 4) ... d7—d5 5) e4—d5:, Sc6—a5 6) Lc4—b5† (!).

93. M. u. N. verl. g. L. Paulsen. S. 129. (vgl. S. 368.)
94. Mayet verl. g. v. d. Lasa. S. 130.
95. Anderssen gew. g. A. de Rivière. S. 131.
96. B. Suhle gewinnt g. G. R. Neumann. S. 132.
97. B. Suhle gew. g. B. v. Guretzky-Cornitz. S. 133.
98. G. Schnitzler gewinnt g. Kockelkorn. S. 135.
99. Mayet verl. g. v. d. Lasa. S. 136.

B. Das Mittelgambit im Zweispringerspiel.

4) d2—d4.

100. Anderssen gew. g. A. de Rivière. S. 137.
101. J. Pinedo verl. g. Anderssen. S. 138.
102. A. Schlieper verl. g. B. Suhle. S. 139.
103. Wesel gew. g. Crefeld. S. 139. (vgl. 368.)
104. M. Lange verl. g. v. d. Lasa. S. 140. (vgl. S. 369.)
105. H. Specht verliert g. A. Lichtenstein. S. 141.
257. Kolisch -- L. Paulsen. S. 387.

C. 4) d2—d3 im Zweispringerspiel.

106. P. Hirschfeld verl. g. B. Suhle. S. 142.

*) Im zweiten Diagramm zur 85. Partie (S. 118.) ist ein weisser Bauer auf e1 hinzuzufügen.

### 5. Schottische Partie.
3) d2—d4.

#### A. Das schottische Gambit.
3) ... e5—d4: 4) Lf1—c4.

##### Erste Spielart:
4) ... Lf8—b4† 5) c2—c3, d4—c3: 6) 0—0, c3—b2:
("Die compromittirte Vertheidigung des schottischen Gambits.")

| Partie. | | Partie. | |
|---|---|---|---|
| 107. | L. Paulsen gew. g. X. S. 143. | 109. | B. Suhle gew. g. Kronenberg. S. 146. |
| 108. | O. Pflaum gew. g. M. Lange. S. 146. | | |

##### Zweite Spielart:
4) ... Lf8—c5 5) c2—c3.

276. Dubois gew. g. Steinitz. S. 409.

##### Dritte Spielart:
4) ... Lf8—c5 5) 0—0 (!).

110. M. Lange verl. g. L. Eichborn. S. 147.  112. Medley verl. g. Anderssen. S. 149.
111. Kolisch verl. g. Anderssen. S. 148.

##### Vierte Spielart:
4) ... Lf8—c5 5) Sf3—g5.

113. H. Kennicott verl. g. P. Morphy. S. 149.  116. Kliefoth gew. g. Schliemann. S. 153.
114. L. Hipp verl. g. G. Schnitzler. S. 150.  277. Edinburgh verl. g. Dundee. S. 410.
115. Lord Hay u. Hampton gew. g. Löwenthal. S. 151.  278. X. verl. g. B. Suhle [blindl.]. S. 411.

##### Fünfte Spielart:
4) ... Sg8—f6.
Siehe: Mittelgambit im Zweispringerspiel. S. 100 ff.

#### B. 4) Sf3—d4: in der schottischen Partie.

##### Erste Vertheidigung: 4) ... Dd8—h4.

117. B. Suhle gew. g. Pomtow. S. 154.

##### Zweite Vertheidigung: 4) ... Lf8—c5.

118. C. Lepge gew. g. M. Lange. S. 155.  281. L. Paulsen gew. g. E. v. Schmidt. S. 415.
119. Dubois gew. g. Steinitz. S. 156.  282. Saalbach verl. g. L. Paulsen. S. 416.
279. L. Paulsen gew. g. M. Lange. S. 412.  283. L. Paulsen gew. g. G. R. Neumann. S. 416.

### 6. Staunton's Angriff.
3) c2—c3.

120. Harrwitz gew. g. Hampton. S. 157.  121. Anderssen gew. g. B. Suhle. S. 158.
(vgl. S. 369.)

## 11. Vertheidigung mit dem Königsspringer.
2) ... Sg8—f6.
(Die russische Partie.)

| Partie | Partie |
|---|---|
| 122. Löwenthal gew. g. P. Morphy. S. 160. (vgl. S. 369.) | 124. Anderssen gew. g. Kolisch. S. 163. |
| 123. v. Eynatten verl. g. B. Suhle. S. 162. | 125. B. Suhle gew. g. N...... S. 164. |

### C. Vertheidigung mit dem Damenbauer.
2) ... d7—d6.
(Die französische Vertheidigung oder Philidors Vertheidigung.)

| | |
|---|---|
| 126. P. Hirschfeld verl. g. B. Suhle. S. 164. | 133. P. Morphy gew. g. Harrwitz. S. 173. (vgl. S. 370.) |
| 127. Staunton und Owen verl. g. P. Morphy und Barnes. S. 166. (vgl. S. 370.) | 134. P. Morphy verl. g. Löwenthal. S. 174. (vgl. S. 370.) |
| 128. Barnes verl. g. P. Morphy. S. 168. | 135. Boden gew. g. P. Morphy. S. 175. |
| 128 b. H. Waldüstel verliert gegen B. Suhle. S. 168. | 136. Löwenthal verl. g. P. Morphy. S. 177. (vgl. S. 371.) |
| 129. Löwenthal und Medley — P. Morphy und Mongredien. S. 160. (vgl. S. 370.) | 137. Löwenthal -- P. Morphy. S. 177. (vgl. S. 371.) |
| 130. P. Morphy gew. g. Barnes. S. 161. | |
| 131. P. Morphy verl. g. Harrwitz. S. 170. (vgl. S. 370.) | 138. L. Paulsen — C. Lepge. S. 178. |
| 132. P. Morphy gew. g. Harrwitz. S. 171. | 139. P. Morphy gew. g. Harrwitz. S. 180. |
| | 285. Robey verl. g. Mac Donnell. S. 418. |

### D. Mittelgambit gegen Königsspringerspiel.
2) ... d7—d5.

272. P. Morphy gew. g. L. Paulsen. S. 404.

### E. Königsgambit im Nachzuge gegen Königsspringerspiel.
2) ... f7—f5.

273. A. de Rivière verl. g. Anderssen. S. 405.

## II. Königsläuferspiel.
1) e2—e4, e7—e5  2) Lf1—c4.

| | |
|---|---|
| 140. Mongredien — P. Morphy. S. 181. | 143. P. Morphy gew. g. Barnes. S. 188. (vgl. S. 371.) |
| 141. Franz verl. g. Mayet. S. 183. | |
| 142. W. Schulten verl. g. B. Suhle. S. 186. | 144. Stuttgart verl. g. München*). S. 190. |
| | 286. Anderssen verl. g. G. R. Neumann. S. 419. |

## III. Damenspringerspiel.
1) e2—e4, e7—e5  2) Sb1—c3.

| | |
|---|---|
| 145. B. v. Guretzky-Cornitz und P. Hirschfeld gew. g. B Suhle. S. 191. | 146. B. v. Guretzky-Cornitz gew. g. M. Lange. S. 193. (vgl. S. 372.) |
| 145 b. B. v. Guretzky-Cornitz gew. g. H. Suhle. S. 192. (vgl. S. 372.) | |

*) S. 190 ist „München" über „Weiss" gesetzt und „Stuttgart" über „Schwarz"; wir bitten diesen Druckfehler nach obiger Angabe zu corrigiren.

## IV. Königsspringergambit.

1) e2—e4, e7—e5  2) f2—f4, e5—f4:  3) Sg1—f3.

### A. Das Kieseritzkygambit.

3) ... g7—g5 (!)  4) h2—h4, g5—g4 (!)  5) Sf3—e5.

**Erste Vertheidigung: 5) ... h7—h5.**

Partie.

147. B. Suhle [blindlings] gew. g. Kronenberg. S. 194. (vgl. S. 372 ff.)
148. Kolisch gew. g. Anderssen. S. 196.

Partie.

149. R. Reuthner, Beygang und E. Schmidt verlieren g. C. Lepge, Saalbach und A. Schmorl. S. 198. (vgl. S. 374.)

**Zweite Vertheidigung: 5) ... Sg8—f6.**

**a. 6) Se5—g4:.**

150. Baucher verl. g. P. Morphy. S. 200. (vgl. S. 374.)
151. Anderssen verl. g. B. Suhle. S. 201.

152. Anderssen gew. g. P. Morphy. S. 202.
153. Anderssen gew. g. M. Lange. S. 204.

**b. 6) Lf1—c4, d7—d5 7) e4—d5:, Lf8—d6 8) d2—d4, Sf6—h5.**

**Erste Angriffsweise: 9) Lc4—b5†(!).**

154. X. verl. g. B. Suhle. S. 205. (vgl. S. 374.)
155. X. verl. g. v. Petroff. S. 210. (vgl. S. 375.)
156. v. Petroff — Journoud. S. 211. (vgl. S. 375.)

157. Harrwitz gew. g. P. Morphy. S. 213.
158. „Ein Matador des akademischen Schachzirkels zu Breslau" verl. g. Anderssen. S. 214.

**Zweite Angriffsweise: 9) Sb1—c3.**

159. M. Pflaum und O. Pflaum verl. gegen G. Schnitzler und B. Wolff. S. 217.
160. Steinitz gew. g. Deacon. S. 218. (vgl. S. 376.)

161. Steinitz gew. g. Deacon. S. 219.
162. Bellotti gew. g. Gamurrini. S. 220.
163. P. Morphy gew. g. Medley. S. 220.
284. Steinitz gew. g. Thorold. S. 417.

**Dritte Angriffsweise: 9) 0—0.**

164. Anderssen verl. g. P. Hirschfeld. S. 221.

165. Anderssen gew. g. P. Hirschfeld. S. 222.

**c. 6) Lf1—c4, d7—d5 7) e4—d5:, Lf8—d6 8) d2—d4, Dd8—e7.**

288. Steinitz — Green. S. 421.
289. Steinitz gew. g. Green. S. 422.

290. Anderssen gew. g. Green. S. 422.

**d. 6) Lf1—c4, d7—d5 7) e4—d5:, Lf8—g7.**

(Siehe: Anmerkungen zur 154. Partie. S. 206—209. (vgl. S. 375.)

**Dritte Vertheidigung: 5) ... Lf8—g7.**

166. M. Lange gew. g. W. Paulsen. S. 223. (vgl. S. 376.)
167. v. Hannecken verliert g. L. Paulsen. S. 226. (vgl. S. 376.)

168. Mayet verl. g. B. Suhle. S. 227. (vgl. S. 376.)
169. R. Schurig verl. g. L. Paulsen. S. 232. (vgl. S. 377.)
316. F. Dupin verl. g. Rosenthal. S. 449.

**Vierte Vertheidigung: 5) ... d7—d6.**

291. Steinitz gew. g. Green. S. 423.

329. Blackburne verl. g. Dermenon. S. 464.

### B. Das Allgaiergambit.
3) ... g7—g5 (!) 4) h2—h4, g5—g4 (!) 5) Sf3—g5

| Partie. | Partie. |
|---|---|
| 170. Schlemm gew. g. Nowotny. S. 233. | 172. Hoberttown verliert gegen Launceston. |
| 171. Nowotny gew. g. Schlemm. S. 234. | S. 236. |
| (vgl. S. 377.) | |

### C. Das gemeine Springergambit.
3) ... g7—g5 (!) 4) Lf1—c4, Lf8—g7.

173. Kolisch gew. g. Anderssen. S. 236.   174. Anderssen verl. g. Dubois. S. 241.

### D. Das Muziogambit.
3) ... g7—g5 (!) 4) Lf1—c4, g5—g4 5) 0—0.

**Erstens:** 5) ... g4—f3:, 6) Dd1—f3:, Dd8—f6.
(L. Paulsens Vertheidigung.)

175. Kolisch verl. g. L. Paulsen. S. 244.   176. P. Hirschfeld gew. g. X. S. 250. (vgl.
(vgl. S. 377.)                              S. 378.)

**Zweitens:** 5) ... g4—f3: 6) Dd1—f3:, Lf8—h6.
(V. d. Lasas frühere Vertheidigung.)

177. Mayet gewinnt gegen v. d. Lasa. S. 252.

**Drittens:** 5) ... g4—f3: 6) Dd1—f3:, Dd8—e7.
(Die dänische Vertheidigung.)

178. Steinitz verl. g. Anderssen. S. 256.   179. Chevalier St. Bon und Mr. Stewart gew.
(vgl. S. 378.)                              g. Anderssen. S. 259.

### E. 3) ... Lf8—e7 (?) im Königsspringergambit.

180. E. A. Schmitt gew. g. Dr. P. S. 260.

## V. Königsläufergambit.
1) e2—e4, e7—e5 2) f2—f4, e5—f4: 3) Lf1—c4.

### A. Die sogenannte classische Vertheidigung.
3) ... Dd8—h4†.

| | |
|---|---|
| 181. Löwenthal gew. g. Sulivan. S. 262. | 185. Mayet gew. g. P. Hirschfeld. S. 267. |
| (vgl. S. 379.) | 186. B. Suhle gew. g. Kronenberg. S. 269. |
| 182. Anderssen B. Suhle. S. 263. | (vgl. S. 379.) |
| 183. X. verl. g. B. Suhle. S. 265. (vgl. | 187. B. Suhle gew. g. Kronenberg. S. 270. |
| S. 379.) | 188. B. Suhle gew. g. Kronenberg. S. 271. |
| 184. L. Paulsen gew. g. Kolisch. S. 266. | 294. M. Lange gew. g. L. Paulsen. S. 426. |

### B. Das Gegengambit 3) ... f7—f5.

189. W. Schulten verl. g. B. Suhle. S. 272.   191. Mayet verl. g. v. d. Lasa. S. 274.
190. W. Schulten verl. g. B. Suhle. S. 273.   (vgl. S. 379—380.)

### C. Das Flügelgambit 3) ... b7—b5.

192. Anderssen gew. g. Pollmächer. S. 276.   193. Anderssen gew. g. Kieseritzky. S. 277.

### D. Das Mittelgambit gegen Läufergambit.
3) ... d7—d5.

**Erste Angriffsweise: 4) Lc4—d5:**

| Partie. | | Partie. | |
|---|---|---|---|
| 194. | Anderssen gew. g. Journoud. S. 279. | 297. | Mayet verl. g. B. Suhle. S. 429. |
| 195. | L. Paulsen verl. g. Anderssen. S. 280. | 320. | B. Suhle gew. g. Anderssen. S. 453. |
| 295. | Dubois verl. g. Steinitz. S. 428. | 322. | B. Suhle verl. g. Anderssen. S. 456. |
| 296. | L. Paulsen gew. g. G. R. Neumann. S. 428. | 328. | E. Schallopp verl. g. Anderssen. S. 463. |

**Zweite Angriffsweise: 4) e4—d5:**

| | | | |
|---|---|---|---|
| 196. | Anderssen gew. g. Dubois. S. 282. | 288. | Mayet verl. g. B. Suhle. S. 430. |
| 197. | W. Schulten verl. g. P. Morphy. S. 282. | | |

### E. Vertheidigung mit dem Königsspringer.
3) ... Sg8—f6.

| | | | |
|---|---|---|---|
| 198. | Anderssen verl. g. P. Morphy. S. 284. | 200. | W. Schulten verl. g. P. Morphy. S. 286. |
| 199. | M. Lange verl. g. Oberst v. Hannecken. S. 285. | 201. | L. Paulsen gew. g. Kolisch. S. 286. |
| | | 202. | L. Paulsen verl. g. Dubois. S. 288. |

### F. Vertheidigung 3) ... c7—c6.

Diese Vertheidigung ergiebt nach v. d. Lasa's Urtheil im Handbuche S. 423 ein „vollkommen gleiches Spiel". [Es folgt 4) d2—d4, d7—d5 u. s. w.].

## VI. Das abgelehnte Königsgambit.
**A.**
1) e2—e4, e7—e5 2) f2—f4, Lf8—c5.

| | | | |
|---|---|---|---|
| 203. | P. Morphy gew. g. Löwenthal. S. 289. (vgl. S. 380.) | 207. | G. R. Neumann gew. g. D. S. 294. |
| 204. | P. Morphy gew. g. Löwenthal. S. 290. | 208. | G. R. Neumann gew. g. D. S. 294. |
| 205. | B. Suhle — X. S. 291. | 299. | L. Paulsen gew. g. Mac Donnell. S. 431. |
| 206. | B. Suhle gew. g. v. Eynatten. S. 292. | 300. | Steinitz gew. g. Robey. S. 432. |

**B.** Mittelgambit gegen Königsgambit.
1) e2—e4, e7—e5 2) f2—f4, d7—d5.

| | | | |
|---|---|---|---|
| 209. | W. Schulten verl. g. P. Morphy. S. 296. | 212. | B. Suhle gew. g. B. v. Guretzky-Cornitz. S. 299. |
| 210. | Horwitz verl. g. Kolisch. S. 297. | | |
| 211. | Mayet verl. g. B. Suhle. S. 298. | | |

## VII. Mittelgambit.
1) e2—e4, e7—e5 2) d2—d4.

| | | | |
|---|---|---|---|
| 213. | M. Lange verliert g. B. v. Guretzky-Cornitz. S. 301. | 301. | M. Lange verl. g. L. Paulsen. S. 432. |

## VIII. Französische Eröffnung*).
1) e2—e4, e7—e6.

| | | | |
|---|---|---|---|
| 214. | L. Paulsen — Kolisch. S. 302. | 215. | M. Lange gew. g. A. Schmorl. S. 303. |

---

*) Elf Partieen mit dieser Eröffnung findet man in dem Buche: „*Der Schachcongress zu London im Jahre 1862 nebst dem Schachcongress zu Bristol im Jahre 1861* herausgegeben von Berthold Suhle." Erster Theil: *Das grosse Turnier im Jahre 1862.* Berlin, J. Springer. Preis 20 Sgr. Zweiter Theil: *Die Preisprobleme, die Consultationspartieen und das Turnier zu Bristol.* Berlin. W. Weber, Markgrafenstrasse 46. Preis 12 Sgr.

| Partie. | Partie. |
|---|---|
| 216. Anderssen verl g. Kolisch. S. 304. | 218. P. Morphy gew. g. Anderssen. S. 307. |
| 217. Kronenberg verl. g. B. Suhle. S. 306. | |

## IX. Damenbauer gegen Königsbauer.
1) e2—e4, d7—d5.

| | |
|---|---|
| 219. Mayet gew. g. v. d. Lasa. S. 309. | 222. P. Morphy gewinnt gegen Anderssen. S. 313. |
| 220. P. Morphy gew. g. Anderssen. S. 310. | |
| 221. P. Morphy u. Barnes gew. g. Staunton und Owen. S. 312. | 302. Steinitz gew. g. Mongredien. S. 433. |

## X. Sicilianische Eröffnung*).
1) e2—e4, c7—c5.

| | |
|---|---|
| 223. Löwenthal gew. g. P. Morphy. S. 314. | 237. Anderssen — Kolisch. S. 334. |
| 224. P. Morphy gew. g. Anderssen. S. 317. | 238. B. Suhle gew. g. Anderssen. S. 336. |
| 225. Leipzig gew. g. Crefeld. S. 318. | 239. B. Suhle gew. g. S. M. S. 337. |
| 226. Kolisch verl. g. Anderssen. S. 319. | 303. Hannah verl. g. Anderssen. S. 434. |
| 227. Kolisch gew. g. Anderssen. S. 321. | 304. Mac Donnell verl. g. Anderssen. S. 435. |
| 228. Kolisch verl. g. Anderssen. S. 322. | 305. Löwenthal und Kennedy verl. g. Anderssen und L. Paulsen. S. 436. |
| 229. S. M. verl. g. B. Suhle. S. 323. | |
| 230. v. d. Lasa verliert geg. P. Hirschfeld. S. 324. | 306. Löwenthal, Kennedy und Boden verl. g. Anderssen, L. Paulsen u. Dubois. S. 438. |
| 231. Mayet verl. g. P. Hirschfeld. S. 325. | |
| 232. L. Paulsen — Kolisch. S. 326. | 307. L. Paulsen verl. g. G. R. Neumann. S. 439. |
| 233. Steinitz verl. g. L. Paulsen. S. 328. | |
| 234. L. Paulsen — Anderssen. S. 330. | 318. B. Suhle — Anderssen. S. 451. |
| 235. L. Paulsen gew. g. Anderssen. S. 332. | 319. Anderssen gew. g. B. Suhle. S. 452. |
| 236. L. Paulsen gew. g. Anderssen. S. 332. | |

## XI. Fianchetto di Donna.
1) e2—e4, b7—b6.

| | |
|---|---|
| 240. Steinitz gew. g. Blackburne. S. 338. | 309. L. Paulsen — G. R. Neumann. S. 442. |
| 241. P. Morphy gew. g. Owen. S. 340. | 310. L. Paulsen gew. g. Owen. S. 443. |
| 308. L. Paulsen verl. g. G. R. Neumann. S. 441. | 311. Blackburne gew. g. Owen. S. 444. |
| | 312. L. Paulsen — Dr. E. O. Lindner. S. 445. |

## XII. Königs-Fianchetto.
1) e2—e4, g7—g6.

313. Steinitz, Chevalier St. Bon und Kling gew. g. Deacon, Walker und Medley. S. 445.

## XIII. Eröffnung mit dem Damenbauer.
1) d2—d4.

### A. Das Damengambit.
1) ... d7—d5  2) c2—c4.

242. Harrwitz gew. g. P. Morphy. S. 341.

---

*) Vierzehn Partieen mit dieser Eröffnung enthält „der Schachcongress zu London im Jahre 1862 nebst dem Schachcongresse zu Bristol im Jahre 1861 herausgegeben von Berthold Suhle."

### B. Die holländische Eröffnung.
1) ... f7—f5.

| Partie. | Partie. |
|---|---|
| 243. Leipzig gew. g. Hamburg. S. 343. | 245. Harrwitz verl. g. P. Morphy. S. 345. |
| 244. A. Schmorl verl. g. M. Lange. S. 344. | 246. Owen gew. g. Anderssen. S. 347. |

### XIV. Eröffnung mit dem Königsläuferbauer.
1) f2—f4.

247. Anderssen gew. g. Kolisch. S. 348.

### XV. Eröffnung mit dem Damenläuferbauer.
1) c2—c4.

248. Owen gewinnt gegen Steinitz. S. 350.

(Sechs Partieen mit dieser Eröffnung enthält „der Schachcongress zu London im Jahre 1862 u. s. w., herausgegeben v. B. S.)

### XVI. Eröffnung mit dem Damenthurmbauer.
1) a7—a6.

249. Anderssen verl. g. P. Morphy. S. 352.   251. Anderssen gew. g. P. Morphy. S. 355.
250. Anderssen — P. Morphy. S. 354.

---

## Supplemente.
I. Berichtigungen und Zusätze. S. 359—380.
II. Während des Druckes gesammelte Partieen. S. 381—464.
[Der letzte Wettkampf zwischen **A. Anderssen** und **B. Suhle**. S. 450—459.]

# I. Das Königsspringerspiel.
1) e2—e4 e7—e5.  2) Sg1—f3.

## A. Vertheidigung mit dem Damenspringer.
2) ... Sb8—c6.

### 1. Das Spiel des Lopez oder die spanische Partie.
3) Lf1—b5.

Erste Vertheidigung: 3) ... Sg8—f6.

#### 1. Partie.
Gespielt im grossen Turnier zu London 1862.

| | Anderssen. | L. Paulsen. | | Weiss. | Schwarz. |
|---|---|---|---|---|---|
| | Weiss. | Schwarz. | 22) | f5—f6 | Dd6—f6: |
| 1) | e2—e4 | e7—e5 | 23) | Df3—h5 | g7—g5 |
| 2) | Sg1—f3 | Sb8—c6 | | | |
| 3) | Lf1—b5 | Sg8—f6 | | | |
| 4) | d2—d3 | d7—d6 | | | |
| 5) | Lb5—c6† | b7—c6: | | | |
| 6) | h2—h3 | Lf8—e7 | | | |
| 7) | Sb1—c3 | 0—0 | | | |
| 8) | 0—0 | Sf7—e8 | | | |
| 9) | d3—d4 | e5—d4: | | | |
| 10) | Sf3—d4: | Lc8—b7 | | | |
| 11) | Lc1—e3 | d6—d5 | | | |
| 12) | Sd4—f5 | Le7—f6 | | | |
| 13) | Le3—c5 | Se8—d6 | | | |
| 14) | Tf1—e1 | Tf8—e8 | | | |
| 15) | Dd1—g4 | Sd6—f5: | 24) | Dh5—e2 (?) | Df6—h8 (?) |
| 16) | e4—f5: | Dd8—d7 | 25) | Ld4—e5: | f7—f6 |
| 17) | Dg4—f3 | a7—a5 | 26) | De2—h5 | Te8—e5: |
| 18) | Sc3—e2 | a5—a4 | 27) | Te1—e5: | f6—e5: |
| 19) | c2—c3 | Ta8—a5 | 28) | Dh5—e8† | Kf8—g7 |
| 20) | Lc5—d4 | Dd7—d6 | 29) | Sg3—f5† | |
| 21) | Se2—g3 | Lf6—e5 | | und Weiss gewinnt. | |

## Anmerkungen zur 1. Partie.

3) ... **Sg8—f6**. Dieser Zug wird allgemein als die beste Vertheidigung gegen den Angriff des Ruy Lopez anerkannt.

4) ... **d7—d6**. Früher pflegte man auf 4) ... d2—d3 4) ... **Lf8—c5** und auf 5) c2—c3 dann 5) ... Dd8—e7 zu antworten. Bei dieser Spielart ist Schwarz jedoch, wenn der Anziehende 6) sogleich d3—d4 zieht, einem sehr gefährlichen Angriffe ausgesetzt, wie die folgenden von Anderssen im Jahre 1858 entworfenen Varianten beweisen:

| | Weiss. | Schwarz. | | Weiss. | Schwarz. |
|---|---|---|---|---|---|
| 6) | d3—d4 | e5—d4: | 9) | Sb1—c3 | Sc4—c3: |
| 7) | 0—0 | Sf6—e4: | 10) | b2—c3: | 0—0 |
| 8) | c3—d4: | Lc5—b6 | 11) | Tf1—e1. | |

A. 11) ... **De7—d8**.

| | | | | | |
|---|---|---|---|---|---|
| 12) | d4—d5 | Sc6—a5 | 19) | Ld3—g6 | h6—g5: |
| 13) | d5—d6 | c7—d6: | 20) | Tc1—e1 | Da3—c5 |
| 14) | Dd1—d5 | Dd8—f6 | 21) | Dd5—f7† | Tf8—f7: |
| 15) | Lc1—g5 | Df6—c3: | 22) | Te2—e8† | Tf7—f8 |
| 16) | Ta1—c1 | Dc3—b2 | 23) | Te8—f8† | Ke8—f8 |
| 17) | Te1—e2 | Db2—a3 | 24) | Te1—e8† | |
| 18) | Lb5—d3 | h7—h6 | | | |

oder bei 14) ... **Dd8—c7**.

| | | | | | |
|---|---|---|---|---|---|
| 15) | Lc1—a3 | Lb6—c5 | 18) | Te1—e8 | h6—g5: |
| 16) | Dd5—h5 | Lc5—a3: | 19) | Te8—f8† | Kg8—f8 |
| 17) | Sf3—g5 | h7—h6 | 20) | Ta1—e1 und gewinnt; |

bei 12) ... **Sc6—e7**.

| | | | | | |
|---|---|---|---|---|---|
| 13) | d5—d6 | c7—d6: | 17) | Dd6—e7: | Dd8—e7: |
| 14) | Lc1—g5 | f7—f6 | 18) | Te1—e7: | f6—g5: |
| 15) | Dd1—d6: | Lb6—c7 | 19) | Sf3—g5: | |
| 16) | Lb5—c4† | Kg8—h8 | | | |

oder bei 13) ... **Se7—f5**.

| | | | | | |
|---|---|---|---|---|---|
| 14) | Dd1—d5 | Sf5—d6: | 15) | Lc1—g5. | |

B. 11) ... **De7—f6**.

| | | | | | |
|---|---|---|---|---|---|
| 12) | Lc1—g5 | Df6—g6 | 15) | Sf3—h4 | Dg6—h6 |
| 13) | d4—d5 | Sc6—a5 | 16) | Le7—g5 | |
| 14) | Lg5—e7 | Tf8—e8 | | | |

oder bei 15) ... **Lb6—f2†**.

| | | | | |
|---|---|---|---|---|
| 16) | Kg1—f2: | Dg6—b6† | 18) Sh4—f5 | f7—f6. |
| 17) | Dd1—d4 | Db6—b5: | 19) Sf5—h6†. | |

C. 11) ... **De7—d6**. — 12) a2—a4 u. s. w.

Anderssen hat desshalb vorgeschlagen, den im Handbuche empfohlenen Zug 5) ... **Dd8—e7** durch die Rochade zu ersetzen. Ob Schwarz dadurch für den preisgegebenen Bauer e5 „einen zu seiner Entschädigung genügenden Angriff" bekomme, erscheint uns zweifelhaft. Wir halten daher die hier von Paulsen gewählte Vertheidigung 4) ... **d7—d6** für sicherer, als die früher übliche 4) ... **Lf8—c5**. Freilich lässt sich nicht leugnen, dass Weiss dabei das freiere und bequemere Spiel hat; denn obschon der Nachziehende nach 5) Lb5—c6† zwei Läufer gegen Läufer und Springer behält, was im Allgemeinen für vortheilhaft gilt, so findet sich doch in dieser Stellung kein grosser Spielraum für die Thätigkeit der schwarzen Läufer, während der weisse Damenspringer kräftig eingreifen kann. Für entscheidend halten wir diesen Positionsvortheil des Anziehenden aber nicht.

6) ... **Lf8—e7**. Nicht der beste Zug. Das schwarze Spiel wird dadurch beengt.

19) ... **Ta8—a5**. Eine fehlerhafte Combination, wie sich schon im 22. Zuge deutlich zeigt.

24) **Dh5—e2** (?). Hier hatte Weiss bereits den Gewinn in der Hand; er hätte 24) h3—h4 ziehen sollen, worauf das schwarze Spiel verloren gewesen wäre, denn auf 24) ... h7—h6 würde folgen:

| | Weiss. | Schwarz. | | Weiss. | Schwarz. |
|---|---|---|---|---|---|
| 25) | h4—g5: | h6—g5: | 31) Df7—f8† | Kh8—h7 |
| 26) | Te1—e5: | Te8—e5: | 32) Tf1—f7† | Kh6—g6 |
| 27) | f2—f4 | Df6—f4: | 33) Df8—g8† | Kg6—h5 |
| 28) | Ta1—f1 | Df4—g3: | 34) Dg8—b7† | Kh5—g4 |
| 29) | Db5—f7† | Kg8—h8 | 35) Dh7—h3†. | |
| 30) | Ld4—c5† | Dg3—c5: | (Man vergleiche das obige Diagramm.) | |

---

## 2. Partie.

Erste Partie des Wettkampfes zwischen A. Anderssen und L. Paulsen im Jahre 1862.
(Resultat: Von Jedem wurden drei Particen gewonnen, zwei blieben unentschieden.)

| | Anderssen. | S. Paulsen. | | Weiss. | Schwarz. |
|---|---|---|---|---|---|
| | Weiss. | Schwarz. | 4) | d2—d3 | d7—d6 |
| 1) | e2—e4 | e7—e5 | 5) | Lb5—c6† | b7—c6: |
| 2) | Sg1—f3 | Sb8—c6 | 6) | Sb1—c3 | g7—g6 |
| 3) | Lf1—b5 | Sg8—f6 | 7) | h2—h3 | Lf8—g7 |

| | Weiss. | Schwarz. |
|---|---|---|
| 8) | Lc1—e3 | 0—0 |
| 9) | Sc3—e2 | Dd8—e7 |
| 10) | 0—0 | d6—d5 |
| 11) | Se2—g3 | Sf6—e8 |
| 12) | Tf1—e1 | d5—d4 |
| 13) | Le3—d2 | c6—c5 |
| 14) | b2—b3 | Se8—d6 |
| 15) | Dd1—c1 | Lc8—b7 |
| 16) | Dc1—a3 | Sd6—b5 |
| 17) | Da3—a5 | a7—a6 |
| 18) | a2—a4 | Sb5—a7 |
| 19) | Ld2—c1 | Sa7—c6 |
| 20) | Da5—d2 | Sc6—d8 |
| 21) | a4—a5 | Sd8—e6 |
| 22) | Lc1—a3 | f7—f5 |
| 23) | Dd2—d1 | f5—f4 |
| 24) | Sg3—f1 | Tf8—f7 |
| 25) | Sf1—d2 | Se6—f8 |
| 26) | Ta1—b1 | g6—g5 |
| 27) | b3—b4 | c5—b4: |
| 28) | Tb1—b4: | c7—c5 |
| 29) | Tb4—b6 | h7—h5 |
| 30) | Sf3—h2 | h5—h4 |
| 31) | Sd2—c4 | Ta8—d8 |

| | Weiss. | Schwarz. |
|---|---|---|
| 32) | Dd1—h5 | |
| 32) | ... | Lb7—c8 |
| 33) | Tb6—c6 | Sf8—e6 |
| 34) | Sh2—g4 | f4—f3 |
| 35) | Sc4—e5: | Lg7—e5: |
| 36) | Sg4—e5: | Tf7—g7 |
| 37) | La3—e5: | Se6—c5: |
| 38) | Tc6—h6 | Kg8—f8 |
| 39) | Th6—h8† | Aufgegeben. |

### Anmerkungen zur 2. Partie.

6) ... g7—g6. Dieser Zug ist offenbar weit besser, als 6) ... Lf8—e7, was in der ersten Partie an dieser Stelle geschah. Der schwarze Königsläufer hat auf g7 mehr Wirksamkeit, als auf e7, steht auch nicht, wie auf jenem Felde, der Bewegung anderer Figuren hinderlich im Wege; zudem hält der Bauer g6 den feindlichen Springer von dem günstigen Platze auf f5 ab. (Man vergleiche die erste Partie). Ueberhaupt vertheidigt sich Paulsen in dieser Partie mit grösserer Umsicht und Vorsicht, als im ersten Spiele.

8) Lc1—e3. Um die Bedeutung dieses Zuges zu verstehen, vergleiche man den 13. Zug des ersten Spiels. Jene Combination ist hier jedoch nicht so vortheilhaft für den Anziehenden wie dort; derselbe geräth vielmehr gerade wegen der Postirung seines Damenläufers auf e3 nachher durch 11) ... Sf6—e8 in arge Verlegenheit, weil nun das Vorrücken des feindlichen Königsläuferbauern ihm die sogenannte Gabel droht. Desshalb hat Anderssen denn auch in den folgenden Spielen mit gleicher Eröffnung den besprochenen Zug

nicht wiederholt, sondern statt dessen sogleich den Damenspringer nach c2 gezogen.

12) **Tf1—e1.** Wohl das einzige Auskunftsmittel, um der Gefahr zu entrinnen. Die Stellung der Weissen ist jetzt nicht eben geeignet, ihrem Führer Behagen einzuflössen.

12) ... **d5—d4.** Hier versäumt der Nachziehende den günstigen Moment; durch 12) ... f7—f5 würde Schwarz ein sehr gutes Spiel bekommen haben. Dies hat Anderssen unzweifelhaft eingesehen und darum den Angriffsplan im dritten Spiele geändert. Die durch das Vordringen des schwarzen Damenbauern eingeleitete Operation lässt dem Gegner Zeit, wieder Herr des Spiels zu werden.

23) **Dd2—d1.** Weiss will dem beabsichtigten Qualitätsopfer — Tf8—f3: vorbeugen. —

Durch anscheinend unbedeutende Vorbereitungszüge hat Anderssen jetzt mit bewunderungswürdiger Feinheit auf dem Damenflügel eine gute Angriffsstellung eingenommen und zugleich seinen König gegen alle etwaigen Sturmversuche hinlänglich sicher gestellt. Die vom Gegner dennoch unternommene Attaque auf der Königsseite scheitert daher vollständig und schlägt zu seinem eigenen Verderben aus, indem der schwarze König, von seiner vorwärtsgeeilten Bauern-Garde verlassen, nun keinen Schutz mehr vor den plötzlich zum Rochade-Angriff concentrirten feindlichen Officieren findet. (Man vergleiche das Diagramm zum 32. Zuge.)

---

### 3. Partie.

Fünfte Partie des Wettkampfes zwischen Anderssen und L. Paulsen im Jahre 1862.

| | Anderssen. | S. Paulsen. | | Weiss. | Schwarz. |
|---|---|---|---|---|---|
| | Weiss. | Schwarz. | 14) | b3—b4 | c5—b4: |
| 1) | e2—e4 | e7—e5 | 15) | Tb1—b4: | c7—c5 |
| 2) | Sg1—f3 | Sb8—c6 | 16) | Tb4—b1 | f5—f4 |
| 3) | Lf1—b5 | Sg8—f6 | 17) | Sg3—f1 | Lb7—c8 |
| 4) | d2—d3 | d7—d6 | 18) | c2—c3 | Dc7—f6 |
| 5) | Lb5—c6: | b7—c6: | 19) | d3—d4 | c5—d4: |
| 6) | h2—h3 | g7—g6 | 20) | c3—d4: | e5—d4: |
| 7) | Sb1—c3 | Lf8—g7 | 21) | Dd1—a4 | Lc8—e6 |
| 8) | 0—0 | 0—0 | 22) | Tb1—b2 | d4—d3 |
| 9) | Sc3—e2 | c6—c5 | 23) | Tb2—b7 | Tf8—f7 |
| 10) | Se2—g3 | Lc8—b7 | 24) | e4—e5 | d6—e5: |
| 11) | b2—b3 | Sf6—e8 | 25) | Tb7—f7: | Df6—f7: |
| 12) | Ta1—b1 | Dd8—c7 | 26) | Sf3—e5: | Lg7—e5: |
| 13) | Tf1—e1 | f7—f5 | 27) | Te1—e5: | Ta8—c8 |

|     | Weiss.   | Schwarz.  |     | Weiss.   | Schwarz. |
|-----|----------|-----------|-----|----------|----------|
| 28) | Lc1—b2   | Tc8—c4    | 40) | Kg1—h2   | Se8—g7   |
| 29) | Da4—b3   | Df7—d7    | 41) | Sd2—e4   | Lh3—f5   |
| 30) | Kg1—h2   | Se8—g7    | 42) | Kh2—g2:  | Lf5—e4†  |
| 31) | Tc5—e1   | f4—f3     | 43) | Te1—e4:  | Tc8—c2   |
| 32) | Sf1—d2   | Tc4—c8    | 44) | Tc4—e7   | Tc2—a2:  |
| 33) | Db3—b4   | f3—g2:    | 45) | Te7—a7:  | g6—g5    |
| 34) | Sd2—e4   | Sg7—e8    | 46) | Ta7—a8†  | Kg8—f7   |
| 35) | Lb2—a3   | Dd7—f7    | 47) | Ta8—a7†  | Kf7—g6   |
| 36) | Db4—d4   | Df7—f4†   | 48) | Ta7—a6†  | Kg6—h5   |
| 37) | Kh2—g1   | d3—d2     | 49) | Ta6—a7   | h7—h6    |
| 38) | Dd4—d2:  | Df4—d2:   | 50) | Ta7—g7:  | Ta2—a3:  |
| 39) | Se4—d2:  | Le6—h3:   | und das Spiel blieb unentschieden. | | |

### Anmerkungen zur 3. Partie.

18) ... De7—f6. Der Zweck dieses Zuges ist offenbar der, das Vorrücken des feindlichen Damenbauern zu hindern. Dies ist jedoch dessenungeachtet möglich.

19) d3—d4. Vollkommen richtig; doch wird der wohlüberlegte Plan nachher von Seiten des Anziehenden nicht mit derselben energischen Consequenz, wie im zweiten Spiele, durchgeführt. Die folgenden Operationen enthalten freilich manchen geistreichen Gedanken, sind aber nicht genau berechnet und scheitern an der correcten Vertheidigung des besonnenen Gegners. Wir müssen offen gestehen, dass uns Anderssens Fortsetzung dieses Angriffs bizarr erscheint.

40) ... Se8—g7. Der richtige Zug, durch den Schwarz wohl den Sieg errungen haben würde, war 40) ... Se8—f6.

---

### 4. Partie.

Siebente Partie des Wettkampfes zwischen Anderssen und L. Paulsen im Jahre 1862.

|     | Anderssen. | L. Paulsen. |     | Weiss.  | Schwarz. |
|-----|------------|-------------|-----|---------|----------|
|     | Weiss.     | Schwarz.    | 9)  | Sc3—e2  | c6—c5    |
| 1)  | e2—e4      | e7—e5       | 10) | Se2—g3  | Lc8—b7   |
| 2)  | Sg1—f3     | Sb8—c6      | 11) | Tf1—e1  | Sf6—d7   |
| 3)  | Lf1—b5     | Sg8—f6      | 12) | Ta1—b1  | f7—f5    |
| 4)  | d2—d3      | d7—d6       | 13) | b2—b4   | f5—e4:   |
| 5)  | Lb5—c6†    | b7—c6:      | 14) | d3—e4:  | c5—b4:   |
| 6)  | h2—h3      | g7—g6       | 15) | Tb1—b4: | Sd7—b6   |
| 7)  | Sb1—c3     | Lf8—g7      | 16) | Tb4—b3  | Dd8—e7   |
| 8)  | 0—0        | 0—0         | 17) | a2—a4   | a7—a5    |

| | Weiss. | Schwarz. | | | Weiss. | Schwarz. |
|---|---|---|---|---|---|---|
| 18) | Lc1—e3 | Ta8—a6 | | 23) | h3—h4 | Kg8—h8 |
| 19) | Dd1—e2 | | | 24) | Tb3—a3 | Ta6—a8 |
| | | | | 25) | h4—h5 | Lc8—a6 |
| | | | | 26) | De2—e1 | Sb6—c4 |
| | | | | 27) | Ta3—b3 | Dd8—d7 |
| | | | | 28) | h5—g6: | h7—g6: |
| | | | | 29) | Le3—g5 | Dd7—a4: |
| | | | | 30) | Sf3—h4 | Da4—e8 |
| | | | | 31) | Sg3—f1 | a5—a4 |
| | | | | 32) | Tb3—h3 | Kh8—g8 |
| | | | | 33) | Th3—g3 | a4—a3 |
| | | | | 34) | Tb1—a1 | Lg7—f6 |
| | | | | 35) | Sh4—g6: | Lf6—g5: |
| | | | | 36) | Sg6—f8: | Kg8—f8: |
| | | | | 37) | Tg3—g5: | Kf8—e7 |
| | | | | 38) | Sf1—e3 | Ke7—d7 |
| 19) | ... | Lb7—c8 | | 39) | Tg5—g3 | c7—c6 |
| 20) | Te1—b1 | De7—d8 | | 40) | Se3—c4: | La6—c4: |
| 21) | Sf3—g5 | Dd8—e7 | | 41) | De1—c3 | d6—d5 |
| 22) | Sg5—f3 | De7—d8 | | 42) | Ta1—a8: | Aufgegeben. |

### Anmerkungen zur 4. Partie.

12) **Ta1—b1.** In der dritten Partie geschah zuerst 12) b2—b3, dann 13) Ta1—b1 und 14) b3—b4. In dieser Partie wird dasselbe, was dort drei Tempi gekostet hatte, in nur zwei Zügen erreicht. Die Anlage dieser Partie von Seiten des Anziehenden ist durchaus mustergültig. Man sieht, dass der grosse Meister aus den vorangegangenen Spielen des Wettkampfs viel gelernt hat.

21) **Sf3—g5.** Eine Falle. Da Schwarz den richtigen Gegenzug trifft, geht der Springer ruhig auf seinen alten Posten zurück, und die Situation ist unverändert geblieben.

34) ... **Lg7—f6.** Ein Fehler!

---

Die vorstehenden, von Anderssen meisterhaft und von Seiten des starken Gegners gewiss nicht schlecht gespielten Partieen verdienen mit besonderer Sorgfalt studirt zu werden, vorzüglich die zweite und vierte Partie. Solche Spiele, in denen nach Anderssens treffendem Ausdruck „die Geister unter dünner Decke schlummern", gewähren dem Kenner unvergleichlich mehr Vergnügen und Belehrung, als die Mehrzahl der sogenannten brillanten Partien.

Die Ursache des für den Vertheidiger unglücklichen Ausgangs der ersten, zweiten und vierten Partie ist unseres Erachtens nicht im vierten Zuge der Eröffnung [4) . . . d7—d6] zu suchen, den wir vielmehr für die correcteste Antwort auf 4) d2—d3 erklären müssen, sondern hauptsächlich in einer unrichtigen Beurtheilung der aus diesem Anfange hervorgehenden Position. Paulsen zieht nämlich in allen vier Partien seinen Damenläufer hartnäckig nach b7, offenbar in der Erwartung, derselbe werde von hier aus in der Richtung a8—h1 erfolgreich wirken. Diese Hoffnung erweis't sich aber jedes Mal als trügerisch, und der scheinbar auf b7 dem Gegner so gefährliche Läufer weiss in drei Partien nachher nichts Besseres zu thun, als wieder nach c8 zurückzukehren; man vergleiche den 32. Zug der zweiten, den 17. Zug der dritten und den 19. Zug der vierten Partie. Wir glauben, dass die verfehlte Aufstellung der besagten Figur auf b7 und der mit ihrem späteren Rückzuge verbundene Zeitverlust wesentlich zur Niederlage der Schwarzen beigetragen hat. Indem der Nachziehende die Kraft seiner beiden Läufer überschätzte, unternahm er zu früh einen Gegenangriff und wurde in Folge dessen desto mehr zurückgedrängt.

## 5. Partie.

Dritte Partie des Wettkampfes zwischen Anderssen und Morphy im December d. J. 1858.
(Resultat: A. gewann zwei Spiele, P. M. sieben, zwei blieben unentschieden.)

| | P. Morphy. | Anderssen. | | Weiss. | Schwarz. |
|---|---|---|---|---|---|
| | Weiss. | Schwarz. | 11) | Lg5—f6: | Dd8—f6 |
| 1) | e2—e4 | e7—e5 | 12) | c2—c3 | d7—d5 |
| 2) | Sg1—f3 | Sb8—c6 | 13) | c3—d4: | Lc8—e6 |
| 3) | Lf1—b5 | Sg8—f6 | 14) | Sb1—c3 | a7—a6 |
| 4) | d2—d4 | Sc6—d4: | 15) | Tc1—e5 | Ta8—d8 |
| 5) | Sf3—d4: | e5—d4: | 16) | Dd1—b3 | Df6—e7 |
| 6) | e4—e5 | c7—c6 | 17) | Ta1—e1 | g7—g5 (?) |
| 7) | 0—0 | c6—b5: | 18) | Db3—d1 | De7—f6 |
| 8) | Lc1—g5 | Lf8—e7 (!) | 19) | Te1—e3 | Th8—g8 (?) |
| 9) | e5—f6: | Le7—f6: | 20) | Te5—e6: | Aufgegeben. |
| 10) | Tf1—e1† | Ke8—f8 | | | |

### Anmerkungen zur 5. Partie.

4) **d2—d4.** Diese gegenwärtig sehr beliebte Fortsetzung des Angriffs ist weniger stark, als 4) d2—d3 und 4) 0—0. Schwarz kann dabei durch 4) ... e5—d4: sehr bald zu einer gesicherten Stellung gelangen. Sowohl nach der Fortsetzung: 5)  0—0    Lf8—e7
6)  Tf1—e1    0—0    7)  e4—e5    Sf6—e8,

als nach 5) e4—e5 Sf6—e4 6) 0—0 Lf8—e7
7) Sf3—d4: Sc6—d4: 8) Dd1—d4: Sc4—e5
dürfen die Spiele als gleichstehend betrachtet werden.

Auch der in vorstehender Partie geschehene Zug 4)... Sc6—d4: ist keineswegs so nachtheilig für Schwarz, wie jetzt vielfach angenommen wird. Man erwäge die Fortsetzung:

5) Sf3—d4:   e5—d4:    8) Dd1—d4:   Sd5—c7
6) e4—e5    c7—c6     9) Lb5—c4    d7—d5.
7) 0—0      Sf6—d5

Der im Handbuche*) ausgesprochenen Ansicht, dass in dieser Variante vielleicht 7) Sf6—g8 noch besser sei, als 7) Sf6—d5, können wir nicht beipflichten, denn der Zweck dieses Zuges, den Bauer d4 zu behaupten, lässt sich bei 8) Lb5—a4 (!) nicht ohne bedeutende Verschlechterung der Stellung erreichen.

7)... c6—b5:. Ob diese Fortsetzung der Vertheidigung correct sei oder ob Schwarz nunmehr in Nachtheil kommen müsse, ist bekanntlich Gegenstand einer Preisfrage; adhuc sub iudice lis est! Jedenfalls kann der Ausgang dieser Partie nicht massgebend für die Entscheidung sein, da hier zwei grobe Fehler, 17)... **g7—g5** statt g7—g6 und 19)... **Th8—g8** statt Kf8—g7, den schleunigen Verlust herbeigeführt haben.

Wenn man Anderssens tief durchdachtes Spiel in den obigen vier Partien mit dem in dieser Partie vergleicht, so wird man einsehen, dass es in diesem Falle nicht blosse Redensart ist, zu sagen: „er hat einmal unter seiner wahren Stärke gespielt", und geneigt sein, das Ergebniss des Wettkampfs mit dem Amerikaner nur als ein zufälliges Missgeschick zu betrachten.

## 6. Partie.

Zweite Partie des Wettkampfes zwischen Kolisch und Horwitz im Jahre 1860.
(Resultat: K. gewann drei Spiele, H. eins.)

|  | Kolisch. | Horwitz. |  | Weiss. | Schwarz. |
|---|---|---|---|---|---|
|  | Weiss. | Schwarz. | 7) | Sf3—d4: | Lc8—d7 |
| 1) | e2—e4 | e7—e5 | 8) | f2—f4 | Sc6—d4: |
| 2) | Sg1—f3 | Sb8—c6 | 9) | Lb5—d7† | Dd8—d7: |
| 3) | Lf1—b5 | Sg8—f6 | 10) | Dd1—d4: | 0—0 |
| 4) | 0—0 | Lf8—e7 | 11) | f4—f5 | b7—b6 |
| 5) | Sb1—c3 | d7—d6 | 12) | Dd4—d3 | Sf6—g4 |
| 6) | d2—d4 | e5—d4: | 13) | Lc1—f4 | f7—f6 |

---

*) Wo wir das „Handbuch" citiren, ist stets das „Handbuch des Schachspiels, entworfen und angefangen von P. R. v. Bilguer, fortgesetzt und herausgegeben von v. d. Lasa" darunter zu verstehen.

|     | Weiss. | Schwarz. |     | Weiss. | Schwarz. |
|-----|--------|----------|-----|--------|----------|
| 14) | Ta1—d1 | Sg4—e5   | 23) | Td1—e1 | Dc6—a4   |
| 15) | Lf4—e5: | f6—e5:  | 24) | g2—g4  | Da4—a2:  |
| 16) | Dd3—d5† | Kg8—h8  | 25) | g4—g5  | Da2—f7   |
| 17) | Dd5—e5: | Le7—f6  | 26) | Te3—h3 | g7—g6    |
| 18) | De5—g3 | Ta8—c8   | 27) | Th3—h6 | Te5—f5:  |
| 19) | Tf1—e1 | Dd7—c6   | 28) | Dd3—g3 | Tf5—e5   |
| 20) | Dg3—d3 | Lf6—c3:  | 29) | Th6—h4 | Te8—f8   |
| 21) | b2—c3: | Te8—e5   | 30) | h2—h3  | Te5—g5:  |
| 22) | Te1—e3 | Tf8—e8   |     | und Schwarz gewinnt. | |

### Anmerkungen zur 6. Partie.

4) ... **Lf8—e7.** Anderssen verwirft diesen Zug und erklärt für „das einzig Richtige" 4) ... **Sf6—e4:**, weil 4) ... Lf8—e7 dem Weissen den Zug 5) Sb1—c3 und dadurch Positionsvortheil gestatte. Es wird nämlich durch die Fortsetzung 5) **Sb1—c3, d7—d6** 6) **Lb5—c6†** dieselbe Stellung herbeigeführt, die in der Turnierpartie zwischen Anderssen und Paulsen vorkam. Wir haben in der Kritik der Paulsenschen Vertheidigung bereits ausgesprochen, dass wir jenen Vortheil für nicht entscheidend halten. Es ist eben der Vortheil des Anzugs. Hier müssen wir die Bemerkung hinzufügen, dass Weiss nach 4) ... **Sf6—e4:** bei correcter Fortsetzung einen mindestens ebenso grossen Positionsvortheil erlangt und dass wir der hier gewählten Vertheidigung 4) ... Lf8—e7 den Vorzug geben. (Man vergleiche die achte und die neunte Partie.) Statt 5) Sb1—c3 kann übrigens auch 5) d2—d3 geschehen.

24) **g2—g4.** Dieser hitzige Angriff beschleunigt den Untergang des weissen Spiels. — Im ganzen Verlaufe dieser Partie verräth sich eine schwache Seite des zur Zeit des Wettkampfs mit Horwitz noch jugendlichen ungarischen Meisters. Seine Force lag damals offenbar im Figurenspiel; sobald das Bauernspiel anfing, hörte die Ueberlegenheit auf. Die meisten jungen Schachgenies bleiben, nachdem sie im Figurenspiel schon eine vorzügliche Gewandtheit erworben haben, noch lange mittelmässige Bauernführer.

---

### 7. Partie.

Gespielt in der Schachgesellschaft Augustea zu Leipzig 1864.

| | G. Sepger. | S. Paulsen. | | Weiss. | Schwarz. |
|---|---|---|---|---|---|
| | Weiss. | Schwarz. | 5) | Sb1—c3 | Sc6—d4 |
| 1) | e2—e4 | e7—e5 | 6) | Lb5—c4 | d7—d6 |
| 2) | Sg1—f3 | Sb8—c6 | 7) | h2—h3 | Lc8—e6 |
| 3) | Lf1—b5 | Sg8—f6 | 8) | Lc4—b3 | 0—0 |
| 4) | 0—0 | Lf8—e7 | 9) | d2—d3 | Sd4—b3: |

|     | Weiss.   | Schwarz. |     | Weiss.    | Schwarz. |
|-----|----------|----------|-----|-----------|----------|
| 10) | a2—b3:   | Sf6—d7   | 20) | Sc3—e4:   | Le6—d5   |
| 11) | d3—d4    | e5—d4:   | 21) | Se4—c3    | Dd8—f8   |
| 12) | Sf3—d4:  | c7—c5    | 22) | Td1—d2    | Ld5—c6   |
| 13) | Sd4—e2   | a7—a6    | 23) | Dg3—f2    | Ta8—e8   |
| 14) | Se2—g3   | Sd7—b6   | 24) | Tf1—d1    | Tf5—f6   |
| 15) | f2—f4    | Le7—h4   | 25) | f4—f5     | Tf6—f5:  |
| 16) | Dd1—f3   | Lh4—g3:  | 26) | Df2—g3    | d6—d5    |
| 17) | Df3—g3:  | f7—f5    | 27) | Sc3—a4    | Lc6—a4:  |
| 18) | Lc1—e3   | f5—e4:   | 28) | b3—a4:    | Sb6—c4.  |
| 19) | Ta1—d1   | Tf8—f5   |     | Aufgegeben. |        |

### Anmerkungen zur 7. Partie.

6) **Lb5—c4**. Dies ist nicht die beste Antwort auf Paulsens neuen Vertheidigungszug 5) ... Sc6—d4. Will Weiss nicht die Springer tauschen, so verdient der Rückzug des Läufers nach a4 den Vorzug, weil dadurch das Vorrücken des feindlichen Damenbauern gehindert und Schwarz zu 6) ... Sd4—f3† gezwungen wird. Weiss behauptet dann das freiere Spiel. Für die stärkste Fortsetzung des Angriffs halten wir aber

| | | | | | |
|---|---|---|---|---|---|
| 6) | Sf3—d4: | e5—d4: | 7) | e4—e5 | d4—c3: |
| 8) | e5—f6: | | | | |

Spielt Schwarz nun auf Bauerngewinn 8) ... c3—b2:, so verschafft die Consequenz dieses Zuges:

| | | | | | |
|---|---|---|---|---|---|
| 9) | f6—e7: | b2—a1: D. | 10) | e7—d8†D. | Ke8—d8: |
| 11) | d2—d4 | | | | |

dem Weissen einen ausgezeichneten Angriff, der das Qualitätsopfer sicherlich aufwiegt. Man erwäge z. B. die Variante:

11) ...  Da1—a2: (um die Dame der Gefahr zu entziehen und wieder in das Spiel zurückzubringen.)

12) Dd1—g4  Th8—g8  13) d4—d5 u. s. w.

Bei 8) ... Le7—f6: (!) kann Weiss gleichfalls lange den Angriff festhalten durch 9) Tf1—e1† Lf6—e7 (!), 10) Dd1—c2.

25) **f4—f5**. Ein Fehlzug.

---

### 8. Partie.

Gespielt durch Correspondenz in den Jahren 1860—1861.

|     | München.   | Stuttgart. |     | Weiss.   | Schwarz. |
|-----|----------|----------|-----|----------|----------|
|     | Weiss.   | Schwarz. | 4)  | 0—0 (!)  | Sf6—e4:  |
| 1)  | e2—e4    | e7—e5    | 5)  | d2—d4 (!)| Lf8—e7   |
| 2)  | Sg1—f3   | Sb8—c6   | 6)  | Dd1—e2   | Se4—d6   |
| 3)  | Lf1—b5   | Sg8—f6   | 7)  | Lb5—c6:  | b7—c6: (!) |

| | Weiss. | Schwarz. |
|---|---|---|
| 8) | d4—e5: | |

| | Weiss. | Schwarz. |
|---|---|---|
| 8) | ... | Sd6—b7 |
| 9) | Lc1—e3 | 0—0 |
| 10) | Tf1—d1 | e6—e5 (?) |
| 11) | Sb1—c3 | d7—d6 |
| 12) | Sc3—d5 | Lc8—e6 |
| 13) | Dc2—a6 (!) | Le6—d5: |
| 14) | Td1—d5: | Dd8—c8 |
| 15) | e5—d6: | c7—d6: |
| 16) | Le3—f4 | Dc8—c7 |
| 17) | Sf3—d2 | Dc7—b6 |
| 18) | Da6—d3 | Ta8—d8 |
| 19) | Sd2—c4 | Db6—a6 |
| 20) | a2—a4 | Td8—d7 |
| 21) | b2—b3 | Tf8—d8 |
| 22) | Ta1—d1 | |

| | Weiss. | Schwarz. |
|---|---|---|
| 22) | ... | Le7—f8 |
| 23) | h2—h4 | Lf8—e7 |
| 24) | Dd3—g3 | Da6—c6 |
| 25) | Td1—d3 | f7—f6 |
| 26) | Dg3—g4 | Le7—f8 |
| 27) | h4—h5 | Td8—c8 |
| 28) | Dg4—f5 | Dc6—c7 |
| 29) | h5—h6 | g7—g6 |
| 30) | Df5—f6: | Td7—f7 |
| 31) | Df6—g5 | Tc8—e6 |
| 32) | Dg5—g3 | Tf7—f6 |
| 33) | Lf4—g5 | Tf6—f7 |
| 34) | f2—f4 | Dc7—c6 |
| 35) | Kg1—h2 | Dc6—c8 |
| 36) | Td3—f3 | Dc8—c6 |
| 37) | Td5—d2 | Dc6—c8 |
| 38) | Sc4—e3 | Kg8—h8 |
| 39) | f4—f5 | g6—f5: |
| 40) | Se3—f5: | Te6—e1 |
| 41) | Td2—f2 | Dc8—e5 |
| 42) | Sf5—e7 | Tf7—f3: |

Weiss kündigte hierauf mit dem Zuge 43) Tf2—f3: Matt in spätestens zehn Zügen an, was von der Gegenpartei als richtig anerkannt wurde.

### Anmerkungen zur 8. Partie.

**5) d2—d4.** Dieser Zug ist stärker als 5) **Tf1—e1**, worauf das Spiel durch

5) ... Se4—d6    6) Sf3—e5:    Lf8—e7
7) Lb5—a4    Sc6—e5:    8) Te1—e5:    0—0

bald ausgeglichen wird.

**6) Dd1—e2.** Weniger nachhaltig ist der Angriff 6) **d4—d5**, worauf Schwarz sich durch 6) ... Se4—d6, 7) Lb5—a4 e5—e4, 8) d5—c6: e4—f3: leicht vertheidigen kann. — Auch 6) **Tf1—e1** verschafft dem Weissen ein gutes Angriffsspiel.

**10) ... c6—c5.** Durch diesen Zug verdirbt die nachziehende Partie ihr Spiel: der schwarze Damenbauer bleibt nun rückständig.

**22) ... Le7—f8.** Die Münchener Spieler haben den Fehlzug ihrer Gegner vortrefflich benutzt und mit Consequenz fortwährend ihren Angriff auf den schwachen Punkt d6 gerichtet. Das schwarze Spiel ist desshalb jetzt vollständig gelähmt, da alle Figuren zur Deckung des rückständigen Damenbauern nothwendig sind. Zudem hat die schwarze Dame einen sehr ungünstigen Standort, von wo aus sie dem Königsflügel schwer zu Hülfe kommen kann. Weiss bereitet nun in aller Ruhe den entscheidenden Angriff auf die feindliche Rochadestellung vor.

**42) ... Tf7—f3:.** Auf 42) ... Te1—h1† würde Weiss nach 43) Kh2—h1: De5—g3:. 44) Tf3—g3: Tf7—f2: das Matt in zwei Zügen erzwingen.

---

## 9. Partie.

Gespielt in der Augustea zu Leipzig im December 1863. — Zeitdauer 11 Stunden.

|  | G. Sepge. Weiss. | S. Paulsen. Schwarz. |
|---|---|---|
| 1) | e2—e4 | e7—e5 |
| 2) | Sg1—f3 | Sb8—c6 |
| 3) | Lf1—b5 | Sg8—f6 |
| 4) | 0—0 | Sf6—e4: |
| 5) | d2—d4 | Lf8—e7 |
| 6) | Dd1—e2 | Se4—d6 |
| 7) | Lb5—c6: | d7—c6: (?) |
| 8) | d4—e5: | Sd6—f5 |
| 9) | Tf1—d1 | Lc8—d7 |
| 10) | e5—e6 | f7—e6: |
| 11) | Sf3—e5 |  |

|     | Weiss.      | Schwarz.    |     | Weiss.      | Schwarz.    |
|-----|-------------|-------------|-----|-------------|-------------|
| 11) | ...         | Le7—d6      | 36) | c4—c5       | Th8—h7:     |
| 12) | De2—h5†     | g7—g6       | 37) | Dh3—g2      | Dg6—g2∓     |
| 13) | Se5—g6:     | Sf5—g7      | 38) | Kh1—g2:     | Tb7—h2∓     |
| 14) | Dh5—h6      | Sg7—f5      | 39) | Kg2—f1      | e6—e5       |
| 15) | Dh6—h3      | Th8—g8      | 40) | c5—d6:      | c7—d6:      |
| 16) | Dh3—h7:     | Tg8—g7      | 41) | Kf1—e2      | Th2—h4      |
| 17) | Dh7—h5      | Dd8—f6      | 42) | Td1—h1      | Th4—e4†     |
| 18) | Sg6—e5†     | Ke8—d8 (?)  | 43) | Ke2—d3      | Te4—d4†     |
| 19) | Se5—f3 (?)  | Sf5—e7      | 44) | Kd3—c3      | c6—c5       |
| 20) | Lc1—g5      | Df6—f8      | 45) | Ta1—d1      | Td4—b4      |
| 21) | Sb1—c3      | Kd8—c8      | 46) | Td1—d2      | a7—a5       |
| 22) | Sc3—e4      | Sc7—f5      | 47) | Th3—h6      | Tb4—b6      |
| 23) | g2—g4       | Sf5—e7      | 48) | Ke3—e4      | Kd7—c7      |
| 24) | Lg5—h6      | Tg7—g4∓     | 49) | Ke4—d5      | Tb6—c6      |
| 25) | Dh5—g4:     | Df8—h6:     | 50) | Th6—h7†     | Kc7—c8      |
| 26) | Dg4—g5      | Dh6—f8      | 51) | Kd5—e6      | c5—c4       |
| 27) | Sf3—e5      | Sc7—d5      | 52) | Td2—d6:     | Tc6—c5      |
| 28) | c2—c4       | Sd5—f4      | 53) | Td6—d7      | Tc5—c6†     |
| 29) | Se5—d7:     | Sf4—h3†     | 54) | Ke6—e5:     | a5—a4       |
| 30) | Kg1—g2      | Ke8—d7:     | 55) | Td7—f7      | Kc8—b8      |
| 31) | Dg5—h4      | Df8—g7†     | 56) | Tf7—b7∓     | Kb8—c8      |
| 32) | Kg2—h1      | Dg7—g6      | 57) | Tb7—c7†     | Tc6—c7:     |
| 33) | Se4—f6† (?) | Kd7—c7      | 58) | Th7—c7∓     | Kc8—c7:     |
| 34) | Sf6—h7†     | Kc7—d7      | 59) | Ke5—d5      | a4—a3       |
| 35) | Dh4—h3:     | Ta8—h8      |     | und Schwarz gewinnt. | |

### Anmerkungen zur 9. Partie.

7) **d7—c6:**. Die Fortsetzung beweis't, dass dies falsch und b7—c6: hier allein richtig ist.

18) ... **Ke8—d8**. Besser wäre Ke8—e7. Nach dem in der Partie geschehenen Zuge könnte Weiss durch 19) Lc1—g5 sofort die Qualität gewinnen.

33) **Se4—f6†**. Noch schneller würde Weiss durch einfachen Abtausch 33) Se4—d6: das Spiel zu seinen Gunsten entschieden haben.

59) **Ke5—d5**. Durch dies Versehen giebt Weiss den Sieg aus der Hand.

---

## Zweite Vertheidigung: 3) ... a7—a6.
### 10. Partie.

Zweite Partie des Wettkampfes zwischen Anderssen und P. Morphy im Jahre 1858.

| | Anderssen.<br>Weiss. | P. Morphy.<br>Schwarz. | | Weiss. | Schwarz. |
|---|---|---|---|---|---|
| 1) | e2—e4 | e7—e5 | 21) | Sf3—h4 | Se7—f5: |
| 2) | Sg1—f3 | Sb8—c6 | 22) | Sh4—f5: | Dd8—d7 |
| 3) | Lf1—b5 | a7—a6 | 23) | Le3—h6: | g7—h6: |
| 4) | Lb5—a4 | Sg8—f6 | 24) | Df1—c1 | |
| 5) | d2—d3 | Lf8—c5 | | | |
| 6) | c2—c3 | b7—b5 (!) | | | |
| 7) | La4—c2 | d7—d5 | | | |
| 8) | e4—d5: | Sf6—d5: | | | |
| 9) | h2—h3 | 0—0 | | | |
| 10) | 0—0 | h7—h6 | | | |
| 11) | d3—d4 | e5—d4: | | | |
| 12) | c3—d4: | Lc5—b6 | | | |
| 13) | Sb1—c3 | Sd5—b4 | | | |
| 14) | Lc2—b1 | | | | |

| | | | | Weiss. | Schwarz. |
|---|---|---|---|---|---|
| | | | 24) | ... | Lb6—d4: |
| 14) | ... | Lc8—e6 | 25) | Dc1—h6: | Te8—e1† |
| 15) | a2—a3 | Sb4—d5 | 26) | Kg1—h2 | Sf6—e4 |
| 16) | Sc3—e2 | Sd5—f6 | 27) | Lb1—e4: | Te1—e4: |
| 17) | Lc1—e3 | Tf8—e8 | 28) | Dh6—g5† | Kg8—f8 |
| 18) | Se2—g3 | Le6—c4 | 29) | Dg5—h6† | Kf8—e8 |
| 19) | Sg3—f5 | Lc4—f1: | 30) | Sf5—d4: | Dd7—d6 |
| 20) | Dd1—f1: | Sc6—e7 | 31) | Dh6—d6: | c7—d6: |
| | | | 32) | Ta1—d1 | Ke8—f8 |
| | | | 33) | Td1—d2 | Ta8—e8 |
| | | | 34) | g2—g4 | Te8—e5 |
| | | | 35) | f2—f3 | Tc4—e1 |
| | | | 36) | h3—h4 | Te5—d5 |
| | | | 37) | Kh2—g3 | a6—a5 |
| | | | 38) | h4—h5 | Kf8—g8 |
| | | | 39) | Kg3—f2 | Te1—e8 |
| | | | 40) | Kf2—g3 | Te8—e7 |
| | | | 41) | Kg3—f4 | Kg8—h7 |

|    | Weiss. | Schwarz. |    | Weiss. | Schwarz. |
|----|--------|----------|----|--------|----------|
| 42) | Kf4—g3 | Tc7—c3 | 44) | Kf4—g3 | Tc8—c3 |
| 43) | Kg3—f4 | Tc3—c8 |    | Remis. |        |

### Anmerkungen zur 10. Partie.

3) **a7—a6.** Diese im Handbuche als correct empfohlene und in den letzten Jahren vorzugsweise gebräuchliche Vertheidigung ist neuerdings von Anderssen einer scharfen Kritik unterzogen und wegen der Fortsetzung des Angriffs mit 4) Lb5—a4 (!), Sg8—f6 5) 0—0 (!) verworfen worden. Man vergleiche hierüber unsere Anmerkungen zur 13. Partie.

4) **Lb5—a4.** Durch 4) Lb5—c6 erlangt Weiss keinen besonders guten Angriff; man vergleiche die 16. Partie. Wenn auch bei dieser Spielart nach 4) … d7—c6: 5) d2—d4 (!), c5—d4: 6) Dd1—d4: die weissen Bauern etwas besser stehen, als die schwarzen, so hat der Nachziehende doch ein Aequivalent dafür im Besitze zweier Läufer gegen Läufer und Springer, und dieser Vortheil lässt sich nach unseren Erfahrungen in der Praxis eher zur Geltung bringen, als jener.

5) **d2—d3.** Diese Fortsetzung des Angriffs hat hier weniger Kraft, als in den ersten vier Partien, weil Schwarz, nachdem er 3) a7—a6 gezogen hat, nun ohne Gefahr seinen Königsläufer auf c5 placiren und auf 6) c2—c3 durch 6) … b7—b5 (!) seinen Königsbauer schützen und bald in Sicherheit kommen kann. Man vergleiche unsere Anmerkungen zur 1. Partie.

14) **Lc8—e6.** Schwarz darf den Bauer d4 nicht nehmen; man sehe das Diagramm.

---

### 11. Partie.

Vierte Partie des Wettkampfes zwischen Anderssen und P. Morphy im Jahre 1858.

|    | Anderssen. | P. Morphy. |    | Weiss. | Schwarz. |
|----|------------|------------|----|--------|----------|
|    | Weiss. | Schwarz. | 12) | c3—d4: | Lc5—b6 |
| 1) | e2—e4 | e7—e5 | 13) | Sb1—c3 | Sd5—b4 |
| 2) | Sg1—f3 | Sb8—c6 | 14) | Lc2—b1 | Lc8—e6 |
| 3) | Lf1—b5 | a7—a6 | 15) | a2—a3 | Sb4—d5 |
| 4) | Lb5—a4 | Sg8—f6 | 16) | Lc1—e3 | Sd5—f6 |
| 5) | d2—d3 | Lf8—c5 | 17) | Dd1—d2 | Tf8—c8 |
| 6) | c2—c3 | b7—b5 | 18) | Tf1—d1 | Lc6—d5 |
| 7) | La4—c2 | d7—d5 | 19) | Sf3—e5 | Dd8—d6 |
| 8) | e4—d5: | Sf6—d5: | 20) | Dd2—e2 | Sc6—d4: |
| 9) | h2—h3 | 0—0 | 21) | Le3—d4: | Lb6—d4: |
| 10) | 0—0 | h7—h6 | 22) | Sc3—d5: | Dd6—e5: |
| 11) | d3—d4 | e5—d4: | 23) | Sd5—f6† | De5—f6: |

|  | Weiss. | Schwarz. |  | Weiss. | Schwarz. |
|---|---|---|---|---|---|
| 24) | Dc2—h7† | Kg8—f8 | 32) | Kb1—g1 | Dg3—g6 |
| 25) | Lb1—e4 | Ta8—d8 | 33) | Dh7—g6: | f7—g6: |
|  |  |  | 34) | Lf3—b7 | Te8—b8 |
|  |  |  | 35) | Lb7—a6: | c7—c6 |
|  |  |  | 36) | Kg1—f2 | Lc5—d6 |
|  |  |  | 37) | Td1—d3 | Kc7—d7 |
|  |  |  | 38) | Kf2—e2 | Tb8—a8 |
|  |  |  | 39) | La6—b7 | Ta8—a3: |
|  |  |  | 40) | Td3—d1 | Kd7—c7 |
|  |  |  | 41) | Lb7—c8 | Ta3—a2† |
|  |  |  | 42) | Ke2—f3 | Ld6—c5 |
|  |  |  | 43) | Lc8—e6 | Ta2—f2† |
|  |  |  | 44) | Kf3—g3 | Tf2—f6 |
|  |  |  | 45) | Td1—d7† | Kc7—b6 |
|  |  |  | 46) | Le6—g4 | Lc5—d6† |
| 26) | Kg1—h1 (?) | Ld4—b2: | 47) | Kg3—h4 | c6—c5 |
| 27) | Ta1—b1 | Td8—d1∓ | 48) | Lg4—f3 | c5—c4 |
| 28) | Tb1—a1: | Df6—f2: | 49) | Td7—g7: | Tf6—f4† |
| 29) | Dh7—h8† | Kf8—e7 | 50) | Lf3—g4 | c4—c3 |
| 30) | Dh8—h7 | Lb2—e5 | 51) | g2—g3 | Tf4—g4∓ |
| 31) | Le4—f3 | Df2—g3 |  | Aufgegeben. |  |

### Anmerkung zur 11. Partie.

26) **Kg1—h1.** Der entscheidende Fehlzug. Die richtige Fortsetzung war 26) Td1—f1, worauf Weiss bei 26) ... Ld4—b2: durch 27) Ta1—e1 eine gute Angriffsstellung eingenommen hätte.

---

## 12. Partie.

Fünfte Partie des Wettkampfes zwischen P. Hirschfeld und B. Suhle im Jahre 1860.
Resultat: B. S. gewann 7 Spiele, P. H. 0, 2 blieben unentschieden.)

|  | P. Hirschfeld. | B. Suhle. |  | Weiss. | Schwarz. |
|---|---|---|---|---|---|
|  | Weiss. | Schwarz. | 8) | h2—h3 | Sc6—a5 |
| 1) | e2—e4 | c7—c5 | 9) | Lc1—g5 | Sa5—b3: |
| 2) | Sg1—f3 | Sb8—c6 | 10) | a2—b3: | h7—h6 |
| 3) | Lf1—b5 | a7—a6 | 11) | Lg5—h4 | g7—g5 |
| 4) | Lb5—a4 | Sg8—f6 | 12) | Lh4—g3 | g5—g4 |
| 5) | d2—d3 | Lf8—c5 | 13) | h3—g4: | Lc8—g4: |
| 6) | 0—0 | b7—b5 | 14) | Lg3—h4 | Th8—g8 |
| 7) | La4—b3 | d7—d6 | 15) | Sb1—d2 | Tg8—g6 |

|  | Weiss. | Schwarz. |
|---|---|---|
| 16) | c2—c3 | Dd8—c7 |
| 17) | b3—b4 | Lc5—b6 |
| 18) | b2—b3 | Dc7—e6 |
| 19) | c3—c4 | Lg4—h3 |
| 20) | Sf3—e1 | Lh3—g2: |
| 21) | Se1—g2: | De6—h3 |
| 22) | Dd1—f3 | Dh3—h4: |
| 23) | Tf1—c1 | Sf6—h5 |
| 24) | c4—c5 | Sh5—f4 |
| 25) | c5—b6: | c7—b6: |
| 26) | Sd2—f1. | |

Schwarz setzt in 2 Zügen matt.

### Anmerkungen zur 12. Partie.

8) **h2—h3.** Ein schwacher Zug, in Folge dessen es dem Nachziehenden bald gelingt, zum Gegenangriffe überzugehen. Es hätte 8) c2—c3 geschehen sollen.

17) **b3—b4.** Die mit diesem Zuge eingeleitete Combination erfordert zu viel Zeit, um ihr Ziel zu erreichen.

---

### 13. Partie.

Gespielt zu Breslau im Jahre 1863.

Ein Matador des akademischen Schachzirkels zu Breslau. — Anderssen.

|  | Weiss. | Schwarz. |
|---|---|---|
| 1) | e2—e4 | e7—e5 |
| 2) | Sg1—f3 | Sb4—c6 |
| 3) | Lf1—b5 | a7—a6 |
| 4) | Lb5—a4 | Sg8—f6 |
| 5) | 0—0 (!) | Sf6—e4: |
| 6) | Tf1—e1 | Se4—f6 (?) |
| 7) | d2—d4 | e5—e4 |
| 8) | d4—d5 | b7—b5 |
| 9) | La4—b3 | Sc6—a5 |
| 10) | Sb1—c3 | Sa5—b3: |
| 11) | Sc3—e4: | Sf6—e4: |
| 12) | Te1—e4† | Lf8—e7 |
| 13) | d5—d6 | c7—d6: |
| 14) | Lc1—g5 | f7—f6 |
| 15) | Lg5—f6: | g7—f6: |
| 16) | Sf3—h4 | |

|     | Weiss. | Schwarz. |     | Weiss. | Schwarz. |
| --- | --- | --- | --- | --- | --- |
| 16) | ... | 0—0 (?) | 21) | Sc7—g6† | Kh8—g7 |
| 17) | Sh4—f5 | Kg8—h8 | 22) | Sg6—f8: | Ta8—f8: |
| 18) | Tc4—c7: | Dd8—c7: | 23) | Dh5—d1 | Tf8—c8 |
| 19) | Sf5—e7: | Sb3—a1: | 24) | c2—c3 | Kg7—f7 |
| 20) | Dd1—h5 | Lc8—b7 | 25) | Dd1—a1: und Weiss gewann. | |

### Anmerkungen zur 13. Partie.

6) Tf1—e1. Die stärkere und in der That für den Anziehenden vortheilhafte Fortsetzung des Angriffs ist 6) d2—d4 (!), worauf der schwarze Königsspringer nach 6) ... Lf8—e7 (!) 7) Tf1—e1 zum Rückzuge nach f6 oder d6 genöthigt wird, während die hier gewählte Spielart 6) Tf1—e1 ihm das günstigere Rückzugsfeld c5 offen lässt, von wo aus er den weissen Königsläufer angreift. Anderssen verwirft in seiner Kritik des Zuges 3) ... a7—a6 diese „unzeitige Vertreibung des Läufers" hauptsächlich aus dem Grunde, weil nach 4) Lb5—a4 (!) Sg8—f6 5) 0—0 (!) Sf6—e4: 6) Tf1—e1 es nun nicht möglich sei, den Springer auf das Feld d6 zurückzuziehen, wodurch bei 3) ... Sg8—f6 4) 0—0 Sf6—e4: 5) Tf1—e1 Se4—d6 Schwarz den feindlichen Königsläufer bedrohen und damit leicht die Spiele ausgleichen kann. (Man vergleiche unsere Anmerkung zur 8. Partie.) Dabei ist indessen der Umstand übersehen worden, dass der Springer nunmehr das vielleicht noch günstigere Feld c5 einnehmen kann, von wo aus derselbe ebenfalls den weissen Läufer bedroht. Insofern erscheint uns also Anderssens Beweisführung nicht überzeugend. Seinem Urtheile über„ die unzeitige Vertreibung des Läufers" durch 3) ... a7—a6 stimmen wir übrigens vollständig bei, da Weiss durch 6) d2—d4 zuerst dem Springer das Feld c5 verwehren und dann auf 6) ... Lf8—e7 mit 7) Tf1—e1 einen vortheilhaften Angriff beginnen kann, gegen welchen die ältere Vertheidigung 3) ... Sg8—f6 mehr Widerstandskraft besitzt; doch halten wir auch in diesem Falle das weisse Spiel für das überlegene und finden Sf6—e4: als Antwort auf die Rochade überhaupt nicht rathsam. — Ferner sagt Anderssen mit Recht: „Durch die Bewegung des a-Bauern a7—a6, die zunächst den Rückzug des Läufers b5 auf das ihn weniger exponirende Feld a4, also zum Vortheil des Weissen veranlasst, hat Schwarz nicht das Geringste erreicht, wenn nicht der Zug b7—b5 entweder unmittelbar nachfolgt oder für den geeigneten Zeitpunkt vorbehalten wird, worauf der Läufer seinen Rückzug nach b3, unter Umständen auch nach c2 fortsetzt. Somit hat Weiss seinen Königsläufer in Wirksamkeit und völlige Sicherheit gebracht, ohne dass Schwarz seinerseits mehr erwirbt, als bei verschlechterter Stellung des Damenflügels die ungewisse Aussicht einer möglichen Verwendung des Damenläufers auf b7, was kein Aequivalent ist." Wir müssen jedoch darauf aufmerksam machen, dass auch dies Raisonnement streng genommen nur für den Fall schlagend ist, wenn Weiss den Angriff mit der Rochade im 5. Zuge fortsetzt; denn bei 5) d2—d3 erweis't sich in der

That der Zug b7—b5 als das geeignetste Mittel, den Angriff zu pariren; man vergleiche die obigen Matchpartien zwischen Anderssen und Morphy. Gegen 5) 0—0 nützt das Manoeuvre freilich nichts, denn der zurückgetriebene Läufer ist auf b3, von wo aus er gelegentlich nach d5 gehen kann, dem schwarzen Spiele noch gefährlicher, als auf a4; man vergleiche unsere Anmerkungen zur 14. Partie.

6) ... Se4—f6. Entschieden besser ist Se4—c5. Wir können nicht absehen, wie der Anziehende dann „die Nichtbeachtung der mit dem Schlagen des e-Bauern im 5. Zuge verbundenen Gefahr durch einen rapiden Angriff zu strafen verstanden hätte."

16) ... 0—0. Ein Fehlzug. Statt dessen hätte 16) ... Lc8—b7 geschehen sollen, worauf Weiss nach unserer Ansicht nicht mehr als remis erreichen konnte; man prüfe das Diagramm.

Aus den vorstehenden Anmerkungen wird dem Leser einleuchten, dass der Ausgang dieser Partie nicht ohne Weiteres als zureichender Beweisgrund gelten darf für die Behauptung, dass nach 3) ... a7—a6 4) Lb5—a4 Sg8—f6 5) 0—0 nun 5) ... Sf6—e4: nicht statthaft ist. Anderssen hat in der Hauptsache vollkommen Recht; wir theilen seine Ansicht, dass 3) ... a7—a6 wenigstens für den Fall, wenn Sf6—e4: beabsichtigt wird, dem Schwarzen eher schädlich, als nützlich ist. Nur einige Ungenauigkeiten in der Beweisführung glaubten wir berichtigen zu müssen.

## 14. Partie.

Gespielt zu Wesel im April des Jahres 1859.

v. Cynatten.     B. Snöfr.
Weiss.     Schwarz.

| | | | | | |
|---|---|---|---|---|---|
| 1) | e2—e4 | e7—e5 | | | |
| 2) | Sg1—f3 | Sb8—c6 | | | |
| 3) | Lf1—b5 | a7—a6 | | | |
| 4) | Lb5—a4 | Sg8—f6 | | | |
| 5) | 0—0 (!) | b7—b5 | | | |
| 6) | La4—b3 | Lf8—c5 | | | |
| 7) | c2—c3 | 0—0 | | | |
| 8) | d2—d4 | Lc5—b6 | | | |
| 9) | Lc1—g5 (?) | h7—h6 | | | |
| 10) | d4—e5: (?) | h6—g5: | | | |
| 11) | e5—f6: | Dd8—f6: | | | |
| 12) | Sb1—d2 | g5—g4 | | | |
| 13) | e4—e5 | Df6—h6 | 16) | Dd1—g4: | Ld4—e5: |
| 14) | Sf3—d4 | Sc6—d4: | 17) | f2—f4 | d7—d6 |
| 15) | c3—d4: | Lb6—d4: | 18) | Dg4—f3 | Le5—d4† |

21

| | Weiss. | Schwarz. | | Weiss. | Schwarz. |
|---|---|---|---|---|---|
| 19) | Kg1—h1 | Lc8—e6 | | | |
| 20) | Df3—d3 | Ld4—b2: | | | |
| 21) | Ta1—e1 | Le6—b3: | | | |
| 22) | Dd3—b3: | Lb2—d4 | | | |
| 23) | Tc1—e4 | c7—c5 | | | |
| 24) | Db3—d5 | Ta8—c8 | | | |
| 25) | Tf1—e1 | Tc8—e4: | | | |
| 26) | Te1—e4: | Dh6—h4 | | | |
| 27) | Sd2—f3 | Dh4—f2 | | | |
| 28) | h2—h3 | Ld4—f6 | | | |
| 29) | Dd5—d6: | Df2—a2: | | | |
| 30) | Dd6—c5 | Lf6—h4 | | | |
| 31) | Kh1—h2 | Da2—f2 | | | |
| 32) | Dc5—c1 | Lh4—g3† | | Weiss. | Schwarz. |
| 33) | Kh2—h1 | Tf8—d8 | 40) | Dg1—f1: | b5—b4 |
| 34) | Sf3—g5 | Df2—b2 | 41) | Sg5—f3 | b4—b3 |
| 35) | Dc1—f1 | Db2—c2 | 42) | Sf3—d4 | Dc2—a2 |
| 36) | Tc4—e3 | Dc2—d1 | 43) | Df1—c1 | b3—b2 |
| 37) | Te3—f3 | Dd1—c2 | 44) | Dc1—c8† | Kg8—h7 |
| 38) | Df1—g1 | Td8—d1 | 45) | Dc8—c2† | g7—g6 |
| 39) | Tf3—f1 | Td1—f1: | | Aufgegeben. | |

### Anmerkungen zur 14. Partie.

6) ... Lf8—c5. Den Bauer e4 statt dessen jetzt zu nehmen, ist sehr gefährlich für Schwarz. Die Fortsetzung 7) Lb3—d5 würde allerdings dem Anziehenden keinen sonderlichen Vortheil bringen, wie das Handbuch durch die 8. Variante des §. 5, Seite 180 der 3. Auflage beweist. Kräftiger ist aber 7) Tf1—e1, worauf das Handbuch mit Unrecht durch 7) ... d7—d5 8) d2—d3, Se4—c5 9) Sf3—c5:, Sc6—c5: 10) f2—f4 (?) die Spiele ausgleicht; durch 10) Te1—e5† kommt Weiss in Vortheil. Auch wenn 7) ... Se4—c5 statt 7) ... d7—d5 geschieht, kommt Schwarz in sehr bedrängte Lage durch 8) Lb3—d5, Lc8—b7 9) d2—d4, Sc5—e6 10) Sf3—e5:, Lf8—c7 11) f2—f4. Es kann z. B. folgen 11) ...

Stellung nach dem 12. Zuge von Weiss.

0—0 12) c2—c3, h7—h6 [12) ... f7—f5 ist unmöglich wegen der Antwort 13) Se5—d7:] 13) f4—f5, Se6—g5 14) Se5—g6, Tf8—e8 15) Te1—c7: Tc8—c7: 16) Lc1—g5:, h6—g5: 17) Dd1—h5 und Weiss gewinnt.

Bei 7) ... Se4—f6 endlich folgt 8) Sf3—e5:, Sc6—e5: 9) d2—d4. Entgegnet Schwarz nun d7—d6, so entscheidet 10) d4—e5:, d6—e5: 11) Lb3—f7†.

9) **Lc1—g5**. Ein nur scheinbar starker Zug. Weiss hätte mit der Dame oder dem Thurme zuvörderst den Bauer e4 decken sollen, dann wäre sein Spiel das bei weitem überlegene geblieben. Aus diesem Grunde ist auch der Vertheidigungszug 6) ... Lf8—c5 und überhaupt die hier von Schwarz gewählte Spielart nicht als correct zu empfehlen.

13) **e4—e5**. Weiss opfert hiemit einen Bauer, um der sonst unvermeidlichen Einengung zu entgehen und den Angriff festzuhalten, welchen er in den folgenden Zügen so energisch fortsetzt, dass der Nachziehende nur durch grosse Vorsicht ihn abzuschlagen vermag.

---

## 15. Partie.

Fünfte Partie des Wettkampfes zwischen Anderssen und Kolisch im Jahre 1861.
(Resultat: A. gewann vier Spiele, K. drei, zwei blieben unentschieden.)

| | Kolisch. | Anderssen. | | Weiss. | Schwarz. |
|---|---|---|---|---|---|
| | Weiss. | Schwarz. | 25) | Df2—b6: | Tb8—b6: |
| 1) | e2—e4 | e7—e5 | 26) | Sh4—f5 | Lc8—f5 |
| 2) | Sg1—f3 | Sb8—c6 | 27) | e4—f5: | c7—c5 |
| 3) | Lf1—b5 | a7—a6 | 28) | Ta1—e1 | Tb6—b7 |
| 4) | Lb5—a4 | Sg8—f6 | 29) | Te1—e6 | d6—d5 |
| 5) | 0—0 (!) | Lf8—e7 | 30) | f5—f6 | Sh7—f6: |
| 6) | Sb1—c3 (!) | b7—b5 | 31) | Te6—f6: | c5—c4 |
| 7) | La4—b3 | 0—0 | 32) | d3—c4: | d5—c4: |
| 8) | d2—d3 | d7—d6 | 33) | Tf6—b6† | Kh8—g8 |
| 9) | Lc1—e3 | h7—h6 | 34) | Th6—a6: | Lc4—b3: |
| 10) | Dd1—d2 | Kg8—h8 (?) | 35) | c2—b3: | Tb7—c7 |
| 11) | Sc3—e2 | Dd8—e8 | 36) | Ta6—c6 | Kg8—f7 |
| 12) | Se2—g3 | Sf6—h7 | 37) | Tc6—e5 | Tc7—c1† |
| 13) | Lb3—d5 | Ta8—b8 | 38) | Kg1—f2 | Tc1—c2† |
| 14) | Sf3—e1 | Le7—g5 | 39) | Te5—c2 | Tc2—c5 |
| 15) | f2—f4 (!) | e5—f4: | 40) | Sg3—e4 | Tc5—d5 |
| 16) | Le3—f4: | Sc6—e7 | 41) | Kf2—g3 | Se7—f5 |
| 17) | Lf4—g5: | Sh7—g5: | 42) | Kg3—f2 | Kf7—g6 |
| 18) | Ld5—b3 | f7—f5 | 43) | Se4—c3 | Tb5—c5 |
| 19) | Se1—f3 | Sg5—h7 | 44) | b3—b4 | Tc5—c4 |
| 20) | Sf3—h4 | f5—f4 | 45) | Tc2—c6† | Kg6—h5 |
| 21) | Tf1—f4: | Tf8—f4: | 46) | Tc6—c4 | Sf5—d4 |
| 22) | Dd2—f4: | g7—g5 | 47) | a2—a3 | Kh5—g6 |
| 23) | Df4—d2 | Dc8—c6 | 48) | Sc3—e2 | Aufgegeben. |
| 24) | Dd2—f2 | Dc6—b6 | | | |

## Anmerkungen zur 15. Partie.

6) ... **b7—b5**. Dieser Zug ist nach Anderssens eigenem Urtheil nachtheilig für Schwarz.

10) ... **Kg8—h8**. Besser wäre 10) ... Kg8—h7 gewesen. Der bei 10) ... Kg8—h8 verfolgte Plan ist nicht richtig berechnet; es handelt sich um die Beherrschung der f-Linie, worin Weiss nun dem Gegner zuvorkommt.

Uebrigens hätte Schwarz nach unserer Ansicht zunächst durch Sc6—a5 den feindlichen Königsläufer abtauschen sollen.

20) ... **f5—f4**. Der entscheidende Fehler; ein nicht nur nutzloses, sondern geradezu schädliches Bauernopfer.

---

## 16. Partie.

Gespielt durch Correspondenz im Jahre 1858 zwischen dem Schachclub zu Chemnitz einerseits und den drei Mitgliedern der Leipziger Schachgesellschaft Augusten Herren Lepge, A. Saalbach und P. Wenck andererseits.

| | Chemnitz. | Leipzig. | | Weiss. | Schwarz. |
|---|---|---|---|---|---|
| | Weiss. | Schwarz. | 23) | Sb3—d2 | Sc4—d2: |
| 1) | e2—e4 | e7—e5 | 24) | Lf4—d2: | Kg7—f7 |
| 2) | Sg1—f3 | Sb8—c6 | 25) | Ld2—g5 | c5—c4 |
| 3) | Lf1—b5 | a7—a6 | 26) | h2—h4 | Ta8—e8 |
| 4) | Lb5—c6: | d7—c6: | 27) | Kh1—g2 | Le4—c2: |
| 5) | d2—d4 | e5—d4: | 28) | f5—f6 | Lc2—d3 |
| 6) | Dd1—d4: | Dd8—d4: | 29) | Tf1—d1 | Te8—e2† |
| 7) | Sf3—d4: | Lf8—d6 | 30) | Kg2—g3 | Lb6—c5 |
| 8) | 0—0 | Sg8—e7 | 31) | Sf3—d2 | Lc5—d6† |
| 9) | Lc1—e3 | 0—0 | 32) | Kg3—f3 | Tc2—h2 |
| 10) | Sb1—d2 | Tf8—e8 | | | |
| 11) | Ta1—e1 | Sc7—g6 | | | |
| 12) | f2—f4 | f7—f6 | | | |
| 13) | f4—f5 | Sg6—e5 | | | |
| 14) | Le3—f4 | Ld6—c5 | | | |
| 15) | Sd2—b3 | Lc5—b6 | | | |
| 16) | Kg1—h1 | Se5—c4 | | | |
| 17) | g2—g4 (?) | Lc8—d7 | | | |
| 18) | Sd4—f3 | c6—c5 | | | |
| 19) | g4—g5 | Ld7—c6 | | | |
| 20) | g5—f6: | Te8—e4: | | | |
| 21) | Te1—e4: | Lc6—e4: | | | |
| 22) | f6—g7: | Kg8—g7: | | | |

und Schwarz muss gewinnen.

## Anmerkung zur 16. Partie.

17) g2—g4. Ein unüberlegtes Unternehmen, wodurch Weiss, statt einen guten Angriff zu erlangen, vielmehr seinen König der vollen Wirksamkeit der feindlichen Läufer exponirt.

---

### Dritte Vertheidigung: 3) ... Lf8—c5.
### 17. Partie.

Gespielt zu Newyork im Winter 1857—1858.

| | P. Morphy. | B. Schulten. | | Weiss. | Schwarz. |
|---|---|---|---|---|---|
| | Weiss. | Schwarz. | 10) | ... | Lb6—c7 |
| 1) | e2—e4 | e7—e5 | 11) | Sb1—c3 | a7—a6 |
| 2) | Sg1—f3 | Sb8—c6 | 12) | Lb5—c4 | b7—b5 |
| 3) | Lf1—b5 | Lf8—c5 (?) | 13) | Lc4—b3 | Lc8—b7 |
| 4) | c2—c3 | Sg8—e7 | 14) | Lf4—d6: | Lc7—d6: |
| 5) | 0—0 | 0—0 | 15) | Dd1—d6: | h7—h6 (?) |
| 6) | d2—d4 | e5—d4: | 16) | Ta1—d1 | Se7—c8 |
| 7) | c3—d4: | Lc5—b6 | 17) | Dd6—f4 | Sc8—b6 |
| 8) | d4—d5 | Sc6—b8 | 18) | Sf3—e5 | Dd8—f6 (??) |
| 9) | d5—d6 | c7—d6: | 19) | Df4—f6: | g7—f6: |
| 10) | Lc1—f4 (!) | | 20) | Se5—g4 | Kg8—g7 |
| | | | 21) | Sg4—f6: | Lb7—c6 |
| | | | 22) | e4—e5 | a6—a5 |
| | | | 23) | Td1—d3 | Tf8—h8 |
| | | | 24) | Sc3—d5 | Sb6—c4 |
| | | | 25) | Lb3—c4: | b5—c4: |
| | | | 26) | Td3—g3† | Kg7—f8 |
| | | | 27) | Sd5—b6 | Ta8—a7 |
| | | | 28) | Tf1—d1 | Lc6—b5 |
| | | | 29) | Td1—d4 | Ta7—c7 (?) |
| | | | 30) | Td4—g4 | Verloren. |

## Anmerkung zur 17. Partie.

3) ... Lf8—c5. Diese Vertheidigung ist nicht zu empfehlen; sie gestattet dem Anziehenden, durch c2—c3 nebst d2—d4 den schwarzen Königsläufer zurückzudrängen und mit seinen Bauern in vortheilhafter Weise die Mitte des Bretts zu besetzen. Im Giuoco piano kann der Nachziehende durch d7—d5

die weissen Centrumsbauern sprengen; dies ist jedoch im Spiel des Lopez meistens unthunlich, weil der weisse Königsläufer auf b5 durch den schwarzen Damenbauer nicht angegriffen werden kann, wie auf c4.

## 18. Partie.

Neunte Partie des Wettkampfes zwischen Löwenthal und P. Morphy im Jahre 1858.
(Resultat: L. gewann drei, P. M. neun Spiele, drei blieben unentschieden.)

| | Löwenthal. Weiss. | P. Morphy. Schwarz. | | Weiss. | Schwarz. |
|---|---|---|---|---|---|
| 1) | e2—e4 | e7—e5 | 32) | Sg3—e4 | Sf6—e4: |
| 2) | Sg1—f3 | Sb8—c6 | 33) | Lb1—c4: | g6—g5 |
| 3) | Lf1—b5 | Lf8—c5 (?) | 34) | f2—f3 | Dh6—h4 |
| 4) | c2—c3 | Dd8—e7 | 35) | Te1—f1 | Sf7—h6 |
| 5) | 0—0 | f7—f6 | 36) | Td2—e2 | |
| 6) | d2—d4 | Lc5—b6 | | | |
| 7) | Sb1—a3 (!) | Sc6—d8 | | | |
| 8) | Sa3—c4 | Sd8—f7 | 36) | ... | Sh6—f5 |
| 9) | Sc4—e3 | c7—c6 | 37) | Lc4—f5: | Ld7—f5: |
| 10) | Se3—f5 | De7—f8 | 38) | c4—c5 | Dh4—h6 |
| 11) | Lb5—d3 | g7—g6 | 39) | Tf1—e1 | Tg8—f8 |
| 12) | Sf5—g3 | d7—d6 | 40) | b4—b5 | Tc8—c8 |
| 13) | a2—a4 | Lc8—g4 | | | |
| 14) | a4—a5 | Lb6—c7 | | | |
| 15) | h2—h3 | Lg4—d7 | | | |
| 16) | Dd1—b3 | Sf7—d8 | | | |
| 17) | Tf1—e1 | Ld7—c6 | | | |
| 18) | Db3—c2 | Sg8—e7 | | | |
| 19) | b2—b4 | Df8—g7 | | | |
| 20) | c3—c4 | 0—0 | | | |
| 21) | Lc1—e3 | Sd8—f7 | | | |
| 22) | d4—d5 | Lc6—d7 | | | |
| 23) | Ta1—d1 | Kg8—h8 | | | |
| 24) | Kg1—h1 | c6—d5: | | | |
| 25) | e4—d5: | f6—f5 | | | |
| 26) | Le3—c1 | Ta8—e8 | | | |
| 27) | Lc1—b2 | Se7—g8 | 41) | Dc3—a3 | Kh8—g8 |
| 28) | Dc2—c3 | Sg8—f6 | 42) | b5—b6 | a7—b6: |
| 29) | Ld3—b1 | Tf8—g8 | 43) | c5—b6: | Lc7—d8 |
| 30) | Td1—d2 | Dg7—h6 | 44) | Te1—c1 | Tc8—c1: |
| 31) | Sf3—h2 | f5—f4 | 45) | Lb2—c1 | Dh6—g6 |

|  | Weiss. | Schwarz. |  | Weiss. | Schwarz. |
|---|---|---|---|---|---|
| 46) | Da3—b5 | Lf5—d3 |  | ständigem Kampfe zum zweiten Male | |
| 47) | Te2—e1 | Ld8—e7 |  | abgebrochen. | |
| 48) | Sh2—g4 | Tf8—e8 | 59) | Lb2—d4 | Le7—f6 |
| 49) | Lc1—b2 | h7—h5 | 60) | Ld4—c3 | Tc8—a8 |
| 50) | Sg4—f2 | g5—g4 | 61) | Lc3—d2 | Lf6—d4 |
| 51) | Db4—c3 | Ld3—f5 | 62) | h3—h4 | Kf7—g6 |
| 52) | f3—g4: | h5—g4: | 63) | Kh1—h2 | Ta8—f8 |
| 53) | h3—g4: | Lf5—g4: | 64) | Kh2—g3 | f3—f2 |
| 54) | Sf2—g4: | Dg6—g4: | 65) | Kg3—g2 | c4—c3 |
| 55) | Te1—c1 | Kg8—f7 | 66) | Ld2—c1 | g6—h5 |
| 56) | Dc3—h3 | Dg4—h3: | 67) | Kg2—g3 | f2—e1† |
| 57) | g2—h3: | f4—f3 |  | Aufgegeben. | |
| 58) | Tc1—f1 | e5—e4 |  | Dauer der Partie 20 Stunden. | |

Hier wurde das Spiel nach acht-

### Anmerkungen zur 18. Partie.

4) ... Dd8—e7. Eine sehr beschwerliche Vertheidigungsweise. Man wird aus der Partie ersehen, dass Schwarz dadurch ein sehr gedrücktes Spiel bekommt.

34) f2—f3. Jetzt ist das weisse Spiel entschieden das überlegene; Schwarz hat durch die letzten Manoeuvres seine Bauernstellung geschwächt und dem Gegner ein erhebliches Uebergewicht auf der Damenseite eingeräumt, während ihm selbst das Vordringen auf dem Königsflügel durch die Rückständigkeit des e-Bauern unmöglich gemacht ist.

41) Dc3—a3. Statt dessen hätte 41) e5—d6: geschehen sollen; man vgl. das Diagramm.

56) Dc3—h3. Der entscheidende Fehler.

---

## Vierte Vertheidigung: 3) ... d7—d6.

### 19. Partie.

Gespielt zu Breslau im August d. J. 1859.

(Dieses Spiel gehört zu den 22 Partieen „sans façon" zwischen A. Anderssen und B. Suhle, von denen A. zehn, B. S. sieben gewann und fünf unentschieden blieben.)

|  | Anderssen. | B. Suhle. |  | Weiss. | Schwarz. |
|---|---|---|---|---|---|
|  | Weiss. | Schwarz. | 4) | Lb5—c6† | b7—c6: |
| 1) | e2—e4 | e7—e5 | 5) | d2—d4 | f7—f5 |
| 2) | Sg1—f3 | Sb8—c6 | 6) | d4—e5: | f5—e4: |
| 3) | Lf1—b5 | d7—d6 | 7) | Sf3—g5 | d6—d5 |

|    | Weiss.    | Schwarz.   |
|----|-----------|------------|
| 8) | e5—e6     | Sg8—h6     |
| 9) | 0—0       | Dd8—f6     |
| 10)| c2—c4     | Lc8—e6:    |
| 11)| Sb1—c3    | Ta8—d8     |
| 12)| Dd1—a4    | Le6—d7     |
| 13)| c4—d5:    | c6—d5:     |
| 14)| Da4—a5    | c7—c6      |
| 15)| Sg5—e4:   | d5—e4:     |
| 16)| Lc1—g5    | Lf8—b4     |
| 17)| Da5—b4:   | Df6—g5:    |
| 18)| Sc3—e4:   | c6—c5      |
| 19)| Db4—c4    | Dg5—e5     |
| 20)| Tf1—e1    | Ke8—f8     |
| 21)| Se4—c5:   | De5—f6     |
| 22)| Ta1—d1    | Ld7—c8     |
| 23)| Dc4—b4    | Kf8—g8 (?) |
| 24)| Sc5—e4    | Df6—f8     |

Stellung nach dem 24. Zuge von Weiss.

|    | Weiss.      | Schwarz.           |
|----|-------------|--------------------|
| 25)| Db4—c4†     | Sh6—f7             |
| 26)| Td1—d8:     | Df8—d8:            |
| 27)| Se4—d6 und Weiss gewinnt. |      |

### Anmerkungen zur 19. Partie.

3) ... d7—d6. Das Handbuch sagt hierüber: „Dieser Zug ist zwar sicher, wir empfehlen aber besonders 3) ... Sg8—f6 und 3) ... a7—a6", und fällt über die nach 3) ... d7—d6 4) Lb5—c6†, b7—c6: 5) d2—d4, e5—d4: 6) Dd1—d4:, c6—c5 7) Dd4—d3 entstandene Position das Urtheil: „So lange der Läufer f8 noch durch d6 beschränkt und f7—f5 gehindert wird, besitzt Weiss einen kleinen, jedoch nicht entscheidenden Positionsvortheil."

4) Lb5—c6†. Wohl der stärkste Zug. Bei 4) d2—d4 kann Schwarz durch 4) ... Lc8—d7 zu einer gesicherten Stellung gelangen.

5) ... f7—f5. Durch dies Gambit in der Rückhand setzt Schwarz sich einem äusserst heftigen Angriffe aus. Die Partie beweis't, dass der Nachziehende auch bei der sorgfältigsten Vertheidigung dagegen kaum remis erreichen kann.

23) ... Kf8—g8. Der entscheidende Fehlzug; Schwarz beabsichtigt, den König allmählich nach h7 zu bringen, behält aber nicht mehr Zeit dazu. Durch 23) ... Kf8—f7 24) Sc5—e4 (!), Td8—d1: hätte er das Spiel vielleicht unentschieden machen können; man prüfe das Diagramm.

## Fünfte Vertheidigung: 3) ... Sg8—e7.
### 20. Partie.
Gespielt zu London im Sommer 1858.

| | Mebley. | P. Morphy. | | Weiss. | Schwarz. |
|---|---|---|---|---|---|
| | Weiss. | Schwarz. | 21) | Df3—f4 | Tf8—d8 |
| 1) | e2—e4 | e7—e5 | 22) | Lc4—g2 | Db3—h5 |
| 2) | Sg1—f3 | Sb8—c6 | 23) | Lg2—f3 | Dh5—c5 |
| 3) | Lf1—b5 | Sg8—e7 | 24) | Sb1—a3 | Sc7—d5 |
| 4) | c2—c3 (?) | a7—a6 | 25) | Df4—e5 | f7—f6 |
| 5) | Lb5—a4 | b7—b5 | 26) | De5—c2 | Sd5—c3: |
| 6) | La4—b3 | d7—d5 | 27) | b2—c3: | Dc5—a3: |
| 7) | e4—d5: | Se7—d5: | 28) | Dc2—e3 | Le6—h3 |
| 8) | d2—d4 | e5—d4: | 29) | Tf1—d1 | Da3—a2: |
| 9) | Sf3—d4: | Sc6—d4: | 30) | De3—e7 | Da2—b2 |
| 10) | Dd1—d4: | Lc8—e6 | 31) | De7—d8†  | Td6—d8: |
| 11) | 0—0 | c7—c5 | 32) | Td1—d8† | Kg8—g7 |
| 12) | Dd4—e5 (?) | c5—c4 | 33) | Ta1—e1 | Db2—c3: |
| 13) | Lb3—c2 | Lf8—d6 | 34) | Te1—e7† | Kg7—h6 |
| 14) | De5—d4 | 0—0 | 35) | Te7—e3 | Dc3—b2 |
| 15) | Dd4—c4 | g7—g6 | 36) | Td8—d1 | c4—c3 |
| 16) | Dc4—f3 | Dd8—b4 | 37) | Te3—e1 | c3—c2 |
| 17) | g2—g3 | Db4—h3 | 38) | Td1—c1 | b5—b4 |
| 18) | Lc2—e4 | Sd5—c7 | 39) | Lf3—c4 | b4—b3 |
| 19) | Lc1—f4 | Ta8—d8 | | und Schwarz gewinnt. | |
| 20) | Lf4—d6: | Td8—d6: | | | |

### Anmerkungen zur 20. Partie.

3) ... **Sg8—e7**. Dieser Zug erscheint uns nicht empfehlenswerth; wird der Angriff in richtiger Weise geführt, so kann der Nachziehende sich bei dieser Spielart nur sehr langsam entwickeln und muss dem Weissen beträchtlichen Terrainvortheil überlassen.

4) **c2—c3**. Bei weitem stärker ist 4) 0—0; man vgl. die 22. Partie.

5) **Lb5—a4**. Bei 5) Lb5—c6:, Se7—c6: 6) d2—d4, e5—d4: 7) c3—d4: würde Schwarz durch 7) ... d7—d5 die Spiele ungefähr ausgleichen.

12) **Dd4—e5**. Dieser Zug hat nur dann einigen Sinn, wenn Weiss damit den schwarzen Königsläufer auf seinem Felde f8 zurückzuhalten und falls er dennoch herausrückt, den Bauer g7 zu nehmen beabsichtigt. Indem der Anziehende aber 14) De5—d4 zieht, hat er durch seinen schwachen dreizehnten Zug dem Gegner nur Gelegenheit geboten, eine Figur mit Angriff auf die weisse Dame zu entwickeln, welche sich hier überhaupt höchst überflüssiger Weise beständig im Vordergrunde bewegt.

19) Lc1—f4. Man beachte, dass Weiss den feindlichen Damenthurm nicht ohne entscheidenden Nachtheil nehmen kann, denn auf 19) Le4—a8: würde folgen: 19) Tf8—a8: 20) Sb1—d2, Le6—d5 21) Sd2—e4, Ld6—c7 und Schwarz muss gewinnen.

---

## 21. Partie.

### Gespielt im Jahre 1862.

Semke und Seifert. — S. Paulsen.

| | Weiss. | Schwarz. | | Weiss. | Schwarz. |
|---|---|---|---|---|---|
| 1) | e2—e4 | e7—e5 | 23) | Tf3—h3 | Tb8—b4 |
| 2) | Sg1—f3 | Sb8—c6 | 24) | Dc4—c2 | Dd8—a8† |
| 3) | Lf1—b5 | Sg8—e7 | 25) | f2—f3 | Lf6—g5 |
| 4) | c2—c3 (?) | Se7—g6 | 26) | Sc3—d1 | Lg5—e3: |
| 5) | d2—d4 | e5—d4: | 27) | Sd1—e3: | Tb4—f4 |
| 6) | c3—d4: | d7—d5 | 28) | Dc2—f2 | Sh4—f3: |
| 7) | Dd1—a4 (?) | d5—e4: | 29) | Se3—g2 | Sf3—h4 |
| 8) | Lb5—c6† | b7—c6: | 30) | Df2—g3 | Tc8—c2 |
| 9) | Da4—c6† | Lc8—d7 | | | |
| 10) | Dc6—e4† | Lf8—e7 | | | |
| 11) | Sb1—c3 | 0—0 | | | |
| 12) | 0—0 | Ta8—b8 | | | |
| 13) | b2—b3 | Tf8—e8 | | | |
| 14) | De4—d3 | Ld7—c6 | | | |
| 15) | Kg1—h1 | Le7—f6 | | | |
| 16) | Lc1—e3 | Lc6—f3: | | | |
| 17) | g2—f3: | Sg6—h4 | | | |
| 18) | Tf1—g1 | Sh4—f3: | | | |
| 19) | Tg1—g3 | Sf3—d4: | | | |
| 20) | Ta1—c1 | c7—c5 | | | |
| 21) | Dd3—c4 | Sd4—f5 | | | |
| 22) | Tg3—f3 | Sf5—h4 | | | |

Weiss giebt die Partie auf.

### Anmerkungen zur 21. Partie.

7) **Dd1—a4.** Besser war 7) e4—d5:, worauf Weiss bei 7) ... Dd8—d5: 8) Sb1—c3, Lf8—b4 9) Dd1—e2† im Vortheil blieb. Durch 7) Dd1—a4 wird allerdings ein Bauer erobert, jedoch dem Nachziehenden eine sehr gute Entwickelung und der Vortheil zweier Läufer gegen Läufer und Springer gestattet. Paulsen benutzt dies in der Folge meisterhaft.

---

## 22. Partie.

Consultationspartie, gespielt zu Berlin im Februar 1864 zwischen den Herren V. Knorre, S. Mieses und G. R. Neumann einerseits, den Herren J. Beoger, B. v. Guretzky-Cornitz und B. Suhle andererseits.

| | V. Knorre, S. Mieses, G. R. Neumann. | Beoger, B. v. Guretzky-Cornitz, B. Suhle. |
|---|---|---|
| | Weiss. | Schwarz. |
| 1) | e2—e4 | e7—e5 |
| 2) | Sg1—f3 | Sb8—c6 |
| 3) | Lf1—b5 | Sg8—e7 |
| 4) | 0—0 (!) | Se7—g6 |
| 5) | d2—d4 | Sc6—d4: |
| 6) | Sf3—d4: | e5—d4: |
| 7) | Dd1—d4: | c7—c6 |
| 8) | Lb5—c4 | d7—d6 |
| 9) | Sb1—c3 | Lc8—e6 |
| 10) | Lc4—e6: | f7—e6: |
| 11) | Lc1—e3 | e6—e5 |
| 12) | Dd4—c4 | Lf8—e7 |
| 13) | Ta1—d1 | Th8—f8 (!) |
| 14) | Td1—d2 | Dd8—c8 (!) |
| 15) | a2—a4 | Sg6—f4 |

| | Weiss. | Schwarz. |
|---|---|---|
| 16) | f2—f3 | a7—a5 (!) |
| 17) | Le3—f4: (!) | e5—f4: |

Abgebrochen.

### Anmerkungen zur 22. Partie.

4) ... Se7—g6. Auch bei 4) ... g7—g6 würde Weiss durch 5) c2—c3 erheblichen Positionsvortheil erringen. Aus dieser Partie wird man zur Genüge ersehen, wie schwierig die Vertheidigung bei 3) ... Sg8—e7 gegen einen mit Consequenz geleiteten Angriff ist.

5) ... Sc6—d4: Die beste Fortsetzung der Vertheidigung ist vielleicht 5) ... Lf8—d6; diesen Zug hat Anderssen mitunter gegen Neumann angewandt.

16) a7—a5. Schwarz beabsichtigt, durch Dc8—c6 den Damentausch zu erzwingen. Wir fordern die Leser zur Prüfung der Endstellung auf.

---

### Urtheil über das Spiel des Ruy Lopez oder die spanische Partie.

Die spanische Partie war früher wenig üblich; gewöhnlich wurde nach den Eröffnungszügen 1) e2—e4 e7—e5 2) Sg1—f3 Sb8—c6 vom Anziehenden die von den italienischen Autoren bevorzugte Fortsetzung des Angriffs 3) Lf1—c4 gewählt (die sogenannte italienische Partie). Doch ergab schon die im Handbuche angestellte Untersuchung das Resultat: „dass 3) Lf1—b5 durchaus gut ist und dem Schwarzen keinerlei Vortheil einräumt, sondern für Weiss in vielen Varianten ohne materielles Opfer den Angriff fast länger, als bei irgend einer anderen Eröffnung erhält," und gegenwärtig ist das Spiel des Lopez eine der beliebtesten Angriffsweisen im Königsspringerspiel. Dieser Umschwung zu Gunsten der ehedem vernachlässigten Eröffnung beruht hauptsächlich darauf, dass es der neueren Theorie gelungen ist, gegen den Angriff im giuoco piano und im schottischen Gambit Vertheidigungsmittel zu finden, die es dem Nachziehenden sehr bald möglich machen, den Vortheil des Anzugs dem Gegner zu entwinden; während andererseits der Angriffsweise des Lopez in den letzten beiden Jahrzehnten bedeutende Verbesserungen zu Theil geworden sind. Jene Spielarten, welche in der Blüthezeit der alten Berliner Schule, in den berühmten Kämpfen zwischen Hanstein, Bledow, v. d. Lasa, Mayet, v. Bilguer, die herrschenden waren, sind daher neuerdings etwas aus der Mode gekommen und werden wenigstens von Spielern ersten Ranges nur noch selten angewandt; Paul Morphy z. B. hat unseres Wissens fast niemals giuoco piano gespielt. Dagegen wählt man jetzt vorzugsweise den Angriff des Lopez, wenn man eine durchaus solide Partie spielen will, besonders in ernsten Wettkämpfen, wo die Meisten sich scheuen, ein Gambit zu wagen.

Ruy Lopez suchte 1561 in seiner Kritik des Damiano zu beweisen, dass gegen 2) Sg1—f3 die Vertheidigung 2) . . . Sb8—c6 wegen der Antwort 3) Lf1—b5 nicht so gut sei, als 2) . . . d7—d6. Selenus, der Uebersetzer des spanischen Autors, sagt demgemäss: „Dem Schwarzen aber nutzet es wenig, dass Er des K. Soldaten mit der K. Reuter beschützet hat (Sb8—c6): unangesehen Damianus unbedachtsam solches vermeynet und den Zug des W. K. Schützens auf seiner K. Reuter (Lf1—b5) (wie droben berichtet) gantz vorbey gehet und wenig inacht nimmt." Obschon wir dieses übertreibende Urtheil nicht unterschreiben, sondern trotzdem 2) . . . Sb8—c6 für die beste Vertheidigung im Königsspringerspiel erklären, so müssen wir doch den Zug des Lopez entschieden als den stärksten anerkennen, der dem Weissen hier zu Gebote steht. Die Fesselung des schwarzen Damenspringers ist offenbar die logisch consequente Fortsetzung des Angriffs auf den Bauer e5. Der Nachziehende wird dadurch gezwungen, wenn auch nicht sofort, so doch nach wenigen Zügen für eine zweite Deckung seines Königsbauern Sorge zu tragen, und man kann aus den obigen Partieen und analytischen Erörterungen deutlich ersehen, dass Schwarz in Folge dessen bei correcter Führung des Angriffs sich streng auf die Defensive beschränken und dem Gegner jedenfalls einen kleinen Terrainvortheil überlassen muss.

Um die aus neueren praktischen Erfahrungen auf empirischem Wege gewonnene Erkenntniss, dass der Angriff des Lopez nachhaltiger ist, als der im giuoco piano, auch rationell zu begründen, mag folgende einfache Erinnerung genügen:

In der wichtigsten Variante des giuoco piano: 1) e2—e4, e7—e5 2) Sg1—f3, Sb8—c6 3) Lf1—c4, Lf8—c5 4) c2—c3, Sg8—f6 5) d2—d4, e5—d4: 6) e4—e5 kann Schwarz durch 6) ... d7—d5 den Angriff vollständig abschlagen und eine mindestens ebenso gute Stellung, als Weiss, erlangen, weil der Anziehende darauf genöthigt ist, seinen bedrohten Königsläufer in Sicherheit zu bringen. Am besten wird diese Figur nun bekanntlich nach b5 gezogen, also auf dasselbe Feld, wohin sie in der spanischen Partie sogleich geht. Wird in letzterer Spielart dagegen der weisse Königsläufer durch die feindlichen Damenflügelbauern a7 und b7 nach b3 zurückgedrängt, so fördert dies nicht, wie 6) ... d7—d5 im giuoco piano, die Entwickelung des Nachziehenden, sondern schadet ihm eher, indem es, wie Anderssen richtig bemerkt hat, die schwarze Bauernstellung verschlechtert.

Wir fassen die Schlussfolgerung kurz in folgenden Satz zusammen: der Zug des Lopez hält erstens den directen Angriff länger fest, als 3) Lf1—c4, er bietet zweitens nicht, wie 3) Lf1—c4, dem Gegner Gelegenheit, durch die Contreattaque d7—d5 sich schnell zu entwickeln: er ist aus diesen Gründen für die stärkste Fortsetzung des Angriffs im Königsspringerspiel bei 2) ... Sb8—c6 zu halten.

## 2. Die italienische Partie.
### 3) Lf1—c4, Lf8—c5.
#### a) Das Gambit des Capitain Evans.

1) e2—e4, e7—e5 2) Sg1—f3, Sb8—c6 3) Lf1—c4, Lf8—c5 4) b2—b4.
### Erste Spielart:
4) ... Lc5—b4: 5) c2—c3, Lb4—a5 6) 0—0, Sg8—f6 (!).

### 23. Partie.
Gespielt zu Bonn im Jahre 1858.

B. Suhle.    S. Boldauf.

| | Weiss. | Schwarz. | | Weiss. | Schwarz. |
|---|---|---|---|---|---|
| | | | 11) | La3—c5: | d6—c5: |
| 1) | e2—e4 | e7—e5 | 12) | Sb1—d2 | Dd8—e7 |
| 2) | Sg1—f3 | Sb8—c6 | 13) | Ta1—c1 | Lc8—e6 |
| 3) | Lf1—c4 | Lf8—c5 | 14) | Lc4—e6: | f7—e6: |
| 4) | b2—b4 | Lc5—b4: | 15) | Sd2—c4 | h7—h6 |
| 5) | c2—c3 | Lb4—a5 | 16) | Sc4—g3 | Ta8—d8 |
| 6) | 0—0 | Sg8—f6 | 17) | Tc1—c4 | Td8—d5 |
| 7) | Lc1—a3 | d7—d6 | 18) | c3—c4 | Tf8—f3 |
| 8) | d2—d4 | 0—0 | 19) | c4—d5: | e6—d5: |
| 9) | d4—e5: | Sf6—e4: | 20) | Tc4—g4 | Tf3—c3 |
| 10) | Dd1—c2 | Se4—c5 | 21) | Dc2—f5 | Sc6—e5: |

| | Weiss. | Schwarz. | | Weiss. | Schwarz. |
|---|---|---|---|---|---|
| 22) | Df5—e8† | De7—f8 | 26) | f4—g5: | Tc4—g4: |
| 23) | De8—e6† | Se5—f7 | 27) | Sf5—h6† | Kg8—h8 |
| 24) | Sg3—f5 | g7—g5 | 28) | Sh6—f7† | Kh8—h7 |
| 25) | f2—f4 | Tc3—c4 | 29) | De6—g4: | Aufgegeben. |

### Anmerkungen zur 23. Partie.

6) **O—O.** Die stärkere, in Amerika erfundene und von Anderssen gründlich analysirte Fortsetzung des Angriffs ist 6) d2—d4.

6) . . . **Sg8—f6.** Die beste Vertheidigung in diesem Falle. Der Nachziehende gelangt dadurch bald zu einer gesicherten Stellung, ohne den Gambitbauer einzubüssen.

10) . . . **Se4—c5.** Der richtige Zug. Die Vertheidigung ist soweit durchaus correct.

18) . . . **Tf8—f3:** Schwarz gewinnt durch dies Qualitätsopfer eine so beträchtliche Bauernübermacht, dass er entschiedenen Vortheil erlangt hätte, wenn der durch die letzten Züge von Seiten des Weissen vorbereitete Angriff weniger stark gewesen wäre. (Herr H. Waldästel war zu jener Zeit neben B. S. der beste Spieler der Bonner Schachgesellschaft.)

---

### 24. Partie.

Gespielt zu Berlin im Jahre 1860.

G. R. Neumann. B. Suhle.

| | Weiss. | Schwarz. | | Weiss. | Schwarz. |
|---|---|---|---|---|---|
| 1) | e2—e4 | e7—e5 | 15) | Ld5—c6: | b7—c6: |
| 2) | Sg1—f3 | Sb8—c6 | 16) | Tb1—b3 | Lc3—a5 |
| 3) | Lf1—c4 | Lf8—c5 | 17) | Dc1—c6: | Lc8—e6 |
| 4) | b2—b4 | Lc5—b4: | 18) | Tb3—e3 | Tf8—d8 |
| 5) | c2—c3 | Lb4—a5 | 19) | La3—d6: | Ta8—c8 |
| 6) | O—O | Sg8—f6 | 20) | Dc6—a4 | La5—b6 |
| 7) | d2—d4 | O—O | 21) | Ld6—e5 | Df6—f5 |
| 8) | d4—e5: | Sf6—e4: | 22) | Tc3—c4 | Le6—d7 |
| 9) | Lc1—a3 | d7—d6 | 23) | Te4—f4 | Ld7—a4: |
| 10) | Lc4—d5 | Se4—c3: | 24) | Tf4—f5: | f7—f6 |
| 11) | Sb1—c3: | La5—c3: | 25) | Le5—a1 | Tc8—c2 |
| 12) | e5—d6: | c7—d6: | 26) | h2—h4 | Tc2—a2: |
| 13) | Ta1—b1 (?) | Kg8—h8 | 27) | Kg1—h2 | La4—c2 |
| 14) | Dd1—c1 | Dd8—f6 | | Aufgegeben. | |

### Anmerkungen zur 24. Partie.

13) **Ta1—b1.** Besser wäre 13) Ta1—c1 gewesen.

19) **La3—d6:** Jetzt hat der Gambitgeber zwar den geopferten Bauer zurückerobert, aber den Angriff verloren und dem Gegner die bessere Stellung eingeräumt.

---

## Zweite Spielart:

4) ... Lc5—b4: 5) c2—c3, Lb4—a5 6) d2—d4, e5—d4: 7) 0—0, Sg8—f6 (?).

### 25. Partie.

Erste Partie des Wettkampfes zwischen Anderssen und Morphy im Jahre 1858.

| | P. Morphy.<br>Weiss. | Anderssen.<br>Schwarz. | | Weiss. | Schwarz. |
|---|---|---|---|---|---|
| 1) | e2—e4 | c7—e5 | 14) | Lc1—b2 (?) | Lg4—f3: |
| 2) | Sg1—f3 | Sb8—c6 | 15) | g2—f3: | Sc4—g5 |
| 3) | Lf1—c4 | Lf8—c5 | 16) | Sb1—d2 | Tf8—e8 |
| 4) | b2—b4 | Lc5—b4: | 17) | Kg1—h1 | Sg5—h3 |
| 5) | c2—c3 | Lb4—a5 | 18) | f3—f4 | Dd8—h4 |
| 6) | d2—d4 | e5—d4: | 19) | Dc6—d5: | Sh3—f2† |
| 7) | 0—0 | Sg8—f6 (?) | 20) | Kh1—g1 | Sf2—d3 |
| 8) | e4—e5 (?) | d7—d5 (!) | 21) | Lb2—c3 | Sd3—f4: |
| 9) | Lc4—b5 (!) | Sf6—e4 | 22) | Dd5—f3 | Sf4—h3† |
| 10) | c3—d4: | 0—0 | 23) | Kg1—h1 | Sh3—g5 |
| 11) | Lb5—c6: | b7—c6: | 24) | Df3—g2 | Ta8—d8 |
| 12) | Dd1—a4 | La5—b6 | 25) | Tf1—g1 | h7—h6 |
| 13) | Da4—c6: | Lc8—g4 | 26) | Ta1—f1 | Dh4—h3 |
| | | | 27) | Dg2—c6 | Dh3—d7 |
| | | | 28) | Dc6—g2 | Lb6—d4: |
| | | | 29) | Lc3—d4: | Dd7—d4: |
| | | | 30) | Sd2—f3 | Dd4—d5 |
| | | | 31) | h2—h4 | Sg5—e6 |
| | | | 32) | Dg2—g4 | Dd5—c6 |
| | | | 33) | Tg1—g2 | Td8—d3 |
| | | | 34) | Dg4—f5 | Te8—d8 |
| | | | 35) | Df5—f6 | Dc6—d5 (!) |
| | | | 36) | Df6—f5 | Td3—d1 |
| | | | 37) | Tf1—d1: | Dd5—d1† |
| | | | 38) | Kh1—h2 | Td8—d3 |
| | | | 39) | Tg2—f2 | Td3—e3 |
| | | | 40) | Sf3—d2 | Te3—e2 |

| | Weiss. | Schwarz. | | Weiss. | Schwarz. |
|---|---|---|---|---|---|
| 41) | Df5—f7† | Kg8—h8 | 58) | h7—h8D | De5—h8: |
| 42) | Sd2—e4 | Te2—f2† | 59) | Dg6—g5: | Dh8—d4† |
| 43) | Se4—f2: | Dd1—d5 | 60) | Kg1—f1 | a5—a4 |
| 44) | Sf2—g4 | Dd5—a2† | 61) | Dg5—f5† | Kd7—c6 |
| 45) | Kh2—g3 | Da2—b3† | 62) | Df5—c8 | Kc6—b5 |
| 46) | Kg3—h2 | Db3—c2† | 63) | Kf1—e1 | c7—c5 |
| 47) | Kh2—g3 | Dc2—c3† | 64) | Dc8—b7 | Kb5—c4 |
| 48) | Kg3—h2 | Dc3—c6 | 65) | Db7—f7† | Kc4—c3 |
| 49) | b4—h5 | a7—a5 | 66) | Df7—f3† | Dd4—d3 |
| 50) | Sg4—f6 | g7—f6: | 67) | Df3—f6† | Kc3—b3 |
| 51) | Df7—f6† | Kh8—g8 | 68) | Df6—b6† | Kb3—c2 |
| 52) | Df6—g6† | Kg8—f8 | 69) | Db6—a7 | Dd3—c3† |
| 53) | Dg6—h6† | Kf8—e8 | 70) | Ke1—e2 | a4—a3 |
| 54) | Dh6—g6† | Ke8—d7 | 71) | Da7—a4† | Kc2—b2 |
| 55) | h5—h6 | De6—d5 | 72) | Da4—b5† | Dc3—b3. |
| 56) | h6—h7 | Dd5—e5† | | Weiss giebt die Partie auf. | |
| 57) | Kh2—g1 | Se6—g5 | | | |

**Anmerkungen zur 25. Partie.**

8) e4—e5. Durch diesen Zug erreicht der Anziehende höchstens Ausgleichung der Spiele.

14) Lc1—b2. Anstatt mit enthusiastischen Commentatoren etwa die Energie zu preisen, mit der Morphy den Angriff festzuhalten strebt, müssen wir die nüchterne Bemerkung machen, dass dieser Zug ein Fehler ist; der richtige Zug war 14) Lc1—e3, wodurch die folgende bauernräuberische Thätigkeit des schwarzen Springers gänzlich verhindert worden wäre. Bei 14) Lc1—e3 würde unseres Erachtens der Nachziehende keineswegs irgendwelchen erheblichen Vortheil errungen haben. Wir können desshalb auch die hier von Anderssen gewählte Vertheidigung nicht für eine unbedingt siegreiche erklären, wie andere Theoretiker auf Grund des Ausgangs dieser Partie gethan haben.

49) ... a7—a5. Der Nachziehende würde sich viele Mühe erspart haben, wenn er durch 49) ... Dc6—c2† 50) Kh2—g3 (!), Dc2—c3† 51) Kg3—h2 (!), Dc3—b3† 52) Kh2—h3:, Se6—g5† 53) Kh3—g3, Sg5—f7: den Damentausch erzwungen hätte. Von dieser Versäumniss abgesehen, ist übrigens die ganze Partie von Anderssen ausserordentlich schön gespielt.

## 26. Partie.

Gespielt zu Cöln in Hermanns Conditorei im Jahre 1858.

B. Suhle.     Assessor Aiquet.

| | Weiss. | Schwarz. | | Weiss. | Schwarz. |
|---|---|---|---|---|---|
| 1) | e2—e4 | e7—e5 | 15) | La3—e7: | Sd5—e7: |
| 2) | Sg1—f3 | Sb8—c6 | 16) | Td1—d4: | Aufgegeben. |
| 3) | Lf1—c4 | Lf8—c5 | | | |
| 4) | b2—b4 | Lc5—b4: | | | |
| 5) | c2—c3 | Lb4—a5 | | | |
| 6) | d2—d4 | e5—d4: | | | |
| 7) | 0—0 | Sg8—f6 (?) | | | |
| 8) | Lc1—a3 (!) | d7—d6 | | | |
| 9) | e4—e5 | d6—e5: (?) | | | |
| 10) | Dd1—b3 | Lc8—e6 | | | |
| 11) | Lc4—e6: | f7—e6: | | | |
| 12) | Db3—e6† | Sc6—e7 | | | |
| 13) | Sf3—e5: | Th8—f8 | | | |
| 14) | Tf1—d1 | Sf6—d5 | | | |

### Anmerkungen zur 26. Partie.

Stellung nach dem 7. Zuge von Schwarz.

8) **Lc1—a3.** Für wirksamer, als das Vorrücken des Königsbauern e4—e5, halten wir in der durch nebenstehendes Diagramm veranschaulichten Stellung den Vorbereitungszug 8) Lc1—a3, gegen welchen wir keine die Spiele ausgleichende Vertheidigung haben entdecken können.

Dem Schwarzen stehen darauf hauptsächlich die Züge 8) ... Sf6—e4:, 8) ... d7—d5, 8) ... Sc6—e7 und 8) ... d7—d6 zu Gebote, die der Reihe nach erörtert werden sollen\*). Durch die

---

\*) Da es äusserst mühsam ist, sich in den zwei Artikeln des 14. Jahrgangs der alten Berliner Schachzeitung zurechtzufinden, in welchen der damalige Redakteur d. Bl. meine Untersuchungen über die Spielart 5) c2—c3, Lb4—a5 6) d2—d4, e5—d4: 7) 0—0, Sg8—f6 „zu wörtlichem Ausdruck gebracht hat", so glaube ich, den Theoretikern einen Dienst zu leisten, indem ich ihnen die Resultate derselben jetzt in besserer Form zur Lektüre biete. Von Anderen sind mir ausser Anderssens bestätigendem Nachtrage im Januarhefte des Jahrgangs 1860 seitdem keinerlei Bemerkungen darüber zu Gesicht gekommen; dagegen war eine Anzahl eigener Ergänzungen und Berichtigungen hinzuzufügen. Um des bequemeren Ueberblicks willen werde ich mich auf das Hauptsächlichste beschränken, früher ausgeführte untergeordnete Varianten nur andeuten oder übergehen.

B. S.

**erste Vertheidigung: 8) ... Sf6—e4:**

kommt Schwarz sehr bald im Nachtheil. Der Angriff wird am stärksten fortgesetzt mit 9) Dd1—b3, worauf erfolgen kann:

**I.**

| | | | |
|---|---|---|---|
| 9) ... | Se4—d6 | 11) Tf1—e1 | Sc6—e7 |
| 10) Lc4—f7† | Ke8—f8 | 12) Sf3—e5 | |

und Schwarz muss verlieren.

**II.**

| | | | |
|---|---|---|---|
| 9) ... | d7—d5 | 11) Ld5—f7† | Ke8—f8 |
| 10) Lc4—d5: | Se4—d6 | 12) c3—d4: | |

und Weiss hat bei weitem die bessere Stellung.

**III.**

| | | | |
|---|---|---|---|
| 9) ... | Se4—g5 | 11) Tf1—e1† | |
| 10) Lc4—f7† | Sg5—f7: | und Weiss gewinnt. | |

**IV.**

| | | | |
|---|---|---|---|
| 9) ... | d7—d6 | 12) Lf7—h5 | g7—g6 |
| 10) Lc4—f7† | Ke8—f8 | 13) Te1—e4: | g6—h5: |
| 11) Tf1—e1 | Dd8—f6 | 14) La3—c1, | |

und wir sehen nicht ab, wie Schwarz entscheidenden Verlust verhindern kann. Noch nachtheiliger, als 11) ... Dd8—f6, wäre Se4—f6, worauf 12) Sf3—g5, h7—h6 13) Lf7—g6 erfolgen würde.

Zu bemerken ist, dass der Angriff 9) Tf1—e1 uns weniger stark erscheint, als 9) Dd1—b3, da 9) ... d7—d5 10) Lc4—b5, Lc8—d7 oder La5—b6 dem Vertheidiger die lange Rochade und damit die Aussicht eröffnen würde, nach dem Opfer einer Figur für einen Bauer mit drei Bauern gegen einen leichten Offizier ein widerstandsfähiges Spiel zu haben.

Nicht minder nachtheilig ist die vom Herrn Oberst von Hannecken gegen B. S. vergeblich versuchte

**zweite Vertheidigung: 8) ... d7—d5.**

Man erwäge die Fortsetzung:

| | Weiss. | Schwarz. | | Weiss. | Schwarz. |
|---|---|---|---|---|---|
| 9) | e4—d5: | Sf6—d5: | 16) | La3—c5: | 0—0 |
| 10) | Dd1—b3 | Lc8—e6 | 17) | Lc5—e7: | Dd8—d5 |
| 11) | Db3—b7: | Sd5—e7 | 18) | g2—f3: | Dd5—f3: |
| 12) | Lc4—b5 | Le6—d7 | 19) | Sb1—d2 | Df3—g4† |
| 13) | Lb5—c6: | Ld7—c6: | 20) | Kg1—h1 | d4—c3: |
| 14) | Db7—a6 | Lc6—f3: | 21) | Te1—g1 | Dg4—f5 |
| 15) | Tf1—e1 | c7—c5 | 22) | Tg1—g7† | |

und Weiss gewinnt.

### Die dritte Vertheidigung: 8) ... Sc6—e7

gestattet dem Anziehenden offenbar, durch 9) e4—e5, worauf in diesem Falle nicht d7—d5 entgegnet werden darf, entscheidendes Positionsübergewicht zu erlangen.

Für minder kräftig halten wir die Fortsetzung des Angriffs mit 9) Sf3—g5; doch wird Weiss auch hiedurch in Vortheil kommen; als Beispiel diene die Variante: 9) Sf3—g5, d7—d5 10) e4—d5:, 0—0 11) Tf1—e1, Tf8—e8 12) Sg5—f7:, Kg8—f7: 13) d5—d6†, Se7—d5 14) Lc4—d5†, Sf6—d5: 15) Dd1—b5† u. s. w.

Besser, als die drei bisher erörterten Gegenzüge, ist

### die vierte Vertheidigung: 8) ... d7—d6,

doch wird der Nachziehende auch dadurch schwerlich ein gleiches Spiel erlangen. Dringt nämlich nun der Königsbauer vor,

9) e4—e5,

so darf derselbe weder vom Springer c6, noch vom Bauer d6 genommen werden. Dass nach

9) ... d6—e5:

das schwarze Spiel kaum zu retten ist, beweisen die 26., 27. und 28. Partie.

Auf

9) ... Sc6—e5:

würde etwa folgen:

| | | | | |
|---|---|---|---|---|
| 10) Sf3—e5: | d6—e5: | 15) Se4—f6† | g7—f6: |
| 11) Dd1—b3 | Dd8—d7 | 16) Ta1—e1† | Ke8—d8 |
| 12) Tf1—e1 | e5—e4 | 17) Db3—f3 | f6—f5 |
| 13) Sb1—d2 | La5—c3: | 18) Df3—f4 | f7—f6 |
| 14) Sd2—e4: | La3—e1: | 19) Df4—h6 | |

und Schwarz ist verloren.

Durch

9) ... d6—d5

erhält man die Position der früher üblichen Fortsetzung 8) e4—e5, d7—d5 mit dem für Weiss vortheilhaften Unterschiede, dass bereits ausserdem Lc1—a3 gezogen ist und Schwarz ein Tempo verloren hat. Der Angriff lässt sich auf mehrfache Weise mit Erfolg durchführen. Als Beispiel mögen folgende Varianten dienen:

| | | | |
|---|---|---|---|
| 10) Lc4—b5 | Sf6—e4 | 14) Tf1—e1 | Dd8—d7 |
| 11) c3—d4: | La5—b6 | 15) Te1—c6: | b7—c6: |
| 12) Dd1—b3 | a7—a6 | 16) Db3—c2 | |
| 13) Lb5—a4 | Lc8—e6 | und Weiss gewinnt. | |

(Auf 13) ... Lb6—a7 würde ebenfalls 14) Tf1—e1 folgen.)

oder:

| | Weiss. | Schwarz. | | Weiss. | Schwarz. |
|---|---|---|---|---|---|
| 11) | ... | La5—c3: | 14) | Dd1—e2 | Sc8—b5 |
| 12) | Sb1—c3: | Sc4—c3: | 15) | La3—c5 | a7—a6 |
| 13) | Lb5—c6† | b7—c6: | 16) | a2—a4 u. s. w. | |

Hinsichtlich der Fortsetzung 11) ... Lc8—d7 12) Dd1—b3 vergleiche man die 29. und 30. Partie.

Der Vertheidiger hat ausserdem die Wahl zwischen drei Feldern für die durch 9) e4—e5 bedrohte Figur.

Geht der Königsspringer nun zurück nach g8,

(erstens: 9) ... **Sf6—g8**)

so ist das schwarze Spiel augenscheinlich dergestalt eingeengt, dass der Positionsvortheil des Anziehenden den Mehrbesitz eines Bauern überwiegt. Weiss kann in diesem Falle zwei Bauern erobern durch die Fortsetzung 10) e5—d6:, c7—d6: 11) Sf3—d4:, Sg8—e7 12) Sd4—c6:, b7—c6: 13) Tf1—e1, Lc8—e6 14) Lc4—c6:, f7—c6: 15) Te1—e6:, 0 - 0 16) Te6—d6: (Noch nachtheiliger für den Vertheidiger wäre 13) ... La5—c7, 14) Dd1—e2 oder 13) ... 0 – 0 14) Dd1—d6:, Se7—g6 15) Dd6—c6:, Lc8—d7 16) Dc6—f3). Im praktischen Spiele würden wir jedoch 10) c3—d4: vorziehen, wodurch der direkte Angriff länger festgehalten wird.

Weicht der Springer nach e4 aus,

(zweitens: 9) ... **Sf6—e4**)

so wird Weiss sowohl durch 10) **Dd1—e2** (man vergleiche die 31. Partie), als durch

10) **e5—d6:**,

was wir für noch stärker halten, das überlegene Spiel bekommen.

Man erwäge die Varianten:

### I.

| | Weiss. | Schwarz. | | Weiss. | Schwarz. |
|---|---|---|---|---|---|
| 10) | e5—d6: | e7—d6: | 14) | Dd1—a4 | Dd8—d7 |
| 11) | Tf1—e1 | d6—d5 | 15) | Sd4—c6: | Dd7—c6: |
| 12) | Sf3—d4: | d5—c4: | 16) | Tc4—e6† | f7—e6: |
| 13) | Te1—e4† | Lc8—e6 | 17) | Da4—a5: | |

oder:

| | | | | | |
|---|---|---|---|---|---|
| 15) | ... | b7—c6: | 18) | Sb1—a3 | La5—c3: |
| 16) | Te4—d4 | Dd7—c7 | 19) | Ta1—b1 | |
| 17) | La3—d6: | Dc7—b6 | | | |

oder:

*Stellung nach dem 15. Zuge von Weiss.*

| 12) | ... | Lc8—e6 |
| 13) | Lc4—b5 | Dd8—b6 |
| 14) | Te1—e4: | d5—e4: |
| 15) | Sd4—c6: | Db6—b5: |
| 16) | Dd1—d6 | La5—d8 |

(Derselbe Zug würde auf 15) ... b7—c6: folgen.)

| 17) | Sc6—d8: | Db5—d7 |
| 18) | Dd6—d7† | Le6—d7: |
| 19) | Sd8—b7: u. s. w. |

(Bei 16) ... Db5—g5 geschieht 17) Sb1—d2 u. s. w.)

oder:

| 13) | ... | Dd8—f6 | 16) | Sc6—a5: | Ld7—b5: |
| 14) | Te1—e4: | d5—e4: | 17) | Sa5—b7: |
| 15) | Sd4—c6: | Le6—d7 |

oder:

| 13) | ... | La5—c3: | 16) | Sb1—c3: | Se4—c3: |
| 14) | Sd4—c6: | Dd8—b6 | 17) | Dd1—d3 |
| 15) | Sc6—d4† | Ke8—d8 |

oder endlich:

| 13) | ... | La5—b6 | 16) | Lb5—c6† | Le6—d7 |
| 14) | Sd4—c6: | Lb6—f2† | 17) | Dd1—d5 |
| 15) | Kg1—h1 | b7—c6: |

(15) ... Dd8—h4 würde 16) Te1—e4:, Dh4—e4: 17) Sc6—a5† zur Folge haben.)

Das Ergebniss aller dieser Fortsetzungen ist, dass Weiss gewinnt. Erfolglos bliebe auch 11) ... 0—0 für Schwarz wegen 12) Te1—e4: d6—d5 13) Te4—h4, d5—c4: 14) La3—f8: u. s. w.

## II.

| 10) | ... | **Se4—d6:** | 12) | Sf3—g5 | 0—0 |
| 11) | Tf1—e1† | Sc6—e7 | 13) | Sg5—f7: |

Nimmt Schwarz diesen Springer nun mit dem Thurme, so entscheidet 14) Lc4—f7†, da 14) ... Sd6—f7: 15) Te1—e7:, 14) ... Kg8—f7: aber 15) Dd1—h5†, Kf7—g8 16) Dh5—a5: zur Folge haben würde. Nimmt er mit dem Springer d6, so ist 14) La3—e7: die Antwort.

oder:

| 11) | ... | Lc8—e6 | 13) | Te1—e6: | Ke8—d7 |
| 12) | Lc4—e6: | f7—e6: | 14) | Dd1—b3 | d4—c3: |

| | | | | | |
|---|---|---|---|---|---|
| 15) | Sf3—e5† | Sc6—e5: | 17) | La3—d6: | c7—d6: |
| 16) | Te6—e5: | Th8—e8 | 18) | Db3—b5† | |
| | | oder: | | | |
| 11) | ... | Ke8—f8 | 15) | Sb1—d2 | Kf8—g8 |
| 12) | Sf3—d4: | Sc6—d4: | 16) | La3—d6: | c7—d6: |
| 13) | Dd1—d4: | La5—b6 | 17) | De5—d5 u. s. w. | |
| 14) | Dd4—e5 | h7—h5 | | | |

Auch diese Vertheidigungsarten sind also für Schwarz nicht günstig.

### III.

| | | | |
|---|---|---|---|
| 10) | ... | Se4—c3: | |
| 11) | Tf1—e1† | Lc8—e6 | |
| 12) | Lc4—e6: | f7—e6: | |

(unstatthaft ist 12) ... Sc3—d1: wegen 13) d6—d7† u. s. w.

| | | | |
|---|---|---|---|
| 13) | Te1—e6† | Ke8—d7 |
| 14) | Dd1—b3 | Th8—e8 |
| 15) | d6—c7† | Dd8—c7 |

| | | | |
|---|---|---|---|
| 11) | ... | Ke8—d7 |
| 12) | Dd1—d4: | Sc6—d4: |

und Weiss erzwingt Matt in sechs Zügen.

Bei 12) ... Dd8—f6 13) Te1—e7†, Df6—e7: 14) d6—e7† Sc6—d4: erfolgt in zwei Zügen Matt. Auch 13) ... Sc6—e7: wäre vergeblich wegen 14) Sf3—e5†, Kd7—e8 15) Lc4—f7†, Df6—f7: 16) d6—d7†, Lc8—d7: 17) Dd4—d7† nebst Sc5—f7:

Den Bauer c3 im zehnten Zuge zu nehmen, ist also für Schwarz gewiss verderblich.

(Auf 15) La5—c7: würde Weiss durch 16) Te1—e8:, Dd8—e8: 17) Sb1—c3:, d4—c3: 18) Ta1—d1† gewinnen.)

| | | | |
|---|---|---|---|
| 16) | Sb1—c3: | Te8—e6: |
| 17) | Sc3—b5 | |

(Nicht besser wäre 16) ... La5—c3:, worauf Weiss 17) Db3—b5† entgegnen kann.)

oder:

Weiss giebt in 6 Zügen Matt.

Es bleibt der Zug des Königsspringers nach g4 allein noch übrig.

(drittens: 9) ... Sf6—g4.)

Durch die Fortsetzung:

| | | | | | |
|---|---|---|---|---|---|
| 10) | e5—d6: | c7—d6: | 13) | La3—d6: | Tf8—e8 |
| 11) | Sf3—d4: | 0—0 (!) | 14) | Dd1—f3 | |
| 12) | Sd4—c6: | b7—c6: | | | |

kann Weiss darauf den Gambitbauer zurückerobern und die bessere Position behaupten. Noch stärker, als 11) Sf3—d4:, ist jedoch der Angriffszug

11) **Tf1—e1†**,

dessen Folge sein würde:

| 11) | ... | Sg4—e5 | 13) Sb1—d2 |
| 12) | Sf3—e5: | d5—e5: | (Man vergleiche die 32. Partie.) |

Die Correctheit dieser Opfercombination hat Anderssen im XV. Jahrgange der Schachzeitung bewiesen. (Man vgl. die Anmerkungen zur 32. Partie.)

## 27. Partie.

Gespielt zu Stolpemünde im August des Jahres 1859.

B. Suhle.     Oberst Seuz.
Weiss.     Schwarz.

| | Weiss. | Schwarz. |
|---|---|---|
| 1) | e2—e4 | e7—e5 |
| 2) | Sg1—f3 | Sb8—c6 |
| 3) | Lf1—c4 | Lf8—c5 |
| 4) | b2—b4 | Lc5—b4: |
| 5) | c2—c3 | Lb4—a5 |
| 6) | d2—d4 | e5—d4: |
| 7) | 0—0 | Sg8—f6 |
| 8) | Lc1—a3 | d7—d6 |
| 9) | e4—e5 | d6—e5: |
| 10) | Dd1—b3 | Dd8—d7 |
| 11) | Sf3—g5 | Dd7—g4 |
| 12) | Lc4—f7† | Ke8—d8 |
| 13) | Sg5—e6† | Lc8—e6: |
| 14) | Lf7—e6: | Dg4—e4 |
| 15) | Sb1—d2 | De4—d3 |
| 16) | Db3—b7: | Ta8—b8 |

| | Weiss. | Schwarz. |
|---|---|---|
| 17) | Db7—c6: | Dd3—d2: |
| 18) | Ta1—b1 | |

und Weiss gewinnt.

### Anmerkung zur 27. Partie.

18) **Ta1—b1**. Bei 18) ... La5—b6 entscheidet nun 19) Tb1—b5.

---

## 28. Partie.

Gespielt zu Paris im Jahre 1860.

A. de Rivière.     Journoud.

| | Weiss. | Schwarz. | | Weiss. | Schwarz. |
|---|---|---|---|---|---|
| 1) | e2—e4 | e7—e5 | 3) | Lf1—c4 | Lf8—c5 |
| 2) | Sg1—f3 | Sb8—c6 | 4) | b2—b4 | Lc5—b4: |
| | | | 5) | c2—c3 | Lb4—a5 |

|      | Weiss.     | Schwarz.   |
|------|------------|------------|
| 6)   | d2—d4      | e5—d4:     |
| 7)   | 0—0        | Sg8—f6     |
| 8)   | Lc1—a3     | d7—d6      |
| 9)   | e4—e5      | d6—e5:     |
| 10)  | Dd1—b3     | Dd8—d7     |
| 11)  | Tf1—e1     | e5—e4      |
| 12)  | Sb1—d2     | La5—c3:    |
| 13)  | Sd2—e4:    | Lc3—e1:    |
| 14)  | Ta1—e1:    | Ke8—d8     |
| 15)  | Se4—g5     | Sc6—a5     |
| 16)  | Sf3—e5     | Sa5—b3:    |
| 17)  | Se5—f7†    | Dd7—f7:    |
| 18)  | Sg5—f7†    | Kd8—d7     |
| 19)  | Lc4—b5†    | c7—c6      |
| 20)  | Te1—c7†    |            |

**Stellung nach dem 14. Zuge von Schwarz.**

## 29. Partie.

Gleichzeitig mit sieben anderen Partieen ohne Ansicht des Schachbretts gespielt im Jahre 1859 zu London.

P. Morphy.   Greenaway.
Weiss.       Schwarz.

|      | Weiss.     | Schwarz.   |
|------|------------|------------|
| 1)   | e2—e4      | e7—e5      |
| 2)   | Sg1—f3     | Sb8—c6     |
| 3)   | Lf1—c4     | Lf8—c5     |
| 4)   | b2—b4      | Lc5—b4:    |
| 5)   | c2—c3      | Lb4—a5     |
| 6)   | d2—d4      | e5—d4:     |
| 7)   | 0—0        | Sg8—f6     |
| 8)   | Lc1—a3     | d7—d6      |
| 9)   | e4—e5      | d6—d5      |
| 10)  | Lc4—b5     | Sf6—e4     |
| 11)  | c3—d4:     | Lc8—d7     |
| 12)  | Dd1—b3     | a7—a6      |
| 13)  | Lb5—d3     | Ld7—c8     |
| 14)  | Tf1—e1     | La5—b6     |
| 15)  | Tc1—c6:    | b7—c6:     |
| 16)  | Db3—c2     | Lc8—b7     |
| 17)  | Sb1—d2     | Se4—d2:    |
| 18)  | Dc2—d2:    | h7—h6      |
| 19)  | Ta1—e1     | Lb7—c8     |
| 20)  | Dd2—c3     | Ta8—b8     |
| 21)  | Dc3—c6† (?) | Dd8—d7    |
| 22)  | Dc6—c2     | Dd7—e6     |
| 23)  | Sf3—h4     | g7—g6      |
| 24)  | Dc2—c3     | Ke8—d8     |
| 25)  | Te1—c1     | Th8—e8     |

|     | Weiss. | Schwarz. |     | Weiss. | Schwarz. |
|-----|--------|----------|-----|--------|----------|
| 26) | Sh4—f3 | Lc8—b7   | 28) | Dc3—d2 | Te8—h8.  |
| 27) | h2—h3  | Th8—c8   |     | Als Remis abgebrochen. | |

### Anmerkung zur 29. Partie.

21. **Dc3—c8†**. Eine Uebereilung; durch 21) e5—e6 würde Weiss gewonnen haben; man erwäge die Fortsetzung: 21) ... Lc8—e6: 22) Tc1—c6:, f7—e6:, 23) Sf3—e5.

---

## 30. Partie.

Gespielt zu Godesberg im Jahre 1859.

B. Suhle.     A. Schieper.

|     | Weiss. | Schwarz. |     | Weiss. | Schwarz. |
|-----|--------|----------|-----|--------|----------|
| 1)  | e2—e4  | e7—e5    | 20) | Sf3—d4 | Dd8—b6   |
| 2)  | Sg1—f3 | Sb8—c6   | 21) | Da3—a4 | h7—h6    |
| 3)  | Lf1—c4 | Lf8—c5   | 22) | Sd4—c6 | Se4—c5   |
| 4)  | b2—b4  | Lc5—b4:  | 23) | Sc6—e7†| Kg8—h7   |
| 5)  | c2—c3  | Lb4—a5   | 24) | Da4—g4 | Th8—e8   |
| 6)  | d2—d4  | e5—d4:   | 25) | Dg4—f5†| Kh7—h8   |
| 7)  | 0—0    | Sg8—f6   | 26) | Se7—g6†| Kh8—g8   |
| 8)  | Lc1—a3 | d7—d6    | 27) | Df5—d5:| Sc5—e6:  |
| 9)  | e4—e5  | d6—d5    | 28) | Sb1—a3 | Db6—c5   |
| 10) | Lc4—b5 | Sf6—e4   | 29) | Dd5—b3 | La5—b6   |
| 11) | c3—d4: | Lc8—d7   | 30) | Sg6—f4 | Kg8—f7   |
| 12) | Dd1—b3 | Sc6—e7   | 31) | Ta1—e1 | Dc5—c6   |
| 13) | Lb5—d7†| Ke8—d7: (!) | 32) | Sf4—e6: | Te8—e6:  |
| 14) | La3—e7:| Kd7—e7: (!) | 33) | Sa3—c4 | Lb6—c7   |
| 15) | Db3—a3†| c7—c5    | 34) | Te1—b1 | Kf7—f8   |
| 16) | d4—c5: | f7—f6    | 35) | Tf1—c1 | Th8—c8   |
| 17) | c5—c6† | Ke7—f7   | 36) | Sc4—e3 | Dc6—d6   |
| 18) | c6—b7: | Ta8—b8   | 37) | Tc1—c7: |          |
| 19) | e5—e6† | Kf7—g8   |     | und Weiss gewinnt. | |

### Anmerkungen zur 30. Partie.

13) **Lb5—d7†**. Auch durch 13) La3—e7: würde Weiss entscheidenden Vortheil erlangt haben.

24) **Da4—g4**. Noch stärker wäre gewesen 24) Da4—c2†, worauf Schwarz nach 24) ... Sc5—e4 (!) 25) Se7—c6 die Qualität hätte opfern müssen, um nicht den Springer einzubüssen.

## 31. Partie.

Gespielt zu Bonn im Frühling d. J. 1859.

B. Suhle. — Weiss.  
Kronenberg. — Schwarz.

1) e2—e4    e7—e5
2) Sg1—f3   Sb8—c6
3) Lf1—c4   Lf8—c5
4) b2—b4    Lc5—b4:
5) c2—c3    Lb4—a5
6) d2—d4    e5—d4:
7) 0—0      Sg8—f6
8) Lc1—a3   d7—d6
9) e4—e5    Sf6—e4
10) Dd1—c2  Sc4—c3:
11) e5—d6:  c7—d6:
12) Tf1—e1† Ke8—f8
13) Sf3—g5  La5—b4
14) Sg5—f7: Dd8—f6
15) Sb1—c3: Lb4—a3:
16) Sc3—e4  Df6—h4
17) Sf7—h8: Lc8—f5
18) Sh8—f7  Ta8—e8

Weiss. — Schwarz.

19) Se4—d6:

19) ...      Te8—e1†
20) Ta1—e1:  La3—d6:
21) Sf7—d6:  Lf5—d7
22) Dc2—f5† und Weiss gewinnt.

---

## 32. Partie.

Gespielt zu Duisburg im Mai d. J. 1859.

B. Suhle. — Weiss.  
Dr. M. Lange. — Schwarz.

1) e2—e4    e7—e5
2) Sg1—f4   Sb8—c6
3) Lf1—c4   Lf8—c5
4) b2—b4    Lc5—b4:
5) c2—c3    Lb4—a5
6) d2—d4    e5—d4:
7) 0—0      Sg8—f6 (?)
8) Lc1—a3 (!) d7—d6
9) e4—e5    Sf6—g4
10) e5—d6:  c7—d6:
11) Tf1—e1† Sg4—e5
12) Sf3—e5: d6—e5:

Weiss. — Schwarz.

13) Sb1—d2  La5—c3:

| | Weiss. | Schwarz. |
|---|---|---|
| 14) | Sd2—e4 | Lc3—e1: |
| 15) | Dd1—h5 | g7—g6 |
| 16) | Dh5—f3 | f7—f5 (?) |
| 17) | Se4—d6† | Ke8—d7 |
| 18) | Df3—d5 | Le1—f2† |
| 19) | Kg1—f2: | Dd8—h4† |
| 20) | Kf2—g1 | |

und Weiss gewinnt.

### Anmerkung zur 32. Partie.

14) **Sd2—e4.** Die stärkste Fortsetzung des Angriffs besteht hier nach Anderssens Ansicht in 14) Dd1—h5.

Stellung nach dem 20. Zuge von Weiss.

Aus der geistvollen Analyse des genannten Meisters im XV. Jahrgang der Schachzeitung, Seite 11—15 und Seite 101—104, entnehmen wir folgende Varianten als die wichtigsten:

14) **Dd1—h5.**

Erster Gegenzug: 14) ... Dd8—f6 (!).

| | | | | | |
|---|---|---|---|---|---|
| 15) | Sd2—e4 | Df6—g6 | 23) | Dc6—a8† | Kd8—d7 (!) |
| 16) | Dh5—f3 | Lc8—e6 | 24) | Da8—a7† | De5—c7 |
| 17) | Lc4—b5 | Le6—d5 | 25) | Da7—c7† | Kd7—c7: |
| 18) | Se4—f6† | Dg6—f6: (!) | 26) | Ta1—c1 | d3—d2 |
| 19) | Df3—d5: | d4—d3 | 27) | Tc1—c3† | Kc7—b7 |
| 20) | Te1—e5† | Df6—e5: | 28) | Tc3—b3† | Kb7—a7 |
| 21) | Lb5—c6† | b7—c6: | 29) | Tb3—b1 | |
| 22) | Dd5—c6† | Ke8—d8 | | und Weiss gewinnt. | |

oder:

| | | | | | |
|---|---|---|---|---|---|
| 17) | ... | Lc3—e1: | 25) | Dg7—d4† | Kd7—c8 |
| 18) | Lb5—c6† | b7—c6: | 26) | Dd4—a7: | Le6—d5 |
| 19) | Se4—f6† | Dg6—f6: | 27) | Da7—c5† | La5—c7 |
| 20) | Df3—c6† | Le6—d7 | 28) | Ta1—d1 | Th8—e8 |
| 21) | Dc6—a8† | Df6—d8 | 29) | f2—f4 | Dd8—h4 |
| 22) | Da8—d5 | Le1—a5 | 30) | g2—g3 | Dh4—h5 |
| 23) | Dd5—e5† | Ld7—e6 | 31) | Td1—c1 | |
| 24) | De5—g7: | Ke8—d7 | | und Weiss gewinnt. | |

Zu dieser Variante bemerkt Anderssen, „dass Schwarz durch 22) **Ld7—e6** bei nachfolgendem stets correctem Spiele es zum Remis bringen könnte."

| | | | | | |
|---|---|---|---|---|---|
| 16) | ... | Lc8—g4 | 19) | Lf7—g6: | h7—g6: |
| 17) | Lc4—f7† | Ke8—d8 | 20) | h2—h3 | Lg4—d7 |
| 18) | Df3—c3: | d4—c3: | 21) | Se4—c3: | a7—a6 |

|  | Weiss. | Schwarz. |  | Weiss. | Schwarz. |
|---|---|---|---|---|---|
| 22) | La3—d6 | Th8—h5 | 25) | f4—e5: | Ta8—e8 |
| 23) | a2—a4 | Kd8—e8 | 26) | Sc3—d5 | Sc6—e5: |
| 24) | f2—f4 | Ke8—f7 | 27) | Sd5—c7 |  |

und Weiss gewinnt bei gutem Spiele die Qualität.

### Zweiter Gegenzug: 14) ... Dd8—c7 (?).

| 15) | Sd2—e4 | Lc3—b4 (!) | 18) | Ta1—d1 | Th8—f8 |
|---|---|---|---|---|---|
| 16) | La3—b4: | Sc6—b4: | 19) | Se4—g5 | Sb4—c6 |
| 17) | Lc4—f7† | Ke8—d8 | 20) | Dh5—h7: |  |

Weiss hat das bessere Spiel.

oder:

| 17) | ... | Ke8—f8 | 21) | Dh5—f3† | Kf8—e8 |
|---|---|---|---|---|---|
| 18) | Se4—g5 | Sb4—c2 | 22) | Lb3—a4† | Lc8—d7 |
| 19) | Ta1—c1 | d4—d3 | 23) | Tc1—c5† | Ke8—d8 |
| 20) | Lf7—b3 | d3—d2 | 24) | Tc1—c2: und Weiss gewinnt. |  |

Wir fügen dieser Analyse die Anmerkung hinzu, dass bei

14) ... g7—g6

Weiss durch:

| 15) | Dh5—h6 | Lc3—d2: | 18) | Dg7—h8† | Ke8—d7 |
|---|---|---|---|---|---|
| 16) | Dh6—g7 | Lc8—e6 | 19) | Dh8—h7† |  |
| 17) | Lc4—e6: | f7—e6: | in Vortheil kommt. |  |  |

---

14) ... Lc3—e1: Auf 14) ... Lc3—b4 folgt:

| 15) | La3—b4: | Sc6—b4: | 17) | Lc4—f7† | Ke8—f8 |
|---|---|---|---|---|---|
| 16) | Dd1—h5 | Dd8—e7 | 18) | Sf4—g5 u. s. w. |  |

20) ... **Aufgegeben.** Auf 20) ... Sc6—e7 würde 21) Lc4—b5† entscheiden, auf 20) ... Kd7—c7 Matt in vier Zügen erfolgen.

---

## Dritte Spielart:

4) ... Lc5—b4: 5) c2—c3, Lb4—a5 6) d2—d4, e5—d4: 7) 0—0, d4—c3: (?).

("Die compromittirte Vertheidigung gegen das Evansgambit".)

### 33. Partie.

Gespielt zu Berlin im April d. J. 1861.

| P. Hirschfeld. | C. Mayet. |  | Weiss. | Schwarz. |
|---|---|---|---|---|
| Weiss. | Schwarz. | 4) | b2—b4 | Lc5—b4: |
| 1) e2—e4 | e7—e5 | 5) | c2—c3 | Lb4—a5 |
| 2) Sg1—f3 | Sb8—c6 | 6) | d2—d4 | e5—d4: |
| 3) Lf1—c4 | Lf8—c5 | 7) | 0—0 | d4—c3: |

|   | Weiss. | Schwarz. |
|---|---|---|
| 8) | Dd1—b3 | Dd8—f6 |
| 9) | c4—e5 | Df6—g6 |
| 10) | Sb1—c3: | La5—c3: |
| 11) | Db3—c3: | Sc6—d8 |
| 12) | Tf1—e1 | h7—h6 |
| 13) | Lc1—a3 | Sg8—e7 |
| 14) | Sf3—d2 | Dg6—c6 (?) |
| 15) | Sd2—c4 | Sd8—e6 |
| 16) | Dc3—b4 | Se7—g6 |
| 17) | Kg1—h1 | a7—a5 |
| 18) | Db4—b3 | Sg6—e5: |
| 19) | Lc4—d5 | Se6—d4 |
| 20) | Db3—g3 | Dc6—d5: |
| 21) | Dg3—g7: | Aufgegeben. |

Stellung nach dem 21. Zuge von Weiss.

### Anmerkung zur 33. Partie.

8) ... **Dd8—f8**. Das Handbuch führt (§ 7, No. 7 und 8, pag. 150) die Fortsetzungen:

| 9) | c4—e5 | Sc6—e5: | 14) | Ta1—b1: | d6—c5: |
|---|---|---|---|---|---|
| 10) | Tf1—e1 | d7—d6 | 15) | Lc1—a3† | Sg8—e7 |
| 11) | Db3—a4† | Ke8—f8 | 16) | Te1—e5: | b7—b6 |
| 12) | Sf3—e5: | c3—c2 | 17) | Te5—e7: | b6—a5: |
| 13) | Da4—a5: | c2—b1:D | 18) | Te7—e6† |  |

und

| 9) | ... | Df6—g6 | 15) | f2—f4 | d7—d6 |
|---|---|---|---|---|---|
| 10) | Sb1—c3: | La5—c3: | 16) | Lh7—e4 | Lc8—f5 |
| 11) | Db3—c3: | Sg8—e7 | 17) | Lc4—f3 | Lf5—g4 |
| 12) | Sf3—g5 | 0—0 | 18) | Dc3—d3 | Se7—g6 |
| 13) | Lc4—d3 | Dg6—h5 | 19) | e5—e6 |  |
| 14) | Ld3—h7† | Kg8—h8 |  |  |  |

mit Recht zu Gunsten des Anziehenden aus, bemerkt jedoch zu letzterer, dass Schwarz vielleicht durch 10) ... Sg8—e7 statt La5—c3: schliesslich im Vortheil bleibe. Dies mag bei der vorgeschlagenen Fortsetzung des Angriffs mit 11) Sc3—e2, 0—0 12) Lc1—a3 allerdings der Fall sein; man vergleiche die classische Partie, in welcher Mayet gegen Anderssen die Vertheidigung siegreich durchführte (Schachzeitung, 1855, S. 244). Der Angriff lässt sich aber verstärken durch 12) Lc4—d3 (!), worauf bei 12) ... Dg6—e6 Weiss durch 13) Ld3—h7† nebst 14) Db3—a4 in Vortheil kommt.

Als die beste Vertheidigung wird im Handbuche der Zug 8) ... **Dd8—e7** bezeichnet und zu Gunsten des Nachziehenden ausgeführt. Der Angriff kann aber auch in diesem Falle beträchtlich verstärkt werden durch 9) Sb1—c3:,

La5—c3: 10) Db3—c3:, Sg8—f6 11) Lc1—a3 (!) [statt 11) e4—e5], worauf nun 11) ... Sf6—e4: wegen 12) Dc3—g7: unmöglich ist, bei 11) ... d7—d6 (!) aber Weiss durch 12) e4—e5, Sf6—e4, 13) Db3—b2 (!) in Vortheil kommt. Wenn Schwarz in dieser Stellung rochirt, so entscheidet 14) Ta1—e1; nimmt er den Bauer e5 [13) ... Sc6—e5:], so erfolgt 14) Sf3—e5:, Dc7—e5: 15) Ta1—e1 u. s. w.

Stellung nach dem 13. Zuge von Weiss.

Wir sind desshalb der Ansicht, dass der Positionsvortheil auf Seiten des Gambitgebers bei der sogenannten compromittirten Evansgambitvertheidigung mindestens das materielle Opfer aufwiegt, und können den Zug 7) ... d4—c3: durchaus nicht empfehlen.

Weniger gut, als 9) Sb1—c3:, ist übrigens nach 8) ... Dd8—e7 der früher von Anderssen vorgeschlagene Vorbereitungszug 9) Tf1—e1, worauf das Gegengambit 9) ... b7—b5 (!) die Kraft des Angriffs brechen würde, denn nach 10) Lc4—b5: (!), Ta8—b8 11) Db5—a4 kann Schwarz durch 11) ... Dc7—b4 einen vortheilhaften Abtausch erzwingen und bei gesicherter Stellung seinen Bauer behaupten, während das Spiel des Anziehenden derangirt ist.

---

### 34. Partie.

Gespielt zu London im Juli des Jahres 1861.

| | Kolisch. Weiss. | Anderssen. Schwarz. |
|---|---|---|
| 1) | e2—e4 | e7—e5 |
| 2) | Sg1—f3 | Sb8—c6 |
| 3) | Lf1—c4 | Lf8—c5 |
| 4) | b2—b4 | Lc5—b4: |
| 5) | c2—c3 | Lb4—a5 |
| 6) | d2—d4 | e5—d4: |
| 7) | 0—0 | d4—c3: |
| 8) | Dd1—b3 | Dd8—f6 |
| 9) | e4—e5 | Df6—g6 |
| 10) | Sb1—c3: | b7—b5 |
| 11) | Sc3—b5: | Ta8—b8 |
| 12) | Db3—e3 (!) | Sg8—e7 |
| 13) | De3—e2 | Dg6—h5 |

| | Weiss. | Schwarz. |
|---|---|---|
| 14) | Lc1—a3 | Lc8—b7 |
| 15) | Ta1—d1 | Se7—f5 |

|  | Weiss. | Schwarz. |  | Weiss. | Schwarz. |
|---|---|---|---|---|---|
| 16) | Td1—d7: (!) | Kc8—d7: | 26) | Dd6—d5† | Kb7—a6 |
| 17) | c5—c6† | Kd7—c8 | 27) | Dd5—c4† | Ka6—b7 |
| 18) | c6—f7: | Lb7—a8 | 28) | Dc4—c4† | Sa7—c6 |
| 19) | Sb5—a7† | Sc6—a7: | 29) | Sf3—e5 | Kb7—a6 |
| 20) | De2—c6† | Kc8—d8 | 30) | Dc4—c4† | Ka6—a7 |
| 21) | Tf1—d1† | Sf5—d6 | 31) | La3—c5† | Tb8—b6 |
| 22) | Td1—d6† | c7—d6: | 32) | Lc5—b6† | La5—b6: |
| 23) | De6—d6† | Kd8—c8 | 33) | Se5—c6† | La8—c6: |
| 24) | Lc4—c6† | Kc8—b7 | 34) | Dc4—c6† | Aufgegeben. |
| 25) | Lc6—d5† | Dh5—d5: (!) |  |  |  |

### Anmerkung zur 34. Partie.

14) ... Lc8—b7. Weit besser wäre hier die Rochade gewesen, worauf der Anziehende freilich durch 15) Sb5—a7: den geopferten Bauer bei gutem Spiele zurückerobert hätte, aber wenigstens nicht so bald zu einer brillanten Attaque auf den schwarzen König Gelegenheit gefunden hätte.

---

### Vierte Spielart:

4) ... Lc5—b4: 5) c2—c3, Lb4—a5 6) d2—d4, e5—d4: 7) 0—0, d7—d6 8) Dd1—b3.

(Wallers Angriff.)

### 35. Partie.

Gespielt im Jahre 1859.

M. Lange.     Richter.
Weiss.     Schwarz.

Stellung nach dem 11. Zuge von Weiss.

|  | Weiss. | Schwarz. |
|---|---|---|
| 1) | e2—e4 | e7—e5 |
| 2) | Sg1—f3 | Sb8—c6 |
| 3) | Lf1—c4 | Lf8—c5 |
| 4) | b2—b4 | Lc5—b4: |
| 5) | c2—c3 | Lb4—a5 |
| 6) | d2—d4 | e5—d4: |
| 7) | 0—0 | d7—d6 |
| 8) | Dd1—b3 | Dd8—e7 |
| 9) | e4—e5 | d6—e5: |
| 10) | Tf1—e1 | Lc8—d7 |
| 11) | Lc4—d5 | La5—b6 |
| 12) | Ld5—c6: | b7—c6: |
| 13) | Lc1—a3 | De7—f6 |
| 14) | Te1—e5† | Ld7—e6 |

|  | Weiss. | Schwarz. |  | Weiss. | Schwarz. |
|---|---|---|---|---|---|
| 15) | Db3—a4 | 0—0—0 | 20) | Sf3—d4: | Df6—c5: |
| 16) | c3—d4: | Le6—d5 | 21) | Da6—c6† | Kd7—c8 |
| 17) | Sb1—b2 | Ld5—f3: | 22) | Dc6—a8† | Kc8—d7 |
| 18) | Sd2—f3: | Lb6—d4: | 23) | Da8—d8† | Kd7—d8: |
| 19) | Da4—a6† | Kc8—d7 | 24) | Sd4—c6† | Aufgegeben. |

**Anmerkungen zur 35. Partie.**

8) ... **Dd8—e7**. Besser ist 8) ... Dd8—f6, man vergleiche die 38. und 39. Partie.

11) ... **La5—b6**. Besser ist 11) ... 0—0—0.

## 36. Partie.

Gespielt im Jahre 1859.

M. Lange. — Richter.

Stellung nach dem 15. Zuge von Weiss.

|  | Weiss. | Schwarz. |
|---|---|---|
| 1) | e2—e4 | e7—e5 |
| 2) | Sg1—f3 | Sb8—c6 |
| 3) | Lf1—c4 | Lf8—c5 |
| 4) | b3—b4 | Lc5—b4: |
| 5) | c2—c3 | Lb4—a5 |
| 6) | d2—d4 | e5—d4: |
| 7) | 0—0 | d7—d6 |
| 8) | Dd1—b3 | Dd8—e7 |
| 9) | e4—e5 | d6—c5: |
| 10) | Tf1—e1 | Lc8—d7 |
| 11) | Lc4—d5 | 0—0—0 |
| 12) | Ld5—c6: | b7—c6: |
| 13) | Te1—e5: | Ld7—e6 |
| 14) | Db3—a4 | La5—b6 |
| 15) | c3—d4: | De7—d7 |
| 16) | Sb1—c3 | Sg8—f6 |
| 17) | Lc1—a3 | Th8—e8 |
| 18) | Te5—c5 | Le6—d5 |
| 19) | Sf3—e5 | Dd7—e6 |
| 20) | Sc3—d5: | c6—d5: |
| 21) | Tc5—c6 | De6—f5 |

|  | Weiss. | Schwarz. |
|---|---|---|
| 22) | Da4—a6† | Kc8—b8 |
| 23) | Tc6—b6† | c7—b6: |
| 24) | Se5—c6† | Kb8—c7 |
| 25) | Da6—a7† | Kc7—c6: |
| 26) | Ta1—c1† | Kc6—b5 |
| 27) | La3—c5 | Df5—e2 |
| 28) | Da7—b6† | Kb5—c4 |
| 29) | Db6—b3† |  |

## 37. Partie.

Correspondenzpartie zwischen Elberfeld und Duisburg, gespielt im Jahre 1861.

Elberfeld. Weiss. / Duisburg. Schwarz.

Stellung nach dem 17. Zuge von Schwarz.

| | Weiss. | Schwarz. |
|---|---|---|
| 1) | e2—e4 | e7—e5 |
| 2) | Sg1—f3 | Sb8—c6 |
| 3) | Lf1—c4 | Lf8—c5 |
| 4) | 0—0 | d7—d6 |
| 5) | b2—b4 | Lc5—b4: |
| 6) | c2—c3 | Lb4—a5 |
| 7) | d2—d4 | e5—d4: |
| 8) | Dd1—b3 | Dd8—e7 |
| 9) | e4—e5 | d6—e5: |
| 10) | Tf1—e1 | Lc8—d7 |
| 11) | Lc4—d5 | 0—0—0 |
| 12) | Ld5—c6: | b7—c6: |
| 13) | Te1—e5: | Ld7—e6 |
| 14) | Db3—a4 | La5—b6 |
| 15) | c3—d4: | f7—f6 |
| 16) | Te5—e1 | De7—f7 |
| 17) | Sb1—c3 | Sg8—e7 |
| 18) | Lc1—a3 | Se7—f5 |
| 19) | La3—c5 | Le6—d5 |
| 20) | Sc3—d5: | Df7—d5: |
| 21) | Da4—a6† | Kc8—d7 |
| 22) | Te1—c1 | Th8—e8 |
| 23) | a2—a4 | Te8—e4 |
| 24) | h2—h3 | Sf5—d4: |
| 25) | Lc5—d4: | Lb6—d4: |
| 26) | Sf3—d4: | Te4—d4: |
| 27) | Da6—a7: | c6—c5 |
| 28) | Tc1—c5: | Td4—d1† |
| 29) | Ta1—d1: | Dd5—d1† |
| 30) | Kg1—h2 | Dd1—d6† |
| 31) | g2—g3 | Dd6—b6 |
| | Remis. | |

### Anmerkung zur 37. Partie.

18) **Lc1—a3.** Wir würden 18) Sc3—e4 gezogen haben, um den Springer im folgenden Zuge auf das Feld c5 zu stellen. Nimmt Schwarz dann den Springer, so ist sein König einem sehr starken Angriffe ausgesetzt.

---

## 38. Partie.

Gespielt zu London im Jahre 1858.

P. Morphy. / Kipping.

| | Weiss. | Schwarz. |
|---|---|---|
| 1) | e2—e4 | e7—e5 |
| 2) | Sg1—f3 | Sb8—c6 |
| 3) | Lf1—c4 | Lf8—c5 |
| 4) | b2—b4 | Lc5—b4: |
| 5) | c2—c3 | Lb4—a5 |
| 6) | d2—d4 | e5—d4: |
| 7) | 0—0 | d7—d6 |
| 8) | Dd1—b3 | Dd8—f6 |
| 9) | e4—e5 | d6—e5: |

| | Weiss. | Schwarz. | | Weiss. | Schwarz. |
|---|---|---|---|---|---|
| 10) | Tf1—e1 | | 14) | Kg1—h1 | Lb6—d4 |
| | | | 15) | Sb1—c3: | Ke8—f8 |
| | | | 16) | Ta1—d1 | Se5—e4: |
| | | | 17) | Dh3—e4: | Lc8—c6 |
| | | | 18) | De4—d4: | f7—f6 |
| | | | 19) | Sc3—e4 | b7—b6 |
| | | | 20) | Se4—g3 | Df5—c5 |
| | | | 21) | Dd4—c5∓ | b6—c5: |
| | | | 22) | Te1—e6: | f6—g5: |
| | | | 23) | f4—g5: | g7—g6 |
| | | | 24) | h2—h4 | Kf8—f7 |
| | | | 25) | Te6—e5 | h7—h6 |
| | | | 26) | Sg3—e4 | h6—g5: |
| 10) | ... | La5—b6 | 27) | Se4—g5† | Kf7—f6 |
| 11) | Lc1—g5 | Df6—f5 | 28) | Te5—e6† | Kf6—f5 |
| 12) | Sf3—e5: | Sc6—e5: | 29) | Td1—d5† | Kf5—g4 |
| 13) | f2—f4 | d4—c3∓ | 30) | Te6—e4† | Aufgegeben. |

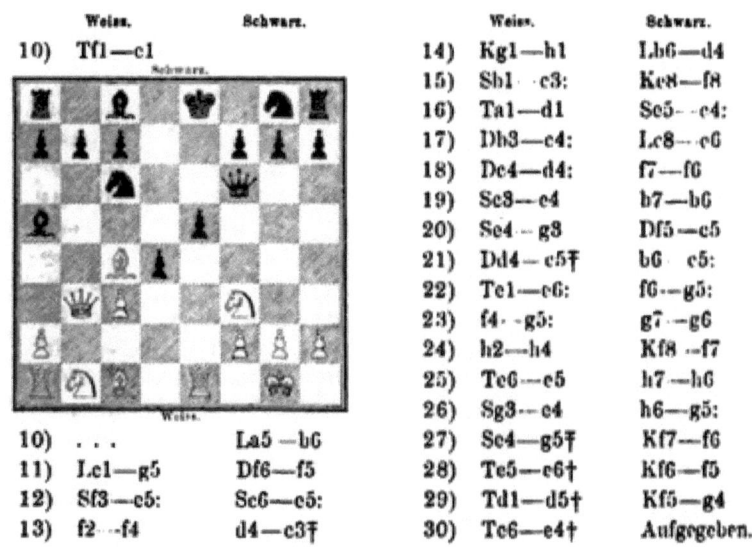

### Anmerkung zur 38. Partie.

10) ... La5—b6. Der richtige Zug ist 10) ... Lc8—d7, wodurch der Nachziehende bei correcter Fortsetzung wohl das Uebergewicht behaupten kann. Will Weiss darauf den Angriff forciren durch 11) Sf3—e5:, Sc6—e5: 12) Lc4—f7∓ (?), Ke8—f8 (!) 13) Lf7—g8:, so gewinnt Schwarz durch die Antwort 13)... Se5—d3, denn auf 14) Lc1—a3† folgt 14)... c7—c5 15) Sb1—d2, Df6—f2∓ 16) Kg1—h1, Sd3—c1:. Spielt Weiss [statt 12) Lc4—f7∓] 12) f2—f4, so würden zwar die Varianten 12) ... 0—0—0 (?) 13) f4—e5: und 12)... Sg8—e7 (!) 13) f4—e5:, Df6—g6 14) e5—e6, Ld7—c6 15) e6—f7∓, Ke8—f8 (?) 16) g2—g3, La5—b6 17) Lc1—a3, d4—c3∓, 18) Dh3—b6: zu Gunsten des Gambitgebers ausfallen, dagegen würde wohl durch 15) ... Ke8—d8 [statt Ke8—f8] der Angriff schliesslich abgeschlagen werden. Wir fordern die Leser zu näherer Prüfung der durch das nebenstehende Diagramm veranschaulichten interessanten Stellung auf.

Stellung nach dem 15. Zuge von Schwarz.

Auf 16) Te1—e2 würde La5—b6 und auf 17) Kg1—h1 dann Se7—f5 folgen mit vorzüglichem Gegenangriff.

## 39. Partie.

Aus dem Wettkampfe zwischen Kolisch und L. Paulsen.

| | Kolisch. | S. Paulsen. | | Weiss. | Schwarz. |
|---|---|---|---|---|---|
| | Weiss. | Schwarz. | 21) | Ta1—b1 | Df7—h5 |
| 1) | e2—e4 | e7—e5 | 22) | Sc4—b6: | a7—b6: |
| 2) | Sg1—f3 | Sb8—c6 | 23) | Tb1—b6: | Tf8—f2: |
| 3) | Lf1—c4 | Lf8—c5 | 24) | Tb6—b1 | Tf2—f1† |
| 4) | b2—b4 | Lc5—b4: | 25) | Tb1—f1: | b7—b6 |
| 5) | c2—c3 | Lb4—a5 | 26) | La3—b2 | Dh5—e2 |
| 6) | d2—d4 | e5—d4: | 27) | Tf1—e1 | Ta8—f8 |
| 7) | 0—0 | d7—d6 | 28) | h2—h3 | Tf8—f1† |
| 8) | Dd1—b3 | Dd8—f6 | 29) | Te1—f1: | De2—f1† |
| 9) | c3—d4: | La5—b6 | 30) | Kh1—h2 | Df1—f4† |
| 10) | e4—e5 | d6—e5: | 31) | Dc3—g3 | g7—g5 |
| 11) | d4—e5: | Df6—g6 | 32) | Dg3—f4: | g5—f4: |
| 12) | Sf3—g5 | Sg8—h6 | 33) | g2—g3 | f4—g3† |
| 13) | e5—e6 | 0—0 | 34) | Kh2—g3: | Kh8—g7 |
| 14) | Sg5—f7: | Sh6—f7: | 35) | Kg3—f4 | Kg7—g6 |
| 15) | e6—f7† | Kg8—h8 | 36) | Kf4—e5 | Sd4—c6† |
| 16) | Lc1—a3 | Sc6—d4 | 37) | Ke5—d6 | Sc6—b4 |
| | | | 38) | a2—a4 | Kg6—f5 |
| | | | 39) | Kd6—c7 | Sb4—d5† |
| | | | 40) | Kc7—c6 | Kf5—e4 |
| | | | 41) | a4—a5 | b6—a5: |
| | | | 42) | Kc6—c5: | Sd5—f4 |
| | | | 43) | Kc5—b5 | Sf4—h3: |
| | | | 44) | Kb5—a5: | h7—h5 |
| | | | 45) | Lb2—f6 | Ke4—f4 |
| | | | 46) | Ka5—b5 | Sh3—g5 |
| | | | 47) | Kb5—c4 | h5—h4 |
| | | | 48) | Kc4—d5 | h4—h3 |
| | | | 49) | Lf6—e5† | Kf4—f3 |
| | | | 50) | Le5—h2 | Sg5—e4 |
| | | | 51) | Kd5—e5 | Kf3—g2 |
| 17) | Db3—c3 | c7—c5 | 52) | Ke5—e4: | Kg2—h2: |
| 18) | Sb1—d2 | Lc8—e6 | 53) | Ke4—f3 | Kh2—g1 |
| 19) | Kg1—h1 | Le6—c4: | 54) | Kf3—g3 | h3—h2 |
| 20) | Sd2—c4: | Dg6—f7: | | Aufgegeben. | |

### Anmerkung zur 39. Partie.

9) c3—d4: Dies erklärt M. Lange für die zu Gunsten des Gambitgebers entscheidende Fortsetzung, was uns jedoch sehr zweifelhaft erscheint. Wir

können der Behauptung des genannten Theoretikers, dass Wallers Angriff für den Gambitgeber entschieden vortheilhaft und desshalb die Vertheidigung 5) ... Lb4—a5 6) d2—d4, e5—d4: 7) 0—0, d7—d6 zu verwerfen sei, nicht zustimmen, glauben vielmehr, dass bei correcter Fortsetzung eher der Nachziehende das bessere Spiel erlangt. Für unsere Ansicht spricht der Ausgang dieser von beiden Seiten schön gespielten Partie.

Der Rückzug des Läufers nach a5 (5) ... Lb4—a5] ist neuerdings von Manchen aus dem Grunde getadelt worden, weil Schwarz sich dadurch dem gefährlichen Wallerschen Angriffe aussetze, der bei 5) ... Lb4—c5 keine Aussicht auf Erfolg habe. Dies Raisonnement ist falsch, denn abgesehen davon, dass jener Angriff in der That nicht so sehr zu fürchten ist, kann man ihn auch nach 5) ... Lb4—a5 vermeiden, indem man im siebenten Zuge statt d7—d6 zuerst La5—b6 zieht, worauf 8) Dd1—b3 an 8) ... Sc6—a5 scheitern würde. Die Streitfrage, ob es besser sei, den Läufer im fünften Zuge nach a5 oder c5 zu ziehen, erscheint uns daher ziemlich müssig; es ist wohl gleichgültig, ob man den Läufer über dieses oder jenes Feld nach b6 in Sicherheit bringt.

### Fünfte Spielart:
4) ... Lc5—b4: 5) c2—c3, Lb4—a5 6) d2—d4, e5—d4: 7) 0—0, La5—b6 (!) 8) c3—d4:, d7—d6 (!)

oder:

5) ... Lb4—c5 6) 0—0, d7—d6 (!) 7) d2—d4, e5—d4: 8) c3—d4:, La5—b6.

(Die normale Vertheidigung.)

### 40. Partie.

Gespielt zu Newyork den 22. October 1857.

P. Morphy. — Stanley.
Weiss. — Schwarz.

| | Weiss | Schwarz |
|---|---|---|
| 1) | e2—e4 | e7—e5 |
| 2) | Sg1—f3 | Sb8—c6 |
| 3) | Lf1—c4 | Lf8—c5 |
| 4) | b2—b4 | Lc5—b4: |
| 5) | c2—c3 | Lb4—a5 |
| 6) | d2—d4 | e5—d4: |
| 7) | 0—0 | d7—d6 |
| 8) | c3—d4: | La5—b6 |
| 9) | Sb1—c3 | Sg8—f6 |
| 10) | e4—e5 | d6—e5: |
| 11) | Lc1—a3 | Lb6—d4: |
| 12) | Dd1—b3 | Lc8—e6 |

Stellung nach dem 8. Zuge von Schwarz.

|     | Weiss.     | Schwarz.  |     | Weiss.    | Schwarz.   |
| --- | ---------- | --------- | --- | --------- | ---------- |
| 13) | Lc4—e6:    | f7—e6:    | 28) | h2—h3     | Sh6—f5     |
| 14) | Db3—e6:    | Sc6—e7    | 29) | Td6—d7    | g7—g6      |
| 15) | Sf3—d4:    | e5—d4:    | 30) | Tc1—c7    | Sf5—g3:    |
| 16) | Tf1—e1     | Sf6—g8    | 31) | f2—g3:    | Te8—b8     |
| 17) | Sc3—d5     | Dd8—d7    | 32) | Td7—h7:   | Th8—h7:    |
| 18) | La3—e7:    | Dd7—e6:   | 33) | Tc7—h7:   | a7—a5      |
| 19) | Te1—e6:    | Ke8—d7    | 34) | h3—h4     | Tb8—g8     |
| 20) | Ta1—e1     | Ta8—e8    | 35) | g3—g4     | b7—b5      |
| 21) | Te6—e4     | c7—c6     | 36) | h4—h5     | a5—a4      |
| 22) | Te4—d4:    | c6—d5:    | 37) | h5—h6     | b5—b4      |
| 23) | Td4—d5†    | Kd7—c6    | 38) | Th7—g7    | Tg8—h8     |
| 24) | Td5—d6†    | Kc6—c7    | 39) | h6—h7     | b4—b3      |
| 25) | Te1—c1†    | Kc7—b8    | 40) | Tg7—g8†   | Ka8—b7     |
| 26) | Le7—h4     | Sg8—h6    | 41) | Tg8—h8:   | Aufgegeben. |
| 27) | Lh4—g3     | Kb8—a8    |     |           |            |

### Anmerkungen zur 40. Partie.

9) **Sb1—c3**. Diese Fortsetzung des Angriffs hat P. Morphy schon vor mehreren Jahren für „ebenso stark, wie irgend eine andere" erklärt, und die neuesten Untersuchungen haben sein Urtheil bestätigt.

9)... **Sg8—f6**. Ein falscher Zug, der in dieser und den beiden folgenden Partieen seine Widerlegung findet.

---

### 41. Partie.

Gespielt zu Paris im Jahre 1858.

|     | P. Morphy. | A. de Rivière. |
| --- | ---------- | -------------- |
|     | Weiss.     | Schwarz.       |
| 1)  | e2—e4      | e7—e5          |
| 2)  | Sg1—f3     | Sb8—c6         |
| 3)  | Lf1—c4     | Lf8—c5         |
| 4)  | b2—b4      | Lc5—b4:        |
| 5)  | c2—c3      | Lb4—c5         |
| 6)  | 0—0        | d7—d6          |
| 7)  | d2—d4      | e5—d4:         |
| 8)  | c3—d4:     | Lc5—b6         |
| 9)  | Sb1—c3     | Sg8—f6         |
| 10) | e4—e5      | d6—d5          |
| 11) | e5—f6:     | d5—c4:         |

| Weiss. | Schwarz. |
|---|---|
| 12) f6—g7: | Th8—g8 |
| 13) Tf1—e1† | Lc8—e6 |
| 14) d4—d5 | Dd8—f6 |
| 15) Lc1—g5 | Df6—c3: |
| 16) d5—e6: | Dc3—d3 |
| 17) e6—f7† | Ke8—f7: |
| 18) Te1—e7† | Kf7—g6 |
| 19) Dd1—e1 | Dd3—d5 |
| 20) Ta1—d1 | Sc6—d4 |
| 21) Td1—d4: | Lb6—d4: |
| 22) De1—b1† | Dd5—f5 |
| 23) Sf3—h4† | Kg6—g5: |
| 24) Db1—f5† | Kg5—h6 |
| 25) g2—g4 | Ld4—f2† |

Stellung nach dem 21. Zuge von Schwarz.

26) Kg1—g2  Beliebig
27) Df5—h5†

## Anmerkungen zur 41. Partie.

6) ... d7—d6 (!). Ueber 6) ... Sg8—f6 (?) hat B. v. Guretzky-Cornitz uns die folgende interessante Untersuchung geliefert:
„Es ist allgemein anerkannt, dass nach den Zügen

| 1) e2—e4 | e7—e5 | 5) c2—c3 | Lb4—c5 |
|---|---|---|---|
| 2) Sg1—f3 | Sb8—c6 | 6) 0—0 | |
| 3) Lf1—c4 | Lf8—c5 | nun | |
| 4) b2—b4 | Lc5—b4: | 6) ... | Sg8—f6 |

ungünstig für die Vertheidigung ist.

Indess ist unseres Wissens der Beweis für diese Annahme von der Theorie noch nicht erschöpfend geliefert.

Im Handbuche von v. d. Lasa, s. dritte Auflage, Buch I., Eröffnung 1., Abschnitt VII., § 9, werden nach

| 7) d2—d4 | e5—d4: | 9) e4—e5 |
|---|---|---|
| 8) c3—d4: | Lc5—b6 | |

nur die Gegenzüge 9) ... Sf6—e4 und Sf6—g8 berücksichtigt. Es wird ausgeführt, dass nun Weiss durch 10) d4—d5 gewinnt. Auf Sf6—e4 wäre auch 10) Tf1—e1 ein guter Angriffszug.

In einer Partie zwischen Récsi und Spitzer geschieht 9) ... Sf6—g4 10) h2—h3, Sg4—h6 11) Lc1—a3. Entscheidend wäre hier 11) d4—d5, Sc6—e7 (!) 12) d5—d6, c7—d6: 13) e5—d6:, Se7—g6 14) Tf1—e1†, Ke8 —f8 15) Lc1—g5, f7—f6 16) Lg5—h6:, g7—h6: 17) Dd1—d5.

Folgende Analyse soll darthun, dass auch nach dem oft angewandten Gegenzuge

9) ...    d7—d5

also in folgender Position:

das Spiel von Schwarz rettungslos verloren ist.

| 10) e5—f6: | d5—c4: |
|---|---|
| 11) Tf1—e1† | |

In den meisten Partieen wird der Angriff mit 11) f6—g7: fortgesetzt; indess ist der obige von J. Löwenthal vorgeschlagene Zug entschieden stärker.

| 11) ... | Ke8—f8 |
|---|---|

Auf 11) ... Lc8—e6 würde die Fortsetzung 12) f6—g7:, Th8—g8 13) Lc1—g5, Dd8—d5 14) Sb1—c3, Dd5—a5 15) d4—d5, Da5—c3: 16) d5—e6: entscheiden.

Auf 11) ... Ke8—d7 gewinnt 12) d4—d5, Dd8—f6: 13) d5—e6†††, Kd7—e6: 14) Sf3—e5†, Ke6—b5 15) Sb1—c3†.

| 12) Lc1—a3† | Kf8—g8 |
|---|---|
| 14) La3—e7 | Dd8—d7 |
| 13) d4—d5 | Sc6—a5 |

Schwarz könnte auch 14) ... Dd8—e8 ziehen (siehe weiter unten Variante A.).

| 15) f6—g7: | Kg8—g7: |
|---|---|
| 16) Dd1—d2 | |

Schwarz hat keine grosse Auswahl von Zügen. Auf 16) ... f7—f6 ginge durch 17) Le7—f6†, Kg7—f6: 18) Dd2—g5 nebst Sf3—e5† die Dame verloren.

Auf 16) ... Dd7—g4 folgt 16) Dd2—c3†, Kg7—g8 18) Dc3—h8†, Kg8—h8: 19) Le7—f6† und 29) Te1—e8†.

Auf 16) ... Dd7—f5 endlich entscheidet 17) Dd2—c3†, Kg7—g8 18) Le7—f6, Lc8—d7 19) Lf6—h8: Zieht Schwarz 17) ... f7—f6, so folgt 18) Le7—f6†, Df5—f6: 19) Te1—e7†, Kg7—g6 20) Sf3—h4†, Kg6—g5 21) Te7—g7†, Df6—g7: 22) Dc3—g7†, Kg5—h4: 23) Sb1—d2, Lc8—g4 24) Dg7—h6†, Lg4—h5 25) Sd2—f3†, Kh4—g4 26) Dh6—g5†.

Daher bleibt nur übrig

| 16) ... | h7—h6 |
|---|---|
| 17) Le7—f6† | Kg7—f6: |

Auf 17) ... Kg7—h7 gewinnt 18) Lf6—h8:, Kh7—h8: 19) Dd2—h6†, Kh8—g8 20) Te1—e5.

| 18) Dd2—c3† | Kf6—f5 | 21) g2—g3† | Kh4—g4 |
|---|---|---|---|
| 19) Sf3—h4† | Kf5—g5 | 22) h2—h3† | Kg4—h3: |
| 20) Dc3—e5† | Kg5—h4: | 23) De5—h5† | |

**Variante A.**
Stellung nach dem 14. Zuge von Weiss.
Schwarz.

Weiss.

14) ...         Dd8—e8
15) f6—g7:      Kg8—g7:

Weiss könnte nun durch 16) Le7—f6† die Dame erobern, wonach Schwarz kaum Aussicht auf Remis hätte. Sicher entscheidend ist jedoch auch hier der direkte Angriff gegen den König durch

16) Dd1—d2

Auf 16) ... f7—f6 gewinnt nun 17) Le7—f6†, Kg7—f6: 18) Dd2—g5†, Kf6—f7 19) Sf3—e5†, Kf7—f8 20) Tc1—e4, Dc8—e7 21) Se5—g6†, h7—g6: 22) Dg5—c7†.

Auf 16) ... Lc8—f5 folgt 17) Le7—f6†, Kg7—g8 18) Te1—e8†, Ta8—e8: 19) Dd2—h6.

16) ...         h7—h6
17) Dd2—f4

Auf 17) ... Kg7—h7 folgt 18) Le7—b4, De8—g8 19) Te1—e7, Kh7—g7 20) Df4—e5†, Kg7—h7 21) De5—f6.

Auf 17) ... De8—d7 gewinnt 18) Le7—f6†, Kg7—h7 19) Lf6—h8:, Kh7—h8: 20) Df4—f6†, Kh8—g8 21) Te1—e7.

17) ...         f7—f5
18) Df4—g3†

Auf 18) ... Kg7—h7 gewinnt 19) Le7—f6; auf 18) ... Kg7—f7, 19) Le7—b4.

18) ...         De8—g6       21) De5—e7†      Kf7—g8
19) Le7—f6†     Kg7—f6:      22) De7—d8†      Kg8—g7
20) Dg3—e5†     Kf6—f7       23) Te1—e7† und muss gewinnen."

10) ... d6—d5. Ein sehr schwacher Zug.

12) f6—g7: Noch stärker ist 12) Tf1—e1†; man vergleiche die obige Analyse von B. v. Guretzky-Cornitz.

---

### 42. Partie.
Gespielt zu London im Jahre 1858.

| P. Morphy. | Samplon. | | Weiss. | Schwarz. |
|---|---|---|---|---|
| Weiss. | Schwarz. | 4) | b2—b4 | Lc5—b4: |
| 1) e2—e4 | e7—e5 | 5) | c2—c3 | Lb4—c5 |
| 2) Sg1—f3 | Sb8—c6 | 6) | 0—0 | d7—d6 |
| 3) Lf1—c4 | Lf8—c5 | 7) | d2—d4 | e5—d4: |

|     | Weiss.  | Schwarz. |     | Weiss.  | Schwarz. |
|-----|---------|----------|-----|---------|----------|
| 8)  | c3—d4:  | Lc5—b6   | 14) | Ta1—d1  | Dd8—c8   |
| 9)  | Sb1—c3  | Sg8—f6   | 15) | e5—e6   | f7—f6    |
| 10) | e4—e5   | d6—e5:   | 16) | Db3—b5  | Lh5—g6   |
| 11) | Lc1—a3  | Lc8—g4   | 17) | Lc4—d5 und Weiss muss gewinnen. | |
| 12) | Dd1—b3  | Lg4—h5   |     |         |          |
| 13) | d4—e5:  | Sf6—g4   |     |         |          |

## 43. Partie.

Gespielt zu Berlin im Café de Belvédère zu Berlin am 20. August 1862.

J. Kolisch.     C. Schallopp.

|     | Weiss.  | Schwarz. |     | Weiss.  | Schwarz. |
|-----|---------|----------|-----|---------|----------|
| 1)  | e2—e4   | c7—c5    | 15) | ...     | h7—h6    |
| 2)  | Sg1—f3  | Sb8—c6   | 16) | Dg5—f4  | g7—g5    |
| 3)  | Lf1—c4  | Lf8—c5   | 17) | Df4—f6† | Dd8—f6:  |
| 4)  | b2—b4   | Lc5—b4:  | 18) | e5—f6:  |          |
| 5)  | c2—c3   | Lb4—a5   |     |         |          |
| 6)  | d2—d4   | e5—d4:   |     |         |          |
| 7)  | 0—0     | La5—b6   |     |         |          |
| 8)  | c3—d4:  | d7—d6    |     |         |          |
| 9)  | Sb1—c3  | Lc8—g4   |     |         |          |
| 10) | Dd1—a4  | Lg4—d7   |     |         |          |
| 11) | Da4—b3  | Sc6—a5   |     |         |          |
| 12) | Lc4—f7† | Ke8—f8   |     |         |          |
| 13) | Db3—d5  | Sg8—f6   |     |         |          |
| 14) | Dd5—g5  | Kf8—f7:  |     |         |          |
| 15) | e4—e5   |          |     |         |          |

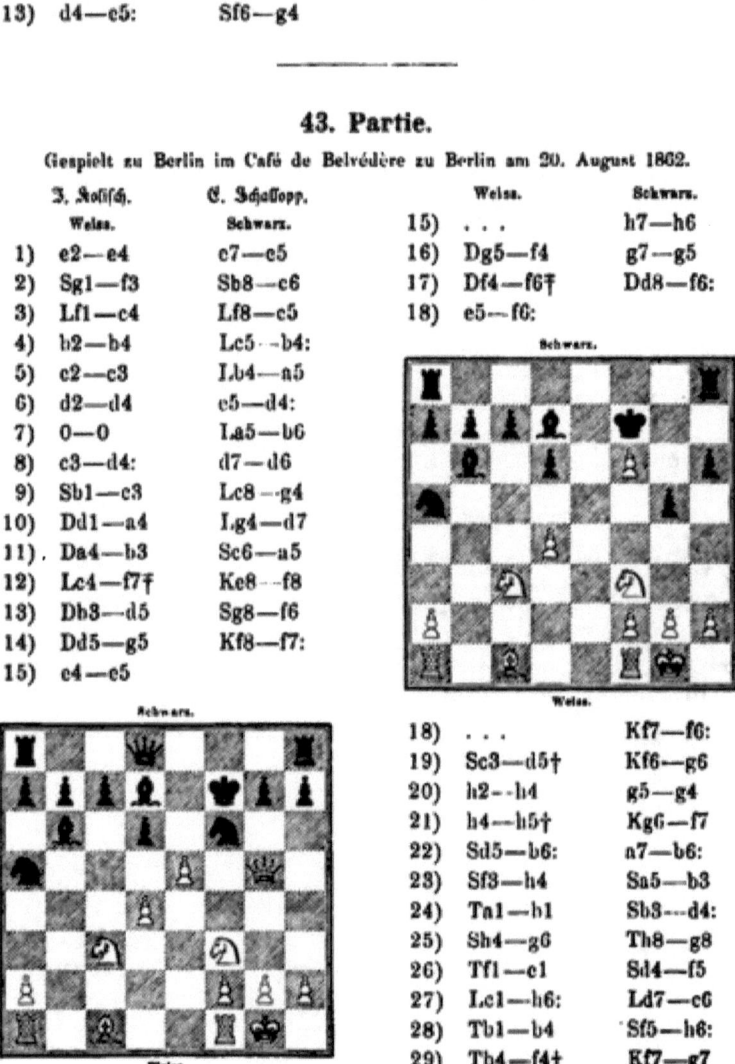

|     | Weiss.  | Schwarz. |
|-----|---------|----------|
| 18) | ...     | Kf7—f6:  |
| 19) | Sc3—d5† | Kf6—g6   |
| 20) | h2—h4   | g5—g4    |
| 21) | h4—h5†  | Kg6—f7   |
| 22) | Sd5—b6: | a7—b6:   |
| 23) | Sf3—h4  | Sa5—b3   |
| 24) | Ta1—b1  | Sb3—d4:  |
| 25) | Sh4—g6  | Th8—g8   |
| 26) | Tf1—c1  | Sd4—f5   |
| 27) | Lc1—h6: | Ld7—c6   |
| 28) | Tb1—b4  | Sf5—h6:  |
| 29) | Tb4—f4† | Kf7—g7   |

| | Weiss. | Schwarz. | | Weiss. | Schwarz. |
|---|---|---|---|---|---|
| 30) | Te1—e7† | Sh6—f7 | 34) | Tf6—g6† | Kg5—h4 |
| 31) | Te7—f7‡ | Kg7—h6 | 35) | Se7—f5† | Kh4—h5: |
| 32) | Sg6—e7 | Tg8—e8 | 36) | Tf7—g7 | Verloren. |
| 33) | Tf4—f6† | Kh5—g5 | | | |

### Anmerkungen zur 43. Partie.

9) ... Lc8—g4. Dieser Zug wurde früher für die beste Antwort auf 9) Sb1—c3 gehalten. Nunmehr zieht man jedoch die Entgegnung 9) ... Sc6—a5 vor; setzt Weiss darauf den Angriff statt mit 10) Lc4—d3 (!), mit 10) Sf3—g5 (?) fort, so bereitet Schwarz am besten durch 10) ... Sg8—h6 sogleich die Rochade vor, um den Läufer des Gegners zum Rückzuge zu nöthigen.

10) **Dd1—a4**, Frasers Angriff. — Durch diesen von dem Engländer G. B. Fraser empfohlenen Zug erlangt Weiss nur in dem Falle einen guten Angriff, wenn der Nachziehende 10) ... Lg4—f3: antwortet, worauf nach Frasers Analyse folgen würde: 11) d4—d5, Dd8—f6 12) d5—c6:, 0—0—0 13) Sc3—d5, Df6—g6 14) Sd5—b6†, c7—b6: 15) g2—g3, Lf3—e4: 16) Lc4—a6 Sg8—f6 17) La6—b7†, Kc8—b8 18) Da4—a6, Td8—d7 19) Lc1—e3, Le4—d3 20) Da6—a3, Td7—b7: 21) c6—b7:, Kb8—b7: 22) Tf1—d1 mit gutem Spiele für Weiss. Thut Schwarz jedoch den richtigen Gegenzug: 10) ... Lg4—d7, so bleibt dem Gambitgeber, um den Angriff festzuhalten, nichts übrig, als 11) **Da4—b3** zu ziehen und auf 11) ... Sc6—a5 dann seinen Königsläufer zu opfern durch 12) Lc4—f7†, worauf zunächst 12) ... Ke8—f8 13) Db3—d5*), Sg8—f6 14) Dd5—g5, Ke8—f7: folgt. Dies Figurenopfer erweis't sich aber bei genauerer Untersuchung als ungesund. Es stehen dem Nachziehenden nach 15) e4—e5 (!) mehrere Wege offen, das Uebergewicht zu behaupten. Schwarz kann nämlich einerseits durch ... 15) **Sf6—g4** im Mehrbesitze eines Offiziers bleiben, wie M. Lange im XV. Jahrgange der alten Schachzeitung, S. 242 bis 243 ausführt; wir entnehmen dieser Analyse die Variante:

| | | | | | |
|---|---|---|---|---|---|
| 15) | e4—e5 | Sf6—g4 | 21) | Sg5—f7 | Se7—d5: |
| 16) | Dg5—f4† | Kf7—g8 | 22) | Df4—f3 | Sh6—f7: |
| 17) | Sf3—g5 | Sg4—h6 | 23) | Df3—d5: | Dd8—f6 |
| 18) | e5—e6 | Ld7—e8 | 24) | Dd5—b7: | Ta8—d8 |
| 19) | Sc3—d5 | Sa5—c6 | 25) | c6—c7 | Lb6—d4: |
| 20) | Tf1—e1 | Sc6—e7 | 26) | Lc1—b2 (!) | Ld4—b2: |

---

*) Statt 13) Db3—d5 hat neuerdings James Mortimer 13) Db3—e2 empfohlen mit der Fortsetzung 13) ... Kf8—f7: 14) e4—e5, worauf Schwarz nach der Ansicht des Cercle d'Echecs zu Paris am besten 14) ... Kf7—f8 entgegnet; Chess Players Magazine schlägt 14) ... g7—g6 vor. (Man vgl. das Maiheft der neuen Berliner Schachzeitung, S. 136). Da diese Novität erst während des Druckes zu unserer Kenntniss gelangt ist, können wir noch kein definitives Urtheil darüber aussprechen.

| Weiss. | Schwarz. | | Weiss. | Schwarz. |
|---|---|---|---|---|
| 27) e7—d8: | Df6—d8: | 30) | Tc1—e3 | Le8—f7 |
| 28) Dc7—b2 | Sf7—e5 | 31) | Te3—g3 | g7—g6 |
| 29) Ta1—b1 | Se5—d7 | | und Schwarz muss gewinnen. | |

Andrerseits kann der Nachziehende auch durch Rückgabe des Offiziers dem Angriff sofort ein Ende machen und Bauernübermacht bei guter Stellung behaupten, indem er entweder 15) . . . **Th8—e8** zieht, worauf nach Lange die Fortsetzung 16) e5—f6:, Dd8—f6: 17) Dg5—h5†, Kf7—g8 18) Sf3—g5, Ld7—f5: 19) Lc1—e3, c7—c6 dem Schwarzen das bessere Spiel verschafft, oder durch 15) . . . **h7—h6** (!) nebst 16) . . . g7—g5 den Damentausch erzwingt, wie in vorstehender Partie geschieht. Letztere Spielart halten wir mit E. Schallopp für den kürzesten und sichersten Weg zum Gewinne der Partie.

18) . . . **Kf7—f8**: Eine Uebereilung; g5—g4 (!) würde das Spiel für Schwarz entschieden haben. Zieht Weiss darauf 19) Sf3—e1, so geht durch 19) . . . Lb6—d4: nebst 20) . . . Sa5—c4 eine Figur verloren; auch bei 19) Sf3—h4 oder 19) Sf3—d2 kommt Schwarz durch 19) . . . Lb6—d4: in Vortheil; man vgl. das obige Diagramm.

---

## 44. Partie.
### Gespielt im Jahre 1862.

| v. Cymatten. | J. Roßh. | | Weiss. | Schwarz. |
|---|---|---|---|---|
| Weiss. | Schwarz. | 14) | Dd5—g5 | Kf8—f7: |
| 1) c2—c4 | e7—e5 | 15) | Dg5—f4 | Kf7—e8 |
| 2) Sg1—f3 | Sb8—c6 | 16) | c4—c5 | Sf6—h5 |
| 3) Lf1—c4 | Lf8—c5 | 17) | Df4—e4 | Dd8—c7 |
| 4) 0—0 | d7—d6 | 18) | Sc3—d5 | Ld7—c6 |
| 5) b2—b4 | Lc5—b4: | 19) | Tf1—e1 | Lc6—d5: |
| 6) c2—c3 | Lb4—c5 | 20) | De4—d5: | c7—c6 |
| 7) d2—d4 | e5—d4: | 21) | Dd5—e4 | d6—d5 |
| 8) c3—d4: | Lc5—b6 | 22) | De4—g4 | g7—g6 |
| 9) Sb1—c3 | Lc8—g4 | 23) | Lc1—g5 | Dc7—f7 |
| 10) Dd1—a4 | Lg4—d7 | 24) | Lg5—f6 | Sh5—f6: |
| 11) Da4—b3 | Sc6—a5 | 25) | e5—f6† | Ke8—f8 |
| 12) Lc4—f7† | Ke8—f8 | 26) | Dg4—h4 | Ta8—e8 |
| 13) Db3—d5 | Sg8—f6 | | Weiss kündigt Matt in 3 Zügen an. | |

### Anmerkung zur 44. Partie.

15) . . . **Kf7—e8**. Durch diesen Zug bietet Schwarz dem Gambitgeber Gelegenheit zu einer kräftigen Attaque; das Richtige ist hier h7—h6 oder Kf7—g8; man vgl. die Anmerkungen zur 43. Partie.

## 45. Partie.

Gespielt im Jahre 1859.

| | S. Paulsen. | Der Club zu Quincy. | | Weiss. | Schwarz. |
|---|---|---|---|---|---|
| | Weiss. | Schwarz. | 16) | Dd1—d2 | Sd8—c6 |
| 1) | e2—e4 | e7—e5 | 17) | Lb5—d3 | Sc7—g6 |
| 2) | Sg1—f3 | Sb8—c6 | 18) | Dd2—h6 und Weiss gewinnt. |
| 3) | Lf1—c4 | Lf8—c5 | | | |
| 4) | b2—b4 | Lc5—b4: | | | |
| 5) | c2—c3 | Lb4—c5 | | | |
| 6) | 0—0 | d7—d6 | | | |
| 7) | d2—d4 | e5—d4: | | | |
| 8) | c3—d4: | Lc5—b6 | | | |
| 9) | Sb1—c3 | Lc8—g4 | | | |
| 10) | Lc4—b5 (!) | Lg4—d7 | | | |
| 11) | e4—e5 | Sg8—e7 (?) | | | |
| 12) | Lc1—g5 | 0—0 | | | |
| 13) | Sc3—d5 | Dd8—e8 | | | |
| 14) | Sd5—f6† | g7—f6: | | | |
| 15) | Lg5—f6: | Sc6—d8 | | | |

---

## 46. Partie.

Gespielt im Jahre 1863.

| | J. Kohl. | X. | | Weiss. | Schwarz. |
|---|---|---|---|---|---|
| | Weiss. | Schwarz. | 15) | Sd5—f6† | g7—f6: |
| 1) | e2—e4 | e7—e5 | 16) | Lg5—f6: | |
| 2) | Sg1—f3 | Sb8—c6 | | | |
| 3) | Lf1—c4 | Lf8—c5 | | | |
| 4) | b2—b4 | Lc5—b4: | | | |
| 5) | c2—c3 | Lb4—a5 | | | |
| 6) | d2—d4 | e5—d4: | | | |
| 7) | 0—0 | d7—d6 | | | |
| 8) | c3—d4: | Lc5—b6 | | | |
| 9) | Sb1—c3 | Lc8—g4 | | | |
| 10) | Lc4—b5 (!) | Lg4—d7 | | | |
| 11) | e4—e5 | d6—e5: | | | |
| 12) | d4—e5: (?) | Sg8—e7 | | | |
| 13) | Lc1—g5 | 0—0 (?) | | | |
| 14) | Sc3—d5 | Dd8—e8 | | | |

|  | Weiss. | Schwarz. |  | Weiss. | Schwarz. |
|---|---|---|---|---|---|
| 16) | ... | Sc6—e5: | 19) | Dh5—h6 | Sc7—f5 |
| 17) | Sf3—e5: | Ld7—b5: |  | und Weiss giebt in zwei Zügen |  |
| 18) | Dd1—h5 | Lb5—d3 |  | Matt. |  |

### Anmerkungen zur 46. Partie.

12) **d4—e5**: (?). Diese Fortsetzung des Angriffs hat Anderssen folgendermassen zu Gunsten des Gambitgebers ausgeführt:

| 12) | d4—e5: | Sg8—e7 | 21) | h2—h3 | Lg4—e6 |
|---|---|---|---|---|---|
| 13) | Lc1—g5 | h7—h6 (!) | 22) | Sf3—h4: | Le6—d5 |
| 14) | Lg5—h4 | g7—g5 (!) | 23) | Kg1—h2 | Dc8—e6 |
| 15) | Sc3—e4 | Ld7—e6 | 24) | f2—f4 | Ta8—d8 |
| 16) | Se4—f6† | Ke8—f8 | 25) | Tf1—e1 | Kf8—g7 |
| 17) | Dd1—a4 | g5—h4: | 26) | Sf6—h5† | Kg7—h7 |
| 18) | Ta1—d1 | Dd8—c8 | 27) | Da3—d3† | Sc7—g6 |
| 19) | Da4—a3 | Le6—g4 | 28) | f4—f5 |  |
| 20) | Lb5—c6: | b7—c6: |  | und Weiss gewinnt. |  |

Er lässt den Vertheidiger aber in dieser Variante auffallend schlechte Züge machen; besonders ist das Hin- und Herziehen des schwarzen Damenläufers ganz planlos. Wenn diese Figur im 15ten Zuge statt nach e6, wo sie nachher dem Schwarzen nur hinderlich ist, nach f5 geht, so wird unseres Dafürhaltens die Opfercombination des Gambitgebers an einem correcten Gegenspiele scheitern, und der Rückzug des bedrohten Läufers (Lh4—g3) gestattet dem Schwarzen, nach Abtausch der Damen den Gambitbauer bei erträglicher Stellung zu behalten.

Stärker ist der directe Angriff 12) **d4—d5**, wodurch Weiss, wie M. Lange richtig bemerkt, bei 12) ... Sc6—a5 durch 13) Lb5—d7†, Dd8—d7: 14) Sf3—e5:, bei 12) Sc6—b8 durch 13) Sf3—e5:, Sg8—e7 14) Dd1—g4 ein sehr gutes Spiel bekommt. Für die correcteste Fortsetzung halten wir aber den Vorbereitungszug 12) **Tf1—e1**, gegen welchen wir keine für den Nachziehenden günstige Vertheidigung gefunden haben. (Man vgl. die 47. Partie).

15) **Sd5—f6†**. Die Richtigkeit dieser Combination ist im XVIII. Jahrgange der alten Schachzeitung Seite 317 ausführlich nachgewiesen worden.

---

### 47. Partie.

Gespielt den 5. December 1863.

G. R. Neumann.   C. Schallopp.

|  | Weiss. | Schwarz. |  | Weiss. | Schwarz. |
|---|---|---|---|---|---|
|  |  |  | 3) | Lf1—c4 | Lf8—c5 |
| 1) | e2—e4 | e7—e5 | 4) | b2—b4 | Lc5—b4: |
| 2) | Sg1—f3 | Sb8—c6 | 5) | c2—c3 | Lb4—a5 |

| | Weiss. | Schwarz. | | Weiss. | Schwarz. |
|---|---|---|---|---|---|
| 6) | d2—d4 | e5—d4: | 15) | Sf3—e5: | Dd7—f5 |
| 7) | 0—0 | La5—b6 | 16) | Se5—d3 | Ta8—d8 |
| 8) | c3—d4: | d7—d6 | 17) | Lc1—a3 | Td8—d7 |
| 9) | Sb1—c3 | Lc8—g4 | 18) | Te1—e5 | Df5—g6 |
| 10) | Lc4—b5 | Lg4—d7 | 19) | Sd3—c5 | Lb6—c5: |
| 11) | e4—e5 | d6—e5: | 20) | La3—c5: | Sd4—f5 |
| 12) | Tf1—e1 | Sg8—e7 | 21) | Dd1—e2 | b7—b6 |
| 13) | d4—d5 | | 22) | Lc5—a3 | Sf5—d6 |
| | | | 23) | Ta1—e1 | Dg6—f6 |
| | | | 24) | Sc3—b5 und gewinnt. |

| 13) | . . . | Sc6—d4 (?) |
| 14) | Lb5—d7† | Dd8—d7: |

## 48. Partie.

### Gespielt zu Paris im Jahre 1863.

(Aus Paris ist uns die Nachricht zugegangen, unter den ersten sieben Partieen, die P. Morphy 1863 mit A. de Rivière gespielt hat, seien 4 von Letzterem gewonnen worden.)

| | A. de Rivière. | P. Morphy. | | Weiss. | Schwarz. |
|---|---|---|---|---|---|
| | Weiss. | Schwarz. | 10) | Lc4—b5 | Lg4—d7 |
| 1) | e2—e4 | c7—c5 | 11) | Lc1—g5 | Sc6—e7 |
| 2) | Sg1—f3 | Sb8—c6 | 12) | Lb5—c4 | Ld7—e6 |
| 3) | Lf1—c4 | Lf8—c5 | 13) | Dd1—a4† (?) | Dd8—d7 |
| 4) | b2—b4 | Lc5—b4: | 14) | Lc4—b5 | c7—c6 |
| 5) | c2—c3 | Lb4—c5 | 15) | Lb5—d3 | f7—f6 |
| 6) | 0—0 | d7—d6 | 16) | Lg5—h4 | Se7—g6 |
| 7) | d2—d4 | e5—d4: | 17) | Lh4—g3 | Sg8—e7 |
| 8) | c3—d4: | Lc5—b6 | 18) | d4—d5 | Le6—f7 |
| 9) | Sb1—c3 | Lc8—g4 | 19) | Sc3—b5 | Lb6—c5 |

Stellung nach dem 12. Zuge von Schwarz.
Schwarz.

| | Weiss. | Schwarz. |
|---|---|---|
| 23) | Sf3—e5: | f6—e5: |
| 24) | d5—c6: | b7—c6: |
| 25) | Sd4—b3 | Lc5—b6 |
| 26) | Tf1—d1 | Lf7—h5 |
| 27) | Td1—d2 | a7—a5 |
| 28) | Da4—a3 | Ta8—d8 |
| 29) | Lg3—e5: (?) | Tf8—f2: |
| 30) | Kg1—h1 | Tf2—d2: |
| 31) | Le5—g7† | Kh8—g7: |
| 32) | Sb3—d2: | Dd7—a7 |
| 33) | Da3—g3† | Lh5—g6 |
| 34) | Tc1—f1 | Lb6—d4 |
| 35) | Sd2—f3 | Da7—c5 |
| 36) | Lc4—b3 | Td8—f8 |
| 37) | h2—h4 | Ld4—c5 |
| 38) | Dg3—g4 | Dc5—e3 |
| | Schwarz gewinnt. | |

Weiss.

| | Weiss. | Schwarz. |
|---|---|---|
| 20) | Ta1—c1 | 0—0 |
| 21) | Sb5—d4 | Kg8—h8 |
| 22) | Ld3—c4 | Sg6—e5 |

### Anmerkungen zur 48. Partie.

11) Lc1—g5. Besser ist 11) e4—e5.
13) Dd1—a4. Ein schwacher Zug.
29) Lg3—e5: Ein auffallender Fehler.

---

## 49. Partie.
### Gespielt im Winter 1857—1858 zu Newyork.

P. Morphy. A. Schulten.

| | Weiss. | Schwarz. |
|---|---|---|
| 1) | e2—e4 | e7—e5 |
| 2) | Sg1—f3 | Sb8—c6 |
| 3) | Lf1—c4 | Lf8—c5 |
| 4) | b2—b4 | Lc5—b4: |
| 5) | c2—c3 | Lb4—c5 |
| 6) | 0—0 | d7—d6 |
| 7) | d2—d4 | e5—d4: |
| 8) | c3—d4: | Lc5—b6 |
| 9) | Sb1—c3 | Lc8—g4 |
| 10) | Lc4—b5 | Lg4—f3: |
| 11) | g2—f3: | Ke8—f8 |
| 12) | Lc1—e3 (?) | |

Schwarz.

| | Weiss. | Schwarz. |
|---|---|---|
| 12) | . . . | Sc6—e7 |
| 13) | Kg1—h1 | c7—c6 |

|     | Weiss.   | Schwarz. |
|-----|----------|----------|
| 14) | Lb5—a4   | d6—d5    |
| 15) | Ta1—b1   | Ta8—b8   |
| 16) | Dd1—d3   | Lb6—c7   |
| 17) | Tf1—g1   | Sc7—g6   |
| 18) | c4—e5    | Dd8—h4   |
| 19) | Le3—g5   | Dh4—h3   |
| 20) | Sc3—e2   | f7—f6    |
| 21) | Se2—f4   | Sg6—f4:  |
| 22) | Lg5—f4:  | g7—g5    |
| 23) | Dd3—a3†  | Kf8—e8   |
| 24) | Tb1—b7:  | Tb8—b7:  |
| 25) | La4—c6†  | Ke8—f7   |
| 26) | Lc6—d5†  | Kf7—g6   |
| 27) | Da3—f8   | Dh3—d7   |
| 28) | Ld5—b7:  | Lc7—d8   |
| 29) | e5—f6:   | Ld8—f6:  |
| 30) | Lb7—c4†  | Kg6—h5   |

Stellung nach dem 30. Zuge von Schwarz.

|     | Weiss.   | Schwarz. |
|-----|----------|----------|
| 31) | Lf4—e3   | h7—h6    |
| 32) | Tg1—g3   | Lf6—g7   |
| 33) | Df8—f7†  | und Weiss gewinnt. |

### Anmerkungen zur 49. Partie.

10) ... **Lg4—f3:** Besser ist es nach unserer Ansicht, sogleich Ke8—f8 zu ziehen, da die dauernde Fesselung des Königsspringers dem Weissen unbequem werden und Schwarz auch später noch mit gleichem Erfolge den Abtausch ausführen kann.

12) **Lc1—e3, Sc6—e7.** Diese Spielart ist (bei correcter Fortsetzung) für den Nachziehenden vortheilhaft, wie Anderssen bewiesen hat. Die von ihm ausgeführten Varianten sind folgende:

| 10) | Lc4—b5 | Lg4—f3: | 15) | Lb5—a4 | h7—h5  |
| 11) | g2—f3: | Ke8—f8  | 16) | La4—b3 | Dd8—d7 |
| 12) | Lc1—e3 | Sc6—e7  | 17) | Dd1—f1 | g7—g6  |
| 13) | Kg1—h1 | d6—d5   | 18) | Ta1—d1 | Ta8—d8.|
| 14) | Tf1—g1 | c7—c6   |     |        |        |

#### Erste Fortsetzung.

| 19) | Df1—g2 | h5—h4   | 23) | e4—d5: | Sh5—g3† |
| 20) | f3—f4  | Sg8—f6  | 24) | f2—g3: | h4—g3:  |
| 21) | f4—f5  | Sf6—h5  | 25) | Dg2—g3:| Lb6—c3  |
| 22) | f5—g6: | Se7—g6: |     | und Schwarz gewinnt. |

#### Zweite Fortsetzung.

| 19) | f3—f4  | Lb6—a5 (!) | 21) | Sa4—c5 | Dd7—c8 |
| 20) | Sc3—a4 | d5—e4:     | 22) | Df1—c4 | Sc7—d5 |
|     |        | und Schwarz steht gesichert. |

5*

15) ... Ta8—b8. „Ein gefährlicher Standort des Thurmes." (Anderssen.)

18) ... Dd8—h4. „Ein unzeitiger Angriff. Zugleich liegt auf der Hand, dass der Angriff des Weissen auch jetzt noch aussichtslos wäre, wenn Schwarz statt des übereilten Damenzuges den Königsspringer nach e7 entwickelt hätte." (Glosse von Anderssen.)

20) ... f7—f6. „Der Nagel zum Sarge." (Anderssen.)

---

### 50. Partie.

Gespielt zu London im Jahre 1862.

Mac Donnell.     Anderssen.
Weiss.     Schwarz.

| | Weiss. | Schwarz. |
|---|---|---|
| 1) | e2—e4 | e7—e5 |
| 2) | Sg1—f3 | Sb8—c6 |
| 3) | Lf1—c4 | Lf8—c5 |
| 4) | b2—b4 | Lc5—b4: |
| 5) | c2—c3 | Lb4—c5 |
| 6) | 0—0 | d7—d6 |
| 7) | d2—d4 | e5—d4: |
| 8) | c3—d4: | Lc5—b6 |
| 9) | Sb1—c3 | Lc8—g4 |
| 10) | Lc4—b5 | Lg4—f3: |
| 11) | g2—f3: | Ke8—f8 |
| 12) | Sc3—e2 | Sc6—e7 |
| 13) | f3—f4 | d6—d5 |
| 14) | e4—e5 | Sg8—h6 |
| 15) | Kg1—h1 | Sh6—f5 |
| 16) | Tf1—g1 | g7—g6 |
| 17) | Lc1—a3 | c7—c6 |
| 18) | Lb5—a4 | Kf8—g7 |
| 19) | La4—c2 | Dd8—d7 |
| 20) | Dd1—d3 | h7—h5 |
| 21) | Dd3—h3 | Dd7—e6 |
| 22) | La3—e7: | Sf5—e7: |
| 23) | f4—f5 (!) | De6—c8 |
| 24) | f5—f6† | Kg7—g8 |
| 25) | e5—e6 (!) | Dc8—e6: |
| 26) | Dh3—e6: | f7—e6: |
| 27) | f6—e7: | Kg8—f7 |
| 28) | Tg1—g6: | Kf7—e7: |
| 29) | Tg6—g7† | Ke7—d6 |
| 30) | Ta1—g1 | c6—c5 |
| 31) | d4—c5† | Lb6—c5: |
| 32) | Tg7—b7: | Lc5—f2 |
| 33) | Tg1—g7 | Lf2—b6 |
| 34) | Tb7—d7† | Kd6—c5 |
| 35) | Tg7—g5† | Kc5—f6 |
| 36) | Tg5—g6† | Kf6—e5 |
| 37) | Td7—e7 und Weiss gewinnt. |  |

**Anmerkungen zur 50. Partie.**

12) Sc3—e2. Entschieden besser, als 12) Lc1—e3, was in der 49. Partie geschah. Der Dameuläufer ist in dieser Spielart für den Gambitgeber die zum

Angriff brauchbarste Figur; auf dem Felde e3 dient er aber bloss zur Deckung des Bauern d4, während er von a3 oder b2 aus eine drohende Richtung auf den feindlichen König hätte; die letzteren beiden Felder sind überhaupt im Evansgambit gewöhnlich die vortheilhaftesten Plätze für den weissen Damenläufer.

Die Frage, ob nach 12) Sc3—e2 der Anziehende oder der Vertheidiger im Vortheil sei, ist schwer zu entscheiden. Der Mehrbesitz eines Bauern lässt sich in solcher Stellung kaum zur Geltung bringen; Positionsvortheil und günstigere Angriffschancen aber scheinen auf Seiten des Gambitgebers zu sein; wir möchten desshalb dem weissen Spiele den Vorzug geben. Ein abschliessendes Urtheil wird erst nach wiederholter Anwendung der Spielart in der Praxis gefällt werden können. Freiherr B. v. Guretzky-Cornitz, welcher gegenwärtig mit einer Analyse derselben beschäftigt ist, hat uns mitgetheilt, dass die Resultate seiner bisherigen Untersuchungen zu Gunsten des Anziehenden ausgefallen sind.

21) **Dd3—h3.** Der richtige Zug; die letzten Vorbereitungszüge von Weiss sind sämmtlich sehr gut; Schwarz befindet sich jetzt in einer schwer zu verbessernden gedrückten Lage.

## 51. Partie.

Gespielt im Sommer des Jahres 1860 zu Berlin.

B. Suhle.     P. Hirschfeld.

| | Weiss. | Schwarz. | | Weiss. | Schwarz. |
|---|---|---|---|---|---|
| 1) | e2—e4 | e7—e5 | 17) | d5—c6: | b7—c6: |
| 2) | Sg1—f3 | Sb8—c6 | 18) | Lc3—f4 | g7—g5 |
| 3) | Lf1—c4 | Lf8—c5 | 19) | Lf4—g5: | d6—d5 |
| 4) | b2—b4 | Lc5—b4: | 20) | Dd1—d4 | Th8—g8 |
| 5) | c2—c3 | Lb4—c5 | 21) | Lg5—e7† | Dc7—e7: |
| 6) | 0—0 | d7—d6 | 22) | Tc1—c6: | Lb8—a7 |
| 7) | d2—d4 | e5—d4: | 23) | Dd4—c3 | De7—e4: |
| 8) | c3—d4: | Lc5—b6 | 24) | Tf1—e1 | Lg4—f3: |
| 9) | Sb1—c3 | Lc8—g4 | 25) | Te1—e4: | Tg8—g2† |
| 10) | Lc4—b5 | Ke8—f8 | 26) | Kg1—f1 | d5—e4: |
| 11) | Lc1—e3 | h7—h5 | 27) | Dc3—h8† | Tg2—g8 |
| 12) | a2—a4 | a7—a5 | 28) | Dh8—h6† | Tg8—g7 |
| 13) | Sc3—d5 | Lb6—a7 | 29) | Tc6—c7 | Ta8—d8 |
| 14) | Ta1—c1 | Sg8—e7 | 30) | Tc7—f7† | Kf8—f7: |
| 15) | Sd5—e7: | Dd8—e7: | 31) | Lb5—c4† | Kf7—e8 |
| 16) | d4—d5 | La7—b8 | 32) | Dh6—h8† | Ke8—d7 |
| | | | 33) | Dh8—g7† | und Weiss gewinnt. |

## 52. Partie.

Gespielt zu Berlin im Café de Belvédère den 22. Februar 1864.

| | B. Knorre. | M. Lichtenstein. | | Weiss. | Schwarz. |
|---|---|---|---|---|---|
| | Weiss. | Schwarz. | 20) | Dd1—h5 | |
| 1) | e2—e4 | e7—e5 | | | |
| 2) | Sg1—f3 | Sb8—c6 | | | |
| 3) | Lf1—c4 | Lf8—c5 | | | |
| 4) | b2—b4 | Lc5—b4: | | | |
| 5) | c2—c3 | Lb4—c5 | | | |
| 6) | 0—0 | d7—d6 | | | |
| 7) | d2—d4 | e5—d4: | | | |
| 8) | c3—d4: | Lc5—b6 | | | |
| 9) | Sb1—c3 | Lc8—g4 | | | |
| 10) | Lc4—b5 | Ke8—f8 | | | |
| 11) | Sc3—e2 | Dd8—f6 | | | |
| 12) | e4—e5 | d6—e5: | | | |
| 13) | Lc1—a3† | Sc6—e7 | | | |
| 14) | Sf3—e5: | Lg4—e6 | | | |
| 15) | Se2—c3 | Ta8—d8 | 20) | ... | Sg8—h6 |
| 16) | Sc3—e4 | Df6—f4 | 21) | Ta1—d1 | Dd4—c3 |
| 17) | Se4—c5 | c7—c6 | 22) | Td1—d8† | Lb6—d7: |
| 18) | Sc5—e6† | f7—e6: | 23) | Se5—d7† | Kf8—g8 |
| 19) | g2—g3 | Df4—d4: | 24) | Dh5—c8† | |

### Anmerkungen zur 52. Partie (von Victor Knorre.)

14) ... **Lg4—e6**. Es ist klar, dass 14) ... Lg4—e2: nicht geschehen darf, da alsdann die schwarze Dame verloren ginge.

17) ... **c7—c6**. Schwarz kann den Bauer d4 nicht ohne Nachtheil nehmen, denn es folgt auf: 17) ... Df4—d4: 18) Sc5—e6†, f7—e6: 19) Dd1—h5, Dd4—f4 20) Ta1—d1 und gewinnt; und auf 17) ... Td8—d4: 18) Sc5—e6†, f7—e6: 19) Dd1—h5, c7—c6 20) Sc5—g6†, h7—g6: 21) Dh5—h8:, c6—b5: 22) La3—e7†, Kf8—c7: 23) Dh8—g8: Der beste Zug war 17) ... Lb6—c5:

20) ... **Sg8—h6**. Bei 20) ... g7—g6 gewinnt Weiss durch: 21) Dh5—f3†, Kf8—g7 22) Df3—f7†, Kg7—h6 23) La3—c1† u. s. w.

## 53. Partie.

**Gespielt zu Berlin im Café de Belvédère im Februar 1864.**

| | B. Suhle. Weiss. | A. Lichtenstein. Schwarz. | | Weiss. | Schwarz. |
|---|---|---|---|---|---|
| | | | 14) | e5—d6: | c7—d6: |
| 1) | e2—e4 | e7—e5 | 15) | Sc3—e4 | Lg4—f3: |
| 2) | Sg1—f3 | Sb8—c6 | 16) | Dd1—f3: | Lb6—d4: |
| 3) | Lf1—c4 | Lf8—c5 | 17) | Se4—d6: | Ld4—f6 |
| 4) | b2—b4 | Lc5—b4: | 18) | Ta1—b1 | h7—h5 |
| 5) | c2—c3 | Lb4—c5 | 19) | Tf1—c1 | |
| 6) | 0—0 | d7—d6 | | | |
| 7) | d2—d4 | e5—d4: | | | |
| 8) | c3—d4: | Lc5—b6 | | | |
| 9) | Sb1—c3 | Lc8—g4 | | | |
| 10) | Lc4—b5 | Ke8—f8 | | | |
| 11) | Lb5—c6: | b7—c6: | | | |
| 12) | e4—e5 | Sg8—e7 | | | |
| 13) | Lc1—a3 | | | | |

| | | | | Weiss. | Schwarz. |
|---|---|---|---|---|---|
| | | | 19) | ... | Sc7—d5 |
| | | | 20) | Tb1—b7 | Dd7—g4 |
| | | | 21) | Sd6—f7† | Kf8—g8 |
| | | | 22) | Df3—g4: | h5—g4: |
| | | | 23) | Sf7—h8: | Kg8—h8: |
| | | | 24) | g2—g3 | Lf6—d4 |
| | | | 25) | Tc1—c4 | c6—c5 |
| | | | 26) | Tc4—g4: | Ta8—f8 (?) |
| 13) | ... | Dd8—d7 | 27) | Tg4—d4: | Aufgegeben. |

### Anmerkungen zur 53. Partie.

**11) Lb5—c6:** Eine beachtenswerthe Neuerung; anstatt sich mit einem Defensivzuge zur Deckung des Damenbauern aufzuhalten, leitet Weiss sogleich einen Angriff im Centrum ein. Es ist nun nicht leicht für den Nachziehenden, die Punkte c6 und d6 genügend zu sichern. — Der Abtausch 11) Lb5—c6: ist auch aus dem Grunde zu empfehlen, weil sich sonst in Spielen mit dieser Eröffnung der schwarze Damenspringer nachher wirksamer zeigt, als der weisse Königsläufer.

12) ... **Sg8—e7**. Die Fortsetzung 12) ... Lg4—f3: 13) g2—f3:, d6—e5: 14) Lc1—a3†, Sg8—e7 15) d4—e5:, Lb6—d4 16) Dd1—c2, Ld4—c5: 17) Ta1—d1, Lc5—d6 18) Sc3—e4 ist für den Gambitgeber vortheilhaft. Eine im März d. J. gespielte Partie zwischen G. R. Neumann und V. Knorre, in welcher 12) ... c6—c5 geschah, wurde folgendermassen schnell zu Gunsten des Weissen entschieden:

| | | | | | |
|---|---|---|---|---|---|
| 12) | e4—e5 | c6—c5 | 16) | Se4—d6: | Sg8—e7 |
| 13) | Lc1—a3 | c5—d4: | 17) | Tf1—e1 | Ta8—b8 |
| 14) | Sc3—e4 | f7—f5 (?) | 18) | Dd1—b3 | Lg4—h5 |
| 15) | e5—d6: | c7—d6: | 19) | Db3—e6 und Weiss gewinnt. | |

13) ... **Dd8—d7**. Schlecht wäre 13) ... c6—c5 wegen der Folge: 14) e5—d6:, c7—d6: 15) Sc3—e4, c5—d4: 16) Se4—d6:. Die beste Vertheidigung besteht wohl in 13) ... Lg4—f3: 14) g2—f3:, Kf8—g8, doch erhält Weiss auch in diesem Falle ein gutes Angriffsspiel durch 15) e5—d6:, c7—d6: 16) Sc3—e4, Se7—f5 17) d4—d5, c6—c5 18) Kg1—h1.

## 54. Partie.

Gespielt zu Berlin den 27. Mai 1862.

| | C. Schallopp. | A. Rothmaler. | | Weiss. | Schwarz. |
|---|---|---|---|---|---|
| | Weiss. | Schwarz. | 20) | e4—f5: | Ld4—c3: |
| 1) | e2—e4 | e7—e5 | 21) | Ld5—e6 | |
| 2) | Sg1—f3 | Sb8—c6 | | | |
| 3) | Lf1—c4 | Lf8—c5 | | | |
| 4) | b2—b4 | Lc5—b4: | | | |
| 5) | c2—c3 | Lb4—c5 | | | |
| 6) | 0—0 | d7—d6 | | | |
| 7) | d2—d4 | e5—d4: | | | |
| 8) | c3—d4: | Lc5—b6 | | | |
| 9) | d4—d5 | Sc6—e5 (?) | | | |
| 10) | Sf3—e5: | d6—e5: | | | |
| 11) | Sb1—c3 (?) | Sg8—e7 | | | |
| 12) | Kg1—h1 | 0—0 | | | |
| 13) | f2—f4 | Lb6—d4 | | | |
| 14) | Dd1—e2 | Kg8—h8 | | | |
| 15) | f4—f5 | f7—f6 | | | |
| 16) | Tf1—f3 | c7—c6 | 21) | ... | Lc3—a1: |
| 17) | d5—c6: | Se7—c6: | 22) | De2—e2 | Dd8—e8 |
| 18) | Tf3—h3 | Sc6—a5 | 23) | De2—g4 | Tf8—f7 |
| 19) | Lc4—d5 | Lc8—f5: | 24) | Dg4—g6 | Aufgegeben. |

### Anmerkungen zur 54. Partie.

9) ... Sc6—e5. Das Handbuch missbilligt diesen Zug mit Recht und giebt nach 10) Sf3—e5:, d6—e5: 11) Sb1—d2, Sg8—e7 12) Lc1—a3 dem weissen Spiele den Vorzug. Weiss kann übrigens auch sofort 11) Lc1—a3 ziehen; spielt Schwarz darauf auf Qualitätsgewinn 11) ... Lb6—d4, so erlangt Weiss durch 12) Sb1—d2, Ld4—a1: 13) Dd1—a1: einen unwiderstehlichen Angriff.

---

## 55. Partie.

Gespielt zu Paris im Jahre 1858.

| | P. Morphy. | A. de Rivière. | | Weiss. | Schwarz. |
|---|---|---|---|---|---|
| | Weiss. | Schwarz. | 16) | e6—f7† | Kg8—h7 |
| 1) | e2—e4 | e7—e5 | 17) | Lc4—d3 | Lc8—e6 |
| 2) | Sg1—f3 | Sb8—c6 | 18) | Lc1—g5 | Le6—f7: |
| 3) | Lf1—c4 | Lf8—c5 | 19) | Tf1—e1 | Kh7—g8 |
| 4) | b2—b4 | Lc5—b4: | 20) | Lg5—e7: | Sg6—e7: |
| 5) | c2—c3 | Lb4—c5 | 21) | Dh5—g4 | Dd8—f8 |
| 6) | 0—0 | d7—d6 | 22) | Sb1—c3 | Lb6—f2† |
| 7) | d2—d4 | e5—d4: | 23) | Kg1—h1 | Lf2—e1: |
| 8) | c3—d4: | Lc5—b6 | 24) | Ta1—e1: | d6—d5 |
| 9) | d4—d5 | Sc6—e7 | 25) | Te1—f1 | Ta8—d8 |
| 10) | c4—e5 | Se7—g6 | 26) | Sc3—b5 | c7—c5 |
| 11) | e5—e6 | f7—e6: | 27) | Dg4—g3 | c5—c4 |
| 12) | d5—e6: | Sg8—e7 | 28) | Ld3—c2 | Se7—c6 |
| 13) | Sf3—g5 | 0—0 | 29) | Lc2—g6 | Td8—d7 |
| 14) | Dd1—h5 | h7—h6 | 30) | Lg6—f5 | Td7—e7 |
| 15) | Sg5—f7 | | 31) | Sb5—d6 | Df8—b8 |
| | | | 32) | Lf5—c8 | Sc6—d8 |
| | | | 33) | Lc8—f5 | b7—b5 |
| | | | 34) | Lf5—g6 | Lf7—g6: |
| | | | 35) | Sd6—f5 | Db8—g3: |
| | | | 36) | Sf5—e7† | Kg8—h7 |
| | | | 37) | h2—g3: | d5—d4 |
| | | | 38) | Se7—g6: | Kh7—g6: |
| | | | 39) | a2—a3 | a7—a5 |
| | | | 40) | Kh1—g1 | Sd8—c6 |
| | | | 41) | Tf1—f8 | c4—c3 |
| | | | 42) | Tf8—c8 | Sc6—e5 |
| | | | 43) | Kg1—f2 | Se5—c4 |
| | | | 44) | Kf2—e2 | c3—c2 |
| 15) | ... | Tf8—f7: | | Aufgegeben. | |

## Anmerkungen zur 55. Partie.

9) ... Sc6—e7 (?). Der richtige Zug ist 9) ... Sc6—a5. Durch den Rückzug des Springers nach e7 geräth Schwarz in eine sehr bedrängte Lage und kommt, wie die folgenden Particen beweisen, bei correcter Führung des weissen Spiels sehr bald in Nachtheil.

11) e5—e6 (!). Weniger stark ist 11) Lc1—b2, welcher Zug in einer Partie zwischen Delabourdonnais und Mac Donnell geschah.

14) Dd1—h5 (?). Hier übereilt sich der amerikanische Meister in der Attaque; der Vorbereitungszug 14) Sb1—c3 ist bei weitem stärker; man vgl. die 58. Partie.

15) Sg5—f7 (?). Besser wäre 15) Dh5—g6: gewesen; die Consequenz dieses Zuges: 15) ... Se7—g6:, 16) e6—e7†, d6—d5 17) e7—d8:, Tf8—d8: 18) Tf1—d1 ist nicht ungünstig für Weiss.

15) ... Tf8—f7: (?). Ein durchaus überflüssiges Qualitätsopfer; Schwarz würde durch den einfachen Zug 15) ... Dd8—e8 sich den Gewinn gesichert haben; der Angriff sah gefährlicher aus, als er wirklich war; der Bauer e6 war auf die Dauer nicht zu halten.

17) Lc4—d3 (?). Durch 17) Lc1—g5 (!) würde Weiss mindestens Ausgleichung der Spiele erreicht haben.

## 56. Partie.

Gespielt zu Bonn im Jahre 1859.

| | B. Suhle. Weiss. | A. Schlieper. Schwarz. | | Weiss. | Schwarz. |
|---|---|---|---|---|---|
| 1) | e2—e4 | e7—e5 | 18) | d6—c7† | Kd8—c7: |
| 2) | Sg1—f3 | Sb8—c6 | 19) | d5—d6† | Kc7—c8 |
| 3) | Lf1—c4 | Lf8—c5 | 20) | Sc3—e4 | Df6—f5 |
| 4) | b2—b4 | Lc5—b4: | 21) | Lc4—d5 | Ld7—c6 |
| 5) | c2—c3 | Lb4—c5 | 22) | Te1—c1 | Kc8—d7 |
| 6) | 0—0 | d7—d6 | 23) | Tc1—c6: und Weiss gewinnt | |
| 7) | d2—d4 | e5—d4: | | | |
| 8) | c3—d4: | Lc5—b6 | | | |
| 9) | d4—d5 | Sc6—e7 | | | |
| 10) | e4—e5 | Lc8—g4 | | | |
| 11) | Dd1—a4† | Lg4—d7 | | | |
| 12) | Da4—b3 | h7—h6 | | | |
| 13) | Sb1—c3 | Se7—f5 | | | |
| 14) | Lc1—a3 | Sf5—d4 | | | |
| 15) | Sf3—d4: | Lb6—d4: | | | |
| 16) | e5—d6: | Dd8—f6 | | | |
| 17) | Ta1—c1† | Kc8—d8 | | | |

## Anmerkungen zur 56. Partie.

10) ... Lc8—g4. Dieser Zug wurde früher von Anderssen angewandt, gewährt aber ebenso wenig eine genügende Vertheidigung, wie 10) ... Se7—g6.

11) ... Lg4—d7. Bei 11) ... Dd8—d7 kommt Weiss durch 12) Lc4—b5, c7—c6 13) e5—e6, f7—e6: 14) Da4—g4:, c6—b5: 15) d5—e6:, Dd7—c7 16) Dg4—g7:, Se7—g6 17) Lc1—b2 in Vortheil.

12) ... h7—h6. Ein wohlüberlegter Zug; die richtige Fortsetzung ist darauf nicht leicht zu finden. Bei 13) Lc1—b2 z. B. würde Schwarz durch 13) ... Ke8—f8 eine ziemlich sichere Stellung einnehmen.

13) ... Se7—f5. Nicht besser wäre 13) ... Se7—g6, worauf ebenfalls 14) Lc1—a3 geschähe.

14) ... Sf5—d4. Bei 14) ... Sg8—e7 würde der Springer durch 15) Ta1—d1 in Gefahr kommen.

---

## 57. Partie.

Gespielt zu Bonn im Jahre 1859.

B. Suhr. — Siegbrand.

| | Weiss. | Schwarz. |
|---|---|---|
| 1) | e2—e4 | e7—e5 |
| 2) | Sg1—f3 | Sb8—c6 |
| 3) | Lf1—b4 | Lf8—c5 |
| 4) | b2—b4 | Lc5—b4: |
| 5) | c2—c3 | Lb4—c5 |
| 6) | 0—0 | d7—d6 |
| 7) | d2—d4 | e5—d4: |
| 8) | c3—d4: | Lc5—b6 |
| 9) | d4—d5 | Sc6—e7 |
| 10) | e4—e5 | Lc8—g4 |
| 11) | Dd1—a4† | Lg4—d7 |
| 12) | Da4—b3 | Se7—g6 |
| 13) | Sb1—c3 | Sg6—e5: |
| 14) | Sf3—e5: | d6—e5: |
| 15) | d5—d6 | c7—d6: |
| 16) | Lc4—f7† | Ke8—f8 |
| 17) | Lf7—g8: | Th8—g8: |
| 18) | Lc1—a3 | Ld7—c6 |
| 19) | Ta1—d1 | Lb6—c7 |
| 20) | Tf1—e1 | Dd8—g5 |
| 21) | Sc3—e4 | |

| | Weiss. | Schwarz. |
|---|---|---|
| 21) | ... | Lc6—e4: |
| 22) | Te1—e4: | Ta8—d8 |
| 23) | f2—f4 | Dg5—g6 |
| 24) | Db3—b7: | Lc7—b6† |
| 25) | Kg1—h1 | Dg6—f7 |
| 26) | Db7—c6 | Lb6—c7 |
| 27) | f4—e5: und Weiss gewinnt. | |

## Anmerkungen zur 57. Partie.

13) **Sb1—c3**. Der stärkste Zug.

13) ... **Sg8—e5**: Bei 13) ... Sg8—e7 würde Schwarz durch 14) e5—e6 nebst Sf3—g5 in eine sehr unangenehme Lage kommen. Bei 13) ... Sg8—h6 würde 14) Lc1—g5 nebst Sc3—e4 dem Weissen einen kräftigen Angriff verschaffen. Auf 13) ... d6—e5: folgt 14) d5—d6, Dd8—f6 15) Sc3—e4, Df6—f5 16) Se4—g3, Df5—f6 17) Sg3—h5 u. s. w.

15) ... **c7—d6**: Wollte Schwarz den Punkt f7 durch 15) ... Dd8—f6 schützen, so würde 16) Sc3—d5 zu Gunsten des Gambitgebers entscheiden.

21) ... **Lc6—e4**: Bei 21) ... Dg5—g6 gewinnt Weiss durch 22) Td1—d6:

---

## 58. Partie.

Gespielt zu Bonn im Juni 1859.

B. Suhle.     Hillebrand.
Weiss.     Schwarz.

Stellung nach dem 16. Zuge von Weiss.

| | Weiss. | Schwarz. |
|---|---|---|
| 1) | e2—e4 | e7—e5 |
| 2) | Sg1—f3 | Sb8—c6 |
| 3) | Lf1—c4 | Lf8—c5 |
| 4) | b2—b4 | Lc5—b4: |
| 5) | c2—c3 | Lb4—a5 |
| 6) | 0—0 | d7—d6 |
| 7) | d2—d4 | e5—d4: |
| 8) | c3—d4: | La5—b6 |
| 9) | d4—d5 | Sc6—e7 |
| 10) | e4—e5 | Se7—g6 |
| 11) | e5—e6 | f7—e6: |
| 12) | d5—e6: | Sg8—e7 |
| 13) | Sf3—g5 | 0—0 |
| 14) | Sb1—c3 | Sg6—e5 |
| 15) | Lc4—b3 | c7—c6 |
| 16) | Sc3—a4 | d6—d5 |
| 17) | Sa4—b6: | Dd8—b6: |
| 18) | Lc1—a3 | Se5—g6 |
| 19) | Lb3—c2 | Tf8—f6 |
| 20) | La3—e7: | Sg6—e7: |
| 21) | Dd1—h5 | Lc8—e6: |
| 22) | Dh5—h7† | Kg6—f8 |
| 23) | Dh7—h8† | Se7—g8 |
| 24) | Sg5—h7† | Kf8—f7 |
| 25) | Sh7—f6: | g7—f6: |
| 26) | Ta1—b1 und Weiss gewinnt. | |

## Anmerkungen zur 58. Partie.

14) **Sb1—c3**. Dieser Vorbereitungszug ist hier, wie oft im Evansgambit, stärker, als unmittelbare Fortsetzung des direkten Angriffs; man vergleiche die 55. Partie.

16) ... d6—d5. Ging der Läufer b6 jetzt nach c7 zurück, so war das unaufhaltsame Vordringen des weissen Königsläuferbauern entscheidend; bei 16) ... h7—h6 kam Schwarz durch 17) Sa4—b6: ebenfalls in Nachtheil.

## 59. Partie.

Gespielt zu London im Jahre 1861.

| | Green.<br>Weiss. | Zytogorski.<br>Schwarz. | | Weiss. | Schwarz. |
|---|---|---|---|---|---|
| 1) | e2—e4 | e7—e5 | 22) | Sb1—c3 | a7—a5 |
| 2) | Sg1—f3 | Sb8—c6 | 23) | Db4—a4 | Df6—f4: |
| 3) | Lf1—c4 | Lf8—c5 | 24) | Da4—f4: | Tf8—f4: |
| 4) | b2—b4 | Lc5—b4: | 25) | Ta1—f1 | Lb6—f2† |
| 5) | c2—c3 | Lb4—c5 | 26) | Tf1—f2: | Tf4—f2: |
| 6) | 0—0 | d7—d6 | 27) | Kg1—f2: | Kg8—g7 |
| 7) | d2—d4 | e5—d4: | 28) | Kf2—e3 | Kg7—f6 |
| 8) | c3—d4: | Lc5—b6 | 29) | Ke3—d4 | Kf6—e6: |
| 9) | d4—d5 | Sc6—a5 | 30) | Kd4—c5 | b7—b6† |
| 10) | e4—e5 | Sg8—e7 | 31) | Kc5—b5 | Ke6—e5 |
| 11) | e5—e6 | 0—0 | 32) | h2—h3 | Ke5—d4 |
| 12) | Sf3—g5 | Sa5—c4: | 33) | Sc3—a4 | Kd4—d3 |
| 13) | Dd1—h5 | h7—h6 | 34) | g2—g4 | Kd3—c2 |
| 14) | Sg5—f7: | Dd8—e8 | 35) | h3—h4 | d5—d4 |
| 15) | Sf7—h6† | g7—h6: | 36) | g4—g5 | h6—g5: |
| 16) | Dh5—g4† | De8—g6 | 37) | h4—h5 | d4—d3 |
| 17) | Dg4—c4: | Lc8—e6: | 38) | Kb5—c4 | d3—d2 |
| 18) | d5—e6: | Tf8—f2: | 39) | Sa4—c3 | b6—b5† |
| 19) | Tf1—f2: | Ta8—f8 | 40) | Kc4—d4 | b5—b4 |
| 20) | Lc1—f4 | d6—d5 | 41) | h5—h6 | b4—c3: |
| 21) | Dc4—b4 | Dg6—f6 | 42) | h6—h7 | d2—d1 D. |
| | | | | Aufgegeben. | |

**Anmerkungen zur 59. Partie.**

9) ... Sc6—a5. Der richtige Zug.

10) e4—e5. Dies ungestüme Vordringen des weissen Centrums ist bei 9) ... Sc6—a5 (!) nicht so erfolgreich, wie bei dem schlechteren Rückzuge des Springers nach e7.

10) ... Sg8—e7. Nimmt Schwarz statt dessen sogleich den Läufer c4 [10) ... Sa5—c4:], so ist die nächste Consequenz:

| 11) | Dd1—a4† | Lc8—d7 | 13) | e5—e6 | f7—e6: |
| 12) | Da4—c4: | Sg8—e7 | 14) | d5—e6: | Ld7—c6 (!). |

Diese Vertheidigung hat Anderssen gegen B. Suhle in zwei Partieen angewandt, von denen die erste, in welcher der Angriff mit 15) Lc1—b2 fortgesetzt wurde, unentschieden blieb, die zweite, in welcher 15) Sf3—g5, 0—0 16) Dc4—c2 geschah, vom Nachziehenden in Folge einer ungesunden Opfercombination verloren wurde. Die Fortsetzung des Spiels war nämlich:

| | B. Suhle. | Anderssen. | | Weiss. | Schwarz. |
|---|---|---|---|---|---|
| | Weiss. | Schwarz. | 21) | Dc2—f5 | Lc6—d5 |
| 16) | Dc4—c2 | Tf8—f5 (?) | 22) | c6—c7 | Ld5—e6 |
| 17) | g2—g4 | Tf5—g5: | 23) | Df5—e4 | Le6—g4: |
| 18) | Lc1—g5: | Dd8—c8 | 24) | Lg5—f4 | Lg4—f5 (?) |
| 19) | Tf1—e1 (!) | Sc7—g6 | 25) | e7—e8D† | |
| 20) | Sb1—d2 | Sg6—e5 | | und Weiss gewann. | |

Schwarz hätte jedoch durch den einfachen Gegenzug 16) ... Sc7—g6 den Angriff zurückschlagen können, denn auf 17) h2—h4 wäre 17) ... Dd8—f6 18) Lc1—b2, Df6—f4 die Folge gewesen oder bei 18) h4—h5 18) ... Df6—a1:, worauf die Contreattaque auf die Punkte f2 und g2 wohl zu Gunsten des Schwarzen entschieden hätte.

## 60. Partie.

Gespielt zu London im Juli 1861.

| | Anderssen. | Kolisch. | | Weiss. | Schwarz. |
|---|---|---|---|---|---|
| | Weiss. | Schwarz. | 21) | Sg3—f5 | Lc8—f5: |
| 1) | e2—e4 | e7—e5 | 22) | Sd4—f5: | Dc7—d8 |
| 2) | Sg1—f3 | Sb8—c6 | 23) | Tf1—e1 | Sc5—d7 |
| 3) | Lf1—c4 | Lf8—c5 | 24) | f2—f4 | Tf8—e8 |
| 4) | b2—b4 | Lc5—b4: | 25) | Tc1—c3 | Lc7—a5 |
| 5) | c2—c3 | Lb4—c5 | 26) | Tc3—g3 | La5—c1: |
| 6) | 0—0 | d7—d6 | 27) | Tg3—g7† | Kg8—h8 |
| 7) | d2—d4 | e5—d4: | 28) | Dd1—c1: | |
| 8) | c3—d4: | Lc5—b6 | | | |
| 9) | d4—d5 | Sc6—a5 | | | |
| 10) | Lc1—b2 | Sg8—f6 | | | |
| 11) | Lc4—d3 | c7—c6 | | | |
| 12) | Sb1—c3 | 0—0 | | | |
| 13) | Sc3—a4 | Lb6—c7 | | | |
| 14) | h2—h3 | a7—a6 | | | |
| 15) | Sa4—c3 | b7—b5 | | | |
| 16) | Ta1—c1 | c6—c5 | | | |
| 17) | Sc3—e2 | c5—c4 | | | |
| 18) | Ld3—b1 | Dd8—c7 (?) | | | |
| 19) | Se2—g3 | Sa5—b7 | | | |
| 20) | Sf3—d4 | Sb7—c5 | | | |

|     | Weiss.   | Schwarz. |     | Weiss.   | Schwarz. |
|-----|----------|----------|-----|----------|----------|
| 28) | ...      | Sd7—e5   | 33) | e5—d6:   | c4—c3    |
| 29) | De1—h4   | Te8—g8   | 34) | Lb2—c3:  | Tc8—c3:  |
| 30) | Dh4—h6   | Dd8—f8   | 35) | Df6—c3:  | Kh8—g8   |
| 31) | Dh6—f6:  | Tg8—g7:  | 36) | Dc3—g7†  |          |
| 32) | f4—e5:   | Ta8—c8   |     | und Weiss gewinnt. | |

### Anmerkungen zur 60. Partie.

10) Lc1—b2. Die stärkste Fortsetzung des Angriffs.

10) ... Sg8—f6. Durch diese von Walker 1841 (S. 74) empfohlene Vertheidigung erreicht der Nachziehende nach Anderssens neuesten Untersuchungen höchstens Remis.

13) Sc3—a4 (?). Durch diesen Zug verliert der Weisse zu viel Zeit; bei correcter Führung des Gegenspiels wäre er jetzt in Nachtheil gekommen. Das Richtige ist 13) Sc3—e2.

---

### 61. Partie.

Gespielt zu Breslau im Jahre 1860.

|     | Anderssen. Weiss. | X. Schwarz. |     | Weiss.   | Schwarz. |
|-----|-------------------|-------------|-----|----------|----------|
| 1)  | e2—e4             | e7—e5       | 17) | Kg1—h1   | Sa5—c4   |
| 2)  | Sg1—f3            | Sb8—c6      | 18) | Tf1—g1   | Sf6—e8   |
| 3)  | Lf1—c4            | Lf8—c5      |     |          |          |
| 4)  | b2—b4             | Lc5—b4:     |     |          |          |
| 5)  | c2—c3             | Lb4—c5      |     |          |          |
| 6)  | 0—0               | d7—d6       |     |          |          |
| 7)  | d2—d4             | e5—d4:      |     |          |          |
| 8)  | c3—d4:            | Lc5—b6      |     |          |          |
| 9)  | d4—d5             | Sc6—a5 (!)  |     |          |          |
| 10) | Lc1—b2            | Sg8—f6      |     |          |          |
| 11) | Lc4—d3            | Lc8—g4      |     |          |          |
| 12) | Sb1—c3            | c7—c6       |     |          |          |
| 13) | Sc3—e2            | 0—0         |     |          |          |
| 14) | Dd1—d2            | Ta8—c8      |     |          |          |
| 15) | Dd2—g5            | Lg4—f3:     |     |          |          |
| 16) | g2—f3:            | c6—d5:      |     |          |          |

Weiss kündigt Matt in fünf Zügen an.

## 62. Partie.

Gespielt zu Breslau im Jahre 1860.

Die ersten dreizehn Züge wie in der 60. Partie.

| | Anderssen. | X. |
|---|---|---|
| | Weiss. | Schwarz. |
| 14) | Dd1—d2 | Sf6—d7 |
| 15) | Dd2—f4 | Lg4—h5 |
| 16) | Sc2—g3 | Lh5—g6 |
| 17) | Ta1—d1 | c6—d5: |
| 18) | e4—d5: | Sd7—c5 |
| 19) | Sg3—f5 | Sc5—d3: |

Weiss kündigt Matt in vier Zügen an.

Stellung nach dem 19. Zuge von Schwarz.

## 63. Partie.

Gespielt im Jahre 1861 auf dem Schachcongresse zu Bristol.

| | J. Kolisch. | S. Paulsen. |
|---|---|---|
| | Weiss. | Schwarz. |
| 1) | e2—e4 | e7—e5 |
| 2) | Sg1—f3 | Sb8—c6 |
| 3) | Lf1—c4 | Lf8—c5 |
| 4) | b2—b4 | Lc5—b4: |
| 5) | c2—c3 | Lb4—a5 |
| 6) | d2—d4 | e5—d4: |
| 7) | 0—0 | d7—d6 |
| 8) | c3—d4: | La5—b6 |
| 9) | d4—d5 | Sc6—a5 |
| 10) | Lc1—b2 | Sg8—e7 |
| 11) | Lc4—d3 | 0—0 |
| 12) | Sb1—c3 | Se7—g6 |
| 13) | Sc3—e2 | c7—c5 |
| 14) | Dd1—d2 | f7—f6 |
| 15) | Kg1—h1 | Lc8—d7 |
| 16) | Ta1—c1 | a7—a6 |
| 17) | Sf3—e1 | Ld7—b5 |
| 18) | f2—f4 | c5—c4 |

Stellung nach dem 12. Zuge von Schwarz.

| | Weiss. | Schwarz. |
|---|---|---|
| 19) | Ld3—b1 | c4—c3 |
| 20) | Tc1—c3: | Sa5—c4 |
| 21) | Dd2—c1 | Ta8—c8 |
| 22) | Lb1—d3 | Lb6—c3: |
| 23) | Dc1—c2 | Sc4—d2 |

Stellung nach dem 19. Zuge von Schwarz.

| | Weiss. | Schwarz. |
|---|---|---|
| 24) | Tf1—g1 | Tc8—c3: |
| 25) | Dc2—c3: | Dd8—b6 |
| 26) | Lb2—c1 | Lc3—g1: |
| 27) | Sc2—g1: | Lb5—d3: |
| 28) | Sc1—d3: | Sd2—c4: |

Weiss giebt die Partie auf.

#### Anmerkungen zur 63. Partie.

10) ... Sg8—e7 (!). Die beste Vertheidigung. Weiss darf den Bauer g7 nicht nehmen wegen der Folge:

| 11) | Lb2—g7: | Th8—g8 | 13) | Dd1—a4† | Dd8—d7 |
| 12) | Lg7—f6 | Sa5—c4: | 14) | Da4—c4: | Tg8—g2† u. s. w. |

16) **Ta1—c1.** Besser ist wohl 16) Lb2—c3.

19) ... c4—c3. Eine ausgezeichnete Combination.

26) Lb2—c1. Auf Ld3—b5: wäre Sd2—c4: die Antwort.

28) **Sc1—d3:** (?). Ein Versehen; es musste 28) Dc3—d3: geschehen. Schwarz hätte jedoch auch dann das überlegene Spiel behauptet, da er durch Sd2—b1 den Springer retten konnte.

---

### 64. Partie.

Dritte Partie des Wettkampfs zwischen Anderssen und L. Paulsen im Jahre 1862.

| | Anderssen. Weiss. | S. Paulsen. Schwarz. |
|---|---|---|
| 1) | e2—e4 | e7—e5 |
| 2) | Sg1—f3 | Sb8—c6 |
| 3) | Lf1—c4 | Lf8—c5 |
| 4) | b2—b4 | Lc5—b4: |
| 5) | c2—c3 | Lb4—c5 |
| 6) | 0—0 | d7—d6 |
| 7) | d2—d4 | e5—d4: |
| 8) | c3—d4: | Lc5—b6 |
| 9) | d4—d5 | Sc6—a5 |
| 10) | Lc1—b2 | Sg8—e7 |
| 11) | Lc4—d3 | 0—0 |
| 12) | Sb1—c3 | Se7—g6 |
| 13) | Sc3—a4 | c7—c5 |

| 14) | Sa4—b6: | a7—b6: |
| 15) | Dd1—d2 | f7—f6 |

|     | Weiss.   | Schwarz.  |     | Weiss.    | Schwarz.   |
|-----|----------|-----------|-----|-----------|------------|
| 16) | Ta1—c1   | Lc8—d7    | 39) | e5—d6:    | c5—c4 (!)  |
| 17) | Lb2—a1   | b6—b5     | 40) | Dd3—d4    | Db6—d4:    |
| 18) | Dd2—b2   | b5—b4     | 41) | Lb2 d4:   | Lc6—d7     |
| 19) | Tf1—e1   | b7—b5     | 42) | Sf3—g5    | Sg4—f6     |
| 20) | Ld3—f1   | Dd8—c7    | 43) | Tc2—c5    | c4—c3      |
| 21) | g2—g3    | Ta8—a7    | 44) | Lb1—d3    | Ta4—a2†    |
| 22) | Sf3—d2   | Tf8—a8    | 45) | Tc5—c2    | Ta2—e2†    |
| 23) | Db2—b1   | Sa5—b7    | 46) | Tc1—c2:   | b3—b2      |
| 24) | Tc1—c2   | Sb7—d8    | 47) | Tc2—e1    | Ta8—a1     |
| 25) | f2—f4    | Sd8—f7    | 48) | Tc1—b1    | Ta1—b1:    |
| 26) | Sd2—f3   | b4—b3     | 49) | Ld3—b1:   | b4—b3      |
| 27) | Tc2—f2   | Ta7—a2:   | 50) | Lb1—d3    | Ld7—b5     |
| 28) | La1—b2   | Dc7—d8    | 51) | Ld3—f5:   | b2—b1D     |
| 29) | h2—h4    | Dd8—c7    | 52) | Lf5—b1:   | c3—c2      |
| 30) | h4—h5    | Sg6—e7    | 53) | Lb1—c2:   | b3—c2:     |
| 31) | Db1—c1   | Sf7—h6    | 54) | Ld4—b2    | Sd5—b4     |
| 32) | Lf1—d3   | Sh6—g4    | 55) | h5—h6     | Sb4—d3     |
| 33) | Tf2—e2   | Dc7—b6    | 56) | Lb2—a3    | g7—h6:     |
| 34) | Ld3—b1   | Ta2—a4    | 57) | Sg5—f3    | c2—c1D     |
| 35) | Kg1—g2   | b5—b4     | 58) | La3—c1:   | Sd3—c1:    |
| 36) | c4—c5    | Se7—d5:   | 59) | Sf3—c5    | Sc1—d3     |
| 37) | Dc1—c4   | Ld7—e6    | 60) | Kg2—f3    | Sd3—c5     |
| 38) | Dc4—d3   | f6—f5     |     | Aufgegeben. |          |

### Anmerkungen zur 64. Partie.

13) **Sc3—a4.** Minder gut, als 13) Sc3—e2.

26) **Sd2—f3.** Ein Fehler. Der Springer musste auf seinem Posten bleiben, um b4—b3 zu verhindern. Diese Partie ist überhaupt von Anderssen nicht mit voller Energie gespielt worden.

---

### 65. Partie.

Gespielt zu Berlin im Juni 1861.

|     | G. Mayet. | P. Hirschfeld. |     | Weiss.   | Schwarz. |
|-----|-----------|----------------|-----|----------|----------|
|     | Weiss.    | Schwarz.       | 5)  | c2—c3    | Lb4—a5   |
| 1)  | e2—e4     | e7—e5          | 6)  | d2—d4    | e5—d4:   |
| 2)  | Sg1—f3    | Sb8—c6         | 7)  | 0—0      | La5—b6   |
| 3)  | Lf1—c4    | Lf8—c5         | 8)  | c3—d4:   | d7—d6    |
| 4)  | b2—b4     | Lc5—b4:        | 9)  | d4—d5    | Sc6—a5   |

|     | Weiss.    | Schwarz.   |     | Weiss.    | Schwarz.   |
|-----|-----------|------------|-----|-----------|------------|
| 10) | Lc1—b2    | f7—f6      | 32) | Sc1—e2    | Db6—c3     |
| 11) | Lc4—d3    | Sg8—e7     | 33) | Dg3—g4    | Sc4—e5     |
| 12) | Sb1—c3    | c7—c5 (!)  | 34) | Dg4—h5    | De3—f2     |
| 13) | Sc3—a4    | Lb6—c7     | 35) | Sc2—f4    | b4—b3      |
| 14) | Sf3—d2    | a7—a6      | 36) | Sf4—h3    | Df2—d2     |
| 15) | Ld3—c2    | b7—b5      | 37) | Ta1—d1    | Dd2—a2:    |
| 16) | Sa4—c3    | b5—b4      | 38) | Sh3—g5    | f6—g5:     |
| 17) | Sc3—e2    | c5—c4      | 39) | Sc6—g5:   | h7—h6      |
| 18) | Lb2—d4    | c4—c3      | 40) | Sg5—f7:   | Se5—f7:    |
| 19) | Sd2—b3    | Sa5—c4     | 41) | Dh5—g6    | Sf7—e5     |
| 20) | Lc2—d3    | Sc4—b2     | 42) | Dg6—e6†   | Kg8—h7     |
| 21) | Dd1—c2    | Sb2—d3:    | 43) | De6—d6:   | c3—c2      |
| 22) | Dc2—d3:   | a6—a5      | 44) | Dd6—e5:   | c2—d1:D    |
| 23) | Dd3—g3    | Sc7—g6     | 45) | Te1—d1:   | Da2—f2     |
| 24) | f2—f4     | 0—0        | 46) | De5—a1    | b3—b2      |
| 25) | f4—f5     | Sg6—e5     | 47) | Da1—b1    | a4—a3      |
| 26) | Se2—f4    | Lc7—b6     | 48) | Td1—g1    | Ta8—c8     |
| 27) | Kg1—h1    | a5—a4      | 49) | c4—c5     | Tc8—c1     |
| 28) | Ld4—b6:   | Dd8—b6:    | 50) | Tg1—c1: und Schwarz kündigt Matt in spätestens vier Zügen an. | |
| 29) | Sb3—c1    | Se5—c4     |     |           |            |
| 30) | Tf1—e1    | Lc8—a6     |     |           |            |
| 31) | Sf4—e6    | Tf8—f7     |     |           |            |

## Anmerkungen zur 65. Partie.

10) ... **f7—f6.** Diese Vertheidigung ist zwar besser, als 10) ... Sg8—f6, steht jedoch der von Paulsen eingeführten 10) ... Sg8—e7 bedeutend nach; wir sind der Ansicht, dass Weiss dabei mindestens ein gleiches Spiel erlangt. Es kommt in dieser ganzen Spielart für Schwarz hauptsächlich darauf an, seinen König schnell in Sicherheit zu bringen und dann sogleich den Gegenangriff auf dem Damenflügel einzuleiten durch c7—c5, ehe der Gambitgeber alle zum Aufziehen seines Königsläuferbauern erforderlichen Vorbereitungszüge ausgeführt hat. Der Zug Sg8—e7 gehört zu dieser Operation nothwendig, der Zug f7—f6 dagegen ist nur in gewissen Fällen erforderlich, sonst aber ein unnützer Tempoverlust, der dem Gegner einen Vorsprung lässt.

13) **Sc3—a4.** Ein Fehlzug, in Folge dessen der Anziehende sogleich in Verlegenheiten kommt.

## 66. Partie.

Berathungspartie, gespielt zu Königsberg am 11. October 1862.

Dr. Blumenthal, Krause, Prengel. — P. Hirschfeld.

| | Weiss. | Schwarz. | | Weiss. | Schwarz. |
|---|---|---|---|---|---|
| 1) | e2—e4 | e7—e5 | | | |
| 2) | Sg1—f3 | Sb8—c6 | | | |
| 3) | Lf1—c4 | Lf8—c5 | | | |
| 4) | b2—b4 | Lc5—b4: | | | |
| 5) | c2—c3 | Lb4—c5 | | | |
| 6) | 0—0 | d7—d6 | | | |
| 7) | d2—d4 | e5—d4: | | | |
| 8) | c3—d4: | Lc5—b6 | | | |
| 9) | d4—d5 | Sc6—a5 | | | |
| 10) | Lc1—b2 | f7—f6 | | | |
| 11) | Lc4—d3 | Sg8—e7 | | | |
| 12) | Sb1—c3 | c7—c5 | 28) | Sf5—e7† | Kg8—f7 |
| 13) | Sc3—e2 (!) | Se7—g6 | 29) | Se7—g6: | Kf7—g6: |
| 14) | Dd1—c2 | 0—0 | 30) | Th3—g3 | Lb6—d8 |
| 15) | e4—e5 | Sg6—e5: | 31) | Lb2—c3 | Sa5—c4 |
| 16) | Ld3—h7† | Kg8—h8 | 32) | h2—h3 | b7—b5 |
| 17) | Sf3—e5: | f6—e5: | 33) | a2—a3 | a7—a5 |
| 18) | Kg1—h1 | Dd8—h4 | 34) | Tg3—f3 | Ld8—f6 |
| 19) | Lh7—g6 | Tf8—f2: | 35) | Lc3—e1 | b5—b4 |
| 20) | Se2—g3 (!) | Tf2—f1† | 36) | Kh1—g2 | Sc4—a3: |
| 21) | Ta1—f1: | Lc8—d7 | 37) | Kg2—g3 | Sa3—c2 |
| 22) | Dc2—f2 | Ta8—g8 | 38) | Le1—f2 | e5—e4 |
| 23) | Sg3—f5 | Dh4—f2: | 39) | Tf3—b3 | a5—a4 |
| 24) | Tf1—f2: | Tg8—f8 | 40) | Tb3—b1 | a4—a3 |
| 25) | g2—g4 | Tf8—f6 | 41) | h3—h4 | a3—a2 |
| 26) | Tf2—f3 | Tf6—g6: | 42) | h4—h5† | Kg6—f7 |
| 27) | Tf3—h3† | Kh8—g8 | | Aufgegeben. | |

Stellung nach dem 17. Zuge von Schwarz.

### Anmerkungen zur 66. Partie.

18) **Kg1—h1**. Ein verlorenes Tempo. Durch 18) f2—f4 würde Weiss unzweifelhaft den Sieg errungen haben.

23) **Sg3—f5**. Ein schwacher Zug. Auch jetzt noch stand das weisse Spiel recht gut, und der Nachziehende würde bei 23) Sg3—e4, worauf z. B. folgen konnte 23) ... Dh4—f2:, 24) Tf1—f2:, Sa5—c4 25) Se4—g5, Mühe gehabt haben, sich des Angriffs zu erwehren.

## 67. Partie.

Berathungspartie, gespielt zu Paris im Jahre 1858.

Journoud und de Rivière. P. Morphy.

| | Weiss. | Schwarz. | | Weiss. | Schwarz. |
|---|---|---|---|---|---|
| 1) | e2—e4 | e7—e5 | 19) | Le4—d5: | Sc6—d4 |
| 2) | Sg1—f3 | Sb8—c6 | 20) | Td1—d4: | Te4—d4: |
| 3) | Lf1—c4 | Lf8—c5 | 21) | Lb2—d4: | Lb6—d4: |
| 4) | b2—b4 | Lc5—b4: | 22) | Tf1—e1 | Dd8—g5 |
| 5) | c2—c3 | Lb4—c5 | 23) | Ld5—f3 | Ta8—f8 |
| 6) | 0—0 | d7—d6 | 24) | De6—c4 | c7—c5 |
| 7) | d2—d4 | e5—d4: | 25) | e5—e6 | Dg5—e7 |
| 8) | c3—d4: | Lc5—b6 | 26) | Dc4—a4 | De7—h4 |
| 9) | Lc1—b2 | Sg8—f6 | 27) | Da4—c2 | Dh4—c7 |
| 10) | Sb1—d2 | 0—0 | 28) | Dc2—g6 | Tf8—f6 |
| 11) | e4—e5 | d6—e5: | 29) | Dg6—e4 | Tf6—f8 |
| 12) | d4—e5: | Sf6—d5 | 30) | g2—g3 | b7—b5 |
| 13) | Sd2—e4 | Lc8—e6 (?) | 31) | Te1—e2 | b5—b4 |
| | | | 32) | Lf3—h5 | a7—a5 |
| | | | 33) | Lh5—f7 | a5—a4 |
| | | | 34) | De4—c2 | Tf8—a8 |
| | | | 35) | Dc2—e4 | Ta8—b8 |
| | | | 36) | De4—d5 | b4—b3 |
| | | | 37) | a2—b3: | a4—b3: |
| | | | 38) | Lf7—g6 | b3—b2 |
| | | | 39) | Lg6—b1 | Tb8—d8 |
| | | | 40) | Dd5—f5 | g7—g5 |
| | | | 41) | Df5—g6 | Ld4—f6 |
| | | | 42) | Dg6—h6† | Kh8—g8 |
| | | | 43) | Dh6—g6† | Lf6—g7 |
| | | | 44) | Dg6—h7† | Kg8—f8 |
| | | | 45) | h2—h4 | Td8—d1† |
| | | | 46) | Kg1—g2 | Lg7—f6 |
| 14) | Sf3—g5 | h7—h6 | 47) | h4—g5: | Lf6—d4 |
| 15) | Sg5—e6: | f7—e6: | 48) | Dh7—f5† | Kf8—g8 |
| 16) | Dd1—g4 | Kg8—h8 | 49) | Df5—g6† | Kg8—h8 |
| 17) | Ta1—d1 | Tf8—f4 | 50) | Te2—e4 | De7—b7 |
| 18) | Dg4—e6: | Tf4—e4: | 51) | e6—e7 | Aufgegeben. |

### Anmerkungen zur 67. Partie.

9) Lc1—b2. Diese Angriffsweise ist in den letzten Jahren fast niemals versucht worden, verdient jedoch vielleicht den Vorzug vor dem augenblicklichen Vorrücken des Damenbauern 9) d4—d5, worauf Schwarz, wie die 62.

und 63. Partie beweisen, durch 9) ... Sc6—a5 (!) 10) Lc1—b2 (!), Sg8—e7 (!) sehr bald eine sichere Stellung erlangen und später sein Uebergewicht auf dem Damenflügel geltend machen kann. Als bester Gegenzug auf 9) Lc1—b2 wird im Handbuche 9) ... Sg8—f6 empfohlen; wenn Weiss jetzt aber 10) d4—d5 spielt, so führt die Antwort 10) ... Sc6—a5 nunmehr die für den Anziehenden keineswegs ungünstige Position der 59., 60. und 61. Partie herbei, welche dort aus 9) d4—d5, Sc6—a5 10) Lc1—b2 und dem schwächeren Gegenzuge darauf 10) ... Sg8—f6 hervorging. (Man vergleiche die Anmerkungen zur 59. Partie.) Ob aber die in diesem Falle eher, als bei 9) d4—d5, zulässige Antwort 10) ... Sc6—e7 dem Nachziehenden das Uebergewicht sichere, darf bezweifelt werden. Eine Partie zwischen Delabourdonnais und Mac Donnell, in welcher diese Züge in umgekehrter Reihenfolge vorkommen, ist bekanntlich vom Führer der Weissen in brillanter Weise gewonnen worden. Es zeigt sich hier also eine Lücke in der heutigen Theorie des Evansgambits, die durch neue Analysen auszufüllen ist*).

Statt 9) ... Sg8—f6 kommt übrigens auch der Gegenzug 9) ... Lc8—g4 auf 9) Lc1—b2 in Betracht, den das Handbuch gegen Walkers Tadel in Schutz nimmt, indem es die Fortsetzung 10) Dd1—b3, Sc6—a5 mit Recht zum Vortheil des Schwarzen ausführt und über die Fortsetzung 10) Lc4—b5 das Urtheil fällt, bei 10) ... a7—a6 11) d4—d5, Ke8—f8 könne Weiss höchstens einen Bauer, sonst aber keinen Vortheil gewinnen, Schwarz sei aber nicht einmal gezwungen, diesen Bauer aufzugeben, wenn er statt 10) ... a7—a6 sogleich 10) ... Ke8—f8 ziehe, worüber eine Partie der Schachzeitung, 1846, S. 92, zu vergleichen sei. Die kräftigste Angriffsweise besteht vielleicht in 10) d4—d5, worauf die Fortsetzung 10) ... Sc6—e5 (!) 11) Lc4—b5†, Ke8—f8 (!) 12) Sb1—d2 dem Anziehenden wohl ein Aequivalent für den Gambitbauer verschafft. Auch diese Spielart bedarf noch genauerer Prüfung.

10) Sb1—d2. Für stärker halten wir 10) d4—d5.

12) ... Sf6—d5. Noch besser ist wohl 12) ... Sf6—g4.

13) ... Lc8—e6. In diesem Zuge liegt der entscheidende Fehler; Schwarz hätte 13) ... Sd5—f4 ziehen sollen. Die anziehende Partei benutzt übrigens den Vortheil, den sie nun erlangt, nachher nicht mit Consequenz und giebt dem Gegner mehrfach Gelegenheit, sein Spiel wiederherzustellen, was Letzterer indessen ebenfalls verabsäumt.

---

*) Der Leser wird aus unseren Anmerkungen zur Genüge ersehen, dass unsere Darstellung der heutigen Schach-Theorie keine blosse Compilation ist, sondern überall auf selbstständiger Kritik beruht und manche eigene neue Untersuchung dem Vorgefundenen hinzufügt. Es wäre jedoch unbillig, von uns zu verlangen, dass wir alle Streitfragen endgültig entscheiden sollen. Wir glauben, zur Fortentwickelung der Theorie auch dadurch Einiges beizutragen, dass wir die Aufmerksamkeit der Analytiker auf unerledigte schwierige Aufgaben von Interesse lenken.

## Sechste Spielart:
4) ... Lc5—b4: 5) c2—c3, Lb4—e7.
### 68. Partie.
Gespielt zu Bonn im Jahre 1859.

| | A. Schlieper. Weiss. | B. Sußle. Schwarz. |
|---|---|---|
| 1) | c2—c4 | e7—e5 |
| 2) | Sg1—f3 | Sb8—c6 |
| 3) | Lf1—c4 | Lf8—c5 |
| 4) | b2—b4 | Lc5—b4: |
| 5) | c2—c3 | Lb4—e7 |
| 6) | d2—d4 | e5—d4: |
| 7) | Dd1—b3 | Sc6—a5 |
| 8) | Lc4—f7† | Ke8—f8 |
| 9) | Db3—a4 | Kf8—f7: |
| 10) | Da4—a5: | d7—d6 |
| 11) | c3—d4: | g7—g6 |
| 12) | Sf3—g5† | Kf7—g7 |
| 13) | Da5—d5 | Sg8—h6 |
| 14) | 0—0 | Th8—e8 |
| 15) | f2—f4 | c7—c6 |
| 16) | Dd5—b3 | Dd8—b6 |
| 17) | Db3—d3 | Le7—f6 |
| 18) | Lc1—e3 | Sh6—g4 |

Stellung nach dem 16. Zuge von Schwarz.

| | Weiss. | Schwarz. |
|---|---|---|
| 19) | Sg5—f3 | Tc8—e4: |
| 20) | Tf1—e1 | Lc8—f5 |
| 21) | Dd3—d2 | Te4—e3: |
| 22) | Te1—e3: | Sg4—e3: |
| 23) | Dd2—e3: | Lf5—b1: |

und Schwarz gewinnt.

**Anmerkungen zur 68. Partie.**

5) ... **Lb4—e7**. Durch diesen incorrecten Zug giebt Schwarz den Gambitbauer auf, ohne zum Ersatz dafür dem Gambitgeber seinen Positionsvortheil abzugewinnen; Weiss behält dabei entschieden das bessere Spiel.

7) **Dd1—b3**. Diese Fortsetzung des Angriffs halten wir für stärker, als die im Handbuche ausgeführte 7) c3—d4:

17) **Db3—d3** (?). Der entscheidende Fehlzug.

---

## Siebente Spielart:
4) ... Lc5—b4: 5) c2—c3, Lb4—d6.
### 69. Partie.
Gespielt zu Berlin im Jahre 1860.

| | B. Sußle. Weiss. | Mayet. Schwarz. | | Weiss. | Schwarz. |
|---|---|---|---|---|---|
| 1) | e2—e4 | e7—e5 | 3) | Lf1—c4 | Lf8—c5 |
| 2) | Sg1—f3 | Sb8—c6 | 4) | b2—b4 | Lc5—b4: |
| | | | 5) | c2—c3 | Lb4—d6 |

|     | Weiss.   | Schwarz.   |     |          |          |
|-----|----------|------------|-----|----------|----------|
| 6)  | 0—0      | Dd8—f6     |     |          |          |
| 7)  | d2—d4    | h7—h6      |     |          |          |
| 8)  | Sb1—a3   | a7—a6      |     |          |          |
| 9)  | Sa3—c2   | g7—g5      |     |          |          |
| 10) | Sc2—e3   | Sg8—e7     |     |          |          |
| 11) | Se3—g4   | Df6—g7     |     |          |          |
| 12) | d4—e5:   | Ld6—e5:    |     |          |          |
| 13) | Sg4—e5:  | Sc6—e5:    |     |          |          |
| 14) | Sf3—e5:  | Dg7—e5:    |     |          |          |
| 15) | Lc1—e3   | De5—e4:    |     |          |          |
| 16) | Le3—d4   | 0—0        |     |          |          |
| 17) | Tf1—e1   | De4—c6     |     |          |          |
| 18) | Te1—e7:  | Dc6—c4:    | 21) | ...      | Dc6—e6:  |
| 19) | Dd1—h5   | Dc4—c6     | 22) | Te7—e6:  | Lc8—e6:  |
| 20) | Ta1—e1   | d7—d5      | 23) | Dh5—h6:  | f7—f6    |
| 21) | Te1—e6   |            | 24) | Dh6—g6† und Weiss gewinnt. | |

### Anmerkungen zur 69. Partie.

5) ... **Lb4—d6.** Wenngleich man nicht unbedingt behaupten kann, dass die schwarze Partei nach diesem Zuge verloren sei, so wird doch ihre Stellung dadurch sehr beengt und beinahe in sämmtlichen zu unserer Kenntniss gelangten Spielen mit dieser Eröffnung ist der Sieg dem Anziehenden zugefallen. Zu eingehenderem Studium empfehlen wir die schönen Partieen zwischen den Koryphäen der alten Berliner Schule, Bledow, v. Bilguer, v. d. Lasa und Mayet im Jahrgang 1857 der Schachzeitung, S. 369 ff., vorzüglich No. 1081 und 1082. Interessant ist auch No. 1083, nur versäumt hier Weiss im 13. Zuge die stärkste Fortsetzung des Angriffs 13) Lc4—d3.

6) ... **Dd8—f8.** Besser ist wohl die von Kieseritzky öfters angewandte Vertheidigung 6) ... Dd8—e7, welche das Handbuch folgendermassen ausführt:

|     | Weiss   | Schwarz   |     |          |          |
|-----|---------|-----------|-----|----------|----------|
| 7)  | d2—d4   | Sg8—f6    | 11) | d4—e5:   | Sc6—e5:  |
| 8)  | Sf3—g5  | 0—0       | 12) | Lc4—b3   | h7—h6    |
| 9)  | f2—f4   | e5—f4:    | 13) | Sg5—h3   | g7—g5    |
| 10) | e4—e4   | Ld6—e5:   |     |          |          |

und Schwarz bleibt mit vier Bauern gegen einen leichten Offizier im Vortheil. Der Anziehende kann jedoch 12) Tf1—f4: statt 12) Lc4—b3 ziehen; Schwarz behält dann nur drei Bauern gegen die Figur, und die Stellung der Bauern ist nicht günstig, zumal der schwarze Königsläuferbauer schwerlich in Betracht kommt. Statt 8) Sf3—g5 kann übrigens auch 8) Tf1—e1 recht wohl geschehen.

## Achte Spielart:
### 4) b2—b4, Lc5—b6.
(Das abgelehnte Evansgambit.)
### 70. Partie.

Gespielt zu Berlin im Januar 1864.

B. v. Guretzky-Cornitz.    B. Suhle.

| | Weiss. | Schwarz. |
|---|---|---|
| 1) | e2—e4 | e7—e5 |
| 2) | Sg1—f3 | Sb8—c6 |
| 3) | Lf1—c4 | Lf8—c5 |
| 4) | b2—b4 | Lc5—b6 |
| 5) | b4—b5 | Sc6—a5 |
| 6) | Sf3—e5: (!) | Sg8—h6 (!) |
| 7) | d2—d4 (!) | d7—d6 |
| 8) | Lc1—h6: | d6—e5: |
| 9) | Lh6—g7: | Dd8—d4: |
| 10) | Dd1—d4: | Lb6—d4: |
| 11) | Lg7—h8: | Ld4—a1: |
| 12) | Lc4—d3 | Ke8—e7 (!) |
| 13) | Lh8—g7 | Lc8—e6 |
| 14) | 0—0 (?) | Ta8—g8 |
| 15) | Lg7—h6 (?) | Le6—h3 |
| 16) | Sb1—d2 | La1—d4 (!) |

Stellung nach dem 8. Zuge von Schwarz.

| | Weiss. | Schwarz. |
|---|---|---|
| 17) | Sd2—f3 | Tg8—g2† |
| 18) | Kg1—h1 | Tg2—g6 |

Weiss giebt die Partie auf.

### Anmerkungen zur 70. Partie.

4) ... **Lc5—b6.** Das Handbuch urtheilt über den Rückzug des Läufers, er sei minder gut, als 4) Lc5—b4: oder 4) Sc6—b4:, offenbar in der Voraussetzung, der Nachziehende könne den eroberten Bauer bei guter Stellung behaupten. Als beste Fortsetzung des Angriffs wird in der 6. und 7. Variante des § 1 (Buch 1, Eröffnung 1, Abschnitt VII) 5) a2—a4 bezeichnet und zum Vortheil des Weissen ausgeführt. Dagegen ist jedoch einzuwenden, dass Schwarz 5) ... a7—a6 ziehen kann und dann gewiss nicht schlechter, eher etwas besser, als der Gambitgeber steht; die Partie würde zu Stellungen führen, die sich auch aus einer nicht besonders empfehlenswerthen Fortsetzung des Angriffs im eigentlichen giuoco piano ergeben. Die übrigen 5 Varianten des Handbuchs (1—5) behandeln den sich am einfachsten darbietenden und in der That stärksten Zug 5) b4—b5, welcher wegen 5) ... Sc6—a5 6) Sf3—e5:, Dd8—f6 7) Lc4—f7† [Ke8—f8] 8) d2—d4, d7—d6 9) Lc1—a3, Sg8—e7 u. s. w. verworfen wird. Eine Anmerkung fügt hinzu, auch bei 9) Lf7—g8: würde Schwarz im

Vortheil bleiben. In letzterem Punkte sind wir anderer Meinung. Weiss wird, wenn wir nicht irren, durch 9) [Lf7—g8:] in jedem Falle ein gutes Spiel erlangen. Freilich ist man auf den ersten Blick versucht, zu behaupten, der Nachziehende müsse durch 9) ... [d6—e5:] 10) Lg8—d5, Lb6—d4: einen Thurm und somit die Partie gewinnen, da dem Gegner Matt droht. Der Gegenzug 11) [f2—f4] leitet jedoch einen überaus nachhaltigen Angriff auf den übel situirten schwarzen König ein. Nimmt Schwarz in der durch nebenstehendes Diagramm veranschaulichten Position den Thurm a1, so verliert er das Spiel. Dies werden wir zuerst ausführlich nachweisen, dann die Fortsetzungen 10) ... Lb6—d4: 11) f2—f4, c7—c6 oder e5—f4: und 10) ... c7—c6 in Betrachtung ziehen; andere mögliche Züge des Schwarzen sind nicht erwähnungswerth.

Stellung nach dem 11. Zuge von Weiss.

Wir behaupten, dass nach 11) ... Ld4—a1: 12) f4—e5: das Spiel zu Gunsten des Anziehenden entscheidet. Für Schwarz kommen vier Gegenzüge in Betracht: Df6—e5:, La1—e5:, Df6—g6 und Df6—e7.

### Erste Vertheidigung: 12) ... Df8—e5:

Schwarz droht nun, falls Weiss rochirt, gelegentlich durch De5—d4† die Damen zu tauschen; desshalb wird der Angriff besser mit 13) Th1—f1† fortgesetzt. Es würde darauf erfolgen:

| | Weiss. | Schwarz. | | Weiss. | Schwarz. |
|---|---|---|---|---|---|
| 13) | Th1—f1† | [Kf8—e7] | 16) | Tf1—f8† | Kd8—d7 |
| 14) | Lc1—a3† | Ke7—d8 | 17) | Dd1—g4† | |
| 15) | Ld5—g8† | De5—d4 | | | |

oder:

| | | | | | |
|---|---|---|---|---|---|
| 15) | ... | La1—d4 | 17) | Dd1—g4† | und im nächsten |
| 16) | Tf1—f8† | Kd8—d7 | | Zuge Matt. | |

oder:

| | | | | | |
|---|---|---|---|---|---|
| 14) | ... | c7—c5 | 16) | Tf1—f7. | |
| 15) | b5—c6† | Ke7—d8 | | | |

Stellt Schwarz nun die Dame auf d4 zum Tausche, so wird er in vier Zügen Matt.

Weiss setzt in 4 Zügen matt.

Auf 16) ... La1—d4 gewinnt durch Dd1—d4:, auf 16) ... b7—c6: durch Ld5—c6† aufgedeckt. Zu einer höchst interessanten Combination führt der Gegenzug 16)...Kd8—e8, auf den 17) Dd1—h5 die correcte Fortsetzung wäre. Annahme des Damenopfers 17) ... De5—h5: würde Matt in zwei Zügen zur Folge haben. Ausserdem ergäben sich die Varianten:

**Erstens.**

| 16) Tf1—f7 | Kd8—e8 | 20) Tf7—f6: | Kd8—e8 |
|---|---|---|---|
| 17) Dd1—h5 | Ke8—d8 | 21) Dg5—h5† | g7—g6 |
| 18) c6—c7† | De5—c7: | 22) Tf6—g6: | h7—g6: |
| 19) Dh5—g5† | La1—f6 | und Weiss setzt in 4 Zügen matt. | |

**Zweitens.**

| 17) Dd1—h5 | g7—g6 | 19) Tf7—e7† |
|---|---|---|
| 18) Dh5—e5: | La1—e5: | |

und Weiss erzwingt bei Ke8—f8 durch 20) Te7—b7: in wenigen Zügen Matt, behält bei Ke8—d8 durch 20) c6—b7: das bessere Spiel.

**Zweite Vertheidigung: 12) ... La1—e5:**

Hierauf erobert Weiss durch 13) Th1—f1 die feindliche Dame. Im Allgemeinen gelten freilich zwei Thürme als ein Aequivalent für diesen Verlust, im vorliegenden Falle kommen aber noch mehrere für Schwarz nachtheilige Umstände hinzu: die schwarzen Thürme stehen vereinzelt in den Ecken und können schwer vereinigt werden; der schwarze König ist beinahe schutzlos dem Angriffe der Dame und zweier Läufer ausgesetzt; Weiss hat einen Bauer mehr und zwar einen Freibauer im Centrum; endlich schwebt der Springer auf a5, welcher kein Abzugsfeld hat, in Gefahr. Wir sehen demnach keine Möglichkeit genügenden Widerstandes.

**Dritte Vertheidigung: 12) ... Df8—g6.**

Auch bei dieser Vortheidigung geht sofort die Dame verloren, denn, wollte Schwarz auf 13) Th1—f1† den König nach e7 ziehen, so würde ihm 14) Lc1—a3† verderblich; es bleibt also nichts übrig, als 13) ... Kf8—e8, worauf das Spiel mit 14) Ld5—f7†, [Dg6—f7:] 15) Tf1—f7:, Ke8—f7: 16) Dd1—h5† fortgesetzt werden mag. Die schwarze Partie laborirt nun an ähnlichen Uebelständen, wie im vorigen Falle; der Läufer a1 wird sich nicht retten lassen, und somit das numerische Uebergewicht bald auf Seiten des Anziehenden sein; auf erfolgreiche Aufnahme des Gegenangriffs hat Schwarz durchaus keine Aussicht, da die Stellung des Gegners eine völlig gesicherte ist; dagegen bietet die eigene Stellung manche schwache Punkte dar. Wir ziehen desshalb das weisse Spiel bei weitem vor. Zum Belege möge folgende Variante dienen:

| | | | | | |
|---|---|---|---|---|---|
| 16) | Dd1—h5† | g7—g6 | 19) | Da3—c5 | Lc8—e6 oder |
| 17) | Dh5—f3† | Kf7—e8 | | | Sc4—e5: |
| 18) | Df3—a3 | Sa5—c4 | 20) | Lc1—g5 | |
| | | und Weiss muss gewinnen. | | | |

### Vierte Vertheidigung: 12) ... Df8—e7.

Diesem Rückzuge der Dame liegt die Absicht zum Grunde, den Schachangriff des Läufers c1 auf a3 zu verhindern, welcher sich in vielen der obigen Varianten äusserst wirksam zeigte. Weiss wird trotzdem durch 13) Lc1—a3 sein Positionsübergewicht zur entscheidenden Geltung bringen. Man erwäge die Fortsetzungen:

#### Erstens.

| | | | | | |
|---|---|---|---|---|---|
| 13) | Lc1—a3 | [La1—c3†] | 16) | Ld5—f7† | Ke8—e7 |
| 14) | Sb1—c3: | De7—a3: | 17) | Sc3—d5† und Weiss muss ge- | |
| 15) | 0—0† | Kf8—e8 | | winnen. | |

#### Zweitens.

| | | | | | |
|---|---|---|---|---|---|
| 15) | ... | Kf8—e7 | 17) | Tf7—g7: | Da3—c3: |
| 16) | Tf1—f7† | Ke7—e8 | Weiss setzt in drei Zügen matt. | | |

Oder: 17) ... Da3—f8 18) Dd1—h5†, Ke8—d8 19) Dh5—g5†, Kd8—e8 20) Ld5—f7†, Df8—f7: 21) Tg7—f7:, Ke8—f7: 22) Dg5—f6† und Weiss gewinnt. [Auf 20) ... Ke8—d7 entscheidet Lf7—h5†.]

Oder: 17) ... h7—h5 18) Ld5—f7†, Ke8—f8. Weiss giebt in vier Zügen Matt; dasselbe erfolgt auf Ke8—e7.

Weiss setzt in 4 Zügen matt.

Weiss setzt in 4 Zügen matt.

Es bleibt nun noch nach 17) Tf7—g7: der Gegenzug 17) . . . Th8—f8 zu berücksichtigen, durch welchen Schwarz eine Contreattaque einzuleiten versuchen könnte. Falsch wäre jetzt 18) Dd1—h5†, weil Weiss sich sogleich darauf zu einem Defensivzuge genöthigt sähe, um nicht selbst matt zu werden. Dagegen führt der einfache Bauernzug 18) e5—e6 den Anziehenden zum Siege. Schwarz hat nämlich in seiner bedrängten Lage keinen guten Zug mehr. Nimmt er den Springer c3, so wird er in vier Zügen matt durch 19) Dd1—h5† u. s. w. Aufopferung des Damenläufers für den Bauer e6 wäre wegen 19) Ld5—e6:, Da3—d6 20) Sc3—d5 ein vergeblicher Versuch, sein Spiel frei zu machen. Die allein noch erwähnenswerthe Spielart endlich

| 17) Tf7—g7: | Th8—f8 | 20) Dd1—h5† | Ke8—d8 |
| 18) e5—e6 | Da3—c5† | 21) Dh5—g5† | Kd8—e8 |
| 19) Kg1—h1 | Tf8—f2 | 22) Tg7—f7 | Tf2—f7: |
| | | 23) e6—f7† | |

hat, je nachdem nun Ke8—f8 oder Ke8—d7 geschieht, Matt in drei oder vier Zügen zum Resultat.

Weiss setzt in 3 Zügen matt.

Weiss setzt in 4 Zügen matt.

Wenn der Nachziehende in der durch das nebenstehende Diagramm veranschaulichten Stellung, statt den Thurm a1 zu schlagen,

11) . . . e5—f4:

spielt, so bekommt Weiss ein sehr gutes Angriffsspiel durch

12) Lc1—f4:

Stellung nach dem 11. Zuge von Weiss.

### Fünfte Vertheidigung: 11) ... e5—f4:

| I. | | II. | |
|---|---|---|---|
| 12) Lc1—f4: | Df6—f4: | 12) ... | Ld4—a1: |
| 13) Tb1—f1 | Df4—f1† | 13) Lf4—d2 | Df6—b6 |
| 14) Kc1—f1: | Ld4—a1: | 14) Tb1—f1† | Kf8—e8 |
| 15) [Dd1—d2] | | 15) Dd1—h5† | |
| und wird gewinnen. | | und Weiss ist im Vortheil. | |

Der Vollständigkeit halber sei hier ausserdem erwähnt, dass auf 11) ... c7—c6, 12) c2—c3 die Antwort wäre und sowohl bei 12) ... Ld4—b6 durch 13) Tb1—f1, als bei 12) ... c6—d5: durch 13) c3—d4: dem Weissen das überlegene Spiel verschaffen würde, wovon man sich leicht selbst überzeugen wird.

Ehe wir zu der Entgegnung 10) ... c7—c6 übergehen, haben wir noch des Angriffszuges 11) 0—0 zu gedenken, welchen unseres Wissens zuerst der gründliche Schachkenner W. Paulsen im Sommer d. J. 1860 auf 10) ... Lb6—d4: vorgeschlagen hat. Wir geben zu, dass auch dieser Zug im praktischen Spiele häufig Weiss zum Siege führen mag, halten jedoch unsere damals gegen denselben geäusserte Ansicht aufrecht, dass 11) 0—0 minder stark ist, als 11) f2—f4. Es könnte z. B. folgen 11) ... Ld4—a1: 12) [f2—f4], Df6—b6† 13) Kg1—h1, Lc8—e6, worauf wir nicht absehen, wie Weiss seine Attaque erfolgreich durchführen will. Ebenso scheint uns die Variante 11) ... Ld4—a1: 12) f2—f4, Kf8—e8 13) f4—e5:, Df6—b6† 14) Kg1—h1, Lc8—e6 durchaus nicht ungünstig für Schwarz. Wir glauben übrigens keineswegs, hiermit alle Wege zur Sicherstellung, die dem schwarzen Spiele offen stehen, angedeutet zu haben.

### Sechste Vertheidigung: 10) Lg8—d5, c7—c6.

Dem ersten Anschein nach könnte Weiss hier durch 11) f2—f4 Vortheil erlangen, nämlich drei verbundene Mittelbauern bei übler Stellung des Gegners für eine Figur. Diese Bauern sind aber ausnahmsweise nicht stark, und die Fortsetzung 11) ... c6—d5: 12) d4—e5:, Df6—g6 ist wohl als günstig für den Vertheidiger anzusehen. Die richtige und in der That für Weiss vortheilhafte Fortsetzung des Angriffs besteht in den Zügen

| | | |
|---|---|---|
| 11) | Lc1—a3† | Kf8—e8 |
| 12) | 0—0 | c6—d5: |
| 13) | Sb1—c3. | |

Weiss hat einstweilen allerdings nur zwei Bauern für einen Offizier erobert, ist also, wenn wir nach dem theoretischen Tauschwerth der Steine rechnen, um einen Bauern schwächer. Ein Blick auf das nachstehende Diagramm wird aber dem geübteren Spieler einleuchtend machen, dass hier die

Positionsüberlegenheit gewiss einen Gambitbauer mindestens aufwiegt. Da beide Parteien sehr mannigfach ziehen können, so würde es zu weit führen, wollten wir eine genaue Analyse der Stellung geben; in der Praxis wird man leicht die solide Stärke des weissen Spieles erkennen. In einer Partie zwischen Mayet und P. Hirschfeld (Schachzeitung, 1861, Seite 384) war die Fortsetzung 13) ... Lb6—d4: 14) Sc3—d5:, Df6—f7, worauf Weiss durch 15) La3—d6 einen kräftigen Angriff erlangt haben würde. [In der That geschah 15) c2—c3 (?) und Weiss verlor das Spiel.]

---

6) Sf3—e5: (!). Diesen Zug erklärt M. Lange mit Unrecht für einen fehlerhaften vorzeitigen Angriff. Er führt zu einer lebhaften interessanten Partie, deren Ausgang davon abhängt, ob der Anziehende oder der Nachziehende richtiger spielt.

6) ... Sg8—h6 (!). Die beste Vertheidigung, die bei correcter Fortsetzung von beiden Seiten das Spiel wohl unentschieden macht.

7) d2—d4 (!). Die kräftigste Fortsetzung des Angriffs; doch dürfte auch 7) Lc1—b2 dem Anziehenden kaum entscheidenden Nachtheil bringen. In M. Langes Variante 7) Lc1—b2, f7—f6 8) Dd1—h5†, Ke8—f8 9) Se5—f7, Dd8—e8 erlangt nicht Schwarz, sondern Weiss das bessere Spiel; man erwäge die Fortsetzung: 10) Lb2—a3†, d7—d6 11) Sf7—d6:, De8—h5: 12) Sd6—f5†, Kf8—e8 13) Sf5—g7†, Ke8—d8 14) Sg7—h5:, Sa5—c4: 15) La3—c1 (!), und wir ziehen das weisse Spiel bei Weitem vor. Die richtige Antwort auf 7) Lc1—b2 ist 7) ... d7—d6.

8) ... d6—e5:. Durch 8) ... g7—h6:, worauf 9) Se5—f7: (!), Dd8—f6 10) Sf7—h8: (!), Sa5—c4: (!) 11) c2—c3 die Folge ist, würde Schwarz Läufer und Springer gegen Thurm und zwei Bauern erobern, also dem Gegner ein kleines numerisches Uebergewicht einräumen. Die weissen Steine müssten dann freilich mit grosser Vorsicht geführt werden; wir wollen daher auch 8 ... g7—h6: keineswegs verwerfen.

9) ... Dd8—d4:. Die von M. Lange empfohlene Spielart 9) ... Th8—g8 worauf zunächst 10) Lc4—f7†, Ke8—f7: 11) Lg7—e5: folgt, scheint uns entschieden zum Nachtheile der Vertheidigung auszufallen. Für die Beurtheilung ihres Werthes ist wohl folgende Variante massgebend: 11) ... Dd8—g5 (!), [auf 11) ... Tg8—g6 geschicht 12) Dd1—d3] — 12) Sb1—d2, Dg5—g2: 13) Dd1—h5†, Dg2—g6 14) Dh5—h4, h7—h6 15) 0—0—0, Dg6—g5 16) Dh5—g5:, Tg8—g5: 17) Th1—g1, und Weiss hat erheblichen

Positionsvortheil erlangt. Zieht Schwarz nun etwa c7—c6, so lässt Weiss sich
ruhig den Bauer b5 nehmen und greift den Thurm g5 sogleich an.

15) Lg7—h6. Der entscheidende Fehler. Es musste 15) f2—f4 geschehen,
wie Herr Stud. jur. A. Göhle als Zuschauer richtig bemerkte.

## 71. Partie.

Gespielt zu Berlin im Café do Belvédère im Januar 1864.

B. Knorre.     B. Suhr.     Stellung nach dem 14. Zuge von Schwarz.

| | Weiss. | Schwarz. |
|---|---|---|
| 1) | e2—e4 | e7—e5 |
| 2) | Sg1—f3 | Sb8—c6 |
| 3) | Lf1—c4 | Lf8—c5 |
| 4) | b2—b4 | Lc5—b6 |
| 5) | b4—b5 | Sc6—a5 |
| 6) | Sf3—e5: | Sg8—h6 |
| 7) | d2—d4 | d7—d6 |
| 8) | Lc1—h6: | d6—e5: |
| 9) | Lh6—g7: | Dd8—d4: |
| 10) | Dd1—d4: | Lb6—d4: |
| 11) | c2—c3 | Th8—g8 |
| 12) | Lc4—d3 | Tg8—g7: |
| 13) | c3—d4: | e5—d4: |
| 14) | Th1—g1 | c7—c5 |
| 15) | Sb1—d2 | Lc8—e6 |
| 16) | Ta1—c1 | e5—e4 |
| 17) | Ld3—b1 | Ta8—d8 |
| 18) | f2—f4 | f7—f6 |
| 19) | f4—f5 | Le6—g8 |
| 20) | Ke1—f2 | e4—e3 |

| | Weiss. | Schwarz. |
|---|---|---|
| 21) | Sd2—f3 | Sa5—c4 |
| 22) | Lb1—d3 | Sc4—b2 |
| 23) | Kf2—e2 | Tg7—c7 |
| 24) | Ld3—b1 | d4—d3† |
| 25) | Ke2—f2 | d3—d2 |

Weiss giebt die Partie auf.

**Anmerkungen zur 71. Partie.**

15) **Sb1—d2.** Weiss hätte den Bauer c5 en passant schlagen sollen; da-
durch wäre entweder, falls der Bauer b7 wiedernimmt, ein Tempo gewonnen,
oder falls der Springer nimmt, die Vereinigung zweier gefährlicher Freibauern
verhindert worden.

17) **Ld3—b1.** Nimmt Weiss den Bauer e4, so verliert er die Qualität
und das Spiel.

18) . . . **f7—f6.** Durch diesen Zug eröffnet Schwarz zugleich dem Läufer
das Rückzugsfeld g8 und dem Königsthurme die Felder e7 und d7 zur Unter-

stützung der beiden Bauern. Weniger vortheilhaft wäre die Combination 18 ... c4—c3 19) Sd2—f3, Le6—c4 gewesen, weil dem Springer a5 dann einstweilen der Weg über c4 nach b2 oder e3 versperrt wurde.

## 72. Partie.

Gespielt zu London im Jahre 1863.

| | Steinitz. | Dubois. | | Weiss. | Schwarz. |
|---|---|---|---|---|---|
| | Weiss. | Schwarz. | 21) | Sd2—e4: | Tg8—c8 |
| 1) | e2—e4 | e7—e5 | 22) | Kc2—f2 | a7—a6 |
| 2) | Sg1—f3 | Sb8—c6 | 23) | a2—a4 | Sb5—a7 |
| 3) | Lf1—c4 | Lf8—c5 | 24) | Td1—c1 | Te8—f8 |
| 4) | b2—b4 | Lc5—b6 | 25) | Se4—g5 | Lh3—f5 |
| 5) | b4—b5 | Sc6—a5 | 26) | Tc1—c7 | Sa7—c6 |
| 6) | Sf3—e5: | Sg8—h6 | 27) | Tc7—f7 | Tf8—f7: |
| 7) | d2—d4 | d7—d6 | 28) | Sg5—f7: | Sc6—e7 |
| 8) | Lc1—h6: | d6—e5: | 29) | Tc1—e1 | Se7—d5 |
| 9) | Lh6—g7: | Dd8—g5 (?) | 30) | Te1—e5 | Lf5—g6 |
| 10) | Lg7—h8: | Dg5—g2: | 31) | Sf7—d6† | c7—d6: |
| 11) | Th1—f1 | Sa5—c4: | 32) | Te5—d5: | Lg6—c2 |
| 12) | Dd1—e2 | Lc8—g4 (?) | 33) | Td5—d6: | Lb6—d8 |
| 13) | f2—f3 | Dg2—e2† | 34) | Td6—h6 | Lc2—g6 |
| 14) | Ke1—e2: | Lg4—h3 | 35) | h2—h4 | Ld8—e7 |
| 15) | Tf1—d1 | 0—0—0 | 36) | h4—h5 | Lg6—c2 |
| 16) | Lh8—e5: | Td8—g8 | 37) | d4—d5 | Lc2—d3 |
| 17) | Le5—g3 | f7—f5 | 38) | d5—d6 | Le7—d8 |
| 18) | Sb1—d2 | Sc4—a3 | 39) | d6—d7† | Kc8—d7: |
| 19) | c2—c3 | Sa3—b5: | 40) | Th6—d6† | |
| 20) | Ta1—c1 | f5—e4: | | und Weiss gewinnt. | |

### Anmerkungen zur 72. Partie.

9) ... Dd8—g5. Eine geistreiche, aber incorrecte Combination.

12) ... Lc8—g4. Stärker wäre 12) ... Lc8—h3 gewesen, doch konnte Weiss auch dann den Sieg erzwingen; man erwäge die Fortsetzung:

| 13) | De2—e4: | Lb6—d4: | 19) | Ke1—f2 | Dc1—f4† |
| 14) | c2—c3 | Ld4—f2† | 20) | Kf2—g2 | Df4—g5† |
| 15) | Tf1—f2: | Dg2—g1† | 21) | Kg2—f1 | Dg5—f4† |
| 16) | Tf2—f1 | Lh3—f1: | 22) | De2—f2 | Df4—c1† |
| 17) | De4—f1: | Dg1—e3† | 23) | Kf1—g2, und das Schachbieten | |
| 18) | Df1—e2 | De3—c1† | | findet ein Ende. | |

oder:

| | | | | |
|---|---|---|---|---|
| 18) | ... | De3—g1† | 21) Lh8—e5: | Tg8—g2 |
| 19) | Ke1—d2 | 0—0—0† | 22) Sb1—d2 | |
| 20) | Kd2—c2 | Td8—g8 | | |

oder endlich:

20) ...  Td8—h8:  21) Kc2—b2
und Weiss behauptet den gewonnenen Offizier.

---

## 73. Partie.

### Gespielt zu London 1863.

| | Deacon. Weiss. | Steinitz. Schwarz. | | Weiss. | Schwarz. |
|---|---|---|---|---|---|
| 1) | e2—e4 | e7—e5 | 23) | h2—h4 | g7—g5 |
| 2) | Sg1—f3 | Sb8—c6 | 24) | h4—g5: | Lf6—g5: |
| 3) | Lf1—c4 | Lf8—c5 | 25) | c4—e5 | Df6—g8 |
| 4) | b2—b4 | Lc5—b6 | 26) | e5—e6 | Ld7—c8 |
| 5) | b4—b5 | Sc6—a5 | 27) | f5—f6† | Dg8—g6 |
| 6) | Sf3—e5: | Lb6—d4 (?) | 28) | Sf3—g5† | h6—g5: |
| 7) | Lc4—f7∓ | Ke8—f8 | 29) | Tf1—f5 (!) | Sb7—d8 |
| 8) | Lc1—a3† | d7—d6 | 30) | Te1—e2 | Sd8—f7 |
| 9) | Lf7—g8: | Kf8—g8: | 31) | Tf5—g5 | |
| 10) | c2—c3 | Ld4—e5: | | | |
| 11) | d2—d4 | Le5—f6 | | | |
| 12) | Sb1—d2 | Lc8—e6 | | | |
| 13) | Dd1—c2 | Dd8—e8 | | | |
| 14) | 0—0 | De8—f7 | | | |
| 15) | d4—d5 | Le6—d7 | | | |
| 16) | Ta1—c1 | Ta8—e8 | | | |
| 17) | De2—d3 | h7—b6 | | | |
| 18) | f2—f4 | Sa5—b7 | | | |
| 19) | Sd2—f3 | h7—h6 | | | |
| 20) | Tc1—e1 | Df7—g6 | | | |
| 21) | f4—f5 | Dg6—f7 | | | |
| 22) | g2—g4 | Kg8—h7 | | | |

Weiss erzwingt in 4 Zügen Matt.

### Anmerkungen zur 73. Partie.

**6)** ... **Lb6—d4** (?). Dieser von Löwenthal vorgeschlagene Zug ist schwach; indem Schwarz, statt eine dritte Figur zu entwickeln, den zurückgezogenen Läufer wieder vorschiebt, verliert er ein wichtiges Tempo und kommt in Nachtheil.

7) Lc4—f7†. Noch besser ist 7) Sc5—f7:. Man erwäge die Fortsetzung:

| | | | |
|---|---|---|---|
| 7) Se5—f7: | Dd8—f6 | 11) c2—c3 | d7—d5 |
| 8) Dd1—e2 | Sa5—c4: | 12) c4—d5: | Lc8—f5 |
| 9) Sf7—h8: | Ld4—a1: | 13) 0—0 (!) | |
| 10) De2—c4: | Sg8—e7 | und Weiss hat das überlegene Spiel. | |

30) **Tel—e2.** Noch schneller würde 30) Tf5—g5: das Spiel entschieden haben, denn auf 30) . . . Dg6—d3: folgt 31) Tg5—g7† Kb7—h6 32) La3—c1† u. s. w.

## Neunte Spielart:
### 4) b2—b4, d7—d5.
(Mittelgambit gegen Evansgambit.)

### 74. Partie.
Gespielt zu Breslau im August des Jahres 1859.

| B. Suhle. | | A. Lange. | | Weiss. | Schwarz. |
|---|---|---|---|---|---|
| Weiss. | Schwarz. | | | 11) Lc4—c6: | f7—c6: |
| 1) e2—e4 | e7—e5 | | | 12) Lc1—b2 | Lc5—d6 |
| 2) Sg1—f3 | Sb8—c6 | | | 13) Dd1—a4† | Ke8—f7 |
| 3) Lf1—c4 | Lf8—c5 | | | 14) f2—f4 | De5—c5† |
| 4) b2—b4 | d7—d5 | | | 15) Kg1—h1 | Sg8—f6 |
| 5) e4—d5: | Sc6—b4: | | | 16) Sc3—e4 | Sf6—e4: |
| 6) c2—c3 | Sb4—d5: | | | 17) Da4—e4: | De5—f5 |
| 7) Sf3—e5: | Lc8—e6 | | | 18) De4—d4 | Th8—g8 |
| 8) d2—d4 (?) | Sd5—c3: | | | 19) Tf1—f3 | Df5—d5 |
| 9) Sb1—c3: | Dd8—d4: | | | 20) Dd4—c3. | |
| 10) 0—0 | Dd4—e5: | | | Als unentschieden abgebrochen. | |

**Anmerkungen zur 74. Partie.**

4) . . . **d7—d5.** Ueber diese Spielart hat der als ausgezeichneter Analytiker bekannte Freiherr B. v. Guretzky-Cornitz uns die folgende Untersuchung geliefert:

„5) **e4—d5:**

„Mit dem Läufer den Bauer zu schlagen, wäre minder gut, da der Läufer sogleich zum Rückzuge genöthigt würde; denn nach 5) Lc4—d5:, Sc6—b4: den Läufer auf f7 zu opfern, 6) Ld5—f7†, wäre ungesund, da nach 6) . . . Ke8—f7: 7) Sf3—e5†, Kf7—f8 Weiss den Angriff sogleich wieder verliert, z. B. bei 8) c2—c3 durch 8) . . . Sb4—d3†, bei 8) Dd1—f3† durch 8) . . . Dd8—f6 oder bei 8) Dd1—h5 durch 8) . . . Dd8—e7.

5) . . .          Sc6—b4:

Stellung nach dem 5. Zuge von Schwarz.

Jetzt bieten sich dem Weissen verschiedene Fortsetzungen dar, die sämmtlich ein ausserordentlich lebhaftes Offizierspiel herbeiführen: die ältere Spielweise 6) Sf3—e5:, der von M. Lange empfohlene Angriff 6) c2—c3 und ausserdem noch 6) 0—0. Jeder dieser Züge soll in einem besonderen Abschnitte betrachtet werden.

### Erste Fortsetzung:
### 6) Sf3—e5:, Dd8—g5.

Dieser Zug, dessen Werth bis jetzt zweifelhaft war, verschafft dem Nachziehenden jedenfalls das überlegene Spiel. Es kommen nun drei Gegenzüge in Betracht I. 7) d2—d4, II. 7) 0—0 und III. 7) Dd1—e2.

#### I.

| | | |
|---|---|---|
| 7) | d2—d4 | Dg5—g2: |
| 8) | Th1—f1. | |

Auch andere Züge lassen Schwarz im Vortheil.

Auf 8) Dd1—f3 würde folgen 8) ... Dg2—f3: 9) Se5—f3:, Sb4—c2† 10) Ke1—d1, Sc2—d4:; auf 8) d4—c5: aber 8) ... Dg2—h1† 9) Ke1—d2, Dd1—e4.

| | | |
|---|---|---|
| 8) | ... | Dg2—e4† |
| 9) | Dd1—e2. | |

Auf 9) Lc1—e3 gewinnt 9) ... Lc5—d4: 10) c2—c3, Ld4—e5:; auf 9) Ke1—d2 9) ... Lc5—d4: 10) c2—c3, De4—f4† 11) Kd2—c1, Df4—e5†.

| | | |
|---|---|---|
| 9) | ... | Sb4—c2† |
| 10) | Ke1—d1 | De4—e2† |
| 11) | Kd1—e2: | Lc5—d4: und gewinnt. |

#### II.

| | | |
|---|---|---|
| 7) | 0—0 | Lc8—h3 |
| 8) | Dd1—f3 | Dg5—e5: |
| 9) | c2—c3. | |

Spielt Weiss 9) Df3—h3:, so entscheidet 9) ... Sb4—c2: 10) Lc4—b5†, Ke8—f8 für Schwarz; denselben Erfolg hat 9) d5—d6, Lh3—e6 10) Df3—b7:, Lc6—d5 11) Lc4—d5:, De5—d5: 12) Tf1—e1†, Ke8—f8 13) Db7—d5:, Sb4—d5: 14) d6—c7: [falls 14) Tc1—e5, so 14) ... Ta8—e8 15) d6—d7, Te8—e5: 16) d7—d8D†, Tc5—e8], Sg8—e7 15) Lc1—b2, Sd5—c7: 16) d2—d4, Ta8—b8 17) Lb2—a3, Lc5—a3: 18) Sb1—a3:, Kf8—e8.

| | | |
|---|---|---|
| 9) | ... | Sb4—c2 |

Schwarz könnte auch 9) ... De4—f5 ziehen, wodurch er mindestens die bessere Bauernstellung erlangen würde.

### III.

| | | | | | |
|---|---|---|---|---|---|
| 7) | Dd1—e2 | Sb4—c2† | 10) | De2—e7† | Sg8—e7: |
| 8) | Ke1—d1 | Sc2—d4 | 11) | Sf3—d4: | Lc5—d4: |
| 9) | Se5—f3† | Dg5—c7 | 12) | Sb1—c3 | Ld4—f2: |

Weniger günstig wäre 12) ... 0—0 wegen 13) Lc1—a3, Tf8—e8 14) Th1—e1, Ld4—f6 15) d5—d6, c7—d6: 16) La3—d6.

| | | | | | |
|---|---|---|---|---|---|
| 13) | Th1—f1 | Lc8—g4† | 15) | d2—d3 | Lf2—h4 |
| 14) | Kd1—c2 | Lg4—f5† | | und Schwarz hat einen Bauer mehr. | |

### Zweite Fortsetzung: 6) c2—c3.

Dieser Zug ist von M. Lange in der alten Schachzeitung von 1861 als der stärkste Angriff angegeben mit der Fortsetzung

6) ... Sb4—d5:
7) Dd1—b3*) c7—c6
8) Sf3—e5:

In dieser Position scheint M. Lange den Zug

8) ... Dd8—g5

übersehen zu haben, der dem Schwarzen mindestens ein dem Anziehenden gleiches Spiel verschafft.

9) 0—0

Ausserdem kommt noch 9) Ke1—d1 in Betracht, wodurch Weiss als Ersatz für einen verlorenen Bauer den Angriff noch einige Zeit festhalten kann, aber ohne Aussicht auf schliesslichen Erfolg: 9) Ke1—d1, Dg5—g2: 10) Th1—e1, Sg8—e7 11) d2—d4, Lc5—d6 12) Lc1—a3, Ld6—a3: 13) Sb1—a3:, 0—0. Zieht Weiss 10) Lc4—d5:, so endet der Angriff noch schneller: 10) ... Dg2—d5: 11) Db3—d5:, c6—d5: 12) Th1—e1 [12) Th1—g1, f7—f6 13) Se5—f3, Ke8—f7], Se8—g7 13) d2—d4, Lc5—d6 und Schwarz behauptet den gewonnenen Bauer.

9) ... Sd5—f4

Nicht rathsam wäre 9) ... Dg5—e5:, worauf z. B. folgen könnte 10) d2—d4, Lc5—d4: 11) c3—d4:, De5—d4: 12) Lc1—b2, Dd4—g4 13) Tf1—e1†, Sg8—e7 14) Lc4—d5: c6—d5: 15) Lb2—a3, Lc8—e6 16) Db3—b7:

10) g2—g3

Auf 10) Lc4—f7† gewinnt Schwarz durch 10) ... Ke8—f8 11) g2—g3, Dg5—e5: 12) d2—d4 [falls 12) g3—f4:, so 12) ... De5—f5]. De5—e2 14) Db3—d1, De2—d1:

---

*) Günstiger ist für den Anziehenden die Fortsetzung 7) Sf3—e5:, und auf 7) ... Lc8—e6 oder 7) ... Sg8—f6 8) 0—0. Die Spiele dürfen dann als etwa gleichstehend betrachtet werden.                       B. S. u. G. R. N.

|  10)  ...            Dg5—e5:
| 11) g3—f4:

Auf 11) Lc4—f7† würde durch 11) ... Ke8—f8 die eben behandelte Position herbeigeführt.

Auf 11) d2—d4 folgt 11) ... Sf4—e2† 12) Lc4—e2:, De5—e2: 13) d4—c5: [falls 13) Lc1—d2, so 13) ... Lc5—e7], Lc8—h3 14) Db3—d1, Lh3—f1: 14) Dd1—f1:, Dc2—f1† und Schwarz gewinnt. Auf 12) Kg1—h1 entscheidet 12) ... De5—h5 13) f2—f3, Sc2—g3†; auf 12) Kg1—g2 aber 12) ... De5—h5 13) Lc4—e2: [13) h2—h4, Se2—c1: 14) Tf1—c1, Lc5—d6], Lc8—h3† 14) Kg2—g1, Dh5—e2: 15) Db3—d1, Lh3—f1:

| 11)  ...            De5—e4
| 12)  Lc4—f7†

Der Zug 12) d2—d3 ist unter A. ausgeführt.

Auf 12) d2—d4 würde folgen 12) ... Lc8—h3 13) f2—f3, De4—g6† 14) Kg1—f2, Lh3—f1: 15) Db3—b7: [falls 15) Kf2—f1:, so 15) ... Lc5—b6], Ta8—d8 16) Kf2—f1:, Sg8—e7 17) d4—c5: [bei 17) Lc1—a3, Lc5—a3: 18) Sb1—a3:, Dg6—d6 19) Db7—a7:, 0—0 20) Ta1—e1, Se7—f5 würde Schwarz gewinnen] Td8—d1† 18) Kf1—e2, Dg6—g1 19) Db7—b8†, Td1—d8 20) Db8—b2, Dg1—h2† 21) Ke2—e3 [auf 21) Ke2—e1 entscheidet 22) ... Dh2—g1† 23) Ke1—e2, 0—0], Dh2—g1 22) Ke3—e2 [auf 22) Ke3—e4 folgt 22) ... f7—f5† 23) ... Dg1—c5† und 24) ... Td8—d6†], Se7—f5 23) Lc4—d3, Sf5—g3† 24) Kc2—d2, Dg1—f2† 25) Kd2—d1, Df2—f1† 26) Kd1—c2, Df1—d3† 27) Kc2—b3, Td8—b8† 28) Kb3—a4, Dd3—a6†.

| 12)  ...            Ke8—f8
| 13)  Lf7—h5

Auf 13) Lf7—g8: folgt 13) ... De4—g6† 14) Kg1—h1, Lc8—h3 15) Db3—f7†, Dg6—f7: 16) Lg8—f7:. Lh3—f1:

Auf 13) d2—d3 gewinnt 13) ... De4—f5 14) Lf7—g8:, Th8—g8: 15) Lc1—a3, g7—g5 16) La3—c5†, Df5—c5: 17) Db3—b4, g5—f4† 18) Kg1—h1, Dc5—b4: 19) c3—b4:, Lc8—h3 20) Tf1—g1, Tg8—g1† 21) Kh1—g1:, f4—f3.

| 13)  ...            Sg8—h6 *)
| 14)  d2—d3

Auf 14) d2—d4 kann folgen 14) ... Lc8—h3 15) f2—f3, De4—e2 16) Tf1—f2, De2—e1† 17) Tf2—f1, De1—f1†.

Auf 14) Db3—d1 gewinnt Schwarz durch 14) ... Lc8—h3 15) Lh5—f3, De4—g6†.

Auf 14) Lc1—a3 folgt 14) ... Lc5—a3: 15) Db3—a3†, Kf8—g8 16) f2—f3, De4—f5 17) Lh5—g4, Sh6—g4: 18) f3—g4:, Df5—g4† 19) Kg1

---

\*) Noch stärker ist nach unserer Ansicht 12) ... g7—g6.     B. S. u. G. R. N.

—h1, Dg4—e2 20) Tf1—g1, De2—e4† 21) Tg1—g2, Lc8—h3 22) Da3—b3†, Lh3—e6 23) Db3—d1, Le6—d5. Zieht Weiss 15) Sb1—a3:, so bekommt Schwarz durch 15) ... g7—g6 16) Tf1—e1, De4—f4: 17) Lh5—d1, Kf8—g7 ein gutes Spiel.

                14) ...                De4—f5

mit besserem Spiel für Schwarz.

### A.

      12) d2—d3        De4—g6†
      13) Kg1—h1      Sg8—f6
      14) Tf1—e1†

Auf 14) Tf1—g1 folgt 14) ... Sf6—g4. Auf 14) d3—d4 14) ... 0—0 15) d4—c5: [falls 15) f2—f3, so 15) ... Lc5—d6] Lc8—h5 16) Tf1—g1, Dg6—e4† 17) f2—f3, De4—f3† 18) Tg1—g2, Df3—g2†.

Auf 14) Lc1—e3 gewinnt Schwarz durch 14) ... Lc5—e3: 15) f2—f3:, 0—0 16) Db3—d1 [auf 16) Tf1—g1 folgt 16) ... Lc8—g4 17) Sb1—d2, b7—b5] b7—b5 17) Lc4—b3, Lc8—f5 18) Tf1—g1, Sh6—g4 19) Dd1—f3, Ta8—e8.

              14) ...            Ke8—f8
              15) Lc1—e3

Auf 15) Lc1—a3 folgt 15) ... Lc5—a3: 16) Sb1—a3:, b7—b5 17) Db3—b4†, Kf8—g8 18) Lc4—b3, Lc8—h3 19) Te1—g1, Sf6—g4 20) Db4—d4, Dg6—d3: 21) Tg1—g3, Dd3—e2.

Auf 15) d3—d4 gewinnt 15) ... Lc8—g4 16) Tc1—e3 [über 16) Sb1—d2 und 16) Lc4—e2 s. a. und b.] Ta8—e8 17) Te3—e8†, Kf8—e8: 18) Lc4—f7† (falls 18) Sb1—d2, so 18) ... Tg4—h3 19) Lc4—f1, Sf6—g4 20) Kh1—g1, Sg4—e5† 21) Kg1—h1, Se5—d3] Dg6—f7: 19) Db3—f7†, Kf8—f7: 20) d4—c5:, Th8—e8 21) Lc1—e3, Sf6—d5.

   a. 16) Sb1—d2, Lg4—h3 17) Lc4—f1 [falls 17) Te1—g1, so 17) ... Sf6—g4] 18) Sd2—e4 [18) Te1—e2, Ta8—e8] Lh3—f1: 19) Te1—f1:, Dg6—e4† 20) f2—f3, De4—e2

   b. 16) Lc4—e2, Dg6—e4† 17) Kg1—h1, Lg4—e2: 18) Sb1—d2, De4—g6† 19) Kg1—h1, Dg6—h5 20) d4—c5:, Sf6—g4.

              15) ...            Lc5—e3:
              16) Te1—e3:

Auf 16) f2—e3: entscheidet 16) ... b7—b5 17) Db3—a3†, Kf8—g8 18) Lc4—b3, Lc8—h3 19) Te1—g1, Dg6—d3:

16) ...       b7—b5       18) Lc4—b3      Sf6—g4
17) Db3—a3†  Kf8—g8       19) Te3—f3

Auf 19) Te3—g3 gewinnt 19) ... Dg6—h5.

19) ...       c6—c5       21) Tf3—g3      Se5—f3†
20) Kh1—g1  Sg4—e5      22) Kg1—g2      Dg6—d3:

und Schwarz gewinnt."

Wir fügen dieser Analyse die Bemerkung hinzu, dass uns die dritte Fortsetzung des Angriffs 6) 0—0 für den Anziehenden nicht vortheilhafter erscheint, als 6) c2—c3 (!).

8) d2—d4. Ein Flüchtigkeitsfehler; es musste 8) 0—0 geschehen\*).

## Urtheil über das Evansgambit.

In den letzten zwei Jahrzehnten hat sich das allgemeine Interesse der Schachwelt wohl keiner Spieleröffnung in so hohem Masse und so dauernd zugewendet, als dem Evansgambit. Den heftigen Figurenattaquen dieses Gambits verdanken Anderssen und Morphy eine Menge weltberühmter Siege. Nach den publizirten Partieen und unseren Erfahrungen zu schliessen, gelang in der Praxis bei weitem häufiger der Angriff, als die Vertheidigung. Die Theorie erklärte aber lange das Opfer für gewagt; Anderssens Artikel für die Correctheit desselben wurden widerlegt, der Breslauer Meister selbst schloss sich der gegnerischen Ansicht an, und nach der ersten Pariser Matchpartie (No. 25) versicherte sogar Morphy, er werde nie wieder in einem ernsten Wettkampfe gegen einen Spieler ersten Ranges Evansgambit spielen. Erst die im Juli- und Oktoberheft der Schachzeitung für 1859 von B. S. gegebene Analyse der Spielart 5) c2—c3, Lb4—a5 6) d2—d4, e5—d4: 7) 0—0, Sg8—f6 8) Lc1—a3, zu welcher Anderssen i. J. 1860 einen dankenswerthen bestätigenden- und abschliessenden Nachtrag lieferte, hat das Evansgambit in den Rang der theoretisch legitimen Eröffnungen eingesetzt. Man sah sich genöthigt, die bisher als für Schwarz entscheidend angesehene Vertheidigung 7] ... Sg8—f6 nunmehr gänzlich zu verwerfen, und, da neuere Untersuchungen zugleich die Unstatthaftigkeit der sogenannten compromittirten Vertheidigung 7) ... d4—c3: dargethan hatten, zu der älteren Spielweise, nämlich zu dem Rückzuge des Läufers über a5 oder c5 nach b6 nebst d7—d6 zurückzukehren. Ob diese

---

\*) Es sei hier bemerkt, dass B. S. im Jahre 1859 zu Breslau den Schachkampf mit Anderssen als Hauptsache betrachtete, die vier Partieen mit Dr. Lange dagegen leichter nahm, und dass bei einem zweiten Zusammentreffen im Januar 1861 B. S. gewann.
Wir würden hierüber geschwiegen haben, wenn nicht Dr. M. Lange im Septemberhefte der Schachzeitung für 1859 jene nebenher gespielten und für das Stärkeverhältniss zwischen ihm und B. S. offenbar nicht massgebenden Partieen als eine wichtige Aktion behandelt hätte. Was überhaupt von dem tendenziösen Berichte im 14. Jahrgange über den Schachkampf in Breslau zu halten ist, wird man aus Seite 32 des 16. Jahrganges zur Genüge erkennen, wenn man ein wenig zwischen den Zeilen zu lesen versteht.

aber sogleich zu einer sicheren Defensivstellung führe, in welcher der Mehrbesitz eines Bauern den Ausschlag gäbe, war schon früher vielfach bezweifelt worden. Es verbreitete sich daher nun bald die besonders von Anderssen, Suhle und Lange ausgesprochene Ansicht, das Evansgambit sei kein gewagtes, sondern ein vollkommen correctes Spiel. Dies schien sogar endgültig festgestellt zu sein, als Anderssen und Lange die allein noch Bedenken erregende Spielart, die sogenannte normale Vertheidigung, zum Gegenstande anhaltender gemeinsamer Forschung gemacht hatten und zu dem Ergebniss gelangt waren, dass der Nachziehende bei der Fortsetzung 5) c2—c3, Lb4—c5 6) 0—0, d7—d6 7) d2—d4, e5—d4: 8) c3—d4:, Lc5—b6 9) d4—d5, Sc6—a5 (!) 10) Lc1—b2 durch den im Handbuche als beste Entgegnung bezeichneten Zug des Königspringers nach f6 allerhöchstens Remis erreiche. [Der Gegenzug 9)... Sc6—e7 hatte inzwischen in einigen Partieen von B. Suhle — man vgl. No. 56, 57 und 58 — seine Widerlegung gefunden].

Ein neuer Meinungswechsel entstand jedoch gegen Ende des Jahres 1861 in Folge einer von L. Paulsen erfundenen Verbesserung des schwarzen Spiels. Dieser grosse Meister, dem die Theorie so manche gediegene Bereicherung verdankt, führte nämlich den Gegenzug 10) ... Sg8—e7 auf 10) Lc1—b2 statt des bisher gebräuchlichen 10) ... Sg8—f6 ein und errang damit auf dem Schachcongresse zu Bristol im September 1861 gegen den ebenbürtigen Matador J. Kolisch einen glänzenden Sieg. (Man vgl. die 63. Partie). Die neue Vertheidigung bewährte sich auch ferner als vortrefflich und erschütterte nicht bloss in zaghaften Gemüthern, sondern sogar bei Anderssen den Glauben an die Correctheit des Bauernopfers im vierten Zuge der italienischen Partie. Die Mehrzahl ist daher gegenwärtig wieder geneigt, das Evansgambit für ein unsicheres Spiel zu erklären, in welchem der Nachziehende bei gehöriger Vorsicht schliesslich das Uebergewicht behaupten müsse.

Diesem Urtheile stimmen wir nicht bei; es ist noch keineswegs erwiesen, dass die normale Vertheidigung in allen Fällen siegreich bleibt. Wir geben zwar zu, dass bei der üblichsten Fortsetzung des Angriffs, dem unmittelbaren Vorrücken des Damenbauern im neunten Zuge, L. Paulsens Vertheidigung dem Nachziehenden ein recht gutes Spiel verschafft; es darf jedoch bezweifelt werden, ob 9) d4—d5 der stärkste Zug ist; die Züge 9) Sb1—c3 und 9) Lc1—b2 bereiten vielleicht einen nachhaltigeren Angriff vor. Es sei hier daran erinnert, dass in der Spielart 5) c2—c3, Lb4—a5 6) d2—d4, e5—d4: 7) 0—0, Sg8—f6 ebenfalls der directe Angriff 8) e4—e5 schwächer, als der Vorbereitungszug 8) Lc1—a3 ist. Um nun mit Fug und Recht behaupten zu können, das Evansgambit sei „in theoretischem Sinne" incorrect, müsste man auch über die Fortsetzungen 5) c2—c3, Lb4—c5 6) 0—0, d7—d6 7) d2—d4, e5—d4: 8) c3—d4: Lc5—b6 9) Sb1—c3 und 9) ... Lc1—b2 erschöpfende Untersuchungen fertig haben, welche dieselben in überzeugender Weise zu Gunsten der Vertheidigung ausführen. So lange dies nicht der Fall ist, kann von einem sanktionirten Verdikte „der Theorie" noch nicht die Rede sein; „die Theorie" ist ja nichts Anderes, als die vernünftig geordnete Summa der bisherigen Analysen und praktischen Erfahrungen. Letztere aber sprechen bis jetzt überwiegend zu Gunsten des Gambitgebers, und wir bekennen, dass uns die Rolle des Angreifenden im Evansgambit „mehr Zuversicht und Behagen einflösst", als die des Vertheidigers. Wir halten die „Normalposition" dieser Spielart für eine solche, in welcher die Entscheidung durchschnittlich dem Figurenspiel anheimfällt, ehe der Mehrbesitz eines Bauern zur Geltung kommt. Und giebt es nicht auch zahlreiche Endspielstellungen, in denen man gegen Bauernübermacht Remis erreicht? Starke Spieler werden nach wie vor das Bauernopfer 4) b2—b4 lieber wählen, als jede andere Fortsetzung der italienischen Partie, da es in der That die einzige ist, die einen heftigen Angriff einzuleiten vermag.

Der Angriff des Ruy Lopez hat im Vergleiche mit dem Evansgambit den Vorzug der fest begründeten Solidität, während Letzteres zu lebhafteren und interessanteren Attaquen führt. Vorliebe für diese oder jene von den genannten beiden Spielarten wird immer von der individuellen Begabung abhängen.

Weil nun bekanntermassen die Vertheidigung gegen das Evansgambit äusserst schwierig ist und Niemand sich gern auf eine Partie einlässt, die in der Praxis meist verloren wird, während die Theorie selbst ihrer sorgfältigsten Durchführung nicht die sichere Aussicht auf schliesslichen Gewinn garantiren kann, sind viele Spieler natürlich wenig geneigt, sich dem gefährlichen Angriffe auszusetzen. Man sucht demselben daher neuerdings häufig auszuweichen, indem man bald im dritten Zuge statt Lf8—c5 das Zweispringerspiel im Nachzuge oder die ungarische Eröffnung wählt, bald im vierten Zuge das Gambit ablehnt. Obgleich wir M. Langes Behauptung, der Zug 4) b2—b4 sei tadelnswerth eben wegen der Antwort 4) . . . Lc5—b6 für einen Irrthum ansehen, so scheint uns doch aus den neuesten Erfahrungen hervorzugehen, dass Schwarz durch 4) . . . Lc5—b6 ein dem des Anziehenden ungefähr gleichstehendes Spiel bekommt; man vgl. die 70. und 71. Partie. M. Lange hat das Verdienst, zuerst die richtige Fortsetzung der Vertheidigung gegen 5) b4—b5, Sc6—a5 (?) 6) Sf3—e5:, nämlich 6) . . . Sg8—h6 (!) empfohlen zu haben. Der genannte Analytiker ist unseres Dafürhaltens nur darin zu weit gegangen, dass er diese Spielart für geradezu dem Weissen nachtheilig erklärt hat, was sie nicht ist, man vgl. die Anmerkungen zur 70. und 71. Partie. V. d. Lasa erklärte im Dezember d. J. 1862 das durch den Rückzug des Läufers abgelehnte Evansgambit für eine Remispartie. Auch die Ablehnung durch 4) . . . d7—d5 (das Mittelgambit gegen Evansgambit) ist für den Nachziehenden nicht ungünstig, sondern führt bei richtiger Fortsetzung zur Ausgleichung der Spiele, wie auch v. d. Lasa im Handbuche urtheilt.

Als Curiosum sei schliesslich eine Note des Jahrgangs 1864 der illustrated London-news zu einem abgelehnten Evansgambit erwähnt, in welchem der Anziehende (W. Paulsen) nach 4) . . . Lc5—b6 5) b4—b5, Sc6—a5 statt 6) Sf3—e5: (!) nun 6) Sb1—a3 zieht. Dazu wird nämlich bemerkt: „If he ventures to take the Kings pawn, Black obtains a terrible attack by playing Queen to King bishops third square!" Risum teneatis amici!

---

### b) Das Giuoco piano.

**1) e2—e4, e7—e5  2) Sg1—f3, Sb8—c6  3) Lf1—c4, Lf8—c5  4) c2—c3.**

#### 75. Partie.

Gespielt zu Venedig im Herbst d. J. 1858.

Herr General S. — B. Sußr.

| | Weiss. | Schwarz. |
|---|---|---|
| 1) | e2—e4 | e7—e5 |
| 2) | Sg1—f3 | Sb8—c6 |
| 3) | Lf1—c4 | Lf8—c5 |
| 4) | c2—c3 | Sg8—f6 |
| 5) | d2—d3 | d7—d6 |
| 6) | 0—0 | 0—0 |
| 7) | Lc1—e3 | Lc5—b6 |
| 8) | Le3—b6: | a7—b6: |
| 9) | h2—h3 | Lc8—e6 |
| 10) | Sb1—d2 | Le6—c4: |
| 11) | Sd2—c4: | Sc6—e7 |
| 12) | Dd1—c2 | Se7—g6 |
| 13) | g2—g3 | Dd8—d7 |
| 14) | Kg1—g2 (?) | Sf6—h5 |
| 15) | Sf3—e5: | Sh5—f4† |
| 16) | g3—f4: | Sg6—f4: |
| 17) | Kg2—f3 | Dd7—h3‡ |

Stellung nach dem 18. Zuge von Weiss.

| | Weiss. | Schwarz. |
|---|---|---|
| 18) | Kf3—f4: | g7—g5† |
| 19) | Kf4—g5: | f7—f6† |
| 20) | Kg5—f4 | f6—e5‡ |
| 21) | Kf4—g5 | Tf8—f7 |
| | Aufgegeben. | |

#### Anmerkungen zur 75. Partie.

**4) . . . Sg8—f6.** Die anerkannt beste Vertheidigung im Giuoco piano. Setzt Weiss darauf den Angriff mit 5) d2—d4 fort, so bekommt der Nachziehende sowohl bei 5) . . . e5—d4: 6) c3—d4:, Lc5—b4† 7) Lc1—d2, Lb4—d2‡ 8) Sb1—d2: durch 8) . . . d7—d5, als auch bei 6) c4—e5, d7—d5 (!) 7) Lc4—b5 (!), Sf6—e4 8) c3—d4: durch 8) . . . Lc5—b6 ein gutes Spiel. Auf 5) 0—0 kann 5) . . . Sf6—e4: 6) Lc4—d5, Se4—f2: 7) Tf1—f2:, Lc5—f2‡ 8) Kg1—f2:, Sc6—e7 oder 6) d2—d4, d7—d5 erfolgen; beide Varianten sind nicht ungünstig für den Vertheidiger.

## 76. Partie.

Gespielt zu Elberfeld im August des Jahres 1860.

| | Hoffmann. | M. Schierper. | | Weiss. | Schwarz. |
|---|---|---|---|---|---|
| | Weiss. | Schwarz. | 19) | Le3—d4: | Td8—d4: |
| 1) | e2—e4 | e7—e5 | 20) | Dc4—e2 | Schwarz kün- |
| 2) | Sg1—f3 | Sb8—c6 | | | digt Matt in vier Zügen an. |
| 3) | Lf1—c4 | Lf8—c5 | | | |
| 4) | c2—c3 | Sg8—f6 | | | |
| 5) | d2—d4 | e5—d4: | | | |
| 6) | e4—e5 | d7—d5 | | | |
| 7) | e5—f6 | d5—c4: | | | |
| 8) | f6—g7: | Th8—g8 | | | |
| 9) | Lc1—h6 | Dd8—d5 | | | |
| 10) | 0—0 | Lc8—e6 | | | |
| 11) | c3—d4: | Sc6—d4: | | | |
| 12) | Sf3—g5 | 0—0—0 | | | |
| 13) | Sb1—c3 | Dd5—f5 | | | |
| 14) | Sg5—e6: | Sd4—e6: | | | |
| 15) | Dd1—a4 | Sc6—g7: | 20) | ... | Tg8—g2† |
| 16) | Da4—c4: | Sg7—e6 | 21) | Kg1—g2: | Dh5—g4† |
| 17) | Dc4—e4 | Df5—h5 | 22) | Kg2—h1 | Dg4—f3† |
| 18) | Lh6—e3 | Sc6—d4 | 23) | Kh1—g1 | Td4—g4† |

### Anmerkung zur 76. Partie.

7) **e5—f6**: Diese Spielart ist für den Anziehenden unvortheilhaft; der richtige Zug ist 7) Lc4—b5. Die in der englischen Wochenschrift „the Era" i. J. 1860 warm empfohlene Neuerung 7) b2—b4 ist von M. Lange im 15. Jahrgange der Schachzeitung, S. 244—246 widerlegt worden. Wir entnehmen seiner Analyse die Variante:

| 7) | b2—b4 | Sf6—e4 | 10) | Lc1—e3 | Dd8—d5 |
|---|---|---|---|---|---|
| 8) | b4—c5: | d5—c4: | 11) | h2—h3 | Lg4—h5 |
| 9) | c3—d4: | Lc8—g4 | 12) | g2—g4 | Lh5—g6 |

und Schwarz behauptet das bessere Spiel.

## 77. Partie.

Gespielt in der Schachgesellschaft Augusta zu Leipzig i. J. 1863.

| | A. Bratharr. | S. Paulsen. | | Weiss. | Schwarz. |
|---|---|---|---|---|---|
| | Weiss. | Schwarz. | 3) | Lf1—c4 | Lf8—c5 |
| 1) | e2—e4 | e7—e5 | 4) | c2—c3 | Sg8—f6 |
| 2) | Sg1—f3 | Sb8—c6 | 5) | d2—d4 | e5—d4: |

| | Weiss. | Schwarz. | | Weiss. | Schwarz. |
|---|---|---|---|---|---|
| 6) | c3—d4: | Lc5—b4† | 18) | Sh4—f3 | Sf4—g2: |
| 7) | Lc1—d2 | Lb4—d2‡ | 19) | Kg1—g2: | Db5—g4† |
| 8) | Sb1—d2: | d7—d5 | 20) | Kg2—h1 | Tf8—f3: |
| 9) | e4—d5: | Sf6—d5: | 21) | Te1—c3 | Tf3—f2: |
| 10) | 0—0 | 0—0 | 22) | Ta1—g1 | Dg4—h4 |
| 11) | Sd2—b3 | Lc8—f5 | 23) | Tg1—g2 | Ta8—f8 |
| 12) | a2—a3 | Dd8—d6 | 24) | Te3—g3 | |
| 13) | Tf1—e1 | Sd5—f4 | | | |
| 14) | Sf3—h4 | Lf5—e6 | | | |
| 15) | Lc4—e6: | f7—e6: | | | |
| 16) | Dd1—d2 | Dd6—d5 | | | |
| 17) | Dd2—c3 | Dd5—h5 | | | |

| | | | 24) | ... | Tf2—f1† |
|---|---|---|---|---|---|
| | | | 25) | Tg2—g1 | Dh4—c4† |
| | | | 26) | Tg3—g2 | Tf8—f2 |
| | | | 27) | Dc3—g3 | Tf1—g1‡ |
| | | | 28) | Kh1—g1: | Dc4—c1† |

**Anmerkung zur 77. Partie.**

6) ... Lc5—b4†. Neuerdings hat Löwenthal 6) ... d7—d5 empfohlen.

---

## 78. Partie.

Gespielt im October 1863 zu Berlin.

G. R. Neumann.    B. v. Guretzky-Cornitz.

| | Weiss. | Schwarz. | | Weiss. | Schwarz. |
|---|---|---|---|---|---|
| 1) | e2—e4 | e7—e5 | 4) | c2—c3 | Sg8—f6 |
| 2) | Sg1—f3 | Sb8—c6 | 5) | d2—d4 | e5—d4: |
| 3) | Lf1—c4 | Lf8—c5 | 6) | 0—0 | Sf6—e4: |
| | | | 7) | c3—d4: | |

| | Weiss. | Schwarz. |
|---|---|---|
| 7) | ... | Lc5—e7 |
| 8) | d4—d5 | Sc6—b8 (!) |
| 9) | Tf1—e1 | |

| | Weiss. | Schwarz. |
|---|---|---|
| 9) | ... | Sc4—d6 |
| 10) | Lc4—b3 | 0—0 |
| 11) | Sb1—c3 | Sd6—e8 |
| 12) | d5—d6 | |

| | | |
|---|---|---|
| 12) | ... | c7—d6: |
| 13) | Te1—e7: | Dd8—e7: |
| 14) | Lc1—g5 | Se8—f6 |
| 15) | Sc3—d5 | De7—d8 |
| 16) | Dd1—d4 | Sb8—c6 |
| 17) | Dd4—h4 | |

Schwarz giebt die Partie auf.

### Anmerkungen zur 78. Partie.

7) ... **Lc5—e7** (?). In Folge dieses Zuges wird Schwarz dermassen eingeengt, dass eine genügende Vertheidigung kaum möglich ist. Bei 7) ... Lc5—b6 bekommt Weiss durch 8) Tf1—e1, 0—0 (!) 9) Te1—e4:, d7—d5 10) Lc4—d5:, Dd8—d5: 11) Sb1—c3, Dd5—d8 12) d4—d5, Lc8—f5 13) Tc4—f4, Sc6—e7 14) Lc1—e3, Lf5—g6 15) Sf3—h5, wie in einer Correspondenzpartie zwischen Lommatzsch und Bautzen geschah, das bessere Spiel. Der richtige Gegenzug ist 7) ... **d7—d5** (!). Man erwäge die Fortsetzungen:

**L**

| 8) | Lc4—b5 | Lc5—b6 | 11) | f2—f3 | Sc4—d6 |
| 9) | Sf3—e5 | Lc8—d7 | 12) | Tf1—e1† | Ke8—f8 |
| 10) | Se5—d7: | Dd8—d7: | | | |

und Schwarz hat zwar die Rochade eingebüsst, aber bei gutem Spiele den gewonnenen Bauer behauptet.

## II.

| | | | | | |
|---|---|---|---|---|---|
| 8) | d4—c5: | d5—c4: | 10) | Tf1—e1 | Se4—c5: |
| 9) | Dd1—e2 | Dd8—c7 | 11) | De2—c4: | Lc8—e6 |

und Schwarz steht nicht schlecht.

Das Beste ist wohl für Weiss, nach 8) d4—c5:, d5—c4: sogleich die Damen zu tauschen; der dadurch zu erlangende Positionsvortheil ist freilich gering. — Auf 8) Lc4—b3 folgt 8)... Lc5—b6, auf 8) Lc4—d3 8)... Lc5—e7 oder auch 8)... Lc5—d4:, auf 8) Tf1—e1 endlich 8)... Lc5—e7.

9)... **Se4—d6**. Bei 9)... **Se4—f6** bekommt Weiss durch 10) d5—d6, c7—d6: 11) Lc1—g5, 0—0 12) Te1—e7:, Dd8—e7: 13) Sb1—c3 einen vortrefflichen Angriff. Auf 9)... f7—f5 folgt 10) Sb1—c3, d7—d6 11) Sc3—e4:, f5—e4: 12) Lc4—b5†, Lc8—d7 13) Lb5—d7†, Dd8—d7: 14) Sf3—d4 oder 10)... Se4—c3: 11) b2—c3:, h7—h6 12) d5—d6, c7—d6: 13) Dd1—d6:, Ke8—f8 14) Dd6—g6, Dd8—e8 15) Dg6—f5† oder endlich 11)... Ke8—f8 12) d5—d6, c7—d6: 13) Dd1—d5, Dd8—e8 14) Lc1—g5 zum Vortheil des Anziehenden.

12)... **c7—d6:** Unter diesen Umständen das Beste, denn auf 12)... **Se8—d6:** entscheidet 13) Te1—e7:, Dd8—e7: 14) Lc1—g5, De7—e8 15) Dd1—d3 nebst 16) Ta1—e1, auf 12)... Le7—d6: aber 13) Lc1—g5, Se8—f6 14) Sc3—d5, c7—c6 15) Sd5—f6†, g7—f6: 16) Dd1—d6:, f6—g5: 17) Te1—e7 oder 14)... Sb8—c6 15) Sf3—d4, Ld6—e5 16) Sd4—f5, d7—d6 17) Te1—e5:, d6—e5: 18) Sf5—g7:

---

### 79. Partie.

Gespielt zu Paris im Jahre 1863.

| | P. Morphy. | M. de Rivière. |
|---|---|---|
| | Weiss. | Schwarz. |
| 1) | e2—e4 | e7—e5 |
| 2) | Sg1—f3 | Sb8—c6 |
| 3) | Lf1—c4 | Lf8—c5 |
| 4) | c2—c3 | Dd8—e7 |
| 5) | d2—d4 | Lc5—b6 |
| 6) | 0—0 | d7—d6 |
| 7) | h2—h3 | Sg8—f6 |
| 8) | Tf1—e1 | h7—h6 |
| 9) | a2—a4 | a7—a5 |
| 10) | Sb1—a3 | Sc6—d8 |
| 11) | Sa3—c2 | Lc8—e6 |
| 12) | Sc2—e3 | Le6—c4: |
| 13) | Se3—c4: | Sf6—d7 |
| 14) | Sc4—e3 | g7—g6 (?) |
| 15) | Se3—d5 | De7—c6 |
| 16) | Lc1—h6: | |

| Weiss. | Schwarz. |
|---|---|
| 16) ... | f7—f6 (!) |
| 17) Lh6—g7 | Th8—h5 |
| 18) g2—g4 | Th5—h3: |
| 19) Sd5—f6† | Sd7—f6: |
| 20) Sf3—g5 | De6—d7 |
| 21) Lg7—f6: | Th3—h4 |
| 22) f2—f3 | e5—d4: |
| 23) c3—d4: | Th4—h6 |
| 24) Kg1—g2 | Sd8—f7 |
| 25) Tc1—h1 | Sf7—g5: |
| 27) Th1—h6: | Sg5—h7 |
| 27) Dd1—h1 | Sh7—f6: |
| 28) Th6—h8† | Ke8—e7 |
| 29) Th8—a8: | Lb6—d4: |
| 30) Dd1—h6 | Dd7—c6 |
| 31) Ta1—c1 | Dc6—b6 |
| 32) Tc1—c7† | Ke7—e6 |

**Stellung nach dem 20. Zuge von Weiss.**

| Weiss. | Schwarz. |
|---|---|
| 33) Ta8—e8† | Sf6—e8: |
| 34) Dh6—g6† | beliebig |
| 35) Dg6—f5† | |

### Anmerkungen zur 79. Partie.

4) ... Dd8—e7. Obgleich durch diesen in der alten Berliner Schule nicht selten angewandten Zug das schwarze Spiel keineswegs mit Nothwendigkeit verloren geht, so wird doch die Vertheidigung ziemlich unbequem. Die Züge 4) ... Sg8—f6 (!) und 4) ... d7—d6 sind vorzuziehen.

10) ... Sc6—d8. Rathsamer war die Rochade, deren Unterlassung bald unangenehme Folgen nach sich zieht.

20) ... De6—d7. Hier musste 20) ... De6—g4† geschehen; nach 21) Dd1—g4:, Sf6—g4: 22) Sg5—h3:, Ke8—f7 23) f2—f3, Kf7—g7: 24) f3—g4:, e5—d4: würde Schwarz wohl Remis erreicht haben.

---

c) Die Rochade im vierten Zuge der italienischen Partie.

1) e2—e4, e7—e5 2) Sg1—f3, Sb8—c6 3) Lf1—c4, Lf8—c5 4) 0—0.

### 80. Partie.

Gespielt zu Breslau im Jahre 1850.

| M. Lange. | Anderssen. | | Weiss. | Schwarz. |
|---|---|---|---|---|
| Weiss. | Schwarz. | 3) | Lf1—c4 | Lf8—c5 |
| 1) e2—e4 | e7—e5 | 4) | 0—0 | Sg8—f6 (!) |
| 2) Sg1—f3 | Sb8—c6 | 5) | d2—d4 | Lc5—d4: (!) |

|     | Weiss.       | Schwarz.     |
| --- | ------------ | ------------ |
| 6)  | Sf3—d4:      | Sc6—d4:      |
| 7)  | f2—f4        | d7—d6        |
| 8)  | f4—e5:       | d6—e5:       |
| 9)  | Lc1—g5       | Lc8—e6 (!)   |
| 10) | Lg5—f6:      | g7—f6:       |
| 11) | Lc4—e6:      | Sd4—e6:      |
| 12) | Sb1—c3       | c7—c6        |
| 13) | Dd1—d8†      | Ta8—d8:      |
| 14) | Tf1—f6:      | Ke8—e7 (?)   |
| 15) | Ta1—f1       | Td8—f8       |
| 16) | g2—g3        | Th8—g8       |
| 17) | Tf6—f5       | f7—f6        |
| 18) | Sc3—d1       | Tg8—g4 (?)   |
| 19) | Sd1—f2       | Tg4—g6       |
| 20) | Sf2—d3       | a7—a5        |
| 21) | Kg1—g2       | c6—c5        |
| 22) | b2—b3        | b7—b5        |
| 23) | Sd3—b2       | Tf8—d8       |
| 24) | Sb2—d1       | b5—b4        |
| 25) | Tf5—f2       | Td8—d4       |

Stellung nach dem 14. Zuge von Weiss.

|     | Weiss.   | Schwarz. |
| --- | -------- | -------- |
| 26) | Sd1—e3   | Td4—c4:  |
| 27) | Se3—d5†  | Kc7—d6   |
| 28) | Sd5—f6:  | Te4—e3   |
| 29) | Sf6—h7:  | Tg6—g7   |
| 30) | Sh7—f6 und Weiss gewann nach einigen Zügen. | |

### Anmerkungen zur 80. Partie.

**4) O—O.** Diesen Zug hält M. Lange für die stärkste Fortsetzung des Angriffs. Schwarz kann jedoch darauf sowohl 4)... Sg8—f6, als 4)... d7—d6 ohne Gefahr entgegnen.

**5) ... Lb8—d4:** (!). Bei 5)... e5—d4: würde Weiss durch 6) e4—e5 im Vortheil kommen, wie M. Lange durch folgende Varianten beweis't:

**I.**

|     |          |          |     |          |          |
| --- | -------- | -------- | --- | -------- | -------- |
| 6)  | e4—e5    | d7—d5    | 12) | Se5—c6:  | Tc8—c1†  |
| 7)  | e5—f6:   | d4—c4:   | 13) | Dd1—c1:  | b7—c6:   |
| 8)  | Tf1—c1†  | Ke8—f8   | 14) | Dc1—c5   | Lc5—f8   |
| 9)  | f6—g7†   | Kf8—g7:  | 15) | Lh6—f8:  | Kg8—f8:  |
| 10) | Sf3—e5   | Th8—e8   | 16) | Sb1—d2.  |          |
| 11) | Lc1—h6†  | Kg7—g8   |     |          |          |

**II.**

|     |          |          |     |          |          |
| --- | -------- | -------- | --- | -------- | -------- |
| 12) | ...      | b7—c6:   | 14) | Sb1—d2.  |          |
| 13) | Tc1—e8†  | Dd8—e8:  |     |          |          |

Im Giuoco piano ist diese Angriffsweise bekanntlich nicht vortheilhaft; die Rochade gewährt ihr aber eine wirksamere Unterstützung, als der Zug 4) c2—c3.

9) ... **Lc8—e6** (!). Falsch wäre 9) ... Lc8—g4 wegen 10) Lc4—f7†, Kc8—f7: 11) Dd1—g4: Zieht Schwarz nun 11) ... Sd4—c2:, so erlangt Weiss durch 12) Sb1—c3 einen unwiderstehlichen Angriff.

14) ... **Ke8—e7**. Der beste Zug ist hier 14) ... Td8—d2, wodurch der Nachziehende ein mindestens dem des Anziehenden gleiches Spiel bekommt; man vergleiche die 81. Partie. — Das Folgende ist von Anderssen etwas unachtsam gespielt.

---

## 81. Partie.

Achte Partie des Wettkampfs zwischen L. Paulsen und Kolisch im Jahre 1861.

| | Kolisch. Weiss. | S. Paulsen. Schwarz. | | Weiss. | Schwarz. |
|---|---|---|---|---|---|
| 1) | e2—e4 | e7—e5 | 11) | Dd1—d8† | Ta8—d8: |
| 2) | Sg1—f3 | Sb8—c6 | 12) | Lg5—f6: | g7—f6: |
| 3) | Lf1—c4 | Lf8—c5 | 13) | Sb1—c3 | c7—c6 |
| 4) | 0—0 | Sg8—f6 (!) | 14) | Tf1—f6: | Td8—d2 |
| 5) | d2—d4 | Lc5—d4: (!) | 15) | Tf6—f2 | Td2—f2: |
| 6) | Sf3—d4: | Sc6—d4: | 16) | Kg1—f2: | Se6—d4 |
| 7) | f2—f4 | d7—d6 | 17) | Ta1—c1 | Th8—g8 |
| 8) | f4—e5: | d6—e5: | 18) | Sc3—b1 | Ke8—e7 |
| 9) | Lc1—g5 | Lc8—e6 (!) | 19) | Sb1—d2 | f7—f6 |
| 10) | Lc4—e6: | Sd4—e6: | | Als Remis abgebrochen. | |

---

## 82. Partie.

22. Partie des Wettkampfs zwischen L. Paulsen und Kolisch im Jahre 1861.

| | Kolisch. Weiss. | S. Paulsen. Schwarz. | | Weiss. | Schwarz. |
|---|---|---|---|---|---|
| 1) | e2—e4 | e7—e5 | 11) | Sc3—d5 | De7—d7 |
| 2) | Sg1—f3 | Sb8—c6 | 12) | Lg5—f6: | Lf5—e6 (?) |
| 3) | Lf1—c4 | Lf8—c5 | 13) | Dd1—h5 | Kg8—h7 |
| 4) | 0—0 | Sg8—f6 (!) | 14) | Kg1—h1 | Le6—d5: |
| 5) | d2—d3 | d7—d6 | 15) | e4—d5: | Sc6—d4 |
| 6) | Lc1—g5 | 0—0 | 16) | f2—f4 | Dd7—f5 |
| 7) | Sb1—c3 | Lc8—e6 | 17) | Dh5—f5: | Sd4—f5: |
| 8) | Lc4—b3 | Dd8—e7 (?) | 18) | f4—e5: | Sf5—e3 |
| 9) | Sf3—h4 | h7—h6 | 19) | Lf6—e7 | Se3—f1: |
| 10) | Sh4—f5 | Le6—f5: | 20) | Ta1—f1: | Ta8—e8 |
| | | | 21) | Le7—f8: | Te8—f8: |

|     | Weiss. | Schwarz. |     | Weiss. | Schwarz. |
| --- | --- | --- | --- | --- | --- |
| 22) | c2—c3 | Tf8—e8 (?) | 44) | Kc4—d5 | La5—c7 |
| 23) | d3—d4 | Lc5—b6 | 45) | Lh5—f7: |  |
| 24) | e5—d6: | c7—d6: |  |  |  |
| 25) | g2—g3 | Kh7—g8 |  |  |  |
| 26) | Kh1—g2 | Te8—e2† |  |  |  |
| 27) | Tf1—f2 | Te2—f2† |  |  |  |
| 28) | Kg2—f2: | Lb6—d8 |  |  |  |
| 29) | Lb3—a4 | Ld8—g5 |  |  |  |
| 30) | c3—c4 | Kg8—f8 |  |  |  |
| 31) | c4—c5 | Kf8—e7 |  |  |  |
| 32) | c5—c6 | b7—c6: |  |  |  |
| 33) | d5—c6: | Ke7—d8 |  |  |  |
| 34) | b2—b4 | Lg5—d2 |  |  |  |
| 35) | b4—b5 | Ld2—a5 |  |  |  |
| 36) | Kf2—e3 | Kd8—e7 |  |  |  |
| 37) | La4—b3 | La5—c7 | 45) | ... | Kc7—f7: |
| 38) | Ke3—e4 | Kc7—e8 | 46) | a4—a5 | Kf7—e7 |
| 39) | Ke4—d5 | Ke8—d8 | 47) | b5—b6 | Lc7—b6: |
| 40) | Lb3—d1 | Kd8—c8 | 48) | a5—b6: | a7—b6: |
| 41) | Ld1—h5 | Kc8—c7 | 49) | Kd5—c4 | Kc7—d8 |
| 42) | Kd5—c4 | Lc7—b6 | 50) | d4—d5 | Kd8—c7 |
| 43) | a2—a4 | Lb6—a5 | 51) | Kc4—b5 und Weiss gewinnt. | |

### 83. Partie.

24. Partie des Wettkampfs zwischen L. Paulsen und Kolisch im Jahre 1861.

| | J. Kolisch. | S. Paulsen. | | Weiss. | Schwarz. |
| --- | --- | --- | --- | --- | --- |
| | Weiss. | Schwarz. | 12) | Sd4—e2 | Se7—g6 |
| 1) | e2—e4 | e7—e5 | 13) | Dd1—d2 | Lc8—e6 |
| 2) | Sg1—f3 | Sb8—c6 | 14) | Lc4—d3 | Dd8—f6 |
| 3) | Lf1—c4 | Lf8—c5 | 15) | Sc2—g1 | Kg8—h8 |
| 4) | 0—0 | Sg8—f6 (!) | 16) | Ta1—e1 | Tf8—g8 |
| 5) | d2—d3 | d7—d6 | 17) | Sg1—f3 | Sg6—e5 |
| 6) | Lc1—g5 | Sc6—e7 | 18) | Sf3—e5: | d6—e5: |
| 7) | d3—d4 | e5—d4: | 19) | Sc3—d5 | Le6—d5: |
| 8) | Lg5—f6: | g7—f6: | 20) | e4—d5: | Tg8—g5 |
| 9) | Sf3—d4: | 0—0 | 21) | Dd2—e2 | Ta8—g8 |
| 10) | Sb1—c3 | f6—f5 | 22) | g2—g3 (?) | Df6—h6 |
| 11) | Kg1—h1 | f5—f4 | 23) | Tf1—g1 | Tg5—h5 |

| | Weiss. | Schwarz. |
|---|---|---|
| 24) | Tg1—g2 | Lc5—d6 |
| 25) | Te1—g1 | f4—g3: |
| 26) | f2—g3: | f7—f5 |
| 27) | c2—c4 | e5—e4 |
| 28) | Ld3—b1 | Tg8—g7 |
| 29) | a2—a3 | a7—a5 |
| 30) | Lb1—c2 | b7—b6 |
| 31) | Lc2—a4 | Th5—g5 |
| 32) | De2—e1 | Dh6—h3 |
| 33) | De1—c3 (?) | f5—f4 |
| 34) | g3—f4: | Tg5—g2: |

und Schwarz gewinnt.

## 84. Partie.

Gespielt zu Leipzig am 19. Juni 1862.

M. Lange. P. Hirschfeld.

| | Weiss. | Schwarz. |
|---|---|---|
| 1) | e2—e4 | e7—e5 |
| 2) | Sg1—f3 | Sb8—c6 |
| 3) | Lf1—c4 | Lf8—c5 |
| 4) | 0—0 | d7—d6 |
| 5) | c2—c3 | Lc5—b6 |
| 6) | d2—d4 | Lc8—g4 |
| 7) | Lc1—e3 | Dd8—f6 |
| 8) | d4—d5 | Sc6—e7 |

| | Weiss. | Schwarz. |
|---|---|---|
| 9) | Le3—b6: | a7—b6: |
| 10) | Sb1—d2 | Se7—g6 |
| 11) | h2—h3 | Lg4—d7 |
| 12) | Kg1—h2 | Sg6—f4 |
| 13) | Sf3—g1 | h7—h5 (!) |
| 14) | g2—g3 | Sf4—g6 |

| | | |
|---|---|---|
| 15) | Sg1—e2 | Sg8—h6 |
| 16) | f2—f4 | h5—h4 (!) |
| 17) | f4—f5 | h4—g3† |

| | Weiss. | Schwarz. |
|---|---|---|
| 18) | Sc2—g3: | Sg6—f4 |
| 19) | Sg3—h5 | Df6—h4 |
| 20) | Sh5—f4: | Sh6—g4† |

und Schwarz gewinnt.

### Anmerkung zur 84. Partie.

7) Lc1—e3. Der stärkste Zug ist 7) Lc4—b5, worauf Schwarz entweder den König nach f8 rücken oder den Läufer g4 nach d7 zurückziehen muss. Letzteres, was wohl das Bessere ist, führt zu folgenden Varianten:

Stellung nach dem 20. Zuge von Schwarz.

8) d4—e5:

**I.**

| | | | | | |
|---|---|---|---|---|---|
| 8) | ... | Sc6—e5: | | | oder: |
| 9) | Sf3—e5: | Ld7—b5: | 9) | ... | d6—e5: |
| 10) | Dd1—d5 und Weiss erobert einen Bauer. | | 10) | Dd1—d5 mit demselben Resultate. | |

**II.**

| | | | | | |
|---|---|---|---|---|---|
| 8) | ... | d6—e5: (?) | 11) | Tf1—d1: | Lc6—e4: |
| 9) | Lb5—c6: | Ld7—c6: | 12) | Td1—e1 und Weiss hat ein vorzügliches Spiel. | |
| 10) | Sf3—e5: | Dd8—d1: (!) | | | |

Mit dem in der Partie geschehenen Zuge 7) Lc1—e3 tritt Weiss den Angriff an den Nachziehenden ab, und dieser führt ihn meisterhaft durch. — Schwach wäre übrigens 7) Dd1—b3.

---

### 85. Partie.

Gespielt zu Berlin im Café de Belvédère im Januar 1864.

| | A. Sichtenstein. | B. Suhle. | | Weiss. | Schwarz. |
|---|---|---|---|---|---|
| | Weiss. | Schwarz. | 7) | b2—b4 (?) | Lc5—b6 |
| 1) | e2—e4 | e7—e5 | 8) | h2—h3 | Lg4—h5 |
| 2) | Sg1—f3 | Sb8—c6 | 9) | Lc4—b5 | 0—0 |
| 3) | Lf1—c4 | Lf8—c5 | 10) | Lb5—c6: | b7—c6: |
| 4) | 0—0 | d7—d6 | 11) | Lc1—g5 | h7—h6 |
| 5) | c2—c3 | Lc8—g4 | 12) | Lg5—h4 | g7—g5 |
| 6) | d2—d3 | Sg8—f6 | 13) | Lh4—g3 | Kg8—h7 |

|     | Weiss.   | Schwarz. |
|-----|----------|----------|
| 14) | Sb1—d2   | Tf8—g8   |
| 15) | Dd1—c2   | g5—g4    |
| 16) | Sf3—h4   | g4—h3:   |
| 17) | d3—d4    | Tg8—g3:  |
| 18) | f2—g3:   | e5—d4:   |

Stellung nach dem 21. Zuge von Schwarz.

|     | Weiss.     | Schwarz.   |
|-----|------------|------------|
| 19) | Kg1—h1     | h3—g2†     |
| 20) | Sh4—g2: (!) | Lh5—g6    |
| 21) | Sg2—f4     | Dd8—d7     |
| 22) | Ta1—e1     | d6—d5      |
| 23) | Kh1—g2     | d4—c3:     |
| 24) | Dc2—c3:    | Sf6—e4:    |
| 25) | Sd2—e4:    | Lg6—e4†    |
| 26) | Kg2—h2     | f7—f5      |
| 27) | Dc3—f6     | Dd7—g7     |
| 28) | Df6—g7†    | Kh7—g7:    |
| 29) | a2—a3      | a7—a5      |
| 30) | Te1—e2     | a5—b4:     |
| 31) | a3—b4:     | Ta8—a3     |
| 32) | Te2—b2     | Kg7—f6     |
| 33) | Tf1—c1     | d5—d4      |
| 34) | Tc1—e1     | d4—d3      |
| 35) | Tb2—d2     | Ta3—b3     |

Weiss giebt die Partie auf.

**Anmerkungen zur 85. Partie.**

**6) d2—d3.** Spielt Weiss mit 6) Dd1—b3 auf Bauergewinn, so erlangt Schwarz Gelegenheit zu lebhaften Angriffen auf die feindliche Rochadestellung.

**7) ... Lc5—b6.** Schwarz konnte durch 7) ... Sc6—b4: einen Bauer gewinnen.

**19) Kg1—h1.** Bei 19) c3—d4: würde Schwarz durch 19) ... Lb6—d4† 20) Kg1—h1 (!), h3—g2† 21) Kh1—g2:, Ld4—a1: 22) e4—e5†. Lh5—g6 23) Sh4—g6:, f7—g6: 24) e5—f6:, La1—f6: 25) Sd2—e4, Lf6—g7 26) Tf1—f7, Kh7—g8 oder 24) Tf1—f6:, Dd8—e8 im Vortheil bleiben.

**22) Ta1—e1.** Auf 22) Sf4—g6: würde offenbar 22) ... Dd7—h3† sofort das Spiel zu Gunsten von Schwarz entscheiden.

## 86. Partie.

Correspondenzpartie zwischen dem Schachclub zu Crefeld einerseits und den Herren Oberstlieutenant von Hannecken, Hauptmann Bothe I. und Lieutenant Freiherrn v. Eynatten zu Wesel andererseits, begonnen am 1. October d. J. 1858.

Crefeld. Wesel.
Weiss. Schwarz.

1) e2—e4  e7—e5
2) Sg1—f3  Sb8—c6
3) Lf1—c4  Lf8—c5
4) 0—0  d7—d6
5) c2—c3  Sg8—f6
6) d2—d3  Lc5—b6
7) Lc1—e3  0—0
8) Le3—g5 (?)  Sc6—e7
9) Sf3—h4  Lc8—g4
10) Dd1—e1  c7—c6
11) Kg1—h1  d6—d5
12) e4—d5:  c6—d5:
13) Lc4—b3  Se7—c6
14) h2—h3  h7—h6
15) Lg5—f6:  Dd8—f6:
16) f2—f4  e5—f4: (!)
17) Lb3—d5:  Ta8—e8
18) Ld5—e4  Sc6—e5 (!)
19) d3—d4  Se5—d3
20) De1—d2  Te8—e4:
21) Dd2—d3:  Tf8—e8
22) h3—g4:  Te4—e3
23) Dd3—e3:  Te8—e3:
24) Sh4—f3  Df6—g6
25) Sb1—d2  Dg6—g4:
26) Ta1—e1  g7—g5
27) Sd2—c4  Te3—e1:
28) Tf1—e1:  Dg4—h5†
29) Kh1—g1  g5—g4

30) Te1—e5  Dh5—g6
31) Te5—e8†  Kg8—g7
32) Sf3—e5  Dg6—b1†
33) Kg1—f2  Db1—d1
Aufgegeben.

### Anmerkung zur 86. Partie.

Diese Partie ist von Seiten der Weseler Offiziere sehr schön gespielt, von Seiten Crefelds ziemlich schwach. B. S. fand übrigens im Frühjahr 1859 zu Crefeld einige recht starke Spieler, von denen besonders die Herren Lichtenscheid und Francke zu nennen sind, welche zwar gegen B. S. keine Partie gewannen, doch achtungswerthen Widerstand leisteten.

## d) d2—d3 im vierten Zuge der italienischen Partie.
1) e2—e4, e7—e5 2) Sg1—f3, Sb8—c6 3) Lf1—c4, Lf8—c5 4) d2—d3.
### 87. Partie.

18. Partie des Wettkampfs zwischen Kolisch und L. Paulsen im Jahre 1861.

| | I. Kolisch. | L. Paulsen. | | Weiss. | Schwarz. |
|---|---|---|---|---|---|
| | Weiss. | Schwarz. | 16) | Dd1—f3† | Kf6—e7 |
| 1) | e2—e4 | e7—e5 | 17) | Sg3—f5† | Ke7—e8 (!) |
| 2) | Sg1—f3 | Sb8—c6 | 18) | c4—c5 | d6—c5: |
| 3) | Lf1—c4 | Lf8—c5 | 19) | Sf5—g7† | Ke8—e7 |
| 4) | d2—d3 | Sg8—f6 | 20) | Ta1—d1 | Sc6—d4 |
| 5) | Lc1—g5 | d7—d6 | 21) | Df3—h5 | |
| 6) | 0—0 | 0—0 | | | |
| 7) | Sb1—c3 | Lc8—e6 | | | |
| 8) | Sc3—e2 | Le6—c4: | | | |
| 9) | d3—c4: | h7—h6 | | | |
| 10) | Lg5—h4 | g7—g5 | | | |
| 11) | Sf3—g5: | h6—g5: | | | |
| 12) | Lh4—g5: | Kg8—g7 | | | |
| 13) | Se2—g3 | Kg7—g6 | | | |
| 14) | b2—b4 | | | | |

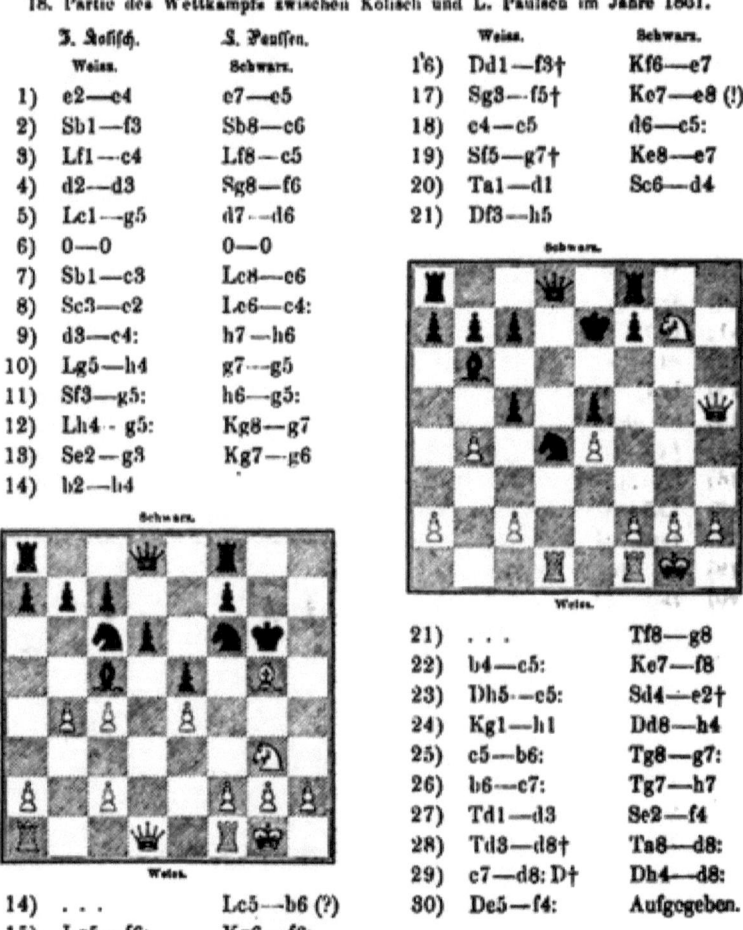

| | | | 21) | . . . | Tf8—g8 |
|---|---|---|---|---|---|
| | | | 22) | b4—c5: | Ke7—f8 |
| | | | 23) | Dh5—c5: | Sd4—e2† |
| | | | 24) | Kg1—h1 | Dd8—h4 |
| | | | 25) | c5—b6: | Tg8—g7: |
| | | | 26) | b6—c7: | Tg7—h7 |
| | | | 27) | Td1—d3 | Se2—f4 |
| | | | 28) | Td3—d8† | Ta8—d8: |
| | | | 29) | c7—d8:D† | Dh4—d8: |
| 14) | . . . | Lc5—b6 (?) | 30) | De5—f4: | Aufgegeben. |
| 15) | Lg5—f6: | Kg6—f6: | | | |

### Anmerkung zur 87. Partie.

14) ... Lc5—b6 (?). Besser war 14) ... Sc6—b4: In Folge des geschehenen Zuges 14) ... Lc5—b6 werden die weissen Bauern dem Gegner sehr lästig, und der verschmähte Bauer b4 entscheidet schliesslich die Partie. Wir ver-

muthen, dass Kolisch seinem vorsichtigen Gegner durch 14) b2—b4 eine Falle gestellt hat, in welche dieser gegangen ist. Für Weiss war nämlich jedenfalls das Spiel verloren, wenn der Angriff auf den schwarzen König fehlschlug. Was kam es also auf einen Bauer an! Wenn Schwarz das Opfer unbesorgt annahm, so blieb dem Weissen ebensoviel Angriffschance, wie zuvor. Zog er jedoch aus Furcht vor imaginären Gefahren den Läufer zurück, so wurden die Bauern b4 und c4 höchst nützliche Hülfstruppen bei dem folgenden Sturme. Nach L. Paulsens Angabe würde übrigens auch 14) ... Kg6—g5: das Spiel zu Gunsten des Nachziehenden entschieden haben.

---

### 88. Partie.

Gespielt zu Paris im Jahre 1863.

J. de Rivière. — P. Morphy.

Stellung nach dem 20. Zuge von Weiss.

| | Weiss. | Schwarz. |
|---|---|---|
| 1) | e2—e4 | e7—e5 |
| 2) | Sg1—f3 | Sb8—c6 |
| 3) | Lf1—c4 | Lf8—c5 |
| 4) | d2—d3 | Sg8—f6 |
| 5) | 0—0 | h7—h6 |
| 6) | c2—c3 | d7—d6 |
| 7) | b2—b4 | Lc5—b6 |
| 8) | a2—a4 | a7—a5 |
| 9) | b4—b5 | Sc6—e7 |
| 10) | Lc4—b3 | 0—0 |
| 11) | Sb1—d2 | Se7—g6 |
| 12) | Sd2—c4 | Lc8—g4 |
| 13) | Sc4—b6: | c7—b6: |
| 14) | Dd1—e2 | Sg6—h4 |
| 15) | Kg1—h1 | Dd8—c8 |
| 16) | Lc1—d2 | Lg4—f3: |
| 17) | g2—f3: | Dc8—h3 |
| 18) | Tf1—g1 | Sh4—f3: |
| 19) | Tg1—g2 | Sf6—g4 |
| 20) | Ta1—g1 | g7—g5 (?) |
| 21) | Lb3—d1 | Sg4—h2: |
| 22) | Tg2—g3 | Dh3—h4 |
| 23) | Kh1—g2 | g5—g4 |
| 24) | Tg1—h1 | f7—f5 |
| 25) | e4—f5: | Tf8—f5: |

| | Weiss. | Schwarz. |
|---|---|---|
| 26) | De2—e4 | Ta8—f8 |
| 27) | Ld1—f3: | Tf5—f3: |
| 28) | De4—g6† | Kg8—h8 |
| 29) | Dg6—h6† | Dh4—h6: |
| 30) | Ld2—h6: | Tf3—f2† |
| 31) | Kg2—g1 | Tf2—f1† |
| 32) | Kg1—h2 | Tf8—f2† |
| 33) | Tg3—g2 | g4—g3† |
| 34) | Kh2—g3 | Tf2—f3† (?) |
| 35) | Kg3—g4 | Tf1—h1: |
| 36) | Kg4—f3: | Th1—h6: |
| 37) | c3—c4 | Kh8—h7 |

| | Weiss. | Schwarz. | | Weiss. | Schwarz. |
|---|---|---|---|---|---|
| 38) | Kf3—e4 | Th6—h4† | 47) | Kd6—c7 | Ta4—b4 |
| 39) | Ke4—f5 | Th4—f4† | 48) | Kc7—b6: | a5—a4 |
| 40) | Kf5—e6 | Tf4—d4 | 49) | Kb6—a5 | Tb4—b1 |
| 41) | Tg2—g3 | e5—e4 | 50) | c4—c5 | a4—a3 |
| 42) | Tg3—g4 (!) | Td4—d3: | 51) | Tg4—a4 | Tb1—b3 |
| 43) | Tg4—e4: | Kh7—g6 | 52) | Ka5—b6 | Kh7—g6 |
| 44) | Te4—g4† | Kg6—h7 | 53) | Ta4—a5 | Tb3—c3 |
| 45) | Ke6—d7 | Td3—a3 | 54) | Ta5—a7 | Kg6—f5 |
| 46) | Kd7—d6: | Ta3—a4 | 55) | Ta7—b7: und Weiss gewann. | |

### Anmerkung zur 88. Partie.

20) ... g7—g5 (?). Der richtige Zug war 20) ... Sf3—g1: A. de Rivière giebt zwar die Fortsetzung 21) Kh1—g1:, h6—h5 (!) 22) f2—f3, Sg4—f6 23) Tg2—g3, Db3—c8 24) De2—e3 als günstig für Weiss an, doch scheint uns 21) ... Sg4—f6 statt 21) ... h6—h5 (?) das schwarze Spiel sicher zu stellen; ob Schwarz auf Gewinn dabei Aussicht gehabt hätte, ist allerdings fraglich, doch war 20) ... Sf3—g1: jedenfalls besser, als 20) ... g7—g5. Wir können übrigens nicht umhin, das feine, wohl durchdachte Spiel des französischen Meisters in dieser Partie zu loben.

---

## 3. Die ungarische Partie.

1) e2—e4, e7—e5 2) Sg1—f3, Sb8—c6 3) Lf1—c4, Lf8—e7.

### 89. Partie.

Gespielt zu Berlin im Februar 1864.

| | B. Suhle. | Mayet. | | Weiss. | Schwarz. |
|---|---|---|---|---|---|
| | Weiss. | Schwarz. | 12) | a2—a4 | a7—a5 |
| 1) | e2—e4 | e7—e5 | 13) | Sd2—b3 | Ta8—a6 |
| 2) | Sg1—f3 | Sb8—c6 | 14) | Lc3—d2 | Dd8—c8 (!) |
| 3) | Lf1—c4 | Lf8—e7 | 15) | f2—f3 | Sf6—h5 |
| 4) | d2—d4 | d7—d6 (!) | 16) | g2—g4 | Sh5—f4 |
| 5) | d4—d5 | Sc6—b8 | 17) | Ld2—f4: | g5—f4: |
| 6) | Lc4—d3 | Sb8—d7 | 18) | Kg1—g2 | h6—h5 |
| 7) | Lc1—c3 | c7—c5 | 19) | Sc3—b5 | f7—f6 |
| 8) | c2—c4 | Sd7—b6 | 20) | Tf1—h1 | Kc8—f7 |
| 9) | h2—h3 | Sg8—f6 | 21) | Ld3—e2 | Sb6—a8 |
| 10) | 0—0 (?) | Lc8—d7 | 22) | Dd1—d2 | b7—b6 |
| 11) | Sf3—d2 (?) | g7—g5 (!) | 23) | Ta1—g1 | Sa8—c7 |

123

| | Weiss. | Schwarz. |
|---|---|---|
| 24) | Sb3—c1 | Ta6—a8 |
| 25) | Kg2—f1 | Sc7—b5: |
| 26) | c4—b5: (!) | Dc8—g8 |
| 27) | Sc1—d3 | Dg8—h7 |
| 28) | Sd3—f2 | Ta8—g8 |
| 29) | Dd2—e1 | Dh7—h6 |
| 30) | Le2—d3 | Th8—h7 |
| 31) | Kf1—e2 | Dh6—g6 |
| 32) | Ke2—d2 | Le7—f8 |
| 33) | Kd2—c3 | Lf8—h6 |
| 34) | Kc3—c4 | Lh6—g5 (?) |
| 35) | h3—h4 | Lg5—h6 |
| 36) | Ld3—f1 | Tg8—h8 |
| 37) | Lf1—h3 | Kf7—e7 |
| 38) | De1—f1 | Th8—g8 (?) |
| 39) | g4—h5: | Ld7—h3: |
| 40) | Df1—h3: (!) | Dg6—f7 |
| 41) | Dh3—f5 | Lh6—f8 |
| 42) | Tg1—g8: | Df7—g8: |
| 43) | Sf2—g4 | Dg8—f7 |
| 44) | Df5—c8 | Th7—h5: |
| 45) | Dc8—c7† | Ke7—e8 |

Stellung nach dem 41. Zuge von Weiss.

| | Weiss. | Schwarz. |
|---|---|---|
| 46) | Dc7—b8† | Ke8—e7 |
| 47) | Db8—b6: | f6—f5 |
| 48) | Db6—c7† | Ke7—e8 |
| 49) | Dc7—f7‡ | |

und Weiss gewann.

Dauer der Partie bis zu diesem Zuge: eine Stunde.

### Anmerkungen zur 89. Partie.

3) ... **Lf8—e7.** Den Namen „ungarische Partie" hat diese Eröffnung desshalb erhalten, weil sie in einer Correspondenzpartie zwischen dem Pariser und dem Pesther Schachclub von letzterem gewählt und mit glücklichem Erfolge durchgeführt wurde. In neuester Zeit hat besonders Mayet gegen Anderssen und Suhle sich häufig derselben bedient, um dem Evansgambit auszuweichen. Das Handbuch sagt über den Zug 3) ... Lf8—e7: „Er ist sicher, giebt aber ein nur langsam zu entwickelndes Spiel." Wir stimmen diesem Urtheile bei. An specielleren Untersuchungen darüber fehlt es bis jetzt.

4) ... **d7—d6** (!). Statt dessen wurde früher von Mayet häufig die Spielart: 4) ... e5—d4: versucht. Die Fortsetzung 5) c2—c3, Sc6—a5 6) Lc4—d3 fiel jedoch in der lebenden Partie fast immer zum Nachtheil der Vertheidigung aus. Auch 5) Sf3—d4: verschafft dem Nachziehenden das bessere Spiel.

5) **d4—d5.** Durch 5) d4—e5: erlangt Weiss nur in dem Falle Vortheil, wenn Schwarz den Bauer mit dem Springer nimmt, worauf 6) Sf3—e5:, d6—e5: 7) Dd1—h5 folgt; die Entgegnung 5) ... d6—e5: dagegen gleicht die Spiele aus. Das Handbuch empfiehlt 5) c2—c3; die ausgeführten Varianten

sind aber nicht überzeugend. Nach 5) c2—c3, Sg8—f6 6) Dd1—c2, 0—0 7) Lc4—c2, Lc8—g4 (?) 8) Lc1—e3 hat allerdings Weiss das freiere Spiel; wenn Schwarz indessen mit 7) . . . Sf6—e8 sofort den Zug f7—f5 vorbereitet, so steht er mindestens ebenso gut, wie Weiss. Auch die Fortsetzung 5) . . . f7—f5 ist für den Nachziehenden nicht ungünstig; nur muss auf 6) Dd1—b3 nicht 6) . . . Sc6—a5 sondern 6) . . . Sg8—f6 geschehen. Daher geben wir der Fortsetzung des Angriffs mit 5) d4—d5 den Vorzug, wodurch der Anziehende den einzigen in dieser Eröffnung erzwingbaren Vortheil, die Beherrschung des grösseren Terrains, sofort gewinnt. Schwarz muss darauf den Damenspringer nach b8 zurückziehen und bekommt ein etwas gedrücktes Spiel.

**10) 0—0 (?).** In solchen Stellungen ist es nicht nothwendig, früh zu rochiren, der König kann ohne Gefahr in der Mitte des Brettes bleiben. Es zeigt sich hier sogar bald, dass Weiss gerade durch die frühe Rochade dem Gegner Gelegenheit zur Contreattaque giebt. Weiss hätte 10) Sf3—d2 ziehen sollen, um sogleich den Königsläuferbauer vorzustossen. Nachdem er im 10. Zuge rochirt hat, kann Schwarz nach 11) Sf3—d2 die Ausführung dieses Vorhabens durch 11) . . . g7—g5 (!) vereiteln und damit jeden Angriff auf dem Königsflügel unmöglich machen.

**15) f2—f3.** In Folge der übereilten Rochade sieht sich nun Weiss einstweilen in die Defensive zurückgedrängt, bis es ihm endlich gelingt, seine ganze Armee herumzuschwenken und den König auf c4 zu postiren.

Die Mitte dieser Partie ist von Mayet mit sehr feiner Vorausberechnung gespielt; wir heben besonders den scheinbar überflüssigen, in der That aber sehr zweckmässigen Zug 13) . . . Ta8—a6 hervor.

## 4. Das Zweispringerspiel im Nachzuge.

**1) e2—e4, e7—e5 2) Sg1—f3, Sb8—c6 3) Lf1—c4, Sg8—f6 (?).**

### a) Der Angriff auf den Bauer f7.

**4) Sf3—g5 (!).**

### 90. Partie.

(Gleichzeitig mit vier anderen Partieen gegen Barnes, Bird, Boden und Löwenthal am 26. April 1859 im St. James-Club von P. Morphy blindlings gespielt.)

| A. de Rivière. | P. Morphy. | | Weiss. | Schwarz. |
|---|---|---|---|---|
| Weiss. | Schwarz. | 4) | Sf3—g5 (!) | d7—d5 |
| 1) e2—e4 | e7—e5 | 5) | e4—d5: | Sc6—a5 |
| 2) Sg1—f3 | Sb8—c6 | 6) | d2—d3 (?) | h7—h6 |
| 3) Lf1—c4 | Sg8—f6 | 7) | Sg5—f3 | e5—e4 |

125

| | Weiss. | Schwarz. |
|---|---|---|
| 8) | Dd1—e2 (!) | Sa5—c4: |
| 9) | d3—c4: | Lf8—c5 |
| 10) | h2—h3 (!) | 0—0 |
| 11) | Sf3—h2 (!) | Sf6—h7 |
| 12) | Sb1—c3 (?) | f7—f5 |
| 13) | Lc1—e3 | Lc5—b4 |
| 14) | De2—d2 | Lc8—d7 |
| 15) | g2—g3 | Dd8—e7 |
| 16) | a2—a3 | Lb4—d6 |
| 17) | Sc3—e2 | b7—b5 |
| 18) | c4—b5: | Ld7—b5: |
| 19) | Se2—d4 | Lb5—c4 |
| 20) | Sd4—e6 | Tf8—e8 |
| 21) | Dd2—d4 | Lc4—a6 |
| 22) | c2—c4 | c7—c5 |
| 23) | Dd4—c3 | La6—c8 |
| 24) | Sc6—f4 | Ta8—b8 |
| 25) | Ta1—b1 | g7—g5 |
| 26) | Sf4—e2 | Sh7—f8 |
| 27) | h3—h4 | Sf8—g6 |
| 28) | h4—g5: | h6—g5: |
| 29) | Dc3—c1 | Sg6—e5 |
| 30) | Le3—g5: | Se5—d3† |
| 31) | Ke1—f1 | De7—g7 |
| 32) | Dc1—d2 | Sd3—b2: |
| 33) | Dd2—c2 | Lc8—a6 |
| 34) | Lg5—c1 | Sb2—c4: |
| 35) | Dc2—a4 | Sc4—d2† |
| 36) | Kf1—g2 | Sd2—b1: |
| 37) | Da4—a6: | Tb8—b6 |
| 38) | Da6—a4 | Tf8—b8 |

Stellung nach dem 31. Zuge von Schwarz.

| | Weiss. | Schwarz. |
|---|---|---|
| 39) | Sh2—f1 | Ld6—e5 |
| 40) | Sf1—e3 | f5—f4 |
| 41) | Se2—f4: | Le5—f4: |
| 42) | Se3—f5 | Dg7—f7 |
| 43) | Lc1—f4: | Df7—f5: |
| 44) | Lf4—b8: | Tb6—b8: |
| 45) | Da4—a7: | Tb8—f8 |
| 46) | Da7—c5: | Df5—f3† |
| 47) | Kg2—g1 | Sb1—c3 |
| 48) | Th1—h4 | Sc3—e2† |
| 49) | Kg1—h2 | Df3—f2† |
| 50) | Dc5—f2: | Tf8—f2† |
| 51) | Kh2—h3 | Se2—g1† |
| 52) | Kh3—g4 | c4—c3 |
| 53) | Kg4—h5 | c3—e2 |
| 54) | Th4—e4 | Tf2—f1 |

und Schwarz gewinnt.

**Anmerkungen zur 90. Partie.**

5) ... Sc6—a5 (!). Früher wurde die Vertheidigung gewöhnlich mit 5) ... Sf6—d5: (?) fortgesetzt; besonders Hanstein liebte diese Spielart. Seitdem aber R. v. Bilguer in einer ausführlichen 1839 gedruckten Monographie bewiesen hat, dass Weiss nach 5) ... Sf6—d5: durch 6) Sg5—f7: (!) einen jedenfalls das Opfer ersetzenden Angriff bekommt und bei richtigem Spiele mindestens drei Bauern mit bedeutend besserer Position für die Figur behält, ist man von jenem Zuge gänzlich abgekommen. Wir entnehmen dem genannten Werke die folgenden interessanten Varianten:

## I.

| | | | | |
|---|---|---|---|---|
| 5) | e4—d5: | Sf6—d5: | 13) | Lf4—e5: | Dd6—d7 |
| 6) | Sg5—f7: | Ke8—f7: | 14) | Le5—g7† | Ke6—f7 |
| 7) | Dd1—f3† | Kf7—e6 | 15) | Lg7—h8: | b5—c4: |
| 8) | Sb1—c3 | Sc6—b4 | 16) | De4—h7† | Kf7—e8 |
| 9) | Df3—e4 | c7—c6 | 17) | Dh7—d7† | Lc8—d7: |
| 10) | a2—a3 | Sb4—a6 | 18) | Sc3—d5: | c6—d5: |
| 11) | d2—d4 | Dd8—d6 | 20) | Lh8—e5 und die Bauern des |
| 12) | Lc1—f4 | b7—b5 | | rechten Flügels müssen gewinnen. |

## II.

| | | | | |
|---|---|---|---|---|
| 8) | ... | Sc6—e7 | 14) | d4—e5† | Kd6—d7 |
| 9) | d2—d4 | h7—h6 | 15) | e5—e6† | Kd7—d6 |
| 10) | 0—0 | c7—c6 | 16) | Lc1—f4† | Kd6—e6: |
| 11) | Tf1—e1 | Ke6—d6 | 17) | Ta1—e1† | Ke6—f7 |
| 12) | Te1—e5: | Se7—g6 | 18) | Lf4—d2† | Kf7—g8 |
| 13) | Sc3—d5: | Sg6—e5: | 19) | Sd5—f6†† | † |

## III.

| | | | | |
|---|---|---|---|---|
| 9) | ... | c7—c6 | 15) | Lg5—e7† | Lf8—e7: |
| 10) | Lc1—g5 | e5—d4: | 16) | Td1—d5† | Kd6—c7 |
| 11) | 0—0—0 | d4—c3: | 17) | Df3—c3† | Kc7—b8 |
| 12) | Th1—e1† | Ke6—d6 | 18) | Td5—d8: | Le7—d8: |
| 13) | Lc4—d5: | c3—b2† | 19) | Dc3—g7: | |
| 14) | Kc1—b1 | c6—d5: | | | |

Schwarz verliert den Thurm h8 und das Spiel.

## IV.

| | | | | |
|---|---|---|---|---|
| 10) | ... | b7—b5 | 16) | Lg5—e7: | Lf8—e7: |
| 11) | Lc4—b3 | b5—b4 | 17) | Dg4—f5† | Kf7—g8 |
| 12) | Sc3—d5: | c6—d5: | 18) | Df5—e6† | Kg8—f8 |
| 13) | 0—0—0 | Lc8—b7 | 19) | Td1—d5: | Lb7—d5: |
| 14) | d4—e5: | h7—h6 | 20) | Lb3—d5: | Kf8—e8 |
| 15) | Df3—g4† | Ke6—f7 | 21) | De6—g6† | |

und Schwarz wird im nächsten Zuge matt.

## V.

| | | | | |
|---|---|---|---|---|
| 10) | ... | h7—h6 | 16) | e5—e6 | Sd5—c3† |
| 11) | Lg5—e7: | Lf8—e7: | 17) | b2—c3: | Dd8—b6† |
| 12) | 0—0—0 | Th8—f8 | 18) | Lc4—b3 | Tf2—f6 |
| 13) | Df3—e4 | Tf8—f2: | 19) | Td1—d7† | Lc8—d7: |
| 14) | d4—e5: | Le7—g5† | 20) | e6—d7† | Ke7—d7: |
| 15) | Kc1—b1 | Ke6—e7 | 21) | Th1—d1† | |

und Weiss gewinnt.

Durch 5) ... **Sc6—a5** (!) drängt Schwarz den Anziehenden in die Defensive zurück und bekommt für einen Bauer das bequemere Spiel. Das Handbuch lässt die Frage unentschieden, ob dieser Positionsvortheil ein Aequivalent für das Opfer sei. Wir geben dem weissen Spiele den Vorzug; man vgl. die 93., 94., 95., 96., 97. und 98. Partie.

6) d2—d3. Der richtige Zug ist 6) Lc4—b5†.

6) ... h7—h6. Ebenfalls gut ist 6) ... Lf8—c5, worauf die Fortsetzung 7) 0—0 (!), 0—0 8) c2—c3, h7—h6 (!) 9) b2—b4 (!), h6—g5: 10) b4—c5: (!), Sf6—d5: 11) Lc1—g5:, f7—f6 12) Lc4—d5†, Dd8—d5: 13) Lg5—e3, Lc8—f5 zur Ausgleichung der Spiele führt.

## 91. Partie.

Consultationspartie, gespielt zu Newyork im Winter 1857—1858.

D. B. Fiske, F. Perrin, J. M. Fuller.   P. Morphy.

| | Weiss. | Schwarz. |
|---|---|---|
| 1) | e2—e4 | e7—e5 |
| 2) | Sg1—f3 | Sb8—c6 |
| 3) | Lf1—c4 | Sg8—f6 |
| 4) | Sf3—g5 | d7—d5 |
| 5) | e4—d5: | Sc5—a5 |
| 6) | d2—d3 | h7—h6 |
| 7) | Sg5—f3 | e5—e4 |
| 8) | Dd1—e2 (!) | Sa5—c4: |
| 9) | d3—c4: | Lf8—c5 |
| 10) | h2—h3 (!) | 0—0 |
| 11) | Sf3—h2 (!) | Sf6—h7 |
| 12) | Lc1—e3 (!) | Lc5—d6 |
| 13) | 0—0 | Dd8—h4 |
| 14) | f2—f4 | e4—f3: |
| 15) | Sh2—f3: | Dh4—h5 |
| 16) | Sb1—c3 | Tf8—e8 |
| 17) | De2—f2 | Sh7—f6 |
| 18) | Le3—d4 | Sf6—e4 |
| 19) | Sc3—e4: | Te8—e4: |
| 20) | Ta1—e1 | Lc8—f5 |
| 21) | Te1—e4: | Lf5—e4: |
| 22) | Sf3—h4 | Ta8—f8 |
| 23) | c4—c5 | Ld6—e5 |
| 24) | Ld4—e5: | Dh5—e5: |
| 25) | c2—c4 | g7—g5 |
| 26) | Sh4—f3 | Le4—f3: |

Stellung nach dem 22. Zuge von Weiss.

| | Weiss. | Schwarz. |
|---|---|---|
| 27) | g2—f3: | Tf8—e8 |
| 28) | f3—f4 | De5—e3 |
| 29) | f4—g5: | h6—g5: |
| 30) | Df2—e3: | Te8—e3: |
| 31) | Kg1—g2 | Kg8—g7 |
| 32) | d5—d6 | c7—d6: |
| 33) | c5—d6: | Te3—d3 |
| 34) | c4—c5 | Kg7—g6 |
| 35) | Tf1—f3 | Td3—d2† |
| 36) | Kg2—g3 | f7—f5 |
| 37) | Tf3—b3 | f5—f4† |
| 38) | Kg3—f3 | Td2—h2 |
| 39) | d6—d7 | Th2—h3† |
| 40) | Kf3—e4 | Th3—h8 |

| | Weiss. | Schwarz. | | Weiss. | Schwarz. |
|---|---|---|---|---|---|
| 41) | Tb3—b7: | Kg6—f6 | 46) | b2—b3 | Kd8—e7 |
| 42) | Tb7—c7 | Kf6—e7 | 47) | a2—a3 | Ke7—d8 |
| 43) | Tc7—c8 | Th8—d8 | 48) | b3—b4 | a5—b4: |
| 44) | Tc8—d8: | Ke7—d8: | 49) | a3—b4: | Aufgegeben. |
| 45) | c5—c6 | a7—a5 | | | |

## 92. Partie.

Gespielt zu Bonn im Jahre 1858.

| | X. Weiss. | B. Suhle. Schwarz. |
|---|---|---|
| 1) | e2—e4 | e7—e5 |
| 2) | Sg1—f3 | Sb8—c6 |
| 3) | Lf1—c4 | Sg8—f6 |
| 4) | Sf3—g5 | d7—d5 |
| 5) | e4—d5: | Sc6—a5 |
| 6) | d2—d3 | h7—h6 |
| 7) | Sg5—f3 | e5—e4 |
| 8) | Dd1—e2 | Sa5—c4: |
| 9) | d3—c4: | Lf8—c5 |
| 10) | h2—h3 | 0—0 |
| 11) | Sf3—h2 | b7—b5 |
| 12) | Sb1—c3 | b5—c4: |
| 13) | De2—c4: | Dd8—d6 |
| 14) | Sc3—a4 | Lc5—b6 |
| 15) | Sa4—b6: | a7—b6: |
| 16) | Dc4—c6 | Dd6—d5: |

Stellung nach dem 11. Zuge von Schwarz.

| | Weiss. | Schwarz. |
|---|---|---|
| 17) | Dc6—c7: | Lc8—a6 |
| 18) | Dc7—b6: | Tf8—d8 |
| 19) | Lc1—f4 | e4—e3 |

Weiss giebt die Partie auf.

### Anmerkungen zur 92. Partie.

**10) h2—h3.** Dieser Zug wird im ersten Theile des Morphybuches, S. 86, als für den Anziehenden entscheidend empfohlen. Bei der in dieser Partie versuchten Fortsetzung des Gegenspiels möchte sich jedoch der Gambitbauer ohne bedeutenden Positionsnachtheil nicht behaupten lassen.

**11) ... b7—b5.** Nimmt Weiss diesen Bauer, so erhält Schwarz durch 12) ... Sf6—d5: nebst 13) ... f7—f5 die überlegene Stellung auf der Königsseite. Auf 12) b2—b3 wird Schwarz durch 12) ... b5—c4: 13) b3—c4: Lc8—a6 14) Sb1—c3 c7—c6 in Vortheil kommen.

**17) Dc6—c7:.** Der Abtausch wäre für Weiss minder nachtheilig gewesen.

## 93. Partie.

### Gespielt im Jahre 1859.

| | M. s A. Weiss. | S. Peufjrs. Schwarz. | | Weiss. | Schwarz. |
|---|---|---|---|---|---|
| 1) | e2—e4 | e7—e5 | 17) | Se5—g4: | Sf6—g4: |
| 2) | Sg1—f3 | Sb8—c6 | 18) | Df4—g5† | Lc5—c7 |
| 3) | Lf1—c4 | Sg8—f6 | 19) | Tf1—f8: | |
| 4) | Sf3—g5 | d7—d5 | | | |
| 5) | e4—d5: | Sc6—a5 | | | |
| 6) | Lc4—b5† (!) | c7—c6 | | | |
| 7) | d5—c6: | b7—c6: | | | |
| 8) | Dd1—f3 (?) | Dd8—b6 | | | |
| 9) | Lb5—a4 | Lc8—g4 | | | |
| •10) | Df3—e3 | Lf8—c5 | | | |
| 11) | De3—e5† | Ke8—d7 | | | |
| 12) | 0—0 | Lc5—f2† | | | |
| 13) | Kg1—h1 | Ta8—e8 | | | |
| 14) | De5—f4 | Lf2—c5 | | | |
| 15) | Sg5—f7: | Th8—f8 | | | |
| 16) | Sf7—e5† | Kd7—d8 | | | |

Schwarz kündigt Matt in 5 Zügen an.

### Anmerkungen zur 93. Partie.

6) ... c7—c6. 6) ... Lc8—d7 verschafft dem Nachziehenden keine so starke Contreattaque; Weiss kann darauf durch 7) Dd1—e2, Lf8—d6 8) 0—0 bei ganz erträglicher Stellung den gewonnenen Bauer behaupten.

8) **Dd1—f3 (?).** Der allein richtige Zug ist 8) Lb5—e2. Auf
8) Lb5—a4 (?) folgt

| 8) | ... | h7—h6 | 13) | Se5—c6: | Dd4—c5 |
|---|---|---|---|---|---|
| 9) | Sg5—f3 | e5—e4 | 14) | De2—a6 | Le6—c8 |
| 10) | Dd1—e2 | Lc8—e6 | 15) | b2—b4 | Dc5—c2: |
| 11) | Sf3—e5 | Dd8—d4 | 16) | Da6—b5 | Dc2—c1† |
| 12) | La4—c6† | Sa5—c6: | 17) | Ke1—e2 | Dc1—h1: |

oder:

| 13) | De2—b5 | Lf8—c5 | 19) | Th1—e1 | Le6—g4 |
|---|---|---|---|---|---|
| 14) | Db5—c6† | Ke8—e7 | 20) | Db7—a6† | Kd6—c7 |
| 15) | Dc6—b7† | Ke7—d6 | 21) | Da6—a5† | Kc7—b8 |
| 16) | f2—f4 | e4—f3: | 22) | Da5—b5† | Lc5—b6 |
| 17) | Se5—f3: | Dd4—f2† | 23) | Db5—e5† | Kb8—b7 |
| 18) | Ke1—d1 | Df2—g2: | 24) | De5—e7† | Kb7—c8 |

zum Vortheil des Nachziehenden.

## 94. Partie.

Gespielt zu Berlin am 14. December 1859.

| | Mayet. | v. d. Lasa. | | Weiss. | Schwarz. |
|---|---|---|---|---|---|
| | Weiss. | Schwarz. | 18) | Sc5—c6: | Tf8—e8 |
| 1) | e2—c4 | e7—e5 | 19) | Ke1—d1 | Lc8—e6 |
| 2) | Sg1—f3 | Sb8—c6 | 20) | Dc4—a6 | Le6—d5 |
| 3) | Lf1—c4 | Sg8—f6 | 21) | Sc6—d4 | Ta8—d8 |
| 4) | Sf3—g5 | d7—d5 | 22) | g2—g3 | Ld5—g2 |
| 5) | e4—d5: | Sc6—a5 | 23) | Tf1—f2 | Sf6—e4 |
| 6) | Lc4—b5† (!) | c7—c6 | 24) | Tf2—g2: | Se4—c3† |
| 7) | d5—c6: | b7—c6: | | | |
| 8) | Lb5—e2 (!) | h7—h6 | | | |
| 9) | Sg5—f3 | e5—e4 | | | |
| 10) | Sf3—e5 | Dd8—d4 | | | |
| 11) | f2—f4 | Lf8—c5 | | | |
| 12) | Th1—f1 | | | | |
| 12) | ... | Lc5—d6 | 25) | Kd1—e1 | Sc3—e2: |
| 13) | c2—c3 | Dd4—b6 | 26) | Tg2—e2: | Dc7—c1† |
| 14) | d2—d4 | e4—d3: | 27) | Ke1—f2 | Ld6—b4: |
| 15) | Dd1—d3: | Db6—c7 | 28) | Da6—b7: | Te8—e2† |
| 16) | b2—b4 | Sa5—b7 | 29) | Sd4—e2: | Dc1—e1† |
| 17) | Dd3—c4 (?) | 0—0 | 30) | Kf2—g2 | De1—e2† |
| | | | 31) | Kg2—h3 | Lb4—c5 |
| | | | 32) | Db7—c7 | Td8—d5 |
| | | | 33) | Dc7—c8† | Kg8—h7 |
| | | | 34) | f4—f5 | De2—h5† |
| | | | 35) | Kh3—g2 | Td5—f5: |
| | | | | Aufgegeben. | |

### Anmerkungen zur 94. Partie.

**11) f2—f4.** Bei correcter Fortsetzung muss unseres Erachtens Weiss in dieser Spielart schliesslich das Uebergewicht behaupten, obschon der Nachziehende lange den Angriff festhalten kann und die Vertheidigung dagegen sehr mühsam ist.

11) ... Lf8—c5. Auf 11) ... Lf8—d6 würde folgen 12) c2—c3, Dd4—b6 13) b2—b4, Sa5—b7 14) Sb1—a3.

14) d2—d4. Besser ist der von Mayet öfters mit glücklichem Erfolge gegen v. d. Lasa angewandte Zug 14) Dd1—a4. Leider sind wir ausser Stande, ein von Mayet gewonnenes Spiel mit dieser Eröffnung mitzutheilen, weil der genannte Meister niemals Schachpartieen aufschreibt und seine Gegner gewöhnlich nur die von ihm verlorenen der Nachwelt aufbewahren.

## 95. Partie.

Gespielt zu Paris im April des Jahres 1860.

Anderssen. / A. de Rivière.

Stellung nach dem 19. Zuge von Schwarz.

| | Weiss. | Schwarz. |
|---|---|---|
| 1) | e2—e4 | c7—e5 |
| 2) | Sg1—f3 | Sb8—c6 |
| 3) | Lf1—c4 | Sg8—f6 |
| 4) | Sf3—g5 | d7—d5 |
| 5) | e4—d5: | Sc6—a5 |
| 6) | Lc4—b5† | c7—c6 |
| 7) | d5—c6: | b7—c6: |
| 8) | Lb5—e2 (!) | h7—h6 |
| 9) | Sg5—f3 | e5—e4 |
| 10) | Sf3—e5 | Dd8—d4 |
| 11) | f2—f4 | Lf8—c5 |
| 12) | Th1—f1 | Dd4—d6 |
| 13) | c2—c3 | Sa5—b7 |
| 14) | b2—b4 | Lc5—b6 |
| 15) | Sb1—a3 | 0—0 |
| 16) | Sa3—c4 | Dd6—c7 |
| 17) | a2—a4 | a7—a6 |
| 18) | Sc4—b6: | Dc7—b6: |
| 19) | a4—a5 | Db6—c7 |
| 20) | Ke1—f2 (?) | Sf6—d5 |
| 21) | Kf2—g1 | Sd5—f4: |
| 22) | Tf1—f4: | Dc7—e5: |
| 23) | Dd1—f1 | Sb7—d6 |
| 24) | Lc1—a3 | f7—f5 |
| 25) | Ta1—d1 | g7—g5 |
| 26) | Tf4—f2 | Ta8—a7 |
| 27) | Le2—c4† | Sd6—c4: |
| 28) | Df1—c4† | De5—e6 |

| | Weiss. | Schwarz. |
|---|---|---|
| 29) | Dc4—c6† | Lc8—e6 |
| 30) | b4—b5 | a6—b5: |
| 31) | La3—f8: | Kg8—f8: |
| 32) | Td1—a1 | Kf8—e7 |
| 33) | Tf2—e2 | h6—h5 |
| 34) | h2—h4 | g5—h4: |
| 35) | Kg1—h2 | Ke7—f6 |
| 36) | Ta1—a3 | Le6—c4 |
| 37) | Te2—e1 | Lc4—d3 |
| 38) | Kh2—g1 | Kf6—g5 |
| 39) | Kg1—f2 | Kg5—g4 |
| 40) | Te1—h1 | Ld3—c2 |
| 41) | Kf2—e3 | Lc2—a4 |
| 42) | Ta3—a1 | Ta7—a5 |
| 43) | Th1—h4† | Kg4—g5 (!) |

|  | Weiss. | Schwarz. |  | Weiss. | Schwarz. |
|---|---|---|---|---|---|
| 44) | Ta1—h1 | Lu4—b3 | 54) | Td7—g7 | Kg5—h6 |
| 45) | Tb4—h5† | Kg5—f6 | 55) | Tg7—c8 | Kh6—g5 |
| 46) | Kc3—f4 | Lb3—c6 | 56) | d2—d4 | Kg5—f4 |
| 47) | Tb5—h7 | Le6—f7 | 57) | Tg8—c8 | Lg6—e8 |
| 48) | Th1—h6† | Lf7—g6 | 58) | Tc8—e8: | Te6—e8: |
| 49) | Th7—d7 | e4—e3 | 59) | Tc7—c6: | Kf4—e4 |
| 50) | Kf4—e3: (?) | Kf6—g5 | 60) | Tc6—c5 | Ke4—d3 |
| 51) | Th6—h8 | Ta5—a4 | 61) | Tc5—b5: | Kd3—c3: |
| 52) | Th8—g8 | Ta4—e4† | 62) | Tb5—f5: | Kc3—d4: |
| 53) | Ke3—f2 | Te4—e6 |  | Weiss gewinnt. | |

### Anmerkung zur 95. Partie.

20) Ke1—f2 (?). Eine Uebereilung, die einen Bauer kostet; Weiss hätte zuvor durch 20) c3—c4 dem Springer f6 das Feld d5 verwehren sollen.

---

## 96. Partie.

Gespielt zu Berlin im Jahre 1860.

B. Suhle. G. R. Neumann.

Stellung nach dem 12. Zuge von Weiss.

|  | Weiss. | Schwarz. |
|---|---|---|
| 1) | e2—e4 | e7—e5 |
| 2) | Sg1—f3 | Sb8—c6 |
| 3) | Lf1—c4 | Sg8—f6 |
| 4) | Sf3—g5 | d7—d5 |
| 5) | e4—d5: | Sc6—a5 |
| 6) | Lc4—b5† | c7—c6 |
| 7) | d5—c6: | b7—c6: |
| 8) | Lb5—e2 (!) | h7—h6 |
| 9) | Sg5—f3 | e5—e4 |
| 10) | Sf3—e5 | Dd8—d4 |
| 11) | Se5—g4 | Lc8—g4: (!) |
| 12) | Le2—g4: | e4—e3 (?) |
| 13) | Lg4—f3 | e3—f2† |
| 14) | Ke1—f1 | Ke8—d7 |
| 15) | c2—c3 | Dd4—d3† |
| 16) | Lf3—e2 | Dd5—f5 |
| 17) | d2—d4 | Ta8—e8 |
| 18) | Sb1—d2 | Kd7—c7 |
| 19) | Sd2—f3 | g7—g5 |

|  | Weiss. | Schwarz. |
|---|---|---|
| 20) | Sf3—e5 | Sf6—e4 |
| 21) | Dd1—a4 | Te8—e5: (!) |
| 22) | d4—e5: | Df5—e5: |
| 23) | Lc1—e3 | Sa5—b7 |
| 24) | Da4—d4 | f7—f6 |
| 25) | Le2—f3 | Lf8—c5 |

Stellung nach dem 31. Zuge von Weiss.     Stellung nach dem 35. Zuge von Weiss.

|  | Weiss. | Schwarz. |  | Weiss. | Schwarz. |
|---|---|---|---|---|---|
| 26) | Dd4—e5† | f6—e5: | 32) | Kf2—e2 | e5—e4 |
| 27) | Le3—c5: | Sb7—c5: | 33) | Lf3—g4 | Sd7—e5 |
| 28) | b2—b4 | Se4—d2† | 34) | Lg4—e6 | e4—e3 |
| 29) | Kf1—f2: | Sc5—d7 | 35) | Le6—c4: | Se5—c4: |
| 30) | Ta1—d1 | Sd2—c4 | 36) | Th1—f1 | Aufgegeben. |
| 31) | h2—h4 | Ta8—f8 |  |  |  |

### Anmerkungen zur 96. Partie.

**11) Se5—g4.** Auch dieser Zug verschafft dem Anziehenden bei correcter Fortsetzung das überlegene Spiel.

**12) . . . e4—e3.** Ein nur scheinbar starker Angriff; der Bauer, den Schwarz dadurch erobert, lässt sich nicht auf die Dauer behaupten. Noch weniger rathsam ist 12) . . . Lf8—c5, worauf 13) 0—0. e4—e3 14) Lg4—f3, e3—f2† 15) Kg1—h1, 0—0—0 16) c2—c3 zum Vortheil des weissen Spieles erfolgt. Als besten Zug des Schwarzen giebt das Handbuch 12) . . . Sa5—c4 an, worüber die Anmerkungen zur 98. Partie zu vergleichen.

---

### 97. Partie.

Zehnte Partie des Wettkampfs zwischen B. v. Guretzky-Cornitz und B. Suhle im Frühjahr 1860.

(Resultat: B. v. G.-C. gewann eine, B. S. sechs Partieen, drei blieben unentschieden.)

|  | B. Suhle. | B. v. Guretzky-Cornitz. |  | Weiss. | Schwarz. |
|---|---|---|---|---|---|
|  | Weiss. | Schwarz. | 3) | Lf1—c4 | Sg8—f6 |
| 1) | e2—e4 | e7—e5 | 4) | Sf3—g5 | d7—d5 |
| 2) | Sg1—f3 | Sb8—c6 | 5) | e4—d5: | Sc6—a5 |

| | Weiss. | Schwarz. | | Weiss. | Schwarz. |
|---|---|---|---|---|---|
| 6) | Lc4—b5† | c7—c6 | 33) | Ke1—d2 | Lb6—c3† |
| 7) | d5—c6: | b7—c6: | 34) | Kd2—e3: | Tg1—c1: |
| 8) | Lb5—e2 (!) | h7—h6 | | | |
| 9) | Sg5—f3 | e5—e4 | | | |
| 10) | Sf3—e5 | Dd8—d4 | | | |
| 11) | Se5—g4 | Sf6—g4: (?) | | | |
| 12) | Le2—g4: | e4—e3 | | | |
| 13) | Lg4—c8: | e3—f2† | | | |
| 14) | Ke1—f1 | Ta8—c8: | | | |
| 15) | c2—c3 | Dd4—d5 | | | |
| 16) | Kf1—f2: | Lf8—d6 | | | |
| 17) | d2—d4 | 0—0 | | | |
| 18) | Sb1—d2 | c6—c5 | | | |
| 19) | Dd1—f3 | | | | |

| | Weiss. | Schwarz. | | Weiss. | Schwarz. |
|---|---|---|---|---|---|
| | | | 35) | Ke3—d2 | Tc1—f1 |
| | | | 36) | Le5—c7 | Tf1—f3 |
| | | | 37) | Kd2—c2 | h6—h5 |
| | | | 38) | Kc2—b2 | g7—g5 |
| | | | 39) | Se7—c6 | h5—h4 |
| | | | 40) | Sc6—a5: | g5—g4 |
| | | | 41) | Sa5—c4 | g4—g3 |
| | | | 42) | h2—g3: | h4—g3: |
| | | | 43) | Lc7—g3: | Tf3—g3: |
| | | | 44) | Td7—f7† | Kh7—g6 |
| | | | 45) | Tf7—b7 | Kg6—f6 |
| | | | 46) | a4—a5 | Kf7—e6 |
| | | | 47) | a5—a6 | Verloren. |
| 19) | ... | Dd5—f3† (!) | | | |
| 20) | Sd2—f3: | c5—d4: | | | |
| 21) | Sf3—d4: | Ld6—c5 | | | |
| 22) | Th1—d1 | Sa5—c4 | | | |
| 23) | a2—a4 | a7—a5 | | | |
| 24) | b2—b3 | Sc4—e5 | | | |
| 25) | Kf2—f1 | Lc5—b6 | | | |
| 26) | Sd4—f5 | Tc8—c3: | | | |
| 27) | Lc1—b2 | Tc3—c2 | | | |
| 28) | Sf5—e7† | Kg8—h7 | | | |
| 29) | Lb2—e5: | Tc2—f2† | | | |
| 30) | Kf1—e1 | Tf8—c8 | | | |
| 31) | Td1—d7 | Tf2—g2: | | | |
| 32) | Ta1—c1 (!) | Tg2—g1† | | | |

## Anmerkungen zur 97. Partie.

26) ... Tc8—c3: Eine höchst geistvolle Combination.
32) Ta1—c1. Zu diesem Qualitätsopfer ist Weiss gezwungen.

## 98. Partie.

Gespielt durch Correspondenz vom 8. November 1862 bis zum 18. Juli 1863.

S. Schnitzler.    S. Rockelkorn.
Weiss.    Schwarz.

Stellung nach dem 25. Zuge von Weiss.

| | Weiss. | Schwarz. |
|---|---|---|
| 1) | e2—e4 | e7—e5 |
| 2) | Sg1—f3 | Sb8—c6 |
| 3) | Lf1—c4 | Sg8—f6 |
| 4) | Sf3—g5 | d7—d5 |
| 5) | e4—d5: | Sc6—a5 |
| 6) | Lc4—b5† | c7—c6 |
| 7) | d5—c6: | b7—c6: |
| 8) | Lb5—e2 (!) | h7—h6 |
| 9) | Sg5—f3 | e5—e4 |
| 10) | Sf3—e5 | Dd8—d4 |
| 11) | Se5—g4 | Lc8—g4: |
| 12) | Le2—g4: | Sa5—c4 |
| 13) | 0—0 | Lf8—d6 |
| 14) | c2—c3 | Dd4—b6 |
| 15) | Lg4—e2 | Sc4—b2: |
| 16) | Dd1—b3 | Sb2—d3 |
| 17) | Le2—d3: | e4—d3: |
| 18) | Tf1—e1† | Ke8—d8 |
| 19) | Db3—c4 | Kd8—c7 |
| 20) | Lc1—a3 | c6—c5 |
| 21) | Dc4—f7† | Sf6—d7 |
| 22) | c3—c4 | Th8—f8 |
| 23) | Df7—d5 | Sd7—f6 |
| 24) | Dd5—d3: | Sf6—g4 |
| 25) | f2—f4 | Ta8—d8 |
| 26) | Sb1—c3 | Ld6—e5 |
| 27) | Dd3—g3 | Le5—d4† |

| | Weiss. | Schwarz. |
|---|---|---|
| 28) | Kg1—f1 | Db6—g6 (!) |
| 29) | Sc3—b5† | Kc7—c8 |
| 30) | Sb5—d4: | Td8—d4: |
| 31) | La3—c5: | Tf8—f4† |
| 32) | Kf1—g1 | Td4—c4: |
| 33) | Ta1—b1 | Sg4—e5 |
| 34) | Dg3—g6: | Se5—g6: |
| 35) | Lc5—a7: | Tc4—c2 |
| 36) | Te1—c1 | Tf4—c4 |
| 37) | Tc1—c2: | Tc4—c2: |
| 38) | Tb1—b8† | Kc8—d7 |
| 39) | Tb8—b7† | Kd7—e6 |
| 40) | Tb7—g7: | Sg6—e5 |
| 41) | La7—c5 | Ke6—f6 |
| 42) | Tg7—a7 | Aufgegeben. |

## Anmerkungen zur 98. Partie.

13) 0—0. Nimmt Schwarz jetzt den Bauer b2 mit dem Springer c4, so folgt 14) Lc1—b2:, Dd4—b2: 15) Sb1—c3, und Weiss hat das überlegene Spiel. Auch die Fortsetzung 13) c2—c3, Dd4—b6 14) Lg4—e2, Sc4—b2:

15) Lc1—b2:, Db6—b2: 16) Dd1—b3, Db2—b3: (!) 17) a2—b3: verschafft dem Anziehenden die entschieden bessere Bauernstellung. Sucht Weiss dagegen durch 13) c2—c3, Dd4—b6 14) b2—b3 den Bauer b2 zu halten, so setzt er sich einem sehr heftigen Angriffe aus, der wenigstens in der lebenden Partie das Spiel durchgängig zu Gunsten des Nachziehenden entscheiden möchte.

25) ... Ta8—d8. 25) ... Ld6—f4: würde 26) Te1—e7† zur Folge haben, und bei 25) ... Tf8—f4: würde Weiss durch 26) Sb1—c3 im Vortheil bleiben. Die ganze Partie ist von Seiten des Anziehenden meisterhaft gespielt.

## 99. Partie.

Gespielt im Marienbade zu Berlin am 18. Mai d. J. 1861.

|     | G. Mayet. Weiss. | v. d. Lasa. Schwarz. |
| --- | --- | --- |
| 1)  | e2—e4 | e7—e5 |
| 2)  | Sg1—f3 | Sb8—c6 |
| 3)  | Lf1—c4 | Sg8—f6 |
| 4)  | Sf3—g5 | d7—d5 |
| 5)  | e4—d5: | Sc6—a5 |
| 6)  | Lc4—b5† | c7—c6 |
| 7)  | d5—c6: | b7—c6: |
| 8)  | Lb5—e2 (!) | h7—h6 |
| 9)  | Sg5—f3 | e5—e4 |
| 10) | Sf3—e5 | Dd8—c7 |
| 11) | d2—d4 | Lf8—d6 |
| 12) | Lc1—f4 | 0—0 |
| 13) | c2—c4 (?) | c6—c5 |
| 14) | b2—b4 | c5—d4: (!) |
| 15) | Dd1—d4: | Sa5—c6 |
| 16) | Se5—c6: | Ld6—f4: |
| 17) | b4—b5 | Lc8—b7 |

Stellung nach dem 17. Zuge von Schwarz.

|     | Weiss. | Schwarz. |
| --- | --- | --- |
| 18) | Sb1—c3 | Lb7—c6: |
| 19) | b5—c6: | Tf8—d8 |
| 20) | Sc3—b5 (?) | Dc7—a5† |
|     | Aufgegeben. | |

### Anmerkungen zur 99. Partie.

10) ... Dd8—c7. Dieser Zug ist wohl ebenso stark, wie 10) ... Dd8—d4. was in den fünf voranstehenden Partieen geschah; doch behält der Anziehende bei correcter Fortsetzung auch in dieser Spielart schliesslich das Uebergewicht.

12) Lc1—f4. Der richtige Zug ist 12) f2—f4. wodurch der Springer e5 vollkommen sicher gestellt wird.

13) c2—c4. Ein arger Fehlzug; der c-Bauer musste zur Deckung des Damenbauern verfügbar bleiben.

## b) Das Mittelgambit im Zweispringerspiel.
### 4) d2—d4.
### 100. Partie.

Gespielt zu Paris im December des Jahres 1858.

| | Anderssen. | A. de Rivière. | | Weiss. | Schwarz. |
|---|---|---|---|---|---|
| | Weiss. | Schwarz. | 24) | Le3—f2: | Ta8—f8 |
| 1) | e2—e4 | e7—e5 | 25) | Ta1—h1 | Tf8—f2† |
| 2) | Sg1—f3 | Sb8—c6 | 26) | Ke2—d3 | Tf2—d2† |
| 3) | Lf1—c4 | Sg8—f6 | 27) | Kd3—c4 | Td2—c2† |
| 4) | d2—d4 | e5—d4: | 28) | Kc4—d5 | Le7—f6 |
| 5) | Sf3—g5 (?) | Sc6—e5 | | | |
| 6) | Lc4—b3 | h7—h6 | | | |
| 7) | f2—f4 | h6—g5: | | | |
| 8) | f4—e5: | Sf6—e4: | | | |
| 9) | 0—0 | d7—d5 | | | |
| 10) | e5—d6: | f7—f5 | | | |
| 11) | Sb1—d2 | Dd8—d6: | | | |
| 12) | Sd2—e4: | Dd6—h2† | | | |
| 13) | Kg1—f2 | f5—e4: | | | |
| 14) | Dd1—d4: | Lf8—e7 (?) | | | |
| 15) | Dd4—e4: | Lc8—f5 | | | |
| 16) | Le4—f7† | Ke8—f7: | | | |
| 17) | De4—f5† | Kf7—g8 | | | |
| 18) | Df5—d5† | Kg8—h7 | | | |
| 19) | Dd5—e4† | Kh7—h6 | | | |
| 20) | Lc1—e3 | Th8—f8† | | | |
| 21) | Kf2—e2 | Dh2—h5† | | | |
| 22) | g2—g4 | Dh5—h2† | | | |
| 23) | Tf1—f2 | Tf8—f2† | | | |

Weiss giebt Matt in spätestens 8 Zügen.

| | Weiss. | Schwarz. |
|---|---|---|
| 29) | Kd5—e6 | Lf6—b2: |
| 30) | Ke6—f7 | Tc2—f2† |
| 31) | Kf7—g8 | g7—g6 |
| 32) | De4—e7 | Aufgegeben. |

**Anmerkungen zur 100. Partie.**

**4) d2—d4.** Dieser Zug führt bei richtigem Gegenspiele zur Ausgleichung der Positionen, während 4) Sf3—g5 (!) nach unserer Ansicht dem Weissen Vortheil bringt.

Die vorstehende Partie, wie auch die folgende, war eigentlich ein schottisches Gambit mit dem Anfange 1) e2—e4, e7—e5 2) Sg1—f3. Sb8—c6 3) d2—d4, e5—d4: 4) Lf1—c4. Sg8—f6. Wir hielten es aber für zweckmässig, die letzten beiden Züge umzustellen und so die Partie dem Zweispringerspiel im Nachzuge einzureihen, welches nach 3) Lf1—c4, Sg8—f6 4) d2—d4, e5—d4: dieselbe Stellung ergiebt.

5) **Sf3—g5.** In der vorliegenden Stellung ist dieser Angriff nicht so kräftig, wie sofort nach 3) . . . Sg8—f6. Die einfachste Vertheidigung besteht in 5) . . . d7—d5, worauf Schwarz nach 6) e4—d5:, Sf6—d5:\*) 7) Sg5—f7:, Dd8—e7† 8) Dd1—e2, De7—e2† 9) Ke1—e2:, Ke8—f7: 10) Lc8—e6 ein gutes Spiel hat. Auch der in der Partie geschehene Zug 5) . . . Sc6—e5 ist nicht zu tadeln.

9) **O—O.** M. Lange führt die Fortsetzung 9) Lb3—f7†, Ke8—f7: 10) Dd1—f3†, Se4—f6 11) Lc1—g5:, Lf8—e7 zum Vortheil des Anziehenden aus, übersieht jedoch dabei, dass Schwarz durch 11) . . . Dd8—e7 den gewonnenen Offizier behaupten kann.

14) . . . **Lf8—e7.** Das Richtige war 14) . . . Dh2—h4†.

---

## 101. Partie.

Gespielt zu Amsterdam im Juli 1861.

|     | 3. Pinedo. Weiss. | Anderssen. Schwarz. |
|-----|-------------------|---------------------|
| 1)  | e2—e4             | e7—e5               |
| 2)  | Sg1—f3            | Sb8—c6              |
| 3)  | d2—d4             | e5—d4:              |
| 4)  | Lf1—c4            | Sg8—f6              |
| 5)  | e4—e5             | d7—d5               |
| 6)  | Lc4—b5            | Sf6—e4              |
| 7)  | Sf3—d4:           | Lf8—c5              |
| 8)  | Sd4—c6: (?)       | Lc5—f2†             |
| 9)  | Ke1—f1            | b7—c6:              |
| 10) | Lb5—c6†           | Ke8—f8              |
| 11) | c2—c4             | Lc8—a6              |
| 12) | b2—b3             | d5—c4:              |
| 13) | Lc1—a3†           | Kf8—g8              |
| 14) | Dd1—d8†           | Ta8—d8:             |
| 15) | Lc6—e4:           | Lf2—d4              |
| 16) | Sb1—c3            | c4—b3†              |
| 17) | Sc3—e2            | Ld4—a1:             |
| 18) | Kf1—f2            | Td8—d2              |

Stellung nach dem 11. Zuge von Schwarz.

|     | Weiss.  | Schwarz. |
|-----|---------|----------|
| 19) | Le4—f3  | La1—d4†  |
| 20) | Kf2—g3  | La6—e2:  |
| 21) | Lf3—e2: | b3—a2:   |
| 22) | e5—e6   | Td2—e2:  |
|     | Aufgegeben. |      |

\*) Chess Players Magazine 1864, S. 135 empfiehlt nach Lange 6) . . . Sc6—a5 und giebt dazu die Fortsetzung 7) Dd1—d4:, Sa5—c4: 8) Dd4—c4:, Dd8—d5: 9) De1—e7:, Lf8—d6.

## 102. Partie.

**Gespielt zu Godesberg im Jahre 1859.**

| | A. Schiffer. | B. Lasker. | | Weiss. | Schwarz. |
|---|---|---|---|---|---|
| | Weiss. | Schwarz. | 21) | h2—g3: | Tg8—g3† |
| 1) | e2—e4 | e7—e5 | 22) | Kg1—h2 | Sc6—e5 |
| 2) | Sg1—f3 | Sb8—c6 | 23) | Kh2—g3:(!) | Se5—d3: |
| 3) | Lf1—c4 | Sg8—f6 | 24) | c2—d3: | Te4—e2 |
| 4) | d2—d4 | e5—d4: | | | |
| 5) | 0—0 | Sf6—e4:(!) | | | |
| 6) | Tf1—e1 | d7—d5 | | | |
| 7) | Lc4—d5: | Dd8—d5: | | | |
| 8) | Sb1—c3 | Dd5—h5 | | | |
| 9) | Sc3—e4: | Lc8—e6 | | | |
| 10) | Se4—g5 | 0—0—0 | | | |
| 11) | Sg5—e6: | f7—e6: | | | |
| 12) | Te1—e6: | Lf8—d6 | | | |
| 13) | Lc1—d2 | g7—g5 | | | |
| 14) | g2—g3 | Th8—g8 | | | |
| 15) | Dd1—e2 | g5—g4 | | | |
| 16) | Te6—h6 | Dh5—d5 | | | |
| 17) | Sf3—e1 | Td8—e8 | 25) | Ta1—e1 | Dd5—g8† |
| 18) | De2—d3 | Te8—e4 | 26) | Kg3—f4 | Dg8—f8† |
| 19) | f2—f3 | g4—f3: | 27) | Kf4—g3 | Df8—g7† |
| 20) | Se1—f3: | Ld6—g3: | | Weiss giebt die Partie auf. |

**Anmerkung zur 102. Partie.**

25) Ta1—e1. Auf 25) Th6—h2 würde 25) ... Dd5—g8† 26) Kg3—h3 (!), Dg8—e6† 27) Kh3—g3 (!), De6—g6† 28) Kg3—h3, Dg6—d3: für Schwarz entschieden haben.

---

## 103. Partie.

**Gespielt durch Correspondenz in den Jahren 1859—1860.**

| | Befel. | Grefeld. | | Weiss. | Schwarz. |
|---|---|---|---|---|---|
| | Weiss. | Schwarz. | 6) | Tf1—e1 | d7—d5 |
| 1) | e2—e4 | e7—e5 | 7) | Lc4—d5: | Dd8—d5: |
| 2) | Sg1—f3 | Sb8—c6 | 8) | Sb1—c3 | Dd5—h5 |
| 3) | Lf1—c4 | Sg8—f6 | 9) | Sc3—e4: | Lc8—e6 |
| 4) | d2—d4 | e5—d4: | 10) | Lc1—g5(!) | h7—h6(?) |
| 5) | 0—0 | Sf6—e4:(!) | 11) | Lg5—f6 | Dh5—a5 |

| | Weiss. | Schwarz. | | Weiss. | Schwarz. |
|---|---|---|---|---|---|
| 12) | Sf3—d4: | | 14) | Se4—f6† | Ke8—e7 |
| | | | 15) | Sf6—d5† | Ke7—d7 |
| | | | 16) | Sd5—b6† | Kd7—e7 |
| | | | 17) | Sb6—a8: | Th8—g8 |
| | | | 18) | Ta1—d1 | Lf8—g7 |
| | | | 19) | Dd4—d7† | Ke7—f6 |
| | | | 20) | Te1—e6† | f7—e6: |
| | | | 21) | Sa8—c7: | Da5—c5 |
| | | | 22) | Kg1—f1 | Kf6—g6 |
| | | | 23) | Kd1—e1 | De5—b2: |
| | | | 24) | Dd7—d3† | Kg6—f7 |
| | | | 25) | Te1—e6: | Lg7—f6 |
| | | | 26) | Dd3—d7† | Kf7—g6 |
| | | | 27) | Sc7—d5 | Tg8—f8 |
| 12) | ... | Sc6—d4: | 28) | Sd5—f4† | Aufgegeben. |
| 13) | Dd1—d4: | g7—f6: (?) | | | |

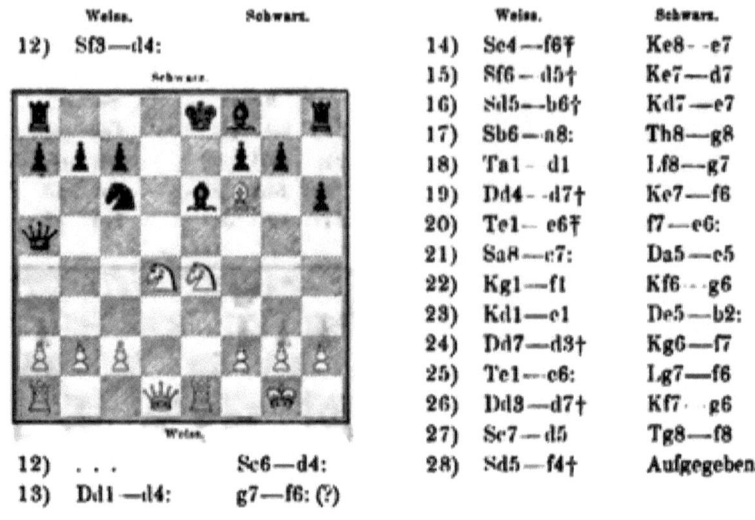

### Anmerkungen zur 103. Partie.

5) ... Sf6—e4: Der beste Zug. Nicht gut wäre 5) ... Lf8—c5; man vgl. unsere Anmerkungen zur 80. Partie.

10) ... h7—h6 (?). Der allein richtige Zug ist 10) ... Lf8—b4; man vgl. die 104. Partie.

---

## 104. Partie.

Gespielt zu Berlin im Carlsbad-Garten am 24. April 1858.

| | A. Sange. Weiss. | v. d. Saas. Schwarz. |
|---|---|---|
| 1) | e2—e4 | e7—e5 |
| 2) | Sg1—f3 | Sb8—c6 |
| 3) | Lf1—c4 | Sg8—f6 |
| 4) | d2—d4 | e5—d4: |
| 5) | 0—0 | Sf6—e4: |
| 6) | Tf1—e1 | d7—d5 |
| 7) | Lc4—d5: | Dd8—d5: |
| 8) | Sb1—c3 | Dd5—h5 |
| 9) | Sc3—e4: | Lc8—e6 |
| 10) | Lc1—g5 (!) | Lf8—b4 (!) |
| 11) | c2—c3 (?) | d4—c3: |
| 12) | b2—c3: | Lb4—e7 (?) |

Stellung nach dem 10. Zuge von Schwarz.

|  | Weiss. | Schwarz. |  | Weiss. | Schwarz. |
|---|---|---|---|---|---|
| 13) | Lg5—e7: | Sc6—e7: | 19) | Te6—e5 | Dh5—g4 |
| 14) | Se4—g5 (?) | 0—0 | 20) | Sf3—g5 | h7—h6 |
| 15) | Sg5—e6: | f7—e6: | 21) | Db7—f3 | Dg4—c8 |
| 16) | Te1—e6: | Se7—g6 | 22) | Sg5—f7† | Tf8—f7: |
| 17) | Dd1—b3 | Kg8—h8 | 23) | Te5—e4 | Dc8—f8 |
| 18) | Db3—b7: | Sg6—f4 | | Aufgegeben. | |

### Anmerkungen zur 104. Partie.

11) c2—c3. Besser ist 11) Sf3—d4:, doch erlangt der Nachziehende auch darauf nach 11)... Dh5—d1: 12) Te1—d1:, Sc6—d4: allmählich eine gesicherte Stellung.

12) ... Lb4—e7 (?). Ein Fehler. Das Richtige war 12)... Lb4—a5.

14) Se4—g5 (?). Hier lässt der Anziehende den Sieg aus der Hand. Durch 14) Dd1—a4† würde er einen unwiderstehlichen Angriff bekommen haben.

## 105. Partie.

Correspondenzpartie, begonnen den 15. September 1861, beendet den 20. September 1862.

S. Specht in Glogau.   A. Lichtenstein.

|  | Weiss. | Schwarz. |  | Weiss. | Schwarz. |
|---|---|---|---|---|---|
| 1) | e2—e4 | e7—e5 | 14) | Sf3—g5 | b7—b5 |
| 2) | Sg1—f3 | Sb8—c6 | 15) | Lc4—f7† | Kg8—h8 |
| 3) | Lf1—c4 | Sg8—f6 | 16) | Db3—d1 | h7—h6 |
| 4) | d2—d4 | e5—d4: | 17) | Sg5—e6 | Lc8—e6: |
| 5) | 0—0 | Lf8—e7 | 18) | Lf7—e6: | Le7—a3: |
| 6) | e4—e5 | Sf6—g4 | 19) | b2—a3: | Sf6—d5 |
| 7) | Lc1—f4 | d7—d6 | 20) | Le6—d5: | Dd8—d5: |
| 8) | e5—d6: | Le7—d6: | 21) | Lf4—c7: | Ta8—a7 |
| 9) | Tf1—e1† | Ld6—e7 | 22) | Lc7—b6 | Ta7—b7 |
| 10) | c2—c3 | d4—d3 | 23) | Lb6—e3 | Tb7—d7 |
| 11) | h2—h3 | Sg4—f6 | 24) | Dd1—d2 | Tf8—f6 |
| 12) | Sb1—a3 | a7—a6 | 25) | Le3—f4 | Sc6—a5 |
| 13) | Dd1—b3 | 0—0 | 26) | Ta1—d1 | Sa5—c4 |
|  |  |  |  | Aufgegeben. | |

### Anmerkungen zur 105. Partie (von A. Lichtenstein).

10) ... d4—d3. „Schwarz giebt den gewonnenen Bauer Preis, um sich den Vortheil der freieren Stellung zu erhalten."

13) Dd1—b3. „Ein schwacher Zug; besser war es, den Gambitbauer zu schlagen."

22) Lc7—b6. „Ein Fehlzug. Besser war 22) Lc7—g3."

c) 4) d2—d3 im Zweispringerspiel.
## 106. Partie.
Gespielt zu Berlin im Jahre 1860.

| | P. Hirschfeld. | B. Suhle. | | Weiss. | Schwarz. |
|---|---|---|---|---|---|
| | Weiss. | Schwarz. | 36) | Tg3—h3 | Tb8—h3† |
| 1) | e2—e4 | e7—e5 | 37) | Dg2—h3: | Dd7—c6 |
| 2) | Sg1—f3 | Sb8—c6 | 38) | Dh3—g2 (?) | Dc6—b3 |
| 3) | Lf1—c4 | Sg8—f6 | | | |
| 4) | d2—d3 | Lf8—c5 | | | |
| 5) | c2—c3 | d7—d6 | | | |
| 6) | 0—0 | 0—0 | | | |
| 7) | b2—b4 | Lc5—b6 | | | |
| 8) | a2—a4 | a7—a6 | | | |
| 9) | Lc1—g5 | h7—h6 | | | |
| 10) | Lg5—h4 | Lc8—g4 | | | |
| 11) | h2—h3 | Lg4—h5 | | | |
| 12) | Sb1—d2 | g7—g5 | | | |
| 13) | Lh4—g3 | Dd8—d7 | | | |
| 14) | Dd1—c2 | g5—g4 | | | |
| 15) | h3—g4: | Dd7—g4: | 39) | Dg2—c2 | Db3—c2: |
| 16) | Kg1—h1 | Kg8—h8 | 40) | Ld3—c2: | d6—d5 |
| 17) | Tf1—g1 | Lh5—g6 | 41) | Kh1—g2 | Lg6—e4† |
| 18) | Sf3—h2 | Dg4—d7 | 42) | Lc2—e4: | d5—e4: |
| 19) | Sd2—f1 | Sf6—h5 | 43) | d4—e5: | f6—e5: |
| 20) | Lg3—h4 | f7—f6 | 44) | a4—a5 | c6—c5 (!) |
| 21) | Dc2—d2 | Kh8—h7 | | | |
| 22) | Sf1—e3 | Lb6—e3: | | | |
| 23) | f2—e3: (?) | Sc6—d8 | | | |
| 24) | Dd2—c2 | c7—c6 | | | |
| 25) | g2—g4 | Sh5—g7 | | | |
| 26) | d3—d4 | Sd8—e6 | | | |
| 27) | Ta1—f1 | Se6—g5 | | | |
| 28) | Lc4—d3 | Sg7—e6 | | | |
| 29) | Sh2—f3 | Sg5—f3: | | | |
| 30) | Tf1—f3: | Se6—g5 | | | |
| 31) | Lh4—g5: | h6—g5: | | | |
| 32) | Tf3—h3† | Kh7—g7 | | | |
| 33) | Tg1—g3 | Tf8—h8 | | | |
| 34) | Dc2—g2 | Ta8—c8 | 45) | Kg2—f2 | Kg7—f7 |
| 35) | Th3—h8: | Tc8—h8† | 46) | Kf2—e2 | Kf7—e6 |

| | Weiss. | Schwarz. | | Weiss. | Schwarz. |
|---|---|---|---|---|---|
| 47) | c3—c4 | c5—b4: | 50) | Kc2—b3 | b7—b5 |
| 48) | Ke2—d2 | Ke6—d6 | 51) | a5—b6: | Kc5—b6: |
| 49) | Kd2—c2 | Kd6—c5 | | und Schwarz gewinnt. | |

## 5. Die schottische Partie.

1) e2—e4, e7—e5  2) Sg1—f3, Sb8—c6  3) d2—d4.

### a) Das schottische Gambit.
3) ... e5—d4:  4) Lf1—c4.

#### 107. Partie.

| | L. Paulsen.<br>Weiss. | N.<br>Schwarz. | | Weiss. | Schwarz. |
|---|---|---|---|---|---|
| 1) | e2—e4 | e7—e5 | 10) | ... | 0—0 |
| 2) | Sg1—f3 | Sb8—c6 | 11) | Sd5—f4 | d7—d6 |
| 3) | d2—d4 | e5—d4: | 12) | Lb2—f6: | Le7—f6: |
| 4) | Lf1—c4 | Lf8—b4† | 13) | Sg5—h7: | Lf6—a1: |
| 5) | c2—c3 | d4—c3: | 14) | Dd1—h5 | |
| 6) | 0—0 | c3—b2: | | | |
| 7) | Lc1—b2: | Lb4—f8 | | | |
| 8) | Sb1—c3 | Lf8—e7 | | | |
| 9) | Sc3—d5 | Sg8—f6 | | | |
| 10) | Sf3—g5 (!) | | | | |

| | | |
|---|---|---|
| 14) | ... | Sc6—e5 |
| 15) | Sh7—g5 | Tf8—e8 |
| 16) | Sg5—f7: | Se5—f7: |

Weiss setzt in 2 Zügen matt.

#### Anmerkungen zur 107. Partie.

3) ... e5—d4: (!). Die Fortsetzung 3) ... Sc6—d4: 4) Sf3—d4: (!), e5—d4: 5) Dd1—d4: ergiebt ein sehr unbequemes Spiel für Schwarz, da Weiss viel mehr Terrain beherrscht.

4) ... Lf8—b4†. Durch diesen Zug behauptet der Nachziehende den gewonnenen Bauer, setzt sich aber dafür gefährlichen Attaquen aus. Die üblichste Vertheidigung ist 4) ... Lf8—c5, wodurch eine baldige Ausgleichung der Spiele herbeigeführt wird. Als ebenfalls correct empfehlen wir 4) ... Sg8—f6. In Folge des letzteren Zuges erhält man dieselbe Stellung, welche aus der Fortsetzung des Zweispringerspiels im Nachzuge [1) e2—e4, e7—e5 2) Sg1—f3, Sb8—c6 3) Lf1—c4, Sg8—f6 4) d2—d4, e5—d4:] hervorgeht; wir verweisen daher hinsichtlich dieser Vertheidigungsweise den Leser auf die 100. bis 105. Partie. Auch die von Mac Donnell gegen Delabourdonnais angewandte Vertheidigung 4) ... Dd8—f6 ist nicht zu verwerfen, doch schwieriger durchzuführen.

6) 0—0. Wir halten in Uebereinstimmung mit v. d. Lasa die Rochade für den stärksten Zug des Weissen, obschon Chronicle (II. S. 179) und Lange (Schachzeitung, 1855, Seite 260) 6) b2—c3: empfehlen. Ueber den Werth des letzteren Zuges möge man nach folgenden Varianten des Handbuchs urtheilen:

### I.

| | | | | | |
|---|---|---|---|---|---|
| 6) | b2—c3: | Lb4—a5 | 9) | e4—e5 | Df6—g6 |
| 7) | Dd1—b3 | Dd8—f6 | 10) | Sf3—h4 | Dg6—h5 |
| 8) | 0—0 (!) | Sg8—e7 | 11) | Sh4—f3 | 0—0 |

und Schwarz ist im Vortheil geblieben.

### II.

| | | | | | |
|---|---|---|---|---|---|
| 7) | e4—e5 | Sg8—e7 | 9) | 0—0 | La5—b6 |
| 8) | Dd1—h3 | 0—0 | | | |

und Schwarz behauptet den Gambitbauer bei fester Stellung.

### III.

| | | | | | |
|---|---|---|---|---|---|
| 8) | Sf3—g5 | Sc6—e5: | 14) | Df3—e3 | La5—b6 |
| 9) | Lc4—f7† | Se5—f7: | 15) | De3—e5† | Kf7—g8 |
| 10) | Sg5—f7: | Ke8—f7: | 16) | Lg5—e7: | Dd8—e8 |
| 11) | Dd1—h5† | g7—g6 | 17) | 0—0 | Tf8—f7 |
| 12) | Dh5—f3† | Kf7—g7 | 18) | Le7—f6 | De8—e5: |
| 13) | Lc1—g5 | Th8—f8 | 19) | Lf6—e5: | d7—d6 |

und das schwarze Spiel verdient den Vorzug.

### IV.

| | | | | | |
|---|---|---|---|---|---|
| 12) | Dh5—a5: | c7—c6 | 16) | 0—0 | Sf5—e3: |
| 13) | Da5—b4 | Th8—e8 | 17) | f2—e3: | Df6—f4 |
| 14) | Db4—f4† | Se7—f5† | 18) | Tf1—f4† | Kf7—g7: |
| 15) | Lc1—e3 | Dd8—f6 | | mit gleichem Ergebniss. | |

### V.

| | | | | | |
|---|---|---|---|---|---|
| 8) | Lc1—a3 | 0—0 | 11) | Sg5—h7: | Sc5—e4: |
| 9) | 0—0 | Kg8—h8 | 12) | Sh7—f6 | g7—g6 |
| 10) | Sf3—g5 | Sc6—e5: | 13) | Dd1—d4 | Sc4—a3: |

### VI.

| | | | | | |
|---|---|---|---|---|---|
| 12) | Sh7—g5 | Se7—f5 | 14) | La3—f8: | Dd8—f8: |
| 13) | Dd1—h5† | Sf5—h6 | | | |

### VII.

| | | | | | |
|---|---|---|---|---|---|
| 12) | Dd1—h5 | g7—g6 | 15) | Dh3—h4: | Sf5—h4: |
| 13) | Dh5—h6 | Se7—f5 | 16) | Sh7—f8: | Sc4—a3: |
| 14) | Dh6—h3 | Dd8—h4 | 17) | Sf8—g6† | f7—g6: |

und Schwarz hat das überlegene Spiel.

Uebrigens ist auch die Spielart 6) b2—c3:, Lb4—a5 7) e4—e5, d7—d5 nicht nachtheilig für Schwarz.

6) ... c3—b2: Delabourdonnais erklärt, durch diesen Zug werde das schwarze Spiel compromittirt; daher hat diese Spielart den Namen „compromittirte Vertheidigung" empfangen. Die Streitfrage, ob der Gewinn von zwei Bauern dem Vertheidiger hinreichenden Ersatz für die Verschlechterung seiner Position gewähre, ist noch nicht endgültig entschieden, wenn auch die bisherigen Erfahrungen überwiegend zu Gunsten des Angriffs sprechen. Der grösste Kenner des schottischen Gambits, v. d. Lasa, sagt im Handbuch: „Unsere durch Studium und Praxis gebildete Ansicht ist, dass Weiss in der Regel im Vortheil bleiben werde." Da die meisten starken Spieler ungern die Rolle des Vertheidigers gegen solche Attaquen übernehmen, so ist die compromittirte Vertheidigung des schottischen Gambits aus der klassischen Praxis unserer Tage fast ganz verschwunden. Es wäre zu wünschen, dass sie wiederholentlich in Correspondenzpartieen versucht werde, damit man endlich zu einem festen Resultate gelange. — Bei anderen Zügen, als 6) ... c3—b2:, z. B. bei 6) ... d7—d6 behält der Anziehende ebenfalls einen sehr beträchtlichen Positionsvortheil, für den ein Bauer kein Aequivalent ist.

7) ... Lb4—f8 (?). Eine durchaus ungenügende Vertheidigung, wie man aus dieser und den beiden folgenden Partieen ersehen kann. Ebensowenig ist 7) ... f7—f6 (?) zu empfehlen, worauf der Gambitgeber sowohl durch 8) Dd1—b3, als auch durch 8) e4—e5 in Vortheil kommt. V. d. Lasa und Mayet halten 7) ... Ke8—f8 für den besten Zug. Ausserdem verdient Erwähnung die vom Oberst v. Hannecken ersonnene Vertheidigung 7) ... Sg8—f6 8) Sf3—g5, 0—0 9) e4—e5, Sc6—e5: (!) 10) Lb2—e5:, d7—d5, wodurch der Nachziehende drei Bauern für einen Springer behält. Wie der Angriff nach 7) ... Ke8—f8 am besten fortgesetzt werde, ist noch nicht ausgemacht. V. d. Lasa räth zu 8) a2—a3 nebst 9) Dd1—b3 oder 8) e4—e5; M. Lange empfiehlt in seiner Partieensammlung 1857: 8) Sf3—d4. Schon dies Schwanken der Meinungen beweis't, dass die „compromittirte" Ver-

theidigung noch keineswegs unbedingt für ein verlorenes Spiel erklärt werden darf.

11) ... d7—d6. Auf 11) ... h7—h6 würde folgen: 12) Sg5—f7:, Tf8—f7: 13) Lc4—f7†, Kg8—f7: 14) e4—e5 u. s. w. zum Vortheil des Weissen.

## 108. Partie.
### Gespielt auf dem rheinischen Schachcongresse im Jahre 1863.

| | G. Pflaum. Weiss. | M. Sanger. Schwarz. | | Weiss. | Schwarz. |
|---|---|---|---|---|---|
| 1) | c2—e4 | e7—e5 | | | |
| 2) | Sg1—f3 | Sb8—c6 | | | |
| 3) | d2—d4 | e5—d4: | | | |
| 4) | Lf1—c4 | Lf8—b4† | | | |
| 5) | c2—c3 | d4—c3: | | | |
| 6) | 0—0 | c3—b2: | | | |
| 7) | Lc1—b2: | Lb4—f8 (?) | | | |
| 8) | Sb1—c3 | Lf8—e7 | | | |
| 9) | Sc3—d5 | Sg8—f6 | | | |
| 10) | Sd5—e7: | Dd8—e7: | | | |
| 11) | e4—e5 | Sf6—h5 | | | |
| 12) | Dd1—d2 | De7—b4 | | | |
| 13) | Dd2—c2 | Sc6—d8 | | | |
| 14) | Sf3—g5 | b7—b5 | 19) | ... | 0—0 |
| 15) | Lc4—b3 | Db4—g4 | 20) | e6—f7† | Kg8—h8 |
| 16) | f2—f4 (!) | h7—h6 | 21) | Dc2—g6 | Sh5—f6 |
| 17) | h2—h3 | Dg4—h4 | 22) | Lb3—c2 | Dh4—h5 |
| 18) | Sg5—f7: | Sd8—f7: | 23) | Dg6—f6: | Aufgegeben. |

### Anmerkung zur 108. Partie.

16) ... h7—h6. Bei 16) ... Sh5—f4: würde Weiss durch 17) Sg5—f7:, Sd8—f7: 18) Lc4—f7†, Ke8—f7: 19) Tf1—f4†, Dg4—f4: 20) Ta1—f1 das überlegene Spiel behalten.

## 109. Partie.
### Gespielt zu Bonn im Jahre 1858.

| | B. Suhr. Weiss. | Kronenberg. Schwarz. | | Weiss. | Schwarz. |
|---|---|---|---|---|---|
| 1) | c2—e4 | e7—e5 | 4) | Lf1—c4 | Lf8—b4† |
| 2) | Sg1—f3 | Sb8—c6 | 5) | c2—c3 | d4—c3: |
| 3) | d2—d4 | e5—d4: | 6) | 0—0 | c3—b2: |
| | | | 7) | Lc1—b2: | Lb4—f8 (?) |

|  | Weiss. | Schwarz. |
|---|---|---|
| 8) | Sf3—d4 | Sg8—f6 |
| 9) | e4—e5 | Sf6—e4 |
| 10) | Sd4—c6: | b7—c6: |
| 11) | Lc4—f7† | Ke8—f7: |
| 12) | Dd1—f3† | Se4—f6 |
| 13) | e5—f6: | g7—f6: |
| 14) | Df3—h5† | Kf7—g8 |
| 15) | Sb1—d2 | d7—d5 |
| 16) | Tf1—e1 | Lc8—d7 |
| 17) | Te1—e3 | Lf8—g7 |
| 18) | Ta1—e1 | Dd8—f8 |
| 19) | Te3—e7 und Weiss gewinnt. | |

Stellung nach dem 19. Zuge von Weiss.

## 110. Partie.

Gespielt zu Breslau im December 1858.

M. Lange.    S. Eichborn.

|  | Weiss. | Schwarz. |  | Weiss. | Schwarz. |
|---|---|---|---|---|---|
| 1) | e2—e4 | e7—e5 | 11) | Db3—d1 | Dd8—f6 |
| 2) | Sg1—f3 | Sb8—c6 | 12) | b2—b4 (?) | Lc5—b6 |
| 3) | d2—d4 | e5—d4: | 13) | b4—b5 | Sc6—e5 |
| 4) | Lf1—c4 | Lf8—c5 | 14) | Kg1—g2 | g5—g4 |
| 5) | 0—0 (?) | d7—d6 (!) | 15) | f3—f4 | Se5—f3 |
| 6) | c2—c3 | Lc8—g4 (!) | 16) | Tf1—h1 | Df6—h4 |
| 7) | Dd1—b3 | Lg4—f3: | 17) | h2—h3 | d4—d3 |
| 8) | Lc4—f7† | Ke8—f8 | | | |
| 9) | Lf7—g8: | Th8—g8: | | | |
| 10) | g2—f3: | g7—g5 | | | |

Weiss giebt die Partie auf.

10*

### Anmerkungen zur 110. Partie.

5) 0—0 (?). Besser ist 5) c2—c3, wodurch der Gambitbauer zurückgewonnen wird, denn 5) ... d4—c3: ist nicht rathsam. Früher galt 5) ... d4—d3 für den besten Gegenzug des Schwarzen auf 5) c2—c3; jetzt pflegt man durch 5) Sg8—f6 (!) das Spiel auf eine für den Nachziehenden nicht ungünstige Variante des Giuoco piano zu reduziren; man vergleiche unsere Anmerkung zur 75. Partie. Die lebhaftesten Attaquen entstehen aus 5) Sf3—g5; man vergleiche die 115. und 116. Partie.

6) ... Lc8—g4. Dieser von Anderssen erfundene Zug verschafft dem Schwarzen für einen Bauer, den er preisgiebt, eine vortreffliche Contreattaque, deren Kraft man aus der vorstehenden und den beiden folgenden Particen erkennen wird. Wollte man durch 6) ... d4—c3: (?) den Gambitbauer zu behaupten suchen, so würde Weiss ein sehr gutes Angriffsspiel bekommen; man vergleiche die 4. und 5. Partie des Schachturniers zu Bristol*).

### 111. Partie.

Gespielt zu Paris im April d. J. 1860.

| | Kolisch.<br>Weiss. | Anderssen.<br>Schwarz. | | Weiss. | Schwarz. |
|---|---|---|---|---|---|
| 1) | e2—e4 | e7—e5 | 16) | Sb1—d2 | g5—g4 |
| 2) | Sg1—f3 | Sb8—c6 | | und Schwarz gewinnt. | |
| 3) | d2—d4: | e5—d4: | | | |
| 4) | Lf1—c4 | Lf8—c5 | | | |
| 5) | 0—0 | d7—d6 | | | |
| 6) | c2—c3 | Lc8—g4 | | | |
| 7) | Dd1—b3 | Lg4—f3: | | | |
| 8) | Lc4—f7† | Kc8—f8 | | | |
| 9) | Lf7—g8: | Th8—g8: | | | |
| 10) | g2—f3: | g7—g5 | | | |
| 11) | Db3—d1 | Dd8—d7 | | | |
| 12) | b2—b4 | Lc5—b6 | | | |
| 13) | Lc1—b2 | d4—d3 | | | |
| 14) | Dd1—d3: | Sc6—e5 | | | |
| 15) | Dd3—e2 | Dd7—h3 | | | |

Stellung nach dem 16. Zuge von Schwarz.

---

*) Der Schachcongress zu London i. J. 1862 nebst dem Schachcongresse zu Bristol i. J. 1861. Herausgegeben von B. Suhle. Zweiter Theil. Berlin, W. Weber. 1864.

## 112. Partie.

### Gespielt zu London im Jahre 1862.

| | Mebley.<br>Weiss. | Anderssen.<br>Schwarz. | | Weiss. | Schwarz. |
|---|---|---|---|---|---|
| 1) | e2—e4 | e7—e5 | 17) | Tf1—f2 | g4—g3 |
| 2) | Sg1—f3 | Sb8—c6 | 18) | h2—g3: | Dh4—g3† |
| 3) | d2—d4 | c5—d4: | 19) | Kg1—f1 | a7—b6: |
| 4) | Lf1—c4 | Lf8—c5 | 20) | Kf1—e2 | d6—d5 |
| 5) | 0—0 | d7—d6 | 21) | Dc4—d3 | 0—0—0 |
| 6) | c2—c3 | Lc8—g4 | 22) | e4—e5 | Sf6—h5 |
| 7) | Dd1—b3 | Lg4—f3: | 23) | Lc1—d2 | Dg3—h3 |
| 8) | g2—f3: | Sc6—e5 | 24) | f5—f6 | Sh5—g3† |
| 9) | f3—f4 | Se5—c4: | 25) | Ke2—d1 | Sg3—e4 |
| 10) | Db3—c4: | Dd8—h4 | 26) | Tf2—f1 | Tg8—g2 |
| 11) | c3—d4: | Sg8—f6 | 27) | Ld2—e3 | Tg2—b2: |
| 12) | f2—f3 | Lc5—b6 | | | |
| 13) | Sb1—c3 | h7—h6 | | | |
| 14) | Sc3—a4 | g7—g5 | | | |
| 15) | f4—f5 | g5—g4 | | | |
| 16) | Sa4—b6: | Th8—g8 | | | |

| 28) | Kd1—c1 | Tb2—h2 |
|---|---|---|
| 29) | a2—a4 | Td8—g8 |
| 30) | f3—e4 | d5—e4: |
| Aufgegeben. | | |

## 113. Partie.

### Gespielt im Winter 1857—1858.

| | Hiram Kennicott aus Illinois.<br>Weiss. | P. Morphy.<br>Schwarz. | | Weiss. | Schwarz. |
|---|---|---|---|---|---|
| 1) | e2—e4 | e7—e5 | 3) | d2—d4: | c5—d4: |
| 2) | Sg1—f3 | Sb8—c6 | 4) | Lf1—c4 | Lf8—c5 |
| | | | 5) | Sf3—g5 | Sg8—h6 (!) |

|    | Weiss. | Schwarz. |
|----|--------|----------|
| 6) | Sg5—f7: | Sh6—f7: |
| 7) | Lc4—f7† | Ke8—f7: |
| 8) | Dd1—h5† | g7—g6 |
| 9) | Dh5—c5: | d7—d6 |
| 10) | Dc5—b5 | Th8—e8 |
| 11) | 0—0 | Te8—e4: |
| 12) | Db5—d5† | Te4—e6 |
| 13) | Lc1—g5 | Dd8—e8 |
| 14) | f2—f4 (?) | Kf7—g7 |
| 15) | f4—f5 | g6—f5: |
| 16) | Dd5—f5: | Te6—g6 |
| 17) | Lg5—f6† | Kg7—g8 |
| 18) | Df5—f4 | Le8—h3 |
| 19) | Lf6—g5 | De8—e3† |
| 20) | Df3—e3: | d4—e3: |
| 21) | g2—h3: | Tg6—g5∓ |
| 22) | Kg1—h1 | e3—e2 |

Stellung nach dem 13. Zuge von Schwarz.

|    | Weiss. | Schwarz. |
|----|--------|----------|
| 23) | Tf1—e1 | Sc6—d4 |
| 24) | Sb1—a3 | Ta8—e8 |
|     | Aufgegeben. | |

### Anmerkungen zur 113. Partie.

**9) . . . d7—d6.** Auch 9) . . . d7—d5 gewährt eine sichere Vertheidigung; man vgl. die folgende Partie.

**14) f2—f4 (?).** Der correcte Zug ist 14) Sb1—d2.

---

## 114. Partie.

S. Sipp.  G. Schnitzler.
Weiss.  Schwarz.

|    | Weiss. | Schwarz. |    | Weiss. | Schwarz. |
|----|--------|----------|----|--------|----------|
| 1) | e2—e4 | e7—e5 | 11) | e4—d5: | Th8—e8† |
| 2) | Sg1—f3 | Sb8—c6 | 12) | Ke1—d2 | Sc6—b4 |
| 3) | d2—d4 | e5—d4: | 13) | c2—c4 | d4—c3† |
| 4) | Lf1—c4 | Lf8—c5 | 14) | Sb1—c3: | Lc8—f5 |
| 5) | Sf3—g5 | Sg8—h6 | 15) | a2—a3 | Sb4—d5: |
| 6) | Sg5—f7: | Sh6—f7: | 16) | Sc3—d5: | Ta8—d8 |
| 7) | Lc4—f7† | Ke8—f7: | 17) | Kd2—c3 | Td8—d5: |
| 8) | Dd1—h5† | g7—g6 | 18) | Lc1—e3 | Td5—d3† |
| 9) | Dh5—c5: | d7—d5 | 19) | Kc3—b4 | Te8—e4† |
| 10) | Dc5—d5† | Dd8—d5: | 20) | Kb4—c5 und Schwarz gab in drei Zügen Matt. | |

## 115. Partie.

Berathungspartie, gespielt im St. Georges-Club zu London 1861.

Lord A. Boy und Sampion, Sowenthal.

| | Weiss. | Schwarz. |
|---|---|---|
| 1) | e2—e4 | e7—e5 |
| 2) | Sg1—f3 | Sb8—c6 |
| 3) | d2—d4 | e5—d4: |
| 4) | Lf1—c4 | Lf8—c5 |
| 5) | Sf3—g5 | Sg8—h6 |
| 6) | Dd1—h5 | Dd8—e7 (!) |
| 7) | 0—0 | d7—d6 |
| 8) | h2—h3 | Sc6—e5 (?) |
| 9) | Lc4—b3 | d4—d3 |
| 10) | Sb1—c3 | c7—c6 |
| 11) | Kg1—h1 | d3—c2: |
| 12) | Lb3—c2: | Lc8—e6 |
| 13) | Sg5—e6: | De7—e6: |
| 14) | f2—f4 | De6—g6 |
| 15) | Dh5—e2 | Se5—d7 |
| 16) | Lc1—e3 | Lc5—e3: |
| 17) | De2—e3: | 0—0 |
| 18) | Tf1—f3 | Tf8—e8 |
| 19) | De3—f2 | Dg6—f6 |
| 20) | Ta1—d1 (!) | Sd7—c5 (?) |
| 21) | e4—e5 | Df6—d8 |
| 22) | Td1—d6: | Dd8—b6 |
| 23) | Sc3—d5 | Db6—a5 |
| 24) | Sd5—f6† | Kg8—h8 |
| 25) | Sf6—e8: | Ta8—e8: |

Stellung nach dem 20. Zuge von Weiss.

| | Weiss. | Schwarz. |
|---|---|---|
| 26) | Td6—h6: | g7—h6: |
| 27) | Df2—h4 | Te8—g8 |
| 28) | Dh4—h6: | Da5—e1† |
| 29) | Kh1—h2 | Tg8—g7 |
| 30) | Lc2—h7: | a7—a5 |
| 31) | Lh7—f5† | Kh8—g8 |
| 32) | Dh6—d6 | Sc5—e6 |
| 33) | Lf5—e6: | f7—e6: |
| 34) | Dd6—e6† | Kg8—h7 |
| 35) | De5—f5† | Kh7—g8 |
| 36) | Df5—c2 | Aufgegeben. |

### Anmerkungen zur 115. Partie.

**6) Dd1—h5.** Der Angriff des Grafen Vitzthum, eine sehr interessante Spielart.

**6) ... Dd8—e7.** Der richtige Gegenzug, durch welchen Schwarz bei vorsichtigem Spiele wohl den Gambitbauer behaupten kann, ohne dem Gegner erheblichen Positionsvortheil zu überlassen. Wir wollen den Angriff des Grafen Vitzthum jedoch nicht unbedingt für incorrect erklären.

Minder gut, als 6) ... Dd8—e7 (!) ist die im Handbuche und von M. Lange erörterte Vertheidigung 6) ... Dd8—f6 (?), worauf der Anziehende mit 7) f2—f4 oder 7) h2—h3 einen vortheilhaften Angriff einleiten kann.

Man erwäge die in einer Partie zwischen B. Suhle (W.) und P. Hirschfeld (Sch.) erfolgende Fortsetzung:

| | | | |
|---|---|---|---|
| 6) Dd1—h5 | Dd8—f6 | 10) Lc4—d3 | Df6—g6 |
| 7) f2—f4 | d7—d6 | 11) Dh5—h4 (?) | f7—f5 |
| 8) h2—h3 | 0—0 | 12) g2—g4 (!). | Schwarz gerieth |
| 9) 0—0 | Lc8—e6 | | in eine sehr bedrängte Lage und verlor. |

Bei dem vom Grafen Vitzthum gewöhnlich angewandten Rückzuge der Dame nach e2 [11) Dh5—e2] geht freilich bald der Angriff auf den Nachziehenden über; als Beispiel diene die Variante: 11) Dh5—e2, f7—f5 12) Sg5—e6:, Dg6—e6:, 13) Kg1—h1, f5—e4:, und Schwarz hat das überlegene Spiel. Besser ist der Damentausch [11) Dh5—g6:], doch kann Schwarz wohl nach 11) Dh5—g6:, h7—g6: 12) f4—f5, g6—f5: 13) e4—f5:, Le6—d5 14) f5—f6 durch 14) ... Sc6—e5 (!) der Gefahr begegnen; fehlerhaft wäre 14) ... g7—f6: wegen der Folge: 15) Tf1—f6:, Kg8—g7 16) Tf6—h6: Kg7—h6: 17) Sg5—e6† u. s. w.

Wir müssen hier einige Irrthümer über die Vertheidigung mit 6) ... Dd8—f6 berichtigen. Im 14. Jahrgange der alten Schachzeitung, S. 322, äussert M. Lange, nach 6) ... Dd8—f6 7) f2—f4 komme 7) ... d7—d5 nebst ... Lc8—g4 in Betracht, und desshalb sei die Reihenfolge 7) h2—h3, d7—d6 8) f2—f4 vorzuziehen. Wir sehen jedoch nicht ab, welchen Nutzen dies Bauernopfer dem Schwarzen bringen sollte, da Weiss nach 8) Lc4—d5:, Lc8—g4 9) Dh5—h4 keineswegs eine schlechte Stellung hat. Wenn der genannte Analytiker ferner behauptet, die richtige Vertheidigung bestehe in einer früheren Opposition der Dame, 9) ... Df6—g6 sei „der entscheidende Gegenzug" und zum Beweise dieses Lehrsatzes nichts weiter als eine Partie zwischen dem Grafen Vitzthum und Seraphim Dubois (Schachzeitung, 1858, S. 255) beibringt, die vom Nachziehenden gewonnen wird, so ist dabei wohl der Umstand, dass jene Partie nach italienischen Spielgesetzen, also mit freier Rochade gespielt ist, nicht berücksichtigt worden. Die Anmerkung zum 9. Zuge jener Partie: „Damentausch wäre nun für Weiss wegen 10) ... f7—g6: nicht rathsam" hat nur unter der Voraussetzung Sinn, dass Schwarz sich der in Italien gestatteten Freiheit bedient und den König auf das Feld h8 gestellt hat.

6) ... 0—0 wäre falsch wegen 7) Lc4—f7† u. s. w.

**7) 0—0.** Nachtheilig für Weiss wäre 7) Sg5—f7: u. s. w., weil Schwarz dadurch einen bedeutenden Vorsprung in der Entwickelung erlangen würde.

**8) ... Sc6—e5** (?). Ein vorzeitiger Gegenangriff, in Folge dessen der Nachziehende bald in Verlegenheit kommt, weil nun der Königsläuferbauer des Gegners mit Erfolg vordringen kann, wie diese und die folgende Partie beweisen. Schwarz hätte sein Spiel durch 8) ... Lc8—d7 ruhig entwickeln und dann nach der Damenseite rochiren sollen.

**16) Lc1—e3.** Ein sehr guter Zug. Bei 16) e4—e5 würde Schwarz durch die Antwort 16) ... Sh6—f5 eine Contreattaque bekommen haben.

17) ... 0—0. Im Allgemeinen ist es für den Nachziehenden in dieser Spielart vortheilhafter, nach der Damenseite zu rochiren, weil der ganze Angriff des Grafen Vitzthum auf den Königsflügel gerichtet ist, während Schwarz auf dem Damenflügel das Uebergewicht hat. In dieser Lage bleibt dem Vertheidiger aber nichts mehr übrig, als die kurze Rochade; sein Spiel ist bereits vollständig derangirt. Die Verbündeten führen den Angriff sehr verständig durch, besonders in der Mitte des Spiels.

---

## 116. Partie.

Gespielt zu Schwerin im Jahre 1863.

X. Ahrfeldt. Justiz-Rath Dr. Schirmann.

| | Weiss. | Schwarz. |
|---|---|---|
| 1) | e2—e4 | e7—e5 |
| 2) | Sg1—f3 | Sb8—c6 |
| 3) | d2—d4 | e5—d4: |
| 4) | Lf1—c4 | Lf8—c5 |
| 5) | Sf3—g5 | Sg8—h6 |
| 6) | Dd1—h5 | Dd8—e7 |
| 7) | 0—0 | Sc6—e5 (?) |
| 8) | Lc4—b3 | d7—d6 |
| 9) | h2—h3 | Lc8—d7 |
| 10) | f2—f4 | Se5—g6 |
| 11) | f4—f5 | d4—d3† |
| 12) | Kg1—h1 | d3—c2: |
| 13) | Sb1—c3 | Sg6—e5 |
| 14) | Sc3—d5 | De7—d8 |
| 15) | f5—f6 | 0—0 |
| 16) | f6—g7: | Kg8—g7: |
| 17) | Sg5—h7: | Sh6—g4 |
| 18) | Sh7—f8: | Dd8—f8: |

Stellung nach dem 15. Zuge von Schwarz.

| | Weiss. | Schwarz. |
|---|---|---|
| 19) | Sd5—f6 | Df8—h8 |
| 20) | Dh5—g5† | Se5—g6 |
| 21) | Sf6—h5† | Dh8—h5: |
| 22) | Tf1—f7† | Aufgegeben. |

### Anmerkungen zur 116. Partie.

16) f6—g7: Bis zu diesem Zuge ist die Partie von Seiten des Anziehenden meisterhaft gespielt; hier jedoch (in der durch das Diagramm veranschaulichten Stellung) hätte Weiss durch 16) Sd5—c7†, Kg8—h8 17) f6—g7†, Kh8—g7: 18) Dh5—h6†, Kg7—h6: 19) Sg5—e6† u. s. w. in eleganterer Weise das Spiel mit einem erzwungenen Matt beschliessen können.

b) 4) Sf3—d4: in der schottischen Partie.
## 117. Partie.
Gespielt zu Berlin im Herbst 1863.

B. Suhle.     Dr. Poмlow.
Weiss.     Schwarz.

Stellung nach dem 11. Zuge von Weiss.

| | Weiss. | Schwarz. |
|---|---|---|
| 1) | e2—e4 | e7—e5 |
| 2) | Sg1—f3 | Sb8—c6 |
| 3) | d2—d4 | e5—d4: |
| 4) | Sf3—d4: | Dd8—h4 (!) |
| 5) | Sd4—b5 (?) | Dh4—e4† |
| 6) | Lc1—e3 | Ke8—d8 (!) |
| 7) | Sb1—c3 | Lf8—b4 |
| 8) | Dd1—d2 | Sg8—f6 |
| 9) | 0—0—0 | a7—a6 (?) |
| 10) | Sb5—c7: | Lb4—c3: |
| 11) | b2—c3: | Kd8—c7: |
| 12) | Dd2—d6† | Kc7—d8 |
| 13) | Le3—b6† | Kd8—e8 |

14) Lf1—d3
Schwarz giebt die Partie auf.

**Anmerkungen zur 117. Partie.**

4) ... **Dd8—h4**. Ueblicher ist 4) ... Lf8—c5; der Damenzug ist aber mindestens ebenso gut.

5) **Sd4—b5 (?)**. Staunton meint, der Anziehende bekomme durch diesen Zug das überlegene Spiel. Wir sind der Ansicht, dass der englische Theoretiker den Positionsvortheil, welchen Weiss damit erlangt, überschätzt hat. Der Nachziehende muss allerdings nach 5) ... Dh4—e4† 6) Lc1—e3 den Bauer c7 durch 6) Ke8—d8 (!) decken, verliert somit für den eroberten Bauer e4 die Rochade; bei correcter Vertheidigung wird er jedoch allmählich seinen König in Sicherheit bringen. Der richtige Zug ist 5) **Dd1—d3** (!). Entgegnet Schwarz darauf 5) ... **Sg8—f6**, so kann der Anziehende durch 6) **Sd4—c6:, d7—c6:** 7) **Sb1—c3, Lf8—b4** 8) **Lc1—d2** wohl das bessere Spiel erlangen. Desshalb ist vielleicht folgende einfache Vertheidigung vorzuziehen: 5) ... **Sc6—d4:** 6) **Dd3—d4:, Sg8 e7**. Die Fortsetzung 5) ... Sg8—f6 6) Sb1—d2, Sc6—d4: (!) 7) Dd3—d4:, d7—d5 (!) führt zu einer baldigen Ausgleichung der Spiele. Bei 6) ... Lf8—c5 (?), welchen Zug das Handbuch statt 6) ... Sc6—d4: (!) angiebt, scheint uns der Anziehende durch 7) g2—g3 u. s. w. die feindliche Dame mit Vortheil zurückdrängen zu können.

Aus der Partie wird man ersehen, welche Punkte der Nachziehende in der Spielart 4) ... Dd8—h4 5) Sd4—b5 vorzüglich schützen muss.

9) ... **a7—a6**. Ein Fehler. Schwarz hätte die Dame jetzt zurückziehen sollen.

## 118. Partie.

Gespielt im August des Jahres 1860.

| | G. Sepgt.<br>Weiss. | M. Lange.<br>Schwarz. | | Weiss. | Schwarz. |
|---|---|---|---|---|---|
| 1) | e2—e4 | e7—e5 | 24) | h2—h3 | Dg4—g6 |
| 2) | Sg1—f3 | Sb8—c6 | 25) | Kg2—h2 | Sc5—d3 |
| 3) | d2—d4 | e5—d4: | 26) | Tc1—b1 | Dg6—h6 |
| 4) | Sf3—d4: | Lf8—c5 | 27) | b2—b3 | Lb6—c7 |
| 5) | Lc1—e3 | Dd8—f6 | 28) | Sd2—f3 | Ta8—b8 |
| 6) | c2—c3 | Sg8—e7 | 29) | b3—c4: | d5—c4: |
| 7) | Lf1—c4 | 0—0 | 30) | Sd4—b5 | Lc7—b6 |
| 8) | 0—0 | Sc6—e5 | 31) | De3—e2 | Tf8—f4: |
| 9) | Lc4—b3 | d7—d6 | 32) | Sb5—d6 | Tb8—f8 |
| 10) | f2—f3 (?) | Lc8—e6 | 33) | De2—g2 | Tf4—g4 |
| 11) | Lb3—e6: | f7—e6: | 34) | Sf3—h4 | Sd3—f4 |
| 12) | Sb1—d2 | d6—d5 (?) | 35) | Dg2—e4 | Tg4—g3: |
| 13) | Dd1—e2 | Lc5—b6 | 36) | Kh2—g3: | g7—g5 |
| 14) | f3—f4 | Se5—d7 | 37) | Kg3—h2 | Dh6—h4: |
| 15) | e4—e5 | Df6—g6 | 38) | Tf1—f3 | Lb6—f2 |
| 16) | Sd2—b3 | c7—c5 | 39) | De4—c2 | Sf4—d3 |
| 17) | Sd4—f3 | Se7—f5 | 40) | Dc2—e2 | Lf2—g3† |
| 18) | Ta1—c1 | Dg6—g4 | 41) | Tf3—g3: | Tf8—f2† |
| 19) | g2—g3 | Sf5—e3: | 42) | De2—f2: | Sd3—f2: |
| 20) | De2—e3: | c5—c4 | 43) | Ta1—f1 | Sf2—d3 |
| 21) | Sb3—d4 | Sd7—c5 | 44) | Tg3—g4 | Dh4—h5 |
| 22) | Kg1—g2 (?) | | 45) | Sd6—e4 | |

| 22) | ... | Sc5—e4 (?) |
| 23) | Sf3—d2 | Se4—c5 |

| 45) | ... | Kg8—h8 |
| 46) | Se4—g5: | Sd3—e5: |
| 47) | Tf1—f8† | Kh8—g7 |

|   | Weiss. | Schwarz. |   | Weiss. | Schwarz. |
|---|---|---|---|---|---|
| 48) | Sg5—e6† | Kg7—h6 | 53) | Tf7—b7: | Kg4—f4 |
| 49) | Tf8—f6† | Se5—g6 | 54) | Tb7—a7: | Kf4—e4 |
| 50) | Se6—g5 | Dh5—g4: | 55) | Ta7—d7 | Sg6—e5 |
| 51) | h3—g4: | Kh6—g5: | 56) | Td7—d4† | Aufgegeben. |
| 52) | Tf6—f7 | Kg5—g4: |   |   |   |

### Anmerkungen zur 118. Partie.

5) Lc1—e3 (!). Auf 5) Sd4—c6: folgt 5) ... Dd8—f6 (!).

12) ... d6—d5 (?). Besser wäre 12) ... Sc7—g6.

22) ... Sc5—e4 (?). Der richtige Zug, durch welchen jetzt Schwarz in Vortheil kommen konnte, war 22) Sc5—d3.

---

## 119. Partie.

Aus dem Wettkampfe zwischen Steinitz und Dubois im Jahre 1863.

Dubois. — Steinitz.

Stellung nach dem 15. Zuge von Weiss.

|   | Weiss. | Schwarz. |
|---|---|---|
| 1) | e2—e4 | e7—e5 |
| 2) | Sg1—f3 | Sb8—c6 |
| 3) | d2—d4 | e5—d4: |
| 4) | Sf3—d4: | Lf8—c5 |
| 5) | Lc1—e3 (!) | Dd8—f6 |
| 6) | c2—c3 | Sg8—e7 |
| 7) | Lf1—c4 | Lc5—b6 |
| 8) | 0—0 | 0—0 |
| 9) | f2—f4 | d7—d6 |
| 10) | Dd1—d3 | Lc8—e6 |
| 11) | Lc4—b5 (?) | d6—d5 |
| 12) | e4—e5 | Df6—g6 |
| 13) | Dd3—d2 | Sc6—d4: |
| 14) | c3—d4: | Sc7—f5 |
| 15) | Dd2—f2 (?) | Sf5—e3: |
| 16) | Df2—e3: | Dg6—e4 |
| 17) | De3—e4: | d5—e4: |
| 18) | Sb1—c3 | Ta8—d8 (?) |
| 19) | Kg1—h1 | c7—c6 |
| 20) | f4—f5 | Le6—c8 (?) |
| 21) | Lb5—c4 | Td8—d4: |

|   | Weiss. | Schwarz. |
|---|---|---|
| 22) | Lc4—b3 | Tf8—e8 |
| 23) | e5—e6 | f7—e6: |
| 24) | Ta1—e1 (!) | Lb6—a5 |
| 25) | Te1—e3 | La5—c3: |
| 26) | b2—c3: | Td4—d6 |
| 27) | Te3—e4: | g7—g6 |
| 28) | f5—e6: | Lc8—e6: (?) |
| 29) | Tf1—f6 | Aufgegeben. |

## Anmerkungen zur 119. Partie.

18) ... Ta8—d8 (?). Damit giebt Schwarz den errungenen Vortheil aus der Hand; er hätte einfach den Bauer d4 mit dem Läufer b6 nehmen sollen.

---

## 6. Stauntons Angriff.

1) e2—e4, e7—e5  2) Sg1—f3, Sb8—c6  3) c2—c3.

### 120. Partie.

Gespielt im London-Club zu London 1863.

| | Harrwitz. | Hampton. | | Weiss. | Schwarz. |
|---|---|---|---|---|---|
| | Weiss. | Schwarz. | 10) | Lc4—d5: | b5—a4: |
| 1) | e2—e4 | e7—e5 | 11) | Ld5—e4 | Lc8—f5 |
| 2) | Sg1—f3 | Sb8—c6 | 12) | Le4—f5: | Se7—f5: |
| 3) | c2—c3 | d7—d5 | 13) | d2—d4 | Lf8—d6 |
| 4) | Lf1—b5 | d5—e4: | 14) | 0—0 | 0—0 |
| 5) | Sf3—e5: | Dd8—d5 | 15) | g2—g4 | Sf5—e7 |
| 6) | Dd1—a4 | Sg8—e7 | 16) | c3—c4 | Se7—g6 |
| 7) | f2—f4 | e4—f3: | 17) | Sb1—c3 | Ld6—f4 |
| 8) | Se5—f3: | | 18) | Lc1—f4: (?) | Sg6—f4: |
| | | | 19) | d4—d5 | Sc6—a5 |
| | | | 20) | Sf3—e5 | Sf4—e2† |
| | | | 21) | Sc3—e2: | Tf8—e8 |
| | | | 22) | Tf1—f7: | Te8—e5: |
| | | | 23) | Tf7—e7: | Te5—e2: |
| | | | 24) | b2—b4 | a4—b3: |
| | | | 25) | a2—b3: | Sa5—b3: |
| | | | 26) | Ta1—b1 | Te2—e3 |
| | | | 27) | d5—d6 | Te3—d3 |
| | | | 28) | d6—d7 | Ta8—f8 (?) |
| | | | 29) | Tb1—b3: | Td3—b3: |
| | | | 30) | c4—c5 | a6—a5 (?) |
| | | | 31) | Te7—c8 | Tb3—b8 |
| 8) | ... | a7—a6 | 32) | Tc8—b8: | Tf8—b8: |
| 9) | Lb5—c4 | b7—b5 (?) | 33) | c5—c6 und Weiss gewinnt. |

### Anmerkungen zur 120. Partie.

3) c2—c3. Dieser von Staunton empfohlene Zug wird neuerdings in England häufig angewendet, ist aber nicht besonders stark.

3) ... d7—d5. Das Handbuch urtheilt, dass sowohl 3) ... d7—d5, als 3) ... f7—f5 und 3) ... Sg8—f6 eine sichere Vertheidigung gewähre, übrigens auch 3) ... d7—d6 geschehen könne; als interessanteste Spielart bezeichnet es den Gegenangriff mit dem Königsspringer. Wir halten 3) ... Sg8—f6 (!) für den entschieden besten Zug des Schwarzen, die Correctheit der drei anderen Entgegnungen erscheint uns etwas zweifelhaft. (Dasselbe Urtheil hat neuerdings Löwenthal gefällt.)

8) ... a7—a6. Zöge Schwarz sogleich 8) ... Lc8—e6, so würde Weiss durch 9) Sb1—a3 das überlegene Spiel behaupten.

9) ... b7—b5 (?). Ein schlechter Zug, das Richtige ist 9) ... Dd5—e4†, worauf jedoch der Anziehende durch 10) Ke1—f2 ebenfalls die bessere Stellung behält. Das Handbuch gleicht zwar die Spiele aus durch 10) ... Lc8—e6; wir können ihm jedoch darin nicht beistimmen.

18) Lc1—f4: (?). Weit besser wäre 18) Sc3—a4: gewesen.

28) ... Ta8—f8 (?). Der richtige Zug war 28) ... Ta8—d8.

30) ... a6—a5 (?). Der entscheidende Fehler. Auch jetzt noch konnte Schwarz durch 30) ... g7—g5 (!) Remis erreichen; Weiss hatte dann kein Mittel, dem ewigen Schach zu entgehen.

## 121. Partie.

Aus dem ersten Wettkampfe zwischen Anderssen und B. Suhle zu Breslau im August des Jahres 1859.

(Resultat: A. gewann vier Spiele, zwei blieben unentschieden.)

Im zweiten Wettkampfe gewann B. S. vier, A. zwei Partieen.

| | Anderssen. | B. Suhle. | | Weiss. | Schwarz. |
|---|---|---|---|---|---|
| | Weiss. | Schwarz. | 16) | Dd1—c2 | c5—c4 |
| 1) | e2—e4 | e7—e5 | 17) | Ta1—d1 | Lc8—b7 |
| 2) | Sg1—f3 | Sb8—c6 | 18) | h2—h3 (?) | |
| 3) | c2—c3 | Sg8—f6 (!) | | | |
| 4) | d2—d4 | Sf6—e4: | | | |
| 5) | d4—e5: | d7—d5 | | | |
| 6) | Lc1—e3 | Lf8—e7 | | | |
| 7) | Lf1—b5 | 0—0 | | | |
| 8) | Lb5—c6: | b7—c6: | | | |
| 9) | Sb1—d2 | f7—f5 | | | |
| 10) | Sf3—d4 | Dd8—e8 | | | |
| 11) | f2—f4 | De8—g6 | | | |
| 12) | 0—0 | c6—c5 | | | |
| 13) | Sd4—f3 | h7—h5 | | | |
| 14) | Tf1—e1 | h5—h4 | | | |
| 15) | h2—h3 | Tf8—d8 | | | |

| | Weiss. | Schwarz. | | Weiss. | Schwarz. |
|---|---|---|---|---|---|
| 18) | ... | c7—c5 (?) | 28) | Dc2—c4† | Kg8—h8 |
| 19) | Sd2—e4: | f5—e4: | 29) | Te1—c1 | Dc6—g6 |
| 20) | b3—c4: | Dg6—g3 | 30) | c5—c6 | Lb7—c8 |
| 21) | Sf3—h2 | d5—d4 | 31) | c6—c7 | Td3—e3: |
| 22) | Sb2—f1 | Dg3—g6 | 32) | Sf1—e3: | Dg6—b6 |
| 23) | c3—d4: | c5—d4: | 33) | Dc4—e4: | Le7—c5 |
| 24) | Td1—d4: | Td8—d4: | 34) | Kg1—f2 | Db6—c7: |
| 25) | Le3—d4: | Ta8—d8 | 35) | De4—d4 | |
| 26) | Ld4—e3 | Dg6—c6 | | und Weiss gewinnt. | |
| 27) | c4—c5 | Td8—d3 | | | |

### Anmerkungen zur 121. Partie.

**5) d4—c5:.** Auf 5) d4—d5 kann Schwarz 5) ... Lf8—c5 antworten und bei 6) d5—c6: durch 6) ... Lc5—f2† (!) 7) Ke1—e2, b7—c6:, bei 6) Dd1—a4 oder 6) Dd1—e2 durch 6) ... Se4—f2: ein sehr gutes Spiel bekommen. Zulässig wäre übrigens auch 5) ... Sc6—b8.

**5) ... d7—d5.** Der stärkste Zug ist 5) ... Lf8—c5 (!). Antwortet Weiss darauf 6) Lf1—c4, so kommt Schwarz durch 6) ... Se4—f2: 7) Lc4—f7†, Ke8—f7: 8) Dd1—d5†, Kf7—e8 9) Th1—f1, Sc6—e7 10) Dd5—c4, d7—d5 11) c5—d6:, Dd8—d6: 12) Tf1—f2:, Lc5—f2†, Ke1—f2:, Lc8—e6 in Vortheil. Auf 6) Dd1—d5 folgt 6 ... Lc5—f2† 7) Ke1—e2, f7—f5 8) Sb1—d2, Sc6—e7 9) Dd5—b3 (!), d7—d5 10) c5—d6:, Dd8—d6: 11) Sd2—e4:, f5—e4: 12) Kc2—f2:, e4—f3: 13) g2—f3:: Lc8—e6, bei 7) Ke1—d1 7) ... f7—f5 8) Lf1—d3, Sc6—e7 9) Dd5—b3, d7—d5 oder 8) Lf1—c4, Th8—f8 9) Sb1—d2, Sc6—e7 10) Dd5—d3, d7—d5 11) c5—d6:, Dd8—d6: 12) Dd3—d6:, Se4—d6: gleichfalls zu Gunsten des Nachziehenden. (Zu demselben Ergebniss gelangt J. Löwenthal Chess congress of 1862 S. 151 ff.).

**18) b2—b3 (?).** Weiss musste statt dessen die Springer tauschen.

**18) ... c7—c5 (?).** Hier lässt Schwarz den Sieg aus der Hand. Nach 18) ... d5—d4 (!) war das weisse Spiel verloren. Nimmt Weiss darauf den Bauer d4 mit dem Läufer oder mit dem Bauer, so verliert er durch 19) ... Se4—d2: einen Offizier; nimmt er ihn mit dem Springer, so entscheidet 19) ... Se4—c3: 20) Sd2—f3, Sc3—d1: nebst folgendem Le7—c5 oder bei 21) Sd4—f5: 21) ... Kg8—h8. Die Verrechnung des Nachziehenden bestand darin, dass er die Unmöglichkeit, nach 18) ... c7—c5 19) Sd2—e4:, f5—e4: 20) b3—c4:, den nur scheinbar bedrohten Springer f3 zu nehmen, übersah. — Die Fortsetzung ist von Seiten des Nachziehenden mittelmässig gespielt.

## B. Vertheidigung mit dem Königsspringer.
### 1) e2—e4, e7—e5  2) Sg1—f3, Sg8—f6.
(Die russische Partie.)
### 122. Partie.

Fünfte Partie des Wettkampfs zwischen Löwenthal und P. Morphy im Jahre 1858.

| | Löwenthal. | P. Morphy. |
| --- | --- | --- |
| | Weiss. | Schwarz. |
| 1) | e2—e4 | e7—e5 |
| 2) | Sg1—f3 | Sg8—f6 |
| 3) | Sf3—e5: (!) | d7—d6 (!) |
| 4) | Se5—f3 | Sf6—e4: |
| 5) | d2—d4 (!) | d6—d5 |
| 6) | Lf1—d3 | Lf8—e7 |
| 7) | 0—0 | Sb8—c6 |
| 8) | c2—c4 (!) | |

Stellung nach dem 11. Zuge von Schwarz.

| | Weiss. | Schwarz. |
| --- | --- | --- |
| 8) | ... | Lc8—e6 |
| 9) | c4—d5: | Lc6—d5: |
| 10) | Lc1—e3 | 0—0 |
| 11) | Sb1—c3 | f7—f5 (?) |
| 12) | Sc3—d5: | Dd8—d5: |
| 13) | Ld3—c2 | Kg8—h8 |
| 14) | Lc2—b3 | Dd5—d6 |
| 15) | d4—d5 | Sc6—a5 |
| 16) | Le3—d4 | Le7—f6 |
| 17) | Tf1—e1 | Ta8—d8 |
| 18) | Ld4—f6: | Se4—f6: |
| 19) | Sf3—g5 | Sf6—g4 |
| 20) | g2—g3 | Dd6—c5 |
| 21) | Dd1—e2 (?) | Sa5—b3: |
| 22) | a2—b3: | Td8—e8 |
| 23) | De2—f3 | Sg4—e5 |
| 24) | Df3—h5 | h7—h6 |
| 25) | Ta1—d1 | Dc5—c2 |
| 26) | Sg5—e6 | Se5—g4 |
| 27) | Te1—f1 | Dc2—b2: |
| 28) | Se6—f8: | Te8—f8: |
| 29) | h2—h3 | Sg4—f6 |
| 30) | Dh5—f5: | Db2—b3: |
| 31) | d5—c6 | c7—d6: |
| 32) | Td1—d6: | Db3—f7 |
| 33) | Td6—d2 | a7—a6 |
| 34) | Tf1—e1 | b7—b5 |
| 35) | Df5—c5 | Tf8—e8 |
| 36) | Td2—e2 | Te8—e2: |
| 37) | Te1—e2: | Df7—b3 |
| 38) | Dc5—f8† | Sf6—g8 |
| 39) | Te2—e7 | Db3—d1† |

| | Weiss. | Schwarz. | | Weiss. | Schwarz. |
|---|---|---|---|---|---|
| 40) | Kg1—h2 | Dd1—d4 | 49) | Tb7—b3: | Dc3—c5 |
| 41) | Tc7—c8 | Dd4—c4 | 50) | Tb3—b7 | h6—h5 |
|  |  |  | 51) | Tb7—d7 | Sg8—h6 |
|  |  |  | 52) | Df7—d5 | Dc5—f6 |
|  |  |  | 53) | Dd5—d3† | Kh7—h8 |
|  |  |  | 54) | Td7—d8† | Sh6—g8 |
|  |  |  | 55) | Dd3—d4 | Df6—f8 |
|  |  |  | 56) | Kh2—g1 | Kh8—h7 |
|  |  |  | 57) | Dd4—d5 | Df8—d5: |
|  |  |  | 58) | Td8—d5: | Sg8—f6 |
|  |  |  | 59) | Td5—c5 | Kh7—g6 |
|  |  |  | 60) | f2—f4 | Kg6—f7 |
|  |  |  | 61) | Kg1—g2 | Kf7—g6 |
|  |  |  | 62) | Kg2—f3 | Kg6—f7 |
|  |  |  | 63) | Tc5—a5 | Kf7—g6 |
| 42) | Tc8—a8 | b5—b4 | 64) | Ta5—a6 | Kg6—f7 |
| 43) | Ta8—a7 | Dc4—d4 | 65) | f4—f5 | Sf6—d5 |
| 44) | Ta7—a6: | b4—b3 | 66) | g3—g4 | h5—g4: |
| 45) | Ta6—a8 | Dd4—d5 | 67) | h3—g4: | Sd5—c7 |
| 46) | Ta8—a7 | Dd5—d4 | 68) | Kf3—f4 | Sc7—d5† |
| 47) | Ta7—b7 | Dd4—b3 | 69) | Kf4—e5 | Sd5—f6 |
| 48) | Df8—f7 | Kh8—h7 | 70) | Ta6—a7† | Aufgegeben. |

**Anmerkungen zur 122. Partie.**

2) ... **Sg8—f6**. Diese von dem russischen Meister v. **Petroff** häufig angewandte Vertheidigung wird jetzt allgemein für nicht so gut gehalten, wie 2) ... Sb8—c6.

4) **Sc5—f3** (!). H. Staunton rühmt in seinem neuesten Werke (Chess Praxis. A supplement to the Chess Players Handbook etc. London 1860) das Springeropfer 4) Sc5—f7: (?) als ausserordentlich erfolgreich. Dass diese Angriffscombination incorrect ist, wird man aus folgender Variante erkennen:

| | | | | | |
|---|---|---|---|---|---|
| 4) | Sc5—f7: | Kc8—f7: | 8) | Lc4—e6† | Kf7—e6: |
| 5) | Lf1—c4† | d6—d5 | 9) | Sc3—e4: | Sf6—e4: |
| 6) | Lc4—b3 | Lc8—e6 | 10) | Dd1—g4† | Ke6—f7 |
| 7) | Sb1—c3 | d5—e4: | 11) | Dg4—e4: | Dd8—e8 |

und Schwarz bleibt im Vortheil.

7) ... **Sb8—c6**. Das Beste ist wohl 7) ... 0—0 und auf 8) c2—c4, dann 8) ... Sc4—f6.

9) **c4—d5**: Nicht vortheilhaft für den Anziehenden wäre 9) Dd1—b3, worauf Schwarz durch 9) ... d5—c4: ein gutes Spiel bekommen würde.

11) ... **f7—f5** (?). Durch diesen Zug giebt Schwarz sich eine gefährliche Blösse; das Beste war, den Königsspringer nach f6 zurückzuziehen. Die Schwäche

der russischen Vertheidigung besteht eben darin, dass Weiss bei richtiger Fortsetzung des Angriffs den feindlichen Springer auf e4 entweder zurücktreiben oder in vortheilhafter Weise abtauschen kann.

**21) Dd1—e2.** Dadurch verliert der Anziehende ein Tempo, er hätte seine Dame sogleich nach f3 ziehen sollen. Der Positionsvortheil ist jedoch schon so entschieden auf Seiten des Weissen, dass dieser Fehler nicht viel schadet. Im Uebrigen ist Löwenthals Spiel in dieser Partie sehr fein.

---

### 123. Partie.
Gespielt zu Wesel im April d. J. 1859.

v. Cynotten.   B. Suhle.
  Weiss.        Schwarz.

| | Weiss. | Schwarz. |
|---|---|---|
| 1) | e2—e4 | e7—e5 |
| 2) | Sg1—f3 | Sg8—f6 |
| 3) | Sf3—e5: | d7—d6 |
| 4) | Se5—f3 | Sf6—e4: |
| 5) | d2—d4 | d6—d5 |
| 6) | Lf1—d3 | Lf8—e7 |
| 7) | 0—0 | 0—0 |
| 8) | Lc1—e3 (?) | f7—f5 |
| 9) | Dd1—c1 | Sb8—c6 |
| 10) | Sf3—e1 (?) | f5—f4 |
| 11) | Le3—f4: | Sc6—d4: |
| 12) | Lf4—e3 | Sd4—f5 |
| 13) | c2—c4 | Lc8—e6 |
| 14) | Se1—f3 | Sf5—e3: |
| 15) | Dc1—e3: | Se4—c5 |
| 16) | Sb1—d2 | Le6—f7 |
| 17) | c4—d5: | Sc5—d3: |
| 18) | De3—d3: | Lf7—d5: |
| 19) | Dd3—e2 (?) | Le7—d6 |
| 20) | Sd2—e4 | Tf8—f3: |
| 21) | g2—f3: | Dd8—h4 |
| 22) | Se4—g3 | Ta8—f8 (!) |
| 23) | Tf1—e1 | Ld5—f3: |
| 24) | Te1—e3 | Lf3—c6 (!) |
| 25) | De2—c2 | Ld6—c5 |
| 26) | Ta1—c1 | Lc5—e3: |
| 27) | f2—e3: | Dh4—g5 |
| 28) | Tc1—e1 | Lc6—f3 |
| 29) | Dc2—c4† | Kg8—h8 |
| 30) | Dc4—c3 | h7—h5 |
| 31) | Te1—f1 | h5—h4 |
| 32) | e3—e4 | Dg5—g4 |
| 33) | Dc3—c5 | Tf8—f7 |

und Weiss giebt die Partie auf.

### Anmerkung zur 123. Partie.

8) Lc1—e3 (?). Durch diesen Zug giebt der Anziehende seinen Positionsvortheil aus der Hand. Das Richtige ist 8) c2—c4.

---

### 124. Partie.
Gespielt zu Paris im April d. J. 1860.

| | Anderssen. | Kolisch. | | Weiss. | Schwarz. |
|---|---|---|---|---|---|
| | Weiss. | Schwarz. | 20) | ... | Lc8—e6 |
| 1) | c2—c4 | e7—e5 | 21) | Dd3—g3† | Kg7—f8 |
| 2) | Sg1—f3 | Sg8—f6 | 22) | Dg3—e5 | De7—c7 |
| 3) | Sf3—e5: | Dd8—e7 (?) | 23) | De5—e3 | Dc7—d6 |
| 4) | Se5—f3 | De7—c4† | 24) | Tf1—f4 | Ta8—c8 |
| 5) | Lf1—e2 | Lf8—c5 | 25) | Ta1—f1 | Tc8—c7 |
| 6) | 0—0 | 0—0 | 26) | De3—g3 | Tc7—c4 |
| 7) | d2—d4 | Lc5—b6 | 27) | Sf6—h7† | |
| 8) | c2—c4 | c7—c6 | | | |
| 9) | Sb1—c3 | De4—e7 | | | |
| 10) | Lc1—g5 | h7—h6 | | | |
| 11) | Lg5—h4 | g7—g5 | | | |
| 12) | Lh4—g3 | d7—d5 | | | |
| 13) | Sf3—e5 | Sb8—d7 | | | |
| 14) | c4—d5: | Sf6—d5: | | | |
| 15) | Sc3—d5: | c6—d5: | | | |
| 16) | f2—f4 | g5—f4: | | | |
| 17) | Se5—d7: | f4—g3: | | | |
| 18) | Sd7—f6† (!) | Kg8—g7 | | | |
| 19) | Dd1—d3 | Tf8—h8 | | | |
| 20) | Le2—h5 | | | | |
| | | | 27) | ... | Kf8—e8 |
| | | | 28) | Dg3—g7 | Th8—h7: |
| | | | 29) | Dg7—h7: | Tc4—d4: |
| | | | 30) | Lh5—f7† | Le6—f7: |
| | | | 31) | Dh7—f7† | Ke8—d8 |
| | | | 32) | Df7—g8† | Kd8—c7 |
| | | | 33) | Tf4—f7† | Kc7—c6 |
| | | | 34) | Dg8—c8† | Kc6—c5 |
| | | | 35) | Kg1—h1 | Td4—h4 |
| | | | 36) | Tf1—c1† | Th4—c4 |
| | | | 37) | b2—b4† | Kc5—b4: |
| | | | 38) | Tc1—b1† | Kb4—a3 |

Weiss erzwingt Matt in spätestens 8 Zügen.

## 125. Partie.

Gespielt zu Berlin im Jahre 1860.

| | B. Suhle. | I. | | Weiss. | Schwarz. |
|---|---|---|---|---|---|
| | Weiss. | Schwarz. | 16) | Tc1—e6 | Tf7—d7 |
| 1) | e2—e4 | e7—e5 | 17) | Tf1—e1 | Sc6—a5 |
| 2) | Sg1—f3 | Sg8—f6 | 18) | g2—g4 | f5—g4: |
| 3) | Sf3—e5: | d7—d6 | 19) | Df4—g4: | Aufgegeben. |
| 4) | Se5—f3 | Sf6—e4: | | | |
| 5) | d2—d4 | Lf8—e7 | | | |
| 6) | Lf1—d3 | f7—f5 | | | |
| 7) | 0—0 | 0—0 | | | |
| 8) | c2—c4 (!) | Le7—f6 | | | |
| 9) | Sb1—c3 | Se4—c3: | | | |
| 10) | b2—c3: | c7—c5 | | | |
| 11) | Dd1—c2 | g7—g6 | | | |
| 12) | Lc1—h6 | Tf8—f7 | | | |
| 13) | Dc2—d2 | Sb8—c6 | | | |
| 14) | Dd2—f4 | b7—b6 | | | |
| 15) | Ta1—e1 | Lc8—a6 (?) | | | |

---

## C. Vertheidigung mit dem Damenbauer.
### 1) e2—e4, e7—e5 2) Sg1—f3, d7—d6 (?).
(Die französische Vertheidigung.)

### 126. Partie.

Gespielt zu Berlin im Jahre 1860.

| | P. Hirschfeld. | B. Suhle. |
|---|---|---|
| | Weiss. | Schwarz. |
| 1) | e2—e4 | e7—e5 |
| 2) | Sg1—f3 | d7—d6 (?) |
| 3) | d2—d4 | f7—f5 |
| 4) | d4—e5: | f5—e4: (!) |
| 5) | Sf3—g5 (!) | d6—d5 (!) |
| 6) | e5—e6 (!) | Sg8—h6 |
| 7) | f2—f3 (?) | e4—e3 |
| 8) | Lc1—e3: | Lf8—e7 |
| 9) | f3—f4 (?) | Le7—g5: |
| 10) | f4—g5: | Sh6—f5 |
| 11) | Le3—c5 | Lc8—e6: |

Stellung nach dem 7. Zuge von Schwarz.

165

| | Weiss. | Schwarz. | | Weiss. | Schwarz. |
|---|---|---|---|---|---|
| 12) | Dd1—e2 | Dd8—d7 | 20) | De2—e3 | b7—b6 |
| 13) | g2—g4 (?) | Sf5—e7 | 21) | Sc3—e4 | Dd6—e7 |
| 14) | Sb1—c3 | Sb8—c6 | 22) | La7—b6: | c7—b6: |
| 15) | h2—h3 | 0—0—0 | 23) | De3—b6: | De7—a3† |
| 16) | b2—b4 | Se7—g6 | 24) | Kc1—b1 | d5—e4: |
| 17) | b4—b5 | Sc6—e5 | 25) | c2—c4 | Te8—e7 |
| 18) | Lc5—a7: (?) | Td8—e8 | 26) | Td1—d6 | Te7—b7 |
| 19) | 0—0—0 (!) | Dd7—d6 (!) | | | |

Weiss giebt die Partie auf.

### Anmerkungen zur 126. Partie.

2) ... d7—d6 (?). Philidor hat in seiner Analyse du jeu des échecs behauptet, dieser Zug verschaffe dem Nachziehenden ein so starkes Spiel, dass es für Weiss nicht rathsam erscheine, 2) Sg1—f3 zu ziehen. In den folgenden Ausgaben (1777 und 1790) zweifelt er jedoch schon selbst an der Richtigkeit seiner Ausführung, die äusserst mangelhaft und jetzt vollständig widerlegt ist. Philidors Vertheidigung ist in der That noch weniger zu empfehlen, als die russische; sie räumt dem Anziehenden sehr beträchtlichen Positionsvortheil ein.

3) d2—d4 (!). Die stärkste Fortsetzung des Angriffs. Auch 3) Lf1—c4 verschafft dem Weissen übrigens das bessere Spiel.

3) ... f7—f5. Nach Philidors Ansicht der beste Zug, in Folge dessen Schwarz mit seinen Bauern die Mitte des Brettes einzunehmen vermöge. Weiss kann aber das feindliche Bauerncentrum stets mit Vortheil sprengen und die Schwäche des Punktes f7 zu erfolgreichen Attaquen benutzen.

7) f2—f3 (?). Dieser von Mayet erfundene Zug wird im Handbuche als der beste bezeichnet und zum Vortheil des Anziehenden in vielen zum Theil recht interessanten Varianten ausgeführt; doch erlangt der Nachziehende durch den in dieser Partie zuerst versuchten Gegenzug 7) ... e4—e3 (!) ein dem

des Gegners ziemlich gleiches Spiel. Der Herausgeber des Handbuchs, v. d. Lasa, hat nunmehr die Spielart 7) f2—f3, e4—e3 eingehend geprüft und, wie er uns im December d. J. 1862 mittheilte, sich unserer Ansicht angeschlossen. Die stärkste Fortsetzung des Angriffs besteht in 7) Sb1—c3 (!), welchen Zug v. d. Lasa in der neuen Ausgabe des Handbuchs als den zu Gunsten des Weissen entscheidenden ausführlicher behandeln wird.

9) f3—f4 (?). Der richtige Zug ist 9) h2—h4.

19) 0—0—0 (!). Jetzt hat Schwarz entscheidenden Positionsvortheil erlangt; die Rochade ist des Weissen bester Zug in dieser Lage, kann jedoch das Spiel nicht mehr retten.

---

### 127. Partie.

Consultationspartie, gespielt zu London im Jahre 1858.

Staunton S Owen.   P. Morphy S Barnes.

| | Weiss. | Schwarz. |
|---|---|---|
| 1) | e2—e4 | c7—c5 |
| 2) | Sg1—f3 | d7—d6 |
| 3) | d2—d4 | f7—f5 |
| 4) | d4—e5: | f5—e4: |
| 5) | Sf3—g5 | d6—d5 |
| 6) | e5—e6 | Sg8—h6 |
| 7) | Sb1—c3 (!) | c7—c6 (!) |
| 8) | Sg5—e4: | d5—e4: |
| 9) | Dd1—h5† | g7—g6 |
| 10) | Dh5—e5 | Th8—g8 |
| 11) | Lc1—h6: | Lf8—h6: |
| 12) | Ta1—d1 | Dd8—g5 |
| 13) | De5—c7 (?) | Lc8—e6: |
| 14) | Dc7—b7: | e4—e3 (!) |
| 15) | f2—f3 (?) | Dg5—e7 |
| 16) | Db7—a8: | Ke8—f7 |
| 17) | Sc3—e4 | Lh6—f4 |
| 18) | Lf1—e2 | Kf7—g7 |
| 19) | 0—0 | De7—c7 |
| 20) | Se4—c5 | Lf4—h2† |
| 21) | Kg1—h1 | Le6—c8 |
| 22) | Td1—d4 | Lh2—g3 |
| 23) | Td4—e4 | Kg7—h8 |

|     | Weiss.   | Schwarz.   |     | Weiss.   | Schwarz.   |
|-----|----------|------------|-----|----------|------------|
| 24) | Tf1—d1   | Dc7—g7     | 30) | Sc4—f6   | c3—c2      |
| 25) | Tc4—h4   | Lg3—h4:    | 31) | Td7—e7   | Dh6—c1†    |
| 26) | Da8—b8:  | Lc8—a6     | 32) | Dh2—g1   | Dc1—g1†    |
| 27) | Db8—h2   | La6—c2:    | 33) | Kh1—g1:  | c2—c1D†    |
| 28) | Td1—d7   | Dg7—h6     | 34) | Tc7—c1:  | Lh4—c1:    |
| 29) | Sc5—c4   | Lc2—c4     |     | Aufgegeben. |         |

### Anmerkungen zur 127. Partie.

**8) Sg5—e4:** Der stärkste Zug ist 8) Sg5—h7: (!), wodurch der Anziehende einen Bauer erobert, ohne dem Gegner dafür irgend welchen Vortheil in der Stellung zu überlassen. Man erwäge die Fortsetzung:

|     | Weiss.   | Schwarz.   |     | Weiss.   | Schwarz.   |
|-----|----------|------------|-----|----------|------------|
| 8)  | Sg5—h7:  | Lc8—e6: (!)| 10) | Sc3—e4:  | Sh6—g4     |
| 9)  | Sh7—f8:  | Ke8—f8: (!)| 11) | Se4—g5.  |            |

**11) Lc1—h6:** Chess Players Magazine 1864, S. 131, empfiehlt statt dessen den von Löwenthal vorgeschlagenen Zug 11) Lc1—g5.

**12) ... Dd8—g5.** Das Handbuch giebt 12) ... Dd8—e7 an mit der Fortsetzung:

|     | Weiss.   | Schwarz.   |     | Weiss.   | Schwarz.   |
|-----|----------|------------|-----|----------|------------|
| 13) | Lf1—c4   | Lh6—g7     | 16) | Lc4—b3   | a7—a5      |
| 14) | Dc5—c4:  | Lg7—c3†    | 17) | a2—a4    | b5—a4:     |
| 15) | b2—c3:   | b7—b5      | 18) | Lb3—c4   | Ta8—a7     |

und bezeichnet dieselbe als günstig für Schwarz. Nach sorgfältiger Untersuchung haben wir jedoch gefunden, dass Weiss in der nach dem 18. Zuge sich ergebenden Stellung durchaus nicht im Nachtheil ist. Der Bauer c6 lässt sich lange behaupten und wird dem Gegner sehr hinderlich; Weiss kann im 19. Zuge rochiren und seine Thürme zum Angriff benutzen, während die Entwickelung des Nachziehenden mit erheblichen Schwierigkeiten verknüpft ist. Die Fortsetzung: 12) ... Dd8—e7 13) Sc3—e4: wird in der englischen, Schachzeitung 1864, S. 130, folgendermassen zu Gunsten des Nachziehenden ausgeführt: 13) ... Lc8—e6: 14) Td1—d6, Le6—a2: 15) Se4—f6†, Ke8—f8 16) De5—e7†, Kf8—e7: 17) Sf6—g8:, La2—g8:

**13) De5—c7 (?).** Eine schlechte Combination; die Dame erobert zwar den Thurm a8, kommt aber dadurch zu sehr aus dem Spiele. Besser war 13) De5—e4:, bei welcher Spielart der Freibauer c6 auf die Dauer gehalten werden konnte und die Stellung des Nachziehenden recht unerquicklich blieb.

**14) Dc7—b7:** Auch bei 14) Sc3—e4: hätte Schwarz nach Morphys Ansicht nach 14) ... Dg5—e7 15) Td1—d8†, De7—d8: 16) Se4—d6†, Dd8—d6: 17) Dc7—d6:, Ke8—f7 das Uebergewicht behauptet.

**15) f2—f3 (?).** Ein neuer Fehler! Weiss musste den Bauer nehmen; freilich durfte dann nach 15) ... Dg5—e3† 16) Lf1—e2, De3—b6 der Thurm a8 nicht geschlagen werden, doch konnte wohl 16) Dd7—b7: nebst folgendem Sc3—e4 das weisse Spiel wiederherstellen.

## 128. Partie.
Gespielt zu London im Jahre 1858.

Barnes. — P. Morphy.
Weiss. — Schwarz.

| | Weiss. | Schwarz. |
|---|---|---|
| 1) | e2—e4 | e7—e5 |
| 2) | Sg1—f3 | d7—d6 |
| 3) | d2—d4 | f7—f5 |
| 4) | d4—e5: | f5—e4: |
| 5) | Sf3—g5 | d6—d5 |
| 6) | e5—e6 | Lf8—c5 |
| 7) | Sg5—f7 | Dd8—f6 |
| 8) | Lc1—e3 | d5—d4 |
| 9) | Le3—g5 | Df6—f5 |
| 10) | Sf7—h8: | Df5—g5: |
| 11) | Lf1—c4 | Sb8—c6 |
| 12) | Sh8—f7 (?) | Dg5—g2: |
| 13) | Th1—f1 | Sg8—f6 |
| 14) | f2—f3 (?) | Sc6—b4 |
| 15) | Sb1—a3 | Lc8—e6: (!) |
| 16) | Lc4—e6: | Sb4—d3† |
| 17) | Dd1—d3: | e4—d3: |
| 18) | 0—0—0 | Lc5—a3: |
| 19) | Le6—b3 | d3—d2† |

Stellung nach dem 15. Zuge von Weiss.

| | Weiss. | Schwarz. |
|---|---|---|
| 20) | Kc1—b1 | La3—c5 |
| 21) | Sf7—e5 | Ke8—f8 |
| 22) | Sc5—d3 | Ta8—e8 |
| 23) | Sd3—c5: | Dg2—f1: |

Weiss giebt die Partie auf.

### Anmerkungen zur 128. Partie.

**7) Sg5—f7.** Dadurch bekommt der Nachziehende Gelegenheit zu einer starken Contreattaque. Durch 7) Sg5—e4: würde Weiss in ganz einfacher Weise das überlegene Spiel behauptet haben, denn auf 7) ... d5—e4: folgt 8) Dd1—h5† u. s. w., auf 7) ... Lc5—b6 entscheidet 8) Lc1—g5, auf 7) ... Lc5—e7 (!) endlich kommt Weiss durch 8) Se4—g5, Le7—g5: 9) Dd1—h5† in Vortheil.

**8) Lc1—e3.** Nicht besser ist 8) Dd1—e2. Man sehe die Fortsetzung in einer 1858 zu Bonn gespielten Partie.

A. Hafenstet. — B. Saßr.

| | Weiss. | Schwarz. |
|---|---|---|
| 1) | e2—e4 | e7—e5 |
| 2) | Sg1—f3 | d7—d6 |
| 3) | d2—d4 | f7—f5 |
| 4) | d4—e5: | f5—e4: |
| 5) | Sf3—g5 | d6—d5 |

| | Weiss. | Schwarz. |
|---|---|---|
| 6) | e5—e6 | Lf8—c5 |
| 7) | Sg5—f7 | Dd8—f6 |
| 8) | Dd1—e2 | Lc8—e6: |
| 9) | Sf7—h8: | Sb8—c6 |
| 10) | c2—c3 | 0—0—0 |
| 11) | Lc1—e3 | d5—d4 |
| 12) | c3—d4: | Lc5—d4: |
| 13) | Le3—d4: | Sc6—d4: |
| 14) | De2—e4: | Lc6—f5 |
| 15) | De4—f4 | Sd4—c2† |
| 16) | Ke1—e2 | Td8—d4 |

Weiss giebt die Partie auf.

8) ... d5—d4 (?). Noch stärker ist wohl 8) ... Lc8—e6:

---

## 129. Partie.

Consultationspartie, gespielt zu London im Jahre 1858.

Löwenthal und Medley. / P. Morphy und Mongredien.

| | Weiss. | Schwarz. | | Weiss. | Schwarz. |
|---|---|---|---|---|---|
| 1) | e2—e4 | e7—e5 | 16) | Tf1—d1 | e4—e3 |
| 2) | Sg1—f3 | d7—d6 | 17) | f2—e3: | Ld5—g2: |
| 3) | d2—d4 | f7—f5 | 18) | Kg1—g2: | d6—e5: |
| 4) | Lf1—c4 | Sb8—c6 (!) | 19) | Lc3—e5: | Sd8—c6 |
| 5) | d4—e5: (!) | d6—e5: | 20) | Le5—d4 (?) | Ta8—e8 |
| 6) | Dd1—d8† | Sc6—d8: | 21) | Td1—d2 | Te8—e6 |
| 7) | Sf3—e5: | f5—e4: | 22) | Ta1—e1 | Te6—g6 |
| 8) | Lc1—d2 (?) | Lf8—d6 | 23) | Kg2—h2 | Tf8—f3 |
| 9) | Ld2—c3 | Sg8—f6 | 24) | Td2—g2 | Sc6—d4: |
| 10) | h2—h3 | Lc8—e6 | 25) | e3—d4: | Tg6—h6 |
| 11) | Sb1—d2 | 0—0 | 26) | Te1—e7 | Tf3—h3† |
| 12) | 0—0 | Sf6—d5 | 27) | Kh2—g1 | Th3—h1† |
| 13) | Lc4—d5: | Le6—d5: | 28) | Kg1—f2 | Th6—f6† |
| 14) | Sd2—c4 | b7—b5 (?) | 29) | Kf2—e2 | Tf6—f7 |
| 15) | Sc4—d6: | c7—d6: | 30) | Te7—e8† | Tf7—f8 |
| | | | | Remis. | |

### Anmerkungen zur 129. Partie.

4) **Lf1—c4.** Stärker ist nach unserer Ansicht 4) d4—e5:, doch verschafft auch 4) Lf1—c4 dem Anziehenden das überlegene Spiel.

4) ... **Sb8—c6** (!). Bei 4) ... f5—e4: würde 5) Sf3—e5: (!) für Weiss entscheiden, bei 4) ... e5—d4: aber 5) Sf3—g5 (!).

7) **Sf3—e5**: Wir ziehen 7) e4—f5: vor.

20) **Le5—d4** (?). Durch 20) Le5—f4 wäre Weiss im Vortheil geblieben.

## 130. Partie.

Gespielt zu London im Jahre 1858.

P. Morphy. — Barnes.

| | Weiss. | Schwarz. | | Weiss. | Schwarz. |
|---|---|---|---|---|---|
| 1) | e2—e4 | e7—e5 | | | |
| 2) | Sg1—f3 | d7—d6 | | | |
| 3) | d2—d4 | e5—d4: | | | |
| 4) | Lf1—c4 (?) | Lf8—e7 | | | |
| 5) | c2—c3 | d4—d3 (?) | | | |
| 6) | Dd1—b3 | Lc8—e6 | | | |
| 7) | Lc4—e6: | f7—e6: | | | |
| 8) | Db3—b7: | Sb8—d7 | | | |
| 9) | Db7—b5 | Sg8—f6 | | | |
| 10) | Sf3—g5 | Ta8—b8 | | | |
| 11) | Db5—a4 | 0—0 | | | |
| 12) | Sg5—e6: | Sd7—c5 | 22) | Sd2—c4 | Dd7—b5 |
| 13) | Se6—c5: | d6—c5: | 23) | e4—e5 | Lc7—h4 |
| 14) | Da4—c4† | Kg8—h8 | 24) | f4—f5 | Lh4—c7 |
| 15) | 0—0 | Sf6—g4 | 25) | De2—g4 | Db5—d7 |
| 16) | f2—f4 | d3—d2 | 26) | Tf1—d1 | Dd7—f5: |
| 17) | Lc1—d2: | Tb8—b2: | 27) | Dg4—f5: | Tf8—f5: |
| 18) | h2—h3 | Tb2—d2: | 28) | Td1—d7 | Lc7—f8 |
| 19) | Sb1—d2: | Sg4—e3 | 29) | e5—e6 | |
| 20) | Dc4—e2 | Se3—f1: | | und Weiss gewinnt. | |
| 21) | Ta1—f1: | Dd8—d7 | | | |

## 131. Partie.

Gespielt zu Paris im Jahre 1858.

Zweite Partie des Wettkampfs zwischen D. Harrwitz und P. Morphy.
(Resultat: D. H. gewann zwei Spiele, P. M. fünf, ein Spiel blieb unentschieden.)

P. Morphy. — Harrwitz.

| | Weiss. | Schwarz. | | Weiss. | Schwarz. |
|---|---|---|---|---|---|
| | | | 3) | d2—d4 | e5—d4: |
| 1) | e2—e4 | e7—e5 | 4) | Dd1—d4: | Sb8—c6 (?) |
| 2) | Sg1—f3 | d7—d6 | 5) | Lf1—b5 | Lc8—d7 |

| | Weiss. | Schwarz. | | Weiss. | Schwarz. |
|---|---|---|---|---|---|
| 6) | Lb5—c6: | Ld7—c6: | 29) | Dd4—c3 (?) | f5—f4 (!) |
| 7) | Lc1—g5 | Sg8—f6 (!) | | | |
| 8) | Sb1—c3 (?) | Lf8—e7 | | | |
| 9) | 0—0—0 | 0—0 | | | |
| 10) | Tb1—e1 | h7—h6 | | | |
| 11) | Lg5—h4 | Sf6—e8 | | | |
| 12) | Lh4—e7: | Dd8—e7: | | | |
| 13) | e4—e5 (?) | Lc6—f3: | | | |
| 14) | g2—f3: | De7—g5† | | | |
| 15) | Kc1—b1 | d6—e5: | | | |
| 16) | Te1—e5: | Dg5—g2 | | | |
| 17) | Sc3—d5 | Dg2—h2: | | | |
| 18) | Te5—e1 | Dh2—d6 | | | |
| 19) | Te1—g1 | Kg8—h7 | | | |
| 20) | Dd4—c3 | f7—f5 | 30) | Te1—h1 | g7—g6 |
| 21) | Sd5—f4 | Dd6—b6 | 31) | Th1—g1 | Dd7—d5 |
| 22) | Dc3—e2 | Tf8—f7 | 32) | Dc3—e1 | Dd5—h5: |
| 23) | De2—c4 | Db6—f6 | 33) | Tg2—g5 | Dh5—f3: |
| 24) | Sf4—h5 (?) | Df6—e7 | 34) | De1—e6 | Tf7—f6 |
| 25) | Td1—e1 | De7—d7 | 35) | De6—e7† | Tg8—g7 |
| 26) | a2—a3 (!) | Se8—d6 | 36) | De7—e8: | h6—g5: |
| 27) | Dc4—d4 | Ta8—g8 | 37) | De8—e1 | Df3—c6 |
| 28) | Tg1—g2 | Sd6—e8 | | und Schwarz gewinnt. | |

### Anmerkungen zur 131. Partie.

**4) Dd1—d4:** Noch besser ist 4) Sf3—d4: man vgl. die 137. und 138. Partie.

**4) ... Sb8—c6.** Der Angriff auf die weisse Dame erfolgt zu früh, er sollte durch 4) ... Lc8—d7 vorbereitet und auch dann noch aufgeschoben werden; man vergleiche die 134. Partie.

**8) Sb1—c3.** Der Anziehende scheint uns hier seinen Positionsvortheil überschätzt und desshalb den Abtausch 8) Lg5—f6: (!) unterlassen zu haben; der Doppelbauer wäre für Schwarz in der Folge unangenehm gewesen.

**24) Sf4—h5 (?).** Ein weit stärkerer Zug war unseres Erachtens 24) Tg1—g6.

---

### 132. Partie.

Vierte Partie des Wettkampfs zwischen D. Harrwitz und P. Morphy i. J. 1858.

| | P. Morphy. | Harrwitz. | | Weiss. | Schwarz. |
|---|---|---|---|---|---|
| | Weiss. | Schwarz. | 3) | d2—d4 | e5—d4: |
| 1) | e2—e4 | e7—e5 | 4) | Dd1—d4: | Sb8—c6 |
| 2) | Sg1—f3 | d7—d6 | 5) | Lf1—b5 | Lc8—d7 |

| Weiss. | Schwarz. | | Weiss. | Schwarz. |
|---|---|---|---|---|
| 6) Lb5—c6: | Ld7—c6: | 21) | Lg3—e5: | f6—e5: |
| 7) Lc1—g5 | f7—f6 (?) | 22) | Td1—f1 | Dd7—e6 |
| 8) Lg5—h4 | Sg8—h6 | 23) | Sc3—b5 | De6—g8 |
| 9) Sb1—c3 | Dd8—d7 | 24) | Tf1—f2 (!) | a7—a6 |
| 10) O—O | Lf8—e7 | 25) | Sb5—c7: | Ta8—c8 |
| 11) Ta1—d1 | O—O | 26) | Sc7—d5 | Lc6—d5: |
| 12) Dd4—c4† | Tf8—f7 (?) | 27) | c4—d5: | Tc8—c7 |
| | | 28) | c2—c4 | Lf8—e7 |
| | | 29) | Th4—h5 | Dg8—e8 |
| | | 30) | c4—c5 | |

| | Weiss. | Schwarz. |
|---|---|---|
| 13) | Sf3—d4 (!) | Sh6—g4 |
| 14) | b2—h3 | Sg4—e5 |
| 15) | Dc4—e2 | g7—g5 |
| 16) | Lh4—g3 | Tf7—g7 |
| 17) | Sd4—f5 | Tg7—g6 |
| 18) | f2—f4 | g5—f4: |
| 19) | Tf1—f4: | Kg8—h8 |
| 20) | Tf4—h4 | Le7—f8 |

| | Weiss. | Schwarz. |
|---|---|---|
| 30) | ... | Tc7—c5: |
| 31) | Th5—h7† | Kh8—h7: |
| 32) | De2—h5† | Kh7—g8 |
| 33) | Sf5—e7† | Kg8—g7 |
| 34) | Se7—f5† | Kg7—g8 |
| 35) | Sf5—d6: | Aufgegeben. |

**Anmerkungen zur 132. Partie.**

**13) Sf3—d4 (!).** M. Lange bemerkt: „Hier hätte wohl mit 13) e4—e5 der Angriff noch energischer fortgesetzt werden können." Eine genauere Prüfung der Position ergiebt jedoch, dass nach 13) e4—e5, Dd7—g4 (!) 14) Dc4—g4:, Sh6—g4: 15) e5—e6, Tf7—f8 der weisse Freibauer nicht besonders stark ist.

**27) ... Tc8—c7.** Auf 27) ... Dg8—d5: würde 28) Th4—h7† u. s. w. für Weiss entschieden haben.

## 133. Partie.

Sechste Partie des Wettkampfs zwischen D. Harrwitz und P. Morphy i. J. 1858.

| | P. Morphy. Weiss. | Harrwitz. Schwarz. | | Weiss. | Schwarz. |
|---|---|---|---|---|---|
| 1) | e2—e4 | e7—e5 | 29) | b2—h4 | Tb8—e8 |
| 2) | Sg1—f3 | d7—d6 | 30) | Ka4—b3 | Te8—g8 |
| 3) | d2—d4 | e5—d4: | 31) | Te3—f3 | Kd7—c7 |
| 4) | Dd1—d4: | Sg8—f6 (?) | 32) | a2—a4 | a6—a5 (?) |
| 5) | e4—e5 | d6—e5: | 33) | Ld5—e6: | Ke7—e6: |
| 6) | Dd4—d8† | Ke8—d8: | 34) | Kb3—c4 | g6—g5 |
| 7) | Sf3—e5: | Lc8—e6 | 35) | Kc4—b5 | a5—b4: |
| 8) | Sb1—c3 | Lf8—d6 | 36) | c3—b4: | g5—h4: |
| 9) | Se5—c4 | Le6—c4: | 37) | Kb5—b6: | Tg8—b8† |
| 10) | Lf1—c4: | Th8—e8† | 38) | Kb6—a5 | Ke6—d5 |
| 11) | Lc1—e3 | Kd8—e7 (?) | 39) | Tf3—d3† | Kd5—c4 |
| 12) | 0—0—0 | a7—a6 | 40) | Td3—d6: | Tb8—b4: |
| 13) | Le3—g5 | Sb8—d7 | 41) | Td6—d4† | Kc4—d4: |
| 14) | Sc3—e4 | h7—h6 | 42) | Ka5—b4: | f7—f5 |
| 15) | Lg5—f6: | Sd7—f6: | 43) | f2—f4 | Kd4—e3 |
| 16) | Se4—d6: | c7—d6: | 44) | a4—a5 | Ke3—f2 |
| 17) | Th1—e1† | Ke7—f8 | 45) | a5—a6 | Kf2—g2: |
| 18) | Te1—e8† | Sf6—e8: | 46) | a6—a7 | h4—h3 |
| 19) | Lc4—d5 | Ta8—b8 | 47) | a7—a8D† | Kg2—g1 |
| 20) | Ld5—f3 | g7—g6 | 48) | Da8—f3 und Weiss gewinnt | |
| 21) | c2—c3 | Kf8—e7 | | z. B. auf folgende Weise. | |
| 22) | Td1—e1† | Ke7—f8 | 48) | ... | h3—h2 |
| 23) | Kc1—c2 | Se8—c7 | 49) | Df3—g3† | Kg1—h1 |
| 24) | Kc2—b3 | Sc7—e6 | 50) | Kb4—c4 | h5—h4 |
| 25) | Kb3—a4 | b7—b6 | 51) | Dg3—h4: | Kh1—g1 |
| 26) | b2—b4 | Kf8—e7 | 52) | Kc4—d5 | h2—h1D |
| 27) | Te1—e3 | Ke7—d7 | 53) | Dh4—h1† | Kg1—h1: |
| 28) | Lf3—d5 | h6—h5 | 54) | Kd5—e5 u. s. w. | |

### Anmerkungen zur 133. Partie.

11) ... **Kd8—e7** (?). Zu ängstlich! Schwarz hätte 11) ... Sf6—g4 ziehen sollen.

21) ... **Kf8—e7**. Schwarz will den feindlichen Thurm von der Damenlinie entfernen, um seinen Springer bewegen zu können. Ginge der Thurm, nachdem er den König zurückgetrieben, wieder auf das Feld d1, so würde auch der schwarze König wieder nach e7 gehen, und das Spiel würde bei Wiederholung dieser Züge remis.

## 134. Partie.

Achte Partie des Wettkampfs zwischen P. Morphy und Löwenthal i. J. 1858.

P. Morphy. — Löwenthal.
Weiss. — Schwarz.

1) c2—c4    c7—e5
2) Sg1—f3   d7—d6
3) d2—d4    e5—d4:
4) Dd1—d4:  Lc8—d7 (!)
5) Lc1—e3   Sg8—f6
6) Sb1—c3   Lf8—e7
7) Lf1—c4 (?) Sb8—c6
8) Dd4—d2   Sc6—e5
9) Sf3—e5:  d6—e5:
10) 0—0     0—0
11) f2—f4   Le7—d6
12) f4—f5   Ld7—c6
13) Dd2—c2  h7—h6
14) Ta1—d1  Dd8—c7
15) Lc4—d5  Lc6—d5:
16) Sc3—d5: Sf6—d5:
17) Td1—d5: f7—f6
18) Dc2—g4  c7—c6
19) Td5—d3  Ld6—c5
20) Dg4—g3  Ta8—d8
21) Tf1—d1  Td8—d3:
22) Td1—d3: Tf8—d8
23) Le3—c5: De7—c5†
24) Dg3—f2  Dc5—f2†
25) Kg1—f2: Td8—d8:
26) c2—d3:  c6—c5
27) g2—g4   Kg8—f8
28) a2—a4   b7—b6
29) Kf2—g3  Kf8—f7
30) Kg3—h4  Kf7—f8
31) Kh4—h5  Kf8—f7
32) b2—b3   Kf7—f8
33) Kh5—g6  Kf8—g8
34) h2—h3   Kg8—f8
35) h3—h4   Kf8—g8
36) g4—g5   h6—g5:
37) h4—g5:  f6—g5:

Stellung nach dem 36. Zuge von Schwarz.

Weiss. — Schwarz.

38) Kg6—g5: Kg8—f7
39) Kg5—h4  Kf7—e7
40) Kh4—g4  Ke7—f6
41) Kg4—h5  a7—a6
42) Kh5—h4  g7—g6
43) a4—a5   b6—a5:
44) f5—g6:  Kf6—g6:
45) Kh4—g4  a5—a4
46) b3—a4:  a6—a5
47) Kg4—f3  Kg6—f6
48) Kf3—f2  Kf6—f7
49) Kf2—g3  Kf7—g7
50) Kg3—f2  Kg7—f6

|     | Weiss.    | Schwarz. |     | Weiss.   | Schwarz. |
|-----|-----------|----------|-----|----------|----------|
| 51) | Kf2—g1 (?)| Kf6—g5   | 56) | Kc2—f3   | Kd4—c4:  |
| 52) | Kg1—g2    | Kg5—f4   | 57) | Kf3—e4   | Kc4—b4   |
| 53) | Kg2—f2    | c5—c4    | 58) | Ke4—c5:  | Kb4—a4:  |
| 54) | d3—c4:    | Kf4—e4:  | 59) | Kc5—d4   | Ka4—b4   |
| 55) | Kf2—e2    | Ke4—d4   |     | und Schwarz gewinnt. | |

### Anmerkungen zur 134. Partie.

5) Lc1—e3. Für einen noch stärkeren Zug hält man jetzt 5) Lc1—f4.

7) Lf1—c4. Besser wäre es wohl gewesen, die Dame, welche jedenfalls das Feld d4 verlassen muss, sogleich nach d2 zurückzuziehen und dann den Königsläufer auf das Feld d3 zu stellen.

13) ... h7—h6. Schwarz nimmt den Bauern e4 nicht, weil er dem Gegner dadurch Gelegenheit bieten würde, seinen Königsläuferbauern vorzustossen und einen starken Angriff damit zu beginnen.

22) ... Le3—c5: Nach 23) Td3—d8†, De7—d8: würde Weiss den Läufer c5 wegen der Antwort Dd8—d1† u. s. w. nicht nehmen dürfen.

26) ... c6—c5. Dadurch sichert der Nachziehende sich Remis.

51) Kf2—g1. Der entscheidende Fehler. Weiss musste die Opposition behaupten durch 51) Kf2—f3.

---

## 135. Partie.

Gespielt zu London im Jahre 1858.

|     | Boden. Weiss. | P. Morphy. Schwarz. |     | Weiss.   | Schwarz. |
|-----|---------------|---------------------|-----|----------|----------|
| 1)  | e2—e4         | e7—e5               | 17) | Sh2—f1   | Tf8—h8   |
| 2)  | Sg1—f3        | d7—d6               | 18) | Sf1—g3   | f7—f6    |
| 3)  | d2—d4         | e5—d4:              | 19) | Sc3—d5   | Sh7—f8   |
| 4)  | Dd1—d4:       | Lc8—d7              | 20) | Sg3—h5†  | Kg7—f7   |
| 5)  | Lc1—e3        | Sb8—c6              | 21) | Ta1—d1   | Sf8—g6   |
| 6)  | Dd4—d2        | Sg8—f6              | 22) | Ld3—e2   | Sg6—h4†  |
| 7)  | Lf1—d3 (!)    | Lf8—e7              | 23) | Kg2—f2   | Ld7—e6   |
| 8)  | Sb1—c3        | 0—0                 | 24) | Sd5—e7:  | Dd8—e7:  |
| 9)  | 0—0           | h7—h6               | 25) | Dd1—d6:  | h7—h6    |
| 10) | h2—h3         | Sf6—h7              | 26) | Dd6—e7†  | Kf7—e7:  |
| 11) | g2—g4         | h6—h5               | 27) | Sh5—g3   | Ke7—f7   |
| 12) | Sf3—h2        | h5—g4:              | 28) | Td1—d6   | Kf7—e7   |
| 13) | h3—g4:        | Sc6—e5              | 29) | Td6—d2   | Ke7—f7   |
| 14) | f2—f3         | g7—g5               | 30) | f3—f4    | g5—f4:   |
| 15) | Kg1—g2        | c7—c5 (?)           | 31) | Le3—f4:  | Sh4—g6   |
| 16) | Tf1—h1        | Kg8—g7              | 32) | Lf4—h6   | Th8—h7   |
|     |               |                     | 33) | Kf2—e3   | Ta8—h8   |

Stellung nach dem 33. Zuge von Schwarz. / Stellung nach dem 36. Zuge von Schwarz.

| | Weiss. | Schwarz. | | Weiss. | Schwarz. |
|---|---|---|---|---|---|
| 34) | Sg3—f5 | Sg6—e7 | 38) | Td2—d6† | Ke6—f7 |
| 35) | Sf5—e7: | Kf7—e7: | 39) | Le2—h5† | Kf7—e7 |
| 36) | g4—g5 | Ke7—e6 | 40) | Lh6—g5† | Ke7—f8 |
| 37) | Th1—d1 | f6—g5: | 41) | Td1—f1† | Aufgegeben. |

### Anmerkungen zur 135. Partie.

15) ... c7—c5 (?). Dadurch wird der schwarze Damenbauer rückständig und ausserdem dem weissen Damenspringer gestattet, sich auf d5 dauernd einzunisten. Diese Uebelstände verursachen den Verlust der Partie.

24) ... Dd8—e7: Bei 24) ... Kf7—e7: folgt 25) Sh5—f6: u. s. w.

---

### 136. Partie.

Siebente Partie des Wettkampfs zwischen Löwenthal und P. Morphy i. J. 1858.

| | Löwenthal. Weiss. | P. Morphy. Schwarz. | | Weiss. | Schwarz. |
|---|---|---|---|---|---|
| | | | 11) | a2—a3 | Sc6—c5 |
| 1) | e2—e4 | c7—c5 | 12) | Sf3—d4 | c7—c5 |
| 2) | Sg1—f3 | d7—d6 | 13) | Sd4—e6: | f7—e6: |
| 3) | d2—d4 | c5—d4: | 14) | f2—f4 | Se5—g6 |
| 4) | Dd1—d4: | Lc8—e6 | 15) | Le2—f3 | Ta8—b8 |
| 5) | Sb1—c3 | a7—a6 | 16) | Dd2—e2 | Dd8—c7 |
| 6) | Lc1—e3 | Sb8—c6 | 17) | h2—h4 (?) | Sg6—h4: |
| 7) | Dd4—d2 | Sg8—f6 | 18) | Lf3—g4 | Sf6—g4: |
| 8) | Ta1—d1 | Lf8—e7 | 19) | De2—g4: | Dc7—c8 |
| 9) | Lf1—e2 | 0—0 | 20) | g2—g3 | Sh4—g6 |
| 10) | 0—0 | b7—b5 | 21) | Tf1—f2 | Tf8—f6 |

|   | Weiss. | Schwarz. |   | Weiss. | Schwarz. |
|---|---|---|---|---|---|
| 22) | Td1—f1 | b5—b4 | 26) | Le3—a7 | Tb8—f8 |
| 23) | a3—b4: | c5—b4: | 27) | Tf2—h2 (?) | Sg6—f4: |
| 24) | Sc3—a4 (?) | Dc8—c6 |   | und Schwarz gewinnt. |   |
| 25) | b2—b3 | Dc6—e4: |   |   |   |

### Anmerkungen zur 136. Partie.

8) **Ta1—d1.** Der stärkste Zug ist 8) Sf3—d4.
17) **h2—h4(?).** Ein unüberlegtes Opfer.

---

### 137. Partie.

Erste Partie des Wettkampfs zwischen Löwenthal und P. Morphy i. J. 1858.

| | Löwenthal. | P. Morphy. |
|---|---|---|
| | Weiss. | Schwarz. |
| 1) | e2—e4 | e7—e5 |
| 2) | Sg1—f3 | d7—d6 |
| 3) | d2—d4 | e5—d4: |
| 4) | Sf3—d4: (!) | Sg8—f6 (!) |
| 5) | Sb1—c3 | Lf8—e7 |
| 6) | Lf1—e2 | 0—0 |
| 7) | 0—0 | c7—c5 |
| 8) | Sd4—f3 | Sb8—c6 |

|   | Weiss. | Schwarz. |
|---|---|---|
| 14) | Le2—d3 | Ta8—d8 |
| 15) | Sf3—g5 | Le7—g5: |
| 16) | Df4—g5: | h7—h6 |
| 17) | Dg5—h4 | Sc6—d4 |

| 9) | Lc1—f4 (?) | Lc8—e6 |
|---|---|---|
| 10) | Dd1—d2 | d6—d5 |
| 11) | e4—d5: | Sf6—d5: |
| 12) | Ta1—d1 | Sd5—f4: |
| 13) | Dd2—f4: | Dd8—a5 |

| 18) | a2—a3 | Tf8—e8 |
|---|---|---|
| 19) | Tf1—e1 | Da5—b6 |
| 20) | Sc3—a4 | Db6—a5 |
| 21) | Sa4—c3 | f7—f5 |
| 22) | Te1—e5 | Le6—f7 |
| 23) | Td1—e1 | Da5—b6 |
| 24) | Te5—e8† | Td8—e8: |
| 25) | Te1—e8† | Lf7—e8 |
| 26) | Dh4—e7 | Le8—f7 |
| 27) | Sc3—a4 | Db6—a5 |

|    | Weiss.   | Schwarz.  |    | Weiss.   | Schwarz. |
|----|----------|-----------|----|----------|----------|
| 28)| Sa4—c5:  | Da5—d2    | 41)| Kf1—f2   | Dh1—c1   |
| 29)| f2—f3 (!)| Sd4—c6    | 42)| Dc8—c3   | Dc1—f4   |
| 30)| Dc7—e2   | Dd2—c1†   | 43)| Kf2—e2   | h6—h5    |
| 31)| Kg1—f2   | Dc1—b2:   | 44)| Se4—f2   | h5—h4    |
| 32)| Ld3—f5:  | Db2—a3:   | 45)| Dc3—d2   | Df4—g3   |
| 33)| De2—b5   | Da3—c3    | 46)| Dd2—e3   | a7—a5    |
| 34)| Sc5—b3   | Dc3—f6    | 47)| De3—e4   | Lf7—e6   |
| 35)| Db5—b7:  | g7—g6     | 48)| f3—f4    | Sc5—d3:  |
| 36)| Db7—c8†  | Kg8—h7    | 49)| e2—d3:   | Le6—g4†  |
| 37)| Lf5—d3   | Sc6—e5    | 50)| Ke2—f1   | Lg4—f5   |
| 38)| Sb3—d2   | Df6—h4†   | 51)| De4—e7†  | Kh7—h6   |
| 39)| Kf2—f1   | Dh4—h2:   |    | Remis.   |          |
| 40)| Sd2—e4   | Dh2—h1†   |    |          |          |

### Anmerkung zur 137. Partie.

9) Lc1—f4 (?). Der richtige Zug war 9) Lc1—g5, wodurch das Vorrücken des schwarzen Damenbauern verhindert worden wäre; Weiss hätte dann die Rückständigkeit desselben allmählich zu seinem Vortheil ausbeuten können.

### 138. Partie.

Gespielt in der Schachgesellschaft Augustea zu Leipzig am 18. November 1863.

S. Paulsen. — G. Serge.

|    | Weiss.   | Schwarz. |
|----|----------|----------|
| 1) | e2—e4    | e7—e5    |
| 2) | Sg1—f3   | d7—d6    |
| 3) | d2—d4    | e5—d4:   |
| 4) | Sf3—d4:  | d6—d5    |
| 5) | e4—d5:   | Dd8—d5:  |
| 6) | Dd1—e2†  | Lf8—e7   |
| 7) | Sd4—b5   | Sb8—a6   |
| 8) | Sb1—c3   | Dd5—f5   |
| 9) | Lc1—e3   | Sg8—f6   |
| 10)| Sb5—d4   | Df5—g6   |
| 11)| De2—b5†  | Sf6—d7   |
| 12)| Lf1—d3   | c7—c6    |
| 13)| Ld3—g6:  | c6—b5:   |
| 14)| Lg6—d3   | b5—b4    |
| 15)| Sc3—d5   | Sd7—c5   |
| 16)| Ld3—a6:  | Sc5—a6:  |

Stellung nach dem 12. Zuge von Weiss.

|    | Weiss.   | Schwarz. |
|----|----------|----------|
| 17)| Sd4—b5   | Le7—d8   |
| 18)| Sb5—d6†  | Ke8—f8   |
| 19)| 0—0—0    | b7—b6    |

|  | Weiss. | Schwarz. |  | Weiss. | Schwarz. |
|---|---|---|---|---|---|
| 20) | Lc3—d2 | Lc8—e6 | 38) | Th4—d4 | Kg8—h7 |
| 21) | Sd5—b4: | Sa6—b4: | 39) | Kb2—c3 | g6—g5 |
| 22) | Ld2—b4: | Ld8—c7 | | | |
| 23) | Td1—d3 | Lc7—d6: | | | |
| 24) | Td3—d6: | Kf8—g8 | | | |
| 25) | f2—f4 | h7—h5 | | | |
| 26) | Th1—f1 | Kg8—h7 | | | |
| 27) | f4—f5 | Le6—c4 | | | |
| 28) | Tf1—f4 | Lc4—b5 | | | |
| 29) | g2—g4 | h5—g4: | | | |
| 30) | Tf4—g4: | Th8—d8 | | | |
| 31) | f5—f6 | g7—g6 | | | |
| 32) | c2—c4 | Td8—d6: | | | |
| 33) | Lb4—d6: | Ta8—c8 | | | |
| 34) | Tg4—h4† | Kh7—g8 | | | |
| 35) | b2—b3 | Lb5—c6 | | | |

| | | | 40) | Td4—d8 (?) | Kh7—g6 |
|---|---|---|---|---|---|
| | | | 41) | a2—a4 | Tc8—d8: |
| | | | 42) | Lc7—d8: | Lf5—e4 |
| | | | 43) | b3—b4 | Kg6—f5 |
| | | | 44) | Kc3—d4 | Le4—f3 |
| | | | 45) | c4—c5 | b6—c5: |
| | | | 46) | Kd4—c5: | Kf5—e6 |
| | | | 47) | b4—b5 | Ke6—d7 |
| | | | 48) | Ld8—c7 | Kd7—c8 |
| | | | 49) | a4—a5 | Kc8—c7 |
| | | | 50) | a5—a6 | Kc7—b8 |
| | | | 51) | Lc7—d6† | Kb8—a8 |
| | | | 52) | b5—b6 | a7—b6† |
| | | | 53) | Kc5—b6: | g5—g4 |
| | | | | Remis. | |

| 36) | Ld6—c7 | Lc6—d7 |
|---|---|---|
| 37) | Kc1—b2 | Ld7—f5 |

### Anmerkungen zur 138. Partie.

4) ... d6—d5. Früher herrschte die Ansicht, 4) Sf3—d4: sei weniger stark, als 4) Dd1—d4:, weil Schwarz durch die Antwort 4) ... d6—d5 sein Spiel vom Drucke befreien könne. Die von L. Paulsen erfundene Fortsetzung des Angriffs sichert aber dem Weissen das überlegene Spiel.

6) ... **Lf8—e7** (?). Besser ist 6) ... Lc8—e6, doch bleibt nach 7) Sd4—e6:, Dd5—e6: 8) De2—e6:, f7—e6: 9) Lf1—c4 der vereinzelte Königsbauer eine Schwäche des schwarzen Spiels. (L. Paulsen hält 7) Lc1—e3 für noch besser, als 7) Sd4—e6:).

23) ... Le7—d6: Nach diesem Abtausch bleiben an leichten Offizieren nur Läufer von ungleicher Farbe übrig, Schwarz hat also jetzt trotz seiner schlechten Stellung einige Aussicht auf Remis. Wir glauben jedoch, dass Weiss die Partie gewinnen musste.

36) Ld6—e7 (?). Die Fortsetzung 36) Ld6—f4, Lc6—f3 (!) 37) Lf4—h6 wäre unseres Erachtens für den Anziehenden vortheilhafter gewesen.

40) Td4—d8 (?). Es ist gewöhnlich für denjenigen, auf dessen Seite sich die Bauernübermacht befindet, rathsam, den Abtausch der Thürme zu vermeiden, weil diese Figuren vorzüglich zur Unterstützung der vordringenden Bauern geeignet sind. In der vorliegenden Stellung ist das Anbieten des Thurmtausches ein offenbarer Fehler, denn dadurch wird dem Gegner das Remis sofort gesichert. Der richtige Zug war 40) b3—b4. — Mit Ausnahme der wenigen getadelten Züge ist die Partie von beiden Seiten ein Meisterstück.

---

## 139. Partie.

Achte Partie des Wettkampfs zwischen Harrwitz und P. Morphy i. J. 1858.

| | P. Morphy. Weiss. | Harrwitz. Schwarz. | | Weiss. | Schwarz. |
|---|---|---|---|---|---|
| 1) | c2—c4 | e7—e5 | 22) | b2—b3 | Kf7—g7 |
| 2) | Sg1—f3 | d7—d6 | 23) | f4—f5 | Sc6—f8 |
| 3) | d2—d4 | Lc8—g4 (?) | 24) | g3—g4 | De7—e8 |
| 4) | d4—e5: | Lg4—f3: | 25) | Lg2—f3 | De8—c6 |
| 5) | Dd1—f3: | d6—e5: | 26) | Sd2—b1 (!) | b5—b4 |
| 6) | Lf1—c4 | Sg8—f6 (?) | 27) | De2—f2 | Sf8—d7 |
| 7) | Df3—b3 | Lf8—d6 | 28) | g4—g5 | Sf6—g8 |
| 8) | Lc4—f7† | Ke8—f8 | 29) | f5—f6† | Kg7—h8 |
| 9) | Lc1—g5 | Sb8—d7 | 30) | f6—f7 | |
| 10) | Lf7—h5 | g7—g6 | | | |
| 11) | Lg5—h6† | Kf8—e7 | | | |
| 12) | Lh5—f3 | Sd7—c5 | | | |
| 13) | Db3—c4 | b7—b5 | | | |
| 14) | Dc4—e2 | Sc5—c6 | | | |
| 15) | Lh6—e3 | a7—a6 | | | |
| 16) | Sb1—d2 | Ke7—f7 | | | |
| 17) | 0—0—0 (!) | Dd8—c7 | | | |
| 18) | g2—g3 | Th8—b8 | | | |
| 19) | Lf3—g2 | a6—a5 | | | |
| 20) | Th1—f1 | a5—a4 | | | |
| 21) | f2—f4 | a4—a3 | | | |

| | Weiss. | Schwarz. | | Weiss. | Schwarz. |
|---|---|---|---|---|---|
| 30) | ... | Sd7—c5 | 45) | e4—d5: | Tf8—d8 |
| 31) | f7—g8† | Kh8—g8: | 46) | Tf1—f3 | Kh8—g7 |
| 32) | Le3—c5: | Ld6—c5: | 47) | c2—c3 | Td8—b8 |
| 33) | Df2—e2 | Dc6—e6 | 48) | c3—b4: | Tb8—b4: |
| 34) | Sb1—d2 | Kg8—h8 | 49) | Kd1—c2 | Kg7—f8 |
| 35) | Lf3—g4 | De6—e7 | 50) | Kc2—c3 | Tb4—b5 |
| 36) | Sd2—f3 | Tb8—d8 | 51) | Lg4—e6 | Tb5—c5 |
| 37) | h2—h4 | Td8—d6 | 52) | b3—b4 | Tc5—c7 |
| 38) | Td1—d6: | c7—d6: | 53) | b4—b5 | Kf8—e7 |
| 39) | De2—c4 | Ta8—f8 | 54) | b5—b6 | Tc7—b7 |
| 40) | Dc4—e6 | Lc5—e3† | 55) | Le6—c8 | Tb7—b8 |
| 41) | Ke1—d1 | De7—e7 | 56) | b6—b7 | Ke7—d8 |
| 42) | Sf3—d2 | Le3—f4 | 57) | Sc4—d6: | Kd8—c7 |
| 43) | Sd2—c4 | De7—c5 | 58) | Sd6—b5 | h7—h6 |
| 44) | De6—d5 | Dc5—d5† | 59) | d5—d6† | Aufgegeben. |

#### Anmerkungen zur 139. Partie.

3) ... Lc8—g4 (?). Besser ist 3) ... e5—d4: oder 3) ... Sg8—f6.

5) Dd1—f3: V. d. Lasa urtheilt: „5) Dd1—f3: ist nicht so stark, als 5) g2—f3:, ist aber gegen einen etwas schwächeren Spieler anzurathen." Wir sind derselben Ansicht. Auf 5) g2—f3: folgt 5) ... d6—e5: 6) Dd1—d8†, Ke8—d8: 7) f3—f4, und Weiss ist im Vortheil.

6) ... Sg8—f6 (?). Der correcte Zug ist 6) ... Dd8—d7. Schwarz beabsichtigt, durch Aufopferung eines Bauern dem Gegner den Angriff zu entwinden.

## II. Das Königsläuferspiel.
1) e2—e4, e7—e5  2) Lf1—c4.

### 140. Partie.
Gespielt zu Paris im Jahre 1859.

| | Mongredien. | P. Morphy. | | Weiss. | Schwarz. |
|---|---|---|---|---|---|
| | Weiss. | Schwarz. | 6) | Sg1—e2 | Sg8—f6 |
| 1) | e2—e4 | e7—e5 | 7) | c2—c3 | Lb4—c5 |
| 2) | Lf1—c4 | Lf8—c5 | 8) | d2—d4 | e4—d3: |
| 4) | b2—b4 | Lc5—b4: | 9) | Dd1—d3: | 0—0 |
| 4) | f2—f4 | d7—d5 | 10) | Lc1—a3 | Lc5—a3: |
| 5) | e4—d5: | e5—e4 | 11) | Sb1—a3: | Lc8—g4 |

|     | Weiss.    | Schwarz.  |
|-----|-----------|-----------|
| 12) | 0—0       | Lg4—e2:   |
| 13) | Dd3—e2:   | Sf6—d5:   |
| 14) | De2—f3    | c7—c6     |
| 15) | Ta1—b1    | Dd8—c7    |
| 16) | Lc4—d5:   | c6—d5:    |
| 17) | c3—c4     | d5—c4:    |
| 18) | Tb1—b7:   | Sb8—d7    |
| 19) | Kg1—h1    | Tf8—e8    |
| 20) | Sa3—c4:   | De7—e6    |
| 21) | Sc4—e5    | Sd7—e5:   |
| 22) | f4—e5:    | Te8—f8    |
| 23) | Df3—b3    | De6—b3:   |
| 24) | a2—b3:    | Ta8—b8    |
| 25) | Th7—a7:   | Tb8—b3:   |

Stellung nach dem 17. Zuge von Weiss.

Als Remis abgebrochen.

### Anmerkungen zur 140. Partie.

**2) Lf1—c4.** Das Königsläuferspiel galt in Philidors Schule für die beste Eröffnung, welche der Anziehende wählen könne, wird aber gegenwärtig von Spielern ersten Ranges nur selten angewendet, da die im Handbuche ausgesprochene Ansicht, „dass die Partieen, welche aus dieser Eröffnung entstehen, nicht so interessant zu sein pflegen, wie im Springerspiele" und „dass auch der Angriff in der Springerpartie gewöhnlich länger anhält, als in dem Läuferspiele" jetzt von allen Autoritäten als richtig anerkannt wird.

**2) ... Lf8—c5.** Der beste Gegenzug auf 2) Lf1—c4 ist 2) ... Sg8—f6, doch ist auch 2) ... Lf8—c5 vollkommen sicher. Weniger gute Züge sind 2) ... c7—c6 und 2) ... f7—f5.

**3) b2—b4.** Die von Philidor empfohlene Fortsetzung (der sogenannte classische Angriff) besteht in 3) c2—c3; die beste Vertheidigung dagegen ist 3) ... Dd8—g5; auch 3) ... Dd8—e7, 3) ... Sb8—c6 und 3) ... Sg8—f6 sind zulässige Antworten. Das Handbuch erklärt mit Recht 3) Sg1—f3 für stärker, als 3) c2—c3; Schwarz erlangt aber auch darauf durch 3) ... d7—d6 ein gutes Spiel. Von anderen Angriffsweisen verdient besonders das correcte Gambit des Lopez [3) Dd1—e2 und nach 3) ... c7—c6, 3) ... d7—d6 oder 3) ... Dd8—e7 dann 4) f2—f4] Erwähnung. — Das in dieser Partie versuchte Doppelgambit 3) b2—b4 nebst 4) f2—f4 verschafft dem Weissen keinen starken Angriff.

**7) c2—c3.** Bis zu diesem Zuge stimmt die Partie mit der 47sten von den 50 Partieen zwischen Delabourdonnais und Mac Donnell überein. Mac Donnell zog 7) 0—0, worauf zunächst 7) ... 0—0 8) Sb1—c3, c7—c6 9) d5—c6:, Sb8—c6 erfolgte; das Spiel wurde von dem Nachziehenden gewonnen.

## 141. Partie.

Gespielt zu Berlin im Carlsbad-Garten den 21. Mai 1858.

Franz.     Mayet.
Weiss.     Schwarz.

| | Weiss. | Schwarz. |
|---|---|---|
| 1) | e2—e4 | e7—e5 |
| 2) | Lf1—c4 | Sg8—f6 (!) |
| 3) | Sg1—f3 | Sf6—e4: (!) |
| 4) | Sf3—e5: (?) | d7—d5 |
| 5) | Lc4—b3 | Lc8—e6 (?) |
| 6) | 0—0 | Lf8—d6 |
| 7) | d2—d4 | Dd8—f6 (?) |
| 8) | f2—f4 | c7—c5 (?) |
| 9) | Lb3—a4† | Ke8—e7 |
| 10) | c2—c4 (!) | d5—c4: |
| 11) | Dd1—c2 | Le6—f5 |
| 12) | Dc2—c4: | c5—d4: |
| 13) | Dc4—b5 | b7—b6 |
| 14) | Tf1—e1 | Ld6—c5 |
| 15) | b2—b4 | a7—a6 |
| 16) | Db5—c4 | b6—b5 |
| 17) | Dc4—d5 | Lc5—b4: |
| 18) | Te1—e4 | Lf5—e4: |
| 19) | Dd5—e4: | Th8—c8 |
| 20) | De4—b7† | Kc7—d8 |
| 21) | Se5—f7† | Df6—f7: |
| 22) | Db7—f7: | Tc8—c1† |
| 23) | Kg1—f2 | Sb8—d7 |
| 24) | La4—b3 | Kd8—c7 |
| 25) | Df7—g7: | Lb4—c5 |
| 26) | f4—f5 | Ta8—e8 |
| 27) | Lb3—e6 | Te8—e7 |
| 28) | Dg7—g3† | Kc7—b7 |
| 29) | Dg3—d3 | Kb7—b6 |
| 30) | a2—a4 | Sd7—e5 |
| 31) | a4—a5† | Kb6—c7 |
| 32) | Dd3—e4 | d4—d3† |
| 33) | Kf2—g3 | Lc5—d6 |
| 34) | De4—a8 | Se5—c6† |
| 35) | Kg3—h4 | Ld6—e5 |
| 36) | Da8—c8† | Kc7—d6 |

| | Weiss. | Schwarz. |
|---|---|---|
| 37) | Sb1—d2 | Lc5—a1: |
| 38) | Sd2—e4† | Kd6—c5 |
| 39) | f5—f6 | Te7—e6: |
| 40) | f6—f7 | Te6—h6† |
| 41) | Kh4—g5 | Th6—g6† |
| 42) | Kg5—h5 | Kc5—e4: |
| 43) | f7—f8D | La1—e5 |
| 44) | Df8—f3† | Ke4—d4 |
| 45) | Dc8—f5 | Tc1—c3 |

Stellung nach dem 26. Zuge von Weiss.

Stellung nach dem 36. Zuge von Schwarz.

Stellung nach dem 45. Zuge von Schwarz.

Stellung nach dem 57. Zuge von Weiss.

| | Weiss. | Schwarz. | | Weiss. | Schwarz. |
|---|---|---|---|---|---|
| 46) | Df3—e4† | Kd4—c5 | 59) | Df8—f3† | Kc4—d4 |
| 47) | Df5—f8† | Tg6—d6 | 60) | Kh6—h7: | Kd4—c4 |
| 48) | Df8—f2† | Td6—d4 | 61) | Df3—e4† (?) | Td5—d4 |
| 49) | Df2—f8† | Le5—d6 | 62) | De4—c2† | Kc4—d5 |
| 50) | Df8—f2 | d3—d2 | 63) | Dc2—f5† | Ld6—e5 |
| | | | 64) | Df5—f3† | Kd5—c4 |
| | | | 65) | Df3—d1 | Td4—d3 |

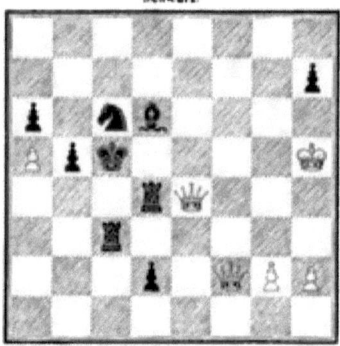

| | Weiss. | Schwarz. | | Weiss. | Schwarz. |
|---|---|---|---|---|---|
| 51) | De4—c6† | Kc5—c6: | | | |
| 52) | Df2—d4: | Tc3—c5† | | | |
| 53) | Kh5—h6 | Tc5—d5 | | | |
| 54) | Dd4—b6† | Kc6—d7 | | | |
| 55) | Db6—b7† | Kd7—e6 | | | |
| 56) | Db7—c8† | Ke6—e5 | 66) | h2—h4 (?) | Le5—c3 |
| 57) | Dc8—h8† | Ke5—f4 (?) | 67) | h4—h5 | Td3—e3 |
| 58) | Dh8—f6† | Kf4—e4 | 68) | Dd1—f1† | Kc4—b3 |
| | | | 69) | Df1—d1 | Kb3—b2 |
| | | | Aufgegeben. | | |

### Anmerkungen zur 141. Partie.

2) ... **Sg8—f6** (!). Die sogenannte Berliner Vertheidigung.

3) **Sg1—f3**. Auf 3) d2—d4 (das Gambit des Ponziani) ist 3) ... e5—d4: die richtige Antwort, auf 3) f2—f4 kann sowohl 3) ... d7—d5, als 3) ... Sf6—e4: entgegnet werden, auf 3) Sb1—c3 sowohl 3) ... Lf8—c5, als 3) ... c7—c6, auf 3) d2—d3 endlich zieht Schwarz am besten 3) ... Lf8—c5. In allen Fällen bekommt der Nachziehende ein gutes Spiel.

4) **Sf3—e5**: (?). Der correcte Zug ist 4) d2—d3; er führt zu einer baldigen Ausgleichung der Spiele, wie folgende Variante zeigt:

| | Weiss. | Schwarz. | | Weiss. | Schwarz. |
|---|---|---|---|---|---|
| 4) | d2—d3 | Se4—f6 (!) | 7) | d3—d4 | 0—0 |
| 5) | Sf3—e5: | d7—d5 | 8) | 0—0 | c7—c5 |
| 6) | Lc4—b3 | Lf8—d6 | 9) | c2—c3 | Sb8—c6. |

Das Handbuch giebt ausserdem die Antwort 4) ... Se4—d6 an mit der Fortsetzung: 5) Sf3—e5:, Sd6—c4: u. s. w. Der Anziehende kann jedoch durch 5) Lc4—b3 (!) das überlegene Spiel erlangen, denn der von Schwarz eroberte Bauer lässt sich nicht halten ohne beträchtlichen Nachtheil in der Position.

Auf 4) Dd1—e2 würde folgen 4) ... d7—d5 5) Sf3—e5:, Lf8—c5 oder 5) Lc4—b3, Sb8—c6 oder endlich 5) d2—d3, d5—c4: mit besserem Spiele für Schwarz.

Hinsichtlich des von Kieseritzky angegebenen und im Handbuche empfohlenen Zuges 4) Sb1—c3 (?) vergleiche man die 143. und 144. Partie.

5) ... **Lc8—e6** (?). Der richtige Zug, durch welchen Schwarz in Vortheil kommt, ist 5) ... Dd8—g5; man vergleiche die folgende Partie.

10) ... **d5—c4**: Auf 10) ... e5—d4: würde folgen 11) e4—d5:, Le6—d5: 12) Sb1—c3, und Weiss hat einen vortrefflichen Angriff.

37) **Sb1—d2** (?). Durch diese Uebereilung büsst der Anziehende den errungenen Vortheil wieder ein; es musste 37) Ta1—a3 geschehen. — Der folgende unglückliche Kampf zweier Damen gegen zwei Thürme, einen Läufer, einen Springer und einen Freibauer ist höchst interessant.

57) ... **Ke5—f4** (?). — 57) ... Ke5—e4 (!) würde sofort unbedingt das Spiel zu Gunsten des Schwarzen entschieden haben.

61) **Df3—e4†** (?). Besser wäre 61) Df3—d1 gewesen.

66) **h2—h4** (?). Ein Fehlzug; bei 66) g2—g4 (!) wäre noch einige Hoffnung für Weiss geblieben.

## 142. Partie.

(Gespielt zu Berlin im Herbst des Jahres 1863.)

| W. Schuften. | B. Suhr. | | Weiss. | Schwarz. |
|---|---|---|---|---|
| Weiss. | Schwarz. | 8) | Tf1—e1 | Sf2—d1: |
| 1) c2—c4 | e7—e5 | 9) | Te1—e5† | Lc8—e6 |
| 2) Lf1—c4 | Sg8—f6 | 10) | Lb3—d5: | Sb8—d7 |
| 3) Sg1—f3 | Sf6—e4: | 11) | Te5—e1 | Lf8—c5† |
| 4) Sf3—e5: (?) | d7—d5 | 12) | Kg1—f1 | 0—0 |
| 5) Lc4—b3 | Dd8—g5 (!) | 13) | Ld5—b7: | Ta8—b8 |
| 6) 0—0 | Dg5—e5: | | und Schwarz gewinnt. | |
| 7) d2—d3 | Se4—f2: | | | |

### Anmerkungen zur 142. Partie.

6) 0—0. Auf 6) Dd1—e2 folgt 6) ... Dg5—g2: oder auch 6) ... Dg5—e5: zum Vortheil des Nachziehenden. Höchst interessante Verwickelungen entstehen aus der Fortsetzung 6) Se5—f7:, Dg5—g2: 7) Th1—f1, Sb8—c6 (!). Bledow's vortreffliche Analyse in den „52 Correspondenz-Partieen" beweis't, dass Schwarz dabei in allen Fällen gewinnen muss. Die folgenden lehrreichen Varianten mögen zum Muster dienen:

**I.**

| | Weiss | Schwarz |
|---|---|---|
| 8) | d2—d4 | Lc8—h3 |
| 9) | Dd1—d3 | Sc6—b4 |
| 10) | Dd3—e2 | Dg2—f1† |
| 11) | De2—f1: | Lh3—f1: |
| 12) | Ke1—f1: | Ke8—f7: |
| 13) | c2—c3 | c7—c6 |
| 14) | c3—b4: | Lf8—b4: |

oder:

| 9) | Sb1—d2 | Se4—d2: |
|---|---|---|
| 10) | Ke1—d2: | Ke8—f7: |
| 11) | Dd1—h5† | Kf7—f6 |
| 12) | Lb3—d5: | Dg2—g5† |

Stellung nach dem 7. Zuge von Schwarz.

**II.**

| 8) | c2—c3 | Se4—c5 | 12) | Sf7—h8: | Sb3—a1: |
|---|---|---|---|---|---|
| 9) | d2—d4 | Dg2—e4† | 13) | Tf1—g1 | Lc8—f5 |
| 10) | Dd1—e2 | De4—e2† | 14) | Sb1—d2 | 0—0—0 |
| 11) | Ke1—e2: | Sc5—b3: | 15) | Sd2—f3 | Td8—e8† |

|     | Weiss.    | Schwarz.   |     | Weiss.   | Schwarz.  |
|-----|-----------|------------|-----|----------|-----------|
| 16) | Lc1—e3    | Sa1—c2     | 20) | Sf7—e5   | Sc6—e5:   |
| 17) | Sh8—f7    | Sc2—e3:    | 21) | Sf3—e5:  | Lf8—g7    |
| 18) | f2—e3:    | g7—g6      | 23) | h4—h5    | Lg7—h6    |
| 19) | h2—h4     | Tc8—e7     |     | Verloren.|           |

(Die vorstehende Variante ist die berühmte erste Correspondenzpartie zwischen dem Posener und dem Berliner Schachclub (Posen Weiss) im Jahre 1839. Die Spiel-Commission des Berliner Clubs bestand aus: Bledow, Mayet, v. d. Lasa, v. Bilguer, Hanstein, v. Carisien, Ziegler und Minding.)

oder:

|     |          |          |     |          |          |
|-----|----------|----------|-----|----------|----------|
| 10) | Lc1—e3   | Sc5—b3:  | 13) | Kc1—c2   | Lc8—g4†  |
| 11) | Sf7—h8:  | Sb3—a1:  | 14) | f2—f3    | De4—e3‡  |
| 12) | Sb1—d2   | Sa1—c2†  |     |          |          |

oder:

|     |          |          |     |          |          |
|-----|----------|----------|-----|----------|----------|
| 12) | Tf1—g1   | Sa1—c2†  | 16) | Kd2—c1   | Sc2—d4:  |
| 13) | Kc1—d2   | Lc8—f5   | 17) | Dh7—f7†  | Kc8—d8   |
| 14) | Dd1—h5†  | g7—g6    | 18) | Df7—f8‡  | Kd8—d7   |
| 15) | Dh5—h7:  | De4—d3†  |     |          |          |

**III.**

|     |          |          |     |          |          |
|-----|----------|----------|-----|----------|----------|
| 8)  | Lb3—d5:  | Sc6—d4   | 13) | Kd2—c1   | Dg2—g1   |
| 9)  | d2—d3    | Sd4—f3†  | 14) | f2—f3    | Lf8—b4†  |
| 10) | Kc1—e2   | Lc8—g4   | 15) | c2—c3    | Sf1—g3†  |
| 11) | Ld5—e4:  | Sf3—h2‡  | 16) | Kc1—d2   | Dg1—f2†  |
| 12) | Kc2—d2   | Sh2—f1‡  | 17) | Dd1—e2   | Df2—e2‡  |

oder:

|     |          |          |     |          |          |
|-----|----------|----------|-----|----------|----------|
| 9)  | Sf7—e5   | Lc8—h3   | 12) | Sc5—g6:  | Lh3—g4   |
| 10) | Ld5—e4   | Sc4—g5   | 13) | Sg6—h4   | Lg4—h5:  |
| 11) | Dd1—h5†  | g7—g6    | 14) | Sf4—g2:  | Sd4—c2‡  |

oder:

|     |          |          |     |          |          |
|-----|----------|----------|-----|----------|----------|
| 9)  | Sf7—g5   | Dg2—g5:  | 13) | c2—c3    | 0—0—0    |
| 10) | Ld5—e4:  | Dg5—h4   | 14) | c3—b4:   | Th8—e8   |
| 11) | d2—d3    | Lc8—g4   | 15) | Dd2—f4   | Te8—e4‡  |
| 12) | Dd1—d2   | Lf8—b4   | 16) | Df4—e4:  | Sd4—f3†  |

oder:

|     |          |          |     |          |          |
|-----|----------|----------|-----|----------|----------|
| 9)  | Dd1—h5   | Sd4—c2‡  | 10) | Kc1—e2   | Lc8—g4†  |

**IV.**

|     |          |          |     |          |          |
|-----|----------|----------|-----|----------|----------|
| 8)  | Sf7—h8:  | Lc8—h3   | 10) | De2—d3   | Sd4—f3†  |
| 9)  | Dd1—e2   | Sc6—d4   | 11) | Kc1—d1   | Lh3—g4   |

**V.**

|     |          |          |     |          |          |
|-----|----------|----------|-----|----------|----------|
| 8)  | Sb1—c3   | Lc8—h3   | 10) | De2—d3   | Se4—c5   |
| 9)  | Dd1—e2   | Sc6—d4   | 11) | Dd3—c3†  | Lf8—e7   |

## VI.

| | | | |
|---|---|---|---|
| 8) Dd1—h5 | Lc8—g4 | 10) f2—f3 | Lc5—f2† |
| 9) Dh5—d5: | Lf8—c5 | 11) Ke1—e2 | Dg2—f3‡ |

7) ... Se4—f2: Auch durch 7) ... Lf8—d6 behält der Nachziehende die Oberhand.

---

### 143. Partie.

Gespielt zu London im Jahre 1858.

P. Morphy.  Barnes.
Weiss.  Schwarz.

1) e2—e4    e7—e5
2) Lf1—c4   Sg8—f6
3) Sg1—f3   Sf6—e4:
4) Sb1—c3 (?)  Se4—c3:
5) d2—c3:

5) ...       f7—f6 (!)
6) 0—0       Sb8—c6
7) Sf3—h4    Dd8—e7
8) Sh4—f5    De7—e5
9) Lc4—b3    d7—d5
10) Lc1—e3   De5—a5
11) Sf5—h4   Lc8—e6
12) Dd1—h5†  g7—g6
13) Sh4—g6:  Le6—f7
14) Dh5—h4   Lf7—g6:
15) Dh4—f6:  Th8—g8
16) Ta1—d1

|  | Weiss. | Schwarz. |
|---|---|---|
| 16) | ... | Lf8—e7 (?) |
| 17) | Df6—e6 | Lg6—f7 |
| 18) | De6—h3 | |

| 18) | ... | Sc6—d8 (?) |
| 19) | f2—f4 | e5—e4 |

|    | Weiss.     | Schwarz.   |    | Weiss.   | Schwarz. |
|----|-----------|-----------|----|---------|---------|
| 20) | Td1—d5: (!) | Lf7—d5: |    |         |         |
| 21) | Dh3—h5†   | Ke8—f8 (!) |    |         |         |
| 22) | Lb3—d5:   | Tg8—g7    |    |         |         |
| 23) | b2—b4     | Da5—a6    |    |         |         |
| 24) | f4—f5     | Sd8—f7    |    |         |         |
| 25) | f5—f6     | Le7—f6:   |    |         |         |
| 26) | b4—b5     | Da6—d6    |    |         |         |
| 27) | Ld5—f7:   | b7—b6     |    |         |         |
| 28) | Le3—h6    | Kf8—e7    |    |         |         |
| 29) | Lh6—g7:   | Lf6—g7:   |    |         |         |
| 30) | Lf7—b3    | Ta8—f8    |    |         |         |
| 31) | Tf1—f7†   | Tf8—f7:   |    |         |         |
| 32) | Dh5—f7†   | Ke7—d8    |    |         |         |
| 33) | Df7—g7:   | Dd6—d1†   | 36) | Dg7—f6† | Kd8—c8 |
| 34) | Kg1—f2    | Dd1—d2†   | 37) | Lb3—c6† | Kc8—b7 |
| 35) | Kf2—g3    | c4—c3     | 38) | Df6—f3† und Weiss gewinnt. | |

### Anmerkungen zur 143. Partie.

4) ... Se4—c3: Das Handbuch bezeichnet diesen Zug als fehlerhaft, er ist jedoch nach unserer Ansicht durchaus nicht tadelnswerth. Der Rückzug des Springers nach f6 würde dem Anziehenden einen zu grossen Vorsprung in der Entwickelung überlassen. Eine zulässige Antwort auf 4) Sb1—c3 (?) ist ausserdem 4) ... Sb8—c6; man vergleiche die folgende Partie. (Löwenthal erklärt wohl mit Recht auch 4) ... d7—d5 für correct).

5) ... f7—f6 (!). Der correcte Zug, durch welchen Schwarz den eroberten Bauer behaupten kann, ohne seine Stellung zu compromittiren. Der Nachziehende erlangt übrigens auch durch 5) ... c7—c6 ein gutes Spiel; man erwäge die Fortsetzung:

| 5) | ...   | c7—c6 | 7) | 0—0    | Lf8—d6 |
| 6) | Sf3—e5: | d7—d5 | 8) | Lc4—d3 | 0—0    |

Schlecht wäre 5) ... d7—d6 wegen der Folge 6) Sf3—g5, Lc8—e6 7) Lc4—e6:, f7—e6: 8) Dd1—f3 u. s. w.

6) ... Sb8—c6. Das Handbuch giebt die Fortsetzung 6) ... d7—d6 7) Sf3—h4, g7—g6 8) f2—f4, f6—f5 9) Sh4—f5: als vortheilhaft für Weiss an; Schwarz kann jedoch ruhig das Figurenopfer annehmen, denn auf 9) ... Lc8—f5: 10) f4—e5:, d6—e5: 11) Lc4—f7†, Ke8—f7: 12) Dd1—d8: würde 12) ... Lf8—c5† für den Nachziehenden entscheiden; es könnte darauf z. B. folgen 13) Kg1—h1, Th8—d8: 14) g2—g4, Td8—d1 und Schwarz gewinnt. Wir glauben, dass sowohl 6) ... d7—d6, als auch 6) ... Sb8—c6 dem Schwarzen eine genügende Vertheidigung gewährt, und halten den Angriff des Weissen für incorrect. Löwenthal hat neuerdings 6) ... Dd8—e7

empfohlen und folgende Fortsetzung angegeben: 7) Sf3—h4, g7—g6 8) Kg1—h1, c7—c6.

**12) Dd1—h5†.** Das einzige Mittel, den Angriff festzuhalten.

**12) ... g7—g6.** Hier konnte auch recht wohl 12) ... Le6—f7 geschehen, und auf 13) Dh5—g4 dann 13) ... h7—h5 u. s. w.

**16) ... Lf8—e7 (?).** Eine Uebereilung, durch welche Schwarz die Rochade verliert. Es hätte zuvörderst durch 16) ... Lg6—f7 (!) der feindlichen Dame das Feld e6 versperrt werden sollen.

**18) ... Sc6—d8 (?).** Der entscheidende Fehlzug. Auch jetzt noch befand sich der Nachziehende im Vortheil; das Richtige war 18) ... Ta8—d8. Von nun an wird der an sich schwache Angriff des Weissen unwiderstehlich.

**20) ... Lf7—d5:** Besser wäre Da5—d5: gewesen.

---

## 144. Partie.

Gespielt durch Correspondenz in den Jahren 1860—1861.

| | München. | Stuttgart. | | Weiss. | Schwarz. |
|---|---|---|---|---|---|
| | Weiss. | Schwarz. | 12) | ... | Lf8—g7 |
| 1) | e2—e4 | e7—e5 | 13) | Sg5—e4 | Lc8—e6 |
| 2) | Lf1—c4 | Sg8—f6 | 14) | Lc4—b3 | Le6—b3: |
| 3) | Sg1—f3 | Sf6—e4: | 15) | a2—b3: | Sd8—c6 |
| 4) | Sb1—c3 | Sb8—c6 | 16) | Lc1—e3 | f6—f5 |
| 5) | 0—0 | Se4—c3: | 17) | Dh4—e7† | Ke8—e7: |
| 6) | d2—c3: | Dd8—e7 | 18) | Se4—c5 | Sc6—c5: |
| 7) | Tf1—e1 | d7—d6 | 19) | Le3—c5† | Kc7—e6 |
| 8) | Sf3—g5 (?) | Sc6—d8 | 20) | Lc5—d4 | Th8—d8 |
| 9) | f2—f4 | f7—f6 | | | |
| 10) | f4—e5: | d6—e5: | | | |
| 11) | Dd1—h5† | g7—g6 | | | |
| 12) | Dh5—h4 | | | | |

| | | | 21) | Te1—e2 | Td8—d5 |
|---|---|---|---|---|---|
| | | | 22) | Ld4—e3 | a7—a6 |
| | | | 23) | c3—c4 | Td5—d7 |

| | Weiss. | Schwarz. | | Weiss. | Schwarz. |
|---|---|---|---|---|---|
| 24) | c2—c3 | Ta8—d8 | 33) | Tf1—g1 | h6—h5 |
| 25) | Ta1—f1 | Td7—d1 | 34) | b3—b4 | Td8—d3 |
| 26) | Tc2—c1 | Td1—c1: | 35) | g3—f4: | Lc5—f4: |
| 27) | Tf1—e1: | h7—h6 | 36) | Lc1—f4: | g5—f4: |
| 28) | Kg1—f2 | f5—f4 | 37) | Kc2—f1 | Td3—h3 |
| 29) | Le3—c1 | Kc6—f6 | 38) | Tg1—h1 | Th3—d3 |
| 30) | Kf2—e2 | e5—e4 | 39) | h2—h3 | f4—f3 |
| 31) | Tc1—f1 | g6—g5 | | Aufgegeben. | |
| 32) | g2—g3 | Lg7—c5 | | | |

### Anmerkungen zur 144. Partie.

**5) O—O.** Auf 5) Sc3—e4: würde 5) ... d7—d5 dem Nachziehenden ein sehr gutes Spiel verschaffen; auch 5) Lc4—f7† wäre keineswegs vortheilhaft für Weiss.

**8) Sf3—g5 (?).** Der entscheidende Fehlzug. Eine weit stärkere Fortsetzung des Angriffs ist 8) Sf3—d4 (!).

**12) ... Lf8—g7.** Man wird leicht erkennen, dass Schwarz den Springer jetzt noch nicht nehmen darf; Weiss würde durch 13) Lc1—g5: u. s. w. mindestens den Offizier zurückerobern.

---

## III. Das Damenspringerspiel.
### 1) e2—e4, e7—e5 2) Sb1—c3.
(Hampes Eröffnung.)
### 145. Partie.

Consultationspartie, gespielt zu Berlin im Frühjahr 1860.

P. Hirschfeld und
B. v. Guretzky-Cornitz.

B. Suhle.

| | Weiss. | Schwarz. | | Weiss. | Schwarz. |
|---|---|---|---|---|---|
| 1) | e2—e4 | e7—e5 | 10) | a2—b3: | Lc8—b7 (?) |
| 2) | Sb1—c3 | Lf8—c5 | 11) | Dd1—e2 | b5—b4 |
| 3) | f2—f4 | d7—d6 | 12) | Sc3—d1 | h7—h6 |
| 4) | Sg1—f3 | Sg8—f6 | 13) | Lg5—h4 | Dd8—e7 |
| 5) | Lf1—c4 | Sb8—c6 | 14) | Sd1—e3 | Lc5—e3: |
| 6) | d2—d3 | a7—a6 (?) | 15) | De2—e3: | g7—g5 |
| 7) | f4—f5 | b7—b5 (?) | 16) | f5—g6: | f7—g6: |
| 8) | Lc4—b3 | Sc6—a5 | 17) | Th1—f1 | De7—g7 |
| 9) | Lc1—g5 | Sa5—b3: | 18) | Sf3—e5: | g6—g5 |
| | | | 19) | Lh4—g3 | d6—e5: |
| | | | 20) | Lg3—e5: | Sf6—g4 |

| | Weiss. | Schwarz. | | Weiss. | Schwarz. |
|---|---|---|---|---|---|
| 21) | Le5—g7: | Sg4—e3: | 27) | Lf6—e5 | Kc8—d7 |
| 22) | Lg7—h8: | Se3—c2† | 28) | Ta1—c1 | c7—c6 |
| 23) | Ke1—d2 | Sc2—a1: | 29) | Tc1—c4 | a6—a5 |
| 24) | Tf1—a1: | 0—0—0 (?) | 30) | Tc4—c5 | Tf7—f1 |
| 25) | Lh8—f6 | Td8—d7 | 31) | Tc5—a5: | Tf1—e1† |
| 26) | Kd2—e3 | Td7—f7 | 32) | Ke3—d4 | Aufgegeben. |

### Anmerkungen zur 143. Partie.

2) ... Lf8—c5. Eine gute Antwort auf 2) Sb1—c3; für noch besser halten wir aber den Gegenzug 2) ... Sb8—c6, der in der folgenden Partie geschieht. Das Handbuch bezeichnet als die correcte Antwort 2) ... Sg8—f6 und führt die Fortsetzungen 3) f2—f4, d7—d5 4) e4—d5:, Sf6—d5: und 4) f4—e5:, Sf6—e4: als Remisspiele aus. Durch 4) d2—d3 (!) erlangt jedoch Weiss ein sehr gutes Angriffsspiel, wie folgende im Frühjahr 1860 zu Berlin gespielte Partie zeigt:

(Gespielt zu Berlin im Jahre 1860.)

B. v. Guretzky-Cornitz.   B. Suhle.

| | Weiss. | Schwarz. | | Weiss. | Schwarz. |
|---|---|---|---|---|---|
| 1) | e2—e4 | e7—e5 | 13) | Th1—f1 | Lf8—c5 |
| 2) | Sb1—c3 | Sg8—f6 (?) | 14) | Df7—d5† | Dc5—d5: |
| 3) | f2—f4 | d7—d5 | 15) | Sc3—d5: | Th8—e8 |
| 4) | d2—d3 (!) | d5—e4: | 16) | Lc1—e3: | Lc5—e3: |
| 5) | f4—e5: | Sf6—g4 | 17) | Sd5—e3: | Te8—e3: |
| 6) | d3—d4 | e4—e3 | 18) | Tf1—f2: | Lc8—e6 |
| 7) | Lf1—c4 | Sg4—e5: | 19) | Tf2—f8† | Kd8—e7 |
| 8) | Lc4—b3 | Se5—g4 | 20) | Tf8—h8 | Le6—b3: |
| 9) | Dd1—f3 | Dd8—d4: | 21) | a2—b3: | Ke7—f7 |
| 10) | Df3—f7† | Ke8—d8 | 22) | Ke1—d2 | Te3—e8 |
| 11) | Sg1—e2 | Dd4—e5 | 23) | Ta1—f1† | Kf7—e7 |
| 12) | h2—h3 | Sg4—f2 | 24) | Th8—h7: | Te8—g8 |
| | | | 25) | Se2—d4 | Aufgegeben. |

6) ... a7—a6 (?). Besser wäre 6) ... Lc8—g4 gewesen.

7) ... b7—b5 (?). Hier unterschätzt der Nachziehende das feindliche Spiel; es war nothwendig, durch 7) ... h7—h6 die äusserst unbequeme Fesselung des schwarzen Königsspringers durch den weissen Damenläufer zu verhindern.

## 146. Partie.

Correspondenzpartie, gespielt im Jahre 1861.

B. v. Gartzky-Gornitz.     M. Lange.
Weiss.     Schwarz.

| | Weiss. | Schwarz. |
|---|---|---|
| 1) | e2—e4 | e7—e5 |
| 2) | Sb1—c3 | Sb8—c6 |
| 3) | f2—f4 | e5—f4: |
| 4) | Sg1—f3 | g7—g5 |
| 5) | Lf1—c4 | Lf8—g7 (!) |
| 6) | 0—0 | d7—d6 |
| 7) | d2—d4 | h7—h6 |
| 8) | g2—g3 | Lc8—h3 |
| 9) | Tf1—f2 | g5—g4 |
| 10) | d4—d5 | Sc6—e7 |
| 11) | Sf3—d4 | f4—f3 |
| 12) | Lc1—e3 (?) | h6—h5 |
| 13) | Dd1—d2 | h5—h4 |
| 14) | Lc4—b5† | Ke8—f8 |
| 15) | g3—h4: (?) | Lg7—f6 |
| 16) | Le3—g5 | Se7—g6 |
| 17) | Sc3—e2 | f3—e2: |

Stellung nach dem 10. Zuge von Weiss.

| | Weiss. | Schwarz. |
|---|---|---|
| 18) | Lb5—e2: | Sg6—h4: |
| 19) | Tf2—f6: | Sg8—f6: |
| 20) | Dd2—f4 | Sf6—h5 |
| | Aufgegeben. | |

### Anmerkungen zur 146. Partie.

3) **f2—f4.** Dies nachträgliche Königsgambit ist nicht rathsam. Nach 3) ... e5—f4: (!) darf der Anziehende offenbar den Gambitangriff nicht mit 4) Lf1—c4 fortsetzen wegen der Folge: 4) ... Dd8—h4† 5) Ke1—f1, Lf8—c5, er muss also in das dem Läufergambit an Stärke beträchtlich nachstehende Springergambit einlenken. Im Springergambit gehört aber die frühe Entwickelung des weissen Damenspringers nicht eben zu den kräftigsten Angriffszügen, während der Zug des schwarzen Damenspringers nach c6 in sehr vielen Varianten ein wesentliches Hülfsmittel für die Vertheidigung und insbesondere regelmässig die beste Antwort auf Sb1—c3 ist. — J. Löwenthal führt die in Rede stehende Spielart folgendermassen zum Vortheil des Nachziehenden aus: 3) ... e5—f4: 4) Sg1—f3, g7—g5 5) Lf1—c4, Lf8—g7 6) 0—0, g5—g4 7) d2—d3, g4—f3: 8) Dd1—f3:, Lg7—c3: 9) b2—c3:, Sg8—f6 10) Lc1—f4:, d7—d6 oder 7) d2—d4, g4—f3: 8) Dd1—f3:, Lg7—d4† 9) Kg1—h1, Sc6—e5 10) Df3—f4:, Dd8—f6 11) Sc3—d5, Df6—f4: 12) Lc1—f4:, Se5—c4: 13) Sd5—c7†, Ke8—d8 14) Sc7—a8:, Ld4—e5 und Schwarz muss gewinnen.

8) ... **Lc8—h3.** Noch besser ist wohl 8) ... g5—g4.

10) ... **Sc6—e7 (?).** Der richtige Zug war 10) ... Sc6—a5.

12) Lc1—e3 (?). Hier versäumt der Anziehende die durch den schwachen zehnten Zug von Schwarz gebotene Gelegenheit zu einem vortheilhaften Angriff. Die Fortsetzung 12) Lc4—b5†, Ke8—f8 13) Sc3—c2 war entschieden günstig für Weiss.

13) Dd1—d2 (?). Auch jetzt noch wäre Lc4—b5† der stärkste Zug gewesen. Weiss lässt dem Gegner zu viel Zeit zur Einleitung einer nachhaltigen Contreattaque.

20) ... Sf6—h5. Bei 21) Df4—d2 würde Schwarz nach 21) ... Dd8—e8 22) Lg5—h4:, De8—e4: schliesslich im Vortheil bleiben, wie M. Lange bemerkt.

# IV. Das Königsspringergambit.

1) e2—e4, e7—e5  2) f2—f4, e5—f4:  3) Sg1—f3 (?).

### a) Das Kieseritzkygambit.

3) ... g7—g5 (!)  4) h2—h4, g5—g4 (!)  5) Sf3—e5.

Erste Vertheidigung: 5) ... h7—h5.

### 147. Partie.

Gespielt zu Bonn am 20. December 1858.

(Aus acht gleichzeitig ohne Ansicht des Schachbretts gespielten Partieen, von denen B. S. sechs gewann und zwei remis machte.)

| | B. Suhle. Weiss. | Kronenberg. Schwarz. | | | |
|---|---|---|---|---|---|
| 1) | e2—e4 | e7—e5 | | | |
| 2) | f2—f4 | e5—f4: | | | |
| 3) | Sg1—f3 | g7—g5 | | | |
| 4) | h2—h4 | g5—g4 | | | |
| 5) | Sf3—e5 | h7—h5 | | | |
| 6) | Lf1—c4 | Th8—h7 | | | |
| 7) | d2—d4 | Lf8—h6 | | | |
| 8) | Sb1—c3 | c7—c6 | | | |
| 9) | Se5—d3 | Dd8—f6 | | | |
| 10) | e4—e5 | Df6—f5 | | | |
| 11) | Sd3—e5 | Df5—g6 | | | |
| 12) | Lc4—d3 | Dg6—g7 | | | |
| 13) | Ld3—h7: | Dg7—h7: | 15) | Se4—d6† | Ke8—d8 |
| 14) | Sc3—e4 | b7—b6 | 16) | Se5—d3 | f7—f6 |

| Weiss. | Schwarz. |
|---|---|
| 17) Lc1—f4: | Lc8—a6 |
| 18) Dd1—d2 | Lh6—f8 |
| 19) Th1—f1 | Lf8—d6: |
| 20) e5—d6: | Dh7—e4† |
| 21) Dd2—e3 | f6—f5 (?) |
| 22) De3—e4: | f5—e4: |
| 23) Lf4—g5† | Kd8—e8 |

Von hier ab erzwang Weiss das Matt in zehn Zügen.

| | |
|---|---|
| 24) 0—0—0 | c6—c5 |
| 25) Td1—e1 | La6—b7 |
| 26) Sd3—e5 | Lb7—d5 |
| 27) Se5—g6 | Ld5—f7 |
| 28) Te1—e4† | Sg8—e7 |
| 29) Lg5—e7: | Sb8—c6 |
| 30) Le7—g5† | Sc6—e7 |

**Stellung nach dem 23. Zuge von Schwarz.**

| Weiss. | Schwarz. |
|---|---|
| 31) Lg5—e7: | Beliebig |
| 32) Le7—g5† | Lf7—e6 |
| 33) Tf1—f8† | |

### Anmerkungen zur 147. Partie.

**3) Sg1—f3 (?).** Der correcte Zug ist 3) Lf1—c4. Im Königsspringergambit findet der Anziehende zwar mannigfache Gelegenheit zu lebhaften Attaquen, kommt jedoch bei richtiger Führung des Gegenspiels schliesslich in Nachtheil.

Nicht der dauernde Mehrbesitz eines Bauern allein entscheidet zu Gunsten des Nachziehenden, sondern es kommt der wichtige Umstand hinzu, dass die schwarze Bauernkette, welche sich auf dem Königsflügel bildet, das feindliche Spiel sehr einengt und in vielen Fällen bald weiter vordringen kann zur Einleitung einer erfolgreichen Contreattaque. Besonders ist es für den Gambitgeber äusserst unbequem, dass seinem Damenläufer lange der Ausgang versperrt bleibt. So vielfach man auch versucht hat, den Springergambitangriff durch neue Wendungen zu verstärken, so ist es bis jetzt noch immer gelungen, Vertheidigungszüge zu finden, an denen er scheitern muss, und die Ueberzeugung, dass 3) Sg1—f3 ein incorrecter Zug ist, darf als feststehendes Resultat der bisherigen Untersuchungen bezeichnet werden.

Ebenfalls ungenügende Fortsetzungen des Gambitspiels sind die Züge 3) Dd1—f3 (?), worauf 3) ... Dd8—h4† 4) Df3—f2, Dh4—f2† 5) Ke1—f2:, Lf8—c5† zum Vortheile des Nachziehenden folgt, — 3) Dd1—g4 (?), worauf die Antwort 3) ... d7—d5 dem Schwarzen das bessere Spiel sichert, — und 3) h2—h4, worauf der Nachziehende 3) ... Lf8—e7 (oder auch 3) ... d7—d5) entgegnet und bei 4) Dd1—g4 durch 4) ... d7—d5, bei 4) Sg1—f3 durch 4) ... d7—d6 oder auch 4) ... Sg8—f6 dem Gegner bald den Vortheil des Anzugs entwindet.

5) ... h7—h5. Dieser Zug, durch welchen Schwarz die Bildung einer festen Bauernkette versucht, galt früher für die beste Vertheidigung im Kieseritzkygambit; der Nachziehende wird dadurch in den Stand gesetzt, den Mehrbesitz eines Bauern lange zu behaupten. Neuere Erfahrungen in der Praxis haben jedoch mehr und mehr das Urtheil begründet, dass Weiss in dieser Spielart einen erheblichen, das Opfer eines Bauern mindestens aufwiegenden Positionsvortheil erlangen kann. Desshalb hat man in den letztvergangenen Jahren gewöhnlich der Aufnahme des Gegenangriffs durch 5) ... Sg8—f6 den Vorzug gegeben. Die beste Vertheidigung besteht nach unserer Ansicht in dem von L. Paulsen erfundenen Zuge 5) ... Lf8—g7 (!), welcher dem Nachziehenden jedenfalls das freiere Spiel verschafft. Nicht vortheilhaft für Schwarz ist 5) ... d7—d6.

6) ... Th8—h7. Nach dem Handbuche der beste Zug; wir halten jedoch 6) ... Sg8—h6 für mindestens ebenso gut.

7) ... Lf8—h6 (?). Der berühmte russische Theoretiker v. Jänisch hat kürzlich eine Apologie des früher üblichen Vertheidigungszuges 7) ... Dd8—f6 (?) in der französischen Schachzeitung veröffentlicht. Zur Prüfung der bezeichneten Eröffnung wurde im Pariser Schachzirkel ein Turnier veranstaltet, an welchem sich die Herren Lequesne, Guibert, Vialay, Budzinsky, Quentin, Preti, Duclos, Mortimer, Klezinsky, Bierwirth, Fürst von Villafranca und ein Ungenannter betheiligten. Das Endresultat fiel nicht zu Gunsten der empfohlenen Vertheidigung aus; besonders hat sich die Fortsetzung 8) Sb1—c3, c7—c6 9) 0—0, Lf8—h6 10) Se5—f7:, Th7—f7: 11) e4—e5 als nachtheilig für Schwarz erwiesen. — Der correcte Zug ist 7) ... f4—f3 (!).

9) ... Dd8—f6 (?). Schwarz will durchaus den Gambitbauer nicht fahren lassen; die schwarze Dame geräth aber sogleich in arge Verlegenheit, wie die Folge zeigt.

25) Td1—e1. Weiss konnte das Matt in sechs Zügen erzwingen statt in zehn, wenn er 25) Tf1—f4 zog; man prüfe das Diagramm.

## 148. Partie.

Gespielt zu Paris im Jahre 1860.

| | J. Rolisch. | A. Anderssen. | | Weiss. | Schwarz. |
|---|---|---|---|---|---|
| | Weiss. | Schwarz. | 6) | Lf1—c4 | Th8—h7 |
| 1) | e2—e4 | e7—e5 | 7) | d2—d4 | f4—f3 (!) |
| 2) | f2—f4 | e5—f4: | 8) | g2—f3: (!) | d7—d6 |
| 3) | Sg1—f3 | g7—g5 | 9) | Se5—d3 | Lf8—e7 |
| 4) | h2—h4 | g5—g4 | 10) | Lc1—c3 (!) | Le7—h4† |
| 5) | Sf3—e5 | h7—h5 | 11) | Ke1—d2 | |

| | Weiss. | Schwarz. |
|---|---|---|
| 11) | ... | Lh4—g5 |
| 12) | f3—f4 | Lg5—h6 |
| 13) | Sb1—c3 | Lh6—g7 |
| 14) | f4—f5 | Sb8—c6 |
| 15) | Dd1—g1 | Lc8—d7 |
| 16) | Ta1—e1 | Sc6—a5 |
| 17) | Lc4—b3 | Sa5—b3† |
| 18) | a2—b3: | Ld7—c6 |
| 19) | Sd3—f4 | Sg8—f6 |
| 20) | Kd2—c1 | Lg7—h6 |
| 21) | e4—e5 | |

| 21) | ... | Lc6—h1: |
| 22) | e5—f6: | Lh1—f3 |
| 23) | Sf4—d5 | Ke8—f8 |
| 24) | Le3—h6† | Th7—h6 |

| | Weiss. | Schwarz. |
|---|---|---|
| 25) | Dg1—e3 | Th6—f6: |
| 26) | De3—g5 | |

| 26) | ... | Tf6—g6 |
| 27) | Dg5—d8† | Ta8—d8: |
| 28) | f5—g6: | f7—g6: |
| 29) | Sd5—c7: | Kf8—g8 |
| 30) | Sc7—e6 | Td8—e8 |
| 31) | Kc1—d2 | h5—h4 |
| 32) | Se6—g5 | Te8—f8 |
| 33) | Sc3—e4 | d6—d5 |
| 34) | Se4—f2 | g4—g3 |
| 35) | Sf2—h3 | Lf3—g4 |
| 36) | c2—c4 | Tf8—f5 |
| 37) | c4—d5: | Tf5—d5: |
| 38) | Tc1—e4 | Lg4—h3: |
| 39) | Sg5—h3: | Td5—h5 |
| 40) | Te4—f4 | Kg8—g7 |
| 41) | Kd2—d3 | a7—a6 |
| 42) | Kd3—e4 | Th5—b5 |
| 43) | Tf4—h4: | Tb5—b3: |
| 44) | Th4—g4 | Kg7—h6 (?) |
| 45) | Sh3—f4 | g6—g5 |
| 46) | Sf4—d3 | Kh6—h5 |
| 47) | Tg4—g3: | Kh5—h4 |
| 48) | Tg3—g1 | g5—g4 |
| 49) | d4—d5 | Tb3—b6 |
| 50) | Ke4—e5 | |

und Weiss gewinnt.

### Anmerkungen zur 148. Partie.

**8) g2—f3:** (!). Weniger stark ist der von Kieseritzky empfohlene Zug 8) g2—g3, woraus das eigentliche Gambit des Kieseritzky entsteht. Durch 8) g2—f3: erhält der Gambitgeber, obwohl er um einen Bauer schwächer bleibt, das überlegene Spiel; man betrachte die durch das erste Diagramm zu dieser Partie veranschaulichte Stellung nach dem 11. Zuge von Weiss.

**13) Sb1—c3.** Weiss darf den Bauer h5 noch nicht nehmen, weil Schwarz auf 13) Th1—h5: mit Vortheil 13) ... Sg8—f6 entgegnen würde.

**23) ... Ke8—f8.** Auch andere Züge können erheblichen Verlust nicht mehr abwehren.

## 149. Partie.

Berathungspartie, gespielt zu Leipzig i. J. 1859.

| | Beuthner, Beygang und C. Schmitt. | Senge, Saalbach und Schmorl. | | Weiss. | Schwarz. |
|---|---|---|---|---|---|
| | Weiss. | Schwarz. | 10) | Lc1—e3 | Lc7—h4† |
| 1) | e2—e4 | e7—e5 | 11) | Ke1—d2 | g4—f3: |
| 2) | f2—f4 | e5—f4: | 12) | Dd1—f3: | Lc8—g4 |
| 3) | Sg1—f3 | g7—g5 | 13) | Df3—f1 | Lh4—g5 |
| 4) | h2—h4 | g5—g4 | | | |
| 5) | Sf3—e5 | h7—h5 | | | |
| 6) | Lf1—c4 | Sg8—h6 | | | |
| 7) | d2—d4 | d7—d6 | | | |
| 8) | Se5—d3 | f4—f3 | | | |

| | | | 14) | Sb1—c3 | Lg5—e3† |
| --- | --- | --- | --- | --- | --- |
| | | | 15) | Kd2—e3: | c7—c6 |
| | | | 16) | Ta1—e1 (?) | Dd8—g5† |
| | | | 17) | Df1—f4 | f7—f6 |
| | | | 18) | e4—e5 | Dg5—f4:† |
| | | | 19) | Ke3—f4: | f6—e5: |
| 9) | g2—f3: | Lf8—e7 | 20) | d4—e5: | d6—d5 |

Stellung nach dem 20. Zuge von Schwarz.

Stellung nach dem 39. Zuge von Schwarz.

| | Weiss. | Schwarz. | | Weiss. | Schwarz. |
|---|---|---|---|---|---|
| 21) | Lc4—d5: | c6—d5: | 39) | e4—e5 | Td8—d1 |
| 22) | Sc3—d5: | Sb8—a6 | | | |
| 23) | Sd5—f6† | Ke8—f7 | | | |
| 24) | Sf6—h5: | Sa6—c7 | | | |
| 25) | Sh5—f6 | Lg4—e6 | | | |
| 26) | Th1—h5 | Sc7—d5† | | | |
| 27) | Sf6—d5: | Le6—d5: | | | |
| 28) | Sd3—b4 | Ld5—e6 | | | |
| 29) | Te1—h1 | Ta8—f8 | | | |
| 30) | Kf4—e4 | Kf7—g6 | | | |
| 31) | Sb4—d5 | Le6—d5† | | | |
| 32) | Ke4—d5: | Tf8—d8† | | | |
| 33) | Kd5—e4 | Td8—d2 | | | |
| 34) | Th5—h2 | Td2—h2: | | | |
| 35) | Th1—h2: | Kg6—f7 | | | |
| 36) | Ke4—d5 | Kf7—e7 | | | |
| 37) | c2—c4 | Th8—d8† | | | |
| 38) | Kd5—e4 | Sh6—f7 | | | |

| | | | | | |
|---|---|---|---|---|---|
| | | | 40) | Th2—c2 | Td1—e1† |
| | | | 41) | Ke4—d4 | Sf7—e5: |
| | | | | Weiss giebt auf. | |

### Anmerkungen zur 149. Partie.

14) **Sb1—c3.** Der stärkste Zug ist 14) Sd3—f4.
16) **Ta1—e1 (?).** Statt dessen musste Df1—f4 geschehen.

**Zweite Vertheidigung: 5) ... Sg8—f8.**
  **a. 6) Se5—g4:**
  **150. Partie.**

Gespielt zu Paris im Jahre 1858.

Boucher.    P. Morphy.
Weiss.    Schwarz.

Stellung nach dem 14. Zuge von Schwarz.

| | Weiss. | Schwarz. |
|---|---|---|
| 1) | e2—e4 | e7—e5 |
| 2) | f2—f4 | e5—f4: |
| 3) | Sg1—f3 | g7—g5 |
| 4) | h2—h4 | g5—g4 |
| 5) | Sf3—e5 | Sg8—f6 |
| 6) | Se5—g4: (?) | Sf6—e4: (!) |
| 7) | d2—d3 | Se4—g3 |
| 8) | Lc1—f4: | Sg3—h1: |
| 9) | Dd1—e2† | Dd8—e7 (!) |
| 10) | Sg4—f6† | Ke8—d8 |
| 11) | Lf4—c7† | Kd8—c7: |
| 12) | Sf6—d5† | Kc7—d8 |
| 13) | Sd5—e7: | Lf8—e7: |

Stellung nach dem 22. Zuge von Schwarz.

| | | | | Weiss. | Schwarz. |
|---|---|---|---|---|---|
| 14) | De2—g4 | d7—d6 | 24) | c2—c4 | Kd8—d7 |
| 15) | Dg4—f4 | Th8—g8 (!) | 25) | c4—d5: | Le6—d5: |
| 16) | Sb1—c3 | Lc8—e6 | 26) | Sb5—c3 | Le7—d6 |
| 17) | Lf1—e2 | Sb8—c6 | 27) | Df4—f5† | Ld5—e6 |
| 18) | 0—0—0 | Sh1—g3 | 28) | Df5—b5 | Kd7—c7 |
| 19) | Le2—f3 | Sg3—f5 | 29) | Kb1—a1 | Le6—d7 |
| 20) | d3—d4 | Sf5—h4: | 30) | Sc3—d5† | Kc7—b8 |
| 21) | Kc1—b1 | Sh4—f3: | 31) | Sd5—f6 | Tg8—d8 |
| 22) | g2—f3: | d6—d5 | 32) | d4—d5 (?) | Sc6—e5 |
| 23) | Sc3—b5 | Ta8—c8 | 33) | Db5—e2 | Ld7—f5 |

Stellung nach dem 31. Zuge von Schwarz.

| | Weiss. | Schwarz. |
|---|---|---|
| 34) | Sf6—e4 | Lf5—e4: |
| 35) | f3—e4: | Se5—c4 |
| 36) | Td1—c1 | b7—b5 |
| 37) | e4—e5 | Sc4—e5: |
| 38) | De2—b5† | Kb8—a8 |
| 39) | Tc1—d1 | Te8—c2 |
| 40) | Db5—a6 | f7—f5 |
| 41) | Ka1—b1 | Tc2—c7 |
| 42) | Td1—f1 | Se5—c4 |
| 43) | Tf1—f2 | Td8—b8 |
| 44) | b2—b3 | Ld6—a3 |

und Schwarz muss gewinnen.

**Anmerkungen zur 150. Partie.**

23) Sc3—b5. Minder nachhaltig wäre der Angriffsversuch 23) Df4—h6 nebst folgendem f3—f4 u. s. w.

32) d4—d5 (?). Hier musste zuvörderst 32) Sf6—d7† geschehen. Bis zu diesem Punkte ist übrigens die Partie von Seiten des Anziehenden sehr gut gespielt worden.

## 151. Partie.

Gespielt zu Breslau im August des Jahres 1859.

Aus dem zweiten Wettkampfe zwischen Anderssen und B. Suhle.

(Resultat: A. gewann zwei, B. S. vier Spiele.)

| | Anderssen. | B. Suhle. |
|---|---|---|
| | Weiss. | Schwarz. |
| 1) | e2—e4 | e7—e5 |
| 2) | f2—f4 | e5—f4: |
| 3) | Sg1—f3 | g7—g5 |
| 4) | h2—h4 | g5—g4 |
| 5) | Sf3—e5 | Sg8—f6 |
| 6) | Se5—g4: | Sf6—e4: |
| 7) | d2—d3 | Se4—g3 |
| 8) | Lc1—f4: | Sg3—h1: |
| 9) | Dd1—e2† | Dd8—e7 |
| 10) | Sg4—f6† | Ke8—d8 |
| 11) | Lf4—c7† | Kd8—c7: |
| 12) | Sf6—d5† | Kc7—d8 |
| 13) | Sd5—e7: | Lf8—e7: |

| | Weiss. | Schwarz. |
|---|---|---|
| 14) | De2—h5 | Sh1—g3 |

|    | Weiss.     | Schwarz.   |     | Weiss.     | Schwarz.   |
|----|------------|------------|-----|------------|------------|
| 15)| Dh5—a5†(!) | b7—b6      | 28) | b2—b3      | Sb7—d6     |
| 16)| Da5—d5     | Sb8—c6     | 29) | Df4—h6     | Lb4—c5     |
| 17)| Sb1—d2     | Sg3—f1:    | 30) | Sf3—d2     | Sd6—f5     |
| 18)| Ke1—f1:(!) | Lc8—b7     |     |            |            |
| 19)| Ta1—e1     | Th8—g8 (!) |     |            |            |
| 20)| Sd2—f3     | Kd8—c7     |     |            |            |
| 21)| Dd5—f5     | Ta8—e8     |     |            |            |
| 22)| d3—d4      | Kc7—c8     |     |            |            |
| 23)| Df5—f4     | Sc6—d8     |     |            |            |
| 24)| Te1—e3     | Lc7—b4     |     |            |            |

|    |            |            |     | Weiss.     | Schwarz.   |
|----|------------|------------|-----|------------|------------|
|    |            |            | 31) | Dh6—g5 (!) | Sf5—e3†    |
|    |            |            | 32) | Kf1—e2     | Se3—c4†    |
|    |            |            | 33) | Ke2—d1     | Lc5—e3     |
|    |            |            | 34) | Dg5—f6     | Sc4—d2:    |
|    |            |            | 35) | Df6—f7:    | Te8—d8     |
|    |            |            | 36) | Df7—h7:    | Sd2—f1     |
|    |            |            | 37) | g2—g4      | Kc8—b8     |
| 25)| Te3—e8:(!) | Tg8—e8:    | 38) | Kd1—e2     | Td8—c8†    |
| 26)| d4—d5      | Lb7—a6†    | 39) | Ke2—b1     | Le3—d4     |
| 27)| c2—c4      | Sd8—b7     |     | und Schwarz gewinnt. |   |

**Anmerkungen zur 151. Partie.**

19) ... Th8—g8 (!). Auf 19) ... Kd8—c7 würde folgen 20) Te1—e7: und Weiss gewinnt einen Offizier.

27) ... Sd8—b7. Noch besser wäre es wohl gewesen, sofort durch 27) ... b6—b5 die Kette der weissen Bauern zu sprengen.

## 152. Partie.

Gespielt zu Paris im Jahre 1858.

|    | Anderssen. | P. Morphy. |    | Weiss.  | Schwarz. |
|----|------------|------------|----|---------|----------|
|    | Weiss.     | Schwarz.   | 3) | Sg1—f3  | g7—g5    |
| 1) | e2—e4      | e7—e5      | 4) | h2—h4   | g5—g4    |
| 2) | f2—f4      | e5—f4:     | 5) | Sf3—e5  | Sg8—f6   |

|  | Weiss. | Schwarz. |
|---|---|---|
| 6) | Se5—g4: | d7—d5 (?) |
| 7) | Sg4—f6† | Dd8—f6: |
| 8) | Dd1—e2 | Lf8—d6 |
| 9) | Sb1—c3 | c7—c6 |
| 10) | d2—d4 | Df6—d4: |
| 11) | Lc1—d2 | Th8—g8 |
| 12) | c4—d5† | Ke8—d8 |
| 13) | 0—0—0 | |

Stellung nach dem 19. Zuge von Weiss.

|  | Weiss. | Schwarz. |
|---|---|---|
| 13) | ... | Lc8—g4 |
| 14) | De2—e4 | Dd4—e4: |
| 15) | Sc3—e4: | Lg4—d1: |
| 16) | Se4—d6: | Ld1—h5 |
| 17) | Ld2—f4: | c6—d5: |
| 18) | Sd6—b7† | Kd8—c7 |
| 19) | Lf1—h5 | Tg8—g2: |
| 20) | Th1—e1† | Kc7—f6 |
| 21) | Te1—c8 | Lh5—g6 |
| 22) | Sb7—d6 | Sb8—c6 |
| 23) | Tc8—a8: | Tg2—c2† |
| 24) | Kc1—d1 | Sc6—d4 |
| 25) | Ta8—c8 | Lg6—h5† |
| 26) | Kd1—e1 | Sd4—f3† |

|  | Weiss. | Schwarz. |
|---|---|---|
| 27) | Ke1—f1 | Tc2—b2: |
| 28) | Lh5—e2 | Tb2—a2: |
| 29) | Lf4—g5† | Sf3—g5: |
| 30) | h4—g5† | Kf6—g5: |
| 31) | Tc8—e5† | Kg5—f6 |
| 32) | Te5—h5: | |

Schwarz giebt die Partie auf.

**Anmerkungen zur 152. Partie.**

8) **Dd1—e2**. M. Lange erklärt im 19. Jahrgange der alten Schachzeitung, Seite 106, für den stärksten Zug 8) Sb1—c3 und giebt die Fortsetzungen:

A. 8) ... Df6—g6 9) Dd1—f3, Lf8—d6 10) Sc3—d5:, Lc8—g4 11) Df3—g4:, Dg7—g4: 12) Sd5—f6†.

B. 8) ... Df6—g7 9) Dd1—f3, c7—c6 10) d2—d4, Dg7—d4: 11) Lc1—d2, Lf8—d6 12) 0—0—0 als vortheilhaft für den Gambitgeber an.

---

## 153. Partie.

Gespielt zu Breslau im Januar 1859.

| | Anderssen. Weiss. | M. Lange. Schwarz. | | Weiss. | Schwarz. |
|---|---|---|---|---|---|
| | | | 17) | ... | Sh8—a6 |
| 1) | e2—e4 | e7—e5 | 18) | d3—d4 (?) | b7—b5 |
| 2) | f2—f4 | e5—f4: | 19) | g2—g3 | Lc8—b7 |
| 3) | Sg1—f3 | g7—g5 | 20) | Lc2—f3 | Sf2—d3† |
| 4) | h2—h4 | g5—g4 | 21) | c2—d3: | Lb7—d5: |
| 5) | Sf3—e5 | Sg8—f6 | 22) | Lf3—d5: | Ta8—c8† |
| 6) | Se5—g4: | Sf6—e4: | 23) | Kc1—b1 | Lh4—g5 |
| 7) | d2—d3 | Se4—g3 | 24) | Sd2—e4 | f7—f6 |
| 8) | Lc1—f4: | Dd8—e7† | 25) | Ld5—b7 | |
| 9) | Lf1—c2 | De7—b4† (?) | | | |
| 10) | Dd1—d2 | Db4—d2† | | | |
| 11) | Sb1—d2: | Sg3—h1: | | | |
| 12) | Sg4—f6† | Ke8—d8 | | | |
| 13) | Sf6—d5 | Lf8—e7 | | | |
| 14) | 0—0—0 | Sh1—f2 | | | |
| 15) | Td1—f1 | Le7—h4 | | | |
| 16) | Lf4—c7† | Kd8—e8 | | | |
| 17) | Lc7—d6 | | | | |

| | | |
|---|---|---|
| 25) | ... | Tc8—c6 |
| 26) | Lb7—c6: | d7—c6: |
| 27) | Se4—f6† | Lg5—f6: |
| 28) | Tf1—f6: | Ke8—d7 |
| 29) | Ld6—e5 | Th8—e8 |
| 30) | Tf6—d6† | |

und Weiss gewinnt.

### Anmerkungen zur 153. Partie.

8) ... Dd8—e7†. Dadurch werden die Spiele ausgeglichen; durch 8) ... Sg3—h1: (!) dagegen erlangt der Nachziehende die Uebermacht, indem er einen Thurm und zwei leichte Offiziere für die Dame eintauscht; man vgl. die 150. und 151. Partie.

9) ... De7—b4† (?). Ein schwacher Zug; die richtige Fortsetzung ist 9) ... Sg3—e2: 10) Dd1—e2:, De7—e2† 11) Ke1—e2:, Lf8—g7 mit etwa gleichem Spiele für beide Parteien.

18) d3—d4 (?). Stärker war 18) g2—g3 sofort.

---

b. 6) Lf1—c4, d7—d5 7) e4—d5:, Lf8—d6 8) d2—d4, Sf6—h5.

Erste Angriffsweise: 9) Lc4—b5† (!).

### 154. Partie.

Gespielt zu Bonn im Jahre 1859.

| | T. Weiss. | B. Suhle. Schwarz. | | Weiss. | Schwarz. |
|---|---|---|---|---|---|
| 1) | e2—e4 | e7—e5 | 12) | Sc3—e2 | Sg3—e2: (!) |
| 2) | f2—f4 | e5—f4: | 13) | Dd1—e2: | a7—a6 (!) |
| 3) | Sg1—f3 | g7—g5 | 14) | Lb5—d3 | Sb8—d7 (!) |
| 4) | h2—h4 | g5—g4 | 15) | Se5—g4: (!) | Df6—d4: |
| 5) | Sf3—e5 | Sg8—f6 | 16) | Th2—h1 | Sd7—e5 |
| 6) | Lf1—c4 | d7—d5 (!) | 17) | Sg4—f2 | Lc8—f5 |
| 7) | e4—d5: | Lf8—d6 | 18) | Ld3—f5: | Ta8—e8 |
| 8) | d2—d4 | Sf6—h5 | 19) | Lf5—c6 | f7—e6: |
| 9) | Lc4—b5† (?) | Ke8—f8 | 20) | c2—c3 | Dd4—d5: |
| 10) | Sb1—c3 | Sh5—g3 | 21) | Sf2—g4 | Sc5—d3† |
| | | | 22) | Ke1—f1 | Te8—e7 |
| 11) | Th1—h2 (?) | Dd8—f6 | 23) | Sg4—f6 | Dd5—f5 |

| | Weiss. | Schwarz. |
|---|---|---|
| 24) | Sf6—e4 | Sd3—c5 |
| 25) | Se4—c5: | Ld6—c5: |
| 26) | De2—f3 | e6—e5 |
| 27) | Df3—b7: | Df5—d3† |
| 28) | Kf1—e1 | Dd3—g3† |
| 29) | Ke1—e2 | e5—e4 |
| 30) | Th1—f1 | Dg3—g2† |
| 31) | Ke2—e1 | Dg2—g3† |
| 32) | Ke1—e2 | Dg3—g4† |
| 33) | Ke2—e1 | Dg4—h4† |
| 34) | Ke1—e2 | Dh4—g4† |
| 34) | Ke2—e1 | e4—e3 |

und Schwarz gewann.

### Anmerkungen zur 154. Partie.

7) ... Lf8—d6. Der Nachziehende kann hier durch 7) ... Lf8—g7 in die von L. Paulsen erfundene Vertheidigungsweise einzulenken versuchen. Die daraus hervorgehenden Spielarten hat M. Lange im 19. Jahrgange der alten Schachzeitung S. 36—42, S. 72—77 und S. 101—105 zum Gegenstande einer ausführlichen Untersuchung gemacht, der wir die folgenden Varianten entnehmen:

Stellung nach dem 7. Zuge von Schwarz.

Erste Fortsetzung: 8) d2—d4, 0—0.

**A.**

| 9) | Lc1—f4: | Sf6—d5: | 13) | c3—d4: | Sb8—c6 |
|---|---|---|---|---|---|
| 10) | Lc4—d5: | Dd8—d5: | 14) | Se5—c6: | b7—c6: |
| 11) | 0—0 | c7—c5 | 15) | Lf4—e3 | Dd5—e4 |
| 12) | c2—c3 | c5—d4: | 16) | Dd1—d2 | Tf8—e8 |

| | Weiss. | Schwarz. | | Weiss. | Schwarz. |
|---|---|---|---|---|---|
| 17) | Lc3—f2 | g4—g3 | 21) | Dd2—e1 | Le8—e6 |
| 18) | Lf2—g3: | De4—d4† | 22) | Sb1—c3 | Td3—g3: |
| 19) | Tf1—f2 | Te8—e3 | 23) | Kh2—g3: | Lg7—e5† |
| 20) | Kg1—h2 | Te3—d3 | 24) | Kg3—f3 | Le6—g4† |

oder:

| | | | | | |
|---|---|---|---|---|---|
| 10) | Dd1—d2 | c7—c5 | 14) | Lc4—f7† | Kg8—h8 |
| 11) | c2—b3 | c5—d4: | 15) | 0—0 | Dd8—d4† |
| 12) | c3—d4: | Sd5—f4: | 16) | Df4—d4: | Sc6—d4: |
| 13) | Dd2—f4: | Sb8—c6 | 17) | Se5—d3 | Sd4—c2 |

„und Schwarz bleibt im Vortheil."

### B.

| | | | | | |
|---|---|---|---|---|---|
| 9) | 0—0 | c7—c5 | 18) | Dh5—g5† | Dd8—g5: |
| 10) | c2—c3 | c5—d4: | 19) | h4—g5: | Sc5—d3 |
| 11) | c3—d4: | Sf6—d5: | 20) | Lf4—g3 | Sd3—b2: |
| 12) | Lc4—d5: | Dd8—d5: | 21) | Kg1—h1 | Lg4—f5 |
| 13) | Sb1—c3 | Dd5—d8 | 22) | Sc3—e2 | Ld4—g7 |
| 14) | Se5—g4: | Lg7—d4† | 23) | Ta1—c1 | Sb2—d3 |
| 15) | Sg4—f2 | Sb8—c6 | 24) | Sf2—d3: | Lf5—d3: |
| 16) | Dd1—h5 | Sc6—e5 | 25) | Tf1—e1 | Ld3—e2: |
| 17) | Lc1—f4: | Le8—g4 | 26) | Te1—e2: | h7—h5 |

„und Schwarz bleibt im Vortheil."

Oder:

| | | | | | |
|---|---|---|---|---|---|
| 10) | Lc1—f4: | c5—d4: | 13) | Lf4—e5: | Sb8—c6 |
| 11) | Dd1—d4: | Sf6—d7 | 14) | d5—c6: | Dd8—d4† |
| 12) | Tf1—e1 (?)*) | Sd7—c5: | 15) | Le5—d4: | Lg7—d4† |

oder:

| | | | | | |
|---|---|---|---|---|---|
| 12) | Dd4—c3 (?)*) | Tf8—e8 | 14) | g2—g3 | Dh4—h5 |
| 13) | Tf1—e1 | Dd8—h4: | | | |

„zu Gunsten des schwarzen Spieles."

oder:

| | | | | | |
|---|---|---|---|---|---|
| 10) | d5—c6: | Sb8—c6: | 14) | Sb1—d2 | c6—c5 |
| 11) | Sc5—c6: | b7—c6: | 15) | c2—c3 | Ta8—b8 |
| 12) | Lc1—f4: | Sf6—h5 | 16) | Ta1—b1 (!) | Le8—b7 |
| 13) | Lf4—e3 | Dd8—h4: | 17) | Tf1—f5 | Sh5—g3 |

---

*) Der richtige Zug ist 12) Sb1—c3, wodurch der Gambitgeber unseres Erachtens ein gutes Spiel bekommt. Statt 10) ... c5—d4: schlägt M. Lange auch 10) ... Dd8 —b6 vor. Wir lassen die Entscheidung über diese Varianten einstweilen dahingestellt.

|     | Weiss.      | Schwarz.    |     | Weiss.      | Schwarz.    |
|-----|-------------|-------------|-----|-------------|-------------|
| 18) | Tf5—g5      | Dh4—h1†     | 20) | Kf2—e1      | Tb8—e8      |
| 19) | Kg1—f2      | Dh1—g2†     |     | „und Schwarz wird gewinnen." | |

### C.

|     | Weiss.   | Schwarz. |     | Weiss.   | Schwarz. |
|-----|----------|----------|-----|----------|----------|
| 9)  | Sb1—c3   | c7—c5    | 12) | Dd1—d4:  | Sb8—c6   |
| 10) | Lc1—f4:  | Sf6—h5   | 13) | Se5—c6:  | b7—c6:   |
| 11) | g2—g3    | c5—d4:   | 14) | Dd4—d2   | Tf8—e8†  |

„und Schwarz behält das entschieden bessere Spiel" (?).

### Oder:

|     | Weiss.    | Schwarz. |     | Weiss.   | Schwarz. |
|-----|-----------|----------|-----|----------|----------|
| 10) | d5—c6:    | Sf6—h5   | 15) | Ke1—d2   | Dg1—h2:  |
| 11) | c6—b7:    | Lc8—b7:  | 16) | Ta1—e1 (!) | Dh2—g2† |
| 12) | Dd1—g4:   | Sh5—g3   | 17) | Te1—e2   | Sg3—f1†  |
| 13) | Th1—h2    | Dd8—d4:  | 18) | Kd2—e1   | Dg2—g4:  |
| 14) | Lc1—f4:   | Dd4—g1†  | 19) | Se5—g4:  | Sb8—d7   |

„und Schwarz behauptet den Vortheil der Qualität."

### Zweite Fortsetzung: 8) 0—0.

#### A.

|     | Weiss.     | Schwarz. |     | Weiss.     | Schwarz. |
|-----|------------|----------|-----|------------|----------|
| 8)  | ...        | 0—0      | 14) | Lc4—e2:    | Ld4—f2†  |
| 9)  | Sb1—c3     | Sf6—h5   | 15) | Tf1—f2:    | Sh5—g3   |
| 10) | Se5—g4:    | Lg7—d4†  | 16) | Tf2—f1 (!) | Tf8—e8   |
| 11) | Sg4—f2 (!) | Dd8—h4:  | 17) | Le2—f3 (!) | Dh4—h1†  |
| 12) | Sc3—e2     | Lc8—g4   | 18) | Kg1—f2     | Sg3—f1:  |
| 13) | c2—c3      | Lg4—e2:  |     | „und Schwarz gewinnt." | |

#### B.

|     | Weiss.   | Schwarz. |     | Weiss.   | Schwarz. |
|-----|----------|----------|-----|----------|----------|
| 8)  | ...      | Sf6—h5   | 13) | Tf1—f2   | Ld4—f2†  |
| 9)  | Lc4—b5†  | c7—c6    | 14) | Kg1—f2:  | Dd8—d4†  |
| 10) | d5—c6:   | 0—0      | 15) | Kf2—e1   | Dd4—g1†  |
| 11) | c6—b7:   | Lg7—e5:  | 16) | Lc4—f1   | Sh5—g3   |
| 12) | b7—a8:D  | Le5—d4†  |     | „und Schwarz wird gewinnen." | |

### Dritte Fortsetzung: 8) Sb1—c3, 0—0.

|     | Weiss.   | Schwarz. |     | Weiss.   | Schwarz. |
|-----|----------|----------|-----|----------|----------|
| 9)  | Sc3—e2   | Sf6—h5   | 12) | Lc1—f4:  | c5—d4:   |
| 10) | d2—d4    | c7—c5    | 13) | Se5—g4:  | Tf8—e8†  |
| 11) | Se2—f4:  | Sh5—f4:  | 14) | Ke1—f2   | d4—d3    |

„und Schwarz erlangt ein erfolgreiches Angriffsspiel."

### Oder:

|     | Weiss.  | Schwarz. |     | Weiss.  | Schwarz. |
|-----|---------|----------|-----|---------|----------|
| 9)  | ...     | Sf6—d5:  | 11) | Lc1—e3: | f4—e3:   |
| 10) | d2—d4   | Sd5—e3   | 12) | Dd1—d3  | c7—c5    |

| | Weiss. | Schwarz. | | Weiss. | Schwarz. |
|---|---|---|---|---|---|
| 13) | c2—c3 | c5—d4: | 15) | d4—e5: | Dd8—d3: |
| 14) | c3—d4: | Lg7—e5: | 16) | Lc4—d3: | Sb8—c6 |

„und Schwarz behauptet bei günstiger Stellung seinen Vortheil."

Obgleich uns in der vorstehenden Analyse Manches zweifelhaft erscheint und wir daher geneigt sind, der ursprünglichen Paulsenschen Vertheidigung 5) ... Lf8—g7 vor der Bewegung des Königsspringers im 5. Zuge mit späterer Anwendung jenes Läuferzuges den Vorzug zu geben, so erkennen wir doch M. Langes Spielart als eine sehr beachtenswerthe Neuerung an. Ein definitives Urtheil darüber wird erst dann gefällt werden können, wenn sie öfters in Kämpfen zwischen Spielern ersten Ranges erprobt worden ist.

---

9) **Lc4—b5†** (?). Seit 1857 galt dieser zuerst von Erkel gegen Szen mit glücklichem Erfolge angewandte Zug für die stärkste Fortsetzung des Angriffs; neuere Untersuchungen haben jedoch erwiesen, dass Weiss bei richtigem Gegenspiele schliesslich verlieren muss. Besser sind die Züge 9) Sb1—c3 und 9) 0—0; A. Anderssen hält die Rochade für das Stärkste.

9) ... **Ke8—f8**. Dieser Zug ist vollkommen sicher, noch wirksamer ist jedoch **Anderssens** geniale Opfercombination: 9) ... c7—c6 10) d5—c6:, b7—c6: (!) 11) Se5—c6:, Sb8—c6: (!) 12) Lb5—c6†, Ke8—f8 (!); man vgl. die 158. Partie.

10) **Sb1—c3**. J. Springsfeld hat an dieser Stelle die Rochade empfohlen und folgende für den Gambitgeber günstige Fortsetzung ausgeführt: 10) 0—0, Dd8—h4: 11) Lc1—f4:, Ld6—e5:, 12) d4—e5:, g4—g3 13) Lf4—h6†, Kf8—g8 14) Tf1—f3, Lc8—g4 15) Sb1—c3 u. s. w. Bei 13) ... Sh5—g7 statt 13) ... Kf8—g8 wird jedoch der Nachziehende im Vortheil bleiben; man erwäge die Variante: 14) Lh6—g7†, Kf8—g7: 15) Tf1—f3, Lc8—g4 16) Sb1—c3, Dh4—h2† 17) Kg1—f1, Dh2—h1† 18) Kf1—e2, Dh1—g2† 19) Ke2—e3, Dg2—f3† 20) Dd1—f3:, Lg4—f3: 21) Ke3—f3:, c7—c6.

11) **Th1—h2** (?). Ein schlechter Zug; das Beste ist 11) Lc1—f4:; man vgl. die 156. Partie.

12) **Sc3—e2**. Auf 12) Se5—g4: würde 12) ... Df6—c7† 13) Kc1—f2, h7—h5 14) Sg4—e5, Ld6—e5: 15) d4—e5:, De7—c5† zum Vortheil des Nachziehenden folgen oder auch 13) ... f7—f6 14) Lc1—f4:, f6—e5: 15) Lf4—g3:, e5—d4: u. s. w.

13) ... **a7—a6** (!). Nur scheinbar stark ist 13) ... f4—f3, worauf 14) g2—f3:, g4—f3: 15) De2—e4 (!) folgt.

14) ... **Sb8—d7** (!). Weniger gut ist 14) ... g4—g3; man erwäge die Fortsetzung: 15) Th2—h1, Sb8—d7 16) Se5—c4, Df6—d4: 17) Sc4—d6:, c7—d6: 18) Th1—f1, Dd4—d5 15) Lc1—f4: u. s. w.

32) ... Dg3—g4†. Bei 32) ... Dg3—d3† nebst 33) ... f4—f3 hätte der Anziehende Aussicht auf Remis durch immerwährendes Schachbieten behalten.

## 155. Partie.

Gespielt zu Paris im Jahre 1864.

X.        v. Petroff.

| | Weiss. | Schwarz. | | Weiss. | Schwarz. |
|---|---|---|---|---|---|
| 1) | e2—e4 | e7—e5 | 15) | d5—c6: | Sb8—c6: |
| 2) | f2—f4 | e5—f4: | 16) | Lb5—c6: | b7—c6: |
| 3) | Sg1—f3 | g7—g5 | 17) | Lc1—f4: | Sg3—f5 |
| 4) | h2—h4 | g5—g4 | 18) | Sd4—e2 | Lc8—a6 |
| 5) | Sf3—e5 | Sg8—f6 | 19) | Tg1 f1 | Ta8—d8 |
| 6) | Lf1—c4 | d7—d5 | 20) | Dd1—c1 | Db6—b4† |
| 7) | e4—d5: | Lf8—d6 | 21) | Ke1 f2 | |
| 8) | d2—d4 | Sf6—h5 | | | |
| 9) | Lc4—b5†(?) | Ke8 f8 | | | |
| 10) | Sb1—c3 | Sh5—g3 | | | |
| 11) | Th1—g1 | Dd8—f6 (!) | | | |
| 12) | Sc3—e2 | Ld6 e5: | | | |
| 13) | d4—e5: | Df6—b6 | | | |

| | | |
|---|---|---|
| 21) | ... | g4—g3† |
| 22) | Kf2—f3 | La6—c2‡ |
| 23) | Kf3—e2 | Db4—e4† |
| 24) | Lf4—e3 | Sf5—d4† |
| 25) | Ke2—e1 | Sd4—c2‡ |
| 26) | Ke1—e2 | De4—g2‡ |

und Schwarz gewinnt.

| 14) | Sc2—d4 | c7—c5 |

### Anmerkungen zur 155. Partie.

11) Th1—g1. Dieser Zug wurde im Jahre 1860 von W. Paulsen und B. Suhle an Stelle des früher üblichen 11) Th1—h2 empfohlen, verschafft aber ebenfalls dem Gambitgeber kein gutes Spiel; das allein Richtige ist 11) Lc1—f4:; man vgl. die 156. Partie.

11) ... **Dd8—f6**. Schwächer ist 11) ... Dd8—h4:, wie folgende von P. Hirschfeld aufgestellte Varianten zeigen:

### A.

| | | | | |
|---|---|---|---|---|
| 11) | ... | Dd8—h4: | 17) | d4—e5: | Sg3—h5 |
| 12) | Lc1—f4: | Sg3—h5† | 18) | Tg1—g4† | Lc8—g4 |
| 13) | g2—g3 | Dh4—h2 | 19) | Dd1—g4† | Sh5—g7 |
| 14) | Lf4—h6† | Kf8—g8 | 20) | Lf2—d4 | h7—h5 |
| 15) | Lh6—e3 | Sh5—g3: | 21) | Sc3—e4 | |
| 16) | Le3—f2 | Ld6—e5: | | „und Weiss gewinnt." | |

### B.

| | | | | |
|---|---|---|---|---|
| 14) | ... | Sh5—g7 | 18) | Lb5—a4 | b7—b5 |
| 15) | Lh6—e3 | h7—h5 | 19) | La4—b3 | Sb8—d7 |
| 16) | Dd1—d3 | Lc8—f5 | 20) | 0—0—0 „und Weiss hat eine | |
| 17) | Sc3—e4 | a7—a6 | | sehr vortheilhafte Position." | |

### C.

| | | | | |
|---|---|---|---|---|
| 13) | ... | Dh4—e7 | 16) | Lh6—g7 | Th8—g8 |
| 14) | Lb5—c2 | Sh5—f6 | 17) | Lg7—f6: | De7—f6: |
| 15) | Lf4—h6† | Kf8—e8 | 18) | Tg1—f1 | |

„und Weiss behauptet das überlegene Spiel."

12) **Sc3—e2**. Auf 12) Sc5—g4: folgt nach P. Hirschfeld 12) ... Df6—h4: 13) Sg4—f2, Dh4—h2 14) Sc3—e2, Sg3—e2: 15) Tg1—h1, Dh2—g2: 16) Dd1—e2:, c7—c6 17) d5—c6:, Sb8—c6:, zu Gunsten des Nachziehenden.

12) ... **Ld6—e5**: P. Hirschfeld führt die Fortsetzung 12) ... Sg3—e2: 13) Dd1—e2:, h7—h5 14) Tg1—h1, a7—a6 15) Lb5—a4, b7—b5 16) La4—b3, Kf8—g7 17) Lc1—d2, Th8—e8 18) 0—0—0, Sb8—d7 als vortheilhaft für Schwarz aus. Die treffliche Combination des geistvollen russischen Meisters scheint uns aber noch schneller und sicherer den Sieg zu erzwingen.

---

### 156. Partie.

Gespielt zu Paris im Jahre 1863.

| | v. Petroff. Weiss. | Journoud. Schwarz. | | Weiss. | Schwarz. |
|---|---|---|---|---|---|
| 1) | c2—c4 | e7—e5 | 4) | h2—h4 | g5—g4 |
| 2) | f2—f4 | e5—f4: | 5) | Sf3—e5 | Sg8—f6 |
| 3) | Sg1—f3 | g7—g5 | 6) | Lf1—c4 | d7—d5 |
| | | | 7) | c4—d5: | Lf8—d6 |

| Weiss. | Schwarz. |
|---|---|
| 8) d2—d4 | Sf6—h5 |
| 9) Lc4—b5† (?) | Ke8—f8 |
| 10) Sb1—c3 | Sh5—g3 |
| 11) Lc1—f4: (!) | Sg3—h1: |
| 12) Dd1—d2 | Dd8—h4∓ |
| 13) g2—g3 | Sh1—g3: |
| 14) Dd2—f2 | |

Stellung nach dem 17. Zuge von Weiss.

| | Weiss. | Schwarz. |
|---|---|---|
| 28) | a2—a3 | a5—a4 |
| 29) | c4—c5 | Ld7—c8 |
| 30) | d5—d6 | c7—d6: |
| 31) | c5—d6: | Lc8—d7 |
| 32) | Kg3—f4 | Ld7—e6 |
| 33) | Kf4—g3 | |

| 14) | ... | Sg3—f5 |
|---|---|---|
| 15) | Df2—h4: | Sf5—h4: |
| 16) | Lf4—h6† | Kf8—g8 (!) |
| 17) | Sc3—e4 | Ld6—e7 (!) |
| 18) | Lb5—c8 | Sh4—f3† |
| 19) | Ke1—f2 (!) | Sf3—e5: |
| 20) | d4—e5: | Lc8—f5 |
| 21) | Se4—f6† | Le7—f6: |
| 22) | e5—f6: | Sb8—d7 |
| 23) | Lc8—d7: | Lf5—d7: |
| 24) | Ta1—c1 | Ta8—e8 |
| 25) | Tc1—c8∓ | Ld7—c8: |
| 26) | Kf2—g3 | Lc8—d7 |
| 27) | c2—c4 | a7—a5 |

Remis.

**Anmerkungen zur 156. Partie.**

11) Lc1—f4: (!). Dieser Zug, mit welchem der Gambitgeber die Qualität aufopfert, um den Angriff festzuhalten, ist zwar das Beste, was er in dieser Lage thun kann, führt jedoch, wie die von beiden Seiten schön gespielte Partie beweis't, einem vorsichtigen Gegner gegenüber höchstens zum Remis.

14) ... Sg3—f5. Man wird sich leicht davon überzeugen, dass 14) ... Dh4—h1† ein grober Fehler wäre.

17) ... Ld6—e7 (!). Bei 17) ... Ld6—c5: verliert Schwarz die Partie wegen 18) d4—c5:, f7—f5 19) Lc4—e8 u. s. w.

28) a2—a3. Weiss stellt seine Bauern auf schwarze Felder und sichert sich so das Remis.

---

### 157. Partie.

Gespielt zu Paris im Jahre 1858.

| | Harrwitz. Weiss. | P. Morphy. Schwarz. | | Weiss. | Schwarz. |
|---|---|---|---|---|---|
| 1) | e2—e4 | e7—e5 | 15) | Lf4—c5: | f7—f6 |
| 2) | f2—f4 | e5—f4: | 16) | Lc5—g3 | Sb8—a6 |
| 3) | Sg1—f3 | g7—g5 | 17) | 0—0 | Ta8—d8 |
| 4) | h2—h4 | g5—g4 | 18) | Ta1—d1 | Kg8—h8 |
| 5) | Sf3—e5 | Sg8—f6 | 19) | Lb5—a6: | Lb7—a6: |
| 6) | Lf1—c4 | d7—d5 | 20) | Tf1—e1 | La6—c8 |
| 7) | e4—d5: | Lf8—d6 | 21) | Dg4—f3 | Lc8—b7 |
| 8) | d2—d4 | Sf6—h5 | 22) | Df3—d3 | Td8—d7 |
| 9) | Lc4—b5† (?) | c7—c6 | 23) | Dd3—b5 | Db6—d8 |
| 10) | d5—c6: | 0—0 (?) | 24) | d4—d5 | Sg7—f5 |
| 11) | c6—b7: | Lc8—b7: | 25) | Lg3—f2 | Tf8—g8 |
| 12) | Dd1—g4† | Sh5—g7 | 26) | Db5—d3 | |
| 13) | Lc1—f4: | Dd8—b6 | | | |

14) Sb1—c3 (!)   Ld6—e5:

| | | |
|---|---|---|
| 26) | ... | Td7—g7 |
| 27) | Dd3—f5: | Tg7—g2† |
| 28) | Kg1—f1 (!) | Lb7—a6† |

214

| | Weiss. | Schwarz. | | Weiss. | Schwarz. |
|---|---|---|---|---|---|
| 29) | Sc3—e2 | Dd8—d6 | 39) | Ke3—e2 | Tg2—f2† |
| 30) | Td1—d3 | La6—d3: | 40) | Df6—f2: | Th3—h2 |
| 31) | c2—d3: | Tg2—h2 | 41) | Tc1—g1† | Kg8—h8 |
| 32) | Se2—f4 | Th2—h1† | 42) | Tg1—g2 | Db8—e5† |
| 33) | Kf1—e2 | Th1—h2 | 43) | Ke2—f3 | De5—d5† |
| 34) | Sf4—e6 | Tg8—g6 | 44) | Kf3—g3 | Th2—g2† |
| 35) | Tc1—c1 | Dd6—b8 | 45) | Df2—g2: | Dd5—e6: |
| 36) | b2—b3 | Tg6—g2 | 46) | Dg2—a8† | Kh8—g7 |
| 37) | Df5—f6† | Kh8—g8 | 47) | Da8—a7† und Weiss gewinnt | |
| 38) | Ke2—e3 | Th2—h3† | | durch die Uebermacht seiner Bauern. | |

**Anmerkungen zur 157. Partie.**

10) ... 0—0 (?). Durch diesen Zug erlangt der Nachziehende, wie die Partie beweis't, keine das Opfer dreier Bauern aufwiegende Ueberlegenheit der Position; das Richtige ist 10) ... b7—c6:; man vergleiche die 158. Partie.

21) ... Lc8—b7. Auch andere Züge, z. B. 21) ... Sg7—f5, würden dem Schwarzen jetzt nicht mehr zu einem hinreichend starken Angriffe verhelfen.

29) Sc3—e2. Besser war 29) Td1—d3.

---

## 158. Partie.

Gespielt zu Breslau im Jahre 1863.

„Ein Matador des akademischen Schachzirkels zu Breslau."    Anderssen.

| | Weiss. | Schwarz. |
|---|---|---|
| 1) | e2—e4 | e7—e5 |
| 2) | f2—f4 | e5—f4: |
| 3) | Sg1—f3 | g7—g5 |
| 4) | h2—h4 | g5—g4 |
| 5) | Sf3—e5 | Sg8—f6 |
| 6) | Lf1—c4 | d7—d5 |
| 7) | e4—d5: | Lf8—d6 |
| 8) | d2—d4 | Sf6—h5 |
| 9) | Lc4—b5† (?) | c7—c6 |
| 10) | d5—c6: | b7—c6: |
| 11) | Se5—c6: | Sb8—c6: |
| 12) | Lb5—c6† | Ke8—f8 |
| 13) | Lc6—a8: | Sh5—g3 |
| 14) | Th1—h2 (?) | Lc8—f5 |

Stellung nach dem 14. Zuge von Schwarz.

| | Weiss. | Schwarz. |
|---|---|---|
| 15) | La8—d5 | Kf8—g7 |
| 16) | Sb1—c3 | Th8—e8† |

| Weiss. | Schwarz. |
|---|---|
| 17) Ke1—f2 | Dd8—b6 |

| | Weiss. | Schwarz. |
|---|---|---|
| 18) | Sc3—a4 | Db6—a6 |
| 19) | Sa4—c3 | Ld6—c5 |
| 20) | a2—a4 | |

| | Weiss. | Schwarz. |
|---|---|---|
| 20) | . . . | Da6—f1† |
| 21) | Dd1—f1: | Lc5—d4† |
| 22) | Lc1—e3 | Te8—e3: |
| 23) | Kf2—g1 | Te3—c1† |

### Anmerkungen zur 158. Partie.

**14) Th1—h2.** Der beste Zug des Weissen ist 14) Ke1—f2, doch gelangt der Nachziehende auch darauf „zu einem kräftigen und vollen Ersatz gewährenden Angriff", wie die folgende ausserordentlich scharfsinnige Analyse von Anderssen zeigt:

### Erste Fortsetzung:

| 14) Ke1—f2 | Sg3—h1† | 18) Ld5—c6 | g4—g3† |
|---|---|---|---|
| 15) Dd1—h1: | Lc8—f5 | 19) Kf2—f1 | Lf5—c2: |
| 16) La8—d5 | Kf8—g7 | 20) Lc6—e8: | Dd8—e8: |
| 17) Sb1—c3 | Th8—e8 | 21) Lc1—d2 | Lc2—d3† |
| | | 22) Kf1—g1 | De8—e5 |

| | Weiss. | Schwarz. |
|---|---|---|
| 23) | Dh1—h3 | Dc5—d4† |
| 24) | Kg1—h1 | f4—f3 |
| 25) | g2—f3: | Ld3—f5 |

und Schwarz gewinnt.

[Bei 25) Ta1—g1 entscheidet 25) ... Dd4—g1†, bei 25) Ld2—g5 25) ... f3—f2 für Schwarz.]

### Zweite Fortsetzung:

| 18) | Ld5—b3 | Ld6—c5 |
|---|---|---|
| 19) | d4—c5: | Dd8—d4† |
| 20) | Kf2—f1 | Lf5—d3† |

und Schwarz erzwingt Schachmatt.

Stellung nach dem 26. Zuge von Schwarz.

### Dritte Fortsetzung:

| 18) | Lc1—d2 | g4—g3† | 21) | Sc3—e2 | Ld6—b4 |
|---|---|---|---|---|---|
| 19) | Kf2—f1 | Lf5—c2: | 22) | Ld2—b4: | Dd8—d5 |
| 20) | Ta1—c1 | Lc2—d3† | 23) | Dh1—h3 | Dd5—h5 |

oder:

| 20) | Ld5—f3 | Ld6—b4 | 22) | Lf4—g3: | Lc2—d3† |
|---|---|---|---|---|---|
| 21) | Ld2—f4: | Dd8—d4: | 23) | Sc3—e2 | Dd4—e3 |

Wir müssen hiezu bemerken, dass 23) ... Dd4—b2: noch besser ist.

D. Harrwitz hat die Fortsetzung 14) Kc1—f2, Sg3—h1† 15) Dd1—b1:, g4—g3† als vortheilhaft für den Nachziehenden ausgeführt (man vgl. Schachzeitung 1863, S. 7). Seine Analyse ist aber von P. Hirschfeld widerlegt worden (man vgl. Schachzeitung 1863, S. 200).

18) Sc3—a4. Auf 18) a2—a4 würde folgen 18) ... Ld6—c5 19) Sc3—b5, a7—a6 20) a4—a5, Db6—b5: 21) c2—c4, Db5—b4 22) d4—c5: Db4—c5† und Schwarz gewinnt.

19) Sa4—c3. Zieht Weiss 19) c2—c4, so nimmt Schwarz den Springer a4 und setzt, wenn Weiss die Dame schlägt, in drei Zügen matt.

Zweite Angriffsweise: 9) Sb1—c3.
## 159. Partie.
Berathungspartie, gespielt zu Düsseldorf im Jahre 1863.

M. Pflaum und O. Pflaum.     G. Schnitzer und B. Wolff.

Stellung nach dem 15. Zuge von Schwarz.

| | Weiss. | Schwarz. |
|---|---|---|
| 1) | e2—e4 | e7—e5 |
| 2) | f2—f4 | e5—f4: |
| 3) | Sg1—f3 | g7—g5 |
| 4) | h2—h4 | g5—g4 |
| 5) | Sf3—e5 | Sg8—f6 |
| 6) | Lf1—c4 | d7—d5 |
| 7) | e4—d5: | Lf8—d6 |
| 8) | d2—d4 | Sf6—h5 |
| 9) | Sb1—c3 | Sh5—g3 |
| 10) | Lc1—f4: | Sg3—h1: |
| 11) | Lc4—b5† (?) | c7—c6 |
| 12) | d5—c6: | b7—c6: |
| 13) | Se5—c6: | Sb8—c6: |
| 14) | Dd1—e2† | Ke8—f8 |
| 15) | Lf4—h6† | Kf8—g8 |

| | Weiss. | Schwarz. |
|---|---|---|
| 16) | Lh6—g5 | Ld6—g3† |
| 17) | Ke1—f1 | Lg3—h4: |

und Schwarz gewann.

**Anmerkungen zur 159. Partie.**

11) **Lc4—b5†** (?). Weit besser ist der von Mr. F. Healey vorgeschlagene Zug 11) **Sc3—e4**. Antwortet Schwarz darauf 11) ... Lc8—f5, so ergeben sich nach Chess Players Magazine, June 1864, die folgenden für den Gambitgeber vortheilhaften Varianten:

**A.**

| 12) | Lc1—g5 | Ld6—e7 | 14) | d5—d6† |
|---|---|---|---|---|
| 13) | Se5—f7: | Ke8—f7: (!) | | und Weiss gewinnt. |

**B.**

| 12) | . . . | Dd8—c8 | 15) | Dd1—d2 | Th8—g8 |
|---|---|---|---|---|---|
| 13) | Lc4—b5† | Ke8—f8 (!) | 16) | Dd2—f4 | |
| 14) | Lg5—h6† | Kf8—e7 | | und Weiss hat das bessere Spiel. |

Oder:

| 15) | . . . | Dc8—g8 | 17) | Se4—f6 |
|---|---|---|---|---|
| 16) | Lh6—g5† | Ke7—f8 | | und Weiss erobert die feindliche Dame. |

Ausserdem giebt Chess Players Magazine den Zug 11) g2—g3 an mit der Bemerkung, dass Weiss auf 11) ... Dd8—e7 12) Sc3—e4 entgegnen würde, auf 11) ... f7—f6 aber 12) Lc4—b5†.

14) Dd1—e2†. Bei 14) Lb5—c6† gewinnt Schwarz durch 14) ... Ke8—f8 15) Lc6—a8:, Ld6—f4:, bei 15) Lf4—d6: durch 15) ... Dd8—d6: 16) Lc6—a8:, Dd6—g3† 17) Ke1—d2, Dg3—f4†.

---

## 160. Partie.

### Gespielt im Londoner Schachclub im Jahre 1863.

| | Steinitz.<br>Weiss. | Deacon.<br>Schwarz. |
|---|---|---|
| 1) | e2—e4 | e7—e5 |
| 2) | f2—f4 | e5—f4: |
| 3) | Sg1—f3 | g7—g5 |
| 4) | h2—h4 | g5—g4 |
| 5) | Sf3—e5 | Sg8—f6 |
| 6) | Lf1—c4 | d7—d5 |
| 7) | e4—d5: | Lf8—d6 |
| 8) | d2—d4 | Sf6—h5 |
| 9) | Sb1—c3 | Dd8—e7 |
| 10) | Lc4—b5† | c7—c6 |
| 11) | d5—c6: | b7—c6: |
| 12) | Sc3—d5 | |

| | Weiss. | Schwarz. |
|---|---|---|
| 19) | ... | Lc8—f5 |
| 20) | 0—0 | Sb8—d7 |
| 21) | Lf4—h6† | Kf8—f7 |
| 22) | Tf1—f5† | Dh5—f5: |
| 23) | Ta1—f1 | Df5—f1† |
| 24) | De2—f1† | Kf7—g6 |
| 25) | Lh6—g5 | h7—h6 |
| 26) | Df1—d3† | Kg6—h5 |
| 27) | Lg5—e7 und gewinnt. |  |

| | | |
|---|---|---|
| 12) | ... | De7—c6 |
| 13) | Sd5—c7† | Ld6—c7: |
| 14) | Lb5—c4 | Dc6—e7 |
| 15) | Lc4—f7† | Ke8—f8 (?) |
| 16) | Lf7—h5: | Lc7—e5: |
| 17) | d4—e5: | De7—e5† |
| 18) | Dd1—e2 | De5—h5: |
| 19) | Lc1—f4: | |

## Anmerkungen zur 160. Partie.

12) ... De7—e6. Auf 12) ... De7—b7 ist 13) Sc5—c3 die Antwort.

15) ... Ke8—f8 (?). Besser ist 15) ... De7—f7: Schwarz behält dann drei Figuren gegen die Dame.

19) ... Lc8—f5. Auf 19) ... Lc8—a6 würde folgen 20) Lf4—h6†, Kf8—g8 21) 0—0, Dh5—c5† 22) Dc2—f2, Sb8—d7 (!) 23) Df2—c5:, Sd7—c5: 24) Tf1—f5, Sc5—e4 25) Tf5—e5, Se4—f6 26) Te5—e7, Sf6—h5 27) Ta1—e1 und Weiss muss gewinnen.

---

## 161. Partie.

(Entscheidende Partie des Wettkampfes zwischen Steinitz und Deacon i. J. 1863.)

| | Steinitz. Weiss. | Deacon. Schwarz. |
|---|---|---|
| 1) | e2—e4 | e7—e5 |
| 2) | f2—f4 | e5—f4: |
| 3) | Sg1—f3 | g7—g5 |
| 4) | h2—h4 | g5—g4 |
| 5) | Sf3—e5 | Sg8—f6 |
| 6) | Lf1—c4 | d7—d5 |
| 7) | e4—d5 | Lf8—d6 |
| 8) | d2—d4 | Sf6—h5 |
| 9) | Sb1—c3 | Dd8—e7 |
| 10) | Lc4—b5† | Ke8—d8 |
| 11) | 0—0 | Ld6—e5: |
| 12) | d4—e5: | De7—e5: |
| 13) | Tf1—e1 | De5—f6 |
| 14) | Dd1—e2 | c7—c6 |
| 15) | d5—c6: | b7—c6: |
| 16) | Sc3—e4 | Df6—h4: |
| 17) | Lc1—f4: | Sh5—f4: |
| 18) | De2—d2† | Lc8—d7 |
| 19) | Dd2—f4: | c6—b5: |
| 20) | Se4—d6 | Ld7—e6 |
| 21) | Ta1—d1 | Sb8—d7 |
| 22) | Sd6—f7† | Kd8—e7 |
| 23) | Df4—d6† | Ke7—f7: |
| 24) | Dd6—e6† | Aufgegeben. |

Stellung nach dem 14. Zuge von Weiss.

Stellung nach dem 21. Zuge von Schwarz.

## Anmerkung zur 161. Partie.

14) ... c7—c6. Die englische Monatsschrift giebt folgende Variante an: 14) ... Sb8—d7 15) Sc3—e4, Df6—d4† 16) Kg1—h2, Th8—e8 17)

De2—g4:, Te8—e4: 18) Te1—e4:, Dd4—e4: 19) Dg4—h5:, Sd7—f6 20) Dh5—g5, De4—f5 21) Lc1—f4:, h7—h6 22) Dg5—g3 u. s. w.

## 162. Partie.

Gespielt zu Rom im Jahre 1859. — Aus „La Rivista" vom 30. Juli 1859.

| | Bellotti. Weiss. | Marucchi Gamurrini. Schwarz. | | Weiss. | Schwarz. |
|---|---|---|---|---|---|
| 1) | e2—e4 | e7—e5 | 14) | Lf4—g3: | f7—f6 |
| 2) | f2—f4 | e5—f4: | 15) | Ta1—f1 | f6—e5: |
| 3) | Sg1—f3 | g7—g5 | 16) | d4—e5. | Ld6—b4 |
| 4) | h2—h4 | g5—g4 | 17) | e5—e6 | Sb8—c6 |
| 5) | Sf3—e5 | Sg8—f6 | 18) | Kd2—c1 | Lb4—c3: |
| 6) | Lf1—c4 | d7—d5 | 19) | b2—c3: | Sc6—e7 |
| 7) | c4—d5: | Lf8—d6 | 20) | Lg3—e5† | Kh8—g8 |
| 8) | d2—d4 | Sf6—h5 | 21) | Tf1—f5: | Tf8—f5: |
| 9) | Sb1—c3 | Sh5—g3 | 22) | De2—g4† | Se7—g6 (!) |
| 10) | Lc1—f4: | Sg3—h1: | 23) | e6—e7 | Tf5—e5: (!) |
| 11) | g2—g3 | Lc8—f5 | 24) | e7—d8:T† | Ta8—d8: |
| 12) | Dd1—e2 | 0—0 (Kh8) | 25) | d5—d6† | Kg8—h8 |
| 13) | Ke1—d2 | Sh1—g3: | 26) | d6—c7: | Aufgegeben. |

## 163. Partie.

| | P. Morphy. Weiss. | Mebry. Schwarz. |
|---|---|---|
| 1) | e2—e4 | e7—e5 |
| 2) | f2—f4 | e5—f4: |
| 3) | Sg1—f3 | g7—g5 |
| 4) | h2—h4 | g5—g4 |
| 5) | Sf3—e5 | Sg8—f6 |
| 6) | Lf1—c4 | d7—d5 |
| 7) | c4—d5: | Lf8—d6 |
| 8) | d2—d4 | Sf6—h5 |
| 9) | Sb1—c3 | Lc8—f5 |
| 10) | Sc3—e2 | Dd8—f6 (?) |
| 11) | Se2—f4: | Sh5—g3 |
| 12) | Sf4—h5 | Sg3—h5: |
| 13) | Lc1—g5 | Ld6—b4† (?) |

Stellung nach dem 10. Zuge von Weiss.

| | Weiss. | Schwarz. |
|---|---|---|
| 14) | c2—c3 | Df6—d6 |

|    | Weiss. | Schwarz. |
|----|--------|----------|
| 15) | 0—0 | Sh5—g7 |
| 16) | Tf1—f5: | Sg7—f5: |
| 17) | Dd1—g4: | Sf5—e7 |
| 18) | Ta1—e1 | h7—h5 (?) |
| 19) | Dg4—f3 | Th8—h7 |
| 20) | Lc4—b5† | c7—c6 |
| 21) | d5—c6: | b7—c6: |
| 22) | Se5—c6: | Sb8—c6: |
| 23) | Lb5—c6† | Ke8—f8 |
| 24) | Lg5—e7† | Dd6—e7: |
| 25) | Te1—e7: | Lb4—e7: |
| 26) | Lc6—a8: | |

und Weiss gewinnt.

### Anmerkung zur 163. Partie.

10) ... Dd8—f6 (?). Besser ist 10) ... Dd8—e7.

---

Dritte Angriffsweise: 8) 0—0.

## 164. Partie.

Gespielt zu Berlin im Jahre 1860.

Anderssen. — P. Hirschfeld.

|    | Weiss. | Schwarz. |
|----|--------|----------|
| 1) | e2—e4 | e7—e5 |
| 2) | f2—f4 | e5—f4: |
| 3) | Sg1—f3 | g7—g5 |
| 4) | h2—h4 | g5—g4 |
| 5) | Sf3—e5 | Sg8—f6 |
| 6) | Lf1—c4 | d7—d5 |
| 7) | e4—d5: | Lf8—d6 |
| 8) | d2—d4 | Sf6—h5 |
| 9) | 0—0 | Dd8—h4: |
| 10) | Dd1—e1 | Dh4—e1: |
| 11) | Tf1—e1: | 0—0 |
| 12) | Sb1—c3 (?) | Lc8—f5 |
| 13) | Lc4—b3 | Sb8—d7 |
| 14) | Kg1—f2 | Ta8—e8 |
| 15) | Te1—h1 | Sd7—f6 |
| 16) | g2—g3 | f4—g3† |

|    | Weiss. | Schwarz. |
|----|--------|----------|
| 17) | Kf2—g2 | Ld6—e5: |
| 18) | d4—e5: | Te8—e5: |
| 19) | Lc1—h6 | Kf8—e8 |

|  | Weiss. | Schwarz. |  | Weiss. | Schwarz. |
|---|---|---|---|---|---|
| 20) | Lb3—a4 | Te8—c7 | 23) | La4—b5 | Sh5—f4† |
| 21) | Lh6—g5 | Lf5—c4† | 24) | Kg2—g3: | Te4—c3† |
| 22) | Sc3—c4: | Te5—c4: |  | Aufgegeben. |  |

### Anmerkungen zur 164. Partie.

**10) ... Dh4—e1:** Besser ist vielleicht der von L. Paulsen vorgeschlagene Zug 10) ... Dh4—c7.

**12) Sb1—c3 (?).** Der richtige Zug ist 12) Lc4—d3, wie B. S. zuerst bemerkt und Anderssen nachher anerkannt hat; Weiss hält dadurch die Figurenentwickelung des Gegners zurück und bereitet ein wirksames Vordringen seiner Bauern im Centrum vor.

### 165. Partie.

Gespielt zu Berlin im Jahre 1860.

Anderssen. P. Hirschfeld.

Stellung nach dem 14. Zuge von Weiss.

|  | Weiss. | Schwarz. |
|---|---|---|
| 1) | e2—e4 | e7—e5 |
| 2) | f2—f4 | e5—f4: |
| 3) | Sg1—f3 | g7—g5 |
| 4) | h2—h4 | g5—g4 |
| 5) | Sf3—e5 | Sg8—f6 |
| 6) | Lf1—c4 | d7—d5 |
| 7) | e4—d5: | Lf8—d6 |
| 8) | d2—d4 | Sf6—h5 |
| 9) | 0—0 | Dd8—h4 |
| 10) | Dd1—e1 | Dh4—e1: |
| 11) | Tf1—e1: | 0—0 |
| 12) | Sb1—c3 (?) | Lc8—f5 |
| 13) | g2—g3 | f4—f3 |
| 14) | Lc1—h6 | Tf8—e8 |
| 15) | Se5—f3: | Sb8—d7 |
| 16) | Sf3—h4 | Sh5—g3: |
| 17) | Lc4—b5 | Te8—e1† |
| 18) | Ta1—e1: | Sd7—f8 |
| 19) | Kg1—f2 | Lf5—c2: |
| 20) | Te1—g1 | Sg3—e4† |
| 21) | Kf2—e3 | Se4—c3: |
| 22) | Tg1—g4† | Sf8—g6 |

|  | Weiss. | Schwarz. |
|---|---|---|
| 23) | b2—c3: | a7—a6 |
| 24) | Lb5—d3 | Ta8—e8† |
| 25) | Ke3—d2 | Lc2—d3: |
| 26) | Kd2—d3: | b7—b5 (!) |
| 27) | Sh4—f5 | f7—f6 |
| 28) | Tg4—g1 | Kg8—f7 |
| 29) | Tg1—f1 (?) | Sg6—e7 |
| 30) | Sf5—e7: | Ld6—e7: |
| 31) | Tf1—b1 | Le7—d6 |

|  | Weiss. | Schwarz. |
|---|---|---|
| 32) | a2—a4 | Kf7—g6 |
| 33) | Lh6—d2 | Tc8—b8 |
| 34) | a4—b5: | a6—b5 |
| 35) | Kd3—e4 | f6—f5† |
| 36) | Ke4—f3 | Tb8—b6 (!) |
| 37) | Ld2—f4 | Ld6—f4: |
| 38) | Kf3—f4: | Kg6—f6 |
| 39) | Tb1—h1 | b5—b4 |
| 40) | c3—c4 (?) | b4—b3 |
| 41) | Th1—h6† | Kf6—g7 |
| 42) | Th6—b6: | c7—b6: |
| 43) | d5—d6 | Kg7—f7 |
| 44) | c4—c5 | b3—b2 |
| Aufgegeben. | | |

Stellung nach dem 39. Zuge von Schwarz.

### Anmerkung zur 165. Partie.

**40)** c3—c4 (?). Der entscheidende Fehlzug. Bei 40) c3—b4: (!) wäre die Partie vielleicht remis geworden. — Es sei hier bemerkt, dass Anderssens Gegner in dieser Partie, P. Hirschfeld, durch lange Uebung und viele Kämpfe mit Mayet, dem berühmtesten Kenner des Bauern-Endspiels, sich eine ausgezeichnete Gewandtheit in diesem Theile des Spiels erworben hat.

---

### Dritte Vertheidigung: 5) ... Lf8—g7.
### 166. Partie.

Gespielt im Kölnischen Hof zu Düsseldorf, 2.—3. September 1863, Nachts 10—6 Uhr.

|  | M. Lange. | N. Paulsen. |
|---|---|---|
|  | Weiss. | Schwarz. |
| 1) | e2—e4 | e7—e5 |
| 2) | f2—f4 | e5—f4: |
| 3) | Sg1—f3 | g7—g5 |
| 4) | h2—h4 | g5—g4 |
| 5) | Sf3—e5 | Lf8—g7 (!) |
| 6) | d2—d4 (?) | Sg8—f6 (!) |
| 7) | Lf1—c4 | d7—d5 |
| 8) | e4—d5: | 0—0 |
| 9) | Lc1—f4: | Sf6—h5 |
| 10) | Dd1—d2 (!) | c7—c5 (!) |
| 11) | d5—c6: | Sh5—f4: |

Stellung nach dem 9. Zuge von Weiss.

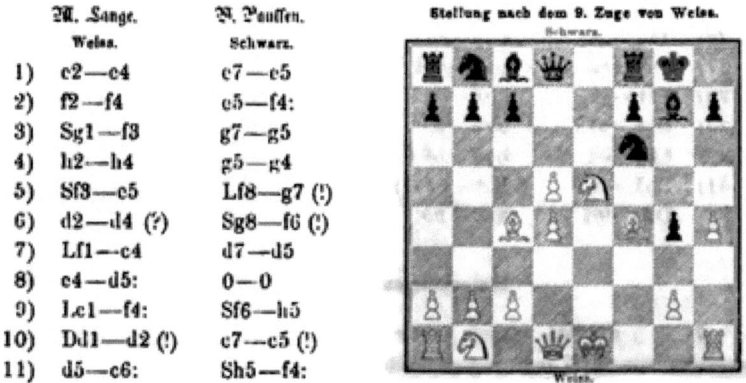

| | Weiss. | Schwarz. |
|---|---|---|
| 12) | Dd2—f4: | Sb8—c6: |
| 13) | Sc5—c6: (!) | b7—c6; |
| 14) | c2—c3 | c6—c5 (!) |
| 15) | d4—c5: | Tf8—c8† (!) |
| 16) | Ke1—f2 | |

Stellung nach dem 27. Zuge von Weiss.

Stellung nach dem 31. Zuge von Weiss.

| | Weiss. | Schwarz. |
|---|---|---|
| 16) | ... | Dd8—c7 |
| 17) | Sb1—d2 (!) | Dc7—c5† |
| 18) | Kf2—f1 | Lc8—e6 |
| 19) | Lc4—e2 (!) | f7—f5 (!) |
| 20) | Le2—c4 | Ta8—d8 |
| 21) | Lc4—e6† | Tc8—e6 |
| 22) | Ta1—e1 (!) | Td8—e8 |
| 23) | Te1—e6: | Te8—e6: |
| 24) | g2—g3 (!) | Lg7—h6 |
| 25) | Df4—b8† | Kg8—g7 |
| 26) | Th1—h2 | Dc5—c3 (!) |
| 27) | Th2—f2 | Dc3—e1† (?) |
| 28) | Kf1—g2 | Lh6—d2: |
| 29) | Db8—a7† | Kg7—g6 |
| 30) | h4—h5† | Kg6—h6 (!) |
| 31) | Da7—f7 | Te6—e2 (?) |
| 32) | Df7—f6† | Kh6—h5: |

| | Weiss. | Schwarz. |
|---|---|---|
| 33) | Df6—f5† | Kh5—h6 |
| 34) | Df5—f6† | Kh6—h5 |
| 35) | Df6—h4† | Kh5—g6 |
| 36) | Dh4—g4† | Kg6—h6 |
| 37) | Dg4—e2: | |

Schwarz giebt die Partie auf.

### Anmerkungen zur 166. Partie.

7) ... d7—d5. Noch besser ist wohl 7) ... 0—0; man erwäge die folgenden von M. Lange angegebenen Varianten:

**A.**

| | | | |
|---|---|---|---|
| 8) | Se5—f7: | | Tf8—f7: |
| 9) | Lc4—f7† | | Kg8—f7: |
| 10) | e4—e5 | | Sf6—d5 |
| 11) | c2—c4 | | Sd5—e3 |
| 12) | Lc1—e3: | | f4—e3: |
| 13) | Dd1—g4: | | Kf7—g8 |
| 14) | h4—h5 | | h7—h6 |
| 15) | Th1—f1 | | Sb8—c6 |
| 16) | Dg4—g6 | | Sc6—d4: |
| 17) | Tf1—f7 | | Sd4—e6 |
| 18) | Sb1—c3 | | Dd8—g5 |

und Schwarz gewinnt.

**B.**

| | | | | | |
|---|---|---|---|---|---|
| 8) | Lc1—f4: | d7—d6 | 12) | Lf4—g5 | Dd8—c8 |
| 9) | Se5—f7: | Tf8—f7: | 13) | Sb1—c3 | Sb8—c6 |
| 10) | Lc4—f7† | Kg8—f7: | 14) | O—O—O | Sf6—h5 |
| 11) | Dd1—e2 | Kf7—g8 | 15) | De2—e3 | g4—g3. |

„Schwarz wird nun durch Lc8—g4 zur Entwickelung gelangen und sein numerisches Uebergewicht zur Geltung bringen."

9) ... **Sf8—h5.** Wir halten mit M. Lange 9) ... Sf6—d5: für den stärksten Zug.

16) ... **Dd8—e7.** Noch kräftiger wäre wohl die Fortsetzung des Angriffs mit 16) ... Te8—e5 gewesen, worauf Weiss den Bauer f7 nicht nehmen durfte; doch erlangt der Nachziehende auch durch 16) ... Dd8—e7 ein schönes Spiel.

27) ... **De3—e1†** (?). Stärker war 27) ... De3—d3†. M. Lange selbst sagt: „Es blieb dann Weiss nach 28) Kf1—g2, Lh6—e3 (!) nichts übrig, als durch 29) Db8—c7† nebst Dc7—c4 u. s. w. das Endspiel von Springer und zwei Bauern gegen den Thurm zu versuchen."

28) ... **Lh6—d2:** Auf 28) ... Lh6—e3 würde, wie Lange angiebt, die Fortsetzung folgen: 29) Sd2—e4 (!), Le3—b6 30) Se4—c5 (!), Lb6—c5: 31) Db6—c7†, Lc5—e7 32) Dc7—f4, De1—e4† 33) Df4—e4:, f5—e4: oder Te6—e4: 34) b2—b4.

31) ... **Te6—e2** (?). Der entscheidende Fehlzug. Es musste 31) ... De1—e4†, 32) Kg2—h2 (!), f5—f4 (!) geschehen.

## 167. Partie.

Gespielt auf dem Schachcongresse zu Düsseldorf im Jahre 1862.

| | Oberst v. Hannecken.<br>Weiss. | S. Poussen.<br>Schwarz. | | Weiss. | Schwarz. |
|---|---|---|---|---|---|
| 1) | e2—e4 | e7—e5 | 18) | Tf1—e1 | Td8—d2 |
| 2) | f2—f4 | e5—f4: | 19) | Kg1—f2 | Th8—e8 |
| 3) | Sg1—f3 | g7—g5 | 20) | Sc3—e4 | Td2—d4 |
| 4) | h2—h4 | g5—g4 | 21) | Kf2—e3 | Td4—d1 |
| 5) | Sf3—e5 | Lf8—g7 | | | |
| 6) | d2—d4 | Sg8—f6 (!) | | | |
| 7) | Se5—g4: | Sf6—e4: | | | |
| 8) | Lf1—d3 | d7—d5 | | | |
| 9) | Ld3—e4: | d5—e4: | | | |
| 10) | Lc1—f4: | Dd8—d4: | | | |
| 11) | Dd1—d4: | Lg7—d4: | | | |
| 12) | c2—c3 | Lc8—g4: | | | |
| 13) | c3—d4: | Sb8—c6 | | | |

| 14) | Lf4—e5 | Sc6—e5: | 22) | Ke3—f4 | Td1—a1: |
|---|---|---|---|---|---|
| 15) | d4—e5: | 0—0—0 | 23) | Te1—a1: | h7—h5 |
| 16) | Sb1—c3 | e4—e3 | 24) | Ta1—e1 | Te8—d8 |
| 17) | 0—0 | e3—e2 | 25) | Kf4—e3 | Td8—d5 |
| | | | 26) | Se4—f6 | Td5—e5† |
| | | | 27) | Ke3—d4 | Te5—f5 |
| | | | 28) | Sf6—g4: | Tf5—f4† |
| | | | 29) | Kd4—e3 | Tf4—g4: |
| | | | 30) | Te1—e2: | Tg4—h4: |
| | | | 31) | Te2—d2 | Th4—g4 |
| | | | 32) | Ke3—f3 | Tg4—g5 |
| | | | 33) | Kf3—f4 | f7—f6 |
| | | | | und Schwarz gewinnt. | |

### Anmerkungen zur 167. Partie.

**7) Se5—g4:** Auf 7) Lc1—f4: würde 7) ... d7—d6 8) Se5—c4, Sf6 c4: zum Vortheil des Nachziehenden folgen. — 7) **Se5—d3** ist für Weiss nachtheilig wegen 7) ... Sf6—e4: 8) Dd1—g4:, Lg7—d4: 9) Dg4—f4:, Dd8 —c7; ebenso 7) **Dd1—e2** wegen 7) ... d7—d6 8) Se5—d3, 0—0 9) Lc1 —f4:, Sf6—e4: 10) De2—e4:, Tf8—e8 11) Sd3—e5, d6—e5:, 12) d4—e5:,

Sb8—c6 13) Lf1—d3, f7—f5. Bei **7) Lf1—d3** verliert der Gambitgeber nach M. Lange durch 7) ... d7—d6 8) Se5—c4, Sf6—h5 9) c2—c3, Lg7—f6 10) 0—0, Lf6—h4: 11) Lc1—f4:, Sh5—f4: 12) Tf1—f4:, Dd8—g5 13) Dd1—d2, Lh4—g3; endlich bei **7) Sb1—c3** behauptet Schwarz nach der Analyse im 18. Jahrgange der alten Schachzeitung S. 855 ff. durch 7) ... d7—d6 8) Se5—d3, 0—0 9) Sd3—f4: Sf6—e4: 10) Sf4—h5, Tf8—e8 11) Lf1—e2, Sb8—c6 12) Sc3—c4:, Te8—e4: 13) c2—c3, b7—b6 14) Sh5—g3, Te4—e8 15) Lc1—g5, f7—f6 16) Lg5—f4, Lc8—a6 17) 0—0, La6—e2: 18) Sg3—e2:, Dd8—d7 19) Se2—g3, Te8—e7 20) Sg3—h5, Ta8—f8 das bessere Spiel.

## 168. Partie.

Gespielt zu Berlin im Café de Belvédère im Jahre 1862.

| | G. Nagel. | B. Suhle. | | Weiss. | Schwarz. |
|---|---|---|---|---|---|
| | Weiss. | Schwarz. | 15) | De2—e4 | f7—f5 |
| 1) | e2—e4 | e7—e5 | | und Schwarz gewinnt. | |
| 2) | f2—f4 | e5—f4: | | | |
| 3) | Sg1—f3 | g7—g5 | | | |
| 4) | h2—h4 | g5—g4 | | | |
| 5) | Sf3—e5 | Lf8—g7 | | | |
| 6) | Se5—g4: | d7—d5 | | | |
| 7) | Sg4—f2 | d5—e4: | | | |
| 8) | Sf2—e4: | Dd8—e7 | | | |
| 9) | Dd1—e2 | Sb8—c6 | | | |
| 10) | c2—c3 | Sg8—h6 | | | |
| 11) | Se4—f2 | Lc8—e6 | | | |
| 12) | d2—d4 | Sh6—f5 | | | |
| 13) | Lc1—f4: | Sf5—d4: | | | |
| 14) | c3—d4: | Sc6—d4: | | | |

Stellung nach dem 15. Zuge von Schwarz.

### Anmerkungen zur 168. Partie.

**7) Sg4—f2.** Die ausführliche Abhandlung in der Leipziger Schachzeitung (Januar 1864) über L. Paulsens Vertheidigung gegen das Kieseritzky-Gambit gelangt zu dem Ergebniss, dass der Nachziehende dadurch „weder seinen materiellen Gambitvortheil erhalte, noch auch die bessere Stellung oder die günstigere Entwickelung erlange," wenn der Angriff nach

| | | |
|---|---|---|
| 1) | e2—e4 | e7—e5 |
| 2) | f2—f4 | e5—f4: |
| 3) | Sg1—f3 | g7—g5 |

|   |   |   |
|---|---|---|
| 4) | h2—h4 | g5—g4 |
| 5) | Sf3—e5 | Lf8—g7 |
| mit 6) | Se5—g4: | |
| und auf 6) | ... | d7—d5 |
| mit 7) | c2—c3 fortgesetzt werde. | |

Der Verfasser jenes Artikels, der als scharfsinniger Theoretiker rühmlich bekannte Dr. M. Lange, motivirt nämlich zuerst durch allgemeinere Betrachtungen die Vermuthung, „dass bei 5) ... Lf8—g7 weniger in 6) d2—d4, als zunächst in 6) Se5—g4: die entscheidende Fortsetzung des Gambitangriffs zu suchen sei", und fährt dann nach Erledigung mehrerer ungenügender Gegenzüge des Weissen auf 6) ... d7—d5 folgendermassen fort:

„So wenig nun alle diese Versuche dem vorgesetzten Zwecke entsprechen möchten, so glauben wir doch, dass eine mit ihnen gewissermassen verwandte Fortsetzung vorhanden ist, welche mit einem Schlage die hervorgehobenen Bedürfnisse des Gambitspieles befriedigt und daher die eigenthümliche Kraft der neuen Vertheidigung entsprechend abschwächt. Es ist nach unserer Ansicht der Zug 7) c2—c3, welcher nicht nur die vom schwarzen Königsläufer bedrohte Damenseite des weissen Spieles völlig sicher stellt, sondern auch der Dame den Ausgang nach a4 und die Einwirkung auf den Punkt e4 gestattet, endlich als gemeinsame Wirkung beider Leistungen den gefährlichen Einfluss der beschleunigten Entwickelung des schwarzen Spieles genügend mildert."

Diesem Urtheile können wir nicht beistimmen; wir sind vielmehr der Ansicht, dass der Nachziehende nach

7) c2—c3

durch 7) ... d5—e4:

entscheidenden Vortheil erlangt, wenn er auf

8) Dd1—a4†

nicht 8) ... Ke8—f8, sondern ganz einfach

8) ... Sb8—c6 .

entgegnet. Der letztere Vertheidigungszug wird in der besagten Abhandlung nur beiläufig erwähnt und zurückgewiesen mit den Worten: „Bei anderen Zügen, als 8) ... Ke8—f8 kann Weiss sofort die Spiele ausgleichen, z. B. 8) ... Sb8—c6 9) Da4—e4†, Dd8—e7 10) De4—e7†, Sg8—e7: 11) Lf1—e2 oder 9) ... Sg8—e7 10) De4—f4:, 0—0 11) Lf1—e2 u. s. w." Diese Behauptung erscheint uns jedoch sehr gewagt, und wir glauben, dass kein geübter Spieler, wenn er die aus den Zügen

|   |   |   |
|---|---|---|
| 8) | Dd1—a4† | Sb8—c6 |
| 9) | Da4—e4† | Dd8—e7 |
| 10) | De4—e7† | Sg8—e7: |
| 11) | Lf1—e2 | |

hervorgehende Stellung unbefangen betrachtet, geneigt sein wird, ohne weitere Untersuchung die Spiele für ausgeglichen zu erklären.

Stellung nach dem 11. Zuge von Weiss.

Das schwarze Spiel ist so augenscheinlich besser entwickelt, als das weisse — bei numerisch gleichen Kräften —, dass wohl von einer sofortigen Ausgleichung hier noch nicht die Rede sein darf, und eine genauere Prüfung der Position zeigt in der That, dass der Gambitgeber auf keine Weise erheblichen Nachtheil abwehren kann, wenn Schwarz die schwachen Punkte der feindlichen Stellung sogleich energisch angreift. Mit 11) ... Se7—f5 droht nämlich der Nachziehende, nicht nur den Läufer e2 und den Thurm h1 zugleich durch 12) ... Sf5—g3 anzugreifen, sondern auch dem Springer g4 seine Deckung zu entziehen. Weiss muss desshalb sogleich auf einen Defensivzug bedacht sein. Es kommen für ihn hauptsächlich die Züge 12) Le2—f3 und 12) 0—0 in Betracht, die wir nun eingehend erörtern wollen.

### Erste Fortsetzung:

| | | |
|---|---|---|
| 11) | Lf1—e2 | Se7—f5 |
| 12) | 0—0 | Sf5—g3 |
| 13) | Tf1—e1 | 0—0 |
| 14) | Le2—f3 | Lc8—g4: |
| 15) | Lf3—g4: | Tf8—e8 |
| 16) | Kg1—f2 | Sc6—e5 |
| 17) | Lg4—e2 | Sg3—e2: |
| 18) | Kf2—e2: | Se5—d3† |

und Schwarz gewinnt.

Stellung nach dem 13. Zuge von Schwarz.

Bei 16) Te1—d1 folgt 16) ... Sc6—e5; der Läufer muss dann nach h3 oder f3 gehen, worauf in beiden Fällen 17) ... Se5—d3 entscheidet.

Bei 14) Sg4—f2 würde das weisse Spiel sofort verloren sein durch 14) ... Tf8—e8.

Bei 14) Sg4—h2 macht Schwarz seinen Positionsvortheil erfolgreich geltend durch

14) ...   Lc8—f5

15) d2—d4 darauf zu ziehen ist unmöglich wegen der entscheidenden Antwort 15) ... Sc6—d4:

Auf 15) Sh2—f3 würde folgen:

|     | Weiss.     | Schwarz.   |     | Weiss.     | Schwarz.   |
|-----|------------|------------|-----|------------|------------|
| 15) | ...        | Sg3—e2†    | 19) | Sf3—e5     | Lg7—e5:    |
| 16) | Te1—e2:    | Lf5—d3     | 20) | Te1—e5:    | Se7—f5     |
| 17) | Te2—e1     | Tf8—e8     | 21) | Te5—e8†    | Ta8—e8:    |
| 18) | Sb1—a3     | Sc6—e7     | 22) | Kg1—f2     | Sf5—h4:    |

und Schwarz gewinnt.

### Zweite Fortsetzung:

| 11) | Lf1—e2 | Se7—f5 |
|-----|--------|--------|
| 12) | Le2—f3 | Sf5—g3 |

[Offenbar nur nachtheilig für Weiss wäre jetzt Lf3—c6†]

| 13) | Th1—g1 (!) | Lc8—g4: |
|-----|------------|---------|
| 14) | Lf3—g4:    | Sc6—e5  |
| 15) | Lg4—e2     | 0—0—0   |
| 16) | d2—d4      | Th8—e8  |
| 17) | d4—e5:     | Te8—e5: |

und Schwarz ist entschieden im Vortheil;

oder:

Stellung nach dem 15. Zuge von Schwarz.

| 17) | Ke1—d1     | c7—c5   | 20) | Ke2—f3 | Sg6—f4: |
|-----|------------|---------|-----|--------|---------|
| 18) | Lc1—f4:    | Sg3—e2: | 21) | Kf3—f4: | c5—d4: |
| 19) | Kd1—e2: (!) | Se5—g6† |  |  |  |

und Schwarz hat das überlegene Spiel.

Bei 17) Lc1—f4: würde 17) ... Se5—d3† entscheiden.

Auch andere Züge, als die eben analysirten 12) Le2—f3 und 12) 0—0, würden das weisse Spiel nicht aus seiner bedrängten Lage befreien; auf 12) Th1—f1 z. B. würde ihm 12) ... Sf5—h4: nebst folgendem h7—h5 Verlust bringen.

Die vorstehenden Varianten scheinen uns demnach klar und deutlich zu beweisen, dass die von M. Lange angegebene Fortsetzung 11) Lf1—e2 weit entfernt ist, eine sofortige Ausgleichung herbeizuführen; wir sehen vielmehr in der durch das erste Diagramm veranschaulichten Stellung für das Spiel des Gambitgebers keine Rettung mehr. An eine baldige Eroberung der Gambitbauern ist, wie sich gezeigt hat, gar nicht zu denken; das weisse Spiel bietet höchst fatale Blössen dar, und dem Nachziehenden gelingt es auf alle Fälle, vermöge seiner vortrefflichen Figurenentwickelung diese Blössen zur völligen Einengung des Gegners oder wenigstens zur Erlangung des numerischen Uebergewichts zu benutzen.

Es könnte nun die Frage aufgeworfen werden, ob nicht vielleicht der Zug 11) Lf1—e2 durch einen weniger nachtheiligen zu ersetzen sei, etwa durch 11) Sg4—f2. Dies ist wohl der beste Zug des Weissen; derselbe räumt jedoch ebenfalls dem Schwarzen das überlegene Spiel ein; man erwäge die Fortsetzung

|      |          |        |
|------|----------|--------|
| 11)  | Sg4—f2   | 0—0    |
| 12)  | d2—d4    | Tf8—e8 |
| 13)  | Lf1—e2   | Se7—d5 |

[Schwarz droht nun Lg7—d4:]

|      |          |        |
|------|----------|--------|
| 14)  | Kc1—d1   | Lc8—f5 |

und wir ziehen das schwarze Spiel entschieden vor.

Als Resultat der Analyse ergiebt sich demnach, dass die in der Leipziger Schachzeitung empfohlene Neuerung 7) c2—c3\*) wohl nicht für eine zu Gunsten des Gambitgebers entscheidende Verstärkung des Angriffs zu halten ist. Weiss verliert dabei zu viel Tempi, bleibt in der Entwickelung zu sehr zurück und bekommt in Folge dessen eine gedrückte Stellung.

Ob sich überhaupt eine für den Anziehenden vortheilhafte Fortsetzung gegen 5) . . . Lf8—g7 werde finden lassen, erscheint uns zweifelhaft. Wir erkennen die von L. Paulsen ersonnene Vertheidigung gegen das Kieseritzky-Gambit als eine der werthvollsten neueren Erfindungen in der Theorie des Schachspiels an und sind der Ueberzeugung, dass sie jedenfalls dem Nachziehenden das bessere Spiel verschafft.

---

7) . . . d5—e4: Auch der von L. Paulsen vorgeschlagene Zug 7) . . . Sg8—e7 verschafft dem Nachziehenden das überlegene Spiel, z. B. bei 8) c4 —d5: durch 8) . . . 0—0; man vgl. die 169. Partie. Minder stark, doch ebenfalls nicht nachtheilig für Schwarz ist 7) . . . d5—d4.

8) . . . Dd8—e7. Dies ist weit stärker, als der in der Leipziger Schachzeitung 1863, S. 360 ff., besprochene Zug 8) . . . Sg8—f6, den wir übrigens nicht für tadelnswerth erklären wollen, denn die Fortsetzung 9) Se4—f6†, Dd8—f6: 10) Lf1—b5†, Sb8—c6, 11) 0—0, Df6—h4: 12) Dd1—e1†, Dh4 —e1: 13) Tf1—e1†, Lc8—e6 14) c2—c3, 0—0—0 ist eher für den Nachziehenden günstig, als für den Gambitgeber.

---

\*) Der Zug 7) c2—c3 wurde übrigens schon im Winter 1862—1863 von E. Schallopp gegen B. S. ohne glücklichen Erfolg versucht und als schwach erkannt.

L. Paulsen hat uns vor Kurzem mitgetheilt, dass Schwarz nach seiner Ansicht auch bei 7) c2—c3, d5—c4: 8) Dd1—a4†, Ke8—f8 im Vortheil bleibe und Langes Analyse dieser Spielart nicht richtig sei.

---

## 169. Partie.

Gespielt in der Augusta zu Leipzig im December 1863.

R. Schurig.    S. Paulsen.
Weiss.    Schwarz.

| | Weiss. | Schwarz. |
|---|---|---|
| 1) | e2—e4 | e7—e5 |
| 2) | f2—f4 | e5—f4: |
| 3) | Sg1—f3 | g7—g5 |
| 4) | h2—h4 | g5—g4 |
| 5) | Sf3—e5 | Lf8—g7 |
| 6) | Se5—g4 | d7—d5 |
| 7) | Sg4—f2 | Sg8—e7 |
| 8) | d2—d3 | 0—0 |

Stellung nach dem 12. Zuge von Schwarz.

| | Weiss. | Schwarz. |
|---|---|---|
| 25) | Sb5—c3 | Tf6—c6 |
| 26) | Sd3—b4 | Tc6—c4 |
| 27) | Sb4—c2 | Lg7—d4: |
| 28) | Sc2—d4: | Tc4—d4† |
| 29) | Kd2—c1 | Td4—d3 |
| 30) | Th1—e1 | Td3—e3 |

| | | |
|---|---|---|
| 9) | c2—c3 | f7—f5 |
| 10) | c4—e5 (!) | Lg7—e5: |
| 11) | d3—d4 | Le5—g7 (!) |
| 12) | Lc1—f4: | Se7—g6 |
| 13) | Lf4—g5 | Dd8—d6 |
| 14) | Sf2—d3 (?) | Dd6—g3† |
| 15) | Ke1—d2 | h7—h6 |
| 16) | Dd1—h5 | Kg8—h7 |
| 17) | Lf1—e2 | f5—f4 |
| 18) | Le2—f3 | Lc8—f5 |
| 19) | Sb1—a3 | Sb8—d7 |
| 20) | Ta1—e1 | c7—c5 |
| 21) | Te1—e2 | c5—d4: |
| 22) | c3—d4: | Sd7—f6 |
| 23) | Lg5—f6: | Tf8—f6: |
| 24) | Sa3—b5 | Ta8—f8 |
| 31) | Te2—e3: | f4—e3: |
| 32) | Te1—e3: | d5—d4 |
| 33) | Sc3—e4 | Dg3—c7† |
| 34) | Kc1—d1 | d4—e3: |

und Schwarz gewinnt.

#### Anmerkungen zur 169. Partie.

9) c2—c3. Besser ist wohl 9) Sb1—c3, wodurch die Entwickelung des weissen Spieles mehr gefördert wird.

14) ... Dd6—g3†. Der stärkste Zug ist nach L. Paulsens Angabe 14) ... h7—h6.

31) Te2—e3: Auf 31) Sc3—d5: folgt 31) ... Dg3—e1† 32) Te2—e1:, Te3—e1† 33) Ke1—d2, Te1—e5, und Schwarz ist im Vortheil.

### b) Das Allgaiergambit.
3) ... g7—g5 (!) 4) h2—h4, g5—g4 (!) 5) Sf3—g5 (?).

### 170. Partie.
Gespielt in der Wiener Schachgesellschaft im Juli 1859.

| | L. Schlemm. | F. Roweiny. | | Weiss. | Schwarz. |
|---|---|---|---|---|---|
| | Weiss. | Schwarz. | 11) | Dd1—d3 | Lf8—e7 |
| 1) | e2—e4 | e7—e5 | 12) | 0—0 | Th8—f8 |
| 2) | f2—f4 | e5—f4: | 13) | Sc3—e2 | Le7—h4: |
| 3) | Sg1—f3 | g7—g5 | 14) | Lc1—f4: | Sh5—f6 |
| 4) | h2—h4 | g5—g4 | 15) | Dd3—e3 | Tf8—h8 |
| 5) | Sf3—g5 (?) | h7—h6 | 16) | g2—g3 | Lh4—g5 |
| 6) | Sg5—f7: | Ke8—f7: | | | |
| 7) | Lf1—c4† | d7—d5 | | | |

| 17) | Ld5—b3 | Sf6—h5 (?) |
|---|---|---|
| 18) | Lf4—e5† | Sh7—f6 |
| 19) | Le5—f6† | Dd8—f6: |
| 20) | De3—d3 | Df6—e7 |
| 21) | Tf1—f7† | De7—f7: |

| 8) | Lc4—d5† | Kf7—g7 (?) |
|---|---|---|
| 9) | d2—d4 | Sg8—f6 |
| 10) | Sb1—c3 | Sf6—h5 |

|     | Weiss.    | Schwarz.  |     | Weiss.    | Schwarz.  |
|-----|-----------|-----------|-----|-----------|-----------|
| 22) | Lb3—f7:   | Kg7—f7:   | 26) | e5—e6     | Sd7—b6    |
| 23) | Dd3—c4†   | Kf7—e7    | 27) | d4—d5     | Th8—f8    |
| 24) | Dc4—c7†   | Sb8—d7    | 28) | Ta1—d1    |           |
| 25) | e4—e5     | Ke7—e8    |     | und Weiss gewinnt. | |

### Anmerkungen zur 170. Partie.

5) **Sf3—g5** (?). Dieser Zug, mit welchem der Gambitgeber eine Figur preisgiebt, führt zwar in manchen Fällen zu einem äusserst heftigen Angriff, ist jedoch nicht correct.

5) . . . **h7—h6**. Nach v. d. Lasa der beste Zug. Ponziani empfiehlt 5) . . . d7—d5 und auf 6) e4—d5: die Antwort 6) . . . Sg8—f6; im Handbuche werden folgende Varianten zu Gunsten des Nachziehenden ausgeführt:

**A.**

|     |         |         |     |         |         |
|-----|---------|---------|-----|---------|---------|
| 5)  | . . .   | d7—d5   | 8)  | Sc4—c3  | Lf8—d6  |
| 6)  | e4—d5:  | h7—h6   | 9)  | d2—d4   | Sg8—f6  |
| 7)  | Sg5—e4  | f7—f5   |     |         |         |

**B.**

|     |         |         |     |         |         |
|-----|---------|---------|-----|---------|---------|
| 7)  | Dd1—e2† | Sg8—e7  | 8)  | Sg5—c4  | Lf8—g7  |

7) **Lf1—c4†**. Bei 7) Dd1—g4: stellt Schwarz durch 7) . . . Sg8—f6 (!) 8) Dg4—f4:, Lf8—d6 (!) oder 8) Lf1—c4†, d7—d5 9) Dg4—f4:, Lf8—d6 10) Lc4—d5†, Kf7—g7 11) Df4—f3, Sf6—d5:, 12) e4—d5:, Dd8—e8† 13) Df3—e3, Ld6—g3† u. s. w. sein Uebergewicht allmählich sicher.

8) . . . **Kf7—g7** (?). Der correcte Zug ist 8) . . . Kf7—e8.

9) **d2—d4**. Die Fortsetzung 9) Ld5—b7:, Lc8—b7: 10) Dd1—g4†, Kg7—f7 11) Dg4—h5† führt, wie das Handbuch angiebt, zum Remis.

---

### 171. Partie.

Gespielt in der Wiener Schachgesellschaft im Juli 1859.

F. Howeing.    A. Schlemm.

|     | Weiss.    | Schwarz.  |     | Weiss.    | Schwarz.  |
|-----|-----------|-----------|-----|-----------|-----------|
|     |           |           | 8)  | Lc4—d5†   | Kf7—e8    |
| 1)  | e2—e4     | e7—e5     | 9)  | d2—d4     | Sg8—e7    |
| 2)  | f2—f4     | e5—f4:    | 10) | Sb1—c3    | Lf8—g7    |
| 3)  | Sg1—f3    | g7—g5     | 11) | Lc1—f4:   | c7—c6     |
| 4)  | h2—h4     | g5—g4     | 12) | Dd1—d3    | c6—d5:    |
| 5)  | Sf3—g5 (?) | h7—h6    | 13) | Sc3—b5    | Sb8—a6    |
| 6)  | Sg5—f7:   | Ke8—f7:   | 14) | 0—0       | d5—e4:    |
| 7)  | Lf1—c4†   | d7—d5     | 15) | Dd3—e4:   | Dd8—d5    |

| | Weiss. | Schwarz. |
|---|---|---|
| 17) | Ta1—e1 | Sc7—c6 |
| 18) | c2—c4 | Dd5—d7 |
| 19) | Dc2—d2 | Lg7—d4† (?) |
| 20) | Kg1—h1 | b7—b6 |
| 21) | Lf4—g5† | h6—g5: |
| 22) | Dd2—g5† | Sc6—e7 |
| 23) | Sb5—d4: | Th8—g8 |
| 24) | Tc1—d1 | |

16) Dc4—c2

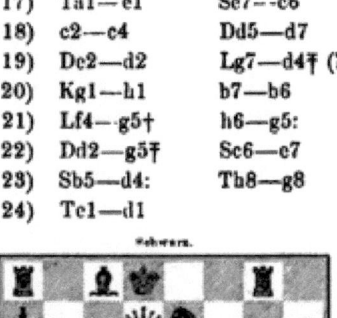

16) ...      Kc8—d8 (?)

| 24) | ... | Sa6—c5 |
|---|---|---|
| 25) | Dg5—f6 | Lc8—b7 |
| 26) | Sd4—f5 | Tg8—e8 |
| 27) | Sf5—e7: | Te8—e7: |
| 28) | Td1—d7† | und Weiss gewann. |

### Anmerkung zur 171. Partie.

9) ... Sg8—e7. Auch 9) ... f4—f3 ist ein guter Zug; man erwäge folgende Varianten aus der Ausgabe des Allgaier von 1834:

**A.**

| 9) | ... | f4—f3 | 13) | Th1—h4: | Sf6—d5: |
|---|---|---|---|---|---|
| 10) | g2—f3: | Lf8—e7 | 14) | Th4—g4: | Lc8—g4: |
| 11) | f3—f4 | Le7—h4† | 15) | Dd1—g4: | Sd5—e7 |
| 12) | Ke1—f1 | Sg8—f6 | | und Schwarz muss gewinnen. | |

**B.**

| 11) | O—O | g4—g3 | 13) | Sb1—c3 | Le7—b4 |
|---|---|---|---|---|---|
| 12) | f3—f4 | h6—h5 | 14) | Dd1—e2 | Dd8—h4: |

und Schwarz steht besser.

## 172. Partie.

Gespielt durch Correspondenz zwischen den Clubs zu Hobart-Town und Launceston in Australien im Jahre 1862.

| | Hobart-Town. Weiss. | Launceston. Schwarz. |
|---|---|---|
| 1) | e2—e4 | e7—e5 |
| 2) | f2—f4 | e5—f4: |
| 3) | Sg1—f3 | g7—g5 |
| 4) | h2—h4 | g5—g4 |
| 5) | Sf3—g5 (?) | h7—h6 |
| 6) | Sg5—f7: | Ke8—f7: |
| 7) | Lf1—c4† | d7—d5 |
| 8) | Lc4—d5† | Kf7—e8 (!) |
| 9) | d2—d4 | Sg8—e7 |
| 10) | Sb1—c3 | Se7—g6 |
| 11) | e4—e5 | f4—f3 |
| 12) | g2—g3 | Sb8—d7 |
| 13) | Dd1—d3 | Sg6—e7 |
| 14) | Lc1—f4 | Sd7—b6 |
| 15) | Ld5—e4 | Lf8—g7 |
| 16) | 0—0—0 | c7—c6 |
| 17) | a2—a3 | Lc8—e6 |
| 18) | b2—b3 | Dd8—d7 |
| 19) | Sc3—a2 | Le6—f5 |
| 20) | c2—c4 | Lf5—e4: |
| 21) | Dd3—e4: | Dd7—f5 |

Stellung nach dem 10. Zuge von Schwarz.

| | Weiss. | Schwarz. |
|---|---|---|
| 22) | De4—e3 | Se7—g6 |
| 23) | Sa2—c3 | Sg6—f4: |
| 24) | g3—f4: | Th8—f8 |
| 25) | Td1—d3 | Df5—f4: |
| 26) | De3—f4: | Tf8—f4: |
| 27) | Kc1—d2 | g4—g3 |

Aufgegeben.

---

## c) Das gemeine Springergambit.
### 3) ... g7—g5 (!) 4) Lf1—c4, Lf8—g7 (!).
### 173. Partie.

Gespielt zu Paris im April des Jahres 1860.

| | Kolisch. Weiss. | Anderssen. Schwarz. | | Weiss. | Schwarz. |
|---|---|---|---|---|---|
| 1) | e2—e4 | e7—e5 | 6) | h2—h4 | h7—h6 (!) |
| 2) | f2—f4 | e5—f4: | 7) | h4—g5: | h6—g5: |
| 3) | Sg1—f3 | g7—g5 | 8) | Th1—h8: | Lg7—h8: |
| 4) | Lf1—c4 | Lf8—g7 (!) | 9) | Dd1—d3 | Sg8—h6 (!) |
| 5) | d2—d4 | d7—d6 (!) | 10) | g2—g3 | Dd8—e7 |
| | | | 11) | Sb1—c3 | c7—c6 |

## 237

**Stellung nach dem 9. Zuge von Schwarz.**

| | Weiss. | Schwarz. |
|---|---|---|
| 12) | g3—f4: | g5—g4 |
| 13) | Sf3—g5 | |

**Stellung nach dem 17. Zuge von Weiss.**

| | Weiss. | Schwarz. |
|---|---|---|
| 13) | ... | Sb8—d7 |
| 14) | e4—e5 | Sd7—f6 |
| 15) | Lc1—e3 | d6—d5 |
| 16) | Lc4—b3 | Sh6—f5 |
| 17) | 0—0—0 | Sf5—e3: (?) |
| 18) | e5—f6: | Lh8—f6: |
| 19) | Td1—e1 | Lf6—g5 |
| 20) | f4—g5: | Lc8—c6 |
| 21) | Dd3—e3: | 0—0—0 |
| 22) | g5—g6 | De7—h4 |
| 23) | Te1—f1 | Td8—e8 |

| | Weiss. | Schwarz. |
|---|---|---|
| 24) | g6—f7: | Le6—f7: |
| 25) | De3—f2 | Dh4—g5† |
| 26) | Df2—f4 | Dg5—f4∓ |
| 27) | Tf1—f4: | Lf7—h5 |
| 28) | Tf4—f5 | Te8—h8 |
| 29) | Tf5—g5 | Ke8—d7 |
| 30) | Sc3—e2 | Kd7—e7 |
| 31) | Se2—f4 | Lh5—f7 |
| 32) | Tg5—g4: | Kc7—f6 |
| 33) | Sf4—d3 | Lf7—g6 |
| 34) | Sd3—e5 | Lg6—f5 |
| 35) | Tg4—f4 | a7—a5 |
| 36) | Tf4—f2 | Th8—h1† |
| 37) | Kc1—d2 | Th1—b1 |
| 38) | Se5—g4† | Kf6—c6 |
| 39) | Sg4—e3 | Lf5—g6 |
| 40) | Tf2—f1 | Tb1—f1: |
| 41) | Se3—f1: | b7—b5 |
| 42) | a2—a4 | Kc6—d6 |
| 43) | a4—b5: | c6—b5: |
| 44) | Sf1—e3 | Lg6—f7 |
| 45) | Kd2—e2 | a5—a4 |
| 46) | Lb3—d5: | Lf7—d5: |
| 47) | Se3—d5: | Kd6—d5: |
| 48) | Ke2—d3 | b5—b4 |
| 49) | c2—c3 | Aufgegeben. |

## Anmerkungen zur 173. Partie.

**5) d2—d4.** Die von **Philidor** empfohlene Fortsetzung des Gambitangriffs ist 5) h2—h4, h7—h6 (!) 6) d2—d4, d7—d6 (!) 7) c2—c3, worauf der Vertheidiger nach v. d. Lasa am besten 7) ... g5—g4 zieht. Wir entnehmen dem Handbuche die folgenden Varianten dieser Spielart:

Stellung nach dem 7. Zuge von Schwarz.

### A.

| 8) | Sf3—g1 | Dd8—c7 | 10) | c4—c5 | d6—c5: |
| 9) | Dd1—c2 | Sg8—f6 | 11) | d4—c5: | Sf6—h5 |

und Schwarz steht besser.

### B.

| 8) | Lc1—f4: | g4—f3: | 11) | h4—h5 | Le6—c4: |
| 9) | Dd1—f3: | Lc8—e6 | 12) | Sd2—c4: | b7—b5 |
| 10) | Sb1—d2 | Sg8—e7 | 13) | Sc4—e3 | Sb8—c6 |

und Schwarz ist im Vortheil geblieben.

### C.

| 8) | Dd1—b3 | Dd8—c7 | 10) | Tf1—f3: | Sb8—c6 |
| 9) | 0—0 | g4—f3: | 11) | Lc1—f4: | Sc6—d8 |

und Schwarz muss gewinnen.

### Oder:

| 8) | ... | g4—f3: | 13) | c8—d4: | Sc6—d4: |
| 9) | Lc4—f7† | Ke8—e7 | 14) | Db3—c3 | Sd4—f3† |
| 10) | 0—0 | Dd8—f8 | 15) | Dc3—f3: | Dd8—f6 |
| 11) | Lf7—c4 | Sb8—c6 | 16) | Sb1—c3 | Lc8—e6 und |
| 12) | Tf1—f3: | Lg7—d4† | | Schwarz behauptet das Uebergewicht. | |

Ausser 7) ... g5—g4 sind auch die Züge 7) ... Dd8—e7, 7) ... Sb8—d7 und 7) ... Sb8—c6 statthafte Antworten auf 7) c2—c3.

Schwächer, als 7) c2—c3, ist 7) Sb1—c3, worauf der Nachziehende nach unserer Ansicht am sichersten durch 7) ... Sb8—c6 (!) das überlegene Spiel behauptet. Aus der Fortsetzung 7) Sb1—c3, c7—c6 8) h4—g5:, h6—g5: 9) Th1—h8:, Lg7—h8: entsteht durch das von Greco erfundene sinnreiche Springeropfer 10) Sf3—e5 das „Gambit des Calabresen." Dass der Nachziehende auch in dieser Spielart schliesslich den Sieg erringen muss, wird die folgende Fortsetzung beweisen:

| | | | | |
|---|---|---|---|---|
| 10) | Sf3—e5 | d6—e5: | 14) Lc4—e6: | Sg8—f6 |
| 11) | Dd1—h5 | Dd8—f6 | 15) Le6—f7† | Ke8—e7 |
| 12) | d4—e5: | Df6—g7 | 16) Dh5—g6 | Dg7—f7: |
| 13) | e5—e6 | Lc8—e6 | und Schwarz gewinnt. | |

Auch bei 13) ... Sg8—f6 14) e6—f7†, Ke8—e7 (!) 15) Dh5—e2, Lc8—g4 16) De2—d3, Sb8—d7 17) Dd3—d4, Sf6—h5 bleibt Schwarz im Vortheil.

Wenn der Gambitgeber, statt seinen Königsspringer zu opfern, 10) Ke1 —f2 zieht, so kann der Vertheidiger mit 10) ... g5—g4 sogleich zur Contreattaque übergehen; man erwäge die Varianten:

### A.

| | | | | |
|---|---|---|---|---|
| 10) | Ke1—f2 | g5—g4 | 13) e4—d5: | g4—f3: |
| 11) | Dd1—h1 | Lh8—g7 | 14) Lc1—f4: | Sg8—f6 |
| 12) | Dh1—h5 | d6—d5 | und Schwarz gewinnt. | |

### B.

| | | | | |
|---|---|---|---|---|
| 13) | Sc3—d5: | c6—d5: | 18) Dg6—e4: | Dc7—e4: |
| 14) | Lc4—d5: | Dd8—c7 | 19) Sg5—e4: | Lg7—d4† |
| 15) | Sf3—g5 | Sg8—f6 | 20) Kf2—f1 | Kf8—f7: |
| 16) | Ld5—f7† | Ke8—f8 | 21) Se4—d6† | Kf7—e6 |
| 17) | Dh5—g6 | Sf6—e4† | 22) Sd6—c8: | Sb8—c6 |
| | | und Schwarz bleibt im Vortheil. | | |

---

6) h2—h4. Auf 6) c2—c3 wäre 6) ... g5—g4 der richtige Gegenzug, auf 6) 0—0 aber 6) ... h7—h6. Die Spielart 5) d2—d4, d7—d6 (!) 6) 0—0, h7—h6 (!) 7) c2—c3 wurde von dem grossen Meister Hanstein mit Vorliebe angewandt, doch sind jetzt sämmtliche Theoretiker darüber einig, dass der Nachziehende auch gegen diesen Angriff bei correcter Fortsetzung das Uebergewicht behaupten muss. Zum Muster für die Vertheidigung mögen folgende Varianten dienen:

**Stellung nach dem 7. Zuge von Weiss.**

**A.**

| | | | | | |
|---|---|---|---|---|---|
| 5) | d2—d4 | d7—d6 | 9) | Lc1—f4: | g4—f3: |
| 6) | 0—0 | h7—h6 | 10) | Dd1—f3: | Dd8—e7 |
| 7) | c2—c3 | Sb8—c6 | 11) | Lf4—e3 | Sg8—f6 |
| 8) | g2—g3 | g5—g4 | | | |

oder:

| | | | | | |
|---|---|---|---|---|---|
| 11) | Sb1—d2 | Lc8—d7 | 13) | c4—c5 | d6—c5: |
| 12) | Ta1—e1 | 0—0—0 | 14) | d4—c5: | h6—h5 |

**B.**

| | | | | | |
|---|---|---|---|---|---|
| 8) | Dd1—b3 | Dd8—e7 | 12) | Sg5—f3 | Sc6—d4: |
| 9) | h2—h4 | Sg8—f6 | 13) | c3—d4: | Lg7—d4† |
| 10) | h4—g5: | h6—g5: | 14) | Sf3—d4: | De7—h4: |
| 11) | Sf3—g5: | Sf6—e4: | | | |

oder, wie P. Hirschfeld angiebt:

| | | | | | |
|---|---|---|---|---|---|
| 9) | ... | g5—g4 | 14) | Lc4—f7† | Ke8—d8 |
| 10) | Sf3—h2 | f4—f3 | 15) | Db3—c2 | Sc6—d4: |
| 11) | g2—f3: | g4—g3 | 16) | Dc2—g2 | Dh4—h2† |
| 12) | Sh2—g4 | Lc8—g4: | 17) | Dg2—h2: | g3—h2† |
| 13) | f3—g4: | De7—h4: | 18) | Kg1—h2: | Sd4—c2 |

10) ... **Dd8—e7**. Stärker ist 10) ... g5—g4 (!), wie die folgenden von M. Lange aufgestellten Varianten zeigen:

**A.**

| | | | | | |
|---|---|---|---|---|---|
| 11) | Sf3—g1 | Dd8—f6 | 12) | Lc1—f4: | Df6—d4: u. s. w. |

|  |  |  |  |  |
|---|---|---|---|---|
| 11) | Lc1—f4: | g4—f3: | 16) | Ta1—f1: | Lh3—f1: |
| 12) | Lf4—h6: | f3—f2† | 17) | Dd3—f1: | Df6—f1: |
| 13) | Kc1—d2 | Dd8—f6 | 18) | Lc4—f1: | Sb8—c6 |
| 14) | Lh6—e3 | Lc8—h3 | 19) | Lf1—b5 | 0—0—0 |
| 15) | Sb1—c3 | f2—f1D | | und Schwarz muss gewinnen. |

13) ... Sb8—d7. Hier konnte Schwarz durch 13) ... f7—f6 einen Offizier erobern, ohne sich einem allzustarken Angriff auszusetzen, wie die folgende Analyse darthut:

**A.**

| 14) | Lc1—e3 (!) | f6—g5: | 16) | 0—0—0 | Sf7—g5: |
| 15) | f4—g5: | Sh6—f7 | | | |

**B.**

| 16) | Dd3—d2 | d6—d5 | 17) | e4—d5: | Sf7—g5: |

**C.**

| 16) | g5—g6 | Sf7—g5 u. s. w. |

14) ... **Sd7—f6**. 14) ... d6—d5 würde zur Folge haben: 15) Lc4—d5:. c6—d5: 16) Sc3—d5:, De7—d8 17) Dd3—h7, Dd8—a5† 18) Sd5—c3 und Weiss gewinnt.

15) ... **d6—d5**. Auf 15) ... Lc8—f5 würde folgen 16) Lc4—f7†.

17) ... **Sf5—e3**: (?). Ein Fehlzug; es musste 17) ... Sf6—g8 geschehen.

---

### 174. Partie.

Gespielt zu London im Jahre 1862.

| Anderssen. | Dubois. | | Weiss. | Schwarz. |
|---|---|---|---|---|
| Weiss. | Schwarz. | 6) | h2—h4 | h7—h6 (!) |
| 1) c2—c4 | e7—e5 | 7) | Dd1—d3 | g5—g4 (?) |
| 2) f2—f4 | e5—f4: | 8) | Sf3—g1 | Dd8—f6 |
| 3) Sg1—f3 | g7—g5 | 9) | c2—c3 (!) | h6—h5 |
| 4) Lf1—c4 | Lf8—g7 (!) | 10) | Sb1—a3 | Lc8—d7 |
| 5) d2—d4 | d7—d6 (!) | 11) | Lc1—d2 | Sb8—c6 |

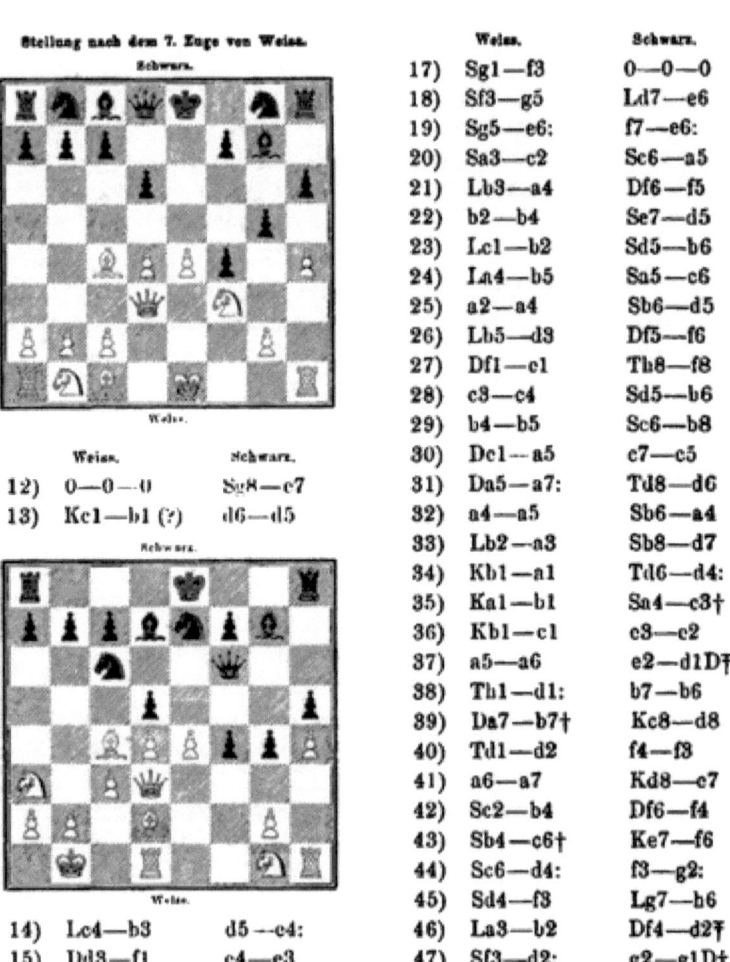

| | Weiss. | Schwarz. |
|---|---|---|
| 12) | 0—0—0 | Sg8—e7 |
| 13) | Kc1—b1 (?) | d6—d5 |
| 14) | Lc4—b3 | d5—c4: |
| 15) | Dd3—f1 | c4—c3 |
| 16) | Ld2—c1 | g4—g3 |

| | Weiss. | Schwarz. |
|---|---|---|
| 17) | Sg1—f3 | 0—0—0 |
| 18) | Sf3—g5 | Ld7—e6 |
| 19) | Sg5—e6: | f7—e6: |
| 20) | Sa3—c2 | Sc6—a5 |
| 21) | Lb3—a4 | Df6—f5 |
| 22) | b2—b4 | Se7—d5 |
| 23) | Lc1—b2 | Sd5—b6 |
| 24) | La4—b5 | Sa5—c6 |
| 25) | a2—a4 | Sb6—d5 |
| 26) | Lb5—d3 | Df5—f6 |
| 27) | Df1—c1 | Th8—f8 |
| 28) | c3—c4 | Sd5—b6 |
| 29) | b4—b5 | Sc6—b8 |
| 30) | Dc1—a5 | c7—c5 |
| 31) | Da5—a7: | Td8—d6 |
| 32) | a4—a5 | Sb6—a4 |
| 33) | Lb2—a3 | Sb8—d7 |
| 34) | Kb1—a1 | Td6—d4: |
| 35) | Ka1—b1 | Sa4—c3† |
| 36) | Kb1—c1 | c3—c2 |
| 37) | a5—a6 | e2—d1D† |
| 38) | Th1—d1: | b7—b6 |
| 39) | Da7—b7† | Kc8—d8 |
| 40) | Td1—d2 | f4—f3 |
| 41) | a6—a7 | Kd8—e7 |
| 42) | Sc2—b4 | Df6—f4 |
| 43) | Sb4—c6† | Ke7—f6 |
| 44) | Sc6—d4: | f3—g2: |
| 45) | Sd4—f3 | Lg7—h6 |
| 46) | La3—b2 | Df4—d2† |
| 47) | Sf3—d2: | g2—g1D† |

und Schwarz gewinnt.

### Anmerkungen zur 174. Partie.

7) Dd1—d3. Dieser starke Angriffszug ist von **Georg Schultz** in Hannover erfunden und häufig mit glücklichem Erfolge angewandt worden.

7) ... **g5—g4** (?). Der richtige Zug, durch welchen der Nachziehende das überlegene Spiel behauptet, ist, wie M. Lange im 15. Jahrgange der alten Schachzeitung S. 274 nachweis't, 7) ... Sb8—c6; man prüfe folgende Fortsetzungen:

## I.

| | | | | | |
|---|---|---|---|---|---|
| 8) | h4—g5: | h6—g5: | 12) | Dh7—h5 | Sg8—h6 |
| 9) | Th1—h8: | Lg7—h8: | 13) | c2—c3 | d6—e5: |
| 10) | e4—e5 | Ke8—f8 | | oder: | |
| 11) | Dd3—h7 | Lh8—g7 | 13) | Sf3—g5: | Lc8—g4. |

[Auch 10) ... d6—d5 ist eine gute Entgegnung auf 10) e4—e5, wie folgende Partie zeigt, in der M. Lange die Vertheidigung leitete:

| | | | | | |
|---|---|---|---|---|---|
| 10) | e4—e5 | d6—d5 | 18) | Dh1—h7 | f6—e5: |
| 11) | Dd3—h7 | Ke8—f8 | 19) | Dh7—f5† | Dd5—f7 |
| 12) | Dh7—h8: | d5—c4: | 20) | Df5—f7† | Kf8—f7: |
| 13) | c2—c3 | Lc8—g4 | 21) | Se4—g5† | Kf7—g6 |
| 14) | Sb1—d2 | Dd8—d5 | 22) | Sg5—e4 | e5—d4: |
| 15) | Dh8—h1 | Lg4—f3: | 23) | Lc1—f4: | Sg8—f6 |
| 16) | g2—f3: | Ta8—c8 | 24) | 0—0—0 | Sf6—e4: |
| 17) | Sd2—e4 | f7—f6 | 25) | f3—e4: | Tc8—e4: |

und Schwarz gewann.]

## II. A.

| | | | | | |
|---|---|---|---|---|---|
| 8) | Lc4—b5 | Lc8—d7 | 13) | e5—d6: | c7—d6: |
| 9) | h4—g5: | h6—g5: | 14) | Dh7—h5 | Sc6—d4: |
| 10) | Th1—h8: | Lg7—h8: | 15) | Lb5—d7: | Sd4—f3† |
| 11) | e4—e5 | Ke8—f8 | 16) | g2—f3: | Dd8—d7: |
| 12) | Dd3—h7 | Lh8—g7 | 17) | Dh5—g5 | Ta8—c8† |

## II. B.

| | | | | | |
|---|---|---|---|---|---|
| 9) | e4—e5 | Dd8—c7 | 14) | Dd3—h7 | Lh8—e5: |
| 10) | h4—g5: | d6—e5: | 15) | Dh7—g8† | Ke8—d7 |
| 11) | Lb5—c6: | Ld7—c6: | 16) | Dg8—a8: | Lc6—f3: |
| 12) | d4—e5: | h6—g5: | 17) | g2—f3: | |
| 13) | Th1—h8: | Lg7—h8: | | Schwarz giebt in 8 Zügen Matt. | |

---

9) ... h6—h5. Auf 9) ... Sg8—e7 würde etwa folgen: 10) Dd3—f1, Se7—g6 11) h4—h5, Sg6—h4 12) g2—g3, f4—g3: 13) Th1—h4:, Df6—h4: 14) Df1—f7†, Ke8—d8 15) Df7—g7:, Th8—e8 16) Lc1—h6: und Weiss ist im Vortheil.

13) Kc1—b1 (?). Ein auffallender Fehlzug. In einer andern Partie mit gleicher Eröffnung zog Anderssen 13) Sg1—e2 und gewann das Spiel.

---

### d) Das Muziogambit.
3) ... g7—g5 (!) 4) Lf1—c4, g5—g4 5) 0—0.
### 175. Partie.
6. Partie des Wettkampfs zwischen Kolisch und L. Paulsen im Jahre 1861.

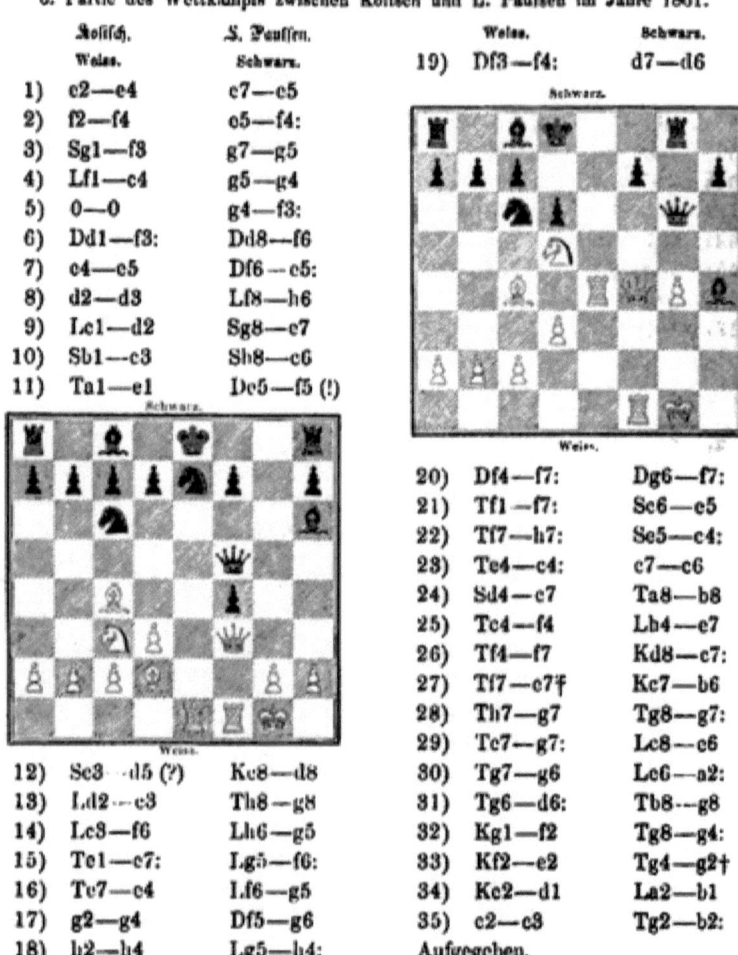

| | Kolisch. | S. Paulsen. | | Weiss. | Schwarz. |
|---|---|---|---|---|---|
| | Weiss. | Schwarz. | 19) | Df3—f4: | d7—d6 |
| 1) | e2—e4 | e7—e5 | 20) | Df4—f7: | Dg6—f7: |
| 2) | f2—f4 | e5—f4: | 21) | Tf1—f7: | Sc6—e5 |
| 3) | Sg1—f3 | g7—g5 | 22) | Tf7—h7: | Se5—c4: |
| 4) | Lf1—c4 | g5—g4 | 23) | Te4—c4: | c7—c6 |
| 5) | 0—0 | g4—f3: | 24) | Sd4—e7 | Ta8—b8 |
| 6) | Dd1—f3: | Dd8—f6 | 25) | Tc4—f4 | Lb4—e7 |
| 7) | e4—e5 | Df6—e5: | 26) | Tf4—f7 | Kd8—c7: |
| 8) | d2—d3 | Lf8—h6 | 27) | Tf7—c7† | Kc7—b6 |
| 9) | Lc1—d2 | Sg8—e7 | 28) | Th7—g7 | Tg8—g7: |
| 10) | Sb1—c3 | Sb8—c6 | 29) | Tc7—g7: | Lc8—e6 |
| 11) | Ta1—e1 | De5—f5 (!) | 30) | Tg7—g6 | Le6—a2: |
| 12) | Sc3—d5 (?) | Kc8—d8 | 31) | Tg6—d6: | Tb8—g8 |
| 13) | Ld2—c3 | Th8—g8 | 32) | Kg1—f2 | Tg8—g4: |
| 14) | Lc3—f6 | Lh6—g5 | 33) | Kf2—e2 | Tg4—g2† |
| 15) | Te1—e7: | Lg5—f6: | 34) | Ke2—d1 | La2—b1 |
| 16) | Te7—e4 | Lf6—g5 | 35) | c2—c3 | Tg2—b2: |
| 17) | g2—g4 | Df5—g6 | | Aufgegeben. | |
| 18) | h2—h4 | Lg5—h4: | | | |

### Anmerkungen zur 175. Partie.

4) ... g5—g4. Dieser Zug scheint bei correcter Fortsetzung nur Ausgleichung der Spiele herbeizuführen. Wir ziehen die Vertheidigung 4) ...

Lf8—g7 (!), durch welche Schwarz den Gambitbauer mit guter Stellung behaupten kann, entschieden vor.

5) 0—0. Der stärkste Angriff. Die Züge 5) Sf3—e5, 5) d2—d4, 5) Sb1—c3 (?) und 5) Lc4—f7† (?) sind in der classischen Praxis unserer Zeit nicht üblich und sollen desshalb hier nur in Kürze besprochen werden.

### I. 5) Sf3—e5.

Der Nachziehende hat hierauf nach 5) ... Dd8—h4† 6) Ke1—f1 die Wahl zwischen 6) ... f4—f3 (!) (dem Gambit des **Cochrane**) 6) ... Sg8—h6 (?) und 6) ... Sg8—f6 (?) (dem Gambit des **Salvio**). Zur Prüfung dieser drei Vertheidigungen wurde im Sommer d. J. 1860 zu Berlin eine Reihe von Partieen gespielt, in denen P. Hirschfeld die schwarzen und B. Suhle die weissen Steine führte. Das Resultat dieses Experiments fiel wider Erwarten dahin aus, dass die im Handbuche bevorzugten Spielarten 6) ... f4—f3 (!) und 6) ... Sg8—h6 nebst 7) d2—d4, f4—f3 (!) für den Nachziehenden keineswegs vortheilhaft erschienen; von Schwarz wurden nur die beiden Partieen gewonnen, in welchen er das Gambit des Salvio wählte, und zwar beide nur durch Flüchtigkeitsfehler des Gegners (man vgl. Schachzeitung 1861, No. 1523 und 1563). [Im Gambit des Cochrane erwies sich besonders die Variante 5) Sf3—e5, Dd8—h4† 6) Ke1—f1, f4—f3 7) d2—d4, Sg8—f6 8) Sb1—c3, c7—c6 9) Dd1—d2, Lf8—b4 10) Dd2—f4 als günstig für den Gambitgeber.] Der Zug 5) Sf3—e5 dürfte demnach nicht so unbedingt nachtheilig für den Gambitgeber sein, wie bisher angenommen wurde. Eine ausführlichere Untersuchung dieser Spielart gedenken wir später mitzutheilen.

### II. 5) d2—d4.

(Das Gambit des Ghulam Kassim.)

Dieser Angriff wird von Heinrich Kronenberg für stark erklärt (man vergleiche Seite 86 ff. des 16. Jahrgangs der alten Schachzeitung), scheitert jedoch nach unserer Ansicht wohl schliesslich an folgender Vertheidigung:

Stellung nach dem 8. Zuge von Schwarz.

| | Weiss. | Schwarz. |
|---|---|---|
| 5) | ... | g4—f3: |
| 6) | Dd1—f3: | d7—d5 |
| 7) | Lc4—d5: | Sg8—f6 |
| 8) | 0—0 | c7—c6 |

**III. 5) Sb1—c3 (?).**

(Mac Donnells Angriff.)

Das Handbuch widerlegt diese Combination durch folgende Varianten:

**A.**

| | | | |
|---|---|---|---|
| 5) ... | g4—f3: | 9) d2—d4 | Sg8—f6 |
| 6) Dd1—f3: | d7—d5 | 10) e4—e5 | Lf8—g7 |
| [Auch 6) ... d7—d6 ist zulässig.] | | 11) Lc1—f4: | Th8—e8 |
| 7) Lc4—d5: | c7—c6 | 12) Lf4—g5 | Dd8—d4: |
| 8) Ld5—f7† | Ke8—f7: | 13) Lg5—f6: | Lc8—g4 |

**B.**

| | | | |
|---|---|---|---|
| 9) Df3—h5† | Kf7—g7 | 12) Lf4—e5† | Sg8—f6 |
| 10) d2—d4 | Lc8—e6 | 13) Dh5—g5† | Lf7—g6 |
| 11) Lc1—f4: | Le6—f7 | | |

**C.**

| | | | |
|---|---|---|---|
| 8) Ld5—b3 | Lc8—e6 | 12) 0—0 | Df6—g6 |
| 9) Lb3—e6: | f7—e6: | 13) Dh5—a5 | Sb8—a6 |
| 10) Df3—h5† | Ke8—d7 | 14) Lc1—f4: | Lf8—b4 |
| 11) d2—d4 | Dd8—f6 | 15) Da5—a4 | Sg8—e7 |

**IV. 5) Lc4—f7† (?).**

V. d. Lasa sagt über diesen Zug: „Sämmtliche Autoren kommen darin überein, dass das Opfer des Läufers nur einen unsicheren Angriff gewährt", und empfiehlt die Vertheidigung 5) ... Ke8—f7: 6) Sf3—e5†, Kf8—e8 (!) 7) Dd1—g4:, Sg8—f6 (!) 8) Dg4—f4:, d7—d6.

6) ... **Dd8—f6**. Nach v. d. Lasa's Untersuchungen erreicht der Nachziehende durch diese Vertheidigung höchstens Remis. Der genannte Meister urtheilt über das Muziogambit: „Ueberhaupt aber können wir keine siegreiche Vertheidigung angeben und betrachten desshalb 4) ... g5—g4 als einen unrichtigen Zug."

Chess-Players Chronicle enthält im Decemberheft d. J. 1860 eine mit unverkennbarer Sorgfalt ausgearbeitete Abhandlung von **Alfred Holloway** über eine neue Vertheidigung des Muziogambits. Dieselbe zeichnet sich dadurch aus, dass nach 1) e2—e4, e7—e5 2) f2—f4, e5—f4: 3) Sg1—f3, g7—g5 4) Lf1—c4, g5—g4 5) 0—0, g4—f3: 6) Dd1—f3: nun 6) ... **Sb8—c6** geschehen soll. Dieser Zug, sagt Herr Holloway, nimmt dem Gambitgeber jede Hoffnung auf Eroberung eines Aequivalents für den geopferten Officier und führt den Nachziehenden sicher zum Siege. Sieben verschiedene Fortsetzungen des Angriffs werden durchgenommen; in allen Fällen muss Weiss verlieren.

So wäre denn mit Einem Schlage das wilde Muziogambit zur Ruhe gebracht? Vielleicht birgt es doch noch Tücken in sich, die dem Blicke des englischen Theoretikers entgangen sein könnten. Zu unserem Zwecke wird es genügen, nur eine der 7 Fortsetzungen, 7) Df3—f4:, näher ins Auge zu fassen.

Was soll Schwarz dagegen thun? Der Punkt f7 bedarf des Schutzes. Herr Holloway giebt einfach 7) ... f7—f6 an, und dadurch wird in der That das drohende Matt einstweilen abgewehrt; aber dass Schwarz in dieser Stellung sicheren Gewinn in Händen habe, diese Behauptung möchte den meisten Lesern, wie auch uns, befremdlich klingen. Herr Holloway sucht dieselbe durch folgende Varianten zu beweisen:

7) Df3—f4:  [f7—f6]

### I.

| 8) | Sb1—c3 | Dd8—e7 | 11) | Sc7—a8: | De5—d4† |
| 9) | Sc3—d5 | De7—e5 | 12) | Kg1—h1 | Lf8—d6 |
| 10) | Sd5—c7† | Ke8—d8 | 13) | D. beliebig | Dd4—c4: |

### II.

| 8) | Lc4—g8: | Th8—g8: | 13) | Ta1—c1: | Lf8—g4 |
| 9) | Df4—f6: | Dd8—f6: | 14) | Tc1—f1 | Lg7—f6: |
| 10) | Tf1—f6: | Sc6—d4 | 15) | Tf1—f6: | Tg8—f8 |
| 11) | Sb1—a3 | Sd4—e2† | 16) | Tf6—f8: | Ke8—f8: |
| 12) | [Kg1—h1] | Se2—c1: | | | |

### III.

| 8) | e4—e5 | Sc6—e5: | 10) | Kg1—h1 | Ke8—d8 |
| 9) | Tf1—e1 | Dd8—e7 | 11) | d2—d4 | Se5—g6 |

### IV.

| 8) | d2—d4 | Sc6—e7 |
| 9) | e4—e5 | Se7—g6 |
| 10) | Df4—f3 | |

[„Auf Df4—g3 antwortet Schwarz mit eben so grossem Erfolge d7—d6."]

| 10) | ... | d7—d5 |
| 11) | Lc4—d5: | c7—c6 |
| 12) | Ld5—b3 | Dd8—d4† |

In der zuletzt angegebenen Variante bietet sich dem Weissen Gelegenheit zu einem hübschen Damenopfer durch 10) e5—f6:, Sg6—f4: 11) f6—f7†, Ke8—e6 12) Lc1—f4:, worauf Schwarz

Stellung nach dem 9. Zuge von Schwarz.

nur zwischen den Zügen Lf8—h6 und Lf8—g7 die Wahl hätte, denn bei 12) d7—d5 z. B. entschiede Lf4—g5† sofort zu Gunsten des Gambitgebers. Auf 12) Lf8—h6 gewinnt derselbe aber durch 13) Tf1—e1†, Ke7—f8 14) f7—g8†, Th8—g8 15) Lf4—h6† oder bei 13) Ke7—f6 durch 14) Te1—e8. Sehr interessante Combinationen ergeben sich aus der Fortsetzung 12) . . . [Lf8—g7] 13) Tf1—e1†, Ke8—f8 14) Lf4—e7:, Lg7—d4† 15) Kg1—h1. Zieht Schwarz jetzt d7—d5, so nimmt Weiss einfach die Dame und bekommt durch 16) Le7—d8:, [d5—c4:] 17) f7—g8†, Th8—g8: 18) c2—c3 das überlegene Spiel. Noch mehr käme Schwarz durch 15) Dd8—e7 in Nachtheil wegen 16) f7—g8†, Th8—g8: 17) Te1—e7:, Kf8—e7: 18) c2—c3. Weicht die Dame statt dessen nach f6 aus, so geschieht 16) Te1—e8†, Kf8—g7 17) Te8—g8†. Kg7—h6 18) Sb1—d2 und die schwarze Partie ist unrettbar verloren, denn auf 18) . . . d7—d5 19) Lc4—d5:, Lc8—e6 20) Ld5—e6, Df6—c6: gewinnt 21) Lc7—f4†, auf 19) Lc8—f5 folgt 20) Lc7—f4†, Kc6—h5 und in 3 Zügen Matt, auf 19) Lc8—h3 20) Ta1—f1, auf 19) Lc8—d7 endlich 20) Ta1—f1, Df6—f7: (bei jedem anderen Damenzuge würde Lc7—f4† entscheiden) 21) Ld5—f7:, Th8—g8: 22) Lf7—g8:, Ta8—g8 23) c2—c3 und Weiss befindet sich im Vortheil. Doch kann der Vertheidiger nach 12) . . . [Lf8—g7] 13) Tf1—e1† 13) . . . Ke7—f6 antworten, worauf Weiss durch 14) Te1—f1 das Spiel nur unentschieden machen würde. Desshalb ist es besser, einfach 10) Df4—e4 zu ziehen, worauf das schwarze Spiel nach unserer Ansicht verloren ist.

Demnach stünde dem Gambitgeber bei dieser Fortsetzung des Angriffes keineswegs unabwendbarer Verlust bevor. Noch stärker ist übrigens 8) Sb1—c3, welchen Zug Herrn Holloways erste Variante noch weniger überzeugend zum Nachtheil des Weissen ausführt. Was zwingt ihn denn, sofort auf 8) . . . Dd8—e7 die Dame mit dem Springer anzugreifen? Diese Attaque hat viel mehr Erfolg, wenn 9) Lc4—g8: vorhergeht. Schwarz befindet sich dabei augenscheinlich in misslichster Lage, wesshalb wir uns auf blosse Andeutung der Fortsetzung 9) Lc4—g8:, Th8—g8: 10) Sc3—d5, De7—c5† 11) Kg1—h1, [Lf8—d6] 12) Df4—h4 oder vielleicht eben so kräftig 12) Df4—f5 beschränken. Auch andere Gegenzüge als 8) Dd7—e7, etwa 8) d7—d6 oder 8) Sc6—e7, vermögen das schwarze Spiel nicht zu befreien. Auf 8) d7—d6 würde etwa 9) Df4—h4, Sc6—e5 10) Dh4—h5†, Sc5—g6 11) Lc4—g8:, Th8—g8: 12) Sc3—d5, [Lf8—e7] 13) Dh5—h7:, Kc8—f8 14) d2—d4 zum Vortheil des Anziehenden erfolgen, auf 8) Sc6—e7 9) Df4—h4, c7—c6 10) Lc4—g8:, Th8—g8: 11) e4—e5 oder 9) Se7—g6 10) Dh4—h5 u. s. w.

Die Analyse des Herrn Holloway ist nicht ohne Verdienst, erreicht aber nicht ihr Ziel, die angeblich entscheidende Stärke des Damenspringerzuges gegen Muziogambit zu beweisen. Schwarz wird zwar stets dahin streben müssen, die Figuren der Damenseite zu entwickeln, doch wird 6) . . . Sb8—c6 kaum minder nachtheilig sein, als die Seite 253—256 behandelte Spielart der 177. Partie.

10) ... **Sb8—c6.** Früher galt 10) ... c7—c6 für den besten Zug, doch ist im Handbuche der Beweis geführt worden, dass Weiss auch dabei mindestens die Spiele ausgleichen kann. Man prüfe folgende Varianten:

### A.

| | | | |
|---|---|---|---|
| 10) ... | c7—c6 | 17) Sd5—c7: | Th8—e8 |
| 11) Ta1—e1 (!) | Dc5—c5† | 18) Sc7—c6† | b7—c6: |
| 12) Kg1—h1 | d7—d5 | 19) Lc3—a5† | Kd8—d7 |
| 13) Df3—h5 | Dc5—d6 | 20) Te1—c8: | Kd7—e8: |
| 14) Lc4—d5: (!) | c6—d5: | 21) Tf1—e1† | Ke8—f8 |
| 15) Sc3—d5: | Sb8—c6 | 22) La5—b4 | |
| 16) Ld2—c3 (!) | Ke8—d8 | und Weiss ist im Vortheil. | |

Oder:

| | | | |
|---|---|---|---|
| 18) ... | Dd6—c6: | 21) Tf1—e1† | Lc8—e6 |
| 19) Dh5—h4† | Kd8—d7 | 22) Dh4—h6: | |
| 20) Te1—c8: | Kd7—e8: | und Weiss ist im Vortheil. | |

### B.

| | | | |
|---|---|---|---|
| 16) ... | Lc8—d7 | 19) Dh5—f7 | Td8—h8: |
| 17) Lc3—h8: | 0—0—0 | 20) Te1—e7 | Ld7—c6 |
| 18) Sd5—e7† | Sc6—e7 | 21) Df7—e6† | |
| und die Spiele stehen gleich. | | | |

### C.

| | | | |
|---|---|---|---|
| 16) ... | Dd6—g6 | 19) Sd5—f4: | Lh6—f4: |
| 17) Dh5—g6: | f7—g6: | 20) Tf1—f4: | Lc8—f5 |
| 18) Lc3—h8: | Ke8—f7 | 21) Lh8—c3 | |
| und die Spiele stehen gleich. | | | |

### D.

| | | | |
|---|---|---|---|
| 14) ... | Dd6—g6 | 16) Dh5—c5† | Kc7—d7 |
| 15) Te1—c7† | Kc8—c7: | 17) Tf1—e1 | |
| und Weiss hat einen siegreichen Angriff. | | | |

[Auch 16) ... Lc8—e6 gewährt keine genügende Vertheidigung.]

### E.

| | | | |
|---|---|---|---|
| 14) ... | 0—0 | 16) Dh5—h6: | c6—d5: |
| 15) Te1—e7: | Dd6—e7: | 17) Sc3—d5: und gewinnt. | |

[Auch 15) Ld5—b3 ist gut.]

## F.

|  |  |  |  |  |  |
|---|---|---|---|---|---|
| 15) | Te1—e7: | c6—d5: (!) | 19) | Sd5—f4: | Sc6—e7: |
| 16) | Sc3—d5: | Sb8—c6 | 20) | Dh5—g5† | Se7—g6 |
| 17) | Ld2—f4: | Lh6—f4: | 21) | Sf4—h5 | f7—f5 |
| 18) | Tf1—f4: | Dd6—f4: | 22) | Sh5—f4 oder Sh5—f6† |

und Weiss hält mindestens das Spiel unentschieden.

### Oder:

|  |  |  |  |  |  |
|---|---|---|---|---|---|
| 18) | ... | Dd6—d5: | 21) | Tf4—f2 | Tf8—e8 |
| 19) | Dh5—d5: | Sc6—e7: | 22) | h2—h4 | Te8—e5 |
| 20) | Dh5—g5† | Se7—g6 |  | mit gleichem Spiel. |  |

12) Sc3—d5 (?). Der richtige Zug ist 12) Te1—e4; man vergleiche die 176. Partie.

---

## 176. Partie.

### Gespielt im Jahre 1863.

P. Hirschfeld. — X.

| | Weiss. | Schwarz. |
|---|---|---|
| 1) | e2—e4 | e7—e5 |
| 2) | f2—f4 | e5—f4: |
| 3) | Sg1—f3 | g7—g5 |
| 4) | Lf1—c4 | g5—g4 |
| 5) | 0—0 | g4—f3: |
| 6) | Dd1—f3: | Dd8—f6 |
| 7) | e4—e5 | Df6—e5: |
| 8) | d2—d3 | Lf8—h6 |
| 9) | Lc1—d2 | Sg8—e7 |
| 10) | Sb1—c3 | Sb8—c6 |
| 11) | Ta1—e1 | De5—f5 |
| 12) | Te1—e4 (!) | Sc6—e5 (!) |
| 13) | Df3—e2 | Se5—c4: |
| 14) | d3—c4: | Ke8—d8 |
| 15) | Ld2—f4: | Lh6—f4: |
| 16) | Tf1—f4: | Df5—c5† |
| 17) | Kg1—h1 | f7—f5 |
| 18) | Te4—e5 | Dc5—b4 |
| 19) | De2—h5 (!) | Db4—b2: |
| 20) | Dh5—h4 | Th8—e8 |

Stellung nach dem 14. Zuge von Weiss.

| | Weiss. | Schwarz. |
|---|---|---|
| 21) | Tf4—f5: | c7—c6 |
| 22) | Tf5—f8 | Db2—b4 |
| 23) | Tf8—e8† | Kd8—e8: |
| 24) | Dh4—f6 | Ke8—d8 |
| 25) | c4—c5 | Db4—c3: |
| 26) | Df6—c7† | Kd8—c7 |
| 27) | Dc7—d6† | Kc7—d8 |

251

Stellung nach dem 21. Zuge von Weiss.
Schwarz.

Weiss.

| | Weiss. | Schwarz. |
|---|---|---|
| 43) | a3—a4 | Te8—a8 |
| 44) | Dd6—e7 | Ta8—a4: |
| 45) | De7—f6† | Kg6—h7 |
| 46) | g5—g6† | Kh7—h6 |
| 47) | Df6—g5† | Kh6—g7 |
| 48) | Dg5—h5: | Ta4—a8 |
| 49) | Dh5—h7† | Kg7—f6 |
| 50) | h4—h5 | Ta8—g8 |
| 51) | Dh7—h6 | Le6—f5 |
| 52) | Dh6—f4 | Tg8—e8 |
| 53) | g6—g7 | Te8—g8 |
| 54) | h5—h6 | Kf6—g6 |
| 55) | Df4—f5† | Kg6—f5: |
| 56) | h6—h7 | Tg8—g7: |
| 57) | h7—h8D und gewinnt. | |

| | Weiss. | Schwarz. |
|---|---|---|
| 28) | h2—h3 | b7—b6 |
| 29) | Te5—f5 | Dc3—e1† |
| 30) | Kh1—h2 | De1—e8 |
| 31) | Tf5—f8 | Lc8—b7 |
| 32) | Tf8—e8† | Kd8—e8: |
| 33) | Dd6—c7 | Lb7—a6 |
| 34) | c5—b6: | a7—b6: |
| 35) | Dc7—b6: | La6—c4 |
| 36) | Db6—e3† | Lc4—e6 |
| 37) | a2—a3 | Ke8—f7 |
| 38) | g2—g4 | h7—h5 |
| 39) | De3—f4† | Kf7—g6 |
| 40) | g4—g5 | Le6—f5 |
| 41) | h3—h4 | Ta8—e8 |
| 42) | Df4—d6† | Lf5—e6 |

Stellung nach dem 57. Zuge von Weiss.
Schwarz.

Weiss.

**Anmerkungen zur 176. Partie.**

12) ... Sc6—e5 (!). Schwächer ist 12) ... d7—d6, wie folgende von P. Hirschfeld angegebene Fortsetzung zeigt:

| 13) | Ld2—f4: | Lh6—f4: | 19) | Tf1—e1 | De5—g7 |
| 14) | Te4—f4: | Df5—c5† | 20) | Tf4—f5 | Se7—f5: |
| 15) | Kg1—h1 | Lc8—f5 | 21) | Sd5—c7† | Ke8—d7 |
| 16) | b2—b4 | Dc5—e5 | 22) | Sc7—e6: | f7—e6: |
| 17) | Sc3—d5 | Sc6—d4 | 23) | Lc4—e6† | |
| 18) | Df3—f2 | Sd4—e6 | | und Weiss steht besser. | |

13) ... Se5—c4: Auf 13) ... d7—d6 folgt nach P. Hirschfelds Analyse:

252

| | Weiss. | Schwarz. | | Weiss. | Schwarz. |
|---|---|---|---|---|---|
| 14) | Ld2—f4: | Lh6—f4: | 19) | d3—d4 | Sc5—c6 |
| 15) | Tf1—f4: | Df5—g5 | 20) | Dc2—f3† | Kf7—e8 |
| 16) | h2—h4 | Dg5—g7 | 21) | Sc3—d5 | Ke8—d8 |
| 17) | Tf4—f7: | Dg7—f7: | 22) | Df3—f6 | |
| 18) | Lc4—f7‡ | Ke8—f7: | | „und Weiss behauptet seinen Angriff." | |

21) ... c7—c6. Bei 21) ... d7—d6 kann Weiss durch 22) Te5—e7:, Tc8—e7: 23) Tf5—f8†, Kd8—d7 24) Dh4—g4†, Kd7—c6 25) Dg4—f3† Remis erzwingen.

22) ... Db2—b4. Ueber 22) ... Tc8—f8: bemerkt P. Hirschfeld, dass der Gambitgeber darauf durch 23) Dh4—c7‡, Kd8—c7 24) Sc3—d5†, c6—d5: 25) De7—c5† mindestens Remis erreicht.

---

### 177. Partie.

Gespielt zu Berlin im December d. J. 1859.

C. Mayet.    v. d. Sosa.

| | Weiss. | Schwarz. |
|---|---|---|
| 1) | e2—e4 | e7—e5 |
| 2) | f2—f4 | e5—f4: |
| 3) | Sg1—f3 | g7—g5 |
| 4) | Lf1—c4 | g5—g4 |
| 5) | 0—0 | g4—f3: |
| 6) | Dd1—f3: | Lf8—h6 (?) |
| 7) | d2—d4 | Dd8—e7 |
| 8) | Lc1—f4: | Lh6—f4: |
| 9) | Df3—f4: | Sb8—c6 |
| 10) | Lc4—f7‡ | Ke8—d8 |
| 11) | e4—e5 (!) | h7—h5 |
| 12) | Sb1—c3 (!) | Sg8—h6 |
| 13) | Lf7—b3 (?) | De7—g7 |
| 14) | Sc3—d5 | Sc6—e7 |
| 15) | Sd5—f6 | Sh6—f5 |
| 16) | c2—c3 | d7—d6 |
| 17) | e5—d6: | c7—d6: |
| 18) | Sf6—e4 | Lc8—d7 (?) |
| 19) | Se4—d6 | Sf5—d6: |
| 20) | Df4—d6: | Th8—h6 |
| 21) | Dd6—f4 | Th6—g6 |
| 22) | Df4—f8† (?) | Kd8—c7 |

Stellung nach dem 12. Zuge von Schwarz.

| | Weiss. | Schwarz. |
|---|---|---|
| 23) | Df8—f4† | Kc7—b6 |
| 24) | Tf1—f2 | Se7—f5 |
| 25) | Ta1—e1 | Ta8—f8 |
| 26) | Df4—e5 | Dg7—e5: |
| 27) | Te1—e5: | h5—h4 |
| 28) | Lb3—c2 | Tg6—f6 |
| 29) | a2—a4 | a7—a5 |
| 30) | b2—b3 | h4—h3 |
| 31) | g2—g3 | Sf5—h6 |

| | Weiss. | Schwarz. | | Weiss. | Schwarz. |
|---|---|---|---|---|---|
| 32) | Tf2—f6† | Tf8—f6: | 52) | h2—h4 | Kc6—d6 |
| 33) | c3—c4 | Sh6—g4 | 53) | h4—h5 | Ta7—a4† |
| 34) | c4—c5† | Kb6—c7 | 54) | Kg4—f5 | Sc5—e6 |
| 35) | Te5—e2 | Ld7—c6 | 55) | Tc1—c6† | Kd6—c6: |
| 36) | Lc2—e4 | Lc6—e4: | 56) | Kf5—c6: | Ta4—e4† |
| 37) | Te2—e4: | Tf6—g6 | 57) | Ke6—f6 | Kc6—d7 |
| 38) | d4—d5 | Kc7—d7 | 58) | g6—g7 | Te4—f4† |
| 39) | b3—b4 | Tg6—g5 (?) | 59) | Kf6—g5 | Tf4—f1 |
| 40) | b4—a5: | Sg4—f6 | 60) | h5—h6 | Kd7—e7 |
| 41) | c5—c6† | b7—c6: | 61) | h6—h7 | Tf1—g1† |
| 42) | d5—c6† | Kd7—d6 | 62) | Kg5—f4 | Tg1—g7: |
| 43) | Tc4—c4 | Sf6—d5 | 63) | h7—h8D | Ke7—f7 |
| 44) | g3—g4 | Sd5—c7 | 64) | Kf4—f5 (!) | Tg7—g1 |
| 45) | Kg1—f2 | Tg5—a5: | 65) | Dh8—b7† | Kf7—f8 |
| 46) | Kf2—g3 | Kd6—d5 | 66) | Dh7—h2 | Tg1—g7 |
| 47) | Tc4—c1 | Ta5—a4: | 67) | Dh2—b8† | Kf8—f7 |
| 48) | Kg3—h3: | Ta4—a7 | 68) | Db8—b3† | Kf7—f8 |
| 49) | g4—g5 | Sc7—e6 | 69) | Kf5—f6 | Tg7—e7 |
| 50) | Kh3—g4 | Se6—c5 | 70) | Db3—b4. | |
| 51) | g5—g6 | Kd5—c6: | | Schwarz giebt die Partie auf. | |

### Anmerkungen zur 177. Partie.

6) ... Lf8—h6 7) d2—d4, Dd8—e7. Gegen diese von v. d. Lasa im Jahre 1860 häufig angewandte Vertheidigung ist die richtige Führung des weissen Spieles nicht leicht zu finden.

Das nebenstehende Diagramm veranschaulicht die nach den Zügen 1) e2—e4, e7—e5 2) f2—f4, e5—f4: 3) Sg1—f3, g7—g5 4) Lf1—c4, g5—g4 5) 0—0, g4—f3: 6) Dd1—f3:, Lf8—h6 7) d2—d4, Dh8—e7 8) Lc1—f4:, Lh6—f4: 9) Df3—f4:, Sb8—c6 10) Lc4—f7†, Ke8—d8 sich ergebende Stellung, welche wir unserer folgenden Analyse zum Grunde legen.

Durch 11) Sb1—c3, was in einer Partie von Hanstein gespielt worden ist, würde Weiss einen zwar äusserst lebhaften, aber nicht unwiderstehlichen Angriff erlangen. Dagegen entscheidet nach unserer Ansicht 11) e4—e5 das Spiel zu Gunsten des Gambitgebers. Schwarz hat darauf drei Gegenzüge: d7—d6,

h7—h5 und Sc6—b4; wir wollen sie der Reihe nach prüfen und nachzuweisen versuchen, dass Schwarz in jedem Falle verliert. Weiss antwortet auf alle drei Züge am besten 12) Sb1—c3.

**Erste Fortsetzung: 11) e4—e5, d7—d6 12) Sb1—c3.**

Der Vertheidiger hat nun die Wahl zwischen 12) . . . d6—e5:, 12) . . . Lc8—e6 und 12) . . . Lc8—d7.

I. 12) . . . d6—e5: erweis't sich durch die Varianten 13) d4—e5:, Sc6—e5: 14) Ta1—e1, De7—c5† 15) Kg1—h1, Sc5—f7: 16) Df4—f7: oder 13) De7—e5: 14) Ta1—d1†, Lc8—d7 15) Tf1—e1, De5—c5† 16) Kg1—h1, De5—f8 17) Sc3—b5, Ta8—c8 18) Df4—f5 als verderblich für Schwarz; Weiss erzwingt immer in wenigen Zügen das Matt.

II. Auf 12) . . . Lc8—e6 folgt 13) e5—d6: und bei 13) De7—f7: ein tödtliches Schach der Dame auf g5, bei 13) c7—d6: 14) Lf7—e6:, De7—e6: 15) Df4—f8†, De6—e8 16) Df8—d6†, Kd8—c8 17) Tf1—f8, Sg8—e7 18) Sc3—b5, Se7—d5 19) Dd6—c6†, Kc8—d8 20) Dc6—d5†, Kd8—c8 21) Dd5—d6 und im nächsten Zuge Matt.

III. Grosse Schwierigkeiten bietet aber 12) . . . Lc8—d7; nach sorgfältiger Untersuchung haben sich jedoch folgende Varianten uns dabei als massgebend herausgestellt:

12) . . . Lc8—d7 (!)

a) 13) Ta1—e1, a7—a6 14) Sc3—d5, De7—f8 15) Df4—g5†, Sg8—e7 16) e5—d6:, c7—d6: 17) Dg5—f6 und gewinnt.

b) . . . 15) Kd8—c8 16) e5—d6:, c7—d6: 17) Lf7—e6, Df8—h6 18) Le6—d7†, Kc8—d7: 19) Tf1—f7† und erzwingt das Matt.

c) . . . 17) Df8—d8 18) Le6—d7†, Kc8—d7: 19) Tf1—f7†, Kd7—c8 20) Dg5—f5† und gewinnt.

d) . . . 19) Sg8—e7 20) Dg5—f5†, Kd7—e8 21) Df5—e6 und erzwingt das Matt.

e) . . . 13) De7—f8 14) Df4—g5†, Sg8—e7 15) e5—d6:, c7—d6: 16) Dg5—f6, Kd8—c7. Das nebenstehende Diagramm veranschaulicht die interessante Position, mit welcher diese Variante schliesst. Wir überlassen es dem Scharfsinne des Lesers, den am schnellsten und in einer eleganten Weise zum Siege führenden Zug des Weissen zu entdecken.

f) . . . 13) [Kd8—c8] 14) e5—e6, Ld7—e8 15) d4—d5, Sc6—e5 16) Te1

—e5:, d6—e5: 17) Df4—e5:, Sg8—f6 18) Lf7—e8:, Th8—e8 19) Tf1—f6: und Weiss muss gewinnen.

### Zweite Fortsetzung: 11) e4—e5, h7—h5 12) Sb1—c3.

Auf 12) Sg8—h6 gewinnt Weiss durch 13) Sc3—d5, De7—f7:, 14) Df4—g5†, Kd8—c8 15) Sd5—c7†. Ebenfalls erfolgreich wäre 13) Lf7—h5:, welcher Zug in einer Partie zwischen Hirschfeld und Mayet geschah, die durch 13) De7—e6 14) Df4—f7†, Th8—f8: 15) Tf1—f8†, Kd8—e7 16) Tf8—e8† ein schnelles Ende nahm. Auf 12) d7—d6 setzt Sc3—d5 den Angriff fort, und bleibt dem Schwarzen wohl nichts übrig, als d6—e5:, was sofortigen Wiedergewinn des geopferten Offiziers durch Sd5—c7: bei besserer Stellung und Bauernübermacht gestattet. Weiss würde jedoch stärker d4—e5: spielen, woraus sich hauptsächlich folgende Varianten ergäben:

### 12) Sb1—c3, d7—d6 13) Sc3—d5, d6—e5: 14) d4—e5:

a) 14) De7—c5: 15) Df4—h4†, Sg8—e7 16) Ta1—d1†, Lc8—d7 17) Tf1—c1 und Weiss gewinnt.

b) 14) De7—c5† 15) Kg1—h1, Lc8—d7: 16) b2—b4, Dc5—f8 17) e5—e6, Df7—d6 18) Df4—g5†, Sg8—e7 19) Ta1—d1, Dd6—c5 20) Sd5—c7: und Weiss gewinnt.

c) ... 15) Lc8—g4 16) b2—b4, Dc5—c2 17) e5—e6, Th8—c8 18) Df4—g5†, Sg8—e7 19) Dg5—g7, Se7—d5: 20) Dg7—h8†, Kd8—e7 21) Dh8—c8:, Sd5—e3 und Weiss erzwingt in 4 Zügen Matt.

d) ... 16) Dc5—f8 17) Df4—g5†, Sg8—e7 18) Lf7—h5 und gewinnt.

e) ... 16) Dc5—d4 17) Df4—g5†, Sg8—e7 18) Sd5—e7:, Sc6—e7: 19) Dg5—g7 und gewinnt.

f) ... 15) Sg8—e7: 16) Ta1—d1, Lc8—d7 17) Sd5—f6, Sc6—e5: 18) Sf6—d7:, Se5—d7: 19) Lf7—e6 und gewinnt.

g) ... 15) Sc6—e7 16) Ta1—d1, Lc8—d7 17) Lf7—g8:, Se7—g8: 18) Sd5—f6 und gewinnt.

h) ... 15) Sg8—h6 16) Df4—f6†, Kd8—d7 und Weiss setzt in zwei Zügen Matt

Ausweichen kann die schwarze Dame auf 13) Sc3—d5 nur nach f8; in diesem Falle würde 14) Df4—h4†, Sg8—e7 15) e5—d6:, e7—d6: 16) Ta1—c1, Lc8—d7 17) Sd5—e7:, Sc6—e7: 18) Lf7—b3 zur Entscheidung führen.

### Dritte Fortsetzung: 11) e4—e5, Sc6—b4 12) Sb1—c3.

Diese Fortsetzung scheint der Vertheidigung günstigere Chancen zu eröffnen, als das Vorrücken des Bauern b7, bei welchem, wie oben dargethan, der Zweck, den Königsspringer mit Tempogewinn nach h6 zu ziehen, nicht erreichbar und der Angriff nicht mehr zu pariren ist. Freilich darf Schwarz 12) den Bauer c2 offenbar nicht nehmen, da nach 13) Sc3—d5, De7—f8 14) Df4—g5†, Sg8—e7 15) Lf7—b5 das Matt sich nicht abwenden liesse. Für sehr wirksam möchte man aber 12) c7—c6 halten, wodurch die in den meisten Varianten dieser Spielart so gefährliche Attaque Sc3—d5 einstweilen verhindert wird. Ein unscheinbarer Zug macht diese indess trotzdem möglich: 13) a2—a3. Auf c2 ginge nun der Springer verloren, er muss sich also nach d5 oder a6 zurückziehen. Augenfällig nachtheilig ist der erstere Rückzug wegen 14) Lf7—d5:, c6—d5: 15) Sc3—d5:, denn auf 15) De7—e8 erzwingt e5—e6 schnell das Matt. Im zweiten Falle, bei 13) Sb4—a6 gewinnt Weiss durch 14) d4—d5, c6—d5: 15) Sc3—d5:, De7—c5† 16) Kg1—h1, Sg8—e7 17) Df4—f6, Th8—f8 18) [c2—c4], Sa6—c7 19) b2—b4, Sc7—d5: 20) c4—d5:, Dc5—d5: 21) Lf7—d5:, Tf8—f6 22) e5—f6:, Sc7—g6 23) f6—f7 oder bei 20) Dc5—c4 durch 21) d5—d6, Dc4—f7: 22) Df6—f7:, Tf8—f7: 23) Tf1—f7, Sc7—g6 24) Ta1—f1, Kd8—e8 25) Tf7—g7.

Wir glauben, hiermit die besten Züge, die der Vertheidigung zu Gebote stehen, sämmtlich angegeben und erörtert zu haben und halten demnach in der Stellung, von welcher wir in unserer Analyse ausgingen, das schwarze Spiel für verloren.

---

**13) Lf7—b3 (?).** Der stärkste Angriffszug ist 13) Sc3—d5, wie oben gezeigt wurde.

---

### 178. Partie.

Gespielt zu London im Jahre 1862.

|  | Steinitz. Weiss. | Anderssen. Schwarz. |
|---|---|---|
| 1) | e2—e4 | e7—e5 |
| 2) | f2—f4 | e5—f4: |
| 3) | Sg1—f3 | g7—g5 |
| 4) | Lf1—c4 | g5—g4 |
| 5) | 0—0 | g4—f3: |
| 6) | Dd1—f3: | Dd8—e7 |
| 7) | d2—d4 | Sb8—c6 |
| 8) | Sb1—c3 | Sc6—d4: |
| 9) | Df3—d3 | Sd4—c6 |
| 10) | Sc3—d5 | De7—c5† |
| 11) | Kg1—h1 | b7—b5 |
| 12) | Lc4—b3 | Lf8—h6 |

Stellung nach dem 8. Zuge von Schwarz.

| | Weiss: | Schwarz. | | Weiss. | Schwarz. |
|---|---|---|---|---|---|
| 13) | Lc1—d2 | Dc5—f8 (!) | 28) | Tf4—e4 | Tb8—b6 |
| 14) | Dd3—c3 | Df8—g7 | 29) | h2—h3 | Tf6—e6 |
| 15) | Sd5—c7† | Sc6—c7: | 30) | Ld5—e6: | d7—e6: |
| 16) | Dc3—c7: | Sg8—e7 | 31) | a2—a4 | b5—b4 |
| 17) | Ld2—c3 | f7—f6 | 32) | Da5—h5 | Lc7—d8 |
| 18) | e4—e5 | Th8—f8 | 33) | Te1—d1 | Dg7—e7 |
| 19) | Ta1—e1 | Lc8—a6 | 34) | Te4—d4 | Ld8—c7 |
| | | | 35) | Td4—g4 | Kc8—b7 |
| | | | 36) | Tg4—g8 | Tb6—c6 |
| | | | 37) | Dh5—f3 | La6—c4 |

| | | | | | |
|---|---|---|---|---|---|
| 20) | e5—f6: (?) | Tf8—f6: | | | |
| 21) | Lc3—b4 | Tf6—c6 | | | |
| 22) | Dc7—a5 | Lh6—g5 | | | |
| 23) | Lb4—c7: | Lg5—c7: | 38) | Tg8—g4 | Lc4—d5 |
| 24) | Tf1—f4: | Tc6—f6 | 39) | Df3—e2 | Dc7—d6 |
| 25) | Da5—c3 | Ke8—d8 | 40) | Kh1—g1 | Dd6—h2† |
| 26) | Dc3—a5† | Kd8—c8 | 41) | Kg1—f1 | Lc7—b6 |
| 27) | Lb3—d5 | Ta8—b8 | | Aufgegeben. | |

**Anmerkungen zur 178. Partie.**

**6) ... Dd8—e7.** Diese zuerst von **Salvio** angegebene Vertheidigung ist neuerdings von drei dänischen Schachspielern: **Sorensen, From** und **Kemp** eingehend analysirt und nachdrücklich empfohlen worden, weshalb sie den Namen: „dänische Vertheidigung" empfangen hat.

**7) d2—d4.** Der von Sorensen eingesandte Artikel im 17. Jahrgange der alten Schachzeitung, S. 195 ff., behandelt nur diese Fortsetzung des Angriffs. Weit stärker ist aber 7) Df3—f4: (!), wodurch der Gambitgeber unseres Erachtens mindestens Remis erreicht. Antwortet Schwarz darauf 7) ... De7—c5†, so verliert er das Spiel wegen der Folge: 8) d2—d4, Dc5—d4† 9) Lc1 —c3, Dd4—c4: 10) Df4—e5†; wählt er dagegen die von P. Hirschfeld andeutete Vertheidigung:

|     | Weiss.    | Schwarz. |     | Weiss.    | Schwarz. |
|-----|-----------|----------|-----|-----------|----------|
| 7)  | Df3—f4:   | Sb8—c6   | 9)  | Sb1—c3    | Dc7—e5   |
| 8)  | Lc4—f7†   | Kc8—d8   | 10) | Df4—e5:   | Sc6—e5:: |

so behält der Anziehende nach

| 11) | d2—d4 | Sc5—f7: | 12) | Tf1—f7: |

einen so beträchtlichen Positionsvortheil, dass wir das weisse Spiel dem schwarzen vorzuziehen geneigt sind; auf 12) ... Kd8—c8 z. B. antwortet Weiss 13) Tf7—f8†, Kc8—f8: 14) Sc3—d5 u. s. w.

**8) Sb1—c3.** Aus 8) Lc1—f4: ergeben sich nach der dänischen Analyse folgende für den Nachziehenden günstige Varianten:

### I.

| 8)  | ...     | Sc6—d4: | 12) | Dh5—f7† | Kc8—f7: |
| 9)  | Df3—h5  | Sd4—c2: | 13) | Lf4—g5  | Lf8—g7  |
| 10) | Kg1—h1  | Sg8—f6  | 14) | e4—e5   | Sc2—a1: |
| 11) | Lc4—f7† | Dc7—f7: | 15) | e5—f6:  | Lg7—f8  |

oder:

| 11) | ...    | Kc8—d8  | 14) | e4—e5  | Dc7—f7: |
| 12) | Dh5—e2 | Sc2—a1: | 15) | e5—f6: | Lg7—f8  |
| 13) | Lf4—g5 | Lf8—g7  | 16) | De2—c4 | d7—d5   |

### II.

| 11) | Lc4—f7† | Dc7—f7: | 13) | Lf4—g5 | Sc2—a1: |
| 12) | Dh5—d1  | Df7—c4  | 14) | Tf1—f6 | Th8—g8  |

### III.

| 11) | Dh5—d1 | Sc2—a1: | 15) | Tf1—e1 | d7—d6   |
| 12) | Lf4—g5 | Lf8—g7  | 16) | Te1—e5: | Lf6—e5: |
| 13) | e4—e5  | Dc7—e5: | 17) | Sb1—c3 | Le5—c3: |
| 14) | Lg5—f6: | Lg7—f6: | 18) | b2—c3: | Lc8—e6  |

oder:

| 14) | Tf1—e1  | Sf6—e4  | 16) | Dd1—f3† | Lg7—f6  |
| 15) | Lc4—f7† | Kc8—f7: | 17) | Lg5—f6: | Se4—g3† |

### IV.

| 8)  | ...    | Sc6—d4: | 11) | Lc4—e6: | Dc7—c5† |
| 9)  | Df3—h5 | Sd4—e6  | 12) | Kg1—h1  | Dc5—e5: |
| 10) | Lf4—e5 | Lf8—g7  |     |         |         |

---

Die Fortsetzung 8) Df3—f4:, Lf8—h6 (!) wird folgendermassen von den dänischen Schachfreunden zum Vortheil des Schwarzen ausgeführt:

**I.**

| 9) | Df4—c7: | Lh6—c1: | 12) | Sb1—c3 | Lc1—c3† |
| 10) | Lc4—f7† | Dc7—f7: | 13) | Kg1—h1 | Lc3—d4: |
| 11) | Tf1—f7: | Ke8—f7: | | | |

**II.**

| 9) | Lc4—f7† | Ke8—d8 | 11) | Dg3—g7 | Lc4—c3† |
| 10) | Df4—g3 | Lh6—c1: | 12) | Kg1—h1 | Lc3—d4: |

oder:
11) Lf7—g8:    Dc7—g5

**III.**

| 10) | Df4—f2 (!) | Lh6—c1: | 12) | Lf7—g8: | Df6—f2† |
| 11) | Tf1—c1: | Dc7—f6 | 13) | Kg1—f2: | Th8—g8 |

Ein offenbar schwacher Zug wäre 8) c2—c3 wegen der Antwort 8) ... Sc6—e5.

8) **Df3—f2** geschieht in der 179. Partie.

---

9) **Df3—d3.** Auf 9) Df3—f4: folgt ebenfalls Sd4—e6.
20) **e5—f6:(?).** Einen nachhaltigeren Angriff hätte 20) e5—e6 eingeleitet.
26) **Dc3—a5†.** Auf 26) Tc1—c7: würde 26) ... Tf6—f4: erfolgen.

---

## 179. Partie.

Consultationspartie, gespielt im Juli des Jahres 1862 zu London.

| | Chevalier St. Bon und Mr. Stewart. | Anderssen. | | Weiss. | Schwarz. |
|---|---|---|---|---|---|
| | Weiss. | Schwarz. | 8) | Df3—f2 | Lf8—g7 |
| 1) | c2—e4 | e7—e5 | 9) | c4—c5 | d7—d6 |
| 2) | f2—f4 | e5—f4: | 10) | Lc1—f4: | d6—c5: |
| 3) | Sg1—f3 | g7—g5 | 11) | d4—d5 | e5—f4: (?) |
| 4) | Lf1—c4 | g5—g4 | 12) | d5—c6: | Dc7—c3 |
| 5) | 0—0 | g4—f3: | 13) | Tf1—e1 | Lg7—d4 |
| 6) | Dd1—f3: | Dd8—e7 | 14) | Kg1—h1 | Sg8—f6 |
| 7) | d2—d4 | Sb8—c6 | 15) | Tc1—c3† | Ld4—c3: |
| | | | 16) | Df2—h4 | Sf6—e4 |

Stellung nach dem 11. Zuge von Weiss.   Stellung nach dem 19. Zuge von Weiss.

| | Weiss. | Schwarz. | | Weiss. | Schwarz. |
|---|---|---|---|---|---|
| 17) | Sb1—c3 | Se4—f2† | 25) | Dg5—h6: | Tg8—g2: |
| 18) | Kh1—g1 | Th8—g8 | 26) | Sc7—a8: | Tg2—g1† |
| 19) | Sc3—d5 | Sf2—g4† | 27) | Kf1—e2 | Tg1—g2† |
| 20) | Kg1—f1 | Ke8—f8 | 28) | Ke2—f3 | Tg2—g3† |
| 21) | Db4—e7† | Kf8—g7 | 29) | Kf3—e4 | Lc8—h3: |
| 22) | h2—h3 | b7—c6: | 30) | Dh6—f6† | Tg3—g7 |
| 23) | Sd5—c7: | Sg4—h6 | 31) | Ta1—d1 | Aufgegeben. |
| 24) | De7—g5† | Kg7—h8 | | | |

### Anmerkungen zur 179. Partie.

11) ... e5—f4: (?). Besser ist 11) ... Sc6—d4, wie folgende von P. Hirschfeld angegebene Fortsetzung zeigt:

| 12) | Lf4—e3 | Lc8—d7 | 14) | Le3—c5 | Sf5—d6 |
|---|---|---|---|---|---|
| 13) | Tf1—e1 | Sd4—f5 | 15) | Sb1—c3 | Sg8—f6 |

„und Schwarz behauptet den gewonnenen Offizier."

---

c) 3) ... Lf8—e7 (?) im Königsspringergambit.

### 180. Partie.

Gespielt zu Petersburg im Jahre 1859.

| | C. F. Schmitt. Weiss. | X. Schwarz. | | Weiss. | Schwarz. |
|---|---|---|---|---|---|
| 1) | e2—e4 | e7—e5 | 3) | Sg1—f3 | Lf8—e7 (?) |
| 2) | f2—f4 | e5—f4: | 4) | Lf1—c4 | Le7—h4† |
| | | | 5) | Ke1—f1 (!) | Sg8—h6 |

|  | Weiss. | Schwarz. |
|---|---|---|
| 6) | d2—d4 | Sh6—g4 |

|  | Weiss. | Schwarz. |
|---|---|---|
| 7) | Sf3—h4: | Dd8—h4: |
| 8) | Dd1—f3 | Sg4—h2† |
| 9) | Th1—h2: | Dh4—h2: |
| 10) | Lc1—f4: | Dh2—h1† |
| 11) | Kf1—f2 | Sb8—c6 |
| 12) | c2—c3 | 0—0 |
| 13) | Lf4—c7: | Kg8—h8 |

|  | Weiss. | Schwarz. |
|---|---|---|
| 14) | Lc4—f1 | f7—f5 |
| 15) | e4—e5 | a7—a5 (?) |
| 16) | Lc7—d6 | Tf8—f7 |
| 17) | Lf1—c4 | Dh1—c1 |
| 18) | Df3—c2 | Kh8—g8 |
| 19) | Lc4—f7† | Kg8—f7: |

Weiss kündigt Matt in 5 Zügen an.

### Anmerkungen zur 180. Partie.

5) **Ke1—f1.** Der richtige Zug, der dem Anziehenden das bessere Spiel verschafft. Nicht vortheilhaft für Weiss ist das sogenannte Gambit des Cunningham: 5) g2—g3, f4—g3: 6) 0—0, g3—h2† 7) Kg1—h1, worauf Schwarz am besten 7) ... d7—d5 entgegnet.

5) ... **Sg8—h6.** Besser ist 5) ... d7—d6, doch behält der Anziehende auch dabei das überlegene Spiel.

7) **Sf3—h4:** Ebenfalls günstig für Weiss ist die im Handbuche angegebene Fortsetzung 7) Dd1—c2, Sg4—f2 8) Sf3—h4:, Sf2—h1: 9) Sh4—f3, Sh1—g3† 10) h2—g3:, f4—g3: 11) Lc1—f4.

# V. Das Königsläufergambit.

1) e2—e4, e7—e5  2) f2—f4, e5—f4:  3) Lf1—c4(!).

## A. Die sogenannte classische Vertheidigung.
### 3) ... Dd8—h4†.
### 181. Partie.

Gespielt zu London im Jahre 1862.

| | Löwenthal. Weiss. | Salwan. Schwarz. | | Weiss. | Schwarz. |
|---|---|---|---|---|---|
| 1) | e2—e4 | e7—e5 | 11) | ... | Tg8—g7 |
| 2) | f2—f4 | e5—f4: | 12) | Sf3—g5: | Tg7—h7: |
| 3) | Lf1—c4 | Dd8—h4† | 13) | Sg5—h7: | c7—c6 |
| 4) | Ke1—f1 | g7—g5 | 14) | Sd5—f6† | Ke8—e7 |
| 5) | Sb1—c3 | d7—d6 | 15) | Dd1—h5 | Lf8—g7 |
| 6) | Sg1—f3 | Dh4—h5 | 16) | e4—e5 (!) | Df7—h5: |
| 7) | h2—h4 | f7—f6 (?) | 17) | e5—d6† | Ke7—f7 |
| 8) | Lc4—g8: | Th8—g8: | 18) | Sf6—h5: | Lg7—e5 |
| 9) | Sc3—d5 | Dh5—f7 | 19) | d2—d4 | Le5—d6: |
| 10) | h4—g5: | f6—g5: | 20) | Lc1—f4: | Ld6—c7 |
| 11) | Th1—h7: (!) | | 21) | Lf4—e5 | Sb8—d7 |
| | | | 22) | Sh5—f4 | Sd7—e5: |
| | | | 23) | d4—e5: | Lc8—f5 |
| | | | 24) | Sh7—f6 | Lf5—c2: (?) |
| | | | 25) | Sf6—g4 | Ta8—h8 |
| | | | 26) | Kf1—f2 | Lc7—c5† |
| | | | 27) | Kf2—f3 | Lc5—d4 |
| | | | 28) | Ta1—c1 | Lc2—f5 |
| | | | 29) | b2—b3 | Th8—h4 |
| | | | 30) | e5—e6† | Kf7—e7 |
| | | | 31) | Sg4—e5 | Th4—h6 |
| | | | 32) | g2—g4 | Lf5—c6 |
| | | | 33) | g4—g5 | Th6—h2 |
| | | | 34) | Se5—g6† | |
| | | | | und Weiss gewinnt. | |

### Anmerkungen zur 181. Partie.

3) Lf1—c4 (!). Weniger beliebt ist das „eingeschränkte Läufergambit" 3) Lf1—e2, worüber zu vergleichen Jänisch Analyse nouvelle II. S. 159 und Schachzeitung 1849 S. 420 und 437.

3) ... Dd8—h4†. Neuere Untersuchungen, vorzüglich von M. Lange, haben erwiesen, dass diese von Ponziani angerathene und von Delabourdonnais häufig angewandte Vertheidigung nicht zur Behauptung des Gambitbauern führt.

7) ... f7—f6 (?). Auf 7) ... h7—h6 folgt 8) d2—d4, Lf8—g7 9) e4—e5 mit sehr gutem Spiele für Weiss. Nimmt Schwarz in der durch das nebenstehenden Diagramm veranschaulichten Stellung den Bauer e5 [9) ... d6—e5:], so hat der Gambitgeber die Wahl zwischen 10) Sf3—e5:, wodurch der Gambitbauer gewiss zurückerobert wird bei günstiger Stellung, und 10) Sc3—d5, wodurch ein äusserst nachhaltiger Angriff eingeleitet wird, der dem Nachziehenden höchstens Remis zu erreichen gestattet. Zieht Schwarz 9) ... Dh5—g6, so erlangt der Gambitgeber durch 10) Dd1—e2 ein schönes Spiel.

Stellung nach dem 9. Zuge von Weiss.

## 182. Partie.

Gespielt zu Breslau im August des Jahres 1859.

Anderssen. B. Suhle.
Weiss. Schwarz.

| | Weiss. | Schwarz. |
|---|---|---|
| 1) | e2—e4 | e7—e5 |
| 2) | f2—f4 | e5—f4: |
| 3) | Lf1—c4 | Dd8—h4† |
| 4) | Ke1—f1 | g7—g5 |
| 5) | Sb1—c3 (!) | Lf8—g7 |
| 6) | Sc3—d5 (?) | Ke8—d8 |
| 7) | d2—d4 | d7—d6 |
| 8) | c4—c5 (?) | c7—c6 |
| 9) | Sb5—c3 | d6—d5 |
| 10) | Lc4—e2 | f7—f6 (!) |
| 11) | b2—b3 | Sg8—e7 |
| 12) | Sg1—f3 | Dh4—h6 |
| 13) | e5—f6: | Lg7—f6: |
| 14) | Sf3—e5 | Lf6—e5: |
| 15) | d4—e5: | Sb8—d7 |
| 16) | Lc1—b2 | Se7—f5 (!) |

Stellung nach dem 10. Zuge von Schwarz.

| | Weiss. | Schwarz. |
|---|---|---|
| 17) | Kf1—g1 | Th8—e8 |
| 18) | Dd1—d2 | Sd7—c5: |
| 19) | Sc3—e4 | Kd8—c7 |

| | Weiss. | Schwarz. | | Weiss. | Schwarz. |
|---|---|---|---|---|---|
| 20) | Se4—f2 | Sf5—e3 | 33) | ... | Lc8—e6 (?) |
| 21) | c2—c4 | g5—g4 | 34) | Tg2—g3: | Se5—f7 |
| | | | 35) | Ta1—g1 | Ta8—g8 |
| | | | 36) | Tg3—g5: | Tg8—g5: |
| | | | 37) | Tg1—g5: | Sf7—g5: |
| | | | 38) | c4—c5 | Sg5—e4 |
| | | | 39) | Lb2—c5† | Kc7—d7 |
| | | | 40) | b3—b4 | a7—a5 |
| | | | 41) | a2—a3 | a5—b4: |
| | | | 42) | a3—b4: | Lc6—f5 |
| | | | 43) | Kh1—g2 | Kd7—c6 |
| | | | 44) | Lc5—d4 | Lf5—g6 |
| | | | 45) | b4—b5 | c6—b5: (!) |
| | | | 46) | Lc2—b5: | Se4—d2 |
| | | | 47) | Lb5—a4 | Sd2—c4 |
| | | | 48) | c5—c6 | b7—c6: |
| 22) | h2—h3 (!) | g4—h3: | 49) | La4—c6: | Sc4—d6 |
| 23) | Sf2—h3: (!) | Se3—g2: (!) | 50) | Kg2—f2 | Sd6—f5 |
| 24) | Sh3—f2 (!) | Dh6—g7 | 51) | Ld4—h8 | Kc6—d6 |
| 25) | Th1—h2 (!) | Sg2—e3† | 52) | Lc6—a4 | Kd6—c5 |
| 26) | Kg1—h1 | Se3—f5 | 53) | Kf2—f3 | Kc5—c4 |
| 27) | Th2—g2 | Sf5—g3† | 54) | Kf3—f4 | d5—d4 |
| 28) | Kh1—h2 | Dg7—h6† | 55) | La4—d7 | d4—d3 |
| 29) | Kh2—g1 | Dh6—g5 | 56) | Ld7—a4 | |
| 30) | Sf2—h1 (!) | Te8—g8 | | | |
| 31) | Sh1—g3: | f4—g3: | | | |
| 32) | Dd2—g5: | Tg8—g5: | | | |
| 33) | Kg1—h1 | | | | |

| | | |
|---|---|---|
| 56) | ... | Sf5—e7 (?) |
| 57) | Kf4—e3 | Se7—d5† |
| 58) | Ke3—d2 | h7—h5 |

|   | Weiss. | Schwarz. |   | Weiss. | Schwarz. |
|---|---|---|---|---|---|
| 59) | La4—d7 | Kc4—c5 | 63) | Lc8—h3 | Lg6—f5 |
| 60) | Ld7—c6 | Kc5—d6 | 64) | Lh3—f1 | h4—h3 |
| 61) | Lc6—c8 | h5—h4 | 65) | Lf1—h3: und Weiss erzwingt |  |
| 62) | Lh8—d4 | Sd5—c7 |  | Remis. |  |

### Anmerkungen zur 182. Partie.

6) Sc3—d5 (?). Ein vorzeitiger Angriff, wie die Fortsetzung beweis't. Der correcte Zug ist 6) d2—d4.

30) Sf2—h1 (!). Nothwendig, um 30) ... Sg3—e2† nebst ... Dg5—g2† und ... f4—f3† zu verhüten.

33) ... Lc8—e6 (?). Stärker wäre gewesen 33) ... Se5—g6, doch hätte Schwarz auch so gewinnen müssen.

56) ... Sf5—e7 (?). Durch dies Versehen giebt Schwarz den Sieg aus der Hand; 56) ... Lg6—h5 hätte die Partie für ihn entschieden, da auf 57) Kf4—f5: 57) ... Kc4—b4 58) Kf5—e4, Lh5—g6† folgt.

---

### 183. Partie.

Gespielt zu Bonn im Juli 1859.

**I.** **B. Suhle.**

|   | Weiss. | Schwarz. |
|---|---|---|
| 1) | e2—e4 | e7—e5 |
| 2) | f2—f4 | e5—f4: |
| 3) | Lf1—c4 | Dd8—h4† |
| 4) | Ke1—f1 | g7—g5 |
| 5) | Sb1—c3 (!) | Lf8—g7 |
| 6) | d2—d4 (!) | Sg8—e7 |
| 7) | Sg1—f3 | Dh4—h5 |
| 8) | h2—h4 | h7—h6 |
| 9) | Kf1—g1 (!) | g5—g4 |
| 10) | Sf3—h2 (!) | f4—f3 |
| 11) | g2—f3: | g4—f3: |
| 12) | Sh2—f3: | d7—d6 |
| 13) | Lc4—e2 | Lc8—g4 |
| 14) | Lc1—e3 (?) | Sb8—c6 |
| 15) | d4—d5 | Sc6—e5 |
| 16) | Sf3—e5: | Lg7—e5: |
| 17) | Kg1—f2 | f7—f5 |
| 18) | Sc3—b5 | Ke8—d7 |

Stellung nach dem 18. Zuge von Schwarz.

|   | Weiss. | Schwarz. |
|---|---|---|
| 19) | Le2—g4: | f5—g4: |
| 20) | Le3—d4 | Th8—f8† |
| 21) | Kf2—g2 (?) | Tf8—f3 |
| 22) | Ld4—f2 | Ta8—f8 |
| 23) | Tf1—f1 | Se7—g6 |

|  | Weiss. | Schwarz. |
|---|---|---|
| 24) | Sb5—d4 | Sg6—h4† |
| 25) | Lf2—h4: | |

Schwarz setzt in 4 Zügen matt.

### Anmerkungen zur 183. Partie.

9) ... **g5—g4**. Durch diesen Zug scheint Schwarz, obgleich er den Gambitbauer einbüsst, ein dem des Anziehenden gleiches Spiel erlangen zu können. Auf 9) ... Dh5—g6 folgt 10) e4—e5, d7—d6 11) Sc3—b5, Sb8—a6 12) h4—h5, Dg6—f5 13) e5—d6:, c7—c6 14) Dd1—e2 zum Vortheil des Gambitgebers.

14) **Lc1—e3 (?)**. Besser ist 14) Kg1—f2, worauf 14) ... f7—f5 der richtige Gegenzug wäre.

15) **d4—d5**. Bei 15) Sc3—b5 hätte Schwarz durch 15) ... Lg4—f3: offenbar eine Figur erobert.

21) **Kf2—g2 (?)**. Weiss hätte seinen König besser nach der Damenseite gebracht. Uebrigens befand sich Schwarz auch dann im Vortheil wegen des Freibauern g4.

Stellung nach dem 25. Zuge von Weiss.

---

## 184. Partie.

Dritte Partie des Wettkampfs zwischen L. Paulsen und Kolisch.

| | L. Paulsen. | J. Kolisch. |
|---|---|---|
| | Weiss. | Schwarz. |
| 1) | e2—e4 | e7—e5 |
| 2) | f2—f4 | e5—f4: |
| 3) | Lf1—c4 | Dd8—h4† |
| 4) | Ke1—f1 | g7—g5 |
| 5) | Sb1—c3 (!) | Lf8—g7 |
| 6) | d2—d4 (!) | Sg8—e7 |
| 7) | g2—g3 | f4—g3: |
| 8) | Kf1—g2 | d7—d6 |
| 9) | h2—g3: | Dh4—g4 |
| 10) | Lc4—e2 | Dg4—d7 |
| 11) | Lc1—g5: | Sb8—c6 |
| 12) | Sg1—f3 | f7—f6 |

Stellung nach dem 8. Zuge von Weiss.

|     | Weiss.      | Schwarz.   |     | Weiss.       | Schwarz.   |
|-----|-------------|------------|-----|--------------|------------|
| 13) | Lg5—e3      | d6—d5      | 18) | c2—c4        | Sd5—b6     |
| 14) | c4—d5:      | Sc6—b4     | 19) | Le2—d3 (!)   | Lg7—f8     |
| 15) | d5—d6       |            | 20) | Sf3—g5 (!)   |            |

| 15) | ...         | Sc7—d5 (?) | 20) | ...          | Lf8—d6:    |
| 16) | Le3—d2      | c7—c6      | 21) | Dd1—h5†      | Aufgegeben.|
| 17) | Sc3—d5:     | Sb4—d5:    |     |              |            |

**Anmerkung zur 184. Partie.**

7) g2—g3. Mac Donnells Angriff, welchen wir für mindestens ebenso stark halten, wie 7) Sg1—f3 nebst 8) h2—h4.

---

## 185. Partie.

Gespielt zu Berlin im December 1859.

C. Mayet.     P. Hirschfeld.

|     | Weiss.   | Schwarz.    |
|-----|----------|-------------|
| 1)  | e2—e4    | e7—e5       |
| 2)  | f2—f4    | e5—f4:      |
| 3)  | Lf1—c4   | Dd8—h4†     |
| 4)  | Ke1—f1   | g7—g5       |
| 5)  | Sb1—c3   | Lf8—g7      |
| 6)  | d2—d4    | Sg8—e7      |
| 7)  | g2—g3    | f4—g3:      |
| 8)  | Kf1—g2   | Dh4—h6      |
| 9)  | h2—g3: (?) | Dh6—g6    |
| 10) | Sg1—f3   | h7—h6       |
| 11) | Sc3—d5   | Se7—d5:     |

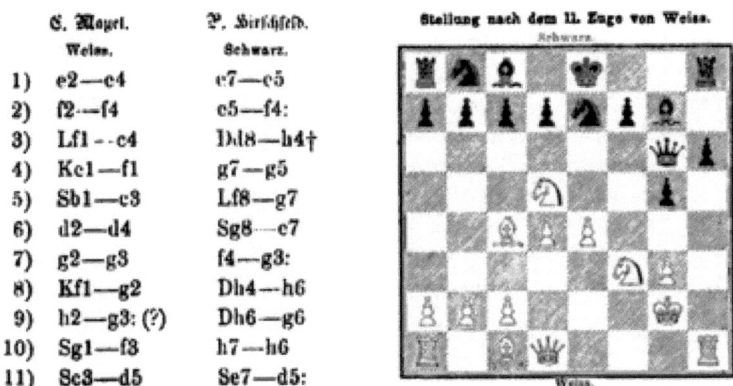

Stellung nach dem 11. Zuge von Weiss.

| | Weiss. | Schwarz. | | Weiss. | Schwarz. |
|---|---|---|---|---|---|
| 12) | c4—d5: | Ke8—d8 | 34) | Lf5—e4: | d5—c4: |
| 13) | Sf3—e5 | Dg6—c4† | 35) | d4—d5 | Ta3—a2† |
| 14) | Dd1—f3 | De4—f3† | 36) | Ke2—f1 | Lg7—e5 |
| 15) | Se5—f3: | d7—d6 | 37) | c5—c6 | Le5—g3: |
| 16) | Lc4—d3 | Lc8—g4 | 38) | Le3—c5 | h5—h4 |
| 17) | Lc1—e3 | Lg4—f3† | 39) | Tb5—b7† | Kc7—c8 |
| 18) | Kg2—f3: | Sb8—d7 | 40) | d5—d6 | Ta2—d2 |
| 19) | c2—c4 | Sd7—f6 | | | |
| 20) | Ld3—c2 | c7—c6 | | | |
| 21) | d5—c6: | b7—c6: | | | |
| 22) | b2—b4 | Ta8—b8 | | | |
| 23) | Ta1—b1 | a7—a6 | | | |
| 24) | a2—a4 | d6—d5 | | | |
| 25) | c4—c5 | Kd8—c7 | | | |
| 26) | Lc2—d3 | Tb8—a8 | | | |
| 27) | b4—b5 | a6—b5: | | | |
| 28) | a4—b5: | c6—b5: | | | |
| 29) | Tb1—b5: | Th8—b8 | | | |
| 30) | Th1—b1 | Tb8—b5: | | | |
| 31) | Tb1—b5: | Ta8—a3 | | | |
| 32) | Ld3—f5 | h6—h5 | | | |
| 33) | Kf3—e2 | Sf6—e4 | 41) | d6—d7† | |
| | | | | und Weiss gewinnt. | |

**Anmerkung zur 185. Partie.**

11) Sc3—d5. Dieser Angriffszug ist von G. R. Neumann zuerst hervorgehoben worden. Weniger gut ist M. Langes Angriff 11) Th1—f1, worauf der Nachziehende durch 11)...0—0 das Uebergewicht behaupten kann, wie folgende Fortsetzung zeigt:

| | | | | | |
|---|---|---|---|---|---|
| 11) | Th1—f1 | 0—0 | 15) | Dd1—h5 | Kg8—h7 |
| 12) | Sf3—e5 | Lg7—e5: | 16) | Lc1—e3 | Sc6—e5: |
| 13) | d4—e5: | Sb8—c6 | 17) | Ta1—f1 | d7—d6 |
| 14) | Tf1—f6 | Dg6—g7 | 18) | Lc4—e2 | Lc8—e6. |

Auch durch 11) b2—b3 erlangt der Gambitgeber keine genügende Attaque; man erwäge die Fortsetzung:

| | | | | | |
|---|---|---|---|---|---|
| 11) | b2—b3 | d7—d6 | 15) | Sb5—d4 | 0—0—0 |
| 12) | e4—e5 | d6—e5: | 16) | Lc1—a3 | Se7—c6 |
| 13) | d4—e5: | Lc8—f5 | 17) | Lc4—a6: | Sc6—d4: |
| 14) | Sc3—b5 | Sb8—a6 | | und Schwarz muss gewinnen. | |

## 186. Partie.

Gespielt zu Bonn im Jahre 1858.

| | B. Suhr. | Kronenberg. | | Weiss. | Schwarz. |
|---|---|---|---|---|---|
| | Weiss. | Schwarz. | 13) | ... | Dg6—c6 (?) |
| 1) | c2—c4 | e7—e5 | 14) | Dd1—d3 | a7—a6 |
| 2) | f2—f4 | e5—f4: | 15) | Sh3—f4 | b7—b5 |
| 3) | Lf1—c4 | Dd8—h4† | 16) | Lc4—d5 | Sc7—d5: |
| 4) | Ke1—f1 | g7—g5 | 17) | c4—d5: | Dc6—c4 |
| 5) | Sb1—c3 | Lf8—g7 | 18) | Dd3—c4† | Ke8—d8 |
| 6) | d2—d4 | Sg8—e7 | 19) | Th2—e2 | Lg7—f6 |
| 7) | g2—g3 | f4—g3: | 20) | Sf4—h5 | Dc4—d4: |
| 8) | Kf1—g2 | Dh4—h6 | 21) | Sh5—f6: | Dd4—f6: |
| 9) | Sg1—f3 | g3—h2: (!) | 22) | d5—d6 | c7—d6: |
| 10) | Sf3—g5: | Th8—f8 | 23) | Lc1—e3 | |
| 11) | Th1—h2: | Dh6—g6 | | | |
| 12) | Kg2—h1 | h7—h6 | | | |
| 13) | Sg5—h3 | | | | |

Schwarz giebt die Partie auf.

### Anmerkungen zur 186. Partie.

**9) Sg1—f3.** Noch stärker ist wohl 9) h2—h4; man prüfe die folgenden von M. Lange ausgeführten Varianten:

**A.**

| 9) | h2—h4 | Dh6—f6 | 14) | Sf3—h4: | Dg6—c6 |
|---|---|---|---|---|---|
| 10) | Lc1—e3 | g5—h4: | 15) | Lc4—d5 | Sc7—d5: |
| 11) | Dd1—d2 | Th8—f8 | 16) | c4—d5: | Dc6—b6 |
| 12) | Ta1—f1 | Df6—g6 | 17) | Sh4—f5: „und Weiss hat ein | |
| 13) | Sg1—f3 | f7—f5 | | gut situirtes Spiel." | |

oder:

| | | | | |
|---|---|---|---|---|
| 11) | ... | 0—0 | 14) Th1—h3: | d7—d5 |
| 12) | Ta1—f1 | Df6—g6 | 15) Th3—g3: nebst | |
| 13) | Sg1—f3 | h4—h3† | 16) Lc4—d5: | |

B.

| | | | | |
|---|---|---|---|---|
| 10) | ... | g5—g4 | 12) h4—h5 | Sb8—c6 |
| 11) | Dd1—d2 | 0—0 | 13) Ta1—f1 u. s. w. | |

C.

| | | | | |
|---|---|---|---|---|
| 10) | ... | h7—h6 | 15) Le3—f4: | g5—f4: |
| 11) | h4—g5: | h6—g5: | 16) Tf1—f4: | Df6—f4: |
| 12) | Th1—h8† | Lg7—h8: | 17) Dh5—h8† | Ke8—e7 |
| 13) | Dd1—h5 | Sc7—g6 | 18) Sc3—d5† „und Weiss erzwingt | |
| 14) | Ta1—f1 | Sg6—f4† | in 3 Zügen Matt." | |

D.

| | | | | |
|---|---|---|---|---|
| 9) | ... | Dh6—g6 | 15) Sc3—e2: | Dh5—g4 |
| 10) | h4—g5: | d7—d6 | 16) Se2—g3: | Dg4—d1: |
| 11) | Lc1—e3 | Sb8—c6 | 17) Ta1—d1: | 0—0—0 |
| 12) | Sg1—f3 | Lc8—g4 | 18) Sh4—f5 | Td8—g8 |
| 13) | Sf3—h4 | Dg6—h5 | 19) c2—c3 „und Weiss behauptet | |
| 14) | Lc4—e2 | Lg4—e2: | eine vortheilhafte Stellung." | |

13) ... Dg6—c6 (?). Besser ist 13) ... d7—d5, worauf der Angriff mit 14) Sh3—f4, Dg6—h7 15) e4—d5: fortgesetzt werden muss.

---

### 187. Partie.

Gespielt zu Bonn im Jahre 1859.

| | B. Süßfr. Weiss. | Kronenberg. Schwarz. | | Weiss. | Schwarz. |
|---|---|---|---|---|---|
| | | | 7) | g2—g3 | f4—g3: |
| 1) | e2—e4 | e7—e5 | 8) | Kf1—g2 | Dh4—h6 |
| 2) | f2—f4 | e5—f4: | 9) | Sg1—f3 | g3—h2: (?) |
| 3) | Lf1—c4 | Dd8—h4† | 10) | Sf3—g5 | Th8—f8 |
| 4) | Ke1—f1 | g7—g5 | 11) | Th1—h2: | Dh6—g6 |
| 5) | Sb1—c3 | Lf8—g7 | 12) | Kg2—h1 | h7—h6 |
| 6) | d2—d4 | Sg8—e7 | 13) | Sg5—h3 | Sb8—c6 |

| | Weiss. | Schwarz. |
|---|---|---|
| 14) | Sh3—f4 | Dg6—h7 |
| 15) | Sf4—h5 (!) | Lg7—h8 |
| 16) | e4—e5 | Se7—f5 |
| 17) | Sc3—d5 | Ke8—d8 |
| 18) | Sd5—f6 | Lh8—f6: |
| 19) | Sh5—f6: | Sf5—g3† |
| 20) | Kh1—g1 (!) | Dh7—f5 |
| 21) | Lc4—d3 | Df5—e6 |
| 22) | Dd1—f3 | |

und Weiss gewinnt.

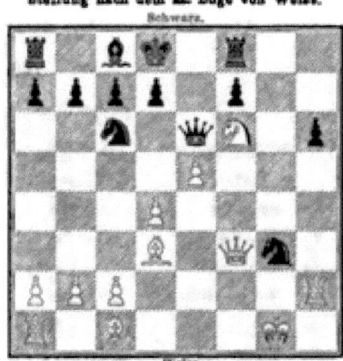

Stellung nach dem 22. Zuge von Weiss.

Schwarz.

Weiss.

## 188. Partie.

Gespielt zu Bonn im Jahre 1859.

| | B. Suhle. Weiss. | Kronenberg. Schwarz. |
|---|---|---|
| 1) | e2—e4 | e7—e5 |
| 2) | f2—f4 | e5—f4: |
| 3) | Lf1—c4 | Dd8—h4† |
| 4) | Ke1—f1 | g7—g5 |
| 5) | Sb1—c3 | Lf8—g7 |
| 6) | d2—d4 | Sg8—e7 |
| 7) | g2—g3 | f4—g3: |
| 8) | Kf1—g2 | Dh4—h6 |
| 9) | Sg1—f3 | g3—h2: (!) |
| 10) | Sf3—g5: | d7—d5 |
| 11) | Sc3—d5: | Se7—d5: |
| 12) | Lc4—d5: | 0—0 |
| 13) | Th1—h2: | Dh6—g6 |
| 14) | Kg2—h1 | c7—c6 |
| 15) | Ld5—c4 (!) | h7—h6 |
| 16) | Sg5—f3 | Dg6—c4: |
| 17) | Lc4—d3 | Dc4—d5 |
| 18) | c2—c4 | Dd5—d6 |
| 19) | Dd1—g1 | Kg8—h8 |
| 20) | Sf3—e5 | Sb8—d7 |
| 21) | Lc1—h6: | Lg7—h6: |
| 22) | Dg1—g5 | |

und Weiss gewinnt.

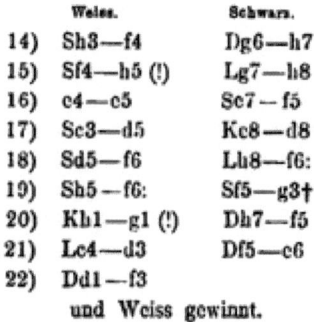

Stellung nach dem 19. Zuge von Weiss.

Schwarz.

Weiss.

Stellung nach dem 22. Zuge von Weiss.

Schwarz.

Weiss.

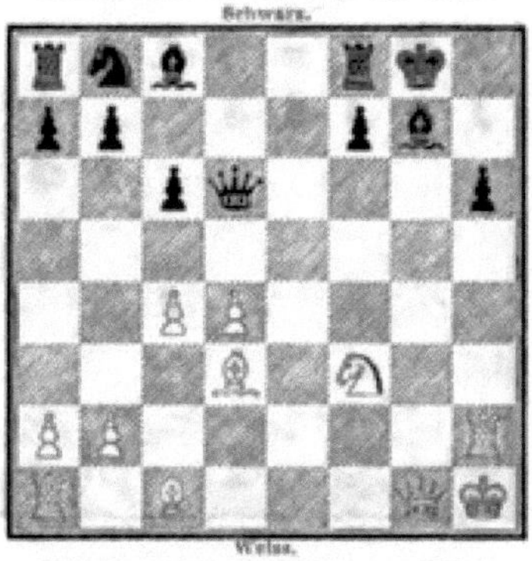

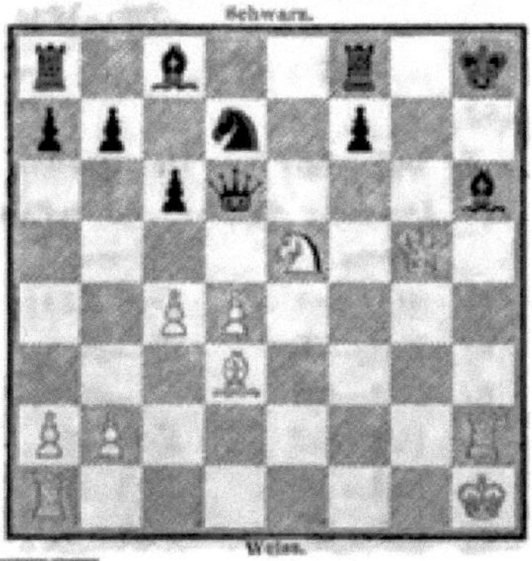

## B. Das Gegengambit 3) ... f7—f5.

### 189. Partie.

Gespielt zu Berlin im Herbst 1863.

| W. Schulten. Weiss. | W. Suhle. Schwarz. | Weiss. | Schwarz. |
|---|---|---|---|
| 1) e2—e4 | e7—e5 | 9) ... | Le7—h4† |
| 2) f2—f4 | e5—f4: | 10) g2—g3 (!) | f4—g3: |
| 3) Lf1—c4 | f7—f5 (!) | 11) h2—g3: | Lh4—g3†† |
| 4) Dd1—h5† (?) | g7—g6 | 12) Ke1—d1 | Sh6—g4 |
| 5) Dh5—e2 | f5—e4: (!) | 13) Th1—h7: | Dd8—f6 |
| 6) De2—e4† | Lf8—e7 (!) | 14) Dg7—f6: | Sg4—f6: |
| 7) De4—d5 | Sg8—h6 | 15) Th7—h6 | d7—d5 |
| 8) Dd5—e5 | Th8—f8 | 16) Lc4—d3 | Sf6—e4 (!) |
| 9) De5—g7 | | | |

17) Sb1—c3   Lc8—g4†
und Schwarz gewinnt.

### Anmerkungen zur 189. Partie.

**3) ... f7—f5 (!).** Eine der besten Vertheidigungen gegen das Läufergambit.

**4) Dd1—h5† (?).** Das Handbuch giebt 4) Dd1—e2 (!) als den besten Zug an. — Den Zug 4) Sb1—c3 verwirft v. d. Lasa wegen der Fortsetzung:

| Weiss. | Schwarz. | Weiss. | Schwarz. |
|---|---|---|---|
| 4) Sb1—c3 | Dd8—h4† | 10) d2—d4 | d7—d5 |
| 5) Ke1—f1 | f5—e4: | 11) Se4—g5 | h7—h6 |
| 6) Sc3—e4: | c7—c6 | 12) De2—c7† | Lf8—e7: |
| 7) Dd1—e2 | Ke8—d8 | 13) Sg5—f7† | Kd8—e8 |
| 8) Lc4—g8: | Th8—g8: | 14) Sf3—e5 | g7—g5 |
| 9) Sg1—f3 | Dh4—e7 | | |

oder:

| | | | | | |
|---|---|---|---|---|---|
| 7) | Sg1—f3 | Dh4—e7 | 10) | Th1—e1† | Ke8—d8 |
| 8) | Kf1—f2 | Sg8—f6 | 11) | d2—d4 | d7—d5 |
| 9) | Se4—f6∓ | De7—f6: | 12) | Lc4—d3 | Lf8—d6 |

[Auch bei 7) Dd1—e2, Ke8—d8 8) Sg1—f3, Dh4—e7 9) Se4—g5, d7—d5 10) De2—e7∓, Kd8—e7: und bei 7) Sg1—f3, Dh4—e7 8) Dd1—e2, d7—d5 9) Se4—d6††, Ke8—d7 10) De2—e7∓, Lf8—e7: bleibt Schwarz nach von der Lasa im Vortheil.]

Den von M. Lange empfohlenen Zug 4) Sg1—h3(?) widerlegt das Handbuch durch folgende Varianten:

| | | | | | |
|---|---|---|---|---|---|
| 4) | Sg1—h3 | Dd8—h4† | 5) | Sh3—f2 | f5—e4: |

**A.**

| | | | | | |
|---|---|---|---|---|---|
| 6) | Lc4—g8: | Th8—g8: | 10) | De2—e4∓ | Dh4—e7 |
| 7) | Dd1—e2 | d7—d5 | 11) | De4—c7∓ | Lf8—e7: |
| 8) | c2—c4 | Sb8—c6 | 12) | Ke1—d1 | Le7—b4 |
| 9) | c4—d5: | Sc6—d4 | | und Schwarz ist im Vortheil. | |

Oder:

| | | | | | |
|---|---|---|---|---|---|
| 7) | Sb1—c3 | c7—c6 | 9) | Se4—c3 | Lc8—e6 |
| 8) | Sc3—e4: | d7—d5 | 10) | d2—d4 | Lf8—d6 |

**B.**

| | | | | | |
|---|---|---|---|---|---|
| 6) | 0—0 | Lf8—c5 | 8) | Dd1—d3: | Sg8—f6 |
| 7) | d2—d4 | c4—d3: | | und Schwarz ist im Vortheil. | |

17) **Sb1—c3**. Auf 17) Ld3—c4: folgt ebenfalls 17) ... Lc8—g4† u. s. w.

---

## 190. Partie.

Gespielt zu Berlin im Herbst 1863.

N. Schulten. B. Suhle.

| | Weiss. | Schwarz. | | Weiss. | Schwarz. |
|---|---|---|---|---|---|
| 1) | e2—e4 | e7—e5 | 9) | De4—f4: | Tg8—f8 |
| 2) | f2—f4 | e5—f4: | 10) | Df4—a4† | Sb8—c6 |
| 3) | Lf1—c4 | f7—f5 | 11) | d2—d4 | Le7—g5 |
| 4) | Dd1—h5† | g7—g6 | 12) | Lc1—d2 | Lc8—g4 |
| 5) | Dh5—e2 | f5—e4: (!) | 13) | Da4—b5 | Lg5—d2† |
| 6) | De2—e4∓ | Lf8—e7 (!) | 14) | Sb1—d2: | Dd8—e7 |
| 7) | Lc4—g8: (?) | Th8—g8: | 15) | Sd2—f3 | 0—0—0 |
| 8) | Sg1—f3 | d7—d5 | 16) | 0—0 (?) | De7—e3† |
| | | | 17) | Kg1—h1 | Tf8—f3: |

Stellung nach dem 15. Zuge von Schwarz.
Schwarz.

| | Weiss. | Schwarz. |
|---|---|---|
| 18) | g2—f3: | Lg4—f3† |
| 19) | Tf1—f3: | De3—f3† |
| 20) | Kh1—g1 | Td8—e8 |

| | Weiss. | Schwarz. |
|---|---|---|
| 21) | Ta1—e1 | Df3—e3† |
| 22) | Kg1—g2 | De3—d2 |

Schwarz gewinnt.

### Anmerkungen zur 190. Partie.

7) Lc4—g8: (?). Besser ist 7) Sb1—c3.

16) 0—0 (?). Der entscheidende Fehlzug; Weiss musste nach der Damenseite rochiren. Die Position war übrigens bereits sehr günstig für Schwarz.

---

### 191. Partie.

Gespielt zu Berlin im Jahre 1860.

C. Mayet.   v. d. Lasa.

Stellung nach dem 7. Zuge von Schwarz.
Schwarz.

| | Weiss. | Schwarz. |
|---|---|---|
| 1) | e2—e4 | c7—c5 |
| 2) | f2—f4 | c5—f4: |
| 3) | Lf1—c4 | f7—f5 |
| 4) | Dd1—e2 (!) | f5—e4: |
| 5) | De2—h5† | g7—g6 |
| 6) | Dh5—c5† | Dd8—c7 |
| 7) | Dc5—h8: | Sg8—f6 |
| 8) | Sb1—c3 (?) | c7—c6 |
| 9) | g2—g3 | d7—d5 |
| 10) | Lc4—f1 | Ke8—f7 |
| 11) | Sg1—h3 | Lc8—h3: |
| 12) | Lf1—h3: | Sb8—d7 |

|  | Weiss. | Schwarz. |  | Weiss. | Schwarz. |
|---|---|---|---|---|---|
| 13) | g3—f4: | Ta8—e8 | 38) | Tf1—f5: | Db3—b2† |
| 14) | f4—f5 | Sd7—e5 | 39) | Ke2—d3 | a5—a4 |
| 15) | d2—d4 | Se5—f3† | 40) | Tf5—b5 | Db2—h2: |
| 16) | Ke1—f2 | Lf8—g7 | 41) | Sc3—c2 | Dh2—g3† |
| 17) | f5—g7† | h7—g6: | 42) | Kd3—d2 | Dg3—f2† |
| 18) | Dh8—e8† | Sf6—e8: | 43) | Kd2—c3 | Df2—f6† |
| 19) | Lc1—e3 | c6—c5 (?) | 44) | Kc3—d2 | a4—a3 |
| 20) | Sc3—d5: | Dc7—h4† | 45) | Sc2—a3: (?) | Df6—d6† |
| 21) | Kf2—g2 | c5—d4: | 46) | Kd2—c3 | Dd6—a3† |
| 22) | Le3—f4 | Dh4—d8 | 47) | Kc3—d4 | Kg7—f7. |
| 23) | c2—c4 | Sf3—h4† | | | |
| 24) | Kg2—f2 | Se8—d6 | | | |
| 25) | b2—b3 | e4—e3† | | | |
| 26) | Kf2—e2 | d4—d3† | | | |
| 27) | Ke2—d3: | Lg7—a1: | | | |
| 28) | Th1—a1: | Sh4—f5 | | | |
| 29) | Ta1—f1 | Kf7—g8 | | | |
| 30) | Lh3—g4 | b7—b5 | | | |
| 31) | Lf4—d6: | Dd8—d6: | | | |
| 32) | Lg4—f5: | b5—c4† | | | |
| 33) | b3—c4: | Dd6—a3† | | | |
| 34) | Kd3—e2 | g6—f5: | | | |
| 35) | Sd5—c3: | Da3—a2† | | | |
| 36) | Ke2—d3 | Da2—b3† | | | |
| 37) | Kd3—e2 | a7—a5 | | | |

Weiss giebt die Partie auf*).

Stellung nach dem 47. Zuge von Schwarz.

### Anmerkungen zur 191. Partie.

4) ... f5—e4: Eine geistvolle Combination; der Nachziehende erlangt bedeutenden Positionsvortheil für den geopferten Thurm. Auf 4) ... Dd8—h4† folgt nach dem Handbuche

| 5) | Ke1—d1 | f5—e4: | 9) | Lc1—f4: | d7—d5 |
|---|---|---|---|---|---|
| 6) | De2—e4† | Lf8—e7 | 10) | Le4—d3 | Lc8—g4† |
| 7) | d2—d4 | Sg8—f6 | 11) | Sg1—e2 | Sb8—c6 |
| 8) | De4—f4: | Dh4—f4: | 12) | c2—c3 | 0—0—0 |

oder:

| 7) | Sg1—f3 | Dh4—h5 | 8) | De4—f4: | d7—d6 |
|---|---|---|---|---|---|

mit gleichem Spiele; wir glauben aber, dass der Angriff in dieser Variante

---

*) Der ausgezeichnete Analytiker B. v. Guretzky-Cornitz erklärt das Spiel für remis.

durch 6) Sb1—c3 statt 6) De2—e4† beträchtlich verstärkt werden kann.

8) **Sb1—c3** (?). Das Rathsamste für Weiss ist 8) b2—b3 zu ziehen und gelegentlich einen leichten Offizier zu opfern, um die Dame zu befreien. Der Nachziehende behält bei correcter Fortsetzung aber jedenfalls mindestens einen leichten Offizier und einen Bauer mit günstiger Stellung gegen einen Thurm.

27) **Ke2—d3**: Auf 27) Ke2—e3: folgt 27) ... Dd8—e8† 28) Ke3—d3:, De8—e4† 29) Ke3—d2, Sh4—f3† oder 28) Ke3—f2, De8—e2† 29) Kf2—g3,

Stellung nach dem 8. Zuge von Weiss.

Sh4—f5† 30) Lh3—f5:, Sd6—f5† 31) Kg3—h3, De2—f3† 32) Lf4—g3. g6—g5 und Schwarz gewinnt.

---

## C. Das Flügelgambit 3) ... b7—b5(?).
### 192. Partie*).

Gespielt zu Leipzig am 1. Januar 1852.

| | Anderssen.<br>Weiss. | A. Pollmacher.<br>Schwarz. |
|---|---|---|
| 1) | e2—e4 | e7—e5 |
| 2) | f2—f4 | e5—f4: |
| 3) | Lf1—c4 | b7—b5 (?) |
| 4) | Lc4—b5: | Dd8—h4† |
| 5) | Ke1—f1 | Lc8—b7 |
| 6) | Sb1—c3 | Sg8—f6 |
| 7) | Sg1—f3 | Dh4—h6 |
| 8) | d2—d3 | Lf8—c5 |
| 9) | d3—d4 | Lc5—b6 |
| 10) | Lb5—d3 | Sb8—c6 |
| 11) | Sc3—e2 | Sf6—h5 |
| 12) | c2—c3 | g7—g5 |
| 13) | g2—g4 | |
| 13) | ... | Sh5—g3† |
| 14) | Se2—g3: | Dh6—h3† |

*) Diese und die 193. Partie sind die einzigen aus der Zeit vor dem Schachcongresse zu Newyork, die wir aufgenommen haben. Aus den letzten Jahren ist kein bemerkenswerthes „Flügelgambit gegen Läufergambit" zu unserer Kenntniss gelangt.

|    | Weiss. | Schwarz. |     | Weiss. | Schwarz. |
| --- | --- | --- | --- | --- | --- |
| 15) | Kf1—f2 | f4—g3† | 28) | Kf2—e3 | Le7—d6 |
| 16) | h2—g3: | Dh3—g4: | 29) | Lg7—f6 | Tg8—g3† |
| 17) | Lc1—g5 | Sc6—e5 | 30) | Ke3—e4: | Tg8—g6 |
| 18) | Lg5—f6 | Se5—d3† | 31) | Ke4—f5 | Tg6—g2 |
| 19) | Dd1—d3 | Th8—g8 | 32) | Tf7—h7 | a7—a5 |
| 20) | Sf3—e5 | Dg4—e4: | 33) | d4—d5 | Ta8—a6 |
| 21) | Dd3—e4: | Lb7—e4: | 34) | Se5—c6 | Ld6—f8 |
| 22) | Ta1—e1 | d7—d5 | 35) | Kf5—e6 | Tg2—g6 |
| 23) | Te1—e4: | d5—e4: | 36) | Th7—c7 | Ta6—a8 |
| 24) | Th1—h7: | c7—c5 | 37) | Sc6—e5 | Tg6—h6 |
| 25) | Th7—f7: |  | 38) | Se5—f7 | Th6—h2 |
|  |  |  | 39) | d5—d6 | Th2—e2† |
|  |  |  | 40) | Lf6—e5 | Aufgegeben. |

*Schwarz.*

*Stellung nach dem 40. Zuge von Weiss.*
*Schwarz.*

| 25) | ... | Lb6—d8 |
| 26) | Lf6—g7 | c5—d4: |
| 27) | c3—d4: | Ld8—c7 |

*Weiss.*

### Anmerkung zur 192. Partie.

3) ... b7—b5 (?). Wir halten dies von Kieseritzky empfohlene Bauernopfer für gewagt, da Weiss bei vorsichtigem Spiele den Gegenangriff des Schwarzen leicht zurückschlagen kann und der Bauer f4 kaum auf die Dauer zu behaupten ist.

### 193. Partie.
Gespielt zu London im Jahre 1851.

|    | Anderssen. | Kieseritzky. |    | Weiss. | Schwarz. |
| --- | --- | --- | --- | --- | --- |
|    | Weiss. | Schwarz. | 3) | Lf1—c4 | Dd8—h4† |
| 1) | e2—e4 | e7—e5 | 4) | Ke1—f1 | b7—b5 (?) |
| 2) | f2—f4 | e5—f4: | 5) | Lc4—b5: | Sg8—f6 |

|    | Weiss.  | Schwarz. |
|----|---------|----------|
| 6) | Sg1—f3  | Dh4—h6   |
| 7) | d2—d3   | Sf6—h5   |
| 8) | Sf3—h4  | Dh6—g5   |
| 9) | Sh4—f5  | c7—c6    |
| 10)| g2—g4   | Sh5—f6   |
| 11)| Th1—g1  |          |

Stellung nach dem 15. Zuge von Weiss.

Stellung nach dem 20. Zuge von Schwarz.

|     | Weiss.   | Schwarz. |
|-----|----------|----------|
| 11) | ...      | c6—b5:   |
| 12) | h2—h4    | Dg5—g6   |
| 13) | h4—h5    | Dg6—g5   |
| 14) | Dd1—f3   | Sf6—g8   |
| 15) | Lc1—f4:  | Dg5—f6   |
| 16) | Sb1—c3   | Lf8—c5   |
| 17) | Sc3—d5   | Df6—b2:  |
| 18) | Lf4—d6   | Lc5—g1:  |
| 19) | e4—e5    | Db2—a1†  |
| 20) | Kf1—e2   | Sb8—a6   |

Weiss kündigt Matt in 3 Zügen an.

| 21) | Sf5—g7† | Ke8—d8 |
| 22) | Df3—f6† | Sg8—f6: |
| 23) | Ld6—c7† |        |

### Anmerkung zur 193. Partie.

8) ... Dh6—g5. Auf 8) ... g7—g6 folgt 9) g2—g4, Lf8—e7 10) g4—h5:, Le7—h4: 11) Dd1—g4, Dh6—g5 12) Dg4—g5:, Lh4—g5: 13) Sb1—c3 zum Vortheil des Gambitgebers.

---

## D. Das Mittelgambit gegen Läufergambit.
### 3) ... d7—d5.
### 194. Partie.

Gespielt zu Paris im April des Jahres 1860.

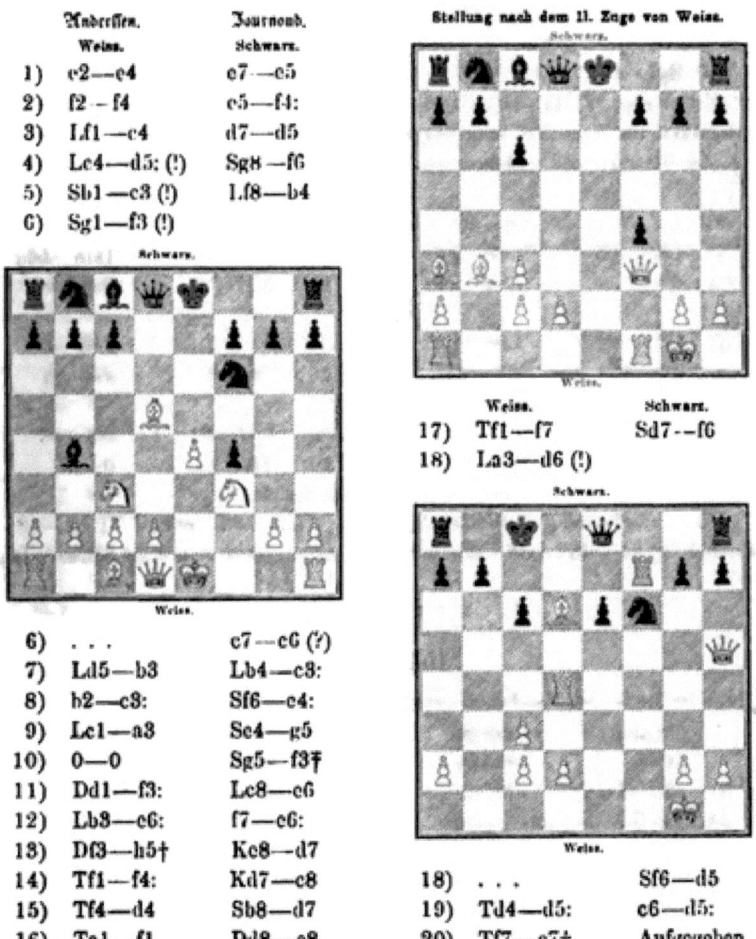

| | Anderssen. | Journoud. |
| --- | --- | --- |
| | Weiss. | Schwarz. |
| 1) | e2—e4 | e7—e5 |
| 2) | f2—f4 | e5—f4: |
| 3) | Lf1—c4 | d7—d5 |
| 4) | Lc4—d5: (!) | Sg8—f6 |
| 5) | Sb1—c3 (!) | Lf8—b4 |
| 6) | Sg1—f3 (!) | |
| 6) | ... | c7—c6 (?) |
| 7) | Ld5—b3 | Lb4—c3: |
| 8) | b2—c3: | Sf6—e4 |
| 9) | Lc1—a3 | Se4—g5 |
| 10) | 0—0 | Sg5—f3† |
| 11) | Dd1—f3: | Lc8—e6 |
| 12) | Lb3—e6: | f7—e6: |
| 13) | Df3—h5† | Ke8—d7 |
| 14) | Tf1—f4: | Kd7—c8 |
| 15) | Tf4—d4 | Sb8—d7 |
| 16) | Ta1—f1 | Dd8—e8 |
| 17) | Tf1—f7 | Sd7—f6 |
| 18) | La3—d6 (!) | |
| 18) | ... | Sf6—d5 |
| 19) | Td4—d5: | c6—d5: |
| 20) | Tf7—c7† | Aufgegeben. |

### Anmerkungen zur 194. Partie.

**3) ... d7—d5.** Diese Vertheidigung verschafft dem Nachziehenden ein freies Spiel und in vielen Fällen Gelegenheit zu vortheilhaften Contreattaquen. Nach unseren Erfahrungen in der Praxis erscheint sie uns sehr empfehlenswerth.

**4) Lc4—d5**: Die Frage, ob es besser sei, den Bauer d5 mit dem Läufer zu schlagen oder mit dem Königsbauern, ist noch nicht entschieden. Wir ziehen das Erstere vor.

**5) Sb1—c3**(!). Wenn Weiss den Königsbauer mit der Dame deckt, so bekommt der Nachziehende bei 5) Dd1—f3 (?) durch 5) ... Lf8—d6, bei 5) Dd1—e2 (?) durch 5) ... Sf6—d5: das bessere Spiel. — Auf 5) Sg1—f3 kann folgen 5) ... Sf6—d5: 6) e4—d5:, Dd8—d5: mit etwa gleichem Spiel.

**6) Sg1—f3**(!). Auf 6) Dd1—f3 wäre 6) ... 0—0 die richtige Antwort; die Fortsetzung 7) Df3—f4:, Lb4—c3: 8) b2—c3:, Tf8—e8 ist entschieden vortheilhaft für Schwarz; man vergleiche die 297. Partie.

Aus 6) Sg1—e2 ergeben sich nach dem Handbuche folgende Varianten:

**A.**

| | | | |
|---|---|---|---|
| 6) ... | c7—c6 | 9) b2—c3: | Sf6—e4: |
| 7) Ld5—b3 | Lc8—g4 | 10) Tf1—f4: | Dd8—b6† |
| 8) 0—0 | Lb4—c3: | 11) Kg1—f1 | Se4—f6 (!) |

**B.**

| | | | |
|---|---|---|---|
| 7) Ld5—e4 | Lc8—g4 | 9) 0—0 | Lb4—c3: |
| 8) d2—d3 | Sf6—h5 | 10) b2—c3: | g7—g5 |

oder:

| | | | |
|---|---|---|---|
| 7) ... | Lb4—c3: | 9) Ke1—d1: | Sf6—e4: |
| 8) d2—c3: | Dd8—d1† | 10) Tf1—e1 | 0—0 |

mit etwa gleichem Spiele.

**6) ... c7—c6 (?)**. Besser ist 6) ... Lb4—c3:, worauf 7) b2—c3: \*), Sf6—d5: 8) e4—d5:, Dd8—d5: mit nicht ungünstigem Spiele für Schwarz folgt.

---

### 195. Partie.

Achte Partie des Wettkampfs zwischen Anderssen und L. Paulsen i. J. 1862.

| S. Paulsen. | Anderssen. | | Weiss. | Schwarz. |
|---|---|---|---|---|
| Weiss. | Schwarz. | 9) | Sg1—f3 | Dh4—h5 |
| 1) e2—e4 | e7—e5 | 10) | h2—h4 | h7—h6 |
| 2) f2—f4 | e5—f4: | 11) | Th1—h2 (?) | g5—g4 |
| 3) Lf1—c4 | d7—d5 | 12) | Sf3—g1 | f4—f3 (!) |
| 4) Lc4—d5: | c7—c6 (?) | 13) | g2—f3: | g4—f3: |
| 5) Ld5—b3 | Dd8—h4† | 14) | Dd1—f3: | Lc8—g4 |
| 6) Ke1—f1 | g7—g5 | 15) | Df3—f2 (!) | Th8—f8 |
| 7) d2—d4 | Lf8—g7 | 16) | Sg1—e2 | Sb8—d7 |
| 8) Sb1—c3 | Sg8—e7 | 17) | e4—e5 | 0—0—0 |

---

\*) 7) d2—c3: geschieht in der 296. Partie (zwischen L. Paulsen und G. R. Neumann).

Stellung nach dem 10. Zuge von Schwarz.

Stellung nach dem 23. Zuge von Schwarz.

Stellung nach dem 30. Zuge von Schwarz.

| | Weiss. | Schwarz. |
|---|---|---|
| 18) | Sc3—e4 | Sd7—e5: |
| 19) | Se2—g3 (!) | Dh5—g6 |
| 20) | d4—e5: | Td8—d1† |
| 21) | Kf1—g2 | Lg7—e5: |
| 22) | h4—h5 | Dg6—g7 |
| 23) | Th2—h1 | Lg4—f5 |
| 24) | Lc1—g5 | Lf5—e4† |
| 25) | Sg3—e4: | Td1—a1: |
| 26) | Th1—a1: | f7—f5 |
| 27) | Ta1—f1 | Kc8—b8 |
| 28) | Kg2—h1 | h6—g5: |
| 29) | Se4—c5 | Tf8—h8 |
| 30) | Df2—e2 | Le5—d6 |
| 31) | Sc5—d7† | Kb8—c7 |
| 32) | Tf1—d1 | Dg7—h6 |
| 33) | Lb3—c6 | g5—g4 |
| 34) | Lc6—f7 | Kc7—d7: |
| 35) | c2—c4 | Dh6—f6 |
| 36) | De2—d2 | Se7—c8 |
| 37) | Dd2—b4 | Df6—h4† |
| 38) | Kh1—g2 | Dh4—h3† |
| 39) | Kg2—f2 | Dh3—f3† |
| 40) | Kf2—e1 | Df3—d1† |
| 41) | Ke1—d1: | Ld6—b4: |
| Aufgegeben. | | |

**Anmerkungen zur 195. Partie.**

4) ... e7—e6 (?). Der correcte Zug ist 4) ... Sg8—f6.

11) Th1—h2 (?). Ein Fehler. Es musste 11) Sf3—e5 geschehen; man vergleiche die 320. Partie (zwischen B. Suhle und Anderssen).

24) Lc1—g5. Weiss durfte den Thurm d1 nicht nehmen; man betrachte das Diagramm.

## 196. Partie.

Turnierpartie, gespielt zu London im Juli des Jahres 1862.

**Anderssen.** (Weiss.) — **Dubois.** (Schwarz.)

| | Weiss. | Schwarz. |
|---|---|---|
| 1) | e2—e4 | e7—e5 |
| 2) | f2—f4 | e5—f4: |
| 3) | Lf1—c4 | d7—d5 |
| 4) | e4—d5: | Dd8—h4† |
| 5) | Ke1—f1 | f4—f3 (?) |
| 6) | Lc4—b5† | c7—c6 |
| 7) | Sg1—f3: | Dh4—f6 |
| 8) | d5—c6: | b7—c6: |
| 9) | Lb5—e2 | Lf8—d6 |
| 10) | d2—d4 | Sg8—e7 |
| 11) | Lc1—g5 | Df6—g6 |
| 12) | c2—c4 (!) | f7—f6 |
| 13) | Lg5—d2 | 0—0 |
| 14) | Sb1—c3 | Lc8—f5 (?) |
| 15) | c4—c5 (!) | Ld6—c7 |
| 16) | Dd1—b3† | Kg8—h8 |
| 17) | Db3—b7 | Lf5—d3 |
| 18) | Db7—c7: | Se7—d5 |
| 19) | Dc7—g3 | Sd5—c3: |
| 20) | b2—c3: | Dg6—e4 |
| 21) | Le2—d3: | De4—d3† |
| 22) | Kf1—f2 | Sb8—d7 |
| 23) | Th1—e1 | Sd7—e5 |

*Stellung nach dem 17. Zuge von Weiss.*

| | Weiss. | Schwarz. |
|---|---|---|
| 24) | d4—e5: | f6—e5: |
| 25) | Kf2—g1 | e5—e4 |
| 26) | Ld2—h6 | g7—h6: |
| 27) | Dg3—e5† | Kh8—g8 |
| 28) | Te1—e4: | Tf8—f6 |
| 29) | De5—f6: | Dd3—e4: |
| 30) | Ta1—e1 | De4—g6 |
| 31) | Df6—g6 | h7—g6: |
| 32) | Te1—e6 | Aufgegeben. |

**Anmerkungen zur 196. Partie.**

4) ... **Dd8—h4†.** Auch in diesem Falle kann 4) ... Sg8—f6 geschehen; zieht der Gambitgeber darauf 5) Sb1—c3 (!), so erlangt Schwarz durch die Antwort 5) ... c7—c6 (!) ein gutes Spiel.

5) ... **f4—f3 (?).** Der richtige Zug ist 5) ... Lf8—d6.

---

## 197. Partie.
Gespielt zu Newyork im Winter 1857—1858.

**W. Schulten.** (Weiss.) — **P. Morphy.** (Schwarz.)

| | Weiss. | Schwarz. |
|---|---|---|
| 1) | e2—e4 | e7—e5 |
| 2) | f2—f4 | e5—f4: |
| 3) | Lf1—c4 | d7—d5 |
| 4) | e4—d5: | Lf8—d6 (?) |
| 5) | Sb1—c3 | Sg8—f6 |

Stellung nach dem 5. Zuge von Schwarz.

Stellung nach dem 12. Zuge von Schwarz.

Stellung nach dem 18. Zuge von Schwarz.

| | Weiss. | Schwarz. |
|---|---|---|
| 6) | d2—d4 (?) | 0—0 |
| 7) | Sg1—e2 | f4—f3 |
| 8) | g2—f3: | Sf6—h5 |
| 9) | h2—h4 (?) | Tf8—e8 |
| 10) | Sc3—e4 | Ld6—g3† |
| 11) | Ke1—d2 | Lg3—d6 |
| 12) | Kd2—c3 (?) | b7—b5 |
| 13) | Lc4—b5: | c7—c6 |
| 14) | Se4—d6: | Dd8—d6: |
| 15) | Lb5—a4 | Lc8—a6 |
| 16) | Th1—e1 | Sb8—d7 |
| 17) | b2—b3 | Sd7—b6 |
| 18) | La4—c6: | Ta8—c8 |
| 19) | Kc3—d2 | Tc8—c6: |
| 20) | d5—c6: | La6—e2: |
| 21) | Te1—e2: | Dd6—d4† |
| 22) | Kd2—e1 | Dd4—g1† |
| 23) | Ke1—d2 | Tc8—d8† |

| | Weiss. | Schwarz. |
|---|---|---|
| 24) | Kd2—c3 | Dg1—c5† |
| 25) | Kc3—b2 | Sb6—a4† |

Aufgegeben.

### Anmerkungen zur 197. Partie.

4) ... Lf8—d6 (?). Weniger gut, als 4) ... Sg8—f6 oder 4) ... Dd8—h4†.

6) d2—d4 (?). Die stärkste Fortsetzung des Angriffs ist 6) Dd1—e2†.

11) Ke1—d2. Auf 11) Ke1—f1 würde 11) ... Te8—e4: folgen.

19) Kc3—d2. Auf 19) Kc3—b2 folgt 19) Tc8—c6: 20) d5—c6:, La6—e2: 21) Te1—e2:, Sb6—a4† und Schwarz gewinnt.

## E. Vertheidigung mit dem Königsspringer.
### 3) ... Sg8—f6.
### 198. Partie.

Gespielt zu Paris im Jahre 1858.

| | Anderssen. | P. Morphy. | | Weiss. | Schwarz. |
|---|---|---|---|---|---|
| | Weiss. | Schwarz. | 19) | Dc3—d3 | a7—a5 |
| 1) | e2—e4 | e7—e5 | 20) | h2—h4 | h7—h6 |
| 2) | f2—f4 | e5—f4: | 21) | h4—g5: | h6—g5: |
| 3) | Lf1—c4 | Sg8—f6 | 22) | g2—g3 | Tb8—b6 |
| 4) | e4—e5 (?) | d7—d5 (!) | 23) | Ta1—a2 | Tb6—g6 |
| 5) | Lc4—b3 | Sf6—e4 | 24) | Ta2—g2 | Lg4—h3 |
| 6) | Sg1—f3 | Lc8—g4 | 25) | e5—e6 | Lh3—g2: |
| 7) | 0—0 | Sb8—c6 | 26) | e6—f7† | Kg8—g7 (!) |
| | | | 27) | Kg1—g2: | Dd8—c8 (!) |
| | | | 28) | Sf3—e5 | Tg6—h6 |
| | | | 29) | g3—f4: | Tf8—h8 |
| | | | 30) | f4—g5: | Th6—h2† |
| | | | 31) | Kg2—g1 | Tb2—h1† |
| | | | 32) | Kg1—f2 | Th8—h2† |
| | | | 33) | Kf2—e3 | Th2—h3† |
| | | | 34) | Se5—f3 | |

| 8) | Lb3—a4 | g7—g5 |
|---|---|---|
| 9) | La4—c6† | b7—c6: |
| 10) | d2—d4 | c6—c5 |
| 11) | c2—c3 | Lf8—e7 |
| 12) | b2—b4 | c5—b4: |
| 13) | c3—b4: | 0—0 |
| 14) | Dd1—b3 (?) | Ta8—b8 |
| 15) | a2—a3 | c7—c5 (!) |
| 16) | Sb1—c3 | Se4—c3: |
| 17) | Db3—c3: | c5—b4: |
| 18) | a3—b4: | Le7—b4: |

| 34) | ... | Th3—f3† |
|---|---|---|
| 35) | Tf1—f3: | Dc8—c1† |
| | Aufgegeben. | |

### Anmerkungen zur 198. Partie.

3) ... Sg8—f6. Diese Vertheidigung im Läufergambit ist zuerst vom Obersten v. Hannecken, dann besonders von M. Lange empfohlen worden und gilt jetzt allgemein für sicher\*).

7) 0—0. M. Lange führt die Fortsetzung 7) d2—d3, Lg4—f3: 8) Dd1—f3:, Dd8—h4† 9) g2—g3, f4—g3: 10) Ke1—e2, Se4—f2 11) Lb3—d5:, Sf2—h1: 12) Df3—f7†, Ke8—d8 13) Ld5—b7:, Dh4—h2† als günstig für Schwarz aus.

8) Lb3—a4. Unstatthaft ist 8) d2—d4 wegen der Antwort 8) ...Sc6—d4:

---

### 199. Partie.
Gespielt zu Düsseldorf am 9. September 1862.

| M. Lange. | Oberst v. Hannecken. | Weiss. | Schwarz. |
|---|---|---|---|
| Weiss. | Schwarz. | | |
| 1) e2—e4 | e7—e5 | 10) Sf3—e5 | Dd8—d5: |
| 2) f2—f4 | e5—f4: | 11) Lc1—f4: | f7—f6 |
| 3) Lf1—c4 | Sg8—f6 | 12) Sb1—d2 | Lc8—f5 |
| 4) Dd1—e2 (?) | Lf8—c5 | 13) 0—0—0 (?) | |
| 5) Sg1—f3 | Sb8—c6 (!) | | |
| 6) c2—c3 | 0—0 | | |
| 7) d2—d4 | d7—d5 | | |
| 8) e4—d5: (?) | Sf6—d5: | | |
| 9) Lc4—d5: | Tf8—e8 | | |

| | | 13) ... | Dd5—a2: |
| | | 14) Sd2—e4 | f6—e5: |
| | | 15) Lf4—e5: | Sc6—e5: |
| | | 16) d4—e5: | Da2—a1† |
| | | 17) Kc1—c2 | Da1—a4† |
| | | Aufgegeben. | |

---

\*) V. d. Lasa urtheilt jedoch in der soeben erschienenen vierten Ausgabe seines Handbuchs: „Dieser Zug ist wohl nicht so gut, wie 3) ...d7—d5."

### Anmerkung zur 199. Partie.

4) Dd1—e2. Obwohl dieser Zug keineswegs das Spiel für Weiss verloren macht, so wird doch die Stellung der Dame vor dem Könige bald unbequem und giebt dem Nachziehenden manche Gelegenheit zu kräftiger Contreattaque, wie die Fortsetzung in der Partie zeigt.

---

## 200. Partie.

### Gespielt zu Newyork im Jahre 1857.

B. Schulten.    P. Morphy.
Weiss.    Schwarz.

| | Weiss. | Schwarz. | | Weiss. | Schwarz. |
|---|---|---|---|---|---|
| 1) | e2—e4 | e7—e5 | 16) | De2—d3: | Ta8—d8 |
| 2) | f2—f4 | e5—f4: | 17) | Dd3—e2 | |
| 3) | Lf1—c4 | Sg8—f6 | | | |
| 4) | Sb1—c3 (!) | Lf8—b4 (?) | | | |
| 5) | e4—e5 (!) | d7—d5 | | | |
| 6) | e5—f6: (?) | d5—c4: | | | |
| 7) | f6—g7: | Th8—g8 | | | |
| 8) | Dd1—e2† | Lc8—e6 | | | |
| 9) | a2—a3 (?) | Lb4—c5 | | | |
| 10) | Sg1—f3 | Sb8—c6 | | | |
| 11) | Sc3—e4 | Sc6—d4 | | | |
| 12) | Sf3—d4: | Lc5—d4: | | | |
| 13) | c2—c3 | Dd8—h4† | | | |
| 14) | Ke1—f1 | Ld4—b6 | 17) | ... | Td8—d1† |
| 15) | d2—d4 | c4—d3: | | und Schwarz gewinnt. | |

### Anmerkungen zur 200. Partie.

4) ... Lf8—b4. Das Beste ist wohl 4) ... Sb8—c6; man vgl. die 202. Partie. V. d. Lasa empfiehlt in der neuen Ausgabe seines Handbuchs 4) ... d7—d5.

6) e5—f6: (?). Die richtige Fortsetzung des Angriffs — 6) Lc4—b5† — findet man in der 201. Partie.

---

## 201. Partie.

### Elfte Partie des Wettkampfs zwischen L. Paulsen und Kolisch i. J. 1861.

L. Paulsen.    Kolisch.
Weiss.    Schwarz.

| | Weiss. | Schwarz. | | Weiss. | Schwarz. |
|---|---|---|---|---|---|
| 1) | e2—e4 | e7—e5 | 3) | Lf1—c4 | Sg8—f6 |
| 2) | f2—f4 | e5—f4: | 4) | Sb1—c3 (!) | Lf8—b4 (?) |
| | | | 5) | e4—e5 (!) | d7—d5 |

| Weiss. | Schwarz. |
|---|---|
| 6) Lc4—b5† (!) | c7—c6 |
| 7) e5—f6: | c6—b5: |
| 8) Dd1—e2† | Lc8—e6 |
| 9) De2—b5† | Sb8—c6 |
| 10) Sg1—f3 | Dd8—f6: |
| 11) Db5—b7: | Ta8—c8 |
| 12) Sc3—d5: (!) | |

Stellung nach dem 16. Zuge von Schwarz.

| 12) ... | Df6—f5 |
|---|---|
| 13) Sd5—c7† (!) | Tc8—c7: |
| 14) Db7—c7: | Df5—e4† |
| 15) Ke1—d1 | 0—0 |
| 16) d2—d3 (!) | De4—g6 |
| 17) Dc7—f4: | f7—f6 |
| 18) Df4—e4 | Dg6—g2: |
| 19) Th1—g1 | Dg2—h3 |
| 20) De4—c6: | Tf8—d8 |
| 21) Kd1—c2 (!) | Le6—d5 |
| 22) Dc6—f6: (!) | Td8—c8† |

Stellung nach dem 21. Zuge von Weiss.

| Weiss. | Schwarz. |
|---|---|
| 23) Lc1—e3 | g7—g6 |
| 24) Tg1—g3 | Dh3—h6 |
| 25) Df6—g5 | Ld5—f3† |
| 26) Kc2—f3: (!) | Aufgegeben. |

### Anmerkungen zur 201. Partie.

10) ... **Dd8—f6:** Löwenthal und Dubois sind der Ansicht, dass Schwarz durch 10) ... 0—0 das bessere Spiel bekomme, was wir jedoch bezweifeln.

17) **Dc7—f4:** Weiss darf den Springer c6 nicht nehmen, weil 17) ... Tf8—c8 nebst 18) ... Dg6—g2: erfolgen würde.

## 202. Partie.

Turnierpartie, gespielt zu London im Jahre 1862.

S. Poulsen.     Dubois.
Weiss.     Schwarz.

| | Weiss. | Schwarz. |
|---|---|---|
| 1) | e2—e4 | c7—c5 |
| 2) | f2—f4 | c5—f4: |
| 3) | Lf1—c4 | Sg8—f6 |
| 4) | Sb1—c3 (!) | Sb8—c6 (!) |
| 5) | Sg1—f3 | Lf8—b4 |

| | Weiss. | Schwarz. |
|---|---|---|
| 10) | d2—d4 | Dd8—e7 |
| 11) | c2—c3 (!) | Lb4—d6 |
| 12) | d4—e5: | Ld6—c5: |
| 13) | Lc1—f4: | Lc5—f4: |
| 14) | Tf1—f4: | 0—0 |
| 15) | Dd1—d4 | Lc8—d7 |
| 16) | Ta1—f1 (?) | De7—d6 |

| | | |
|---|---|---|
| 6) | 0—0 | d7—d6 |
| 7) | Sc3—d5 | Sf6—d5: |
| 8) | e4—d5: | Sc6—e5 |

| | | |
|---|---|---|
| 17) | Dd4—f2 (?) | f7—f5 |
| 18) | Tf4—f3 | Tf8—f6 |
| 19) | Tf1—e1 | f5—f4 |
| 20) | Tf3—d3 | Kg8—f8 |
| 21) | Kg1—h1 (?) | b7—b6 |
| 22) | Df2—f3 | Ta8—c8 |
| 23) | Te1—c8† | Ld7—c8: |
| 24) | b2—b4 | Dd6—c5 |
| 25) | Kh1—g1 | Lc8—h5 |
| 26) | Df3—f2 | Lh5—e2 |
| 27) | Td3—d4 | f4—f3 |
| 28) | Lc4—d3 | Le2—d3: |
| 29) | Td4—d3: | f3—g2: |
| 30) | Td3—f3 | Kf8—e7 |
| 31) | Tf3—f6: | g7—f6: |
| 32) | c3—c4 | h7—h5 |
| 33) | Kg1—g2: | Dc5—e4† |

| | | |
|---|---|---|
| 9) | Sf3—e5: | d6—e5: |

|    | Weiss. | Schwarz. |    | Weiss. | Schwarz. |
|----|--------|----------|----|--------|----------|
| 34) | Df2—f3 | De4—c4: | 37) | h2—h3 | Kd7—d6 |
| 35) | Df3—e3† | Ke7—d8 | 38) | Dd2—b2 | Dc4—d5† |
| 36) | Dc3—d2 | Kd8—d7 |    | und Schwarz gewann. | |

**Anmerkungen zur 202. Partie.**

16) ... De7—d6 (!). Es drohte d5—d6.
20) ... Kg8—f8. Dadurch wird Te1—e6 verhindert.

---

# VI. Das abgelehnte Königsgambit.

## A.

1) e2—e4, e7—e5  2) f2—f4, Lf8—c5.

### 203. Partie.

Aus dem Wettkampfe zwischen P. Morphy und Löwenthal i. J. 1858.

| | P. Morphy. Weiss. | Löwenthal. Schwarz. |
|----|--------|----------|
| 1) | e2—e4 | e7—e5 |
| 2) | f2—f4 | Lf8—c5 (?) |
| 3) | Sg1—f3 | d7—d6 |
| 4) | c2—c3 | Lc8—g4 |
| 5) | Lf1—c4 (?) | Lg4—f3: |
| 6) | Dd1—f3: | Sg8—f6 |
| 7) | b2—b4 (?) | Lc5—b6 |
| 8) | d2—d3 | Sb8—d7 |
| 9) | f4—f5 | Dd8—e7 |
| 10) | g2—g4 | h7—h6 |
| 11) | Ke1—e2 | c7—c6 |
| 12) | g4—g5 | h6—g5: |
| 13) | Lc1—g5: | d6—d5 |
| 14) | Lc4—b3 (!) | De7—d6 |
| 15) | Sb1—d2 | a7—a5 |
| 16) | b4—a5: | Ta8—a5: |
| 17) | h2—h4 | Sf6—h5 |
| 18) | Sd2—f1 | Sd7—c5 |

| | Weiss. | Schwarz. |
|----|--------|----------|
| 19) | Lb3—c2 | |
| 19) | ... | Ta5—b5 |
| 20) | Lg5—c1 | d5—e4: |
| 21) | d3—e4: | Tb5—b2 (?) |
| 22) | Lc1—b2: | Sh5—f4† |
| 23) | Ke2—e1 | Sc5—d3† |

| | Weiss. | Schwarz. | | Weiss. | Schwarz. |
|---|---|---|---|---|---|
| 24) | Lc2—d3: | Sf4—d3† | 27) | Sf1—d2 | Lb6—c7 (?) |
| 25) | Ke1—d2 | Sd3—b2† | 28) | Sd2—b1 | |
| 26) | Kd2—e2 | Dd6—a3 | | Schwarz giebt die Partie auf. | |

### Anmerkungen zur 203. Partie.

2) ... **Lf8—c5.** Dieser Zug ist zwar von allen Theoretikern bisher für correct erklärt worden, räumt jedoch nach unserer durch vielfache Erfahrung in der Praxis gebildeten Ansicht dem Gambitgeber das überlegene Spiel ein. Wir halten es für besser, das Königsgambit anzunehmen.

5) **Lf1—c4 (?).** Entschieden besser ist 5) Lf1—e2; man vergleiche die 204. und 205. Partie.

19) ... **Ta5—b5.** Stärker wäre 19) ... Ta5—a3 gewesen. Ein Blick auf das obige Diagramm wird Jedem zeigen, dass Weiss in Folge des vorzeitigen Vorrückens seiner Bauern auf beiden Flügeln sich jetzt in äusserst misslicher Lage befindet; Schwarz beutet aber den errungenen Positionsvortheil in den folgenden Zügen nicht richtig aus.

20) ... **d5—e4:** Schwarz hätte statt dessen 20) ... Sd5—f4† und auf 21) Lc1—f4: dann 21) ... Tb5—b2 spielen sollen.

21) ... **Tb5—b2 (?).** Sehr geistreich, aber falsch.

---

### 204. Partie.

Aus dem Wettkampfe zwischen P. Morphy und Löwenthal im Jahre 1858.

| | P. Morphy. Weiss. | Löwenthal. Schwarz. | | Weiss. | Schwarz. |
|---|---|---|---|---|---|
| 1) | e2—e4 | e7—e5 | 16) | De2—d3 | d6—d5 |
| 2) | f2—f4 | Lf8—c5 | 17) | e4—e5 | Sf6—d7 |
| 3) | Sg1—f3 | d7—d6 | 18) | Lf3—h5 | |
| 4) | c2—c3 | Lc8—g4 | | | |
| 5) | Lf1—e2 (!) | Lg4—f3: | | | |
| 6) | Le2—f3: | Sb8—c6 | | | |
| 7) | h2—h4 | Lc5—b6 | | | |
| 8) | b4—b5 | Sc6—e7 | | | |
| 9) | d2—d4 | e5—f4: | | | |
| 10) | Lc1—f4: | Se7—g6 | | | |
| 11) | Lf4—e3 | Sg8—f6 | | | |
| 12) | Sb1—d2 | 0—0 | | | |
| 13) | 0—0 | h7—h6 (?) | | | |
| 14) | a2—a4 | c7—c6 | | | |
| 15) | Dd1—e2 | Tf8—e8 | | | |

|     | Weiss. | Schwarz. |
| --- | --- | --- |
| 18) | ... | Te8—e6 (?) |
| 19) | a4—a5 (!) | Lb6—c7 |
| 20) | Tf1—f7: | |

Stellung nach dem 23. Zuge von Weiss.

|     | Weiss. | Schwarz. |
| --- | --- | --- |
| 20) | ... | Kg8—f7: (?) |
| 21) | Dd3—f5† | Kf7—c7 |
| 22) | Lh5—g6: | Dd8—g8 |
| 23) | Lc3—f2 | Sd7—e5: (?) |
| 24) | d4—e5: | Ta8—f8 |

|     | Weiss. | Schwarz. |
| --- | --- | --- |
| 25) | Lf2—c5† | Kc7—d8 |
| 26) | Lc5—f8: | Te6—c5: |
| 27) | Df5—f2 | Dg8—c6 |
| 28) | b5—b6 | a7—b6: |
| 29) | a5—b6: | Dc6—g6: |
| 30) | b6—c7† | Kd8—c7 |
| 31) | Ta1—b1 | Aufgegeben. |

### Anmerkung zur 204. Partie.

18) ... Te8—e6 (?). Besser wäre 18) ... Dd8—h4 gewesen; Weiss hätte jedoch jedenfalls das stärkere Spiel behalten.

---

## 205. Partie.

Gespielt zu Cöln im Januar des Jahres 1850.

| | 3. Suhr. | X. | | Weiss. | Schwarz. |
| --- | --- | --- | --- | --- | --- |
| | Weiss. | Schwarz. | 9) | d2—d4 | e5—d4: |
| 1) | c2—c4 | e7—e5 | 10) | c3—d4: | a7—a6 |
| 2) | f2—f4 | Lf8—c5 | 11) | b5—a6: | Ta8—a6: |
| 3) | Sg1—f3 | d7—d6 | 12) | 0—0 | Sc7—c6 |
| 4) | c2—c3 | Lc8—g4 | 13) | Lc1—b2 | Sg8—e7 |
| 5) | Lf1—e2 (!) | Lg4—f3: | 14) | Kg1—h1 | 0—0 |
| 6) | Le2—f3: | Sb8—c6 | 15) | Lf3—c2 | Ta6—a8 |
| 7) | b2—b4 | Lc5—b6 | 16) | d4—d5 | Sc6—b8 |
| 8) | b4—b5 | Sc6—c7 | 17) | Le2—d3 | |

|  | Weiss. | Schwarz. |
|---|---|---|
| 17) | ... | f7—f6 |
| 18) | Tf1—f3 | Dd8—e8 |
| 19) | Tf3—h3 | Sb8—d7 |
| 20) | c4—c5 | f6—f5 |
| 21) | Dd1—f3 | Ta8—a5 |
| 22) | Sb1—d2 | Sd7—c5 |
| 23) | c5—d6: | Sc5—d3: |
| 24) | Df3—d3: | Sc7—d5: |
| 25) | Sd2—c4 | Ta5—b5 |

|  | Weiss. | Schwarz. |
|---|---|---|
| 26) | Sc4—b6: | Sd5—b6: (!) |
| 27) | Dd3—d4 | De8—d7 |
| 28) | Th3—g3 | Tf8—f7 |
| 29) | Ta1—e1 (!) | Kg8—f8 |
| 30) | Tg3—g7: | |

|  | Weiss. | Schwarz. |
|---|---|---|
| 30) | ... | Tb5—b2: |
| 31) | Tg7—f7† | Kf8—f7: |
| 32) | Dd4—b2: und Weiss muss gewinnen*). | |

**Anmerkung zur 205. Partie.**

30) ... Tb5—b2: Nimmt Schwarz den Thurm g7, so erzwingt Weiss durch 31) Dd4—f6† u. s. w. in drei Zügen Matt.

---

## 206. Partie.

### Gespielt zu Wesel im April des Jahres 1859.

B. Suhle.      v. Cynatten.

|  | Weiss. | Schwarz. |  | Weiss. | Schwarz. |
|---|---|---|---|---|---|
| 1) | e2—e4 | e7—e5 | 7) | Lc1—e3 | Sg8—f6 |
| 2) | f2—f4 | Lf8—c5 | 8) | Sb1—c3 | Lb6—a5 (?) |
| 3) | Sg1—f3 | d7—d6 | 9) | Lf1—d3 | d6—d5 |
| 4) | c2—c3 | Sb8—c6 | 10) | e4—d5: | Sf6—d5: |
| 5) | d2—d4 | e5—d4: | 11) | Le3—d2 | La5—c3: |
| 6) | c3—d4: | Lc5—b6 | 12) | b2—c3: | Dd8—f6 |
|  |  |  | 13) | 0—0 | Sc6—e7 |

*) Durch ein Versehen von B. S. wurde die Partie remis.

| Weiss. | Schwarz. | | Weiss. | Schwarz. |
|---|---|---|---|---|
| 14) Sf3—g5 | Se7—f5 | 25) | f4—f5 (!) | g6—f5: |
| 15) Dd1—f3 | Lc8—e6 | 26) | c3—c4 (!) | Sd6—c4: |
| 16) Ta1—e1 | | 27) | Ld2—f4† (!) | Sc4—d6 |
| | | 28) | Ta5—a7: (!) | |

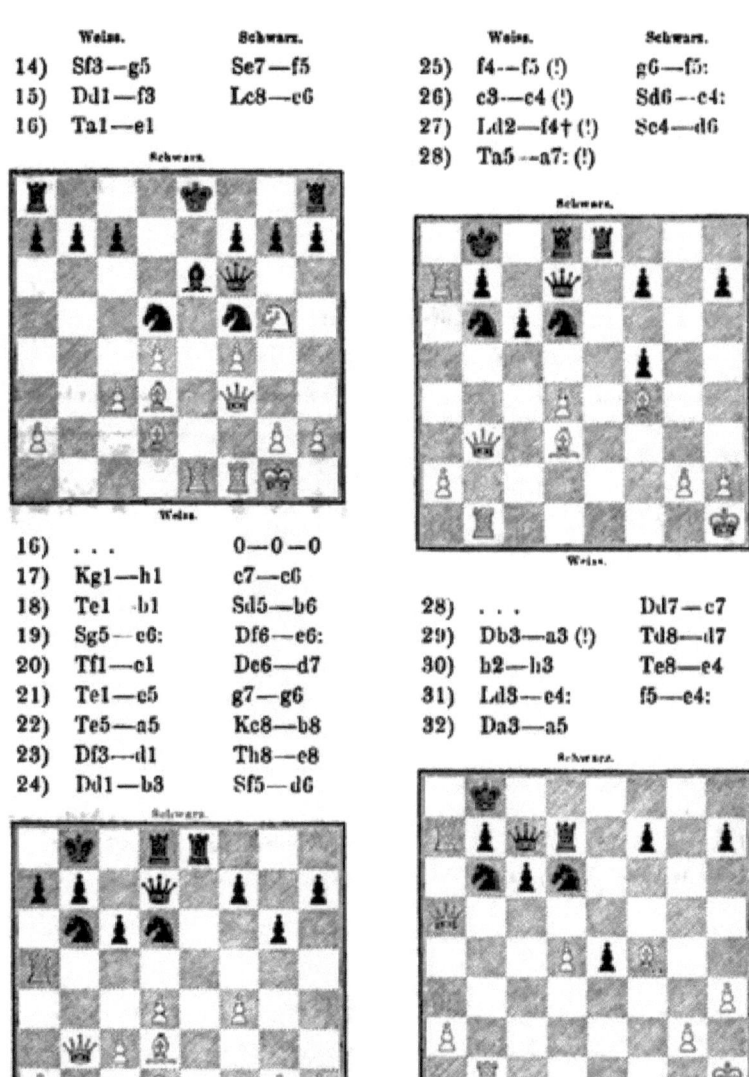

| | | | | |
|---|---|---|---|---|
| 16) ... | 0—0—0 | | | |
| 17) Kg1—h1 | c7—c6 | | | |
| 18) Te1—b1 | Sd5—b6 | 28) ... | Dd7—c7 |
| 19) Sg5—e6: | Df6—e6: | 29) Db3—a3 (!) | Td8—d7 |
| 20) Tf1—e1 | De6—d7 | 30) h2—h3 | Te8—e4 |
| 21) Te1—e5 | g7—g6 | 31) Ld3—e4: | f5—e4: |
| 22) Te5—a5 | Kc8—b8 | 32) Da3—a5 | |
| 23) Df3—d1 | Th8—e8 | | |
| 24) Dd1—b3 | Sf5—d6 | | |

Weiss gewinnt.

### Anmerkungen zur 206. Partie.

5) d2—d4. Noch stärker ist 5) Lf1—b5.

16) ... 0—0—0. Durch die Rochade nach der Königsseite würde

Schwarz sich sofort einem heftigen Angriffe aussetzen, da die weissen Figuren nach diesem Flügel hin concentrirt sind. Man beachte, wie Weiss nun allmählich seine Armee herumschwenkt.

25) f4—f5 (!) und 26) c3—c4 (!). Diese Bauernopfer sind zur Durchführung des folgenden Angriffs nothwendig.

30) ... Te8—e4. Das schwarze Spiel war nicht mehr zu retten.

## 207. Partie.

### Gespielt zu Berlin im October 1863.

G. R. Neumann.  N......
Weiss.         Schwarz.

| | Weiss. | Schwarz. |
|---|---|---|
| 1) | e2—e4 | e7—e5 |
| 2) | f2—f4 | Lf8—c5 |
| 3) | Sg1—f3 | d7—d6 |
| 4) | Lf1—c4 | Sg8—f6 |
| 5) | Sb1—c3 | 0—0 |
| 6) | d2—d3 | Sf6—g4 (?) |
| 7) | Th1—f1 | Sg4—h2: |
| 8) | Tf1—h1 | Sh2—g4 |
| 9) | Dd1—e2 | Lc5—f2† (?) |
| 10) | Ke1—f1 | Sb8—c6 |
| 11) | f4—f5 (!) | Lf2—c5 |
| 12) | Sf3—g5 | Sg4—h6 |
| 13) | De2—h5 | Dd8—e8 |
| 14) | Sg5—h7: | Kg8—h7: |
| 15) | Lc1—h6: | g7—g6 |

Stellung nach dem 15. Zuge von Schwarz.

| | Weiss. | Schwarz. |
|---|---|---|
| 16) | Dh5—g6† | f7—g6: |
| 17) | Lh6—f8† | |

## 208. Partie.

### Gespielt zu Berlin im October 1863.

G. R. Neumann.  N......
Weiss.         Schwarz.

| | Weiss. | Schwarz. |
|---|---|---|
| 1) | e2—e4 | e7—e5 |
| 2) | f2—f4 | Lf8—c5 |
| 3) | Sg1—f3 | d7—d6 |
| 4) | Lf1—c4 | Sb8—c6 |
| 5) | Sb1—c3 | Sg8—f6 |
| 6) | d2—d3 | Sf6—g4 |
| 7) | Dd1—e2 | Lc5—f2† |
| 8) | Ke1—f1 | Lf2—b6 |
| 9) | h2—h3 | Sg4—f6 |
| 10) | f4—f5 | h7—h5 |
| 11) | Lc1—g5 | Sc6—e7 |

|     | Weiss.     | Schwarz. |     | Weiss.   | Schwarz. |
|-----|------------|----------|-----|----------|----------|
| 12) | Ta1—d1     |          | 20) | Th1—h6:  | g7—h6:   |
|     |            |          | 21) | Sf3—e5:  |          |

| 12) | ...     | c7—c5    |
|-----|---------|----------|
| 13) | Kf1—f2  | a7—a6    |
| 14) | g2—g4   | Lc8—d7   |
| 15) | Lg5—h4  | h5—g4:   |
| 16) | h3—g4:  | Sf6—g4†  |
| 17) | Kf2—g3  |          |

| 21) | ...     | Sc7—f5†  |
|-----|---------|----------|
| 22) | e4—f5:  | d6—e5:   |
| 23) | De2—h5† | Ke8—e7   |
| 24) | Dh5—f7† | Ke7—d6   |
| 25) | Sc3—e4† | Kd6—c7   |
| 26) | Se4—f6: |          |

| 17) | ...     | Sg4—h6   |
|-----|---------|----------|
| 18) | Lh4—g5  | f7—f6    |
| 19) | Lg5—h6: | Th8—h6:  |

Weiss gewinnt.

**Anmerkungen zur 208. Partie.**

15) Lg5—h4.  Eine weit berechnete Combination.
18) ... f7—f6.  Schwarz muss 19) f5—f6 verhindern.

## B. Mittelgambit gegen Königsgambit.

1) e2—e4, e7—e5  2) f2—f4, d7—d5.

### 209. Partie.

B. Schulten.  P. Morphy.

| | Weiss. | Schwarz. | | Weiss. | Schwarz. |
|---|---|---|---|---|---|
| 1) | e2—e4 | e7—e5 | 10) | Lf1—e2 | Lc8—g4 |
| 2) | f2—f4 | d7—d5 | 11) | c3—c4 (?) | c7—c6 |
| 3) | e4—d5: (!) | e5—e4 | 12) | d5—c6: (?) | Sb8—c6: |
| 4) | Sb1—c3 (?) | Sg8—f6 | 13) | Ke1—f1 | Te8—e2: (!) |
| 5) | d2—d3 | Lf8—b4 | 14) | Sg1—e2: | Sc6—d4 |
| 6) | Lc1—d2 | e4—e3 (!) | 15) | Dd1—b1 | Lg4—e2† |
| 7) | Ld2—e3: | 0—0 | 16) | Kf1—f2 | Sf6—g4† |
| | | | 17) | Kf2—g1 | |

| 8) | Le3—d2 | Lb4—c3: |
| 9) | b2—c3: | Tf8—e8† |

Schwarz erzwingt Matt spätestens in sieben Zügen.

### Anmerkungen zur 209. Partie.

2) ... d7—d5. Wir ziehen 2) ... e5—f4: vor.

3) ... e5—e4. Diese von **Falkbeer** und **Lederer** empfohlene Spielart verschafft dem Nachziehenden häufig bei nicht ganz richtiger Führung des weissen Spieles eine starke Contreattaque; wir glauben aber, dass bei correcter Fortsetzung der Gambitgeber schliesslich seine Bauernübermacht mit Erfolg zur Geltung bringen kann. Nimmt Schwarz sogleich den Bauer d5 mit der Dame, so erlangt der Anziehende durch 4) Sb1—c3 einen beträchtlichen Vorsprung in der Entwickelung. Auf 3) ... e5—f4: folgt 4) Lf1—b5† oder auch 4) Sg1—f3 mit sehr gutem Spiele für Weiss.

4) **Sb1—c3 (?).** Besser ist 4) Lf1—b5†, was in der 210. Partie geschieht. Auch 4) d2—d3 ist zu empfehlen. 4) c2—c4 würde 4) ... c7—c6 5) d2—d4, c6—d5: 6) Sb1—c3 mit etwa gleichem Spiele zur Folge haben.

6) **... e4—e3 (!).** Die rechtzeitige Aufopferung des Königsbauern ist in sehr vielen Varianten der Falkbeerschen Spielart für Schwarz durchaus nothwendig zur Behauptung des Angriffs. Gewöhnlich muss auf Lc1—d2 sogleich e4—e3 erfolgen.

7) **Ld2—e3:** Auf 7) Dd1—e2 wäre ebenfalls 7) ... 0—0 die Antwort. Schwarz hat jetzt eine vortreffliche Stellung eingenommen, die das Opfer zweier Bauern wohl ersetzt.

---

## 210. Partie.

Erste Partie des Wettkampfs zwischen Horwitz und Kolisch.

| | Horwitz. | Kolisch. | | Weiss. | Schwarz. |
|---|---|---|---|---|---|
| | Weiss. | Schwarz. | 10) | Sb1—c3 | Sb8—d7 |
| 1) | e2—e4 | e7—e5 | 11) | h2—h3 | Lg4—e2: |
| 2) | f2—f4 | d7—d5 | 12) | Sc3—e2: (?) | Sd7—b6 |
| 3) | e4—d5:(!) | e5—e4 | 13) | Lc4—b3 | c6—c5 |
| 4) | Lf1—b5† | c7—c6 (!) | 14) | d4—c5: (?) | Ld6—c5† |
| 5) | d5—c6: | b7—c6: | 15) | Kg1—h2 (?) | |
| 6) | Lb5—c4 (!) | Sg8—f6 (!) | | | |
| 7) | d2—d4 (!) | | | | |

| 7) | ... | Lf8—d6 | 17) | Tf1—f2: | Dd8—d1: |
|---|---|---|---|---|---|
| 8) | Sg1—e2 | 0—0 | 18) | h3—g4 | e4—e3 |
| 9) | 0—0 | Lc8—g4 | | und Schwarz gewinnt. | |

15) ... Sf6—g4†
16) Kh2—g3 Lc5—f2†

### Anmerkung zur 210. Partie.

7) ... **Lf8—d6**. Staunton räth zu 7) ... Sb8—d7, doch ist folgende im Handbuche ausgeführte Fortsetzung vortheilhaft für Weiss:

| | Weiss. | Schwarz. | | Weiss. | Schwarz. |
|---|---|---|---|---|---|
| 7) | ... | Sb8—d7 | 11) | 0—0 | Lb4—c3: |
| 8) | Sg1—e2 | Sd7—b6 | 12) | b2—c3: | Sf6—d5 |
| 9) | Lc4—b3 | Lc8—a6 | 13) | Tf1—e1 | f7—f5 |
| 10) | Sb1—c3 | Lf8—b4 | 14) | g2—g4. | |

Auch bei 7) ... Dd8—b6 bleibt Weiss nach dem Handbuch durch 8) Sb1—c3, Lf8—b4 9) Sg1—e2, Lc8—g4 10) 0—0 im Vortheil.

---

### 211. Partie.

Gespielt zu Berlin im Herbst 1863.

G. Mayet. — B. Suhle.

| | Weiss. | Schwarz. | | Weiss. | Schwarz. |
|---|---|---|---|---|---|
| 1) | e2—e4 | e7—e5 | 8) | Sb1—c3 | Lf8—b4 |
| 2) | f2—f4 | d7—d5 | 9) | Lb5—c6† | b7—c6: |
| 3) | e4—d5: | e5—e4 | 10) | Lc1—d2 | 0—0 |
| 4) | Lf1—b5† | c7—c6 | 11) | Sc3—e4: | Sf6—e4: |
| 5) | d5—c6: | Sb8—c6: | 12) | d3—e4: | Lc8—a6 |
| 6) | Dd1—e2 (?) | Sg8—f6 | 13) | De2—f2 | Lb4—d2† |
| 7) | d2—d3 | Dd8—a5† | 14) | Df2—d2: | Da5—a4 (!) |

| | | |
|---|---|---|
| 15) | e4—e5 | Ta8—d8 |

|     | Weiss.  | Schwarz. |
|-----|---------|----------|
| 16) | Dd2—c1  | f7—f6 (!) |
| 17) | Sg1—f3  | f6—e5:   |
| 18) | f4—e5:  | Tf8—f3:  |

und Schwarz gewinnt.

### Anmerkungen zur 211. Partie.

6) Dd1—e2 (?). Die richtige Fortsetzung ist 6) Lb5—c6† (!), b7—c6: 7) d2—d4 (!); Weiss bleibt dabei freilich lange auf die Defensive beschränkt, kann jedoch ohne erheblichen Nachtheil in der Stellung den gewonnenen Bauer behaupten. — Auf 6) d2—d4

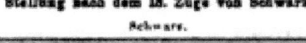

folgt 6) ... Dd8—a5† mit sehr gutem Spiele für Schwarz, wie andere Partieen zwischen denselben Gegnern bewiesen haben.

7) d2—d3. In anderen Partieen zwischen Mayet und Suhle geschah 7) Sb1—c3, Lf8—c5 8) Sc3—e4:, 0—0; diese Partieen wurden sämmtlich von Schwarz gewonnen.

### 212. Partie.

Gespielt zu Berlin im Café de Belvédère im Februar 1864.

B. Suhle.   B. v. Guretzky-Cornitz.

|     | Weiss.  | Schwarz. |     | Weiss.  | Schwarz. |
|-----|---------|----------|-----|---------|----------|
| 1)  | e2—e4   | e7—e5    | 4)  | Lf1—e2  | Lg4—f3:  |
| 2)  | f2—f4   | d7—d5    | 5)  | Le2—f3: | e5—f4:   |
| 3)  | Sg1—f3  | Lc8—g4   | 6)  | e4—d5:  | Dd8—h4† |
|     |         |          | 7)  | Ke1—f1  | Lf8—d6   |

| | Weiss. | Schwarz. |
|---|---|---|
| 8) | d2—d4 | Sg8—e7 |
| 9) | c2—c4 | Se7—f5 |

| | Weiss. | Schwarz. |
|---|---|---|
| 27) | Kh1—g1 | h7—h5 |
| 28) | Sd5—c7 | h5—h4 |
| 29) | e5—e6 | |

| | | |
|---|---|---|
| 10) | c4—c5 | Sf5—g3† |
| 11) | Kf1—g1 | Sg3—h1: |
| 12) | c5—d6: | c7—d6: |
| 13) | Kg1—h1: | 0—0 |
| 14) | Sb1—c3 | Sb8—d7 |
| 15) | Lc1—d2 | f7—f5 |
| 16) | Dd1—e1 | Dh4—e1† |
| 17) | Ta1—e1: | Ta8—e8 |
| 18) | Te1—e6 | g7—g5 |
| 19) | Te6—d6: | Sd7—f6 |
| 20) | Td6—e6 | Kg8—f7 |
| 21) | Te6—e5 | Kf7—g6 |
| 22) | d5—d6 | Sf6—g4 |
| 23) | Lf3—g4: | f5—g4: |
| 24) | Sc3—d5 | Te8—e5: |
| 25) | d4—e5: | Kg6—f5 |
| 26) | Ld2—c3 | f4—f3 |

und Weiss gewinnt.

**Anmerkungen zur 212. Partie.**

3) **Sg1—f3.** Der beste Zug ist 3) e4—d5:

3) ... **Lc8—g4** (?). Diese Spielart ist für Schwarz nicht günstig, wie die Fortsetzung in der Partie beweis't. Durch 3) ... d5—e4: (!) dagegen erlangt der Nachziehende ein recht gutes Spiel; auf 4) Sf3—e5: kann Schwarz sowohl 4) ... Lc8—e6, wie das Handbuch angiebt, als auch 4) ... Lf8—d6 entgegnen. Auf letzteren Zug kann z. B. folgen:

| | Weiss. | Schwarz. | | Weiss. | Schwarz. |
|---|---|---|---|---|---|
| 5) | Lf1—c4 | Ld6—c5: | 7) | Dd1—h5 | Dd8—e7 |
| 6) | f4—e5: | Sb8—c6 | | und Schwarz steht besser. | |

Oder:

| | Weiss. | Schwarz. | | Weiss. | Schwarz. |
|---|---|---|---|---|---|
| 7) | Dd1—e2 | Sc6—e5: | 9) | Lc4—b3 | Sg8—f6 |
| 8) | De2—e4: | Dd8—e7 | | und Schwarz ist besser entwickelt. | |

Oder:

| | Weiss. | Schwarz. | | Weiss. | Schwarz. |
|---|---|---|---|---|---|
| 5) | Sb1—c3 | Sg8—f6 | 7) | f4—e5: | Sf6—g4 |
| 6) | Lf1—c4 | Ld6—e5: | 8) | Sc3—e4: | Sg4—e5: |
| | und Schwarz ist nicht im Nachtheil. | | | | |

## VII. Das Mittelgambit.

1) e2—e4, e7—e5  2) d2—d4.

### 213. Partie.

Gespielt zu Leipzig im Jahre 1860.

M. Lange.    B. v. Guretzky-Cornitz.    Stellung nach dem 18. Zuge von Schwarz.

| | Weiss. | Schwarz. |
|---|---|---|
| 1) | e2—e4 | e7—e5 |
| 2) | d2—d4 | e5—d4: |
| 3) | c2—c3 (?) | d4—c3: |
| 4) | b2—c3: | Lf8—c5 |
| 5) | Sg1—f3 | Sg8—f6 |
| 6) | Lf1—d3 | h7—h6 |
| 7) | 0—0 | d7—d6 |
| 8) | Dd1—c2 | Sb8—c6 |
| 9) | Lc1—b2 (?) | Sc6—e5 |
| 10) | Sf3—e5: | d6—e5: |
| 11) | Sb1—d2 | Sf6—h5 |
| 12) | Sd2—f3 | Sh5—f4 |
| 13) | Tf1—d1 | Dd8—f6 |
| 14) | Ld3—b5† | c7—c6 |
| 15) | Lb5—c2 | Lc8—h3 (!) |
| 16) | c3—c4 | Lh3—g2: |
| 17) | Lb2—e5: | Df6—g6 |

| | Weiss. | Schwarz. |
|---|---|---|
| 18) | Le5—f4: | Lg2—f3† |
| 19) | Lf4—g3 | Lf3—e4: |
| 20) | Lc2—d3 | f7—f5 |
| 21) | Td1—d2 | 0—0 |

| | Weiss. | Schwarz. |
|---|---|---|
| 22) | Ld3—e4: | f5—e4: |
| 23) | Td2—c2 | Ta8—e8 |
| 24) | Ta1—b1 | Dg6—g4 |
| 25) | Tb1—h3 | e4—e3 |
| 26) | f2—e3: | Dg4—f3 |

Weiss giebt die Partie auf.

**Anmerkungen zur 213. Partie.**

2) d2—d4 (?). Es ist besser, zuerst 2) Sg1—f3 und nach 2) ... Sb8—c6 dann 3) d2—d4 zu ziehen.

3) c2—c3 (?). Dadurch erlangt der Anziehende keinen das Opfer eines Bauern ersetzenden Vortheil in der Stellung. Ein stärkerer Zug ist 3) Lf1—c4, worauf Schwarz am besten 3) ... Sg8—f6 entgegnet; die Antwort 3) ... Sb8—c6 würde zu Varianten des schottischen Gambits führen.

Stellung nach dem 26. Zuge von Schwarz.

---

# VIII. Die französische Eröffnung*).
## 1) e2—e4, e7—e6.
### 214. Partie.

31. und letzte Partie des Wettkampfs zwischen L. Paulsen und Kolisch i. J. 1861.

| | S. Paulsen. Weiss. | J. Kolisch. Schwarz. | | Weiss. | Schwarz. |
|---|---|---|---|---|---|
| | | | 9) | c2—c3 | c7—c6 |
| 1) | e2—e4 | e7—e6 | 10) | Dd1—c2 | Dd8—c7 |
| 2) | d2—d4 | d7—d5 | 11) | Ta1—e1 | Ta8—e8 |
| 3) | e4—d5: | e6—d5: | 12) | h2—h3 | Lg4—h5 |
| 4) | Sg1—f3 | Sg8—f6 | 13) | Sf3—h4 | Ld6—f4 |
| 5) | Lf1—d3 | Lf8—d6 | 14) | Lg5—f4: | Dc7—f4: |
| 6) | 0—0 | 0—0 | 15) | g2—g3 | Df4—c7 |
| 7) | Lc1—g5 | Lc8—g4 | 16) | Kg1—g2 | Lh5—g6 |
| 8) | Sb1—d2 | Sb8—d7 | 17) | Sh4—f5 | Te8—e1: |

*) Elf Partieen mit dieser Eröffnung findet man in dem Buche: „Der Schachcongress zu London im Jahre 1862 nebst dem Schachcongresse zu Bristol im Jahre 1861, herausgegeben von Berthold Suhle." Erster Theil: Das grosse Turnier im Jahre 1862. Berlin, J. Springer. Zweiter Theil: Die Preisprobleme, die Consultationspartieen etc. Berlin, W. Weber.

Stellung nach dem 11. Zuge von Schwarz.

| | Weiss. | Schwarz. |
|---|---|---|
| 18) | Tf1—c1: | Tf8—c8 |
| 19) | Tc1—c8† | Sf6—c8: |
| 20) | Sf5—e7† | Kg8—f8 |

| | Weiss. | Schwarz. |
|---|---|---|
| 21) | Se7—g6: | h7—g6: |
| 22) | Sd2—f3 | Sc8—f6 |

Als unentschieden abgebrochen.

### Anmerkung zur 214. Partie.

1) ... e7—e6. Durch diesen Zug vermeidet der Nachziehende die mannigfachen Attaquen, welche bei 1) ... e7—e5 auf den schwarzen Königsbauer oder auf den Punkt f7 gerichtet werden können. Die französische Eröffnung ist desshalb für Spieler, welche mit den richtigen Vertheidigungszügen im Königsgambit, in der spanischen Partie, im Evansgambit und anderen Fortsetzungen des Königsspringerspiels nicht hinreichend vertraut sind, sicherer, als die Antwort 1) ... e7—e5. Wir stimmen aber dem Urtheile v. d. Lasa's bei, dass die Partieen mit französischer Eröffnung weniger interessant zu sein pflegen, als die „offenen Spiele".

---

### 215. Partie.

Aus dem Wettkampfe zwischen M. Lange und A. Schmorl im Jahre 1861.

(Resultat: M. L. gewann 5, A. S. 2 Spiele; 6 blieben unentschieden.)

| | M. Lange. | A. Schmorl. | | Weiss. | Schwarz. |
|---|---|---|---|---|---|
| | Weiss. | Schwarz. | 5) | Lf1—d3 | c7—c5 (?) |
| 1) | e2—e4 | e7—e6 | 6) | 0-0 | Lf8—e7 |
| 2) | d2—d4 | d7—d5 | 7) | Lc1—e3 | Dd8—b6 |
| 3) | e4—d5: | e6—d5: | 8) | d4—c5: | Db6—b2: |
| 4) | Sg1—f3 | Sg8—f6 | 9) | Le3—d4 | Db2—b4 |

Stellung nach dem 9. Zuge von Weiss. | Stellung nach dem 18. Zuge von Weiss.

| | Weiss. | Schwarz. | | Weiss. | Schwarz. |
|---|---|---|---|---|---|
| 10) | Sb1—c3 | Db4—a5 | 19) | Tb1—b3 | Dc7—c1: |
| 11) | Ld4—f6: | Le7—f6: | 20) | Tf1—c1† | Kc8—f8 |
| 12) | Dd1—c1† (!) | Lc8—e6 | 21) | Lf5—d7 | Sd8—c6 |
| 13) | Sc3—d5: | Da5—c5: (?) | 22) | Ld7—e6: | f7—e6: |
| 14) | Sd5—f6† | g7—f6: | 23) | Tb3—b7: | Ta8—d8 |
| 15) | Ta1—b1 | Dc5—e7 | 24) | g2—g3 | c6—c5 |
| 16) | Sf3—d4 | Sb8—c6 | 25) | Tb7—a7: | Td8—d2 |
| 17) | Sd4—f5 | Le6—f5: | 26) | Tc1—b1 | |
| 18) | Ld3—f5: | Sc6—d8 | | Schwarz giebt die Partie auf. | |

**Anmerkung zur 215. Partie.**

13) ... **Da5—c5**: (?). Besser wäre 13) ... Da5—d8 gewesen.

---

## 216. Partie.

Zweite Partie des Wettkampfs zwischen Anderssen und Kolisch im Jahre 1861.

| | Anderssen. | Kolisch. | | Weiss. | Schwarz. |
|---|---|---|---|---|---|
| | Weiss. | Schwarz. | 8) | c2—c4 | c7—c6 |
| 1) | c2—c4 | c7—c6 | 9) | Sb1—c3 | Lc8—e6 |
| 2) | d2—d4 | d7—d5 | 10) | c4—d5: | c6—d5: |
| 3) | c4—d5: | c6—d5: | 11) | Lc1—e3 | Sb8—c6 |
| 4) | Sg1—f3 | Sg8—f6 | 12) | Dd1—d2 | Tf8—e8 |
| 5) | Lf1—d3 | Lf8—d6 | 13) | Ta1—c1 | Sc6—e7 |
| 6) | 0—0 | 0—0 | 14) | Sf3—e5 | Le6—f5 |
| 7) | h2—h3 | h7—h6 | 15) | f2—f4 | Ta8—c8 |

Stellung nach dem 11. Zuge von Schwarz.

| | Weiss. | Schwarz. |
|---|---|---|
| 16) | g2—g4 | Sf6—e4 (!) |
| 17) | Dd2—g2 | Se4—c3: |
| 18) | g4—f5: | Sc3—e4 |

| 19) | Ld3—e4: | d5—e4: |
| 20) | Dg2—e4: (?) | f7—f6 |
| 21) | Se5—g4 | Ld6—b4 |
| 22) | Tc1—e2 | Se7—d5 |
| 23) | De4—d3 | Kg8—h8 |
| 24) | Le3—c1 | Dd8—d7 |
| 25) | Te2—e8† | Tc8—e8: |
| 26) | Sg4—e3 | Lb4—a5 |
| 27) | a2—a3 | Sd5—c3: |
| 28) | Lc1—e3: | La5—b6 |
| 29) | Le3—f2 | Dd7—d5 |
| 30) | Kg1—h2 | Te8—e4 |

| | Weiss. | Schwarz. |
|---|---|---|
| 31) | Lf2—e3 | Dd5—f5: |
| 32) | b2—b4 | Lb6—c7 (!) |

| 33) | d4—d5 | Te4—f4: |
| 34) | Dd3—f5: | Tf4—f5† |
| 35) | Kh2—g2 | Tf5—d5: |
| 36) | Le3—a7: | Td5—g5† |
| 37) | Kg2—f2 | Tg5—g3 |
| 38) | Tf1—d1 | Tg3—a3: |
| 39) | La7—c5 | b7—b6 |
| 40) | Lc5—e3 | Ta3—b3 |
| 41) | Td1—d4 | Lc7—c5 |
| 42) | Td4—d8† | Kh8—h7 |
| 43) | Le3—b6 | Tb3—b4: |
| 44) | Lb6—c3 | Tb4—b2† |
| 45) | Td8—d2 | Tb2—d2† |
| 46) | Lc3—d2: | Kh7—g6 |
| 47) | Kf2—f3 | f6—f5 |
| 48) | Ld2—b4 | Kg6—h5 |
| 49) | Kf3—g2 | g7—g5 |
| 50) | Lb4—d2 | Kh5—g6 |
| 51) | Ld2—c1 | h6—h5 |
| 52) | Lc1—a3 | g5—g4 |
| 53) | La3—c1 | f5—f4 |
| 54) | Lc1—d2 | Kg6—f5 |
| 55) | Kg2—f2 | Kf5—e4 |
| 56) | Ld2—c1 | g4—g3† |
| 57) | Kf2—g1 | f4—f3 |

und Schwarz gewinnt.

### Anmerkungen zur 216. Partie.

19) Ld3—e4:. Stärker wäre 19) f5—f6 gewesen.
20) Dg2—e4: (?). Mit diesem Zuge tritt Weiss den Angriff an den Gegner ab.
39) La7—c5. Auch 39) Td1—d7 kann das weisse Spiel nicht retten wegen der Folge 39) ... Lc7—e5 40) Td7—b7:, Ta3—a7:

---

### 217. Partie.
Gespielt zu Bonn im Jahre 1858.

| | Kronenberg. Weiss. | B. Suhr. Schwarz. |
|---|---|---|
| 1) | e2—e4 | c7—c6 |
| 2) | d2—d4 | d7—d5 |
| 3) | e4—d5: | e6—d5: |
| 4) | Lf1—d3 | Lf8—d6 |
| 5) | Lc1—e3 | Sg8—e7 |
| 6) | Sb1—c3 | c7—c6 |
| 7) | Sg1—f3 | Lc8—f5 |
| 8) | 0—0 | Lf5—d3: |
| 9) | Dd1—d3: | 0—0 |
| 10) | Sf3—g5 | Se7—g6 |
| 11) | f2—f4 | Dd8—c7 (!) |
| 12) | Sc3—e2 | h7—h6 |
| 13) | Sg5—h3 | f7—f5 |
| 14) | Tf1—f3 | Dc7—f7 |
| 15) | Ta1—f1 | Sb8—d7 |
| 16) | Dd3—b3 (?) | Sd7—f6 |
| 17) | Se2—g3 | Sg6—h4 |
| 18) | Tf3—f2 | Ta8—c8 |
| 19) | Tf1—e1 | Sf6—g4 |
| 20) | Tf2—f1 | Tc8—c6 |
| 21) | Db3—d3 | Tc6—g6 |
| 22) | Le3—d2 | Sg4—f6 |
| 23) | Te1—e2 | Sf6—e4 |
| 24) | Ld2—c1 | Tg6—g4 |
| 25) | c2—c3 | g7—g5 |
| 26) | f4—g5: | h6—g5: |
| 27) | Sg3—e4: | d5—c4: |
| 28) | Dd3—c2 | Sh4—f3† |
| 29) | Kg1—h1 | Sf3—h2: |
| 30) | Tf1—g1 | Df7—h7 |
| 31) | Dc2—b3† | Kg8—h8 |
| 32) | Db3—e6 | Sh2—f3 |

Stellung nach dem 21. Zuge von Schwarz.

|   | Weiss. | Schwarz. |
|---|---|---|
| 33) | Tg1—f1 | Ld6—c7 |
| 34) | Le1—f2 | Tg4—f4 |
| 35) | Tf1—d1 | g5—g4 |
| 36) | Lf2—g3 | Sf3—g5 |
| 37) | Dc6—b3 | g4—h3: |
| 38) | Lg3—f4: | h3—g2:† |
| 39) | Kh1—g2: | Dh7—h3† |

Weiss giebt das Spiel auf.

Stellung nach dem 36. Zuge von Weiss.

### Anmerkungen zur 217. Partie.

**22) Le3—d2.** Dadurch wird der von Schwarz beabsichtigte Angriff 22) ... Sg4—h2: verhindert. Die Fortsetzung der Partie ist reich an interessanten Verwickelungen.

**33) Tg1—f1.** Nimmt Weiss den Läufer d6 — 33) Dc6—d6: —, so gewinnt Schwarz durch 33) ... Dh7—h3†.

---

## 218. Partie.

Elfte Partie des Wettkampfs zwischen Anderssen und P. Morphy i. J. 1858.

P. Morphy.   Anderssen.

|   | Weiss. | Schwarz. |
|---|---|---|
| 1) | e2—e4 | c7—c6 |
| 2) | d2—d4 | g7—g6 |
| 3) | Lf1—d3 | Lf8—g7 |
| 4) | Lc1—e3 | c7—c5 |
| 5) | c2—c3 | c5—d4: |
| 6) | c3—d4: | Sb8—c6 |
| 7) | Sg1—e2 | Sg8—e7 |
| 8) | 0—0 | 0—0 |
| 9) | Sb1—c3 | d7—d5 |
| 10) | e4—e5 | f7—f6 |
| 11) | f2—f4 | f6—e5: (?) |
| 12) | f4—e5: | a7—a6 |
| 13) | Dd1—d2 | Sc6—b4 (?) |
| 14) | Le3—g5 | Sb4—d3: |
| 15) | Dd2—d3: | Lc8—d7 |

Stellung nach dem 11. Zuge von Weiss.

|   | Weiss. | Schwarz. |
|---|---|---|
| 16) | Dd3—h3 | Dd8—c8 |
| 17) | Sc2—g3 | Ta8—c8 |

| | Weiss. | Schwarz. |
|---|---|---|
| 18) | Tf1—f8† | De8—f8: |
| 19) | Ta1—f1 | Df8—e8 |
| 20) | Dh3—h4 | |

Stellung nach dem 22. Zuge von Weiss.

| | Weiss. | Schwarz. |
|---|---|---|
| 20) | ... | Sc7—f5 |
| 21) | Sg3—f5: | g6—f5: |
| 22) | Tf1—f3 | Ld7—b5 |
| 23) | Tf3—g3 | Tc8—c7 |
| 24) | Lg5—f6 | f5—f4 |
| 25) | Dh4—f4: | De8—f8 |
| 26) | Sc3—b5: (!) | a6—b5: |
| 27) | Df4—h6 | Kg8—h8 |

| | Weiss. | Schwarz. |
|---|---|---|
| 28) | Tg3—g7: | Tc7—g7: |
| 29) | Kg1—f2 (!) | Kh8—g8 |
| 30) | Dh6—g7† | Df8—g7: |
| 31) | Lf6—g7: | Kg8—g7: |
| 32) | g2—g4 | b5—b4 |
| 33) | h2—h4 | b7—b5 |
| 34) | Kf2—e3 | b4—b3 |
| 35) | a2—a3 (!) | |

Schwarz giebt die Partie auf.

### Anmerkungen zur 218. Partie.

**11)** ... f6—e5: (?). Eine Uebereilung; Schwarz hätte diesen Bauernabtausch ruhig auf einen günstigen Augenblick aufschieben und zuvor sein Spiel mehr entwickeln sollen. Der beste Zug war 11) ... a7—a6.

**29) Kg1—f2 (!).** Dadurch wird ein wichtiges Tempo gewonnen.

# IX. Damenbauer gegen Königsbauer.

1) e2—e4, d7—d5 (?).

### 219. Partie.

Gespielt zu Berlin im Mai des Jahres 1861.

C. Mayet. — v. d. Lasa.

| | Weiss. | Schwarz. |
|---|---|---|
| 1) | e2—e4 | d7—d5 (?) |
| 2) | e4—d5: | Sg8—f6 (?) |
| 3) | Lf1—b5† | Lc8—d7 |
| 4) | Lb5—c4 (!) | b7—b5 |
| 5) | Lc4—b3 | Ld7—g4 |
| 6) | f2—f3 (!) | Lg4—c8 |
| 7) | Dd1—e2 (!) | a7—a6 |

| | Weiss. | Schwarz. |
|---|---|---|
| 8) | a2—a4 | b5—b4 |
| 9) | De2—c4 | Dd8—d6 |
| 10) | a4—a5 | Lc8—d7 |
| 11) | d2—d3 | Ld7—b5 |
| 12) | Dc4—f4 | Sb8—d7 |
| 13) | Sg1—e2 | Sd7—e5 |
| 14) | 0—0 | h7—h6 |
| 15) | Lc1—d2 | e7—e6 |
| 16) | d5—e6: | f7—e6: |
| 17) | Kg1—h1 | c7—c5 |
| 18) | Tf1—e1 | 0—0—0 |
| 19) | Se2—g3 | Sf6—d7 |
| 20) | Df4—c4 | Lb5—c6 |

| | Weiss. | Schwarz. |
|---|---|---|
| 21) | Dc4—c2 | g7—g5 |
| 22) | f3—f4 | g5—f4: |
| 23) | Ld2—f4: | Lf8—g7 |
| 24) | Sb1—d2 | Dd6—d4 |
| 25) | Lf4—e5: | Lg7—e5: |
| 26) | Lb3—c6: | Le5—g3: |
| 27) | h2—g3: | Kc8—b7 |
| 28) | c2—c3 | Dd4—g7 |
| 29) | Sd2—e4 | Dg7—e5 |
| 30) | Lc6—d7: | Td8—d7: |
| 31) | Dc2—f2 | De5—h5† |
| 32) | Kh1—g1 | Lc6—e4: |
| 33) | Te1—e4: | Td7—d3: |
| 34) | Te4—e7† | Kb7—a8 |
| 35) | Ta1—e1 | Th8—d8 |
| 36) | Df2—f6 | |

| | Weiss. | Schwarz. |
|---|---|---|
| 36) | ... | Td3—d6 |
| 37) | Df6—f3† | Dh5—f3: |
| 38) | g2—f3: | |

und Weiss gewinnt.

### Anmerkungen zur 219. Partie.

3) **Lf1—b5.** Das Handbuch bezeichnet diesen Zug, durch welchen Weiss den eroberten Bauer behauptet, als den besten.

6) ... **Lg4—e8.** Auf 6) ... Lg4—f5 folgt 7) Dd1—e2, a7—a6 8) c2—c4, c7—c6 9) Sb1—c3, b5—b4 10) Sc3—a4, und Weiss behauptet den eroberten Bauer, oder auch 7) Sb1—c3 mit besserem Spiele für Weiss.

7) ... **a7—a6.** Auf 7) ... Lc8—a6 folgt 8) Sb1—c3, Dd8—d7 9) a2—a4, b5—b4 (!) 10) Sc3—b5, La6—b5: 11) De2—b5:, Dd7—b5: 12) a4—b5:, Sb8—d7 13) c2—c4 zum Vortheil des Anziehenden.

8) **a2—a4.** Auch durch 8) c2—c4 behauptet Weiss das Uebergewicht.

17) **Kg1—h1.** Ein stärkerer Zug wäre 17) Se2—d4 gewesen.

---

## 220. Partie.

Fünfte Partie des Wettkampfs zwischen Anderssen und Morphy i. J. 1858.

Stellung nach dem 11. Zuge von Weiss.

| | P. Morphy. | Anderssen. |
|---|---|---|
| | Weiss. | Schwarz. |
| 1) | e2—e4 | d7—d5 (?) |
| 2) | e4—d5: | Sg8—f6 (?) |
| 3) | d2—d4 | Sf6—d5: |
| 4) | c2—c4 | Sd5—f6 |
| 5) | Sb1—c3 | Lc8—f5 |
| 6) | Sg1—f3 | c7—e6 |
| 7) | Lc1—e3 | Lf8—b4 |
| 8) | Dd1—b3 | Lb4—c3†|
| 9) | b2—c3: | Lf5—e4 |
| 10) | Sf3—d2 | Le4—c6 |
| 11) | Lf1—d3 | Sb8—d7 |
| 12) | Db3—c2 | h7—h6 |
| 13) | 0—0 | 0—0 |
| 14) | Ta1—e1 | b7—b6 |
| 15) | h2—h3 | Dd8—c8 (?) |
| 16) | Kg1—h2 | Kg8—h8 |
| 17) | Tf1—g1 | Tf8—g8 |
| 18) | g2—g4 | g7—g5 |
| 19) | f2—f4 | Dc8—f8 |
| 20) | Tg1—g3 | Ta8—d8 |
| 21) | Sd2—f3 | Lc6—f3: |

| | Weiss. | Schwarz. |
|---|---|---|
| 22) | Tg3—f3: | Df8—d6 |
| 23) | Kh2—g2 | Sf6—h5 |
| 24) | f4—g5: (!) | h6—g5: |
| 25) | g4—h5: | g5—g4 |
| 26) | h3—g4: | Tg8—g4† |
| 27) | Kg2—f1 (!) | f7—f5 (!) |
| 28) | Dc2—f2 | Sd7—e5 |
| 29) | d4—e5: | Dd6—d3† |

Stellung nach dem 23. Zuge von Weiss.

Stellung nach dem 34. Zuge von Schwarz.

| | Weiss. | Schwarz. | | Weiss. | Schwarz. |
|---|---|---|---|---|---|
| 30) | Df2—e2 | Dd3—c4 | 42) | Te6—g6 | Tc2—c4 |
| 31) | Le3—f2 | Dc4—c6 | 43) | Tg6—g1 | a4—a3 |
| 32) | Te1—d1 | Td8—d1† | 44) | c5—e6 | a3—a2 |
| 33) | De2—d1: | Dc6—c4† | 45) | Tg1—a1 | Tc4—e4 |
| 34) | Dd1—d3 | Dc4—a2: | 46) | Ta1—a2: | Te4—e6: |
| 35) | Tf3—g3 (!) | Da2—c4 | 47) | Kf3—f4 | Te6—d6 |
| 36) | Dd3—c4: | Tg4—c4: | 48) | Kf4—f5: | Td6—d5† |
| 37) | Tg3—g6 | Tc4—c6 | 49) | Kf5—g4 | b6—b5 |
| 38) | c3—c4 (!) | a7—a5 | 50) | Tu2—a8† | Kh8—h7 |
| 39) | Kf1—e2 | Tc6—c4: | 51) | Ta8—a7 | Td5—d7 |
| 40) | Tg6—e6: | Tc4—c2† | 52) | Lf2—g3 | Td7—g7† |
| 41) | Ke2—f3 | a5—a4 | 53) | Kg4—h4 | Aufgegeben. |

### Anmerkungen zur 220. Partie.

5) ... Lc8—f5. Schwarz will nicht seinen Damenläufer einsperren durch e7—e6.

11) ... Sb8—d7. M. Lange bemerkt zu diesem Zuge, es wäre besser gewesen, den Bauer g2 zu nehmen; dies leuchtet uns jedoch nicht ein.

23) ... Sf6—h5. M. Lange nennt diesen Zug „ein überkühnes Opfer", und ein anderer Commentator sagt: „Dies ist ein sehr glänzender, jedoch nicht ganz richtiger Zug, der den Verlust des Spiels zur mittelbaren Folge hat." Was sollte aber Schwarz in dieser Lage thun? (Man betrachte das obige Diagramm!) Weiss war bereits entschieden im Vortheil.

## 221. Partie.

Consultationspartie, gespielt zu London im Jahre 1858.

| | Morphy und Barnes. | Staunton und Owen. |
|---|---|---|
| | Weiss. | Schwarz. |
| 1) | c2—c4 | d7—d5 (?) |
| 2) | c4—d5: | Dd8—d5: |
| 3) | Sb1—c3 | Dd5—d8 |
| 4) | d2—d4 | Sg8—f6 |
| 5) | Lf1—d3 | Sb8—c6 |
| 6) | Lc1—e3 (!) | e7—e6 |
| 7) | Sg1—f3 | Lf8—d6 |
| 8) | 0—0 | 0—0 |
| 9) | Dd1—e2 (!) | b7—b6 (?) |
| 10) | Le3—g5 | Lc8—b7 (?) |
| 11) | Sc3—e4 | Ld6—e7 |
| 12) | Se4—f6† | Le7—f6: |
| 13) | De2—e4 | g7—g6 |
| 14) | De4—h4 | Lf6—g5: |
| 15) | Sf3—g5: | h7—h5 |
| 16) | c2—c3 | |

| | Weiss. | Schwarz. |
|---|---|---|
| 23) | Ld3—e4 (!) | |

| 16) | ... | Dd8—f6 |
| 17) | Ta1—e1 | Sc6—e7 |
| 18) | f2—f4 | Se7—f5 |
| 19) | Dh4—h3 | Tf8—e8 |
| 20) | Te1—e5 | Ta8—d8 |
| 21) | Tf1—e1 | Sf5—g7 |
| 22) | g2—g4 | c7—c5 |

| 23) | ... | Lb7—a6 |
| 24) | g4—h5: | Sg7—h5: |
| 25) | Le4—f3 | c5—d4: |
| 26) | Lf3—h5: | g6—h5: |
| 27) | Dh3—h5: | Df6—g7 |
| 28) | Kg1—f2 (!) | |

| 28) | ... | Dg7—f6 |
| 29) | Dh5—h4 | La6—d3 |
| 30) | Dh4—g3 | Ld3—g6 |

|    | Weiss.      | Schwarz.     |    | Weiss.    | Schwarz. |
|----|-------------|--------------|----|-----------|----------|
| 31)| f4—f5 (!)   | Lg6—f5:      | 43)| Tf1—f2    | Te5—e4   |
| 32)| Sg5—e4†     | Df6—g6       | 44)| Tf2—b2    | Lf5—h7   |
| 33)| Se4—f6†     | Kg8—f8       | 45)| Tg8—h8    | Kf6—g7   |
| 34)| Dg3—g6:     | Lf5—g6: (?)  | 46)| Th8—a8    | Kg7—h6   |
| 35)| Sf6—e8:     | Kf8—e8:      | 47)| Ta8—a7:   | Te4—f4   |
| 36)| h2—h4       | d4—d3        | 48)| Ta7—b7    | e6—e5    |
| 37)| Kf2—e3      | Ke8—e7       | 49)| Tb7—b6†   | f7—f6    |
| 38)| Ke3—d2      | Td8—d6       | 50)| a2—a4     | e5—e4    |
| 39)| Te5—g5 (!)  | Ke7—f6       | 51)| Tb6—e6    | Tf4—f3   |
| 40)| Te1—f1†     | Lg6—f5       | 52)| a4—a5     |          |
| 41)| Tg5—g8      | Td6—d5       |    | und Weiss gewinnt. | |
| 42)| h4—h5       | Td5—e5       |    |           |          |

## Anmerkung zur 221. Partie.

46) ... **Kg7—h6**. Auch 46) ... Te4—a4 kann das schwarze Spiel nicht retten wegen der Antwort 47) h5—h6†.

---

## 222. Partie.

Siebente Partie des Wettkampfs zwischen Anderssen und P. Morphy i. J. 1858.

|    | P. Morphy.<br>Weiss. | Anderssen.<br>Schwarz. |
|----|----------------------|------------------------|
| 1) | e2—e4                | d7—d5 (?)              |
| 2) | e4—d5:               | Dd8—d5:                |
| 3) | Sb1—c3               | Dd5—a5                 |
| 4) | d2—d4                | e7—e5                  |
| 5) | d4—e5:               | Da5—e5†                |
| 6) | Lf1—e2               | Lf8—b4                 |
| 7) | Sg1—f3               | Lb4—c3†                |
| 8) | b2—c3:               | De5—c3†                |
| 9) | Lc1—d2               | Dc3—c5                 |
| 10)| Ta1—b1               | Sb8—c6 (!)             |
| 11)| 0—0                  | Sg8—f6                 |
| 12)| Ld2—f4               | 0—0                    |
| 13)| Lf4—c7:              | Sc6—d4                 |
| 14)| Dd1—d4:              | Dc5—c7:                |
| 15)| Le2—d3               | Lc8—g4 (?)             |
| 16)| Sf3—g5               | Tf8—d8 (?)             |

Stellung nach dem 16. Zuge von Weiss.

|    | Weiss.     | Schwarz. |
|----|------------|----------|
| 17)| Dd4—b4     | Lg4—c8   |
| 18)| Tf1—e1     | a7—a5    |
| 19)| Db4—e7 (!) | Dc7—e7:  |

Stellung nach dem 15. Zuge von Weiss.　　Stellung nach dem 20. Zuge von Weiss.

| | Weiss. | Schwarz. | | Weiss. | Schwarz. |
|---|---|---|---|---|---|
| 20) | Te1—e7: | Sf6—d5 | 23) | Tb1—e1 | Sc3—a2: |
| 21) | Ld3—h7† | Kg8—h8 | 24) | Tf7—f4 | Ta8—a6 |
| 22) | Te7—f7: | Sd5—c3 | 25) | Lh7—d3 | Aufgegeben. |

**Anmerkungen zur 222. Partie.**

12) ... 0—0. Wenn Schwarz den Bauer c7 zu vertheidigen sucht, so wird seine Stellung offenbar höchst ungünstig.

15) ... Lc8—g4 (?). Hier hätte, wie M. Lange richtig bemerkt, 15) ... h7—h6 geschehen sollen.

---

## X. Die sicilianische Eröffnung.

1) e2—e4, c7—c5.

### 223. Partie.

| | Loewenthal. Weiss. | P. Morphy. Schwarz. | | Weiss. | Schwarz. |
|---|---|---|---|---|---|
| 1) | e2—e4 | c7—c5 | 7) | Dd1—d6: | Dd8—e7 |
| 2) | d2—d4 | c5—d4: | 8) | Dd6—g3 | Sg8—f6 (?) |
| 3) | Sg1—f3 | e7—e6 (!) | 9) | Sb1—c3 | d7—d5 |
| 4) | Sf3—d4: | Sb8—c6 | 10) | e4—e5 | Sf6—h5 |
| 5) | Sd4—b5 | a7—a6 (!) | 11) | Dg3—f3 | g7—g6 |
| 6) | Sb5—d6† | Lf8—d6: | 12) | g2—g4 | Sc6—e5: |
| | | | 13) | Df3—e2 | Se5—g4: |

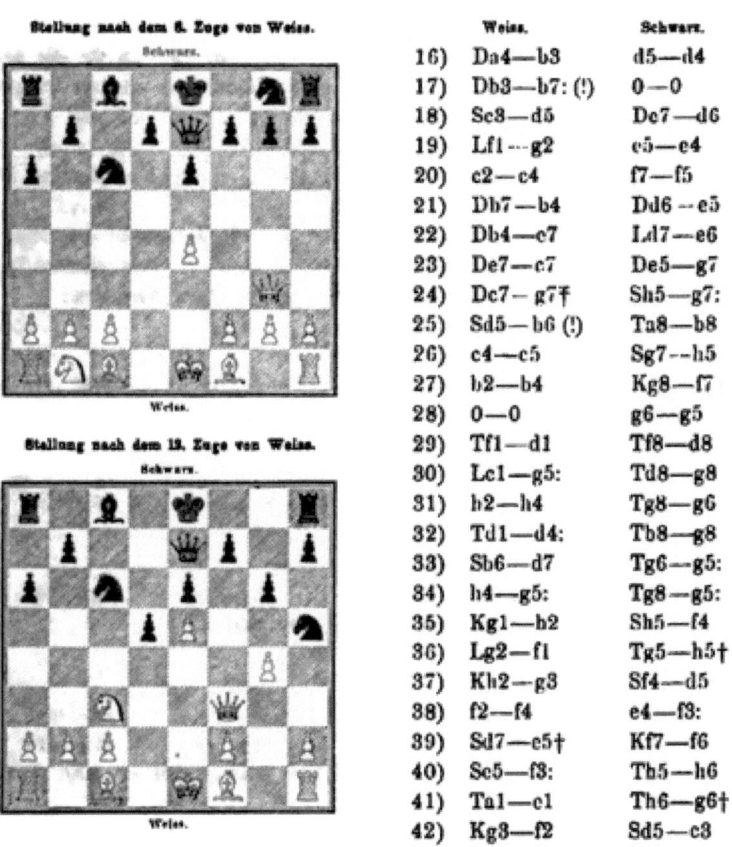

Stellung nach dem 6. Zuge von Weiss.

Stellung nach dem 13. Zuge von Weiss.

| | Weiss. | Schwarz. |
|---|---|---|
| 14) | De2—g4: | c6—c5 |
| 15) | Dg4—a4† | Lc8—d7 |
| 16) | Da4—b3 | d5—d4 |
| 17) | Db3—b7: (!) | 0—0 |
| 18) | Sc3—d5 | Dc7—d6 |
| 19) | Lf1—g2 | e5—e4 |
| 20) | c2—c4 | f7—f5 |
| 21) | Db7—b4 | Dd6—e5 |
| 22) | Db4—c7 | Ld7—e6 |
| 23) | Dc7—c7 | De5—g7 |
| 24) | Dc7—g7† | Sh5—g7: |
| 25) | Sd5—b6 (!) | Ta8—b8 |
| 26) | c4—c5 | Sg7—h5 |
| 27) | b2—b4 | Kg8—f7 |
| 28) | 0—0 | g6—g5 |
| 29) | Tf1—d1 | Tf8—d8 |
| 30) | Lc1—g5: | Td8—g8 |
| 31) | h2—h4 | Tg8—g6 |
| 32) | Td1—d4: | Tb8—g8 |
| 33) | Sb6—d7 | Tg6—g5: |
| 34) | h4—g5: | Tg8—g5: |
| 35) | Kg1—h2 | Sh5—f4 |
| 36) | Lg2—f1 | Tg5—h5† |
| 37) | Kh2—g3 | Sf4—d5 |
| 38) | f2—f4 | e4—f3: |
| 39) | Sd7—e5† | Kf7—f6 |
| 40) | Se5—f3: | Th5—h6 |
| 41) | Ta1—c1 | Th6—g6† |
| 42) | Kg3—f2 | Sd5—c3 |
| 43) | Lf1—d3 | Le6—d5 |
| 44) | Ld3—f5: | Tg6—g7 |
| 45) | Td4—f4 | Aufgegeben. |

### Anmerkungen zur 223. Partie.

1) ... c7—c5. Die sicilianische Eröffnung galt lange als nachtheilig für Schwarz, weil bei der gewöhnlichen Fortsetzung 2) Sg1—f3, Sb8—c6 3) d2—d4, c5—d4: 4) Sf3—d4:, c7—e6 der Anziehende durch 5) Sd4—b5 die bessere Stellung zu gewinnen schien. Aus neueren Untersuchungen von Anderssen und P. Hirschfeld geht jedoch hervor, dass 1) ... c7—c5 trotzdem als völlig correct bezeichnet werden darf. Den genannten beiden Meistern gefällt das schwarze Spiel in der sicilianischen Partie so sehr, dass Anderssen gegen uns einmal äusserte (natürlich halb im Scherze), der Anzug 1) e2—e4 sei eigentlich ein Fehler zu nennen wegen der Antwort 1) ... c7—c5, und

P. Hirschfeld im 17. Jahrgange der Schachzeitung, S. 70, das Urtheil aussprach: „Wir halten sogar auf 1) e2—e4 den Gegenzug c7—c5 für die bestmögliche Antwort." In der dritten Auflage des Handbuchs erklärte übrigens schon v. d. Lasa: „Wir betrachten mit Jänisch 1) ... c7—c5 und 1) ... e7—e6 als die sichersten Gegenzüge auf 1) c2—c4."

4) ... Sb8—c6. Besser ist der von Anderssen zuerst empfohlene Zug des Königsspringers nach f6.

8) ... Sg8—f6 (?). P. Hirschfeld hat im 17. Jahrgange der Schachzeitung nachgewiesen, dass Schwarz durch 8) ... f7—f5 (!) „ein gleiches Spiel erlangt". Man erwäge die folgenden von ihm aufgestellten Varianten:

### I.

| 9) | e4—f5: | e6—f5∓ | 11) | c2—c3 | Sg8—f6 |
| 10) | Lc1—e3 | d7—d5 | | | |

### II.

| 9) | e4—e5 | Ke8—f7 | 10) | Sb1—c3 | De7—c5 |

#### a.

| 11) | f2—f4 | d7—d5 | 12) | e5—d6: | Sg8—f6 |

„und Schwarz ist besser entwickelt."

#### b.

| 11) | Lc1—f4 | Sg8—e7 | 14) | e5—d6: | e6—e5 |
| 12) | Lf1—e2 | Se7—g6 | 15) | Lf4—e3 | Dc5—d6: |
| 13) | Le2—h5 | d7—d5 | | | |

„und Schwarz hat ein gutes Spiel."

#### c.

| 11) | Lc1—f4 | d7—d5 | 13) | Lf4—e3 | Dc5—d6: |
| 12) | e5—d6: | e6—e5 | | | |

„und Schwarz hat das bessere Spiel."

### III.

| 9) | e4—e5 | De7—c5 | 13) | Lc1—b2 | d7—d6 |
| 10) | Dg3—g7: | Dc5—e5∓ | 14) | f2—f4 | Se5—d7 |
| 11) | Dg7—e5: | Sc6—e5: | 15) | Sb1—d2 | Ke8—f7 |
| 12) | b2—b3 | Sg8—f6 | | | |

„und Schwarz steht gut entwickelt."

12) ... Sc6—e5: Auf 12) ... Sb5—g7 folgt 13) Df3—f6, und Schwarz bekommt ein sehr schlechtes Spiel.

## 224. Partie.

Neunte Partie des Wettkampfs zwischen Anderssen und P. Morphy i. J. 1858.

| | P. Morphy. Weiss. | Anderssen. Schwarz. | | Weiss. | Schwarz. |
|---|---|---|---|---|---|
| 1) | e2—e4 | e7—c5 | 10) | Sb5—c7† | Ke8—f7 |
| 2) | Sg1—f3 | Sb8—c6 | 11) | Dd1—f3† | Sg8—f6 |
| 3) | d2—d4 | c5—d4: | 12) | Lf1—c4 | Sc6—d4 |
| 4) | Sf3—d4: | e7—e6 | 13) | Sd5—f6† | d6—d5 |
| 5) | Sd4—b5 | d7—d6 | 14) | Lc4—d5† | Kf7—g6 (?) |
| 6) | Lc1—f4 | e6—e5 | 15) | Df3—h5† | Kg6—f6: |
| 7) | Lf4—e3 | f7—f5 (?) | 16) | f2—e3: | |
| 8) | Sb1—c3 | f5—f4 | | | |

| | | | | | |
|---|---|---|---|---|---|
| | | | 16) | ... | Sd4—c2† |
| | | | 17) | Ke1—e2 | |
| 9) | Sc3—d5 | f4—e3: | | Schwarz giebt die Partie auf. | |

### Anmerkungen zur 224. Partie.

3) d2—d4. Besser ist wohl 8) c2—c3; man vgl. die 318. Partie.

7) ... f7—f5. Der richtige Zug ist 7) ... Lc8—e6; zieht Weiss darauf 8) Sb1—c3, so erlangt der Nachziehende durch 8) ... a7—a6 ein gutes Spiel.

8) ... f5—f4. Auf 8) ... a7—a6 würde 9) Sc3—d5 die Antwort sein.

14) ... Kf7—g6 (?). Besser war 14) ... Dd8—d5:; Anderssen rechnete auf 15) Df3—h5†, Kg6—f6: 16) Dh5—f7† und übersah den tödtlichen Zug 16) f2—e3:

## 225. Partie.

Gespielt durch Correspondenz im Jahre 1860–1861.

Schachgesellschaft Augustea in Leipzig.
Schachclub in Crefeld.

| | Weiss. | Schwarz. |
|---|---|---|
| 1) | e2—e4 | c7—c5 |
| 2) | Sg1—f3 | e7—e6 |
| 3) | d2—d4 | c5—d4: |
| 4) | Sf3—d4: | Sb8—c6 |
| 5) | Sb1—c3 | a7—a6 |
| 6) | Sd4—c6: (?) | b7—c6: |
| 7) | e4—e5 | Dd8—c7 (!) |
| 8) | f2—f4 | |

Stellung nach dem 15. Zuge von Weiss.

| | Weiss. | Schwarz. |
|---|---|---|
| 21) | Td1—d8: | Tf8—d8: |
| 22) | Df5—c6† | Kg8—h8 |
| 23) | Tf1—f7 | Lb7—c8 |
| 24) | Tf7—c7: | Lc8—e6: |
| 25) | Tc7—e7 | Le5—c3: |
| 26) | Te7—e6: | Lc3—b2: |
| 27) | Te6—c6: | |

| | | |
|---|---|---|
| 8) | ... | f7—f5 (?) |
| 9) | Lf1—d3 | Sg8—h6 (?) |
| 10) | Dd1—h5† | Sh6—f7 |
| 11) | Lc1—e3 | d7—d5 |
| 12) | e5—d6: | Lf8—d6: |
| 13) | 0—0 | 0—0 |
| 14) | Ta1—d1 (!) | Lc8—b7 |
| 15) | Ld3—c4 | Ta8—c8 (?) |
| 16) | Dh5—e2 (!) | e6—e5 |
| 17) | De2—d3 (!) | Tc8—d8 |
| 18) | f4—e5: | Ld6—e5: |
| 19) | Lc4—f7† | Kg8—f7: (!) |
| 20) | Dd3—f5† | Kf7—g8 |

Schwarz giebt die Partie auf.

**Anmerkungen zur 225. Partie.**

8) ... f7—f5 (?). Der stärkste Zug ist 8) ... d7—d5; man vgl. die 231. Partie.

9) ... Sg8—h6 (?). Auch jetzt noch konnte Schwarz durch 9) ... d7—d5 ein vorzügliches Spiel erlangen.

15) ... Ta8—e8 (?). Schwarz hätte seinen Königsbauer mit dem Königsthurme decken sollen; dann wäre der Damenthurm verfügbar geblieben und dem Königsläufer das Rückzugsfeld f8 geöffnet gewesen.

---

## 226. Partie.

Erste Partie des Wettkampfs zwischen Kolisch und Anderssen i. J. 1861.

| | Kolisch. | Anderssen. | | Weiss. | Schwarz. |
|---|---|---|---|---|---|
| | Weiss. | Schwarz. | 14) | Ld3—f5 | Lc8—d7 |
| 1) | e2—e4 | c7—c5 | 15) | Lf5—d7: | Dd8—d7: |
| 2) | Sg1—f3 | e7—e6 | 16) | Sd4—f3 | Ta8—d8 |
| 3) | d2—d4 | c5—d4: | 17) | Kg1—h1 | Ld6—b8 |
| 4) | Sf3—d4: | Sg8—f6 (!) | 18) | Sf3—e5: | Te8—e5: |
| | | | 19) | f2—f4 | Te5—e8 |
| | | | 20) | De2—d3 | Dd7—d6 |
| | | | 21) | Lc3—d4 | Sf6—e4 |
| | | | 22) | Sc3—e4: | d5—e4: |
| | | | 23) | Dd3—g3 | Dd6—f8 |
| | | | 24) | Dg3—e3 | f7—f5 |
| | | | 25) | Tf1—g1 | Td8—d7 |
| | | | 26) | Td1—f1 | Td7—f7 |
| | | | 27) | g2—g4 | f5—g4: |
| | | | 28) | Tg1—g4: | g7—g5 (!) |

| 5) | Lf1—d3 | Sb8—c6 (!) |
| 6) | Lc1—c3 · | d7—d5 |
| 7) | e4—d5: | e6—d5: |
| 8) | 0—0 | Lf8—d6 |
| 9) | h2—h3 | h7—h6 |
| 10) | Dd1—f3 (?) | 0—0 |
| 11) | Sb1—c3 | Sc6—e5 |
| 12) | Df3—e2 | a7—a6 |
| 13) | Ta1—d1 | Tf8—e8 |

|     | Weiss.    | Schwarz.   |
| --- | --------- | ---------- |
| 29) | f4—f5     | Kg8—h7     |
| 30) | f5—f6     | Df8—d6     |
| 31) | Tf1—f2    | Dd6—d5     |
| 32) | h3—h4     | Lb8—f4     |
| 33) | De3—b3    | Dd5—d7     |
| 34) | h4—g5:    | Lf4—g5:    |
| 35) | Tf2—h2    | Te8—g8     |
| 36) | Tg4—e4:   | Tf7—f6:    |
| 37) | Db3—d3 (!)| Tf6—g6     |
| 38) | Th2—g2    | Dd7—c6 (!) |
| 39) | Tc4—g4    | Tg8—e8     |
| 40) | Kh1—g1    | Te8—c1†    |
| 41) | Kg1—f2    | Tc1—h1     |
| 42) | Dd3—e4    | Dc6—e4:    |

Stellung nach dem 36. Zuge von Schwarz.

| 43) | Tg4—e4: | Lg5—h4† |
| --- | ------- | ------- |
|     | Aufgegeben. |     |

### Anmerkungen zur 226. Partie.

5) **Lf1—d3.** Fehlerhaft wären die Züge 5) Sd4—b5, worauf Schwarz ohne Gefahr 5) ... Sf6—e4: entgegnen kann, und 5) Lc1—g5, worauf 5) ... Dd8—a5† erfolgt. 5) **Sb1—c3***) würde nach P. Hirschfeld zu folgenden Varianten führen:

| 5) | Sb1—c3  | Lf8—b4   | 8)  | Lg5—f6: | g7—f6:  |
| -- | ------- | -------- | --- | ------- | ------- |
| 6) | Sd4—b5  | d7—d5    | 9)  | Sb5—d4  | Lb4—c3† |
| 7) | Lc1—g5  | a7—a6 (!)| 10) | b2—c3:  | d5—e4:  |

„und Schwarz behält einen Bauer mehr."

Oder:

| 6)  | ...    | 0—0    | 11) | Lg5—e7: | Dd8—e7: |
| --- | ------ | ------ | --- | ------- | ------- |
| 7)  | Lc1—g5 | Sb8—c6 | 12) | Sc3—e4  | f7—f5   |
| 8)  | f2—f4  | Lb4—e7 | 13) | e5—f6:  | Se8—f6: |
| 9)  | Sb5—d6 | a7—a6  | 14) | Se4—f6† | De7—f6: |
| 10) | e4—e5  | Sf6—e8 |     |         |         |

„und Schwarz steht günstig."

Oder:

| 6) | Sd4—b5  | 0—0    | 9)  | Dd6—g3 | f7—f5 |
| -- | ------- | ------ | --- | ------ | ----- |
| 7) | Sb5—d6  | Lb4—d6:| 10) | e4—e5  | d7—d5 |
| 8) | Dd1—d6: | Sf6—e8 |     |        |       |

„und Schwarz steht vollständig sicher."

---

*) Diese Spielart findet man in der 305. und 306. Partie.

## 227. Partie.

Dritte Partie des Wettkampfs zwischen Kolisch und Anderssen i. J. 1861.

| | Kolisch. | Anderssen. | | Weiss. | Schwarz. |
|---|---|---|---|---|---|
| | Weiss. | Schwarz. | 14) | ... | a7—a6 (?) |
| 1) | e2—e4 | c7—c5 | 15) | Le3—h6: | Te8—e1† |
| 2) | Sg1—f3 | e7—e6 | 16) | Td1—e1: | g7—h6: |
| 3) | d2—d4: | c5—d4: | 17) | Dd2—h6: | Sf6—e4 |
| 4) | Sf3—d4: | Sg8—f6 (!) | 18) | Dh6—h5 | |
| 5) | Lf1—d3 | Sb8—c6 (!) | | | |
| 6) | Lc1—e3 | d7—d5 | | | |
| 7) | e4—d5: | e6—d5: | | | |
| 8) | 0—0 | Lf8—d6 | | | |
| 9) | h2—h3 | h7—h6 | | | |
| 10) | Sb1—c3 | 0—0 | | | |
| 11) | Dd1—d2 | Tf8—e8 | | | |
| 12) | Ta1—d1 | Ld6—c7 | | | |
| 13) | Tf1—e1 | Dd8—d6 | | | |
| 14) | Sd4—f3 (!) | | | | |

| 18) | ... | f7—f5 (?) |
|---|---|---|
| 19) | Sc3—d5 | Dd6—d5: |
| 20) | Ld3—e4: | Dd5—d7 |
| 21) | Le4—d5† | Kg8—g7 |
| 22) | Dh5—g5† | |

und Weiss gewinnt.

### Anmerkung zur 227. Partie.

14) ... a7—a6 (?). Dadurch verliert der Nachziehende, dessen Spiel noch nicht ganz entwickelt ist, ein wichtiges Tempo und lässt dem Gegner Zeit zur Einleitung eines erfolgreichen Angriffs; besser wäre 14) ... d5—d4 gewesen, worauf Weiss durch 15) Ld3—b5 (!), d4—c3: 16) Dd2—d6:, c3—f2† 17) Kg1—f2:, Lc7—d6: 18) Td1—d6: zwar die bessere Stellung, doch keinen entscheidenden Vortheil gewonnen hätte.

## 228. Partie.

Siebente Partie des Wettkampfs zwischen Kolisch und Anderssen i. J. 1861.

| | Kolisch. | Anderssen. |
|---|---|---|
| | Weiss. | Schwarz. |
| 1) | e2—e4 | c7—c5 |
| 2) | Sg1—f3 | c7—e6 |
| 3) | d2—d4 | c5—d4: |
| 4) | Sf3—d4: | Sg8—f6 (!) |
| 5) | Lf1—d3 | Sb8—c6 (!) |
| 6) | Lc1—e3 | d7—d5 (!) |
| 7) | e4—d5: | c6—d5: |
| 8) | 0—0 | Lf8—d6 |
| 9) | h2—h3 | h7—h6 |
| 10) | c2—c4 | 0—0 |
| 11) | Sb1—c3 | Ld6—c5 |
| 12) | Sd4—f3 | Lc5—c3: |
| 13) | b2—c3: | Lc8—e6 |
| 14) | c4—d5: | Sf6—d5: |
| 15) | Dd1—d2 | Dd8—f6 |
| 16) | Sf3—d4 | Sc6—e5 |
| 17) | Ld3—c2 | Tf8—d8 (!) |
| 18) | Sd4—e6: (?) | f7—e6: |
| 19) | Le3—d4 | Sd5—c3: |
| 20) | Dd2—c3: | Td8—d4: |
| 21) | Ta1—e1 | Td4—c4 |
| 22) | Dc3—e5: | Df6—e5: |
| 23) | Te1—e5: | Tc4—c2: |
| 24) | Te5—e6: | Tc2—a2: |
| 25) | Te6—e7 | b7—b5 |
| 26) | Tf1—c1 | Ta8—f8 (!) |
| 27) | Tc1—c7 | Tf8—f2: |
| 28) | Te7—g7† | Kg8—f8 |
| 29) | Tc7—a7: | Tf2—g2† |
| 30) | Tg7—g2: | Ta2—a7: |

Stellung nach dem 19. Zuge von Schwarz.

Stellung nach dem 27. Zuge von Schwarz.

| | Weiss. | Schwarz. |
|---|---|---|
| 31) | Tg2—g6 (?) | Ta7—g7 |

und Schwarz gewinnt.

### Anmerkung zur 228. Partie.

26) ... Ta8—f8 (!). Das richtige Mittel, um den Plan des Gegners zu vereiteln, der die Partie durch ewiges Schach remis halten will.

## 229. Partie.

Gespielt zu Berlin im Winter 1862—1863.

3... M.....     B. Suhle.

| | Weiss. | Schwarz. |
|---|---|---|
| 1) | e2—e4 | c7—c5 |
| 2) | d2—d4 | c5—d4: |
| 3) | Sg1—f3 | e7—e6 |
| 4) | Sf3—d4: | Sg8—f6 |
| 5) | Lf1—d3 | Sb8—c6 |
| 6) | Lc1—e3 | Lf8—e7 |
| 7) | 0—0 | 0—0 (?) |
| 8) | Sd4—c6: | b7—c6: |
| 9) | e4—e5 | Sf6—d5 |
| 10) | Le3—d2 | f7—f5 |
| 11) | f2—f4 (?) | Dd8—b6† |
| 12) | Kg1—h1 | Db6—b2: |
| 13) | c2—c4 | Db2—a1: |
| 14) | c4—d5: | c6—d5: |
| 15) | Tf1—f3 | Da1—d4 |
| 16) | Tf3—h3 | g7—g6 |
| 17) | g2—g4 (?) | Lc8—b7 |
| 18) | Sb1—c3 | Dd4—f2 |
| 19) | Ld2—e3 | d5—d4† |
| 20) | Ld3—e4 | d4—e3: |
| 21) | Le4—b7: | Ta8—b8 |
| 22) | g4—f5: | Tb8—b7: |
| 23) | f5—g6: | Tb7—b2 |

Weiss giebt die Partie auf.

Stellung nach dem 15. Zuge von Schwarz.

Stellung nach dem 23. Zuge von Schwarz.

### Anmerkungen zur 229. Partie.

11) f2—f4 (?). Hier musste 11) c2—c4 geschehen.

17) g2—g4 (?). Dieser stürmische Angriff beschleunigt nur die Niederlage des Anziehenden.

## 230. Partie.

Gespielt zu Berlin im Jahre 1861.

v. d. Lasa. / P. Hirschfeld.

| | Weiss. | Schwarz. |
|---|---|---|
| 1) | e2—e4 | c7—c5 |
| 2) | d2—d4 | c5—d4: |
| 3) | Lf1—c4 (?) | e7—e6 (!) |
| 4) | Dd1—d4: | Sb8—c6 |
| 5) | Dd4—d1 | Sg8—f6 |
| 6) | f2—f3 (!) | Lf8—c5 |
| 7) | Sb1—c3 (!) | a7—a6 |
| 8) | Sg1—e2 | b7—b5 |
| 9) | Lc4—d3 | Dd8—b6 |

Stellung nach dem 19. Zuge von Weiss.

| | Weiss. | Schwarz. |
|---|---|---|
| 10) | Lc1—f4 (?) | Lc5—f2† |
| 11) | Ke1—f1 | Lf2—c5 |
| 12) | g2—g4 (!) | d7—d6 (?) |
| 13) | Kf1—g2 | e6—e5 |
| 14) | Lf4—g5 | Lc8—e6 |
| 15) | Lg5—f6: | g7—f6: |
| 16) | Se2—g3 | Ke8—d7 |
| 17) | Sc3—d5 (!) | Le6—d5: |
| 18) | e4—d5: | Sc6—e7 |
| 19) | Sg3—h5 | f6—f5 |
| 20) | Sh5—f6† | Kd7—c7 |
| 21) | Ld3—f5: | Se7—f5: |
| 22) | g4—f5: | h7—h5 |
| 23) | Th1—c1 | Lc5—f2 |
| 24) | Tc1—c2 | Lf2—h4 |

| | Weiss. | Schwarz. |
|---|---|---|
| 25) | Sf6—e4 | Ta8—g8† |
| 26) | Kg2—h1 | Tg8—g7 |
| 27) | Dd1—d2 | Th8—g8 |
| 28) | Dd2—e3 | Db6—c3: |
| 29) | Tc2—e3: | b5—b4 |
| 30) | a2—a3 | Lh4—g5 |
| 31) | Se4—g5: | Tg7—g5: |
| 32) | a3—b4: | Tg5—g2 |
| 33) | Te3—c3† | Kc7—d7 |
| 34) | Tc3—c6 | h5—h4 |
| 35) | Tc6—a6: | |

|     | Weiss. | Schwarz. |
| --- | --- | --- |
| 35) | ... | Kd7—e7 |
| 36) | f5—f6† | Ke7—f6: |
| 37) | Ta6—d6† | Kf6—f5 |
| 38) | Td6—h6 (?) | Kf5—f4 |
| 39) | Th6—f6† | Kf4—e3 |
| 40) | Tf6—f7: | |

Schwarz kündigt Matt in spätestens fünf Zügen an.

**Anmerkungen zur 230. Partie.**

10) Lc1—f4 (?). Besser war 10) Lc1—g5.

12) ... d7—d6(?). Vortheilhafter für Schwarz war 12) ... h7—h6 mit der Fortsetzung ... g7—g5, ... Lc8—b7, ... 0—0—0.

24) ... Lf2—h4. Das Qualitätsopfer 24) ... Ta8—g8† würde zur Folge haben: 25) Sf6—g8:, Th8—g8† 26) Kg2—h3, Tg8—g1 27) Dd1—d2, Tg1—a1: 28) Te2—f2:

35) ... Kd7—e7. Eine scharfsinnige Combination. 35) ... Tg2—e2: hätte nach P. Hirschfelds Angabe dem Schwarzen nur Remis gesichert, während die gewählte Spielart Gewinnchancen darbot.

---

## 231. Partie.

Gespielt zu Berlin im Jahre 1861.

|     | G. Mayet. Weiss. | P. Hirschfeld. Schwarz. |     | Weiss. | Schwarz. |
| --- | --- | --- | --- | --- | --- |
| 1)  | e2—e4 | c7—c5 | 12) | Dd4—f2 | Lc8—b7 |
| 2)  | Sg1—f3 | e7—e6 | 13) | Lc1—e3 | Sf6—d5 |
| 3)  | Sb1—c3 | a7—a6 | 14) | Sc3—e4 | Ld6—f4: |
| 4)  | d2—d4 | c5—d4: | 15) | Le3—c5: | f7—f5 |
| 5)  | Sf3—d4: | Sb8—c6 | 16) | Se4—g3 | Ta8—c8 |
| 6)  | Sd4—c6: (?) | b7—c6: | 17) | Lc5—a3 | Sd5—e3 |
| 7)  | e4—e5 | Dd8—c7 (!) | 18) | Th1—g1 | Dc7—c5† |
| 8)  | f2—f4 | d7—d5 (!) | 19) | Df2—e2 | Se3—g2† |
| 9)  | e5—d6: | Lf8—d6: | 20) | Ke1—f1 | Sg2—e3† |
| 10) | Dd1—d4 (?) | Sg8—f6 | 21) | Kf1—e1 | Tc8—c2: |
| 11) | Lf1—d3 | c6—c5 | 22) | Ld3—c2: | Se3—c2† |
|     |        |        | 23) | Ke1—d1 | Sc2—a3: |

| Weiss. | Schwarz. |
|---|---|
| 24) Dc2—e5: | Lf4—e5: |
| 25) Tg1—c1 | Lb7—f3† |
| 26) Kd1—d2 | Sa3—c4† |
| Aufgegeben. | |

**Anmerkung zur 231. Partie.**

3) Sb1—c3. Diese Fortsetzung ist wohl für den Anziehenden nicht vortheilhaft, es nützt ihm bei der fest geschlossenen Stellung des schwarzen Spieles wenig, dass seine Figuren schneller zur Entwickelung kommen. Weit besser ist 3) c2—c3.

Stellung nach dem 21. Zuge von Schwarz.

## 232. Partie.

Erste Partie des Wettkampfs zwischen L. Paulsen und Kolisch i. J. 1861.

| L. Paulsen. Weiss. | J. Kolisch. Schwarz. | | Weiss. | Schwarz. |
|---|---|---|---|---|
| 1) c2—e4 | c7—c5 | 7) | Lf1—e2 | Lf8—b4 |
| 2) Sg1—f3 | e7—e6 | 8) | Le3—d2 | Sg8—f6 |
| 3) Sb1—c3 | d7—d5 | 9) | 0—0 | Lb4—c3: |
| 4) e4—d5: | e6—d5: | 10) | Ld2—c3: | Sf6—e4 |
| 5) d2—d4 | Lc8—e6 | 11) | Lc3—e1 | 0—0 |
| 6) Lc1—e3 | | 12) | b2—b3 (!) | Sb8—c6 |
| | | 13) | Sf3—e5 | Sc6—e5: |
| | | 14) | d4—e5: | f7—f6 |
| | | 15) | f2—f3 | Dd8—b6† |
| | | 16) | Kg1—h1 | Se4—c5 |
| | | 17) | e5—f6: | Tf8—f6: |
| | | 18) | Le1—f2 | Db6—c6 |
| | | 19) | Dd1—d4 | Sc5—d7 |
| | | 20) | Tf1—d1 (!) | Tf6—f7 |
| | | 21) | b3—c4: | d5—c4: |
| | | 22) | Dd4—d6 | Sd7—b6 |
| | | 23) | Dd6—b4 | Sb6—d5 |
| | | 24) | Db4—c4: | Sd5—c3 |
| | | 25) | Dc4—c6: | b7—c6: |
| | | 26) | Td1—d6 | Le6—d5 |
| 6) ... | c5—c4 | 27) | Le2—f1 | Ta8—b8 |

Stellung nach dem 28. Zuge von Weiss.

Stellung nach dem 55. Zuge von Weiss.

|  | Weiss. | Schwarz. |
|---|---|---|
| 28) | Lf2—d4 | Sc3—b5 |
| 29) | Lf1—b5: | Tb8—b5: |
| 30) | Td6—d8† | Tf7—f8 |
| 31) | Td8—f8† | Kg8—f8: |
| 32) | a2—a4 | Tb5—b7 |
| 33) | a4—a5 | a7—a6 |
| 34) | Ld4—b6 | Kf8—f7 |
| 35) | Kh1—g1 | Tb7—e7 |
| 36) | Kg1—f2 | Ld5—c4 |
| 37) | Lb6—e3 | Te7—b7 |
| 38) | Ta1—a4 | Lc4—d5 (!) |
| 39) | Ta4—f4† | Kf7—g8 |
| 40) | Le3—c5 | Tb7—f7 |
| 41) | Tf4—b4 | h7—h6 |
| 42) | Tb4—b6 | Tf7—f5 |
| 43) | Lc5—e3 | Ld5—c4 |
| 44) | Tb6—c6: | Lc4—b5 |
| 45) | Tc6—c8† | Tf5  f8 |
| 46) | Tc8—c5 | Tf8—f6 |
| 47) | c2—c4 | Lb5—a4 |
| 48) | Tc5—d5 | Tf6—c6 |
| 49) | c4—c5 | La4—b5 |
| 50) | Le3—d4 | Tc6—c7 |
| 51) | Td5—d6 | Tc7—d7 |
| 52) | f3—f4 | Td7—d6: |
| 53) | c5—d6: | g7—g6 |
| 54) | g2—g4 | Kg8—f7 |
| 55) | f4—f5 | g6—f5: |
| 56) | g4—f5: | Lb5—d7 |
| 57) | f5—f6 | Kf7—e6 |
| 58) | Ld4—e5 | Ld7—c6 |
| 59) | Kf2—g3 | Lc6—b5 |
| 60) | Kg3—g4 | Lb5—e8 |

Stellung nach dem 60. Zuge von Schwarz.

| 61) | h2—h4 (?) | Ke6—e5: |
| 62) | f6—f7 | Le8—f7: |
| 63) | d6—d7 | Lf7—e6† |
| 64) | Kg4—h5 | Le6—d7: |
| 65) | Kh5—h6: | Ke5—f6 |
| 66) | Kh6—h5 | Ld7—f5 |
| 67) | Kh5—h6 | Lf5—g6 |
| 68) | h4—h5 | Lg6—c8 |

|    | Weiss.    | Schwarz.   |
|----|-----------|------------|
| 69)| Kh6—h7    | Le8—h5:    |
| 70)| Kh7—h6    | Lh5—f7     |
| 71)| Kh6—h7    | Kf6—g5     |
| 72)| Kh7—g7    | Lf7—a2     |
| 73)| Kg7—h7    | La2—b1†    |
| 74)| Kh7—g7    | Lb1—c2     |
| 75)| Kg7—f7    | Kg5—f5     |
| 76)| Kf7—e7    | Kf5—e5     |
| 77)| Ke7—f7    | Ke5—d6     |
| 78)| Kf7—f6    | Kd6—e5     |
| 79)| Kf6—e5    | Ke5—b5 (?) |
| 80)| Ke5—d4    | Kb5—a5:    |
| 81)| Kd4—c4    | Ka5—a4     |
| 82)| Kc4—c3    | Remis.     |

Stellung nach dem 79. Zuge von Weiss.

### Anmerkungen zur 232. Partie.

**3) . . . d7—d5.** Dem eigenthümlichen Charakter der sicilianischen Eröffnung sind die Züge 3) . . . a7—a6 und 3) . . . Sb8—c6 mehr angemessen, als diese frühzeitige Oeffnung des Spiels im Centrum. Man beachte die für Schwarz nicht eben bequeme Stellung nach dem 6. Zuge von Weiss.

**7) . . . Lf8—b4.** Besser ist wohl 7) . . . Lf8—d6; man vergleiche die 2. Partie das Schachturniers zu Bristol.

**12) b2—b3 (!).** Hier zeigt sich, dass Schwarz durch 6) c5—c4 die schlechtere Bauernstellung bekommen hat.

**61) h2—h4 (?).** Durch diesen Fehlzug giebt Weiss den Sieg aus der Hand. Er hätte den König an den Läufer heranziehen sollen.

**79) . . . Kc5—b5 (?).** Schwarz konnte nur dadurch gewinnen, dass er den feindlichen König lange genug von den Bauern entfernt hielt; dies wäre durch 79) . . . Lc2—d3 (!) erreicht worden.

## 233. Partie.

Turnierpartie, gespielt zu London im Jahre 1862.

|    | Steinitz. | S. Paulsen. |     |           |            |
|----|-----------|-------------|-----|-----------|------------|
|    | Weiss.    | Schwarz.    |     | Weiss.    | Schwarz.   |
|    |           |             | 6)  | 0—0       | Sb8—c6     |
| 1) | e2—e4     | c7—c5       | 7)  | Dd1—e2    | Sg8—h6 (?) |
| 2) | Sg1—f3    | g7—g6       | 8)  | Sc3—c4 (!)| 0—0        |
| 3) | Sb1—c3    | Lf8—g7      | 9)  | Sc4—c5:   | d7—d5      |
| 4) | Lf1—c4    | Sg8—f6      | 10) | Lc4—b5    | Dd8—b6     |
| 5) | e4—e5     | Sf6—g8 (!)  | 11) | Sc5—a4    | Db6—a5     |

Stellung nach dem 8. Zuge von Weiss.

|  | Weiss. | Schwarz. |
|---|---|---|
| 12) | d2—d4 | Sh6—f5 |
| 13) | c2—c3 | Lc8—d7 |
| 14) | Lb5—c6: | Ld7—c6: |
| 15) | Sa4—c5 | Lc6—b5 |
| 16) | Sc5—d3 | Da5—a6 |
| 17) | Tf1—d1 | c7—e6 |
| 18) | g2—g4 | Sf5—e7 |
| 19) | g4—g5 | Se7—f5 |
| 20) | De2—c2 | Ta8—c8 |
| 21) | a2—a4 | Lb5—c8 |
| 22) | b2—b3 | Le8—d7 |
| 23) | Lc1—a3 (?) | Tf8—d8 |
| 24) | h2—h4 | Da6—c6 |
| 25) | La3—b2 (?) | Dc6—b6 |
| 26) | Sd3—c5 | Ld7—e8 |
| 27) | Kg1—g2 | Db6—c7 |
| 28) | b3—b4 | Dc7—e7 |
| 29) | h4—h5 (?) | g6—h5: |
| 30) | Td1—h1 | h5—h4 |
| 31) | Dc2—d2 | h7—h6 |
| 32) | Ta1—g1 | h6—g5: |
| 33) | Kg2—f1 | b7—b6 |
| 34) | Sc5—d3 | f7—f6 |
| 35) | e5—f6: | De7—f6: |
| 36) | Sd3—c5 | Le8—h5 |
| 37) | Sf3—g5: | Tc8—c7 |
| 38) | Kf1—e1 | Td8—f8 |

|  | Weiss. | Schwarz. |
|---|---|---|
| 39) | Th1—h2 | a7—a5 |
| 40) | b4—b5 | Df6—h6 |
| 41) | Lb2—c1 | Dh6—f6 |
| 42) | Sg5—h3 | Tf8—c8 |
| 43) | Sh3—f4 | Lh5—e8 |
| 44) | Lc1—b2 | Sf5—d6 (!) |
| 45) | Th2—g2 | Df6—f5 (!) |

|  |  |  |
|---|---|---|
| 46) | Dd2—e3 (?) | Df5—b1† |
| 47) | Lb2—c1 | Sd6—f5 |
| 48) | De3—d2 | Tc7—c3: |
| 49) | Tg2—g7† | Sf5—g7: |
| 50) | Tg1—g7† | Kg8—g7: |

51) Sf4—e6† (?) Kg7—g8
und Schwarz gewinnt.

## Anmerkungen zur 233. Partie.

5) e4—e5. Wenn auch im Allgemeinen das frühzeitige Vorrücken des Königsbauern in geschlossenen Partieen durchaus nicht zu empfehlen ist, so erweis't es sich doch in diesem Falle als vollkommen richtig.

5) ... Sf6—g8 (!). Löwenthal bemerkt zu diesem Zuge: „Incomprehensible in a player of Paulsens force; why not move Kt. to Kt's 5th, gaining a Pawn and a safe position", ohne zu bedenken, dass Weiss auf 5) ... Sf6—g4 6) Lc4—f7† entgegnen kann.

8) ... 0—0 (!). Auf 8) ... Sc6—e5: folgt 9) Sf3—e5:, Lg7—e5: 10) d2—d4, Le5—g7 11) Se4—d6† u. s. w. zum Vortheil des Weissen.

9) d7—d5. Löwenthal zieht 9) ... d7—d6 vor.

14) Lb5—c6: Löwenthal meint, 14) b2—b4 nebst Sa4—c5 würde dem Weissen das stärkere Spiel verschafft haben; wie aber, wenn Schwarz 14) ... Sc6—d4: erwidert?

51) Sf4—e6† (?). Durch 51) Sf4—h5† hätte Weiss wohl noch Remis erreichen können.

---

### 234. Partie.

Zweite Partie des Wettkampfs zwischen L. Paulsen und Anderssen.

| | L. Paulsen. Weiss. | Anderssen. Schwarz. | | Weiss. | Schwarz. |
|---|---|---|---|---|---|
| | | | 18) | g3—f4: | Sc6—b4 (?) |
| 1) | e2—e4 | c7—c5 | 19) | Sf3—g5 (!) | Sb4—d5 |
| 2) | Sb1—c3 | e7—e6 | 20) | Sc3—d5: | e6—d5: |
| 3) | g2—g3 | Sg8—e7 | 21) | c2—c4 (!) | 0—0—0 |
| 4) | Lf1—g2 | d7—d6 | 22) | c4—d5: | Ld7—b5 |
| 5) | d2—d3 | Sb8—c6 | | | |
| 6) | Sg1—h3 | a7—a6 | | | |
| 7) | 0—0 | Lc8—d7 | | | |
| 8) | f2—f4 | f7—f5 | | | |
| 9) | Lc1—e3 | b7—b6 | | | |
| 10) | Sh3—g5 | h7—h6 | | | |
| 11) | Sg5—f3 | g7—g6 | | | |
| 12) | Sf3—h4 | h6—h5 | | | |
| 13) | d3—d4 | Lf8—g7 | | | |
| 14) | d4—c5: | d6—c5: | | | |
| 15) | e4—e5 | Dd8—c7 | | | |
| 16) | Dd1—e2 | g6—g5 | | | |
| 17) | Sh4—f3 | g5—f4: | | | |

331

| | Weiss. | Schwarz. | | Weiss. | Schwarz. |
|---|---|---|---|---|---|
| 23) | d5—d6 (?) | Lb5—e2: | 49) | Lf1—d3 | Lg5—d2 |
| 24) | d6—c7: | Td8—d3 | 50) | Se1—c2 | Sd4—c2: |
| 25) | Tf1—f2 | Td3—e3: | 51) | Ld3—c2: | Kg3—h3: |
| 26) | Ta1—e1 | Se7—g6 | 52) | Ke4—f3 | c5—c4 |
| 27) | Te1—e2: | Te3—e2: | 53) | b3—c4: | b5—c4: |
| 28) | Tf2—e2: | Sg6—f4: | 54) | Lc2—f5† | Kh3—h2 |
| 29) | Te2—e3 | Th8—e8 | 55) | Lf5—c2 | h5—h4 |
| 30) | Lg2—f1 | b6—b5 | 56) | Lc2—e4 | |
| 31) | Sg5—f7 | Te8—e7 | | | |
| 32) | Sf7—d6† | Kc8—c7: | | | |
| 33) | Sd6—f5: | Te7—e5: | | | |
| 34) | Te3—e5: | Lg7—e5: | | | |
| 35) | b2—b3 | Kc7—b6 | | | |
| 36) | Kg1—f2 | Kb6—a5 | | | |
| 37) | Sf5—e7 | Le5—d6 | | | |
| 38) | Se7—f5 | Ld6—c7 | | | |
| 39) | a2—a3 | Ka5—b6 | | | |
| 40) | Sf5—e3 | Kb6—c6 | | | |
| 41) | h2—h3 | Kc6—d6 | | | |
| 42) | Kf2—f3 | Kd6—e5 | | | |
| 43) | Se3—g2 | Sf4—e6 | | | |
| 44) | Kf3—e3 | Lc7—d8 | | | |
| 45) | Sg2—e1 | Ld8—g5† | | | |
| 46) | Ke3—d3 | Ke5—f4 | | | |
| 47) | a3—a4 | Kf4—g3 | | | |
| 48) | Kd3—e4 | Se6—d4 | | | |

Als Remis abgebrochen. Schwarz konnte jedoch durch 56) ... Kh2—g1 gewinnen.

### Anmerkungen zur 234. Partie.

2) Sb1—c3, 3) g2—g3, 4) Lf1—g2. Das richtige Gegenspiel gegen diese von L. Paulsen in der vorstehenden und den beiden folgenden Partieen gewählte Behandlung der sicilianischen Partie besteht nach Anderssens neuester Untersuchung in den Zügen 2) ... Sb8—c6, 3) ... d7—d6 und 4) ... e7—c5 (!); man vergleiche die 307. Partie.

23) d5—d6 (?). Vortheilhaft für Weiss war 23) De2—d2 (!).

## 235. Partie.

Vierte Partie des Wettkampfs zwischen L. Paulsen und Anderssen.

| | L. Paulsen.<br>Weiss. | Anderssen.<br>Schwarz. | | Weiss. | Schwarz. |
|---|---|---|---|---|---|
| 1) | e2—e4 | c7—c5 | 25) | Tb2—b5: | Tb8—b5: |
| 2) | Sb1—c3 | e7—e6 | 26) | Dd3—b5: | Dd7—f5 |
| 3) | g2—g3 | d7—d6 (?) | 27) | Db5—e2 | e5—e4 |
| 4) | Lf1—g2 | Lc8—d7 | 28) | f3—e4: | Df5—e4: |
| 5) | Sg1—e2 | Lf8—e7 | 29) | Lc3—a7: | |
| 6) | 0—0 | Sb8—c6 | | | |
| 7) | d2—d4 | c5—d4: | | | |
| 8) | Se2—d4: | Sc6—d4: | | | |
| 9) | Dd1—d4: | h7—h5 (!) | | | |
| 10) | h2—h3 | Ld7—c6 | | | |
| 11) | Tf1—d1(!) | c6—e5 | | | |
| 12) | Dd4—d3 | Dd8—d7 | | | |
| 13) | b2—b4 | b7—b6 | | | |
| 14) | a2—a4 | Ta8—c8 | | | |
| 15) | a4—a5 | b6—b5 | | | |
| 16) | a5—a6 | g7—g6 | | | |
| 17) | Lg2—f1 | Sg8—f6 | | | |
| 18) | f2—f3 | 0—0 | 29) | ... | De4—a4 |
| 19) | Lc1—e3 (!) | Tc8—b8 | 30) | La7—f2 | Tf8—c8 |
| 20) | Ta1—a5 | | 31) | De2—b5 | Da4—c2: |
| | | | 32) | Td1—e1 | Ld6—f8 |
| | | | 33) | a6—a7 | Dc2—f5 |
| | | | 34) | Lf1—g2 | Tc8—c2 |
| | | | 35) | Te1—f1 | Kg8—h7 |
| | | | 36) | Db5—b8 | Lf8—c5 (!) |
| | | | 37) | Db8—f4 (!) | |

| 20) | ... | d6—d5 |
|---|---|---|
| 21) | Sc3—d5: | Sf6—d5: |
| 22) | e4—d5: | Lc7—b4: |
| 23) | Ta5—a2 | Lc6—a8 |
| 24) | Ta2—b2 | Lb4—d6 |

|    | Weiss. | Schwarz. |    | Weiss. | Schwarz. |
|----|--------|----------|----|--------|----------|
| 37) | ... | Df5—d7 | 40) | Df4—f3 | Dd5—d2† |
| 38) | Lf2—c5: | Tc2—g2† | 41) | Kg2—g1 | La8—f3: |
| 39) | Kg1—g2: | Dd7—d5† | 42) | Tf1—f3: | Aufgegeben. |

### Anmerkungen zur 235. Partie.

9) ... h7—h5. Eine indirecte Deckung des Bauern g7, den Weiss nun offenbar nicht nehmen darf, und zugleich ein Vorbereitungszug zu gelegentlichem Angriff auf die feindliche Rochadestellung.

37) Db8—f4. Auf 37) Lf2—c5: antwortet Schwarz 37) ... Tc2—g2† u. s. w.

37) ... Df5—d7. Tauscht Schwarz ab, so gewinnt Weiss durch den Freibauer d5 das Spiel.

---

### 236. Partie.

Sechste Partie des Wettkampfs zwischen L. Paulsen und Anderssen.

L. Paulsen. Anderssen.

|    | Weiss. | Schwarz. |    | Weiss. | Schwarz. |
|----|--------|----------|----|--------|----------|
| 1) | e2—e4 | c7—c5 | 23) | Tb1—a1 | Db6—a6 |
| 2) | Sc1—c3 | e7—e6 | 24) | Dd2—c1 | Tf8—b8 |
| 3) | g2—g3 | Sb8—c6 | 25) | Lh3—g2 | Sd8—c6 (?) |
| 4) | Lf1—g2 | g7—g6 | 26) | c2—c4 | d4—c3: |
| 5) | Sg1—e2 | Lf8—g7 | 27) | Ta1—a2: | Da6—a2: |
| 6) | 0—0 | Sg8—e7 | 28) | Se2—c3: | Da2—a6 |
| 7) | d2—d3 | d7—d6 | 29) | Sc3—d5 | Lb5—d3: |
| 8) | Lc1—e3 | Dd8—b6 | 30) | Tf1—f6: | Da6—a2 |
| 9) | Ta1—b1 | a7—a5 | 31) | h2—h4 | Da2—c2 (?) |
| 10) | Dd1—d2 | 0—0 | 32) | Tf6—d6: | |
| 11) | a2—a3 | Lc8—d7 | | | |
| 12) | Le3—h6 | Sc6—d4 | | | |
| 13) | Lh6—g7: | Kg8—g7: | | | |
| 14) | Se2—d4: | c5—d4: | | | |
| 15) | Sc3—e2 | Ld7—b5 | | | |
| 16) | b2—b4 | Se7—c6 | | | |
| 17) | f2—f4 | a5—b4: | | | |
| 18) | a3—b4: | e6—e5 | | | |
| 19) | Kg1—h1 | Ta8—a2 | | | |
| 20) | f4—f5 | f7—f6 | | | |
| 21) | f5—g6: | h7—g6: | | | |
| 22) | Lg2—h3 | Sc6—d8 | | | |

|  | Weiss. | Schwarz. |  | Weiss. | Schwarz. |
|---|---|---|---|---|---|
| 32) | ... | Th8—f8 | 39) | Td6—d7† | Kg7—f8 |
| 33) | Sd5—c3 | De2—g4 | 40) | Td7—b7: | Sb4—d3 |
| 34) | Td6—d3: | Sc6—b4 | 41) | Sc3—d5 | Th5—g5: |
| 35) | Td3—d6 | Dg4—g3: | 42) | Sd5—f6 | Tg5—g3 |
| 36) | Dc1—g5 | Dg3—g5: | 43) | Kg1—h2 | Tg3—e3 |
| 37) | h4—g5: | Tf8—h8† | 44) | Tb7—b3 | Aufgegeben. |
| 38) | Kh1—g1 | Th8—h5 |  |  |  |

### Anmerkungen zur 236. Partie.

9) ... a7—a5. Dadurch wird b2—b4 verhindert.

29) ... Lb5—d3: Auf 29) ... Th8—f8 folgt 30) Sd5—c7 u. s. w.

32) ... Th8—f8. Nimmt Schwarz den Bauer e4, so entscheidet 33) Td6—d7† für Weiss.

---

## 237. Partie.

Achte Partie des Wettkampfs zwischen Anderssen und Kolisch.

|  | Anderssen. Weiss. | Kolisch. Schwarz. |  | Weiss. | Schwarz. |
|---|---|---|---|---|---|
|  |  |  | 6) | Lc1—f4 | d7—d5 |
| 1) | e2—e4 | c7—c5 | 7) | Lc4—a2 (?) | Sc7—g6 |
| 2) | Lf1—c4 | e7—e6 | 8) | Lf4—g3 | Sc6—b4 |
| 3) | Sb1—c3 | a7—a6 | 9) | La2—b3 | Lf8—d6 |
| 4) | a2—a4 | Sb8—c6 | 10) | Sg1—e2 | 0—0 |
| 5) | d2—d3 |  | 11) | 0—0 | Ld6—b8 |
|  |  |  | 12) | f2—f3 | Kg8—h8 (?) |
|  |  |  | 13) | a4—a5 (?) | d5—d4 |
|  |  |  | 14) | Sc3—b1 | f7—f5 |
|  |  |  | 15) | Sb1—d2 | f5—f4 |
|  |  |  | 16) | Lg3—e1 | Lb8—c7 |
|  |  |  | 17) | Sd2—c4 | Sb4—c6 |
|  |  |  | 18) | Lc1—d2 | Dd8—g5 |
|  |  |  | 19) | Kg1—h1 | Lc8—d7 |
|  |  |  | 20) | Tf1—f2 | Tf8—f6 |
|  |  |  | 21) | Dd1—g1 | Dg5—h5 |
|  |  |  | 22) | g2—g3 | f4—g3: |
|  |  |  | 23) | Se2—g3: | Dh5—h3 |
|  |  |  | 24) | Dg1—f1 | Dh3—h4 |
| 5) | ... | Sg8—e7 | 25) | Df1—g1 | Ta8—f8 |

| Weiss. | Schwarz. | | Weiss. | Schwarz. |
|---|---|---|---|---|
| 26) Ta1—f1 | | 35) | Lb4—d2 | Tc8—b8 |
| | | 36) | Tb1—a1 | Tf6—f8 |
| | | 37) | f3—f4 | g7—g6 |
| | | 38) | c2—c4 | d4—c3: |
| | | 39) | Ld2—c3† | Kh8—g8 |
| | | 40) | Sg3—e2 | Tf8—f7 |
| | | 41) | d3—d4 | Tb8—f8 |
| | | 42) | c4—e5 | Tf8—d8 |
| | | 43) | Kg2—f3 | Td8—d5 |
| | | 44) | Kf3—e4 | Lc7—a5: |
| | | 45) | Lc3—a5: | Td5—a5: |
| | | 46) | Ta1—a5: | Sc6—a5: |
| | | 47) | Se2—c3 | Tf7—c7 |
| 26) ... | Dh4—h3 (?) | 48) | Sc3—a4 | Tc7—c4 |
| 27) Lb3—a4 | Sc6—c5 | 49) | Sa4—c5 | Kg8—f7 |
| 28) La4—d7: | Sc5—d7: | 50) | Tf2—b2 | b7—b5 |
| 29) b2—b4 | Sd7—e5 | 51) | Sc5—a6: | Sa5—c6 |
| 30) Sc4—e5: | Sg6—e5: | 52) | Tb2—d2 | b5—b4 |
| 31) Dg1—g2 | Dh3—g2† | 53) | Sa6—c5 | Sc6—d4: |
| 32) Kh1—g2: | c5—b4: | 54) | Td2—d4: | Tc4—c5: |
| 33) Ld2—b4: | Tf8—c8 | 55) | Td4—b4: | und nach einigen |
| 34) Tf1—b1 | Se5—c6 | | Zügen wurde die Partie remis. | |

### Anmerkungen zur 237. Partie.

2) Lf1—c4. Anderssen ist der Ueberzeugung, „dass dieses Gegenspiel gleichsam den Nerv der sicilianischen Vertheidigung lähmt und ihre Stärke an der Wurzel untergräbt."

5) ... Sg8—e7. Stärker ist der i. J. 1862 von P. Hirschfeld empfohlene Zug 5) ... Sc6—b4, worauf, wie der genannte Analytiker angiebt, z. B. folgen kann:

| | | | | |
|---|---|---|---|---|
| 6) Dd1—e2 | Lf8—e7 | 8) | e4—d5: | e6—d5: |
| 7) f2—f4 | d7—d5 | 9) | Lc4—b3 | Sg8—f6 |

„und Schwarz hat ein vortrefflich entwickeltes Spiel."

Für die beste Vertheidigung halten wir aber 5) ... Sg8—f6, was in der 319. Partie geschieht.

6) Lc1—f4. Günstiger für den Anziehenden ist nach Anderssens neuester Untersuchung 6) Lc1—g5, worauf 6) ... f7—f6 offenbar eine ungenügende Antwort wäre. Man prüfe die Fortsetzung:

| | | | | |
|---|---|---|---|---|
| 6) Lc1—g5 | Dd8—c7 | 9) | Sg1—h3 | 0—0 |
| 7) Lg5—h4 | Se7—g6 | 10) | 0—0 | Ld6—g3: |
| 8) Lh4—g3 | Lf8—d6 | 11) | h2—g3: (!) | |

oder:

| | | | | | |
|---|---|---|---|---|---|
| 10) | ... | f7—f5 | 14) | Sc3—d5 | c6—d5: |
| 11) | f2—f4 | f5—e4: | 15) | Dd1—d5† | Kg8—h8 |
| 12) | d3—e4 | Sg6—f4: | 16) | Tf1—f4: | |
| 13) | Sh3—f4: | Ld6—f4: | | | |

7) Lc4—a2 (?). Besser ist 7) Lc4—b3.

12) ... Kg8—h8. Auf 12) ... b7—b6 wäre nach Anderssens Angabe 13) f3—f4, f7—f5 14) e4—d5:, e6—d5: 15) Sc3—d5:, Sb4—d5: 16) Se2—c3, Lc8—b7 17) Dd1—f3, Sg6—e7 18) Lg3—h4 zum Vortheil des Anziehenden erfolgt.

13) a4—a5 (?). Besser wäre, wie Anderssen selbst bemerkt, 13) Lg3—h8:

---

## 238. Partie.

Gespielt zu Breslau im Jahre 1859.

| | B. Suhle. | Anderssen. | | Weiss. | Schwarz. |
|---|---|---|---|---|---|
| | Weiss. | Schwarz. | 24) | Tf1—d1 | |
| 1) | c2—c4 | c7—c5 | | | |
| 2) | c2—c4 | Sb8—c6 | | | |
| 3) | Sb1—c3 | a7—a6 | | | |
| 4) | Sg1—f3 | e7—e6 | | | |
| 5) | Lf1—e2 | Sg8—e7 | | | |
| 6) | d2—d4 | c5—d4: | | | |
| 7) | Sf3—d4: | Se7—g6 | | | |
| 8) | 0—0 | Lf8—c5 (?) | | | |
| 9) | Lc1—e3 | Lc5—a7 (?) | | | |
| 10) | Sd4—c6: | d7—c6: (!) | | | |
| 11) | Dd1—d8† | Ke8—d8: | | | |
| 12) | Le3—a7: | Ta8—a7: | | | |
| 13) | c4—c5 (!) | e6—e5 | | | |
| 14) | Sc3—a4 | Sg6—f4 | 24) | ... | Sc6—d4 (!) |
| 15) | Le2—c4 | Lc8—e6 | 25) | f2—f4 | Ta7—a3 |
| 16) | Sa4—b6 | Kd8—c7 | 26) | f4—e5: | f6—e5: |
| 17) | Ta1—d1 | Le6—c4: | 27) | Td2—f2 | Sd4—e6 |
| 18) | Sb6—c4: | Th8—e8 | 28) | Tf2—f5 | Te7—e8 |
| 19) | Sc4—b6 | Te8—c7 | 29) | Tf5—e5: | Te8—d8 |
| 20) | Td1—d2 | Sf4—e6 | 30) | Td1—d8: | Se6—d8: |
| 21) | b2—b4 | a6—a5 | 31) | Te5—c7† | Kc7—b8 |
| 22) | a2—a3 | a5—b4: | 32) | Tc7—g7: | |
| 23) | a3—b4: | f7—f6 | | und Weiss gewinnt. | |

## Anmerkungen zur 238. Partie.

8) ... Lf8—c5. Besser ist 8) ... Lf8—e7.

24) ... Sc6—d4. Dadurch wird das durch 25) Td2—d7† u. s. w. drohende Matt verhindert.

27) ... Sd4—e6. Schwarz muss dem weissen Thurme das Feld f8 versperren.

---

### 239. Partie.

Gespielt zu Berlin im Winter 1862—1863.

B. Suhle.   S ... N......

| | Weiss. | Schwarz. |
|---|---|---|
| 1) | c2—c4 | c7—c5 |
| 2) | c2—c4 | c7—c6 |
| 3) | Sb1—c3 | Sg8—f6 |
| 4) | d2—d3 | Sb8—c6 |
| 5) | f2—f4 | d7—d6 |
| 6) | Sg1—f3 | Sf6—d7 |
| 7) | Lf1—e2 | Lf8—e7 |
| 8) | a2—a3 | 0—0 |
| 9) | 0—0 | f7—f5 |
| 10) | e4—f5: | e6—f5: (!) |
| 11) | Sc3—d5 | Sd7—f6 |
| 12) | Sd5—c7† | Dd8—c7: |
| 13) | Tf1—e1 | h7—h6 |
| 14) | Le2—f1 | Dc7—f7 |
| 15) | Lc1—d2 | Lc8—d7 |
| 16) | Ld2—c3 | Ta8—e8 |
| 17) | Dd1—d2 | Ld7—e6 |
| 18) | b2—b4 | b7—b6 |
| 19) | b4—b5 | Sc6—e7 |
| 20) | Lc3—f6: | Df7—f6: |
| 21) | d3—d4 | c5—d4: |
| 22) | Dd2—d4: | Df6—d4: |
| 23) | Sf3—d4: | Le6—c8 |
| 24) | a3—a4 | Se7—g6 (?) |
| 25) | g2—g3 | Tc8—e1: (?) |
| 26) | Ta1—c1: | Kg8—f7 |
| 27) | Sd4—c6 | Lc8—b7 |

Stellung nach dem 23. Zuge von Weiss.

| | Weiss. | Schwarz. |
|---|---|---|
| 28) | Sc6—a7: | Tf8—a8 |
| 29) | Sa7—c6 | Lb7—c6: |
| 30) | b5—c6: | Ta8—c8 |
| 31) | Lf1—g2 | Sg6—e7 |
| 32) | Tc1—b1 | Se7—c6: |
| 33) | Lg2—d5† | Kf7—e7 (?) |
| 34) | Tb1—b6 | Sc6—a5 |
| 35) | Tb6—b4 | Ke7—d7 |
| 36) | Kg1—f2 | Kd7—c7 |
| 37) | Tb4—b5 | Sa5—c6 |
| 38) | a4—a5 | g7—g6 |
| 39) | a5—a6 | Kc7—d7 |
| 40) | Tb5—b7† | Tc8—c7 |
| 41) | Ld5—c6† | Kd7—c6: |

Suhle und Neumann. Schach.

Stellung nach dem 39. Zuge von Weiss.

| | Weiss. | Schwarz. |
|---|---|---|
| 42) | Th7—c7†  | Kc6—c7: |
| 43) | Kf2—e3 | Kc7—b6 |
| 44) | Ke3—d4 | Kb6—a6: |
| 45) | Kd4—d5 | Ka6—b6 |
| 46) | Kd5—d6: | |

und Weiss gewinnt.

### Anmerkungen zur 239. Partie.

3) ... Sg8—f6. P. Hirschfeld empfiehlt 3) ... Sg8—e7.

4) d2—d3. Eiliges Vorrücken des Königsbauern würde dem Typus der geschlossenen Spiele nicht entsprechen, in welchen es hauptsächlich darauf ankommt, eine vortheilhafte Bauernstellung einzunehmen.

7) Lf1—e2. Besser ist 7) g2—g3 nebst Lf1—g2.

8) a2—a3. Weiss rechnet auf Entscheidung der Partie im Bauern-Endspiel.

18) b2—b4. Hier erweis't sich der 8. Zug als nützlich.

---

## XI. Das Fianchetto di Donna.
### 1) e2—e4, b7—b6.
### 240. Partie.

Aus dem Wettkampfe zwischen Steinitz und Blackburne i. J. 1862.

| | Steinitz. Weiss. | Blackburne. Schwarz. | | Weiss. | Schwarz. |
|---|---|---|---|---|---|
| 1) | e2—e4 | b7—b6 | 10) | f4—f5 (!) | e6—f5: |
| 2) | d2—d4 | Lc8—b7 | 11) | e4—f5: | Sd7—f6 |
| 3) | Lf1—d3 | c7—c6 | 12) | Lc3—h6 | Dd8—d7 |
| 4) | Sb1—c3 | g7—g6 | 13) | Sc2—g3 | Ta8—c8 |
| 5) | Lc1—c3 | Lf8—g7 | 14) | Dd2—g5 | Lg7—h6: (!) |
| 6) | Dd1—d2 | d7—d6 | 15) | Dg5—h6: | Kg8—h8 |
| 7) | Sg1—e2 | Sb8—d7 | 16) | Sc3—e2 | Sf6—g8 |
| 8) | 0—0 | Sg8—e7 | 17) | Dh6—h4 | Dd7—d8 |
| 9) | f2—f4 | 0—0 | 18) | Se2—f4 | Se7—d5 |
| | | | 19) | Dh4—d8: | Tc8—d8: |

Stellung nach dem 19. Zuge von Weiss.

Stellung nach dem 46. Zuge von Schwarz.

| | Weiss. | Schwarz. |
|---|---|---|
| 20) | Ta1—c1 | Sd5—f4: |
| 21) | Tf1—f4: | g6—g5 |
| 22) | Tf4—f2 | f7—f6 |
| 23) | Tf2—e2 | Lb7—d5 |
| 24) | c2—c4 | Ld5—f7 |
| 25) | d4—d5 (!) | Tf8—e8 |
| 26) | Kg1—f2 | Te8—e5 |
| 27) | b2—b3 | h7—h5 |
| 28) | Te2—e5: | d6—e5: |
| 29) | Sg3—e4 | Kh8—g7 |
| 30) | Se4—c3 | c7—c6 |
| 31) | Ld3—e4 | c6—d5: |
| 32) | Sc3—d5: | Lf7—d5: |
| 33) | c4—d5: | Sg8—e7 |
| 34) | Te1—d1 | Se7—c8 |
| 35) | Td1—c1 | Sc8—d6 |
| 36) | Tc1—c7† | Kg7—f8 |
| 37) | Le4—d3 | e5—e4 |
| 38) | Ld3—c4 | Sd6—f5: |
| 39) | Tc7—a7: | e4—e3† |
| 40) | Kf2—e2 | Td8—e8 |
| 41) | Ta7—b7 | Sf5—d4† |
| 42) | Ke2—d3 | Kf8—g8 |
| 43) | Tb7—e7 | Te8—e7: |
| 44) | d5—d6† | Tc7—f7 |
| 45) | Kd3—d4: | Kg8—f8 (!) |
| 46) | Kd4—d5 (!) | Kf8—e8 |

| | Weiss. | Schwarz. |
|---|---|---|
| 47) | Kd5—c6 | Ke8—d8 |
| 48) | Kc6—b6: | f6—f5 |
| 49) | a2—a4 | |

| | | |
|---|---|---|
| 49) | ... | Tf7—f6 (?) |
| 50) | Kb6—c6 | f5—f4 |
| 51) | a4—a5 | Kd8—c8 |
| 52) | a5—a6 | Kc8—b8 |
| 53) | b3—b4 | Tf6—f8 |
| 54) | d6—d7 | Tf8—f6† |
| 55) | Kc6—d5 | Kb8—c7 |
| 56) | d7—d8D† | Kc7—d8: |
| 57) | a6—a7 | |

und Weiss gewinnt.

### Anmerkungen zur 240. Partie.

1) ... b7—b6. V. d. Lasa urtheilt, 1) ... b7—b6 sei nicht nachtheilig, „falls zur rechten Zeit c7—c6 und nachher c7—c5 folgt"; doch kann Schwarz in dieser Eröffnung schwerlich hindern, dass der Anziehende weit mehr Terrain beherrscht; man betrachte das erste Diagramm!

3) ... e7—e6. Auf 3) ... f7—f5 antwortet Weiss 4) ... e4—f5: und erlangt einen starken Angriff.

45) ... Kg8—f8. Auf 45) e3—e2 würde nicht d6—d7, sondern Lc4—e2: folgen.

49) ... Tf7—f6 (?). Der richtige Zug war 49) ... Kd8—d7.

---

## 241. Partie.
Gespielt zu London im Jahre 1858.

P. Morphy. — Gwen.
Weiss. — Schwarz.

| | Weiss | Schwarz |
|---|---|---|
| 1) | e2—e4 | b7—b6 |
| 2) | d2—d4 | Lc8—b7 |
| 3) | Lf1—d3 | e7—e6 |
| 4) | Sg1—h3 | c7—c5 |
| 5) | c2—c3 | Sb8—c6 |
| 6) | Lc1—e3 | Sg8—f6 |
| 7) | Sb1—d2 | c5—d4: |
| 8) | c3—d4: | Lf8—b4 |
| 9) | 0—0 | Lb4—d2: |
| 10) | Dd1—d2: | Sc6—e7 |
| 11) | f2—f3 | Se7—g6 |
| 12) | Ta1—c1 | 0—0 |
| 13) | Le3—g5 | h7—h6 |
| 14) | Lg5—f6: | Dd8—f6: |
| 15) | e4—e5 | Df6—h4 |
| 16) | Ld3—b5 | Tf8—d8 |
| 17) | Tc1—c7 (?) | Lb7—c6 (!) |
| 18) | Lb5—e2 | Sg6—e7 |
| 19) | Sh3—f4 | Db4—g5 |
| 20) | Tf1—d1 | Td8—f8 |
| 21) | Dd2—c1 | Se7—f5 |
| 22) | g2—g4 | Sf5—h4 (?) |
| 23) | Kg1—f2 | Dg5—d8 |
| 24) | Tc7—c6: | d7—c6: |

Stellung nach dem 17. Zuge von Schwarz.

Stellung nach dem 22. Zuge von Weiss.

| | Weiss. | Schwarz. | | Weiss. | Schwarz. |
|---|---|---|---|---|---|
| 25) | Dc1—c6: | Ta8—c8 | 31) | Dc4—f5: | e6—f5: |
| 26) | Dc6—c4 | Dd8—g5 | 32) | Se2—f4 | Tc7—c6 |
| 27) | Lc2—d3 | g7—g6 | 33) | d4—d5 | Tc6—c5 |
| 28) | Td1—g1 | Tc8—c7 | 34) | Sf4—g6: | Sh4—g6: |
| 29) | Sf4—e2 | f7—f5 | 35) | Tg1—g6† | |
| 30) | g4—f5: | Dg5—f5: | | und Weiss gewann. | |

### Anmerkungen zur 241. Partie.

4) **Sg1—h3** (?). Richtiger scheint uns Steinitz in der 240. Partie die vorliegende Eröffnung zu behandeln.

22) ... **Sf5—h4**. Mit Recht bemerkt M. Lange, dass die Fortsetzung 22) ... Sf5—d4: 23) Td1—d4:, Dg5—e5: 24) Td4—d7:, Lc6—d7: 25) Tc7—d7:, g7—g5 für Schwarz nicht ungünstig wäre.

---

## XII. Das Königsfianchetto.
### 1) e2—e4, g7—g6.
(Siehe: Supplemente No. 313, Schachcongress II. No. 17.)

---

## XIII. Eröffnung mit dem Damenbauer.
### 1) d2—d4.

### A. Das Damengambit.
### 1) d2—d4, d7—d5 2) c2—c4.

### 242. Partie.

Erste Partie des Wettkampfs zwischen D. Harrwitz und P. Morphy i. J. 1858.

| | D. Harrwitz. | P. Morphy. | | Weiss. | Schwarz. |
|---|---|---|---|---|---|
| | Weiss. | Schwarz. | 5) | e2—e3 | c7—c5 |
| 1) | d2—d4 | d7—d5 | 6) | Sg1—f3 | Sb8—c6 |
| 2) | c2—c4 | e7—e6 (!) | 7) | a2—a3 | c5—d4: |
| 3) | Sb1—c3 | Sg8—f6 | 8) | e3—d4: | d5—c4: |
| 4) | Lc1—f4 (!) | a7—a6 | 9) | Lf1—c4: | b7—b5 (?) |

|     | Weiss. | Schwarz. |
|-----|--------|----------|
| 10) | Lc4—d3 | Lc8—b7 |
| 11) | 0—0 | Lf8—e7 |
| 12) | Lf4—e5 | 0—0 |
| 13) | Dd1—e2 | Sf6—d5 |
| 14) | Le5—g3 | Kg8—h8 (?) |
| 15) | Tf1—e1 | Le7—f6 |
| 16) | De2—e4 | g7—g6 |
| 17) | Sc3—d5: | Dd8—d5: |
| 18) | De4—d5: | e6—d5: |
| 19) | Sf3—e5 (!) | Ta8—d8 (!) |
| 20) | Se5—c6: | Lb7—c6: |
| 21) | Ta1—c1 | Td8—c8 |
| 22) | Lg3—d6 | Tf8—g8 |
| 23) | Ld6—e5 | Kh8—g7 (?) |
| 24) | f2—f4 | Lc6—d7 |
| 25) | Kg1—f2 | h7—h6 |
| 26) | Kf2—e3 | Tc8—c1: |
| 27) | Te1—c1: | Tg8—c8 |
| 28) | Tc1—c5 | Lf6—e5: |
| 29) | f4—e5: | Ld7—e6 |
| 30) | a3—a4 (!) | b5—a4: |
| 31) | Ld3—a6: | Tc8—b8 |
| 32) | Tc5—b5 | Tb8—d8 |
| 33) | Tb5—b6 | Td8—a8 |
| 34) | Ke3—d2 | Le6—c8 |
| 35) | La6—c8: | Ta8—c8: |
| 36) | Tb6—b5 | Tc8—a8 |
| 37) | Tb5—d5: | a4—a3 |
| 38) | b2—a3: | Ta8—a3: |
| 39) | Td5—e5 | Kg7—f8 |

Stellung nach dem 29. Zuge von Schwarz.

|     | Weiss. | Schwarz. |
|-----|--------|----------|
| 40) | Kd2—e2 | Kf8—e7 |
| 41) | d4—d5 | Ke7—d7 |
| 42) | Tc5—c6 | h6—h5 |
| 43) | Tc6—f6 | Kd7—c7 |
| 44) | d5—d6† | Kc7—c8 |
| 45) | e5—e6 | f7—e6: |
| 46) | Tf6—e6† | Kc8—f7 |
| 47) | d6—d7 | Ta3—a8 |
| 48) | Te6—d6 | Kf7—e7 |
| 49) | Td6—g6: | Te7—d7: |
| 50) | Tg6—g5 | Ta8—h8 |
| 51) | Ke2—f3 | Kd7—e6 |
| 52) | Kf3—g3 | h5—h4† |
| 53) | Kg3—g4 | h4—h3 |
| 54) | g2—g3 | Ke6—f6 |
| 55) | Tg5—h5 | Aufgegeben. |

**Anmerkungen zur 242. Partie.**

4) Lc1—f4 (!). So vermeidet Weiss die Einsperrung des Läufers durch e2—e3.

14) ... Kg8—h8 (?). P. Morphy ist der Ansicht, dass 14) ... Le7—f6 die Stellungen ausgeglichen haben würde.

23) ... Kh8—g7 (?). Besser wäre Lf6—e5: gewesen.

30) a3—a4 (!). Der Anziehende beutet den allmählich gewonnenen Positionsvortheil meisterhaft aus.

## B. Die holländische Partie.
### 1) d2—d4, f7—f5.
#### 243. Partie.

Correspondenzpartie, gespielt in den Jahren 1857—1858.

| | Leipzig. | Hamburg. |
| --- | --- | --- |
| | Weiss. | Schwarz. |
| 1) | d2—d4 | f7—f5 |
| 2) | c2—c4 | e7—e6 |
| 3) | a2—a3 | Sg8—f6 |
| 4) | Sb1—c3 | Lf8—e7 |
| 5) | Lc1—f4 | 0—0 |
| 6) | e2—e3 | b7—b6 (?) |
| 7) | d4—d5 | d7—d6 |
| 8) | d5—e6: | Lc8—e6: |
| 9) | Sg1—f3 | Sf6—e4 |
| 10) | Sc3—e4: | f5—e4: |
| 11) | Sf3—d4 | Dd8—d7 |
| 12) | Ta1—c1 (!) | Le7—f6 |
| 13) | Sd4—e6: | Dd7—e6: |
| 14) | Tc1—c2 | Sb8—d7 |
| 15) | Dd1—d5 | Ta8—c8 |
| 16) | Lf1—e2 | De6—f7 |
| 17) | b2—b4 | Lf6—e5 |
| 18) | Lf4—e5: | Tc8—e5: |
| 19) | Dd5—f7: | Tf8—f7: |
| 20) | 0—0 | h7—h5 |
| 21) | Tc2—d2 | Kg8—f8 |
| 22) | Le2—d1 | Kf8—e7 |
| 23) | Ld1—a4 | Tf7—f8 |
| 24) | Tf1—d1 | g7—g5 |
| 25) | Td2—d4 | |

Hier bot die Leipziger Commission einstimmig Remisschluss an. (S. Diagr.).

| 25) | ... | Sd7—f6 |
| --- | --- | --- |
| 26) | La4—c6 | Sf6—g4 (?) |
| 27) | Td1—d2 | Te5—f5 |
| 28) | Td4—e4† | Kc7—d8 |
| 29) | f2—f3 | Sg4—e5 |
| 30) | Lc6—b5 (!) | Tf5—f3: |

Stellung nach dem 25. Zuge von Weiss.

| | Weiss. | Schwarz. |
| --- | --- | --- |
| 31) | c4—c5 | Tf3—f5 |
| 32) | c5—d6: | c7—c6 |
| 33) | Lb5—e2 | g5—g4 |
| 34) | b4—b5 | c6—c5 |
| 35) | Te4—a4 | Tf8—f7 |
| 36) | d6—d7 | Tf7—d7: |
| 37) | Td2—d7† | Se5—d7: |
| 38) | Ta4—a7: | Tf5—e5 (?) |
| 39) | Kg1—f2 | Sd7—f6 |
| 40) | a3—a4 (!) | Sf6—e4† |
| 41) | Kf2—e1 | Se4—d6 |
| 42) | Ta7—h7 | c5—c4 |
| 43) | Th7—h6 | Kd8—d7 (?) |
| 44) | Th6—h5: | Te5—e3: |
| 45) | Ke1—d2 | Te3—e4 |
| 46) | Le2—d1 | Te4—d4† |
| 47) | Kd2—c1 | Sd6—f7 |
| 48) | Th5—h7 | Kd7—e6 |
| 49) | a4—a5 | b6—a5: |
| 50) | b5—b6 | Sf7—e5 |

| | Weiss. | Schwarz. | | Weiss. | Schwarz. |
|---|---|---|---|---|---|
| 51) | b6—b7 | Td4—d8 | 58) | Th6—h5† | Kc5—b6 |
| 52) | Kc1—b2 | Td8—b8 | 59) | Kc3—c4: | Sc6—d8 |
| 53) | Kb2—c3 | Kc6—d5 | 60) | Th5—h6† | Kb6—c7 |
| 54) | Ld1—c2 | Sc5—c6 | 61) | Th6—h7† | Tc7—b6 |
| 55) | Lc2—f5 | Sc6—e5 | 62) | h2—b4 | g4—h3: |
| 56) | Lf5—c8 | Kd5—c5 | 63) | g2—h3: | Sd8—b7: |
| 57) | Th7—h6 | Se5—c6 | | Schwarz giebt die Partie auf. | |

### Anmerkungen zur 243. Partie*).

**3) a2—a3.** Dieser gute Zug ist zuerst von Mayet im Jahre 1839 gegen v. d. Lasa angewandt worden.

**9) Sg1—f3.** M. Lange hält 9) Lf1—d3 für besser.

**10) ... De8—f7.** M. Lange bemerkt zu diesem Zuge: „Weiss droht Le2—g4, Schwarz aber sollte dieser Drohung durch Tf8—f7 begegnen; zwar könnte hierauf Weiss nach Abtausch der Damen nun 18) c4—c5 vorrücken, würde aber bei 18) . . . d6—d5 nichts erreichen. Schwarz stände in diesem Falle augenscheinlich besser entwickelt."

---

## 244. Partie.

Zwölfte Partie des Wettkampfs zwischen A. Schmorl und M. Lange i. Winter 1861—62.

| | A. Schmorl. Weiss. | M. Lange. Schwarz. | | Weiss. | Schwarz. |
|---|---|---|---|---|---|
| | | | 13) | d4—d5 | Sc6—d8 |
| 1) | d2—d4 | f7—f5 | 14) | f2—f3 | c7—c6 |
| 2) | c2—c4 | e7—e6 | 15) | b2—b4 | Lc8—d7 |
| 3) | e2—e3 | Sg8—f6 | 16) | Lc1—b2 | Sd8—f7 |
| 4) | Sb1—c3 | Lf8—e7 | 17) | g2—g4 (?) | Ld7—g4: |
| 5) | Sg1—f3 | 0—0 | 18) | f3—g4: | Sf6—g4: |
| 6) | Lf1—d3 | d7—d6 | 19) | Sc2—c3 | Sg4—e3 |
| 7) | Dd1—c2 | Sb8—c6 | 20) | Dc2—e2 | g5—g4 (!) |
| 8) | a2—a3 | Dd8—e8 (!) | 21) | Lb2—c1 | Se3—f1: |
| 9) | 0—0 | De8—h5 | 22) | De2—f1: | Sf7—g5 |
| 10) | Sc3—e2 | g7—g5 (!) | 23) | Ta1—a2 | Sg5—h3† |
| 11) | e3—e4 | f5—f4 | 24) | Kg1—h1 | f4—f3 (!) |
| 12) | Sf3—e1 | e6—e5 | 25) | Ld3—b1 | g4—g3 |

*) Einen ausführlichen Commentar von M. Lange zu dieser Partie findet man im 13. Jahrgange der Schachzeitung S. 403 ff. und S. 478 ff. und im 14. Jahrgange S. 7 ff., S. 39 ff., S. 90 ff., S. 143 ff., S. 277 ff.

Stellung nach dem 17. Zuge von Weiss.

Schwarz.

Weiss.

| | Weiss. | Schwarz. |
|---|---|---|
| 26) | h2—g3: | f3—f2 |
| 27) | Kh1—g2 (!) | f2—e1:S† |
| 28) | Df1—e1: | Tf8—f3 (!) |
| 29) | Lc1—c3 | Ta8—f8 |
| 30) | Lb1—d3 | Sh3—f4† |
| 31) | Le3—f4: | e5—f4: |
| 32) | Ld3—c2 | f4—g3: |
| 33) | De1—h1 | Tf3—f2† |
| 34) | Kg2—g1 | Tf2—f1† |
| 35) | Lc2—f1: | Tf8—f1∓ |
| 36) | Kg1—f1: | Dh5—h1∓ |
| Aufgegeben. | | |

### Anmerkungen zur 244. Partie.

21) **Lb2—c1.** Weiss kann die Qualität nicht retten; auf 21) Tf1—f2 würde 21) ... Sf7—g5 die Antwort sein.

27) **Kh1—g2 (!)**. Auf 27) Se1—g2 folgt 27) ... Sh3—f4† u. s. w.

31) **Le3—f4:** 31) g3—f4: würde 31) ... Dh5—h3† 32) Kg2—g1, Tf3—e3: (!) zur Folge haben.

---

### 245. Partie.

Fünfte Partie des Wettkampfs zwischen D. Harrwitz und P. Morphy i. J. 1858.

D. Harrwitz.    P. Morphy.

| | Weiss. | Schwarz. | | Weiss. | Schwarz. |
|---|---|---|---|---|---|
| 1) | d2—d4 | f7—f5 | 13) | g3—g4 | Sc6—b4 |
| 2) | c2—c4 | e7—e6 | 14) | g4—f5: (?) | e6—f5: |
| 3) | Sb1—c3 | Sg8—f6 | 15) | Dd1—d2 | Ta8—e8 |
| 4) | Lc1—g5 | Lf8—e7 | 16) | Ta1—e1 | Dc7—h4 |
| 5) | e2—e3 | 0—0 | 17) | Ld3—b1 | Tc8—e6 |
| 6) | Lf1—d3 | b7—b6 | 18) | Dd2—f2 | Dh4—h5 |
| 7) | Sg1—e2 | Lc8—b7 | 19) | d4—d5 | Te6—h6 |
| 8) | 0—0 | Sf6—h5 | 20) | Df2—f3 | Dh5—h4 |
| 9) | Lg5—e7: | Dd8—e7: | 21) | a2—a3 | Sb4—a6 |
| 10) | Se2—g3 | Sh5—g3: | 22) | b2—b4 (?) | Sa6—b8 |
| 11) | h2—g3: | d7—d6 | 23) | Sc3—e2 | Sb8—d7 |
| 12) | f2—f4 | Sb8—c6 | 24) | Se2—g3 | g7—g6 |
| | | | 25) | Kg1—f2 | Sd7—f6 |

|      | Weiss.     | Schwarz.    |      | Weiss.    | Schwarz.     |
|------|------------|-------------|------|-----------|--------------|
| 26)  | Tf1—h1     | Sf6—g4†     | 42)  | Le4—f3    | Kg8—f7 (!)   |
| 27)  | Kf2—g1     | Dh4—f6      | 43)  | Tc1—e4    | Lb7—c8       |
| 28)  | Th1—h6:    | Sg4—h6:     | 44)  | Lf3—e2    | Lc8—f5       |
| 29)  | Df3—d1     | Sh6—g4      | 45)  | Te4—d4    | h7—h5        |
| 30)  | Dd1—d2     | Df6—h4      | 46)  | Kg2—f2    | Kf7—f6       |
| 31)  | Sg3—f1     | Tf8—c8      | 47)  | Td4—d2    | Lf5—c2       |
| 32)  | g2—g3      | Dh4—h3      | 48)  | Kf2—e1    | Lc2—e4       |
| 33)  | b4—b5      | Sg4—f6      | 49)  | Ke1—f2    | Kf6—f5       |
| 34)  | Dd2—g2     | Dh3—g2†     | 50)  | Td2—a2    | h5—h4 (!)    |
| 35)  | Kg1—g2:    | a7—a6       | 51)  | g3—h4:    | Kf5—f4:      |
| 36)  | a3—a4      | a6—b5:      | 52)  | Ta2—a7    | Tc3—h3       |
| 37)  | a4—b5:     | Tc8—a8 (!)  | 53)  | Ta7—c7:   | Th3—h2† (!)  |
|      |            |             | 54)  | Kf2—e1    | Kf4—e3 und   |

Schwarz gewinnt, da auf 55) Le2—f1 nun Th2—a2 entscheiden würde.

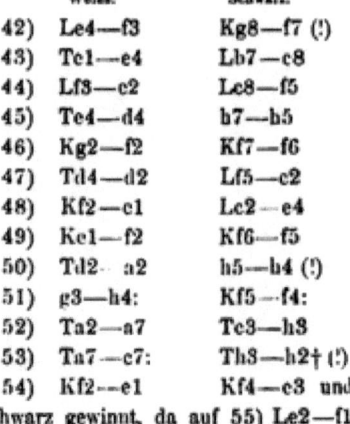

Stellung nach dem 54. Zuge von Schwarz.

|      |           |           |
|------|-----------|-----------|
| 38)  | Sf1—d2    | Ta8—a3    |
| 39)  | e3—e4     | f5—e4:    |
| 40)  | Sd2—e4:   | Sf6—e4:   |
| 41)  | Lb1—e4:   | Ta3—c3    |

### Anmerkung zur 245. Partie.

**37) ... Tc8—a8 (!).** Wenn man das obige Diagramm betrachtet, wird man leicht erkennen, dass Schwarz jetzt Herr der Partie ist, da seine Bauern vollkommen sicher stehen, während die rückständigen Bauern des Gegners dem Angriffe ausgesetzt sind.

## 246. Partie.

Gespielt auf dem Londoner Schachturnier im Jahre 1862.

|   | Owen. Weiss. | Anderssen. Schwarz. |
|---|---|---|
| 1) | d2—d4 | f7—f5 |
| 2) | e2—e4 | f5—e4: |
| 3) | Sb1—c3 | e7—e6 |
| 4) | Dd1—h5† | g7—g6 |
| 5) | Dh5—e5 | Sg8—f6 |
| 6) | Lc1—g5 | Lf8—e7 |
| 7) | d4—d5 (?) | 0—0 |
| 8) | Lg5—h6 | d7—d6 |
| 9) | De5—d4 | c6—e5 |
| 10) | Dd4—d2 | Tf8—f7 |
| 11) | h2—h3 | Sb8—d7 |
| 12) | 0—0—0 | Sd7—c5 |
| 13) | Lf1—c4 | Lc8—d7 |
| 14) | Sg1—e3 | a7—a5 |
| 15) | g2—g4 | Dd8—e8 |
| 16) | Se2—e3 | b7—b5 |
| 17) | Lc4—e2 | b5—b4 |
| 18) | Sc3—b1 | c7—c6 |
| 19) | Lh6—e3 | Sf6—d5: |
| 20) | Le3—c5: | d6—c5: |
| 21) | Sg3—e4: | Tf7—f4 |
| 22) | Le2—c4 | Ld7—e6 |
| 23) | Dd2—e2 | De8—f7 |
| 24) | Sb1—d2 | Sd5—b6 |
| 25) | Lc4—e6: | Df7—e6: |
| 26) | f2—f3 | c5—c4 |
| 27) | Kc1—b1 | a5—a4 |
| 28) | c2—c3 (!) | a4—a3 |
| 29) | De2—f2 | c6—c5 (?) |
| 30) | Se4—c5: | Le7—c5: |

Stellung nach dem 29. Zuge von Weiss.

|   | Weiss. | Schwarz. |
|---|---|---|
| 31) | Df2—c5: | b4—c3: |
| 32) | b2—c3: | Sb6—d7 |
| 33) | Dc5—c7 | Sd7—f8 |
| 34) | Dc7—c5 | Tf4—f7 |
| 35) | Th1—e1 | Ta8—c8 |
| 36) | Dc5—c3 | De6—a6 |
| 37) | Kb1—a1 | Tf7—b7 |
| 38) | De3—c5: | Tb7—b5 |
| 39) | Dc5—d4 | Sf8—e6 |
| 40) | Dd4—d7 | Tb5—b6 |
| 41) | Sd2—e4 | Tc8—f4 |
| 42) | g4—g5 | Tb6—b7 |
| 43) | Dd7—d5 | Tb7—b5 |
| 44) | Dd5—d6 | Tb5—b6 |
| 45) | Dd6—e5 | Se6—f4 |
| 46) | Td1—d7 | Aufgegeben. |

### Anmerkungen zur 246. Partie.

2) e2—e4. Dies Gambit ist correct und erscheint uns als der stärkste Zug des Weissen.

3) ... e7—e6. V. d. Lasa giebt folgende Fortsetzung an, durch welche nach seiner Ansicht die Spiele ausgeglichen werden:

|  | Weiss. | Schwarz. |  | Weiss. | Schwarz. |
|---|---|---|---|---|---|
| 3) | ... | Sg8—f6 | 7) | Sc4—g3 | Lf8—d6 |
| 4) | Lc1—g5 | c7—c6 | 8) | Lf1—d3 | 0—0 |
| 5) | Lg5—f6: | e7—f6: | 9) | Sg1—e2 oder |  |
| 6) | Sc3—e4: | d7—d5 | 9) | Dd1—d2. |  |

Ausführlicher ist der Gegenzug 3) ... Sg8—f6 von M. Lange besprochen worden im 13. Jahrgange der Schachzeitung S. 479 ff. und im 14. Jahrgange S. 7 ff.

29) ... c6—c5 (?). Durch 29) ... Dc6—d5 (!) wäre Schwarz im Vortheil geblieben; man erwäge die Fortsetzung: 30) Df2—f1, a3—b2: 31) Kb1—b2:, Dd5—a5 u. s. w.

# XIV. Eröffnung mit dem Königsläuferbauer.
## 1) f2—f4.
### 247. Partie.

Vierte Partie des Wettkampfs zwischen Anderssen und Kolisch i. J. 1861.

|  | Anderssen. | Kolisch. |  | Weiss. | Schwarz. |
|---|---|---|---|---|---|
|  | Weiss. | Schwarz. | 15) | d2—d3 | Ta8—e8 |
| 1) | f2—f4 | e7—e6 | 16) | Lc3—b2 | Sf6—d7 |
| 2) | Sg1—f3 | d7—d5 | 17) | Sb1—d2 | e6—e5 |
| 3) | e2—e3 | c7—c5 | 18) | g2—g3 | d5—d4 (?) |
| 4) | Lf1—b5† | Sb8—c6 | 19) | f4—e5: | Sd7—e5: |
| 5) | Lb5—c6† | b7—c6: | 20) | Sf3—e5: | Ld6—e5: |
| 6) | c2—c4 | Lc8—a6 | 21) | Sd2—f3 | Le5—f6 |
| 7) | Sb1—a3 | Lf8—d6 | 22) | e3—d4: | e5—d4: |
| 8) | 0—0 | Sg8—f6 | 23) | Lb2—d4: | Lf6—d4† |
| 9) | b2—b3 | 0—0 | 24) | Sf3—d4: | c6—c5 |
| 10) | Lc1—b2 | Sf6—d7 | 25) | Tc1—c8: | Tf8—e8: |
| 11) | Dd1—c2 | f7—f5 | 26) | Sd4—f5: | La6—b7 |
| 12) | Ta1—c1 | Sd7—f6 | 27) | Dc2—f2 | h7—h6 |
| 13) | Sa3—b1 | Dd8—a5 | 28) | d3—d4 (!) | c5—d4: |
| 14) | Lb2—c3 | Da5—c7 | 29) | Df2—d4: | Te8—e2 |

| Weiss. | Schwarz. |
|---|---|
| 30) Sf5—h6† | Kg8—h7 |
| 31) Tf1—f7 | |
| und Weiss gewinnt. | |

Stellung nach dem 31. Zuge von Weiss.

### Anmerkungen zur 247. Partie.

1) ... e7—e6. Im 17. Jahrgange der Schachzeitung, S. 200 ff., empfiehlt der dänische Lieutenant S. A. Sörensen die Antwort 1) ... e7—e5 auf 1) f2—f4 („Froms Gambit"). In der zum Belege mitgetheilten Partie zwischen Möllerström und From erfolgen darauf die Züge: 2) f4—e5:, d7—d6 3) e5—d6:, Lf8—d6: 4) Sg1—f3, Sg8—h6 5) c2—e4, Se6—g4 6) g2—g3, Sg4—h2: 7) Th1—h2:, Ld6—g3† 8) Kc1—e2, Lg3—h2: 9) Sf3—h2:, f7—f5. Es erscheint uns aber sehr zweifelhaft, ob bei 5) c2—c3 statt 5) c2—e4 der Anziehende „nothwendiger Weise das Spiel verlieren muss"; wir sind vielmehr geneigt, dem weissen Spiele den Vorzug zu geben. Mehrere Partieen, in denen B. S. seinem Gegner den Damenspringer vorgab, gestalteten sich nach der Eröffnung 1) f2—f4, e7—e5 2) f4—e5:, d7—d6 3) e5—d6:, Lf8—d6: 4) Sg1—f3, Sg8—h6 5) c2—c3, Sh6—g4 6) Lf1—e2, Sg4—h2: 7) Sf3—h2:, Dd8—h4† 8) Kc1—f1 sehr bald für den Anziehenden vortheilhaft. Wir können daher „Froms' Gambit" nicht eher als eine lobenswerthe Spielart anerkennen, als bis die verheissenen „theoretischen Untersuchungen" der dänischen Schachfreunde den einstweilen fehlenden Beweis dafür geliefert haben. — Gute Gegenzüge auf 1) f2—f4 sind übrigens ausser 1) ... e7—e6 auch 1) ... c7—c5 und 1) ... f7—f5. Das von Dr. F. A. Lange als Antwort auf 1) ... f7—f5 in Vorschlag gebrachte „umgekehrte Königsgambit" 2) e2—e4 ist wohl für Schwarz nicht gefährlich. (Vergleiche Schachzeitung 1859, S. 182 ff.). — Der Leser beobachte in der vorstehenden und in den folgenden drei Partieen Anderssens vollendete Meisterschaft in kunstvoller Anlage geschlossener Spiele.

18) ... d5—d4 (?). Geschlossene Partieen enden gewöhnlich mit der Niederlage desjenigen, der seine Bauern zu früh vorrücken lässt.

# XV. Eröffnung mit dem Damen-läuferbauer*).
1) c2—c4.

### 248. Partie.
Turnierpartie, gespielt zu London im Jahre 1862.

| | Owen. Weiss. | Steinitz. Schwarz. |
|---|---|---|
| 1) | c2—c4 | f7—f5 |
| 2) | e2—e3 | c7—c6 |
| 3) | a2—a3 | Sg8—f6 |
| 4) | Sb1—c3 | Lf8—e7 |
| 5) | Sg1—f3 | 0—0 |
| 6) | d2—d4 | b7—b6 |
| 7) | d4—d5 | Le7—d6 |
| 8) | Lf1—d3 | Lc8—b7 |
| 9) | 0—0 | Kg8—h8 |
| 10) | Ld3—c2 | Sb8—a6 |
| 11) | b2—b4 | Dd8—e8 |
| 12) | Lc1—b2 | De8—h5 |
| 13) | Sc3—b5 | e6—d5: |
| 14) | Sb5—d6: | c7—d6: |
| 15) | Lb2—f6: | Tf8—f6 |
| 16) | c4—d5: | Sa6—c7 |
| 17) | Lc2—b3 | Tf6—h6 |
| 18) | Ta1—c1 | Sc7—e8 |
| 19) | Tc1—c4 | g7—g5 |
| 20) | h2—h4 | g5—g4 |
| 21) | Sf3—g5 | Lb7—a6 |
| 22) | Tc4—f4 | La7—f1: |
| 23) | Tf4—f5: | Th6—f6 |
| 24) | Dd1—d4 | Dh5—g6 |
| 25) | Lb3—c2 | Dg6—g7 |
| 26) | Tf5—f6: | Se8—f6: |
| 27) | Kg1—f1: | Ta8—c8 |
| 28) | Dd4—f4 | h7—h6 |

Stellung nach dem 28. Zuge von Weiss.

| | Weiss. | Schwarz. |
|---|---|---|
| 29) | Sg5—e4 | Tc8—f8 |
| 30) | Kf1—g1 | g4—g3 |
| 31) | Se4—g3: | Sf6—g4 |
| 32) | Df4—d4 | Dg7—d4: |
| 33) | e3—d4 | Tf8—c8 |
| 34) | Lc2—f5 | Tc8—c1† |
| 35) | Sg3—f1 | Sg4—f6 |
| 36) | f2—f3 | Sf6—d5: |
| 37) | Lf5—d7 | Sd5—e3 |
| 38) | Ld7—b5 | Tc1—a1 |
| 39) | Kg1—f1 | Se3—f1: |
| 40) | Lb5—f1: | Ta1—a3: (?) |
| 41) | b4—b5 (!) | Kh8—g7 |
| 42) | g2—g4 | Kg7—f6 |
| 43) | f3—f4 | Ta3—b3 |

---

*) Sechs Partieen mit dieser Eröffnung enthält der Schachcongress zu London im Jahre 1862 etc., herausgegeben von B. S.

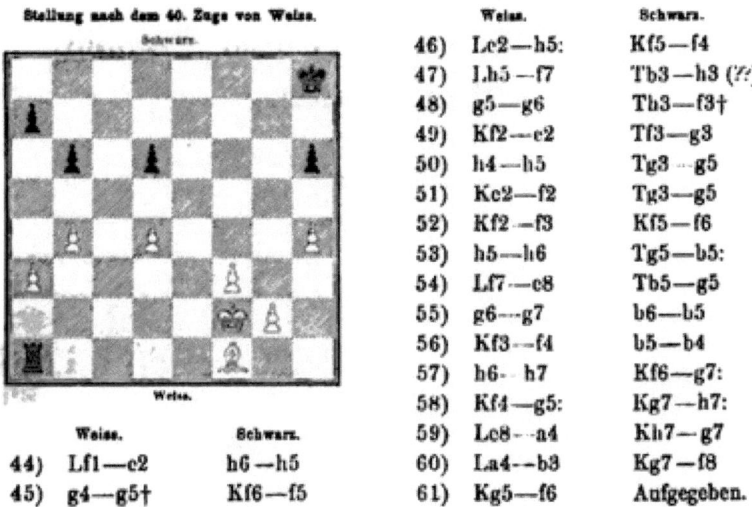

Stellung nach dem 40. Zuge von Weiss.

| | Weiss. | Schwarz. |
|---|---|---|
| 44) | Lf1—e2 | h6—h5 |
| 45) | g4—g5† | Kf6—f5 |
| 46) | Le2—h5: | Kf5—f4 |
| 47) | Lh5—f7 | Tb3—h3 (??) |
| 48) | g5—g6 | Th3—f3† |
| 49) | Kf2—e2 | Tf3—g3 |
| 50) | h4—h5 | Tg3—g5 |
| 51) | Ke2—f2 | Tg3—g5 |
| 52) | Kf2—f3 | Kf5—f6 |
| 53) | h5—h6 | Tg5—b5: |
| 54) | Lf7—c8 | Tb5—g5 |
| 55) | g6—g7 | b6—b5 |
| 56) | Kf3—f4 | b5—b4 |
| 57) | h6—h7 | Kf6—g7: |
| 58) | Kf4—g5: | Kg7—h7: |
| 59) | Lc8—a4 | Kh7—g7 |
| 60) | La4—b3 | Kg7—f8 |
| 61) | Kg5—f6 | Aufgegeben. |

### Anmerkungen zur 249. Partie.

**11) b2—b4.** Löwenthal bemerkt zu diesem Zuge: „Mr. Owen scheint die geschlossene Eröffnung zu seinem besonderen Studium gemacht zu haben, und wir müssen gestehen, dass er es in ihrer Führung sehr weit gebracht hat. Man wird erkennen, dass er hier z. B. nach so wenigen Zügen bereits die überlegene Stellung eingenommen hat." In der Fortsetzung zeigt sich jedoch der deutsche Meister seinem Gegner an Combinationsgabe bedeutend überlegen.

**13) Sc3—b5.** Dadurch begegnet Weiss dem drohenden Angriffe g7—g5 nebst g5—g4.

**22) ... La6—f1:** Schwarz hätte auch Se8—g7 ziehen können, worauf er bei 23) Lb3—c4, La6—c4: 24) Tf4—c4:, Th6—f6 den Springer g5 erobern würde, der indessen durch 23) e3—e4 (!) mit Aufopferung der Qualität gerettet werden könnte.

**25) Lb3—c2.** Weiss beabsichtigt, den Bauer h7 zu nehmen.

**35) ... Sg4—f6.** Ein einfacherer Weg zum Siege war Sg4—h2.

**40) ... Ta1—a3:** Uebereilt! Schwarz hätte zuerst a7—a5 ziehen sollen. In Folge dieser Unterlassung bleibt der schwarze Damenthurmbauer, der sonst das Spiel entschieden hätte, nun rückständig.

# XVI. Eröffnung mit dem Damenthurmbauer.

## 1) a7—a6.

### 249. Partie.

Sechste Partie des Wettkampfs zwischen Anderssen und P. Morphy i. J. 1858.

|  | Anderssen. Schwarz. | P. Morphy. Weiss. |
|---|---|---|
| 1) | a7—a6 | e2—e4 |
| 2) | c7—c5 | Sg1—f3 |
| 3) | Sb8—c6 | d2—d4 |
| 4) | c5—d4: | Sf3—d4: |
| 5) | e7—e6 | Lc1—e3 |
| 6) | Sg8—f6 | Lf1—d3 |
| 7) | Lf8—e7 | 0—0 |
| 8) | d7—d5 | Sd4—c6: (?) |
| 9) | b7—c6: | e4—e5 |
| 10) | Sf6—d7 | f2—f4 |
| 11) | f7—f5 | g2—g4 (?) |
| 12) | Le7—c5 | Le3—c5: |
| 13) | Sd7—c5: | g4—f5: |
| 14) | e6—f5: | Dd1—e1 |
| 15) | 0—0 | De1—c3 |
| 16) | Dd8—b6 | Dc3—d4 |
| 17) | Ta8—b8 | b2—b3 |
| 18) | Db6—a7 | c2—c3 |
| 19) | Da7—c7 | Sb1—d2 |
| 20) | Sc5—e6 | Dd4—c3 |
| 21) | c6—c5 | Sd2—f3 |
| 22) | Tb8—b6 | Kg1—f2 (!) |
| 23) | Lc8—b7 | Ta1—c1 |
| 24) | Kg8—h8 | Tf1—g1 |
| 25) | d5—d4 | c3—d4: |
| 26) | c5—d4: | Dc3—d2 |
| 27) | Se6—c5 | Kf2—e2 |
| 28) | Lb7—f3† (?) | Ke2—f3: |
| 29) | Dc7—b7† | Kf3—f2 |
| 30) | Tb6—h6 | Tg1—g2 |
| 31) | Db7—d5 | Kf2—g1 |
| 32) | Th6—h3 (?) | Ld3—f1 |
| 33) | d4—d3 | Tg2—f2 |
| 34) | Th3—h6 | Dd2—a5 |
| 35) | Tf8—c8 | Tc1—c4 |
| 36) | Th6—g6† | Lf1—g2 |
| 37) | h7—h6 |  |

37) ...    Kg1—h1

| | Schwarz. | Weiss. | | Schwarz. | Weiss. |
|---|---|---|---|---|---|
| 38) | Tg6—g2: (?) | Tf2—g2: | 41) | Dd5—f3 (?) | Tc5—c8† |
| 39) | Tc8—c6 (?) | e5—e6 | 42) | Kh8—h7 | Da5—f5† |
| 40) | Tc6—e6: (?) | Tc4—c5: | | Aufgegeben. | |

## Anmerkungen zur 249. Partie.

**1) a7—a6.** Dieser sonderbare Anzug ist daraus zu erklären, dass Anderssen die Rolle des Nachziehenden in der sicilianischen Partie zu übernehmen wünschte mit dem keineswegs geringzuschätzenden Vortheil, den in vielen Varianten dieser Eröffnung wichtigen Zug a7—a6 bereits vollzogen zu haben.

**1) . . . e2—e4.** Weiss will ein offenes Spiel herbeiführen; es wäre aber rathsamer für ihn, von vornherein sein Spiel geschlossen zu halten, wie der Gegner.

**3) Sb8—c6.** Noch besser ist 3) c7—c6, man vgl. die 226. Partie.

**18) . . . c2—c3.** Dadurch wird 19) Tb8—b4 verhindert.

**26) . . . De3—d2.** Auf 26) . . . Sf3—d4: folgt 27) De7—h4†.

**28) Lb7—f3†(?).** Schwarz hätte 28) Tf8—d8 (!) ziehen sollen oder 28) Tb6—h6, woraus sich nach Langes vortrefflicher Analyse folgende Varianten ergeben:

a.

| 28) | . . . | Tg1—g3 | 30) | Sc4—g3: | |
| 29) | Sc5—e4 | Dd2—e1 | | | |

b.

| 28) | . . . | Dd2—b4 | 30) | De7—f7 | Db4—c5: |
| 29) | Lb7—f3† | Ke2—f3: | 31) | Df7—h5† | |

c.

| 28) | . . . | Tg1—g2 (!) | 31) | Th3—h2† | Tf3—f2 |
| 29) | Th6—h3 | Tg2—f2 | 32) | Th2—f2† | Ke2—f2: |
| [auf 29) . . . Tc1—f1 folgt 30) Sc5—e4] | | | 33) | De7—h4† | Kf2—f3: |
| 30) | Lb7—f3† | Tf2—f3: | 34) | Dh4—g4† | Kf3—f2 |
| | | | 35) | Sc5—d3: | |

**38) Tg6—g2:(?).** Es musste 38) Dd5—d7 geschehen. Nimmt Weiss dann den Springer c5, so gewinnt Schwarz durch 39) Tc8—c5: nebst 40) d3—d2; auf 38) . . . e5—e6 würde folgen 39) Tg6—e6:, Tc4—c5: 40) Tc8—c5:, Da5—c5: 41) d3—d2, Dc5—f8† 42) Kh8—h7, Df8—f5† 43) g7—g6; auf 38) . . . Lg2—h3 endlich 39) Sc5—e4, Tc4—e4: 40) Tc8—c1†, Te4—e1 41) d3—d2 oder 39) . . . Tc4—c8† 40) Dd7—c8:, Tf2—f1 41) d3—d2, Da5—d5 42) Dc8—c1.

**39) Tc8—c6 (?).** Durch 39) Dd5—f3 hätte Schwarz Remis erzwungen.

**40) Tc6—e6: (?).** Bessere Züge waren 40) Dd5—f3 und 40) Dd5—e6:.

**41) Dd5—f3 (?).** Ein offenbares Versehen.

## 250. Partie.

Achte Partie des Wettkampfs zwischen Anderssen und P. Morphy i. J. 1858.

| | Anderssen. Schwarz. | P. Morphy. Weiss. | | Schwarz. | Weiss. |
|---|---|---|---|---|---|
| 1) | a7—a6 | c2—c4 | 24) | a6—a5 | Tc1—a1 |
| 2) | c7—c5 | Sg1—f3 | 25) | a5—b4: | Dd4—b4: |
| 3) | Sb8—c6 | d2—d4 | 26) | Dc7—c5† | Db4—c5: |
| 4) | c5—d4: | Sf3—d4: | 27) | Sd7—c5: | Ta3—a8: |
| 5) | e7—e6 | Lc1—e3 | 28) | Lb7—a8: | Sd2—f3 |
| 6) | Sg8—f6 | Lf1—d3 | 29) | La8—c6 | Ta1—a7 |
| 7) | Lf8—e7 | 0—0 | 30) | Lc6—d7 | Sf3—d4 |
| 8) | d7—d5 | Sd4—c6: (?) | 31) | Kg8—f8 | Lc2—d1 |
| 9) | b7—c6: | e4—e5 | 32) | Kf8—e8 | Ld1—e2 |
| 10) | Sf6—d7 | f2—f4 | 33) | Tc8—b8 | h2—h3 |
| 11) | f7—f5 | Dd1—h5† | 34) | Sc5—e4 | |
| 12) | g7—g6 | Dh5—h6 | | | |
| 13) | Le7—f8 | Dh6—h3 | | | |
| 14) | c6—c5 (?) | c2—c3 | | | |
| 15) | c5—c4 | Ld3—e2 | | | |
| 16) | Lf8—c5 | Sb1—d2 | | | |
| 17) | 0—0 | b2—b4 | | | |
| 18) | c4—b3: | a2—b3: | | | |
| 19) | Dd8—b6 | Tf1—c1 | | | |
| 20) | Lc8—b7 | b3—b4 | | | |
| 21) | Lc5—e3† | Dh3—e3: | | | |
| 22) | Db6—c7 (?) | De3—d4 | | | |

| 23) | Tf8—c8 | Ta1—a3 |
|---|---|---|

| 34) | ... | c3—c4 |
|---|---|---|
| 35) | d5—c4: | Le2—c4: |
| 36) | Tb8—b4 | Sd4—e6: |
| 37) | Tb4—c4: | Se6—g7† |
| 38) | Ke8—e7 | e5—e6 |
| 39) | Sc4—f6 | g2—g3 |
| 40) | Tc4—d4 | Kg1—f2 |
| 41) | Td4—d3 | Kf2—g2 |
| 42) | h7—h5 | e6—d7: |
| 43) | Td3—d7: | Ta7—a5 |
| 44) | Ke7—f7 | Sg7—f5: |
| 45) | g6—f5: | Ta5—f5 |
| 46) | Td7—d5 | Tf5—d5: |

355

|  | Schwarz. | Weiss. |  | Schwarz. | Weiss. |
|---|---|---|---|---|---|
| 47) | Sf6—d5 | Kg2—f3 | 50) | Sd5—f6† | Ke4—f3 |
| 48) | Kf7—e6 | g3—g4 | 51) | Sf6—d5 | Kf3—e4 |
| 49) | h5—h4 | Kf3—e4 |  | Remis. | |

**Anmerkung zur 250. Partie.**

23) Tf8—c8. Stärker wäre 23) a6—a5 gewesen.

---

## 251. Partie.

Zehnte Partie des Wettkampfs zwischen Anderssen und P. Morphy im Jahre 1858.

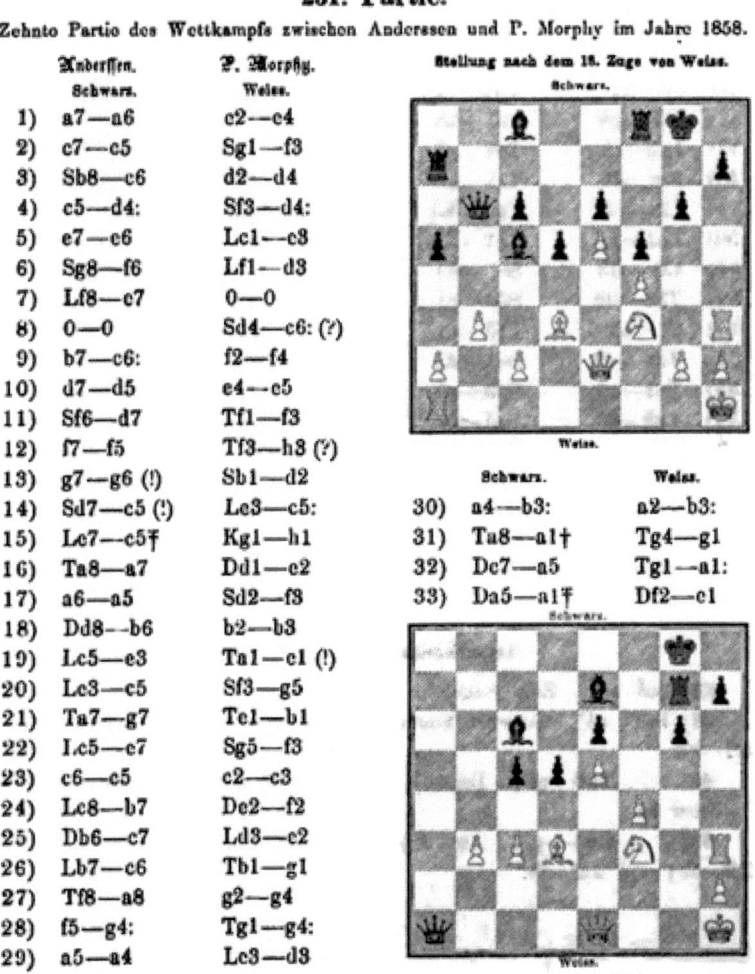

Stellung nach dem 18. Zuge von Weiss.

|  | Anderssen. Schwarz. | P. Morphy. Weiss. |
|---|---|---|
| 1) | a7—a6 | c2—c4 |
| 2) | c7—c5 | Sg1—f3 |
| 3) | Sb8—c6 | d2—d4 |
| 4) | c5—d4: | Sf3—d4: |
| 5) | e7—e6 | Lc1—e3 |
| 6) | Sg8—f6 | Lf1—d3 |
| 7) | Lf8—e7 | 0—0 |
| 8) | 0—0 | Sd4—c6: (?) |
| 9) | b7—c6: | f2—f4 |
| 10) | d7—d5 | e4—e5 |
| 11) | Sf6—d7 | Tf1—f3 |
| 12) | f7—f5 | Tf3—h3 (?) |
| 13) | g7—g6 (!) | Sb1—d2 |
| 14) | Sd7—c5 (!) | Le3—c5: |
| 15) | Le7—c5† | Kg1—h1 |
| 16) | Ta8—a7 | Dd1—e2 |
| 17) | a6—a5 | Sd2—f3 |
| 18) | Dd8—b6 | b2—b3 |
| 19) | Lc5—e3 | Ta1—c1 (!) |
| 20) | Le3—c5 | Sf3—g5 |
| 21) | Ta7—g7 | Tc1—b1 |
| 22) | Lc5—e7 | Sg5—f3 |
| 23) | c6—c5 | c2—c3 |
| 24) | Lc8—b7 | De2—f2 |
| 25) | Db6—c7 | Ld3—e2 |
| 26) | Lb7—c6 | Tb1—g1 |
| 27) | Tf8—a8 | g2—g4 |
| 28) | f5—g4: | Tg1—g4: |
| 29) | a5—a4 | Le3—d3 |

|  | Schwarz. | Weiss. |
|---|---|---|
| 30) | a4—b3: | a2—b3: |
| 31) | Ta8—a1† | Tg4—g1 |
| 32) | Dc7—a5 | Tg1—a1: |
| 33) | Da5—a1† | Df2—c1 |

356

| | Schwarz. | Weiss. | | Schwarz. | Weiss. |
|---|---|---|---|---|---|
| 34) | Da1—e1† | Sf3—e1: | | | |
| 35) | c5—c4 | Ld3—c2 | | | |
| 36) | Lc7—c5 | Kh1—g2 (!) | | | |
| 37) | c4—b3: | Lc8—b3 | | | |
| 38) | Tg7—b7 | Lb3—c2 | | | |
| 39) | Tb7—b2 | Kg2—f3 | | | |
| 40) | Lc6—b5 | Th3—g3 | | | |
| 41) | Lb5—f1 | h2—h4 | | | |
| 42) | Kg8—f7 | h4—h5 | | | |
| 43) | g6—h5: | Tg3—g5 | | | |
| 44) | h5—h4 | Tg5—h5 | | | |
| 45) | h4—h3 | Th5—h7† | | | |
| 46) | Kf7—g8 | Th7—h6 | | | |
| 47) | Lc5—f8 | Th6—g6 | | | |
| 48) | Kg8—f7 | Tg6—g5 | 63) | Tc2—e7: | Th7—h8† |
| 49) | Lf8—c5 | Tg5—h5 | 64) | Kd8—c7 | Sf6—d5† |
| 50) | Lc5—g1 | Lc2—d3 | 65) | Kc7—d7 | Sd5—e7: |
| 51) | Lf1—d3: | Se1—d3 | 66) | Kd7—e7: | Kg3—g2 |
| 52) | Tb2—d2 | Sd3—c1 | 67) | Ke7—f6 | Th8—d8 |
| 53) | h3—h2 | Kf3—g4 | 68) | Kf6—e5 | Td8—c8† |
| 54) | Td2—e2 | Se1—d3 | 69) | Ke5—f4 | Te8—d8 |
| 55) | Te2—e3 | Sd3—c5 | 70) | Lg1—e3 | Td8—d5 |
| 56) | Te3—c3: | Sc5—d7 | 71) | Kf4—e4 | Td5—d8 |
| 57) | Kf7—e7 | Th5—h7† | 72) | f5—f4 | Td8—h8 |
| 58) | Ke7—d8 | Sd7—f6 | 73) | f4—f3† | Kg2—h2: |
| 59) | Tc3—c2 | Kg4—g3 | 74) | Ke4—d3 | Th8—a8 |
| 60) | d5—d4 | f4—f5 | 75) | Kd3—e2 | Ta8—a2† |
| 61) | e6—f5: | e5—e6 | 76) | Le3—d2 | Aufgegeben. |
| 62) | Tc2—e2 | e6—e7† | | | |

**Anmerkungen zur 251. Partie.**

19) **Lc5—e3.** Eine Falle.

34) **Da1—e1†.** Schwarz konnte hier den Angriff kräftiger fortsetzen mit Da1—b2.

46) ... **Th6—g6†.** Bei 46) ... Th6—e6: gewinnt Schwarz durch den Freibauer h3.

59) ... **Kg4—g3.** Auf 59) ... f4—f5 folgt 60) Tc2—g2† nebst Tg2—f2† und Tf2—f5:

# Supplemente.

# I. Berichtigungen und Zusätze.

## I. A. 1. Das Spiel des Lopez oder die spanische Partie.
1) e2—e4, e7—e5  2) Sg1—f3, Sb8—c6  3) Lf1—b5.

Erste Vertheidigung: 3) ... Sg8—f6.

### a. 4) d2—d3.

**Zur 1. Partie.** (S. 1—3.)

4) ... d7—d6. V. d. Lasa empfiehlt in der neuesten Auflage seines Handbuchs, die im August d. J. erschienen ist, 4) ... Lf8—c5 5) c2—c3, Dd8—e7 6) d3—d4, Lc5—b6 (!) als eine sichere Vertheidigungsweise. Auch 4) ... Lf8—d6 wird von demselben berühmten Theoretiker für gut erklärt mit Angabe der Fortsetzung: 5) c2—c3, h7—h6 6) Sb1—d2, 0—0 7) 0—0, Tf8—e8. — Hinsichtlich der Spielart 4) ... Lf8—c5 5) c2—c3, 0—0 ist die 287. Partie zu vergleichen und danach unsere Anmerkung zu berichtigen.

### b. 4) d2—d4.

**Zur 5. Partie.** (S. 8—9.)

4) ... Sc6—d4: P. Hirschfeld hält 4) ... Sf6—e4: für den rathsamsten Zug, ohne jedoch 4) ... Sc6—d4: und 4) ... e5—d4: für unzulässig zu erklären. Die Fortsetzung 4) ... Sf6—e4: 5) d4—d5, Se4—d6 6) Lb5—c6:, b7—c6: 7) d5—c6:, e5—e4 [auch f7—f6 kann geschehen] 8) Sf3—d4, d7—c6: 9) Sd4—c6:, Dd8—d7 führt zu einem gleichen Spiele. 5) d4—e5:, Lf8—e7 findet man in der 2. Partie des Londoner Schachturniers im J. 1862 (zwischen Barnes und Dubois).

### c. 4) 0—0.

**Zur 8. Partie.** (S. 11—13.)

[4) ... Sf6—e4: 5) d2—d4, Lf8—e7 6) Dd1—e2] 6) ... Se4—d6. V. d. Lasa bemerkt in der neuen Ausgabe seines Handbuchs, dass statt dessen 6) ... d7—d5 geschehen könne.

**Zur 9. Partie.** (S. 13—14.)

Das Zeichen (?) zum 19. Zuge von Weiss ist zu streichen.

## Zweite Vertheidigung: 3) ... a7—a6.
### c. 4) Lb5—a4, Sg8—f6 5) 0—0.
#### Zur 13. Partie. (S. 18.)

[5) ... Sf6—e4:] 6) Tf1—e1. Die neue Ausgabe des Handbuchs giebt in Uebereinstimmung mit unserer Ansicht 6) ... Se4—c5 als die richtige Antwort an mit der Fortsetzung 7) La4—c6:, d7—c6: 8) Sf3—e5:, Lf8—e7 (!), lässt aber die stärkere Angriffsweise 6) d2—d4 (!) unerwähnt.

### f. 4) Lb5—a4, Lf8—c5.

Chess Players Magazine June 1864 empfiehlt diese Spielart als eine „gute und offene" Vertheidigung gegen den Angriff des Ruy Lopez und führt zur Begründung dieses Urtheils folgende Varianten aus:

#### 5) c2—c3       d7—d6

[5) ... d7—d6 wird von der englischen Monatsschrift für das Beste erklärt, vielleicht verdient aber 5) ... Dd8—e7 den Vorzug; rochirt darauf Weiss, so kann 6) ... f7—f6 eine zwar mühsame, doch wohl sichere **geschlossene** Vertheidigung einleiten.]

#### Erste Fortsetzung:

| 6) d2—d4 | e5—d4: | 8) Sb1—c3 | Lc8—d7 (!) |
| 7) c3—d4: | Lc5—b4† | „die Spiele scheinen ausgeglichen." |
|          | Oder: 8) Ke1—f1 | b7—b5 (!). |

#### Zweite Fortsetzung:

| 6) 0—0 | Lc8—d7 (!) | 8) c3—d4: | Lc5—a7 |
| 7) d2—d4 | e5—d4: | „und es ist nicht abzusehen, wie Weiss |

nun irgendwelchen Vortheil gewinnen kann."

Jedenfalls verdient die von der englischen Monatsschrift „with some diffidence" empfohlene Spielart Beachtung, zumal aus den neuesten Erfahrungen mehr und mehr hervorzugehen scheint, dass die bisher von unseren Theoretikern bevorzugte Vertheidigung der spanischen Partie mit dem Königsspringer [3) ... Sg8—f6 oder 3) ... a7—a6 4) Lb5—a4, Sg8—f6] dem Zwecke, eine baldige Ausgleichung der Spiele herbeizuführen, doch nicht vollkommen genügt.

### g. 4) Lb5—a4, Lf8—e7.

Diese Vertheidigung wird von P. Hirschfeld empfohlen (vgl. Schachzeitung 1862 S. 167). Wenn Weiss darauf im fünften Zuge rochirt und der Nachziehende 5) ... Sg8—f6 entgegnet, so ergiebt sich die bekannte nach Anderssens Urtheil für den Angreifer günstige Position der 15., 261. und 262. Partie; nur die Reihenfolge der Züge ist verändert.

## Dritte Vertheidigung: 3) . . . Lf8—c5.
### Zur 18. Partie. (S. 25.)

[4) c2—c3, Dd8—e7] 5) 0—0. Noch stärker erscheint uns 5) d2—d4 sofort.

17) Tf1—e1. Falkbeer hat 17) Ld3—c4 empfohlen.

## Fünfte Vertheidigung: 3) . . . Sg8—e7. (S. 28.)

3) . . . Sg8—e7 ist nach v. d. Lasa „der älteste bekannte Vertheidigungszug, den schon vor Lopez Lucena im 9. Capitel angiebt." Den neuesten Erfahrungen in der Praxis zufolge kann der Zug nicht unbedingt verworfen werden, sondern verdient noch genauere Prüfung; vorzüglich beachtenswerth ist die glückliche Durchführung dieser Vertheidigung in der 266. Partie (zwischen Boden und L. Paulsen.)

### Zum Urtheil über das Spiel des Ruy Lopez. (S. 30—32.)

Der Zug des Damenspringers 2) . . . Sb8—c6 hat lange für die beste Vertheidigung im Königsspringerspiel gegolten; fast alle theoretischen Autoritäten sind bis jetzt darüber einig gewesen. Je mehr der Angriff des Lopez aber sich als unbequem und gefährlich für den Nachziehenden erweis't, desto mehr erscheint natürlich jene allgemeine Annahme zweifelhaft. Dass die französische und die russische Vertheidigung [2) . . . d7—d6 und 2) . . . Sg8—f6] bei correcter Fortsetzung von beiden Seiten mit Nothwendigkeit den Verlust der Partie für Schwarz herbeiführen, ist wohl noch von Niemandem hauptet worden; man hat diese Spielarten nur desshalb zurückgesetzt, weil sie dem Anziehenden eine leichtere Entwickelung seiner Streitkräfte, ein freieres Spiel gestatten. Ist nun unser von Vielen gebilligtes Urtheil richtig, dass auch in der spanischen Partie der Nachziehende „bei correcter Führung des Angriffs dem Gegner jedenfalls einen kleinen Terrainvortheil überlassen muss", so wird am Ende der classischen Vertheidigung mit dem Damenspringer kaum irgend ein Vorzug vor der Deckung mit dem Damenbauer und dem Gegenangriff mit dem Königsspringer zuerkannt werden dürfen, und wir vermuthen, dass die theoretische Forschung diesen etwas stiefmütterlich behandelten Spielweisen bald weit grössere Sorgfalt widmen wird, als bisher.

## I. A. 2. Die italienische Partie.

1) e2—e4, e7—e5 2) Sg1—f3, Sb8—c6 3) Lf1—c4, Lf8—c5.

a) Evansgambit: 4) b2—b4.

### Dritte Spielart: (S. 47.)

4) ... Lc5—b4: 5) c2—c3, Lb4—a5 6) d2—d4, e5—d4: 7) 0—0, d4—c3:(!).

("Die compromittirte Vertheidigung gegen das Evansgambit.")

Auch v. d. Lasa verwirft jetzt diese Vertheidigung; er sagt darüber in der neuen Ausgabe seines Handbuchs: „Bei den Varianten 7) ... d4—c3: und 7) ... La5—c3: erobert Schwarz zwar zwei Bauern, beeinträchtigt aber seine Entwickelung so sehr, dass die Vertheidigung, gleich wie in dem sogenannten compromittirten Gegenspiel des schottischen Gambits, zu schwierig wird."

### Vierte Spielart:

4) ... Lc5—b4: 5) c2—c3, Lb4—a5 6) d2—d4, e5—d4: 7) 0—0, d7—d6 8) Dd1—b3.

(Wallers Angriff.)

#### Zur 85. Partie. (S. 50.)

14) Te1—e5†. Die Leipziger Schachzeitung 1859, S. 357, erklärt 14) c3—d4: für noch besser.

#### Zur 88. Partie. (S. 52—53.)

[8) ... Dd8—f6 (!) 9) e4—e5, d6—e5: 10) Tf1—e1] La5—b6. Das Handbuch bezeichnet in Uebereinstimmung mit unserem Urtheil 10) ... Lc8—d7 als den richtigen Zug und giebt folgende Variante zur Begründung an: 10) ... Lc8—d7 11) Sf3—e5:, Sc6—e5: 12) Lc4—f7†, Df6—f7: 13) Te1—e5†, Sg8—e7 14) Lc1—a3, 0—0 15) Te5—c7:, Df7—b3: 16) a2—b3:, Tf8—e8 und Schwarz muss gewinnen.

Auf 10) Lc1—g5 statt 10) Tf1—e1 würde nach Löwenthal folgen 10) ... Df6—f5 11) Sf3—e5:, Df5—e5: 12) Lc4—f7†, Ke8—f8.

#### Zur 89. Partie. (S. 54.)

[8) ... Dd8—f6 (!) 9) c3—d4:, La5—b6] 10) e4—e5. Chess Players Magazine Juli 1864 schlägt 10) Lc4—b5 vor.

[10) e4—e5, d6—e5: 11) d4—e5:, Df6—g6] 12) Sf3—g5. In einer Partie zwischen Thompson und P. Morphy erfolgte 12) Lc1—a3, Lc8—e6 13) Sb1—d2, Sg8—e7 14) Lc4—e6:, f7—e6: 15) Ta1—e1, 0—0 16) Sd2—c4, Ta8—d8 17) Sc4—g5, Tf8—f3: 18) Sg5—f3:, Td8—d3 und Schwarz gewann.

[12) Sf3—g5] ... Sg8—h6. Auch folgende Spielart ist für den Nachziehenden vortheilhaft: 12) ... Sc6—d8 13) e5—e6, Lc8—e6: [13) Tf1—e1, Lc8—e6] 14) Tf1—e1, Lb6—c5 (von Harrwitz angegeben) 15) Te1—e2, Sg8—e7.

### Fünfte Spielart: (s. 55.)

I. 4) ... Lc5—b4: 5) c2—c3, Lb4—a5 6) d2—d4, e5—d4: 7) 0—0, La5—b6 8) c3—d4:, d7—d6 (!)

oder:

II. 7) ... d7—d6 8) c3—d4:, La5—b6

oder:

III. 5) ... Lb4—c5 6) 0—0, d7—d6 (!) 7) d2—d4, e5—d4: 8) c3—d4:, Lc5—b6.

(Die normale Vertheidigung.)

Dem Gambitgeber stehen einige Abweichungen von der „normalen" Spielart zu Gebote, die wir hier in Kürze angeben wollen:

Bei der ersten Vertheidigungsweise kann 8) e4—e5 geschehen (Ghulam Kassims Angriff) statt 8) c3—d4: Diese Modification des Angriffs ist noch nicht hinlänglich untersucht worden.

Gegen die zweite Vertheidigungsweise ist der Wallersche Angriff möglich 8) Dd1—b3. Wir halten denselben jedoch für weniger kräftig, als 8) c3—d4: und glauben desshalb, diese Vertheidigung als den sichersten Weg für Schwarz bezeichnen zu dürfen, um in die S. 55 dargestellte sogenannte Normalposition zu gelangen.

Im dritten Falle endlich, wenn Schwarz auf 5) c2—c3 den Königsläufer nicht nach a5, sondern nach c5 zurückzieht, kann Weiss, statt zu rochiren, auch sogleich 6) d2—d4 ziehen, worauf Schwarz nach 6) ... c5—d4: 7) c3—d4: zwischen den Antworten 7) ... Lc5—b4† und 7) ... Lc5—b6 die Wahl hat.

Chess Players Magazine July 1864 empfiehlt das Erstere und giebt die Fortsetzung 7) ... Lc5—b4† 8) Ke1—f1, Dd8—e7 9) a2—a3, Lb4—a5 10) Ta1—a2, b7—b6 11) Te1—e2, Lc8—b7 als vortheilhaft für Schwarz an. („Blacks position is scarcely more cramped, than Whites, and he has a pawn more"). Im Handbuche findet sich die zur Ausgleichung der Spiele führende Fortsetzung: 9) e4—e5, d7—d6 10) d4—d5, Sc6—e5: [10) a2—a3, Lb4—a5 11) d4—d5, Sc6—e5: 12) Sf3—e5:, De7—e5: 13) Ta1—a2, Ke8—f8 14) Ta2—e2, De5—f5] 11) Dd1—a4†, Lc8—d7 12) Da4—b4:, Sc5—f3: 13) g2—f3:, Ld7—h3† 14) Kf1—g1, De7—f6 15) Lc4—d3, Ke8—f8 16) f3—f4, Ta8—c8 17) f2—f3, Df6—h4 18) Lc1—d2, Dh4—h5 19) Kg1—f2, Dh5—h4†. B. Suhle wandte in einer Partie gegen Mayet 8) Lc1—d2 [statt 8) Ke1—f1] mit glücklichem Erfolge an.

Zieht Schwarz dagegen nach 5) c2—c3, Lb4—c5 6) d2—d4, c5—d4:

7) c3—d4: den Läufer nach b6 zurück, so kommt statt der üblichen Rochade vornehmlich der von Harrwitz empfohlene Zug 8) Lc1—b2 in Betracht, worauf nach v. d. Lasas Urtheil 8) . . . Sc6—a5 nebst 9) . . . d7—d6 oder 9) . . . Sg8—e7 auf 9) Lc4—d3 die beste Entgegnung wäre. Auf 8) . . . Sg8—f6 würde nach Harrwitz folgen: 9) e4—e5 [9) d4—d5, Sc6—a5 10) Lc4—d3, d7—d6 führt zu bekannten Varianten der normalen Spielart] 9) . . . Sf6—e4 10) Lc4—d5, Se4—g5 11) 0—0 mit besserer Stellung für Weiss, auf 8) . . . f7—f6 aber 9) d4—d5, Sc6—a5 10) Lc4—d3, d7—d6 11) Sf3—g5, g7—g6 12) 0—0 oder 11) . . . Sg8—h6 12) Dd1—h5†, Ke8—f8 13) Sg5—f3 mit demselben Ergebniss. Eine Partie, in welcher 8) Lc1—b2, d7—d6 geschieht, findet man im zweiten Theile des von B. S. herausgegebenen Congressbuchs.

Alle diese Veränderungen des Angriffs und der Vertheidigung im dritten Falle erscheinen uns als Variationen von untergeordneter Bedeutung aus dem Grunde, weil der Gambitgeber dem Schachgebot im 7. Zuge durch die Rochade im 6. Zuge und der Nachziehende dem von Harrwitz empfohlenen Angriffsverfahren durch die Wahl der zweiten Spielart [5) . . . Lb4—a5] ausweichen kann.

### Erste Angriffsweise: 9) Sb1—c3†.
#### Zur 40. Partie. (S. 55—56.)

Unsere Anmerkung über Morphys Lieblingsattaque 9) Sb1—c3 ist niedergeschrieben worden, ehe wir die Stärke des Gegenzuges 9) . . . Sc6—a5 erkannt hatten. Wir sind jetzt zu der Ansicht geneigt, dass dieser Zug dem Nachziehenden das Uebergewicht verschafft, sowohl bei der Fortsetzung 10) Sf3—g5, Sa5—c4: [oder Sg8—h6] 11) Dd1—a4†, c7—c6 (man vergleiche die Anmerkungen zur 267. Partie), als auch bei 10) Lc4—d3, Sg8—e7 11) e4—e5, d6—c5: 12) d4—e5:, Lc8—f5.

### Zweite Angriffsweise: 9) d4—d5.
#### Zur 55. Partie. (S. 73—74.)

15) . . . Tf8—f7: (?). V. d. Lasa führt 15) . . . Dd8—e8 folgendermassen zu Gunsten des Nachziehenden aus: 16) Lc1—b2. d6—d5 17) Lb2—g7:, Lc8—e6: 18) Lg7—f8:, De8—f8: 19) Sf7—h6†, Kg8—g7.

#### Zur 59. Partie. (S. 77.)

[9) . . . Sc6—a5 (!) 10) e4—e5 (?), Sg8—e7] 11) e5—e6, 0—0 12) Sf3—g5. Die vierte Ausgabe des v. Bilguerschen Handbuchs giebt zwei Varianten dieser Spielart, beide zum Vortheil des Vertheidigers:

1. 11) e5—d6:, c7—d6: 12) Lc4—d3, 0—0 13) Ld3—h7†, Kg8—h7: 14) Sf3—g5†, Kh7—g8 15) Dd1—h5, Lc8—f5 16) Lc1—b2, Lf5—g6 17) Dh5—h3, Se7—f5 18) Dh3—c3, Lb6—d4.

2. 11) e5—e6, 0—0 12) e6—f7†, Tf8—f7: 13) Sf3—g5, Sa5—c4:
14) Dd1—c2, Sc4—e5 15) Dc2—h7†, Kg8—f8 16) Db7—h8†, Sc7—g8
17) Sg5—h7†, Kf8—e7 18) Sb1—c3, Lb6—d4.

### Zur 64. Partie. (S. 81.)

[9) . . . Sc6—a5 (!) 10) Lc1—b2, Sg8—e7 (!) 11) Lc4—d3, 0—0 12)
Sb1—c3, Se7—g6 13) Sc3—a4, c7—c5 14) Sa4—b6;, a7—b6:] **15) Dd1—
d2.** V. d. Lasa bezeichnet 15) Dd1—e1 als den besten Zug und fügt die Bemerkung hinzu: „Es könnte dann etwa folgen: 15) . . . f7—f6 16) Sf3—e1,
Lc8—d7 17) f2—f4, c5—c4 18) Ld3—c2, b6—b5 19) Se1—f3, b5—b4
20) Lb2—d4, b7—b5 21) f4—f5, Sg6—e5 22) De1—b2 und gewinnt einen
Bauern. Da, wie man sieht, das Vorgehen der schwarzen Bauern auf der
Damenseite keinen günstigen Erfolg hat, ist Anderssen der Ansicht, Schwarz
richte sich besser so ein, dass er im Momente, wenn Sf3—e1 geschieht, seinen
f-Bauern nach f5 vorschiebt."

### Dritte Angriffsweise: 9) Lc1—b2.
### Zur 67. Partie. (S. 85.)

**9) . . . Sg8—f6.** Chess Players Magazine Juli 1864 erklärt 9) . . .
Sc6—a5 für die einfachste und beste Vertheidigung gegen 9) Lc1—b2. Anderssen hat in einer Partie gegen Neumann 9) . . . Sg8—e7 angewandt.

**11) . . . d6—e5:** V. d. Lasa räth, den angegriffenen Springer nach e8
zurückzuziehen.

**12) . . . Sf6—d5.** Die Fortsetzung 12) . . . Sf6—g4 13) h2—h3, Sg4
—h6 14) Dd1—a4, Lc8—f5 15) Ta1—d1 findet man in einer Partie zwischen
Medley und Mongredien (Schachzeitung 1859, S. 113—114).

Zu den Hauptattaquen im normalen Evansgambit zählt Chess Players
Magazine Juli 1864 ausser den von uns besprochenen Zügen 9) Sb1—c3, 9)
d4—d5 und 9) Lc1—b2 noch **9) h2—h3.** Auch gegen diese Spielart, wie
gegen die übrigen, gewährt wohl 9) . . . Sc6—a5 die sicherste Vertheidigung.
Derselbe Gegenzug ist ferner statthaft gegen die von der englischen Monatsschrift mit Recht als schwächere Fortsetzungen des Gambitspiels bezeichneten
Züge **9) e4—e5** (worauf auch d6—d5 eine gute Antwort wäre), **9) Dd1—b3**
und **9) Lc1—a3.** (H. Staunton empfiehlt gegen letzteren Zug die Entgegnung
9) . . . Lc8—g4.)

### Siebente Spielart:
### 4) . . . Lc5—b4: 5) c2—c3, Lb4—d6.
### Zur 69. Partie. (S. 87.)

**6) [0—0] Dd8—f8.** Ausser diesem Zuge und Dd8—e7 kommt noch 6) . . .
**Sc6—a5** in Betracht. Der Gambitgeber kann indess statt 6) 0—0 auch 6) d2
—d4 ziehen, worauf der erwähnte Gegenzug das weisse Spiel nicht stören würde.

## Achte Spielart:
### 4) b2—b4, Lc5—b6.
(Das abgelehnte Evansgambit.)

**Zur 70. Partie.** (Zu S. 95 oben.)

[5) b4—b5, Sc6—a5 6) Sf3—e5:, Dd8—f6 7) Lc4—f7†, Ke8—f8 (!) 8) d2—d4, d7—d6 9) Lf7—g8: (!), d6—e5: 10) Lg8—d5, c7—c6 11) Lc1—a3†, Kf8—e8 12) 0—0, c6—d5: 13) Sb1—c3] **Lb6—d4:** 14) **Sc3—d5:**, Df6—f7 15) **La3—d6** (!). (S. Diagr.)

Man erwäge folgende Fortsetzungen dieser Spielart: I. 15) ... Ld4—a1: 16) Sd5—c7†, Ke8—d8 17) Sc7—a8: und Weiss ist im Vortheil. II. 15) ... Sa5—c4 16) Sd5—c7†, Ke8—d8, 17) Ld6—e5:, Sc4—e5: 18) Dd1—d4∓ und Weiss muss gewinnen, oder III. 15) ... Ld4—b6 16) Ld6—e5: und Weiss behält bei guter Stellung drei Bauern für den geopferten Offizier. — Das Handbuch führt 15) c2—c3 (?), Ld4—b6 16) Kg1—h1, g7—g5 (!) zu Gunsten der Vertheidigung aus und lässt den stärkeren Zug des Anziehenden 15) **La3—d6** (!) unbeachtet.

Stellung nach dem 15. Zuge von Weiss.

(Zu S. 95 unten.)

[5) b4—b5, Sc6—a5 6) Sf3—e5:, Sg8—h6 7) d2—d4, d7—d6 8) Lc1—h6:, d6—e5: 9) Lh6—g7:] **Dd8—d4:**. Die neue Ausgabe des Handbuchs führt die Spielart 9) ... **Th8—g8** (?) 10) Lc4—f7†, Ke8—f7: 11) Lg7—e5:, Tg8—g6 folgendermassen zum Vortheil des Anziehenden aus:

12) c2—c3 [noch besser ist wohl 12) Dd1—d3] 12) ... Dd8—g5 13) Dd1—f3†, Kf7—g8 14) Sb1—d2, Dg5—g2: 15) Df3—g2:, Tg6—g2: 16) Le5—g3, Lc8—h3 17) Ke1—e2. V. d. Lasa bemerkt dazu: „Uebrigens konnte Weiss sich auch allein auf die Stärke der Bauern verlassen und 16) Ke1—e2 spielen." Nach Hirschfelds Ansicht ist die Fortsetzung 13) Le5—g3, Dg5—b5: 14) Sb1—a3 noch günstiger für Weiss.

## Neunte Spielart:
### 4) b2—b4, d7—d5.
(Mittelgambit gegen Evansgambit.)

(Zu S. 100—103.)

M. Lange bemerkt zu der von B. v. Guretzky-Cornitz aufgestellten Variante 5) **e4—d5:**, Sc6—b4: 6) Sf3—e5:, Dd8—g5 7) 0—0, Lc8—h3 8)

Dd1—f3, Dg5—e5: 9) Df3—h3:, Sb4—c2: (S. 100), es komme auch 10) Dh3—b3 in Betracht statt 10) Lc4—b5†, ferner zu der Spielart 6) c2—c3, Sb4—d5: 7) Dd1—b3, c7—c6 8) Sf3—e5:, Dd8—g5 9) 0—0, Sd5—f4 10) g2—g3, Dg5—e5: 11) g3—f4:, statt 11) . . . De5—e4 geschehe besser 11) . . . De5—f4:, „da bei De5—e4 nun 12) Lc4—f7†, Ke8—f8 13) Lf7—h5, Sg8—h6 14) d2—d3, Dc4—f5 15) Db3—d1 (!) das weisse Spiel günstig stellen möchte." Statt 13) . . . Sg8—h6 (?) haben wir bereits 13) . . . g7—g6 vorgeschlagen. V. d. Lasa gleicht nach 6) c2—c3, Sb4—d5: 7) Dd1—b3, c7—c6 8) Sf3—e5: die Spiele durch 8) . . . Sg8—e7 9) d2—d4, Lc5—d6 10) 0—0, Dd8—c7 aus.

### Zum Urtheil über das Evansgambit. (S. 104—107.)

Auch v. d. Lasa erklärt in der neuen Ausgabe des Handbuchs die Vertheidigung gegen das Evansgambit für „so beträchtlich erschwert, dass man fast annehmen muss, der Angriff wiege das gebrachte Opfer auf."

### b) Giuoco piano: 4) c2—c3.
#### (Zur Anmerkung S. 108.)

Schwarz kann auf 7) b2—b4 auch 7) . . . Lc5—b6 entgegnen, worauf etwa folgen würde: 8) e5—f6:, d5—c4: 9) b4—b5, Sc6—b8 10) Dd1—c2†, Lc8—e6 11) f6—g7:, Th8—g8 12) Lc1—g5, Dd8—d5 13) Lg5—f6, d4—d3 und Schwarz steht besser.

#### (Zur Anmerkung S. 110.)

Die Fortsetzung der Correspondenzpartie zwischen Lommatzsch und Bautzen findet man in der Leipziger Schachzeitung 1864, S. 152—153; sie wurde schliesslich als unentschieden abgebrochen.

### c) Die Rochade im vierten Zuge der italienischen Partie.
#### (Zur zweiten Anmerkung der 80. Partie. S. 113.)

V. d. Lasa bezeichnet nach 4) 0—0, Sg8—f6 5) d2—d4 5) . . . e5—d4: als den besten Zug und stellt der von M. Lange verfochtenen Behauptung, Weiss komme darauf durch 6) e4—e5 in Vortheil, folgende für den Nachziehenden günstige Varianten entgegen:

| | | | | |
|---|---|---|---|---|
| 6) | e4—e5 | d7—d5 | 12) Tc5—c4 | c7—c5 |
| 7) | e5—f6: | d5—c4: | 13) Sb1—a3 | Lc8—e6 |
| 8) | Tf1—e1† | Ke8—f8 | 14) Tc4—g4† | Kg7—f8 (!) |
| 9) | f6—g7† | Kf8—g7: | 15) Lc1—h6† | Kf8—e8 |
| 10) | Sf3—e5 | Sc6—e5: (!) | 16) Tg4—e4 | Dd8—d5 |
| 11) | Te1—e5: | Lc5—c7 | und Schwarz steht besser. | |
| | | oder: | | |
| 8) | . . . | Lc8—e6 | 10) Sb1—c3 | Dd5—f5 |
| 9) | Sf3—g5 | Dd8—d5 (!) | 11) g2—g4 | Df5—g6 |

| 12) Sg5—e6: | f7—e6: | 14) Sc3—d5 | Lc5—d6 |
| 13) Te1—e6† | Ke8—f7 | 15) Dd1—f3 | Sc6—e5 |

[oder 12) Te1—e6†, f7—e6: 13) Sg5—e6:, Lc5—d6 14) Se6—g7†, Ke8—d7 14) Sc3—d5, Sc6—e5 u. s. w.; oder 12) Sc3—e4, Lc5—b6 13) f2—f4, 0—0—0 14) f4—f5, Le6—f5: 15) g4—f5:, Dg6—f5: oder endlich 10) f6—g7:, Th8—g8 11) Sg5—h7:, Lc5—e7.] Man vergleiche S. 148 und 149 des Handbuchs.

## I. A. 4. Das Zweispringerspiel im Nachzuge.
1) e2—e4, e7—e5  2) Sg1—f3, Sb8—c6  3) Lf1—c4, Sg8—f6.
### Zur 90. Partie. (S. 124—127.)

[4) Sf3—g5, d7—d5 5) e4—d5:, Sc6—a5 6) d2—d3] h7—h6. Chess Players Magazine Juli 1864 spricht sich entschieden zu Gunsten dieses Zuges aus und verwirft 6) ... Lf8—c5, worauf Weiss durch 7) 0—0, 0—0 8) Sb1—c3 [statt des „offenbar schwachen" Zuges 8) c2—c3] oder auch durch 7) Sb1—c3 sofort den gewonnenen Bauer behaupten könne.

[6) ... h7—h6 7) Sg5—f3, e5—e4 8) Dd1—e2, Sa5—c4: 9) d3—c4:] Lf8—c5. Statt des letzten Zuges schlägt die englische Monatsschrift 9) ... Lf8—e7 vor mit der Bemerkung, Weiss werde dadurch, wenn er den eroberten Bauern behaupten wolle, zu dem sein Spiel beengenden Rückzuge des Springers nach d2 gezwungen, denn bei 10) Sf3—d4 gewinne Schwarz durch die Entgegnung 10) ... c7—c6 den Bauern zurück.

### Zur 92. Partie. (S. 129.)

8) Dd1—f3 (?), Dd8—b6. Auch 8) ... Dd8—c7 ist ein guter Zug, z. B. 9) Lb5—a4, Lf8—d6 10) d2—d3, 0—0 11) 0—0, h7—h6 12) Sg5—e4, Sf6—e4:

10) Df3—e3. Auf 10) ... Df3—g3 würde nach Staunton zu Gunsten des Nachziehenden folgen: 10) ... h7—h6 11) Sg5—f3, 0—0—0 12) Sb1—c3, e5—e4 13) Sf3—e5, Lf8—d6 oder 13) Sc3—e4: Td8—e8 14) Sf3—e5, Lg4—f5 u. s. w.

### (Zur ersten Anmerkung der 103. Partie. S. 140.)

[4) d2—d4, e5—d4: 5) 0—0] Sf6—e4: Nach v. d. Lasas neuester Ausführung (man vgl. S. 367 den Nachtrag zur zweiten Anmerkung der 80. Partie) darf auch 5) ... Lf8—c5 als ein correcter Zug betrachtet werden. Ausserdem ist 5) ... Lf8—e7 wohl nicht zu verwerfen; man vergleiche die 257. Partie.

### Zur 104. Partie. (S. 140.)

10) ... Lf8—b4 (!). Zu unserem Erstaunen bezeichnet v. d. Lasa in der neuen Ausgabe seines Handbuchs diesen Zug als fehlerhaft und räth zu Lf8—e7. Wir können in diesem Falle das Urtheil des grossen Meisters nicht unterschreiben.

---

## I. A. 6. Stauntons Angriff.
1) e2—e4, e7—e5  2) Sg1—f3, Sb8—c6  3) c2—c3.

### Zur 121. Partie. (S. 158.)

[3] ... Sg8—f6  4) d2—d4.  Auf 4) Lf1—b5 folgt 4) ... Sf6—e4: 5) 0—0, Se4—d6  6) Lb5—c6:, d7—c6:  7) Sf3—e5:, Lf8—e7 mit gleichem Spiele; man vergleiche die 7. Partie des Londoner Schachturniers i. J. 1862 (zwischen Hannah und Paulsen).

(Zur zweiten Anmerkung S. 159.)

Löwenthal führt auch folgende Spielart zu Gunsten des Nachziehenden aus: 3) ... Sg8—f6  4) d2—d4, Sf6—e4:  5) d4—e5:, Lf8—c5  6) Dd1—d5, Lc5—f2†  7) Ke1—e2, f7—f5  8) Sb1—d2, Se4—d2:  9) Lc1—d2:, Lf2—b6  10) Ta1—e1, Dd8—e7  11) Ke2—d1, Sc6—d8  12) Ld2—g5, De7—f7  13) Lf1—c4, Sd8—e6 oder 11) Ld2—g5, De7—e6  12) Dd5—b5, d7—d5.

---

## I. B. Die russische Partie.
1) e2—e4, e7—e5  2) Sg1—f3, Sg8—f6.

### Zur 122. Partie. (S. 160—162.)

[3] Sf3—e5: (!), d7—d6 (!)]  4) Se5—f3.  V. d. Lasa widerlegt die Opfercombination 4) Se5—f7: durch folgende Fortsetzung: 4) ... Ke8—f7:  5) Lf1—c4†, Lc8—e6  6) Lc4—e6†, Kf7—e6:  7) d2—d4, Ke6—f7  8) Sb1—c3, Sb8—c6  9) Lc1—e3, Dd8—d7.

[4) Se5—f3, Sf6—e4:  5) d2—d4, d6—d5  6) Lf1—d3] Lf8—e7.  In einer Correspondenzpartie zwischen Pesth und Paris geschahen die Züge 6) ... Lf8—d6  7) 0—0, 0—0  8) c2—c4, Lc8—e6  9) Dd1—c2, f7—f5 (?) [besser wäre 9) ... Se4—f6 gewesen] 10) Dc2—b3, d5—c4:  11) Db3—b7: und Weiss gewann das Spiel.

## I. C. Die franzöſiſche Vertheidigung im Königsſpringerſpiel.
1) e2—e4, e7—e5  2) Sg1—f3, d7—d6.

### Zur 127. Partie. (S. 166—167.)

8) **Sg5—e4:**. Wir haben S. 167 8) Sg5—h7: empfohlen, müssen jetzt aber hinzufügen, dass auch 8) Sg5—e4: dem Weissen das überlegene Spiel verschafft.

11) **Lc1—h6:** Löwenthal giebt folgende für den Anziehenden günstige Fortsetzung an: 11) Lc1—g5, Dd8—d6 12) De5—d6:, Lf8—d6: 13) Sc3—e4:, Sh6—f5 14) g2—g4 u. s. w. oder 11) ... Dd8—b6 12) O—O—O oder 11) ... Sh6—f5 12) De5—f4.

17) **Sc3—e4.** Staunton erklärt in seiner Chess-Praxis 17) Td1—d4 für den richtigen Zug und fährt mit 17) ... Tg8—c8 18) Le2—c4 zum Vortheil des Weissen fort.

### Zur 129. Partie. (S. 169.)

5) **d4—e5:** Das Handbuch hält 5) Sf3—g5 für noch stärker; vergleiche S. 82, § 4, No. 8 und 9 der vierten Ausgabe. Die durch das nebenstehende Diagramm veranschaulichte Stellung kann aus verschiedenen Anfängen hervorgehen, zum Beispiel:

Stellung nach dem 4. Zuge von Schwarz.

I. 2) Sg1—f3, d7—d6 3) d2—d4, f7—f5 4) Lf1—c4, Sb8—c6, wie in der 129. Partie.

II. 2) Sg1—f3, f7—f5 3) Lf1—c4, Sb8—c6 4) d2—d4, d7—d6, wie in der 273. Partie.

III. 2) Lf1—c4, f7—f5 3) Sg1—f3, Sb8—c6 4) d2—d4, d7—d6.

### Zur 131. Partie. (S. 170.)

15) **Kc1—b1.** Besser wäre 15) f3—f4 gewesen.

### Zur 133. Partie. (S. 173.)

50) **Kb4—c4.** E. Schallopp hat uns darauf aufmerksam gemacht, dass Weiss durch 50) Dg3—f2 im nächsten Zuge schon Matt erzwingen kann.

### Zur 134. Partie. (S. 174.)

V. d. Lasa bemerkt zum 48. Zuge: „Weiss würde gewinnen, wenn er seinen König nach c4 brächte, ohne dass Schwarz darauf Kc6 ziehen könnte.

Während Weiss aber den Gegner zu einer zu grossen Entfernung von c6 zu verlocken sucht, verfällt er nachher selbst in einen Irrthum."

### Zur 136. Partie. (S. 176.)

15) Le2—f3. Ein stärkerer Zug war 15) f4—f5.

### Zur 137. Partie. (S. 177.)

6) Lf1—e2. P. Morphy zieht in einer Partie gegen Seguin 6) Lf1—d3 und nach 6) . . . 0—0 dann 7) f2—f4. Das Beste ist vielleicht 6) f2—f4 sogleich, was in 21. Partie des Londoner Turniers i. J. 1862 geschieht.

---

## II. Königsläuferspiel. 1) e2—e4, e7—e5 2) Lf1—c4.

### Zur 148. Partie. (S. 188—190.)

6) 0 — 0. Bei 6) Sf3—h4 bleibt Schwarz nach Löwenthals Analyse durch 6) . . . g7—g6 (!) 7) 0—0, Dd8—e7 im Vortheil.

Stellung nach dem 6. Zuge von Weiss.

8) . . . Sb8—c6. Wir haben die Fortsetzung 6) . . . d7—d6 7) Sf3—h4, g7—g6 8) f2—f4, f6—f5 9) Sh4—f5:, Lc8—f5: 10) f4—e5:, d6—e5: u. s. w. als günstig für den Vertheidiger bezeichnet. In einer Partie zwischen Spitzer und Szen (Schachzeitung 1857, S. 257) kam Weiss in Vortheil durch 10) Dd1—d5, Lf8—e7 11) f4—e5:, Sb8—c6 12) Tf1—f5:, Sc6—e5: 13) Tf5—e5: u. s. w.; Schwarz hätte jedoch durch 11) . . . Th8—f8 statt 11) . . . Sb8—c6 sich des Angriffs wohl erwehren können.

Auf den von Löwenthal empfohlenen Zug 6) . . . Dd8—e7 lässt Staunton 7) Sf3—d4, De7—c5 8) Dd1—e2 folgen mit der Bemerkung, der Vortheil in der Stellung überwiege den Mehrbesitz des Bauern.

7) . . . Dd8—e7. Bei 7) . . . Sc6—e7 8) Lc4—d3, d7—d5 9) Dd1—h5†, Kc8—d7 10) f2—f4, Dd8—e8 (!) behauptet Weiss nach Stauntons Urtheil das stärkere Spiel.

16) Lf8—e7 (?). Zu unserer Anmerkung ist hinzuzufügen, dass Schwarz nach 16) . . . Lg6—f7 die feindliche Dame nicht mit dem Läufer f8, sondern durch Tg8—g6 zurücktreiben müsste; man sehe das zweite Diagramm S. 188.

## III. Damenspringerspiel. 1) e2—e4, e7—e5 2) Sb1—c3.
### (Wiener Partie.)
#### Zu 145 b. (S. 192.)

8) ... Se5—g4 (?). Weniger nachtheilig für Schwarz ist 8) ... Lc8—g4, worauf 9) Sc3—e2, Se5—g6 erfolgen kann; doch behält der Anziehende auch dabei das bessere Spiel.

#### Zur 146. Partie. (S. 193.)

In der von Löwenthal ausgeführten Spielart 2) ... Sb8—c6 3) f2—f4, e5—f4: 4) Sg1—f3, g7—g5 5) Lf1—c4, Lf8—g7 6) 0—0, g5—g4 ist der beste Zug des Gambitgebers 7) Sf3—e1; Schwarz wird darauf den Bauer f4 verlieren.

---

### IV. a. Kieseritzkygambit.
1) e2—e4, e7—e5 2) f2—f4, e5—f4: 3) Sg1—f3, g7—g5 4) h2—h4, g5—g4 5) Sf3—e5.

**Erste Vertheidigung:** 5) ... h7—h5.

**Zu S. 196.** Zur Beurtheilung der von Janisch in der Régence erörterten sogenannten classischen Vertheidigung:

5) ...          h7—h5
6) Lf1—c4       Th8—h7 (?)
7) d2—d4        Dd8—f6

Stellung nach dem 7. Zuge von Schwarz.

möge folgende Zusammenstellung der wichtigsten Varianten dienen, die zum Theil den S. 196 erwähnten Turnierpartieen entnommen sind:

**Erste Fortsetzung:** 8) Sb1—c3, c7—c6 (?).

#### A. I.

|     | Séquéar. | Préti. |     |          |         |
| --- | -------- | ------ | --- | -------- | ------- |
| 9)  | 0—0      | Lf8—h6 | 13) | Lc1—f4:  | Lh6—f4: |
| 10) | Se5—f7:  | Th7—f7:| 14) | Tf1—f4†  | Kf7—g7  |
| 11) | e4—e5    | Df6—h4:| 15) | Sc3—e4   | d7—d5   |
| 12) | Lc4—f7†  | Ke8—f7:| 16) | Se4—d6   | Lc8—e6  |
|     |          |        | 17) | Tf4—f7†  | Kg7—h8  |

|     | Weiss.   | Schwarz. |     | Weiss.   | Schwarz. |
| --- | -------- | -------- | --- | -------- | -------- |
| 18) | Dd1—d3   | Le6—f7:  | 20) | Sf7—d6.  |          |
| 19) | Sd6—f7†  | Kh8—g7   |     | Weiss gewann. | |

### A. II.

|     | Sequenz. | I.       |     |          |          |
| --- | -------- | -------- | --- | -------- | -------- |
| 13) | ...      | Kf7—g7   | 15) | Se4—f6   | Lh6—f4:  |
| 14) | Sc3—e4   | d7—d5    | 16) | Tf1—f4:  | Dh4—g5   |
|     |          |          | 17) | Dd1—d3 und Weiss gewann. | |

### B.

|     | Dr. Sinbrfn. | Sequenz. |     |          |          |
| --- | ------------ | -------- | --- | -------- | -------- |
| 9)  | 0—0          | Lf8—h6   | 14) | Lc4—f7†  | Ke8—e7   |
| 10) | Lc1—f4:      | Lh6—f4:  | 15) | e4—e5    | d7—d5    |
| 11) | g2—g3        | Lf4—e3†  | 16) | e5—d6†   |          |
| 12) | Kg1—g2       | Df6—h8   |     | und Weiss gewann. | |
| 13) | Se5—f7:      | Th7—f7:  |     | [Für noch stärker hält Jänisch 16) Dd1—d3.] | |

### C. I.

|     |          |          |     |          |          |
| --- | -------- | -------- | --- | -------- | -------- |
| 9)  | 0—0      | Lf8—h6   | 12) | e4—d5:   | Df6—h4:  |
| 10) | Sc3—e2   | f4—f3    | 13) | f3—f4    |          |
| 11) | g2—f3:   | d7—d5    |     | nach Jänisch mit gleichem Spiele. | |

### C. II.

|     |          |          |     |          |          |
| --- | -------- | -------- | --- | -------- | -------- |
| 11) | ...      | Df6—h4:  | 14) | Kg1—f1   | Dh4—h1†  |
| 12) | Tf1—f2   | g4—f3:   | 15) | Se2—g1   | d7—d6    |
| 13) | Se5—f3:  | Th7—g7†  |     | mit gleichem Spiele. | |
|     | Oder:    |          |     |          |          |
| 14) | Tf2—g2   | Tg7—g2†  | 18) | Dd1—d2   | Dg4—g6   |
| 15) | Kg1—g2:  | Dh4—g4†  | 19) | Ta1—g1   | Sh6—g4†  |
| 16) | Kg2—f2   | d7—d6    | 20) | Kf2—e1   | Sb8—d7   |
| 17) | Lc1—h6:  | Sg8—h6:  | 21) | Sf3—g5   |          |
|     |          |          |     | und Weiss steht besser. | |

[19) Dd2—g5:, Sh6—g4† 20) Kf2—g3, Sg4—f6 21) Dg5—g6:, f7—g6: 22) Sf3—g5, d6—d5 23) Ta1—f1 oder 23) e4—d5:, Lc8—f5 24) Se2—f4 führt zum Remis.]

### C. III.

|     |          |          |     |          |          |
| --- | -------- | -------- | --- | -------- | -------- |
| 13) | ...      | Dh4—e4:  |     | Oder bei |          |
| 14) | Se2—g3   | De4—g4   | 16) | ...      | Ke8—d8   |
| 15) | Dd1—d3   | Th7—g7   |     | oder     |          |
| 16) | Lc4—f7†  | Tg7—f7:  | 16) | ...      | Ke8—f8   |
| 17) | Sf3—e5† und gewinnt. |   | 17) | Tf2—g2 u. s. w. | |

### D.

|     |          |          |     |          |          |
| --- | -------- | -------- | --- | -------- | -------- |
| 9)  | Sc3—e2   | Lf8—h6   | 13) | Sf4—g2:  | Lh6—c1:  |
| 10) | c2—c3    | d7—d6    | 14) | Dd1—c1:  | Df6—f3   |
| 11) | Se5—d3   | f4—f3    | 15) | Dc1—g5   | Df3—e4†  |
| 12) | Se2—f4   | f3—g2:   |     | mit etwa gleichem Spiele. | |

**Zweite Fortsetzung:** 8) Sb1—c3, Sg8—e7 (!).

**a.**

| | | | |
|---|---|---|---|
| 9) 0—0 | Lf8—h6 | 13) Lc1—f4: | Lh6—f4: |
| 10) g2—g3 | d7—d6 | 14) Tf1—f4: | Df7—g7 |
| | | 15) Dd1—d3 | Lc8—e6 |
| | | 16) Dd3—b5† | Sb8—d7 |
| | | 17) d4—d5 | Le6—g8 |
| | | 18) Db5—b7: | Dg7—d4† |

[Bei 10) Sc3—e2, f4—f3 11) g2—f3: gewinnt nach Jänisch Schwarz durch 11) ... d7—d5 12) e4—d5:, Df6—h4:]

11) Se5—f7:   Th7—f7:
12) Lc4—f7†   Df6—f7:

mit etwa gleichem Spiele.

**b.**

| | | | |
|---|---|---|---|
| 9) Sc3—b5 (!) | Sb8—a6 | 12) Lc1—h6: | Th7—h6:*) |
| 10) 0—0 | Lf8—h6 | 13) g2—f3: | Df6—h4: |
| 11) Se5—d3 | f4—f3 | 14) Dd1—d2 | |

mit gleichem Spiele.

Oder:

| | | | |
|---|---|---|---|
| 10) Se5—d3 | Df6—c6 | 13) Kf2—f1 | f7—f5 |
| 11) Sd3—e5 | Dc6—e4: (?) | 14) Lc4—d3 | De4—d5 |
| 12) Ke1—f2 | g4—g3† | 15) Lc1—f4 | |

und Weiss hat ein gutes Spiel.

### Zur 149. Partie. (S. 198.)

9) g2—f3: In dieser Spielart verdient vielleicht 9) g2—g3 den Vorzug.

10) Lc1—e3. Dieser Zug gilt für stärker, als 10) Lc1—g5, wodurch die Spiele bald ausgeglichen werden.

**Zweite Vertheidigung:** 5) ... Sg8—f6.

### Zur 150. Partie. (S. 200.)

16) Sb1—c3. 16) Df4—f7: würde zur Folge haben: 16) ... Tg8—f8 17) Df7—h7:, Sh1—g3 18) Lf1—e2, Lc8—f5 oder auch 16) ... Le7—h4† 17) Ke1—d2, Tg8—e8 18) Sb1—a3, Sh1—g3 (!) mit besserem Spiele für Schwarz.

### Zur 154. Partie. (S. 205.)

6) Lf1—c4, d7—d5. Die Fortsetzung 6) ... Dd8—e7 7) d2—d4, d7—d6 8) Lc4—f7†, Ke8—d8 9) Lf7—b3, d6—e5: 10) d4—e5†, Lc8—d7 11) e5—f6:, De7—e4† 12) Ke1—f1, Lf8—d6 13) Sb1—c3, De4—f5 14) Dd1—d5 ist für Weiss nicht nachtheilig; dagegen würde bei 9) Lc1—f4:, d6—e5: 10) d4—e5†, Lc8—d7 11) Lf7—d5, Sf6—d5: 12) Lf4—g5, Kd8—c8 nach v. d. Lasas Urtheil Schwarz die Uebermacht erlangen.

---

*) Bei der Fortsetzung 12) ... Df6—h6: 13) Dd1—e1, c7—c6 14) De1—h6:, Th7—h6: 15) Sb5—c3 wird Weiss den Gambitbauer ebenfalls erobern.

7) e4—d5:, Lf8—d6. Zu der Spielart 7) . . . Lf8—g7 8) d2—d4, 0—0 9) 0—0, c7—c5 (S. 207 B.) müssen wir bemerken, dass 9) . . . Sf6—d5: (vgl. S. 73 der alten Schachzeitung 1864) uns eher vortheilhaft für Schwarz erscheint.

8) d2—d4, Sf8—h5. Der Gegenzug 8) . . . Dd8—e7 findet man in der 288., 289. und 290. Partie. Wir wollen nicht unbedingt behaupten, Schwarz müsse nach 8) . . . Dd8—e7 das Spiel verlieren, die Vertheidigung wird aber äusserst unbequem.

### Zur 155. Partie. (S. 210.)

11) Th1—g1 (!). Unsere Bemerkungen über diesen Zug und über 12) . . . Ld6—e5: sind falsch; die Fortsetzung 11) . . . Dd8—f6 12) Sc3—e2 erweis't sich bei genauerer Untersuchung eher für den Gambitgeber, als für den Nachziehenden, vortheilhaft. V. Petroffs geistvolle Combination in der Partie: 12) . . . Ld6—e5: 13) d4—e5:, Df6—b6 scheitert an der Antwort 14 Dd1—d4 (!), worauf Weiss nach 14) . . . Db6—b5: 15) Se2—g3:, f4—g3: durch 16) e5—e6 einen unwiderstehlichen Angriff erlangt; und auf 12) . . . Sg3—e2: 13) Dd1—e2:, h7—h5 verschafft 14) Lc1—d2 dem Gambitgeber ein gutes Spiel; auch durch 13) . . : Kf8—g7, Th8—g8 oder Df8—h4† würde der Nachziehende höchstens Remis erreichen. Da nun ausserdem der in der 156. Partie versuchte Zug 11) Lc1—f4: von der Régence widerlegt worden ist, so müssen wir jetzt 11) Th1—g1 für das Beste erklären und bitten, demnach auch S. 212 die erste Note zu corrigiren.

### Zur 156. Partie. (S. 211—213.)

22) . . . Sb8—d7. Durch 22) . . . Sb8—a6 würde Schwarz nach folgender Ausführung der Régence gewonnen haben:

Stellung nach dem 22. Zuge von Weiss.

| | | |
|---|---|---|
| 23) | Le8—b5 | Sa6—c5 |
| 24) | Lb5—d3 | Lf5—g6 |
| 25) | Kf2—g3 *) | Sc5—d7 |
| 26) | Ta1—f1 | Ta8—d8 |
| 27) | Kg3—g4: **) | Sd7—f6† |
| 28) | Tf1—f6: | Td8—d5: |
| 29) | Ld3—f5 | Td5—d1 |
| 30) | Kg4—g5 | Td1—h1 |
| 31) | Lf5—g4 | Th1—h6: |
| 32) | Kg5—h6: | Kg8—f8 |

*) Auf 25) Kf2—e3 folgt 25) . . . Sc5—d7 26) Ta1—f1, Ta8—e8† 27) Ke3—d4, g4—g3.

**) Auf 27) d5—d6 folgt 27) . . . Sd7—f6: 28) d6—c7:, Sf6—h5† 29) Kg3—g4:, Td8—c8.

### Zur 160. Partie. (S. 218.)

[6) Lf1—c4, d7—d5 7) e4—d5:, Lf8—d6 8) d2—d4, Sf6—h5 9) Sb1—c3] Dd8—e7. Dieser Zug führt wohl zu einem gleichem Spiele; man vgl. die Anmerkungen zur 284. Partie.

### Dritte Vertheidigung: 5) ... Lf8—g7.
### Zur 166. Partie. (S. 224.)

[6) d2—d4, Sg8—f6 7) Lf1—c4 (?)] d7—d5. Eine sehr ausführliche Analyse der Spielart 7) ... 0—0, welche wir für die beste halten, findet man in der neuen Ausgabe des Handbuchs S. 352 ff., § 7, No. 6—9.

### Zur 167. Partie. (S. 226—227.)

[6) d2—d4, Sg8—f6] 7) Se5—g4: Auf 7) Sb1—c3 lässt v. d. Lasa folgen 7) ... d7—d6 8) Se5—d3, 0—0 9) Lc1—f4: (!), Sb8—c6 (!) 10) Sd3—f2, Sf6—h5 11) Lf4—g5, f7—f6 12) Lg5—e3, Sh5—g3 13) Th1—h2, f6—f5. Diese Spielart scheint noch näherer Prüfung zu bedürfen.

[7) ... Sf6—e4:] 8) Lf1—d3. Bei 8) Lc1—f4: erlangt Schwarz nach v. d. Lasas Angabe durch 8) ... Dd8—e7 ein günstiges Spiel. Dagegen möchte 8) Lf1—e2 zu einem ungefähr gleichen Spiele führen. Antwortet Schwarz darauf 8) ... Se4—g3 (?), so gewinnt sogar der Gambitgeber nach 9) Lc1—f4:, Sg3—h1: durch 10) Lf4—g5, f7—f6 11) Sg4—f6†, Lg7—f6: 12) Le2—h5†, Ke8—f8 13) Lg5—h6†, Kf8—e7 14) Dd1—e2† u. s. w.

### Zur 168. Partie. (S. 227—231.)

[6) Se5—g4:, d7—d5] 7) Sg4—f2. Gegen den von M. Lange empfohlenen, von uns gemissbilligten Zug 7) c2—c3 kommen ausser 7) ... d5—e4: auch folgende von v. d. Lasa angedeutete Spielarten in Betracht:

**I.**

| | | | | | |
|---|---|---|---|---|---|
| 7) | c2—c3 (?) | Dd8—e7 | 12) | d3—e4: | d5—e4: |
| 8) | Sg4—f2 | f7—f5 | 13) | Lg5—f6: | Lg7—f6: |
| 9) | d2—d3 | Sg8—f6 | 14) | Dd1—d5† | Lc8—e6 |
| [9) | Dd1—h5† | Ke8—d8] | 15) | Dd5—e4: | Sb8—c6 |
| 10) | Lc1—f4: | 0—0 | | „und Schwarz ist sehr gut ent- | |
| 11) | Lf4—g5 | f5—e4: | | wickelt." | |
| [11) | e4—e5 | d5—d4] | [15) | Dd5—b7: | Lf6—h4:] |

**II.*)**

| | | | | | |
|---|---|---|---|---|---|
| 7) | c2—c3 (?) | Sg8—f6 | 9) | Dd1—h5 | d5—e4: |
| 8) | Sg4—f6† | Lg7—f6: | 10) | Lf1—c4 | Dd8—e7 |

---

*) Man vergleiche eine Partie zwischen Lange und Prof. A. v. M. in der Leipziger Schachzeitung 1864, S. 48.

| | | | | |
|---|---|---|---|---|
| 11) | d2—d4 | c4—d3† | 16) | Db5—f7† Ke8—d8 |
| 12) | Ke1—f2 | Sb8—c6 | 17) | Df7—d5† Dc5—d5: |
| 13) | Lc1—f4: | Sc6—e5 | 18) | Lc4—d5: Th8—f8 |
| 14) | Lf4—e5: | De7—c5† | 19) | Ld5—f3 Lc8—e6 |
| 15) | Kf2—f1 | Dc5—e5: | | „und Schwarz steht besser." |

Wir haben S. 228—231 die von M. Lange vorgeschlagene Spielart 7) c2—c3, d5—e4: 8) Dd1—a4†, Sb8—c6 9) Da4—e4†, Dd8—e7 10) De4—e7† widerlegt. Besser, als der letzte Zug des Weissen, wäre 10) Se4—f2; doch wird Schwarz auch darauf durch 10) ... Lc8—e6 oder 10) ... Lc8—d7, welchen Zug L. Paulsen anwendet, beträchtlichen Vortheil in der Stellung erringen können. — Bei 8) Sg4—f2 statt 8) Dd1—a4† behauptet Schwarz durch 8) ... Lc8—f5 das numerische Uebergewicht.

In der 316. Partie wird 7) e4—e5 (?) versucht und fortgefahren 7) ... Lc8—g4: 8) Dd1—g4:, Lg7—e5: 9) Dg4—f5, worauf wohl 9) ... Sb8—d7 die beste Antwort wäre. Auch dieser Zug lässt dem Vertheidiger das überlegene Spiel.

### Zur 169. Partie. (S. 232.)

[7) Sg4—f2, Sg8—e7] 8) d2—d3. M. Lange bezeichnet 8) Dd1—f3 als den besten Zug; L. Paulsen theilte uns im Mai d. J. mit, derselbe sei in Leipzig von Dr. E. v. Schmidt gegen ihn angewendet worden und scheine ihm recht gut zu sein. Vielleicht erlangt der Gambitgeber dadurch ein gleiches Spiel.

### IV. b) Allgaiergambit. 1) e2—e4, e7—e5 2) f2—f4, e5—f4: 3) Sg1—f3, g7—g5 4) h2—h4, g5—g4 5) Sf3—g5 (?).

### Zur 171. Partie. (S. 234.)

12) ... c6—d5: Besser wäre nach v. d. Lasas Urtheil 12) ... Th8—f8 gewesen.

### IV. d) Muziogambit. 1) e2—e4, e7—e5 2) f2—f4, e5—f4: 3) Sg1—f3, g7—g5 4) Lf1—c4, g5—g4 5) 0—0.

**Erstens:** L. Paulsens Vertheidigung: 5) ... g4—f3: 6) Dd1—f3, Dd8—f6.

### Zur 175. Partie. (S. 244.)

6) ... Dd8—f6 (vgl. S. 246). V. d. Lasa urtheilt jetzt: „Hierauf folgt 7) e4—e5, Df6—e5:, und Schwarz hat, obgleich seine Dame unvortheilhaft gestellt ist, doch vielleicht ein überwiegendes Spiel."

13) ... Th8—g8 (?). Der correcte Zug ist 13) ... Th8—e8.

14) Lc3—f6 (?). Weiss versäumt, den Fehler des Gegners zu benutzen; er hätte durch 14) Te1—e7:, Sc6—e7: 15) Lc3—f6, Lh6—g5 16) Sd5—e7:,

Df5—f6: 17) Se7—g8:, Df6—g7 18) h2—h4, Lg5—h4: 19) Df3—f4: oder 15) ... Tg8—e8 16) g2—g4, Df5—g6 17) Df3—e2, Lh6—g5 18) De2—e5 das Uebergewicht erlangt.

### Zur 176. Partie. (S. 250.)

12) ... Sc6—e5 (!). Auf 12) ... d7—d6 13) Ld2—f4:, Lh6—f4: 14) Te4—f4:, Df5—c5† 15) Kg1—h1, Sc6—e5 [statt 15) ... Lc8—f5] folgt:

| 16) Df3—h5 | Se7—g6 | 19) Sc3—d5 | Sg6—e7 |
| 17) Tf4—f7: | Se5—f7: | 20) Dh5—h4 | |
| 18) Lc4—f7† | Ke8—d8 | | und Weiss ist im Vortheil. |

[Auf 17) ... Se5—c4: folgt 18) Sc3—d5.]

Oder:

| 16) ... | Se5—g6 | 20) Dh5—g5† | Kd8—d7 |
| 17) Lc4—f7† | Ke8—d8 | 21) Tf1—f4† | Kd7—c6 |
| 18) Lf7—g6: | Se7—g6: | 22) Tf4—c4 | |
| 19) Sc3—d5 | Sg6—f4: | | und gewinnt. |

13) ... Se5—c4: Zu der von Hirschfeld aufgestellten Variante, S. 251 unten, S. 252 oben ist zu bemerken, dass Schwarz durch 17) ... Se5—f7: [statt Dg7—f7: (?)] wohl Remis erreichen kann, z. B. 18) Te4—e7†, Ke8—d8 19) Lc4—f7:, Dg7—d4† oder auch 19) ... Lc8—d7 20) Sc3—d5, Dg7—d4† 21) Kg1—f1, Dd4—h4† 22) Te7—d7†, Kd8—d7: 23) De2—e6†, Kd7—d8.

18) ... Dc5—b4. Bei 18) ... Dc5—d6 19) Sc3—b5, Dd6—f6 20) c4—c5, a7—a6 21) Sb5—c7: bleibt Weiss im Vortheil.

21) c7—c6. Die correcte Fortsetzung wäre 21) ... Db2—a1† 22) Te4—e1, Da1—c1† 23) Dh4—c1:, Se7—f5: und Schwarz behält das Uebergewicht. Statt 21) Tf4—f5: spielt Weiss desshalb besser 21) Tf4—f3, worauf folgen könnte: 21) ... c7—c6 22) h2—h3, d7—d6 23) Te5—e1, Lc8—d7 24) c4—c5 mit gleichem Spiele. V. d. Lasa bemerkt zu letzterer Variante, die wir der neuen Ausgabe seines Handbuchs entnommen haben: „Schwarz scheint sich nicht ohne Verlust eines Offiziers freimachen zu können, indess lässt sich vielleicht sein Spiel verstärken und dadurch eine siegreiche Vertheidigung gewinnen."

**Drittens: Die dänische Vertheidigung: 5) ... g4—f3: 6) Dd1—f3:, Dd8—e7.**

### Zur 176. Partie. (S. 256—59.)

6) ... Dd8—e7. V. d. Lasa urtheilt jetzt über diese Spielart: „Sie befriedigt noch nicht vollständig, wird sich indess ebenso, wie 6) ... Dd8—f6, bei weiterer Erfahrung vielleicht zu einer dem Angriff überlegenen Ver-

theidigung ausbilden lassen." Die Fortsetzung 7) Df3—f4:, Sb8—c6 8) Lc4—f7†, Ke8—d8 9) Sb1—c3, De7—e5 10) Df4—e5:, Sc6—e5: wird im Handbuche folgendermassen ausgeführt:

| | | | |
|---|---|---|---|
| 11) Lf7—h5 | Lf8—c5† | 14) c2—c3 | d7—d6 |
| 12) Kg1—h1 | Sg8—e7 | 15) d2—d4 | Lc5—b6 |
| 13) Sc3—e2 | Se5—c6 | 16) Lc1—g5 | Lc8—d7 |

[noch besser ist vielleicht Sc5—g6]    17) e4—e5

mit der Bemerkung, Schwarz sei bei gehöriger Umsicht doch vielleicht im Vortheil. Der Angriff kann jedoch verstärkt werden, wie S. 258 oben.

---

## V. Königsläufergambit.
1) e2—e4, e7—e5 2) f2—f4, e5—f4: 3) Lf1—c4.

### Zur 181. Partie. (S. 262.)

[3] ... Dd8—h4† 4) Ke1—f1] g7—g5. Der Name „classische Vertheidigung" ist eigentlich auf diese Spielart allein beschränkt. Die Züge 4) ... Sb8—c6 und 4) ... Sg8—f6, durch welche Schwarz nach unseren Erfahrungen in der Praxis kaum ein gleiches Spiel erlangt, behandelt das Handbuch S. 428 Abschnitt I. § 7 und § 8. Hinsichtlich des Zuges 4) ... d7—d6 vergleiche man die 294. Partie (zwischen M. Lange und L. Paulsen), ferner eine Partie zwischen R. Schurig und L. Paulsen (Schachzeitung 1863 S. 367) und Abschnitt I. § 10 des Handbuchs S. 428—430.

Zu dem Diagramm S. 263 oben.

Eine ausführliche Analyse dieser Stellung findet man im Handbuche Abschnitt II. § 1 No. 2—11 S. 434.

### Zur 188. Partie. (S. 265.)

9) **Kf1**—g1 (!). Die Spielart 9) e4—e5, f7—f6 (!) ist im Handbuche Abschnitt II. § 2 No. 19—31 S. 440—443 behandelt.

10) ... f4—f3 (!). Das Handbuch erwähnt nur die schwächeren Züge Sb8—c6 und Dh5—h4:

Zu S. 270 D.

19) e2—e3. Statt dessen kommt auch 19) Sf5—g7: in Betracht.

Zu S. 275.

3) ... f7—f5 4) Dd1—e2, Dd8—h4† 5) Ke1—d1, f5—e4: 6) De2—e4†. Um eine vollständige Uebersicht der bekannten Fortsetzungen dieser Eröffnung zu geben, fügen wir noch folgende Varianten hinzu:

| | | | |
|---|---|---|---|
| 6) ... | Lf8—e7 | 9) Sg1—f3 | Dh4—h5 |
| 7) Sb1—c3 | Sg8—f6 | 10) Th1—e1 | Ke8—d8 |
| 8) Dc4—e2 | Sb8—c6 | | Schwarz steht besser. |

| | | | | | | |
|---|---|---|---|---|---|---|
| 7) | Sg1—f3 | Dh4—h5 | | 10) | Sb1—c3 | Ke8—d8*) |
| 8) | Th1—e1 | Sb8—c6 | | 11) | Sc3—d5 | Dh5—f7 |
| 9) | Lc4—g8: | Th8—g8: | | 12) | Sd5—f4: | mit gleichem Spiele. |

| | | | | | | |
|---|---|---|---|---|---|---|
| 7) | Lc4—g8: | Th8—g8: | | 10) | d2—d4 | d7—d5 |
| 8) | Sg1—f3 | Dh4—f6 | | 11) | De4—f4: | Df6—f4: |
| 9) | Sb1—c3 | c7—c6 | | 12) | Lc1—f4: | Lc8—g4. |

## VI. Abgelehntes Königsgambit.

**A.** 1) e2—e4, e7—e5 2) f2—f4, Lf8—c5.

### Zur 203. Partie. (S. 289.)

3) [Sg1—f3] d7—d6. V. d. Lasa sagt, auch 3) . . . d7—d5 sei zu empfehlen, und giebt folgende Fortsetzung als zur Ausgleichung führend an: 4) e4—d5:, e5—e4 5) d2—d4 [dieser Zug sei besser als 5) Sf3—e5], e4—f3: 6) d4—c5:, Dd8—e7† 7) Ke1—f2, f3—g2: 8) Lf1—b5†, Ke8—f8 9) Kf2—g2:, De7—c5: 10) Sb1—c3,
Sg8—f6 11) Th1—e1, Lc8—f5; uns scheint das weisse Spiel aber besser entwickelt zu sein. Statt 4) e4—d5: ist übrigens auch 4) Sf3—e5: zu bedenken, worauf durch 4) . . . d5—e4: dieselbe Stellung entstehen würde, wie nach 2) . . . d7—d5 3) Sg1—f3, d5—e4: 4) Sf3—e5:, Lf8—c5. Weiss würde nun durch 5) Dd1—h5, g7—g6 6) Se5—g6: Lc5—f2† 7) Ke1—e2 mindestens einen Bauer gewinnen, auch durch 5) Lf1—c4 ein gutes Spiel erlangen. Der Zug 3) . . . d7—d5 ist demnach schwerlich richtig.

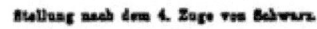
Stellung nach dem 4. Zuge von Schwarz.

4) [c2—c3], **Lc8—g4.** Vielleicht verdient 4) . . . **Sg8—f6** den Vorzug, vergleiche Handbuch § 3 No. 7—9, S. 312.

---

*) Noch besser ist wohl 10) . . . d7—d6, worauf Weiss den Angriff nicht mit 11) Sc3—d5 fortsetzen darf wegen der Antwort 11) . . . Lc8—f5 (!).

## II. Während des Druckes gesammelte Partieen.

### 252. Partie.
Spanische Partie.

Gespielt zu Leipzig im Februar 1864.

| | L. Paulsen. Weiss. | M. Lange. Schwarz. |
|---|---|---|
| 1) | e2—e4 | e7—e5 |
| 2) | Sg1—f3 | Sb8—c6 |
| 3) | Lf1—b5 | Sg8—f6 |
| 4) | d2—d3 | d7—d6 |
| 5) | Sb1—c3 | Lf8—e7 |
| 6) | 0—0 | 0—0 |
| 7) | Lb5—c6: | b7—c6: |
| 8) | d3—d4 | Sf6—d7 |
| 9) | d4—e5: | d6—e5: |
| 10) | Lc1—e3 | Dd8—e8 |
| 11) | Dd1—d3 | Sd7—c5 |
| 12) | Le3—c5: | Le7—c5: |
| 13) | Sc3—a4 | Lc5—d6 |
| 14) | c2—c4 | f7—f5 |
| 15) | c4—c5 | f5—e4: |
| 16) | Dd3—e4: | Tf8—f4 |
| 17) | De4—e3 | Lc8—g4 (!) |
| 18) | c5—d6: | Lg4—f3: |
| 19) | g2—f3: (!) | c7—d6: (!) |
| 20) | Sa4—c3 | De8—h5 (!) |
| 21) | Sc3—e2 | Tf4—f3: |
| 22) | Se2—g3 | Dh5—g4 |
| 23) | De3—d2 | d6—d5 |
| 24) | Ta1—c1 | Ta8—c8 |
| 25) | b2—b4 (?) | h7—h5 |
| 26) | b4—b5 | h5—h4 |
| 27) | b5—c6: | d5—d4 (!) |

Stellung nach dem 17. Zuge von Weiss.

| | Weiss. | Schwarz. |
|---|---|---|
| 28) | Tf1—c1 | h4—g3: |
| 29) | h2—g3: (!) | |

| | Weiss. | Schwarz. |
|---|---|---|
| 29) | ... | Tf3—f5 (?) |
| 30) | Tc1—c5 | Dg4—h3 |
| 31) | Te1—e5: | Tf5—e5: |
| 32) | Tc5—e5: | Tc8—c6: |
| 33) | Te5—e8† | Kg8—f7 |
| 34) | Tc8—d8 | Dh3—h6 (?) |
| 35) | Dd2—h6: | Tc6—h6: |
| 36) | Td8—d7† | Kf7—e8 |
| 37) | Td7—d4: (!) | Th6—a6 |
| 38) | a2—a4 | Ke8—e7 |
| 39) | f2—f4 | Ke7—e6 |
| 40) | g3—g4 | Ta6—b6 |
| 41) | Kg1—f2 | Tb6—b3 |
| 42) | f4—f5† | Ke6—e7 |
| 43) | g4—g5 | Tb3—c3 |

Stellung nach dem 44. Zuge von Weiss.

| 44) | Td4—d5 (!) | Tc3—h3 (?) |
|---|---|---|
| 45) | Td5—a5 und Weiss gewann. | |

### Anmerkungen zur 252. Partie.

29) ... **Tf3—f5** (?). Durch 29) ... e5—e4 konnte Schwarz Remis erzwingen.

34) ... **Dh3—h6** (?). Zu diesem Zuge bemerkt M. Lange: „Auch hier verschmäht Schwarz das mit Tc6—b6 gebotene Spiel auf Remis, indem er, allerdings mit Unrecht, auf einen Fehler des Gegners speculirt; man vergleiche den 36. Zug."

39) ... **Ke7—e6**. „Mit g7—g6 an dieser Stelle würde auch jetzt noch Schwarz auf Remis spielen können." M. L.

---

### 253. Partie.
### Spanische Partie.
Gespielt zu Leipzig im Februar 1864.

| | M. Lange. | S. Paulsen. | | Weiss. | Schwarz. |
|---|---|---|---|---|---|
| | Weiss. | Schwarz. | 8) | Sd4—c6: | d7—c6: |
| 1) | e2—e4 | e7—e5 | 9) | Lb5—d3 | f7—f5 |
| 2) | Sg1—f3 | Sb8—c6 | 10) | Ld3—e4: (?) | Dd8—d1: |
| 3) | Lf1—b5 | Sg8—f6 | 11) | Tf1—d1: | f5—e4: |
| 4) | d2—d4 | e5—d4: | 12) | Sb1—c3 | Lc8—f5 |
| 5) | e4—e5 | Sf6—e4 | 13) | Lc1—e3 | Le7—b4 |
| 6) | 0—0 | Lf8—e7 | 14) | Sc3—a4 | Tf8—e8 |
| 7) | Sf3—d4: | 0—0 | 15) | a2—a3 (!) | Lb4—f8 |

Stellung nach dem 9. Zuge von Schwarz.

| | Weiss. | Schwarz. |
|---|---|---|
| 16) | Le3—f4 | e4—e3 (!) |
| 17) | Ta1—c1 (!) | e3—f2† |
| 18) | Kg1—f2: | b7—b5 |
| 19) | Sa4—c3 | Lf8—c5† |
| 20) | Kf2—g3 | h7—h6 (!) |
| 21) | h2—h4 | Tc8—e6 |
| 22) | Kg3—h2 | Ta8—f8 |
| 23) | g2—g3 | Lc5—e7 |
| 24) | Td1—e1 | g7—g5 |
| 25) | h4—g5: | h6—g5: |
| 26) | Lf4—e3 | a7—a5 |
| 27) | Le3—a7 | Lf5—g4 |
| 28) | Sc3—e4 | |

| 28) | ... | Te6—c5: (?) |
|---|---|---|

| | Weiss. | Schwarz. |
|---|---|---|
| 29) | Se4—f2 | Lg4—c2 (!) |
| 30) | c2—c4 | Le7—d6 |
| 31) | La7—d4 | Tc5—e6 |
| 32) | c4—c5 | Ld6—e7 |
| 33) | Tc1—c2 | Lc2—c4 |
| 34) | Tc1—e6: | Lc4—e6: |
| 35) | Tc2—e2 | Le7—f6 |
| 36) | Ld4—f6: (!) | Tf8—f6: |
| 37) | b2—b4 | a5—a4 |
| 38) | Sf2—e4 | Tf6—g6 (?) |
| 39) | Se4—g5: | Le6—d5 |
| 40) | Sg5—h3 | Tg6—h6 |
| 41) | g3—g4 | Ld5—c4 |
| 42) | Te2—c1 | Th6—h7 |
| 43) | Kh2—g3 | Th7—d7 |
| 44) | Sh3—f4 | Td7—d2 |
| 45) | Tc1—a1 | Kg8—g7 (!) |
| 46) | g4—g5 | Lc4—f7 |
| 47) | Ta1—e1 | Kg7—f8 |
| 48) | g5—g6 | Lf7—c4 |
| 49) | Kg3—g4 | Td2—f2 |
| 50) | Kg4—g5 | Tf2—f3 |
| 51) | Tc1—h1 | Tf3—a3: |
| 52) | Kg5—f6 | Kf8—e8 (!) |

| 53) | Th1—e1† | Ke8—d7 |
|---|---|---|
| 54) | g6—g7 | Ta3—f3 |
| 55) | Te1—d1† | Kd7—c8 |
| 56) | Kf6—g5 | Tf3—g3† |

| | Weiss. | Schwarz. |
|---|---|---|
| 57) | Kg5—h6 | a4—a3 |
| 58) | Kh6—h7 | a3—a2 |
| 59) | Td1—a1 | Kc8—b7 |
| 60) | Sf4—h5 | Tg3—h3 |
| 61) | Kh7—g6 (?) | Th3—f3 |
| 62) | Kg6—g5 (?) | Tf3—f1 (!) |
| 63) | Ta1—f1: | Lc4—f1: |
| 64) | g7—g8D | a2—a1D |
| 65) | Dg8—b3 | Da1—e5† |
| 66) | Kg5—h4 | Lf1—e2 |
| 67) | Db3—f7 | Le2—h5: |
| 68) | Df7—h5: | De5—e1† |
| 69) | Kh4—g4 | De1—b4† |

Aufgegeben.

Stellung nach dem 60. Zuge von Schwarz.

### Anmerkungen zur 253. Partie.

**28) ... Te6—e5:** (?). Der stärkste Zug war 28) ... Te6—h6†; dadurch wäre Schwarz im Vortheil geblieben.

**51) Te1—h1.** Wollte Weiss nur Remis erreichen, so war 51) Te1—a1 der sichere Weg dazu.

**53) Th1—e1†** (?). Wir glauben, dass Weiss durch 53) Th1—h8† den Sieg erringen konnte.

**61) Kh7—g6** (?). Weiss hätte mit 61) g7—g8D auf Remis spielen sollen; man erwäge die von M. Lange angegebene Fortsetzung: 61) ... Lc4—g8† (!) 62) Kh7—g8:, Th3—h5: 63) Ta1—a2:, Kb7—c8 64) Kg8—f7 u. s. w.

**67) Db3—f7.** Auf 67) Sh5—g3 folgt 67) ... De5—f4† 68) Kh4—h5, Le2—f3 und Schwarz gewinnt ebenfalls.

---

### 254. Partie.

#### Spanische Partie.

Gespielt zu Leipzig im Jahre 1864.

| | Dr. G. v. Schmidt.<br>Weiss. | S. Paulsen.<br>Schwarz. | | Weiss. | Schwarz. |
|---|---|---|---|---|---|
| 1) | e2—e4 | e7—e5 | 6) | 0—0 | Lf8—e7 |
| 2) | Sg1—f3 | Sb8—c6 | 7) | Sf3—d4: | 0—0 |
| 3) | Lf1—b5 | Sg8—f6 | 8) | Sd4—f5 | d7—d5 |
| 4) | d2—d4 | e5—d4: | 9) | Sf5—e7† | Sc6—e7: |
| 5) | e4—e5 | Sf6—e4 | 10) | f2—f3 | Se4—c5 |
| | | | 11) | Lc1—e3 | Sc5—e6 |

Stellung nach dem 8. Zuge von Schwarz.

| | Weiss. | Schwarz. |
|---|---|---|
| 12) | f3—f4 | Sc7—f5 |
| 13) | Lc3—d2 | c7—c6 |
| 14) | Lb5—d3 | Dd8—b6† |
| 15) | Kg1—h1 | Sc6—c5 |
| 16) | g2—g4 | Sc5—d3: |
| 17) | c2—d3: | Sf5—e3 |
| 18) | Ld2—e3: | Db6—e3: |
| 19) | Sb1—c3 | f7—f6 |
| 20) | e5—f6: | Tf8—f6: |

| | Weiss. | Schwarz. |
|---|---|---|
| 21) | f4—f5 | h7—h5 |
| 22) | Tf1—e1 | De3—g5 |
| 23) | Te1—e8† | Kg8—h7 |
| 24) | Dd1—b3 | Dg5—g4: |
| 25) | Ta1—g1 | Dg4—f3† |
| 26) | Tg1—g2 | Lc8—f5: |
| 27) | Te8—e2 | Lf5—h3 |
| 28) | Sc3—e4 | |

Schwarz kündigt Matt in 3 Zügen an.

Stellung nach dem 28. Zuge von Weiss.

---

### 255. Partie.

### Spanische Partie.

Gespielt zu Berlin im Juli 1864.

B. Suhle.    G. Schallopp.

| | Weiss. | Schwarz. |
|---|---|---|
| 1) | e2—e4 | e7—e5 |
| 2) | Sg1—f3 | Sb8—c6 |
| 3) | Lf1—b5 | Sg8—f6 |
| 4) | 0—0 | Lf8—e7 |
| 5) | Sb1—c3 | d7—d6 |
| 6) | d2—d4 | e5—d4: |
| 7) | Sf3—d4: | Lc8—d7 |
| 8) | f2—f4 | 0—0 |
| 9) | Sd4—c6: | b7—c6: |

| | Weiss. | Schwarz. |
|---|---|---|
| 10) | Lb5—d3 | d6—d5 |
| 11) | f4—f5 | Tf8—e8 |
| 12) | Dd1—f3 | Kg8—h8 |
| 13) | Kg1—h1 | d5—c4: |
| 14) | Sc3—e4: | Ta8—b8 |
| 15) | Se4—f6: | Le7—f6: |
| 16) | Ta1—b1 | c6—c5 |
| 17) | b2—b3 | Tb8—b6 |
| 18) | Lc1—f4 | Ld7—c6 |
| 19) | Df3—g3 | Tb6—b7 |

Suhle und Neumann. Schach.

|  | Weiss. | Schwarz. |
|---|---|---|
| 20) | Tb1—d1 | Dd8—a8 |
| 21) | Tf1—e1 | Te8—e1† |
| 22) | Td1—e1: | Da8—d8 |
| 23) | Lf4—e5 | Lf6—e5: |
| 24) | Dg3—e5: | Tb7—b8 |
| 25) | De5—c5: | Dd8—h4 |
| 26) | Te1—e2 | Dh4—g5 |
| 27) | Dc5—a7: | Tb8—d8 |
| 28) | h2—h3 | h7—h5 |
| 29) | Da7—c7: | Lb7—a8 |
| 30) | f5—f6 (!) | Td8—g8 |
| 31) | Dc7—f7: | La8—d5. |

Weiss giebt in drei Zügen Matt.

## 256. Partie.
### Spanische Partie.
Gespielt zu Berlin im Mai d. J. 1864.

G. R. Neumann.     L. Paulsen.

|  | Weiss. | Schwarz. |
|---|---|---|
| 1) | e2—e4 | e7—e5 |
| 2) | Sg1—f3 | Sb8—c6 |
| 3) | Lf1—b5 | Sg8—f6 |
| 4) | 0—0 | Lf8—e7 |
| 5) | Sb1—c3 | Sc6—d4 (?) |
| 6) | Sf3—d4: | e5—d4: |
| 7) | e4—e5 | d4—c3: |
| 8) | e5—f6: | Le7—f6: (!) |
| 9) | Tf1—e1† | Lf6—e7 (?) |
| 10) | Dd1—e2 | c7—c6 |
| 11) | Lb5—d3 | d7—d5 |
| 12) | d2—c3: | Lc8—e6 |
| 13) | f2—f4 | Le7—c5† |
| 14) | Kg1—h1 | 0—0 |
| 15) | f4—f5 | Le6—d7 |
| 16) | De2—h5 | f7—f6 |
| 17) | Lc1—d2 (?) | Ld7—e8 |
| 18) | Dh5—h4 | Le8—f7 |
| 19) | Te1—f1 | Dd8—d7 |
| 20) | Tf1—f3 | Kg8—h8 |

|  | Weiss. | Schwarz. |
|---|---|---|
| 21) | Tf3—h3 | Lf7—g8 |
| 22) | Ld3—e2 | Dd7—f5: |
| 23) | Le2—d3 | Df5—f2 |
| 24) | Dh4—h5 | f6—f5 (!) |
| 25) | Ta1—d1 | Lc5—b6 |
| 26) | b2—b4 | Ta8—c8 |
| 27) | Th3—f3 | Tc8—c1† (!) |
| 28) | Td1—c1: | Df2—d2: |

Stellung nach dem 22. Zuge von Weiss.

Stellung nach dem 25. Zuge von Schwarz.

| | Weiss. | Schwarz. | | Weiss. | Schwarz. |
|---|---|---|---|---|---|
| 29) | Tc1—f1 | g7—g6 | 37) | Tf3—h3 | h7—h5 |
| 30) | Dh5—h4 (?) | Dd2—c3: | 38) | c2—c4 | Lc7—a5 |
| 31) | Dh4—c7 | Tf8—f7 | 39) | Tc1—f1 | Tg7—e7 |
| 32) | De7—e8 (??) | Dc3—b4: | 40) | De8—f8 | Kh8—h7 |
| 33) | De8—e5† | Tf7—g7 | 41) | Th3—f3 | La5—c7 |
| 34) | De5—e8 | Db4—c7 | 42) | g2—g3 | d5—c4: |
| 35) | Tf1—e1 | Dc7—d6 | 43) | Tf3—f5: | c4—d3: |
| 36) | h2—h4 | Lb6—c7 | | Weiss giebt die Partie auf. |  |

**Anmerkungen zur 256. Partie.**

12) d2—c3: L. Paulsen hält 12) sofort f2—f4 für den stärksten Zug.

22) Ld3—e2. Weiss beabsichtigt, den Läufer nach g6 zu bringen.

26) b2—b4. Weiss konnte durch Ld2—c3 die feindliche Dame für Thurm und Läufer erobern, zog aber die gewählte Spielart vor.

30) Dh5—h4 (?). Weit besser wäre Dh5—h3 gewesen, worauf Schwarz den Bauer c3 nicht nehmen durfte.

32) De7—e8 (??). Der richtige Zug war De7—e1.

## 257. Partie.

### Mittelgambit im Zweispringerspiel.

30. Partie des Wettkampfs zwischen L. Paulsen und Kolisch i. J. 1861.

| | J. Kolisch. | L. Paulsen. | | Weiss. | Schwarz. |
|---|---|---|---|---|---|
| | Weiss. | Schwarz. | 3) | Lf1—c4 | Sg8—f6 |
| 1) | e2—e4 | e7—e5 | 4) | d2—d4 | e5—d4: |
| 2) | Sg1—f3 | Sb8—c6 | 5) | 0—0 | Lf8—c7 |

| | Weiss. | Schwarz. | | Weiss. | Schwarz. |
|---|---|---|---|---|---|
| 6) | c4—e5 | Sf6—e4 | 17) | Dc3—c4 | Lb4—d2: |
| 7) | Lc4—d5 | Se4—c5 | 18) | Lc3—d2: | De7—c5† |
| 8) | Ld5—c6: | d7—c6: | 19) | Dc4—c5: | Se6—c5: |
| 9) | Dd1—d4: | Lc8—f5 | 20) | Ld2—b4 | b7—b6 |
| 10) | b2—b4 | Sc5—e6 | 21) | Lb4—c5: | b6—c5: |
| 11) | Dd4—c3 | 0—0 | 22) | Sc5—c6: | Lf5—c2: |
| 12) | Lc1—e3 | f7—f6 | 23) | Td1—c1 | Lc2—d3 |
| 13) | Sb1—d2 | f6—e5: | 24) | Tf1—d1 | c5—c4 |
| 14) | Sf3—e5: | Lc7—d6 | 25) | g2—g3 und die Partie wurde | |
| 15) | f2—f4 | Dd8—c7 | abgebrochen als Remis. | | |
| 16) | Ta1—d1 | Ld6—b4: | | | |

## 258. Partie.

Gespielt zu Berlin im Juli 1864.

B. Suhle.    G. Schallopp.

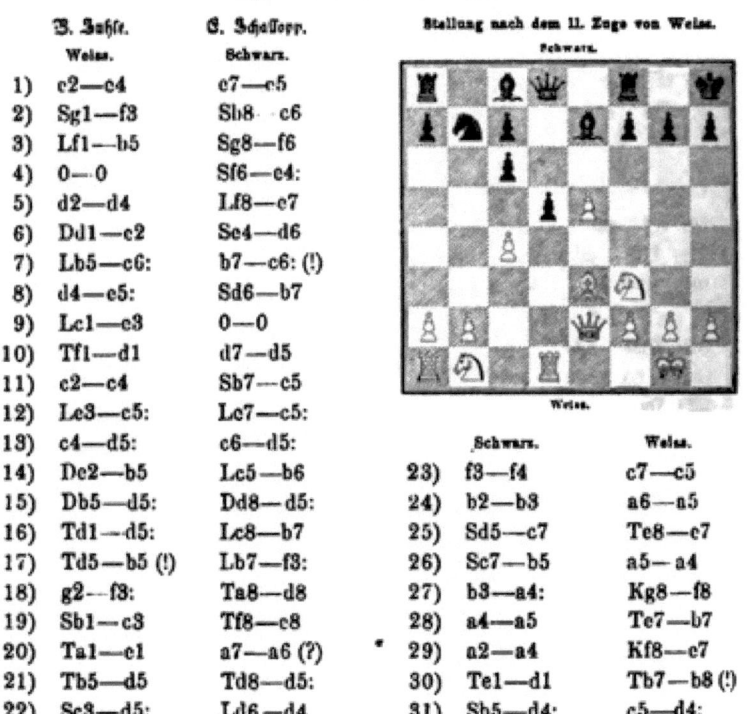

Stellung nach dem 11. Zuge von Weiss.

| | Weiss. | Schwarz. | | Schwarz. | Weiss. |
|---|---|---|---|---|---|
| 1) | c2—c4 | c7—c5 | | | |
| 2) | Sg1—f3 | Sb8—c6 | | | |
| 3) | Lf1—b5 | Sg8—f6 | | | |
| 4) | 0—0 | Sf6—e4: | | | |
| 5) | d2—d4 | Lf8—e7 | | | |
| 6) | Dd1—c2 | Se4—d6 | | | |
| 7) | Lb5—c6: | b7—c6: (!) | | | |
| 8) | d4—e5: | Sd6—b7 | | | |
| 9) | Lc1—e3 | 0—0 | | | |
| 10) | Tf1—d1 | d7—d5 | | | |
| 11) | c2—c4 | Sb7—c5 | | | |
| 12) | Le3—c5: | Le7—c5: | | | |
| 13) | c4—d5: | c6—d5: | | | |
| 14) | Dc2—b5 | Lc5—b6 | 23) | f3—f4 | c7—c5 |
| 15) | Db5—d5: | Dd8—d5: | 24) | b2—b3 | a6—a5 |
| 16) | Td1—d5: | Lc8—b7 | 25) | Sd5—c7 | Te8—c7 |
| 17) | Td5—b5 (!) | Lb7—f3: | 26) | Sc7—b5 | a5—a4 |
| 18) | g2—f3: | Ta8—d8 | 27) | b3—a4: | Kg8—f8 |
| 19) | Sb1—c3 | Tf8—e8 | 28) | a4—a5 | Te7—b7 |
| 20) | Ta1—c1 | a7—a6 (?) | 29) | a2—a4 | Kf8—e7 |
| 21) | Tb5—d5 | Td8—d5: | 30) | Tc1—d1 | Tb7—b8 (!) |
| 22) | Sc3—d5: | Lb6—d4 | 31) | Sb5—d4: | c5—d4: |

| | Weiss. | Schwarz. |
|---|---|---|
| 32) | Td1—d4: | Tb8—a8 |
| 33) | Kg1—g2 | Ta8—a5: |
| 34) | Kg2—f3 | Kc7—e6 |
| 35) | Kf3—e4 | f7—f6 |
| 36) | f4—f5† | Ke6—e7 |
| 37) | e5—e6 (?) | Ta5—e5† |
| 38) | Ke4—f4 | g7—g5† |
| 39) | f5—g6: | h7—g6: |
| 40) | h2—h4 | Te5—h5 |
| 41) | Kf4—g3 | Ke7—e6 |
| 42) | Td4—b4 | Th5—a5 |
| 43) | Kg3—f3 | Ke6—f7 |
| 44) | Kf3—e3 | Kf7—g7 |
| 45) | Tb4—f4 (!) | Kg7—h6 |
| 46) | Ke3—d3 | Ta5—a6 |
| 47) | Kd3—c3 | g6—g5 |
| 48) | h4—g5† | h6—g5: |
| 49) | Tf4—d4 | Kh6—h5 |
| 50) | Kc3—b4 | g5—g4 (?) |
| 51) | a4—a5 | Ta6—f6 |
| 52) | Td4—d2 | Kh5—h4 |
| 53) | Td2—a2 | Kh4—h3 |
| 54) | a5—a6 | Tf6—f8 |
| 55) | a6—a7 | Tf8—a8 |
| 56) | Kb4—b5 | Kh3—g2 |
| 57) | Kb5—b6 | Ta8—f8 (!) |
| 58) | f2—f4† | Kg2—f3 |

Stellung nach dem 57. Zuge von Schwarz.

| | Weiss. | Schwarz. |
|---|---|---|
| 59) | f4—f5 (!) | Kf3—f4 |
| 60) | a7—a8D | Tf8—a8: |
| 61) | Ta2—a8: | Kf4—f5: |
| 62) | Kb6—c5 | Kf5—f4 |
| 63) | Kc5—d4 | Kf4—f3 |
| 64) | Kd4—d3 | g4—g3 |
| 65) | Ta8—f8† | Kf3—g2 |
| 66) | Kd3—e2 | Kg2—h1 |
| 67) | Ke2—f3 | g3—g2 |
| 68) | Tf8—h8† | Kh1—g1 |
| 69) | Th8—g8 | Kg1—h1 |
| 70) | Kf3—f2 | |

und Weiss gewinnt.

### Anmerkungen zur 258. Partie.

10) ... d7—d5 (?). Wir ziehen mit Anderssen 10) ... Dd8—e8 vor.

50) ... g5—g4 (?). Besser wäre 50) ... Ta6—b6† gewesen, worauf Weiss den König hätte nach a3 ziehen müssen.

60) a7—a8D. Für Weiss entscheidend war auch 60) Ta2—f2†, Kf4—e3 61) Tf2—f1, Ke3—e2 62) Tf1—a1 u. s. w.

## 259. Partie.

### Spanische Partie.

Gespielt vermittelst telegraphischer Correspondenz im Januar d. J. 1864.

| | Newyork. | Philadelphia. | | Weiss. | Schwarz. |
|---|---|---|---|---|---|
| | Weiss. | Schwarz. | 20) | Sc5—d3 | c7—c5 |
| 1) | e2—e4 | e7—e5 | 21) | b2—b3 | Db6—c6 |
| 2) | Sg1—f3 | Sb8—c6 | 22) | g2—g4 | Dc6—g6 |
| 3) | Lf1—b5 | a7—a6 | 23) | h2—h3 | h7—h5 |
| 4) | Lb5—a4 | Sg8—f6 | 24) | Tf1—f3 | Lf5—c4 |
| 5) | d2—d4 | e5—d4: | 25) | Tf3—f1 (?) | h5—g4: |
| 6) | e4—e5 | Sf6—e4 | 26) | h3—g4: | Dg6—h7 |
| 7) | 0—0 | Lf8—e7 | 27) | De2—h2 | Le4—d3: |
| 8) | Sf3—d4: | Se4—c5 | 28) | c2—d3: | Dh7—d3: |
| 9) | Sd4—f5 | | 29) | Ta1—e1 | Dd3—g6 |
| | | | 30) | Tf1—f3 | f7—f5 (!) |

| | | | | | |
|---|---|---|---|---|---|
| 9) | ... | 0—0 | | | |
| 10) | La4—c6: | d7—c6: | 31) | g4—g5 (?) | Tf8—e8 |
| 11) | Sf5—e7† | Dd8—e7: | 32) | Tf3—h3 | Kg8—f7 |
| 12) | Lc1—f4 | Lc8—f5 | 33) | Te1—e2 | b7—b5 |
| 13) | Sb1—c3 | Ta8—d8 | 34) | Kg1—f1 | c5—c4 |
| 14) | Dd1—e2 | Sc5—e6 | 35) | Dh2—g2 | Td8—d7 (!) |
| 15) | Lf4—e3 | c6—c5 | 36) | Kf1—e1 | d4—d3 |
| 16) | f2—f4 | Se6—d4 | 37) | Te2—e3 | Dg6—b6 |
| 17) | Le3—d4: | c5—d4: | 38) | g5—g6† | Kf7—e6 |
| 18) | Sc3—e4 | De7—c6 | 39) | Dg2—b2 | Te8—h8 (!) |
| 19) | Se4—c5 | Dc6—b6 | | Weiss giebt die Partie auf. | |

### Anmerkungen zur 259. Partie.

3) ... a7—a6. Chess Players Magazine June 1864 S. 172 ff. nimmt diese Vertheidigung gegen Anderssens Tadel in Schutz (man vgl. unsere Anmerkungen zur 13. Partie S. 19—20) und giebt ihr sogar den Vorzug vor 3) ... Sg8—f6.

5) ... e5—d4: V. d. Lasa bemerkt: „Bei 5) ... Sc6—d4: 6) Sf3—d4:, e5—d4: 7) e4—e5, Sf6—e4 8) Dd1—d4:. Se4—c5 würde sich das Spiel auch ungefähr ausgleichen. Auf 6) Sf3—e5: geschähe dabei Sd4—e6."

Auf 5) ... Sf6—e4: kann folgen: 6) 0—0, Lf8—e7, 7) d4—e5:, 0—0 8) c2—c3, Tf8—e8,

oder 7) Dd1—e2, d7—d5 8) Sf3—e5:, Lc8—d7 9) La4—c6:, b7—c6:,

oder 6) Dd1—e2, f7—f5 7) d4—d5, Sc6—e7 8) Sf3—e5:, Se4—c5 9) d5—d6, Sc5—a4: 10) De2—c4, Se7—d5 11) Dc4—d5:, Dd8—f6 12) d6—c7:, d7—d6 13) Se5—f3, Df6—e6† 14) Dd5—c6†, Lc8—e6: 15) Sf3—d4, Ke8—d7 16) Sd4—e6:, Ta8—e8 [bei 10) d6—e7:, Dd8—e7: 11) 0—0, De7—e6 12) Tf1—e1 behält Weiss für einen Bauern den Angriff],

oder 6) d4—d5, Se4—c5.

### 260. Partie.
#### Spanische Partie.

Letzte Partie des Wettkampfs zwischen P. Morphy und Löwenthal i. J. 1858.

| | P. Morphy.<br>Weiss. | Löwenthal.<br>Schwarz. |
|---|---|---|
| 1) | e2—e4 | e7—e5 |
| 2) | Sg1—f3 | Sb8—c6 |
| 3) | Lf1—b5 | a7—a6 |
| 4) | Lb5—a4 | Sg8—f6 |
| 5) | d2—d4 | e5—d4: |
| 6) | e4—e5 | Sf6—e4 |
| 7) | 0—0 | Se4—c5 |
| 8) | La4—c6: | d7—c6: |
| 9) | Sf3—d4: | Sc5—e6 |
| 10) | Sd4—e6: | Lc8—e6: |
| 11) | Dd1—e2 | Lf8—c5 |
| 12) | Sb1—c3 | Dd8—e7 |
| 13) | Sc3—e4 | h7—h6 |
| 14) | Lc1—e3 | Lc5—e3: |
| 15) | De2—e3 | Le6—f5 (?) |

Stellung nach dem 15. Zuge von Weiss.

| | Weiss. | Schwarz. |
|---|---|---|
| 16) | Se4—g3 (!) | Lf5—c2: |
| 17) | f2—f4 | g7—g6 (?) |

| Weiss. | Schwarz. |   | Weiss. | Schwarz. |
|---|---|---|---|---|
| 18) e5—e6 (!) | | 27) | h2—h3 | Td8—d7 |
| | | 28) | Dg3—c3 | b7—b6 |
| | | 29) | Kg1—h2 | c6—c5 |
| | | 30) | Dc3—e2 | Df6—g6 |
| | | 31) | Te5—e6 | Dg6—g7 |
| | | 32) | De2—h5 | Td7—d5 |
| | | 33) | b2—b3 | b6—b5 |
| | | 34) | Te6—a6: | Td5—d6 |
| | | 35) | Dh5—f5† | Dg7—g6 |
| | | 36) | Df5—g6† | Kh7—g6: |
| | | 37) | Ta6—a5 | Td6—b6 |
| | | 38) | g2—g4 | c7—c6 |
| | | 39) | Kh2—g3 | h6—h5 |
| | | 40) | Ta5—a7 | h5—g4: |
| 18) ... | Lc2—f5 | 41) | h3—g4: | Kg6—f6 |
| 19) Sg3—f5: | g6—f5: | 42) | f4—f5 | Kf6—e5 |
| 20) e6—f7† | Ke8—f7: | 43) | Ta7—c7† | Ke5—d6 |
| 21) Dc3—h3 | Dc7—f6 | 44) | f5—f6 | Tb6—b8 |
| 22) Ta1—e1 | Th8—e8 | 45) | g4—g5 | Tb8—f8 |
| 23) Te1—e5 (!) | Kf7—g6 | 46) | Kg3—f4 | c5—c4 |
| 24) Tf1—e1 | Te8—e5: | 47) | b3—c4: | b5—c4: |
| 25) Te1—e5: | Ta8—d8 | 48) | Kf4—f5 | c4—c3 |
| 26) Dh3—g3† | Kg6—h7 | 49) | Tc7—c3 | Aufgegeben. |

**Anmerkungen zur 260. Partie.**

7) ... Se4—c5. Wohl noch besser ist 7) ... Lf8—e7.

18) ... Lc2—f5. Nimmt Schwarz den Bauer e6, so verliert er durch die Antwort 19) Dc3—c3 eine Figur; rochirt er nach der Damenseite, so folgt 19) De3—a7.

---

## 261. Partie.
### Spanische Partie.

Gespielt zu Berlin am 8. Mai d. J. 1864, gleichzeitig mit 9 anderen Blindlingspartien.

| B. Knorre. | S. Paulsen. (blindlings) | | Weiss. | Schwarz. |
|---|---|---|---|---|
| Weiss. | Schwarz. | | | |
| 1) e2—e4 | e7—e5 | 4) | Lb5—a4 | Sg8—f6 |
| 2) Sg1—f3 | Sb8—c6 | 5) | 0—0 | Lf8—e7 |
| 3) Lf1—b5 | a7—a6 | 6) | Tf1—e1 | d7—d6 |
| | | 7) | La4—c6† | b7—c6: |

| | Weiss. | Schwarz. | | Weiss. | Schwarz. |
|---|---|---|---|---|---|
| 8) | Sb1—c3 | 0—0 | 23) | Sh5—f6: | g7—f6: |
| 9) | d2—d4 | e5—d4: | 24) | De2—e6 | c6—c5 |
| 10) | Sf3—d4: | Dd8—d7 (?) | 25) | Td1—d7 | |
| 11) | Sd4—f5 | Le7—d8 | | | |
| 12) | Dd1—e2 | Kg8—h8 | | | |
| 13) | Sf5—g3 | Lc8—b7 | | | |
| 14) | b2—b3 | Sf6—g8 | | | |
| 15) | e4—e5 | Sg8—e7 | | | |
| 16) | Sc3—e4 | Se7—g6 | | | |
| 17) | f2—f4 | f7—f5 | | | |
| 18) | Se4—f2 | d6—e5: | | | |
| 19) | f4—e5: | Sg6—e5: | | | |

| | | | | Weiss. | Schwarz. |
|---|---|---|---|---|---|
| | | | 25) | . . . | Ta8—e8 |
| | | | 26) | De6—f6† | Df7—f6: |
| | | | 27) | Lb2—f6† | Tf8—f6: |
| | | | 28) | Te1—e8† | Sg6—f8 |
| | | | 29) | Td7—c7: | Lb7—d5 |
| | | | 30) | Tc7—c5: | Ld5—g8 |
| | | | 31) | Sf2—d3 | Kh8—g7 |
| | | | 32) | Tc5—c7† | Kg7—h8 |
| | | | 33) | Tc7—e8 | Kh8—g7 |
| 20) | Lc1—b2 | Se5—g6 | 34) | Sd3—f4 | Tf6—f7 |
| 21) | Ta1—d1 | Dd7—f7 | 35) | Sf4—h5† | Aufgegeben. |
| 22) | Sg3—h5 | Ld8—f6 | | | |

**Anmerkungen zur 261. Partie.**

10) ... **Dd8—d7 (?)**. Besser wäre 10) ... Lc8—d7.

12) ... **Kg8—h8**. Schwarz beabsichtigt Sf6—e4: und will die Antwort Sf5—h6† vermeiden.

13) ... **Lc8—b7**. Man vergleiche unsere Anmerkung zu No. 1—4, pag. 8.

## 262. Partie.
### Spanische Partie.

Gespielt zu Berlin im Mai d. J. 1864. — Dauer der Partie: 9¼ Stunde.

| | G. R. Neumann. | L. Paulsen. | | Weiss. | Schwarz. |
|---|---|---|---|---|---|
| | Weiss. | Schwarz. | 23) | f2—f3 | h7—h6 |
| 1) | e2—e4 | e7—e5 | 24) | c2—c3 | Tf4—f6 |
| 2) | Sg1—f3 | Sb8—c6 | 25) | Tf1—d1 | Tf8—d8 |
| 3) | Lf1—b5 | a7—a6 | 26) | De2—d2 | h6—h5 |
| 4) | Lb5—a4 | Sg8—f6 | 27) | c4—c5 | d6—d5 |
| 5) | 0—0 | Lf8—e7 | 28) | e4—d5: | Lc8—f5 |
| 6) | Sb1—c3 | b7—b5 | | | |
| 7) | La4—b3 | d7—d6 | | | |
| 8) | h2—h3 | Sc6—a5 | | | |
| 9) | d2—d3 | 0—0 | | | |
| 10) | Dd1—e2 | Sa5—b3: | | | |
| 11) | a2—b3: | Sf6—e8 (?) | | | |
| 12) | Sc3—b5: | f7—f5 | | | |
| 13) | Sb5—c3 | f5—e4: | | | |
| 14) | d3—e4 | Se8—f6 | | | |

| | Weiss. | Schwarz. |
|---|---|---|
| 29) | Dd2—a5 | Tf6—f8 |
| 30) | Td3—d2 | c6—d5: |
| 31) | Td2—d5: | Td8—d5: |
| 32) | Td1—d5: | e5—e5 |
| 33) | Td5—d8 | Tf8—d8: |
| 34) | Da5—d8† | Kh8—h7 |
| 35) | Dd8—d4 | Dg6—e6 |
| 36) | Dd4—e3 | De6—d5 |
| 37) | f3—e4: | Lf5—e4 |
| 38) | Sh2—f3 | Le4—f3: |
| 39) | g2—f3: | Dd5—d1† (?) |
| 40) | Kh1—g2 | Dd1—c2 |
| 41) | Kg2—g3 | Dc2—b2: |
| 42) | c5—c6 | Db2—f6 |
| 43) | De3—e4† | g7—g6 |
| 44) | De4—d5 | Df6—c3 |
| 45) | Dd5—f7† | Kh7—h6 |

| 15) | Lc1—g5 | Kg8—h8 |
|---|---|---|
| 16) | Lg5—f6: | Le7—f6: |
| 17) | Sc3—d5 | c7—c6 |
| 18) | Sd5—f6: | Dd8—f6 |
| 19) | Sf3—h2 (!) | Df6—g6 |
| 20) | Kg1—h1 | Ta8—a7 |
| 21) | Ta1—d1 | Ta7—f7 |
| 22) | Td1—d3 | Tf7—f4 |

|  | Weiss. | Schwarz. |  | Weiss. | Schwarz. |
|---|---|---|---|---|---|
| 46) | Df7—f8† | Kh6—h7 | 50) | Kh4—g5: | Dc3—d2† |
| 47) | Df8—e7† | Kh7—g8 | 51) | Kg5—h5 | Dd2—c3 |
| 48) | c6—c7 | h5—h4† | 52) | De7—d8† | Kg8—f7 |
| 49) | Kg3—h4: | g6—g5† | 53) | c7—c8D und gewinnt. |

**Anmerkung zur 262. Partie.**

15) Lc1—g5. Weiss hätte durch 15) De2—c4†, Kg8—h8 16) Sf3—g5, Dd8—e8 (!) den Bauer c7 gewonnen, aber seine Dame zu sehr aus dem Spiele entfernt.

---

## 263. Partie.
### Spanische Partie.

Gespielt zu Breslau im April des Jahres 1864.

|  | G. R. Neumann. Weiss. | Anderssen. Schwarz. |  | Weiss. | Schwarz. |
|---|---|---|---|---|---|
| 1) | e2—e4 | e7—e5 | 11) | Sb1—c3 | b7—b5 |
| 2) | Sg1—f3 | Sb8—c6 | 12) | Lc4—b3 | Lc7—c5† |
| 3) | Lf1—b5 | a7—a6 | 13) | Kg1—h1 | Lc8—b7 |
| 4) | Lb5—a4 | Sg8—e7 | 14) | Lb3—d5 | c7—c6 |
| 5) | 0—0 | Se7—g6 | 15) | Ld5—b3 | Dd8—e7 |
| 6) | d2—d4 |  | 16) | Sc3—c4 | 0—0—0 |
|  |  |  | 17) | Sc4—d6† | Lc5—d6: |
|  |  |  | 18) | e5—d6: | De7—f6 |
|  |  |  | 19) | Lc1—e3 | Td8—e8 |
|  |  |  | 20) | Dd1—d4 | Df6—d4: |
|  |  |  | 21) | Le3—d4: | f7—f6 |
|  |  |  | 22) | f4—f5 (?) | c6—c5 (!) |

| 6) | ... | Lf8—d6 |
| 7) | d4—e5: | Sc6—e5: |
| 8) | Sf3—e5: | Ld6—e5: |
| 9) | f2—f4 | Le5—f6 |
| 10) | e4—e5 | Lf6—e7 |

| Weiss. | Schwarz. | | Weiss. | Schwarz. |
|---|---|---|---|---|
| 23) Ld4—c5: | Sg6—h4 | 25) | Tf2—g2: (?) | Te8—e2 |
| 24) Tf1—f2 | Sh4—g2: | | Weiss giebt die Partie auf. | |

**Anmerkung zur 263. Partie.**

22) f4—f5 (?). Eine Uebereilung. Durch 22) Lc3—c5 würde Weiss das bessere Spiel behauptet haben.

### 264. Partie.
### Spanische Partie.

Gespielt zu Berlin im Juli d. J. 1864.

B. Suhle. — C. Mayet.

| Weiss. | Schwarz. | | Weiss. | Schwarz. |
|---|---|---|---|---|
| 1) e2—e4 | e7—e5 | 23) | Dd2—f4: | f7—f5 |
| 2) Sg1—f3 | Sb8—c6 | 24) | Se4—g3 | g7—g5 |
| 3) Lf1—b5 | Lf8—c5 | 25) | Df4—e3 (!) | |
| 4) c2—c3 | Sg8—e7 | | | |
| 5) 0—0 | 0—0 | | | |
| 6) d2—d4 | e5—d4: | | | |
| 7) c3—d4: | Lc5—b6 | | | |
| 8) d4—d5 | a7—a6 | | | |
| 9) Lb5—a4 | Sc6—a7 | | | |
| 10) d5—d6 | c7—d6: | | | |
| 11) Lc1—f4 | d6—d5 | | | |
| 12) e4—d5: | d7—d6 | | | |
| 13) Sb1—c3 | Se7—g6 | | | |
| 14) Dd1—d2 | Lc8—g4 | | | |
| 15) Sf3—g5 | h7—h6 | | | |
| 16) Sg5—e4 | Lb6—c7 | 25) | ... | Dd8—d7 |
| 17) h2—h3 | Lg4—f5 | 26) | Lc2—f5: | Tf8—f5: |
| 18) Ta1—c1 | b7—b5 | 27) | Sg3—f5: | Dd7—f5: |
| 19) La4—c2 | b5—b4 | 28) | Tc1—c7: | Sa7—b5 |
| 20) Sc3—e2 | a6—a5 | 29) | Tc7—b7 (!). | |
| 21) Se2—g3 | Lf5—c4: | | Schwarz giebt die Partie auf. | |
| 22) Sg3—e4: | Sg6—f4: | | | |

**Anmerkung zur 264. Partie.**

25) **Df4—e3** (!). Entscheidend; auf 25)... Tf8—e8 folgt 26) De3—d3.

## 265. Partie.
### Spanische Partie.
Gespielt zu Breslau im April d. J. 1864.

| G. R. Neumann.<br>Weiss. | Anderssen.<br>Schwarz. | | Weiss. | Schwarz. |
|---|---|---|---|---|
| 1) e2—e4 | e7—e5 | 14) | Sd2—f3 | Se5—f3: |
| 2) Sg1—f3 | Sb8—c6 | 15) | Lc2—f3: | Lc5—f2: |
| 3) Lf1—b5 | Sg8—e7 | 16) | Dd1—e2 | Lf2—g3 |
| 4) 0—0 | Se7 g6 | 17) | h2—h3 | Ta8—f8 |
| 5) d2—d4 | e5—d4: | 18) | Lc1—d2 | c7—c6 |
| 6) Sf3—d4 | Lf8—c5 | 19) | Lf3—g4 | Tf5—f2 |
|   |   | 20) | Tf1—f2: | Tf8—f2: |
|   |   | 21) | De2—e6† | Kg8—h8 |

| 7) Sd4—e2 (??) | 0—0 | | | |
| 8) Kg1—h1 | Sc6—e5 | 22) | Ta1—g1 (?) | h7—h5 |
| 9) Se2—g3 | d7—d6 | 23) | Lg4—f5 | Sg6—f8 |
| 10) Lb5—c2 | Dd8—h4 | 24) | De6—f7 | Dh4—h3† |
| 11) Sb1—d2 (?) | f7—f5 | 25) | Lf5—h3: | Tf2—f7: |
| 12) e4—f5: | Lc8—f5: | | Weiss giebt die Partie auf. | |
| 13) Sg3—f5: | Tf8—f5: | | | |

**Anmerkungen zur 265. Partie.**

7) **Sd4—e2 (?).** Ein weit stärkerer Zug ist 7) Sd4—f5.

11) **Sb1—d2.** Besser wäre wohl 11) f2—f4 gewesen.

## 266. Partie.
### Spanische Partie.

Gespielt zu Bristol im Jahre 1861.

| | Boden.<br>Weiss. | S. Paulsen.<br>Schwarz. | | Weiss. | Schwarz. |
|---|---|---|---|---|---|
| 1) | e2—e4 | e7—e5 | 24) | Tc1—d1: | Lg7—b2: |
| 2) | Sg1—f3 | Sb8—c6 | 25) | Td2—d7† | Kf7—g8 |
| 3) | Lf1—b5 | Sg8—e7 | 26) | Le3—a7: | Tb8—c8 |
| 4) | 0—0 | g7—g6 | 27) | Td1—e1 | c4—c3 |
| 5) | c2—c3 | Lf8—g7 | 28) | Te1—c7 | c3—c2 |
| 6) | d2—d4 | e5—d4: | 29) | La7—e3 | Lb2—c3 (!) |
| 7) | c3—d4: | d7—d5 | | | |
| 8) | e4—d5: | Se7—d5 | | | |
| 9) | Tf1—e1† | Lc8—e6 | | | |
| 10) | Lb5—c6† (?) | b7—c6: | 30) | Tc7—h7: | Tb4—b1† |
| 11) | Sb1—c3 | 0—0 | 31) | Kg1—h2 | Tb1—c1 |
| 12) | h2—h3 | c6—c5 | 32) | Le3—f4 | c2—c1D |
| 13) | Lc1—e3 | c5—c4 | 33) | Lf4—c1: | Tc1—c1: |
| 14) | Sc3—d5: | Dd8—d5: | 34) | Th7—h6 | Lc3—e5† |
| 15) | Ta1—c1 | Ta8—b8 | 35) | g2—g3 | Tc1—c6 |
| 16) | Tc1—c2 | Tb8—b5 | 36) | Th6—h4 | Tc6—d6 |
| 17) | a2—a4 (?) | Tb5—b3 | 37) | Th4—h7 | Td6—d7 |
| 18) | Sf3—e5 | Tb3—b4 | 38) | Th7—d7: | c7—c5 |
| 19) | Tc2—d2 | Tf8—b8 | 39) | f2—f4 | Le5—g7 |
| 20) | Se5—c6 (?) | Dd5—c6: | 40) | Td7—d2 | c5—c4 |
| 21) | d4—d5 | Dc6—a4: | 41) | Td2—c2 | c4—c3 |
| 22) | d5—c6: | Da4—d1: | 42) | Kh2—g2 | Tc8—d8 |
| 23) | c6—f7† | Kg8—f7: | 43) | Kg2—f3 | Td8—d3† |
| | | | 44) | Kf3—g4 | Td3—d2 |
| | | | 45) | Tc2—c1 | c3—c2 |
| | | | 46) | Kg4—g5 | Lg7—b2 |

Weiss giebt die Partie auf.

## Anmerkung zur 266. Partie.

10) Lb5—c6†. Dieser Abtausch bringt dem Nachziehenden keinen Vortheil; ein besserer Zug wäre 10) Lc1—g5 gewesen.

---

## 267. Partie.
### Evans-Gambit.
Gespielt zu Berlin am 8. Mai d. J. 1864.

B. v. Guretzky-Cornitz.    S. Pauffen.
(blindlings.)

| | Weiss. | Schwarz. | | Weiss. | Schwarz. |
|---|---|---|---|---|---|
| 1) | e2—e4 | e7—e5 | 20) | Sg5—f3 | Tf8—c8 |
| 2) | Sg1—f3 | Sb8—c6 | 21) | Sf3—e5 | Lb6—d4: |
| 3) | Lf1—c4 | Lf8—c5 | 22) | Ta1—e1 | Ld4—c5: |
| 4) | b2—b4 | Lc5—b4: | 23) | f4—e5: | Sf5—d6 |
| 5) | c2—c3 | Lb4—a5 | 24) | De4—g6 | Sd6—c4: |
| 6) | d2—d4 | e5—d4: | | | |
| 7) | 0—0 | d7—d6 | | | |
| 8) | c3—d4: | La5—b6 | | | |
| 9) | Sb1—c3 | Sc6—a5 (!) | | | |
| 10) | Sf3—g5 (?) | Sg8—h6 | | | |
| 11) | Lc1—e3 | 0—0 | | | |
| 12) | Lc4—e2 | f7—f5 | | | |
| 13) | f2—f4 | f5—e4: | | | |
| 14) | Sc3—e4: | Sh6—f5 | | | |
| 15) | Dd1—d3 | d6—d5 | | | |
| 16) | Se4—d2 | Sa5—c4 | | | |
| 17) | Sd2—c4: | d5—c4: | | | |
| 18) | Dd3—c4 (!) | h7—h6 | | | |
| 19) | Le2—c4† | Kg8—h8 | | | |

Weiss kündigt Matt in spätestens 6 Zügen an.

### Anmerkungen zur 267. Partie.

10) ... Sg8—h6. Mr. Wormald führt folgende Variante zum Vortheil der Vertheidigung aus: 10) ... Sa5—c4: 11) Dd1—a4†, Dd8—d7 12) Da4—c4:, h7—h6 13) Sg5—f3, Dd7—c6 [noch besser wäre nach Chess Players Magazine 1864 Juli: 13) ... Sg8—e7] 14) Dc4—d3, Lc8—g4 15) d4—d5, Dc6—d7 16) Sf3—d4, Sg8—e7. Die englische Monatsschrift schlägt vor: 10) ... Sa5—c4: 11) Dd1—a4†, c7—c6; man erwäge die Fortsetzung 12) Da4—c4:, Dd8—c7 (!) 13) f2—f4, h7—h6 14) Sg5—f3, Sg8—e7 „und Schwarz hat eine leichte Vertheidigung" oder: 13) Lc1—a3, h7—h6 14) La3

—d6:, Dc7—d7 (!) 15) Sg5—f7:, Dd7—f7: 16) d4—d5, Sg8—e7 (!) 17) Ld6—c7:, Ke8—c7: 18) d5—d6†, Kc7—e8 „und Weiss hat keinen genügenden Angriff". Bei 12) ... Sg8—h6 statt 12) ... Dd8—c7 erlangt der Gambitgeber durch 13) Kg1—h1, 0—0 14) f2—f4 ein sehr gutes Spiel, wie eine Partie von Suhle in der neuen Berliner Schachzeitung S. 118—119 zeigt.

16) ... Sa5—c4: Besser wäre 16) ... Tf8—e8.

20) Sg5—f3. 20) Sg5—f7† darf nicht geschehen wegen 20) ... Tf8—f7: 21) Lc4—f7:, Sf5—e3:

21) ... Lb6—d4: Vortheilhafter für Schwarz wäre die Fortsetzung: 21) ... Te8—e5: 22) f4—e5:, Sf5—e3: 23) De4—e3: [auf 23) Lc4—d3 folgt 23) ... Sc3—f5 24) Tf1—f5:, Dd8—d4†], Lb6—d4: 24) Tf1—f8†, Dd8—f8: 25) De3—d4:, Lc8—e6.

## 268. Partie.
### Evans-Gambit.
Gespielt zu Breslau im April des Jahres 1864.

| | G. R. Neumann. | Anderssen. | | Weiss. | Schwarz. |
|---|---|---|---|---|---|
| | Weiss. | Schwarz. | 10) | Lc4—d3 | Sg8—e7 |
| 1) | e2—e4 | e7—e5 | 11) | e4—e5 (?) | d6—d5 (?) |
| 2) | Sg1—f3 | Sb8—c6 | 12) | Lc1—a3 | Lc8—e6 |
| 3) | Lf1—c4 | Lf8—c5 | 13) | Sc3—a4 | 0—0 (?) |
| 4) | b2—b4 | Lc5—b4: | 14) | Sf3—g5 | h7—h6 |
| 5) | c2—c3 | Lb4—c5 | 15) | Sg5—e6: | f7—e6: |
| 6) | 0—0 | d7—d6 | 16) | Dd1—g4 | Dd8—d7 |
| 7) | d2—d4 | e5—d4: | 17) | Sa4—b6: | a7—b6: |
| 8) | c3—d4: | Lc5—b6 | 18) | La3—c7: | Dd7—c7: |
| 9) | Sb1—c3 | Sc6—a5 (!) | 19) | Dg4—g6 und gewinnt. | |

## 269. Partie.
### Evans-Gambit.
Gespielt zu Breslau im April des Jahres 1864.

| | G. R. Neumann. | Anderssen. | | Schwarz. | Weiss. |
|---|---|---|---|---|---|
| | Weiss. | Schwarz. | 4) | b2—b4 | Lc5—b4: |
| 1) | e2—e4 | e7—e5 | 5) | c2—c3 | Lb4—c5 |
| 2) | Sg1—f3 | Sb8—c6 | 6) | 0—0 | d7—d6 |
| 3) | Lf1—c4 | Lf8—c5 | 7) | d2—d4 | e5—d4: |

| Weiss. | Schwarz. | | Weiss. | Schwarz. |
|---|---|---|---|---|
| 8) c3—d4: | Lc5—b6 | 18) | g2—f3: | Dd7—e7 |
| 9) Sb1—c3 | Sc6—a5 (!) | 19) | Ld3—f5 | Ta8—d8 |
| 10) Lc4—d3 | Sg8—e7 | 20) | Td1—d8† | De7—d8: |
| 11) e4—e5 (?) | d6—e5: | 21) | Lc1—a3 | Dd8—g5† |
| 12) d4—e5: | | 22) | Kg1—h1 | Dg5—f4 |
| | | 23) | Kh1—g2 | Sa5—c4 |
| | | 24) | Dc2—d3 | Df4—g5† |
| | | 25) | Kg2—f1 | Sc4—a3: |
| | | 26) | Lf5—d7† | Ke8—f8 |
| | | 27) | Dd3—a3† | Dg5—e7 |
| | | 28) | Da3—d6 | g7—g6 |
| | | 29) | Ld7—c8 | Lb6—c7 |
| | | 30) | Dd6—e7† | Kf8—e7: |
| | | 31) | Lc8—b7: | Lc7—e5: |
| | | 32) | Ta1—c1 | Ke7—d6 |
| | | 33) | Lb7—c6: | Le5—h2: |
| | | 34) | Lc6—a4 | h7—h5 |
| | | 35) | La4—b3 | Th8—h7 |
| | | 36) | Tc1—c4 | g6—g5 |
| 12) ... | Lc8—e6 | 37) | Tc4—a4 | f7—f6 |
| 13) Dd1—c2 | Dd8—d7 | 38) | Ta4—a6† | Kd6—e5 |
| 14) Ld3—b5 | c7—c6 | 39) | Ta6—e6† | Ke5—f5 |
| 15) Tf1—d1 | Se7—d5 | 40) | Lb3—c2† | Kf5—e6: |
| 16) Sc3—d5: | Le6—d5: | 41) | Lc2—h7: | |
| 17) Lb5—d3 | Ld5—f3: | Die Partie blieb unentschieden. | | |

### Anmerkung zur 269. Partie.

12) ... Lc8—e6. Das Beste ist 12) ... Lc8—f5.

---

## 270. Partie.

### Evans-Gambit.

Gespielt zu Breslau im April d. J. 1864.

| Anderssen. | G. R. Neumann. | | Weiss. | Schwarz. |
|---|---|---|---|---|
| Weiss. | Schwarz. | 4) | b2—b4 | Lc5—b4: |
| 1) e2—e4 | e7—e5 | 5) | c2—c3 | Lb4—c5 |
| 2) Sg1—f3 | Sb8—c6 | 6) | 0—0 | d7—d6 |
| 3) Lf1—c4 | Lf8—c5 | 7) | d2—d4 | e5—d4: |

| | Weiss. | Schwarz. |
|---|---|---|
| 8) | c3—d4: | Lc5—b6 |
| 9) | d4—d5 | Sc6—a5 (!) |
| 10) | Lc1—b2 | Sg8—e7 (!) |
| 11) | Lc4—d3 | 0—0 |
| 12) | Sb1—c3 | Se7—g6 |
| 13) | Dd1—d2 | c7—c5 |
| 14) | Sc3—e2 | Lc8—d7 |
| 15) | Se2—g3 | f7—f6 (!) |
| 16) | Kg1—h1 | |

| | Weiss. | Schwarz. |
|---|---|---|
| 25) | . . . | Dc7—e8 |
| 26) | Lb2—d4 | Lc7—b6 |
| 27) | e6—e7 | Tf8—g8 |
| 28) | Sg3—e2 | De8—f7 |
| 29) | Tf1—f3 | Aufgegeben. |

Stellung nach dem 29. Zuge von Weiss.

| | | |
|---|---|---|
| 16) | . . . | c5—c4 (?) |
| 17) | Ld3—e2 | Lb6—c7 |
| 18) | Sf3—d4 (!) | b7—b5 |
| 19) | f2—f4 | Sa5—b7 |
| 20) | Sd4—e6 | Ld7—e6: |
| 21) | d5—e6: | Sb7—c5 |
| 22) | Dd2—d5 (!) | Dd8—e7 |
| 23) | Le2—g4 (!) | Kg8—h8 |
| 24) | Dd5—h5 (!) | Sc5—d3 |
| 25) | Lg4—f5 (!) | |

**Anmerkung zur 270. Partie.**

15) Se2—g3. Weiss droht nun 16) Lb2—g7:, Kg8—g7: 17) Sg3—h5†, Kg7—h8 18) Dd2—h6, Tf8—g8 19) Sf3—g5.

---

## 271. Partie.

### Italienische Partie.

Gespielt zu Berlin im Juli d. J. 1864.

| | G. Schallopp. | B. Suhle. | | Weiss. | Schwarz. |
|---|---|---|---|---|---|
| | Weiss. | Schwarz. | 25) | b4—b5 | Sc2—d4 |
| 1) | e2—e4 | e7—e5 | 26) | a2—a4 | Kf6—e6 |
| 2) | Sg1—f3 | Sb8—c6 | 27) | b5—c6: | b7—c6: |
| 3) | Lf1—c4 | Lf8—c5 | 28) | h3—h4 | f7—f5 |
| 4) | 0—0 | Sg8—f6 (!) | 29) | Kh2—g2 | f5—e4: |
| 5) | d2—d4 | Lc5—d4: | 30) | Sc3—e4: | |
| 6) | Sf3—d4: | Sc6—d4: | | | |
| 7) | f2—f4 | d7—d6 | | | |
| 8) | f4—e5: | d6—e5: | | | |
| 9) | Lc1—g5 | Lc8—e6 (!) | | | |
| 10) | Lg5—f6: | g7—f6: | | | |
| 11) | Lc4—e6: | Sd4—e6: | | | |
| 12) | Sb1—c3 | c7—c6 (!) | | | |
| 13) | Dd1—d8† | Ta8—d8: | | | |
| 14) | Tf1—f6: | Td8—d2 | | | |
| 15) | Tf6—f2 | Td2—f2: | | | |
| 16) | Kg1—f2: | Se6—d4 | | | |
| 17) | Ta1—c1 | Th8—g8 | | | |
| 18) | g2—g3 (?) | Tg8—g4 (!) | | | |
| 19) | h2—h3 | Tg4—g6 | | | |
| 20) | Kf2—g2 | h7—h5 | 30) | ... | Ke6—f5 (?) |
| 21) | Kg2—h2 | Kc8—e7 | 31) | Se4—d6† | Kf5—g4 (?) |
| 22) | Tc1—f1 | Tg6—f6 | 32) | Sd6—c4 | e5—e4 (??) |
| 23) | Tf1—f6: | Ke7—f6: | 33) | Sc4—e3†. | |
| 24) | b2—b4 | Sd4—c2: | | | |

### Anmerkungen zur 271. Partie.

18) g2—g3 (?). Der correcte Zug ist 18) Sc3—b1.

30) ... Ke6—f5 (?). 30) ... Sd4—b3 würde das Spiel zu Gunsten des Nachziehenden entschieden haben.

32) ... e5—e4 (??). Ein komisches Versehen! Schwarz wäre auch jetzt noch im Vortheil geblieben, wenn er den König nach f5 zurückgezogen hätte.

## 272. Partie.

### Mittelgambit gegen Königsspringerspiel.

Gleichzeitig mit einer andern Gedächtnisspartie beiderseits blindlings gespielt zu Newyork am 20. October 1857.

**P. Morphy.** — **J. Paulsen.**

| | Weiss. | Schwarz. | | Weiss. | Schwarz. |
|---|---|---|---|---|---|
| | | | 28) | De4—e5 | Td7—e7 |
| 1) | e2—e4 | e7—e5 | 29) | De5—b8† | Kd8—d7 |
| 2) | Sg1—f3 | d7—d5 (?) | 30) | Db8—b7† | Kd7—d6 |
| 3) | e4—d5: (!) | e5—e4 | 31) | Db7—b8† | Kd6—d7 |
| 4) | Dd1—e2 | f7—f5 | 32) | Db8—a7† | Kd7—d6 |
| 5) | d2—d3 | Lf8—b4† | 33) | Da7—b8† | Kd6—d7 |
| 6) | c2—c3 | Lb4—e7 | 34) | Kg1—g2 | Td1—e1: |
| 7) | d3—e4: | f5—e4: | 35) | a2—a4 | Te1—a1 |
| 8) | De2—e4: | Sg8—f6 | 36) | Db8—b7† | Kd7—d6 |
| 9) | Lf1—b5† | Lc8—d7 | 37) | Db7—b4† | Kd6—d7 |
| 10) | De4—e2 | Sf6—d5: | 38) | a4—a5 | g7—g6 |
| 11) | Lb5—c4 | c7—c6 | 39) | a5—a6 | g6—g5 |
| 12) | Lc1—g5 | Ld7—g4 | 40) | Db4—b7† | Kd7—d6 |
| 13) | Sb1—d2 | Sb8—d7 | 41) | Db7—b8† | Kd6—e6 |
| 14) | 0—0 | Sd7—b6 | 42) | b2—b4 | g5—g4 |
| 15) | Tf1—e1 | Lg4—f3: | 43) | c3—c4 | Ke6—f7 |
| 16) | Sd2—f3: | Sb6—c4: | 44) | Db8—b7 | Kf7—f8 |
| 17) | De2—c4: | Dd8—c7 | 45) | h2—h3 | Te7—e1 |
| 18) | Lg5—e7: | Sd5—e7: | 46) | h3—g4: | h5—g4: |
| 19) | Te1—e7† | Dc7—e7: | 47) | Db7—c8† | Kf8—e7 |
| 20) | Ta1—e1 | De7—e1† | 48) | Dc8—g4: | Te1—g1† |
| 21) | Sf3—e1: | 0—0—0 | 49) | Kg2—f3 | Ta1—a6: |
| 22) | Dc4—g4† | Td8—d7 | 50) | Dg4—g7† | Ke7—e6 |
| 23) | Se1—d3 | h7—h5 | 51) | Dg7—c7 | Tg1—a1 |
| 24) | Dg4—e6 | Th8—h6 | 52) | Kf3—g4 | Ta1—a4 |
| 25) | De6—e4 | Th6—d6 | 53) | Kg4—g5 | Ta4—a2 |
| 26) | Sd3—e1 | Td6—d1 | 54) | f2—f4 | Aufgegeben. |
| 27) | g2—g3 | Kc8—d8 | | | |

### Anmerkungen zur 272. Partie.

3) ... **e5—e4.** 3) ... Dd8—d5: würde etwa zur Folge haben 4) Sb1—c3, Dd5—e6 5) Lf1—b5†, Lc8—d7 6) 0—0, Ld7—b5: 7) Sc3—b5:, Lf8—d6 8) Tf1—e1, f7—f6 9) d2—d4, a7—a6 10) d4—e5:, f6—e5: 11) Sf3—e5: und Weiss muss gewinnen.

4) ... **f7—f5.** Auch bei 4) ... Dd8—e7 behält Weiss das überlegene Spiel, z. B. 5) Sf3—d4, Sg8—f6 6) Sb1—c3, De7—e5 7) Sd4—f3,

De5—e7 8) Sf3—g5, Lc8—f5 9) De2—b5† oder 5) . . . De7—e5 6) Sd4—b5, Lf8—d6 7) d2—d4, De5—e7 8) c2—c4. Ld6—b4† 9) Lc1—d2, Lb4—d2† 10) Sb1—d2:, a7—a6 11) d5—d6, c7—d6: 12) Sd2—e4:, a6—b5: 13) Se4—d6†.

## 273. Partie.
### Königsgambit im Nachzuge gegen Königsspringerspiel.
#### Gespielt im Jahre 1862.

| A. de Rivière. | Auberssen. | | Weiss. | Schwarz. |
|---|---|---|---|---|
| Weiss. | Schwarz. | 21) | b4—b5 | Sc6—d8 |
| 1) e2—e4 | e7—e5 | 22) | a2—a4 | Tg8—g7 |
| 2) Sg1—f3 | f7—f5 | 23) | Tf1—e1 | b7—b6 |
| 3) Lf1—c4 | Sb8—c6 | 24) | Te1—c4 | Kc8—b7 |
| 4) d2—d4 | d7—d6 (!) | 25) | a4—a5 | Sd8—e6 |
| 5) d4—e5: | f5—e4: | 26) | a5—b6: | a7—b6: |
| 6) Dd1—d5 | Dd8—c7 | 27) | f2—f3 | Tf8—c8 |
| 7) Lc1—g5 | Lc8—e6 | 28) | Tc4—c4 (?) | Tc8—d8 |
| 8) Dd5—e4: | d6—d5 | 29) | Sd2—e4 | Se6—f4 |
| 9) Lc4—d5: | Le6—d5: | 30) | Se4—f6 | Tg7—g2† |
| 10) De4—d5: | Sg8—f6 | 31) | Kg1—h1 | Tg2—c2 |
| 11) Lg5—f6: (?) | g7—f6: | 32) | Td1—g1 | Sf4—d5: |
| 12) 0—0 | f6—e5: | 33) | Sf6—d5: | Td8—d7 (!) |
| 13) Sb1—c3 | De7—d6 | 34) | Sd5—f6 (??) | e5—e4 |
| 14) Sc3—b5 | Dd6—d5: | 35) | Tg1—e1 | Tc2—h2† |
| 15) Sb5—c7† | Ke8—d7 | 36) | Kh1—g1 | Td7—g7† |
| 16) Sc7—d5: | Lf8—d6 | 37) | Kg1—f1 | Th2—h1† |
| 17) Ta1—d1 | Ta8—f8 | 38) | Kf1—e2 | e4—f3† |
| 18) Sf3—d2 | Ld6—b8 | 39) | Ke2—d1 | Tg7—g1 (!) |
| 19) c2—c3 | Kd7—c8 | | Weiss giebt auf. | |
| 20) b2—b4 | Th8—g8 | | | |

**Anmerkungen zur 273. Partie.**

3) Lf1—c4. Auch 3) Sf3—e5: ist für den Anziehenden vortheilhaft. Entgegnet Schwarz darauf 3) . . . **Dd8—e7**, so gewinnt Weiss durch 4) Dd1—h5†, g7—g6 5) Se5—g6:, De7—e4† 6) Lf1—e2, Sg8—f6 7) Dh5—h3, h7—g6: 8) Dh3—h8:, De4—g2: 9) Th1—f1, Ke8—f7 10) Dh8—h4.

Auf 3) Sf3—e5:, Dd8—f6 würde folgen:

I.

| 4) d2—d4 | d7—d6 | 7) Sc3—e4: | Df6—e6 |
|---|---|---|---|
| 5) Se5—c4 | f5—e4: | [Auch 7) d4—d5 ist ein guter Zug.] | |
| 6) Sb1—c3 | c7—c6 | 8) Dd1—e2 | d6—d5 |

|  | Weiss. | Schwarz. |  | Weiss. | Schwarz. |
|---|---|---|---|---|---|
| 9) | Se4—d6† | Ke8—d7 | 13) | Sf7—h8: | Lc8—e6 |
| 10) | Sd6—f7 | d5—c4: | 14) | Lc4—d3 | Sg8—f6 |
| 11) | De2—c6‡ | Kd7—e6: | 15) | Lc1—g5 |  |
| 12) | Lf1—c4‡ | Ke6—e7 |  | und Weiss bleibt im Vortheil. | |

Oder:

|  | Weiss. | Schwarz. |  | Weiss. | Schwarz. |
|---|---|---|---|---|---|
| 9) | ... | Ke8—d8 | 12) | Sc4—a5 | Kc7—b6 |
| 10) | Sd6—b7‡ | Kd8—c7 | 13) | Lc1—d2 | Sb8—d7 |
| 11) | De2—e6: | Lc8—e6: | 14) | b2—b4 u. Weiss muss gewinnen. | |

**II.**

|  | Weiss. | Schwarz. |  | Weiss. | Schwarz. |
|---|---|---|---|---|---|
| 6) | ... | Sg8—e7 | 8) | Dd1—d4 | Lc8—f5 |
| 7) | d4—d5 | Df6—g6 | 9) | Sc4—e3 u. gew. einen Bauern. | |

**III.**

|  | Weiss. | Schwarz. |  | Weiss. | Schwarz. |
|---|---|---|---|---|---|
| 6) | ... | Lc8—f5 | 10) | Sc3—c4: | Df6—e6 |
| 7) | g2—g4 | Lf5—g6 | 11) | Dd1—e2 | d6—d5 |
| 8) | Lf1—g2 | c7—c6 | 12) | Se4—f6† oder Sc4—d6† |  |
| 9) | Lg2—e4: | Lg6—e4: |  | und Weiss muss gewinnen. | |

**IV.**

|  | Weiss. | Schwarz. |  | Weiss. | Schwarz. |
|---|---|---|---|---|---|
| 6) | ... | Df6—g6 | 10) | Sc4—d2 | Sb8—c6 |
| 7) | f2—f3 | Sg8—f6 | 11) | Sd2—e4: | Sc6—d4: |
| 8) | f3—e4: | Sf6—e4: | 12) | De2—d3 |  |
| 9) | Dd1—e2 | Lc8—f5 |  | und gewinnt. | |

Oder:

|  | Weiss. | Schwarz. |  | Weiss. | Schwarz. |
|---|---|---|---|---|---|
| 7) | ... | e4—f3: (!) | 10) | Df3—e3† | Lf8—e7 |
| 8) | Dd1—f3: | Sg8—f6 | 11) | 0—0 |  |
| 9) | Lf1—d3 | Dg6—g4 |  | und Weiss hat eine überlegene Stellung. | |

**V.**

|  | Weiss. | Schwarz. |  | Weiss. | Schwarz. |
|---|---|---|---|---|---|
| 4) | ... | f5—e4: | 7) | h2—h4 | h7—h6 |
| 5) | Lf1—c4 | c7—c6 | 8) | Dd1—h5 | Ke7—d6 |
| 6) | Lc4—f7† | Ke8—e7 | 9) | Lc1—g5 |  |

oder:

|  | Weiss. | Schwarz. |  | Weiss. | Schwarz. |
|---|---|---|---|---|---|
| 5) | ... | Sg8—e7 | 7) | Sc3—b5 | Sb8—a6 |
| 6) | Sb1—c3 | Df6—f5 | 8) | Se5—f7 und gewinnt. | |

---

3) ... Sb8—c6. Bei 3) ... f5—e4: ist der Angriff folgendermassen fortzusetzen:

|  | Weiss. | Schwarz. |  | Weiss. | Schwarz. |
|---|---|---|---|---|---|
| 4) | Sf3—e5: | Dd8—g5 (!) | 9) | Dh5—h7: | Lc8—e6 |
| 5) | Se5—f7 | Dg5—g2: | 10) | Dh7—g6† | Dg2—g6: |
| 6) | Th1—f1 | d7—d5 | 11) | Sb8—g6: | Lf8—d6 |
| 7) | Sf7—h8: (!) | d5—c4: | 12) | f2—f4 | e4—f3: |
| 8) | Dd1—h5† | g7—g6 | 13) | Tf1—f3: | Sb8—c6 |

| | Weiss. | Schwarz. | | Weiss. | Schwarz. |
|---|---|---|---|---|---|
| 14) | d2—d4 | c4—d3: | 17) | Lf4—d6: | c7—d6: |
| 15) | c2—d3: | Sc6—b4 | 18) | Sg6—h8 |  |
| 16) | Lc1—f4 | Le6—f7 |  | und Weiss rettet den Springer. |  |

Oder:

| | | | | | |
|---|---|---|---|---|---|
| 7) | ... | Lc8—g4 | 10) | d3—e4: | Dg2—e4: |
| 8) | Lc4—e2 | Lg4—h3 | 11) | Tf1—g1 |  |
| 9) | d2—d3 | Lf8—d6 |  | und Weiss steht besser. |  |

11) **Lg5—f6**: Stärker wäre unseres Erachtens 11) Dd5—b5 gewesen.

---

## 274. Partie.

### Italienische Partie.

Gespielt zu Berlin im Juli 1864.

| | G. Schallopp. | B. Suhle. | | Weiss. | Schwarz. |
|---|---|---|---|---|---|
| | Weiss. | Schwarz. | 22) | Tf1—e1 | Sf6—d5: |
| 1) | e2—e4 | e7—e5 | 23) | a4—a5 (?) | Ld7—c6 |
| 2) | Sg1—f3 | Sb8—c6 | 24) | h2—h3 | Sd5—f6 |
| 3) | Lf1—c4 | Lf8—c5 | 25) | a5—a6 | b7—b6 |
| 4) | 0—0 | Sg8—f6 (!) | 26) | Sd2—c4 | Sf6—e4: |
| 5) | b2—b4 (?) | Lc5—b4: | 27) | Tc1—b1 | Sg6—f4 |
| 6) | c2—c3 | Lb4—e7 (!) | 28) | Sc4—b6: | Sf4—g2: |
| 7) | d2—d4 | d7—d6 | 29) | c3—c4 | Se4—d2 |
| 8) | Sf3—g5 | 0—0 |  | Weiss giebt die Partie auf. |  |
| 9) | f2—f4 | h7—h6 (!) | | | |
| 10) | Sg5—f7: | Tf8—f7: | | | |
| 11) | Lc4—f7†| Kg8—f7: | | | |
| 12) | f4—e5: | d6—e5: | | | |
| 13) | d4—d5 | Le7—c5† (!) | | | |
| 14) | Kg1—h1 | Sc6—e7 | | | |
| 15) | Dd1—h5† | Kf7—g8 | | | |
| 16) | Dh5—e5: | Dd8—d6 | | | |
| 17) | De5—d6: (!) | c7—d6: | | | |
| 18) | Sb1—d2 | Se7—g6 | | | |
| 19) | a2—a4 | Lc8—d7 | | | |
| 20) | Lc1—a3 | Lc5—a3: | | | |
| 21) | Ta1—a3: | Ta8—c8 | | | |

Stellung nach dem 29. Zuge von Schwarz.

### Anmerkung zur 274. Partie.

23) **a4—a5 (?)**. Besser wäre 23) Te1—b1 gewesen.

## 275. Partie.
### Zweispringerspiel im Nachzuge.

Gespielt auf dem Turnier des Schachclubs zu Manchester.

| | Kipping. | Horwitz. | | Weiss. | Schwarz. |
|---|---|---|---|---|---|
| | Weiss. | Schwarz. | 35) | Kh2—g1: | Lc4—b1 |
| 1) | e2—c4 | c7—e5 | 36) | a2—a3 | a6—a5 |
| 2) | Sg1—f3 | Sb8—c6 | 37) | Kg1—g2 | a5—a4 |
| 3) | Lf1—c4 | Sg8—f6 | 38) | Kg2—g3 | Tb2—b3 |
| 4) | Sf3—g5 | d7—d5 | 39) | Kg3—g4 | Kg8—f7 |
| 5) | c4—d5: | Sc6—a5 | 40) | Kg4—g3 | Kf7—f6 |
| 6) | d2—d3 (?) | h7—h6 | 41) | Kg3—g4 | Kf6—g6 |
| 7) | Sg5—f3 | Lc8—g4 | 42) | Kg4—g3 | Kg6—h5 |
| 8) | Dd1—e2 | Sa5—c4: | 43) | Kg3—f3 | g7—g5 |
| 9) | d3—c4: | e5—e4 | 44) | f4—g5: | h6—g5: |
| 10) | De2—e3 | a7—a6 | 45) | Kf3—g3 | b7—b5 |
| 11) | h2—h3 | Lg4—h5 | 46) | Kg3—f3 | Kh5—h4 |
| 12) | Sf3—d4 | Lf8—c5 | | | |
| 13) | Sb1—d2 | 0—0 | | | |
| 14) | 0—0 | c7—c6 | | | |
| 15) | Sd2—e4: | Sf6—e4: | | | |
| 16) | De3—e4: | c6—d5: | | | |
| 17) | c4—d5: | Tf8—e8 | | | |
| 18) | De4—d3 | Dd8—d5: | | | |
| 19) | Lc1—e3 | Lh5—g6 | | | |
| 20) | Dd3—b3 | Dd5—e4 | | | |
| 21) | c2—c3 | Ta8—d8 | | | |
| 22) | Db3—d1 | f7—f5 | | | |
| 23) | Dd1—f3 | De4—f3: | 47) | Kf3—g2 | Lb1—f5 |
| 24) | g2—f3: | f5—f4 | 48) | Kg2—f3 | Lf5—h3: |
| 25) | Le3—f4: | Lc5—d4: | 49) | Kf3—e4 | Lh3—g2† |
| 26) | c3—d4: | Td8—d4: | 50) | Ke4—f5 | g5—g4 |
| 27) | Lf4—e3 | Td4—h4 | 51) | Kf5—f4 | Kh4—h3 |
| 28) | Kg1—g2 | Lg6—f5 | 52) | Kf4—f5 | Lg2—f3 |
| 29) | Tf1—h1 | Te8—e6 | 53) | Kf5—f4 | Kh3—g2 |
| 30) | Kg2—g3 | Th4—b4 | 54) | Kf4—e5 | Tb3—b2 |
| 31) | f3—f4 | Te6—g6† | 55) | Le3—d4 | Tb2—f2: |
| 32) | Kg3—h2 | Tb4—b2: | 56) | Ld4—f2: | Kg2—f2: |
| 33) | Th1—e1 | Lf5—e4 | | | |
| 34) | Te1—g1 | Tg6—g1: | | | |

Stellung nach dem 56. Zuge von Schwarz.

| | Weiss. | Schwarz. |
|---|---|---|
| 57) | Kc5—d4 | g4—g3 |
| 58) | Kd4—c5 | Lf3—e2. |

Weiss giebt die Partie auf.

**Anmerkung zur 275. Partie.**

36) a2—a3 (?). Wir würden 36) a2—a4 vorgezogen haben. Das folgende Endspiel wird von Horwitz mit hoher Meisterschaft geführt.

## 276. Partie.
### Schottisches Gambit.

Aus dem Wettkampfe zwischen Dubois und Steinitz i. J. 1862.

| | Dubois.<br>Weiss. | Steinitz.<br>Schwarz. |
|---|---|---|
| 1) | e2—e4 | e7—e5 |
| 2) | Sg1—f3 | Sb8—c6 |
| 3) | d2—d4 | e5—d4: |
| 4) | Lf1—c4 | Lf8—c5 |
| 5) | c2—c3 | Sg8—f6 |
| 6) | c3—d4: | Lc5—b4† |
| 7) | Lc1—d2 | Lb4—d2† |
| 8) | Sb1—d2: | d7—d5 |
| 9) | e4—d5: | Sf6—d5: |
| 10) | 0—0 | 0—0 |
| 11) | Tf1—e1 | Sd5—f4 |
| 12) | Sd2—e4 | Lc8—g4 |
| 13) | Dd1—d2 | Sf4—h3† |
| 14) | g2—h3: | Lg4—f3: |
| 15) | d4—d5 | Sc6—e5 |
| 16) | Dd2—f4 | f7—f6 |
| 17) | Lc4—b3 | Kg8—h8 |
| 18) | Te1—e3 | g7—g5 (?) |
| 19) | Df4—f5 | Lf3—h5 |
| 20) | Se4—f6: | Dd8—f6: |
| 21) | Df5—e5: | Kh8—g7 |
| 22) | De5—c7† | Tf8—f7 |

Stellung nach dem 18. Zuge von Weiss.

| | Weiss. | Schwarz. |
|---|---|---|
| 23) | Dc7—e5 | Ta8—f8 |
| 24) | Ta1—f1 | Tf7—d7 |
| 25) | De5—f6† | Tf8—f6: |
| 26) | Tf1—e1 | Lh5—g6 |
| 27) | Te3—e7† | Td7—e7: |
| 28) | Te1—e7† | Tf6—f7 |
| 29) | Te7—f7† | Kg7—f7: |
| 30) | Kg1—g2 | Kf7—f6 |
| 31) | Kg2—g3 | Kf6—e5 |

|  | Weiss. | Schwarz. |  | Weiss. | Schwarz. |
|---|---|---|---|---|---|
| 32) | h3—h4 | g5—h4† | 35) | f2—f4† | Ke5—d4 |
| 33) | Kg3—h4: | b7—b5 | 36) | d5—d6 | Lg6—f5 |
| 34) | Kh4—g3 | a7—a5 | 37) | Lb3—d1 und gewinnt. | |

### 277. Partie.
### Schottisches Gambit.

Correspondenzpartie zwischen Edinburgh und Dundee, begonnen im October d. J. 1863, beendet im Januar 1864.

|  | Edinburgh. Weiss. | Dundee. Schwarz. |  | Weiss. | Schwarz. |
|---|---|---|---|---|---|
| 1) | e2—e4 | e7—e5 | 18) | Kh2—g3 (!) | Df6—f7: |
| 2) | Sg1—f3 | Sb8—c6 | 19) | h3—g4: | h7—h5 |
| 3) | d2—d4 | e5—d4: | 20) | a4—a5 (?) | h5—g4: (!) |
| 4) | Lf1—c4 | Lf8—c5 | | | |
| 5) | Sf3—g5 | Sg8—h6 | | | |
| 6) | 0—0 (?) | d7—d6 | | | |
| 7) | h2—h3 | Lc8—d7 | | | |
| 8) | c2—c3 | Dd8—f6 | | | |
| 9) | Kg1—h1 | 0—0—0 | | | |
| 10) | f2—f4 | Ld7—e8 | | | |
| 11) | b2—b4 | Lc5—b6 | | | |
| 12) | Dd1—b3 (?) | Sh6—g4 | | | |

| 21) | Db3—d1 | Sc6—e7 |
| 22) | f4—f5 | Df7—f6 |
| 23) | c3—c4 | Se7—f5† |

Weiss gab die Partie auf.

| 13) | a2—a4 | d4—d3 |
| 14) | Sg5—f7: | Sg4—f2† |
| 15) | Kh1—h2 | Le8—f7: |
| 16) | Lc4—f7: | d6—d5 |
| 17) | e4—d5: (?) | Sf2—g4† |

#### Anmerkungen zur 277. Partie.

12) ... Sh6—g4. Wird der Springer genommen, so entscheidet 13) ... h7—h5 für Schwarz.

21) Db3—d1. Auf 21) a5—b6: wäre Df7—h5 die Antwort.

23) ... Se7—f5†. Mit diesem Zuge kündigte Dundee Eroberung der feindlichen Dame in 4 Zügen oder Matt in 6 Zügen an. Es könnte folgen:

A. 24) Tf1—f5:, Df6—h4† 25) Kg3—f4, Dh4—f2† 26) Dd1—f3, g4—f3: oder bei 26) Kf4—g5: 26) ... Th8—h5†, bei 26) Kf4—g4: 26) ... Th8—h4† nebst Df2—g3†;

B. 24) Kg3—f4, Sf5—d6† 25) Kf4—g4:, Th8—h4† 26) Kg4—g3, Sd6—e4†;

C. 24) Kg3—g4:, Th8—h4† 25) Kg4—f3, Sf5—d6† 26) Kf3—g3, Sd6—e4†.

## 278. Partie.
### Schottisches Gambit.

Gespielt zu Berlin im Juni d. J. 1864.

| | T.<br>Weiss. | B. Zuflr.<br>(blindlings.)<br>Schwarz. | | Stellung nach dem 14. Zuge von Weiss.<br>Weiss. | |
|---|---|---|---|---|---|
| 1) | e2—e4 | e7—e5 | | | |
| 2) | Sg1—f3 | Sb8—c6 | | | |
| 3) | d2—d4 | e5—d4: | | | |
| 4) | Lf1—c4 | Lf8—c5 | | | |
| 5) | Sf3—g5 | Sg8—h6 | | | |
| 6) | 0—0 (?) | d7—d6 | | | |
| 7) | h2—h3 | Dd8—e7 | | | |
| 8) | f2—f4 | Lc8—d7 | | | |
| 9) | c2—c3 | 0—0—0 | | | |
| 10) | Kg1—h1 | f7—f6 | | | |
| 11) | b2—b4 | Lc5—b6 | | | |
| 12) | a2—a4 | d4—c3: | | Weiss. | Schwarz. |
| 13) | Sb1—c3: | f6—g5: | 16) | g4—h5: | g7—g6 |
| 14) | f4—g5: | Sh6—g4 | 17) | h5—h6 (?) | Th8—h6† |
| 15) | h3—g4: | h7—h5 | 18) | g5—h6: | De7—h4† |

#### Anmerkungen zur 278. Partie.

14) ... Sh6—g4. Schwarz giebt den eroberten Offizier zurück, um einen starken Angriff auf den feindlichen König zu bekommen; er hätte übrigens ohne Gefahr den angegriffenen Springer zurückziehen können.

## 279. Partie.
### Schottische Partie.

Gespielt zu Leipzig im Februar 1864.

S. Panssen.    M. Lange.
Weiss.    Schwarz.

1) e2—e4    e7—e5
2) Sg1—f3    Sb8—c6
3) d2—d4    e5—d4:
4) Sf3—d4:    Lf8—c5
5) Lc1—e3    Dd8—f6
6) c2—c3    Sg8—e7
7) Lf1—e2

Stellung nach dem 20. Zuge von Weiss.

| Weiss. | Schwarz. |
|---|---|
| 21) Sb5—d6 | c5—d4: |
| 22) Lf2—d4: | Df5—g4 |
| 23) Ld4—b6 | Td8—a8 (!) |
| 24) a2—a3 | Se7—g6 |
| 25) Sd6—b7: | Sg6—e5: |
| 26) Lb6—c7 (!) | Sc6—d4 |
| 27) Kg1—h1 (!) | Se5—f3 |
| 28) Lc7—f4 (!) | Sf3—h2: |
| 29) Dc3—d4: | Sh2—f1: |
| 30) Ta1—f1: | Kg8—h8 |
| 31) Kh1—g1 | Ta8—c8 |
| 32) Sb7—c5 | Lc6—g8 |
| 33) Sc5—a6: | h7—h5 |
| 34) Sa6—b4 | Tc8—c4 |
| 35) Dd4—d3 | Tf8—d8 |
| 36) Lg2—f3 | Dg4—h3 |
| 37) Dd3—g6 | Lg8—h7 |
| 38) Dg6—h5: | Dh3—h5: |
| 39) Lf3—h5: | d5—d4 |
| 40) Lf4—g5 | Td8—b8 |
| 41) Lh5—f7 | Tc4—c8 |
| 42) Lf7—e6 | Tc8—f8 |

7) ...    0—0
8) 0—0    Lc5—d4: (?)
9) c3—d4:    d7—d5
10) e4—e5    Df6—h4
11) Sb1—c3    Lc8—e6
12) g2—g3    Dh4—h3
13) Le2—f3    Dh3—f5
14) Lf3—g2    f7—f6
15) f2—f4    Sc6—b4
16) Le3—f2 (!)    f6—e5:
17) f4—e5:    Ta8—d8 (!)
18) Dd1—h3    c7—c5
19) Sc3—b5    Sb4—c6
20) Db3—c3 (!)    a7—a6 (!)

|    | Weiss. | Schwarz. |    | Weiss. | Schwarz. |
|----|--------|----------|----|--------|----------|
| 43) | Tf1—d1 | d4—d3 | 49) | Lg5—f4 | g7—g5 |
| 44) | Lc6—e4 | Tb8—b6 | 50) | Lf4—d2 | Te1—e2† |
| 45) | Le4—d3: | Lh7—d3: | 51) | Kg2—h3 | Te2—e4 |
| 46) | Td1—d3: | Tb6—e6 | 52) | Sb4—d5 | Kh8—h7 |
| 47) | b2—b3 | Te6—e1 | 53) | g3—g4 |   |
| 48) | Kg1—g2 | Tf8—f5 |    | und Weiss gewinnt. |   |

### Anmerkungen zur 279. Partie.

7) ... 0—0. Durch 7) ... d7—d5 kommt der Nachziehende schneller zur Entwickelung.

8) ... Lc5—d4: (?). M. Lange bemerkt zu diesem Zuge: „Unter den obwaltenden Umständen die verhältnissmässig beste Spielweise für Schwarz. Ohne diesen Tausch würde jetzt d7—d5 nachtheilig sein." In einer Partie zwischen M. Lange (Weiss) und B. Suhle (Schwarz) wurde jedoch die mit 8) ... d7—d5 (?) fortgesetzte Vertheidigung mit glücklichem Erfolge durchgeführt. Der Abtausch 8) ... Lc5—d4: dagegen ist unseres Erachtens nicht zu empfehlen.

## 280. Partie.

### Spanische Partie.

Gespielt zu Leipzig im Februar 1864.

S. Paulsen. — M. Lange.

Stellung nach dem 10. Zuge von Weiss.

|    | Weiss. | Schwarz. |
|----|--------|----------|
| 1) | e2—e4 | e7—e5 |
| 2) | Sg1—f3 | Sb8—c6 |
| 3) | Lf1—b5 | Sg8—f6 |
| 4) | Dd1—e2 | Lf8—d6 |
| 5) | 0—0 | 0—0 |
| 6) | c2—c3 | Tf8—e8 |
| 7) | d2—d3 | Sc6—e7 |
| 8) | Lb5—c4 | Se7—g6 (?) |
| 9) | Sf3—g5 (!) | Te8—e7 |
| 10) | d3—d4 | Dd8—e8 |
| 11) | f2—f4 | e5—d4: |
| 12) | c3—d4: | Ld6—b4 |
| 13) | e4—e5 | d7—d5 |
| 14) | Lc4—d3 | De8—e6 |
| 15) | f4—f5 | Sg6—f8 |

|    | Weiss. | Schwarz. |
|----|--------|----------|
| 16) | De2—f3 | Sf6—e8 |
| 17) | a2—a3 | Lb4—a5 |

| | Weiss. | Schwarz. | | Weiss. | Schwarz. |
|---|---|---|---|---|---|
| 18) | b2—b4 | La5—b6 | 28) | Tf1—e1 | Ta8—c8 |
| 19) | Lc1—e3 | h7—h6 | 29) | Le3—f4 | Ld7—e8 |
| 20) | b4—b5 | Dc6—d7 | 30) | Df3—e2 | c6—c5 |
| 21) | e5—e6 | Dd7—d8 | 31) | Ta1—c1 | Kf7—g8 |
| | | | 32) | De2—e7 | Dd8—e7: |
| | | | 33) | Te1—e7: | Sf8—d7 |
| | | | 34) | Lf4—d6 | Tc8—a8 |
| | | | 35) | d4—c5: | b6—c5: |
| | | | 36) | Ld6—c5: | Ta8—a4: |
| | | | 37) | Lc5—d6 | Ta4—a8 |
| | | | 38) | h2—h3 | Ta8—d8 |
| | | | 39) | Tc1—c7 | b7—b6 |
| | | | 40) | Tc7—b7 | Td8—a8 |
| | | | 41) | Ld6—c5 | Sd7—c5: |
| | | | 42) | Tc7—c5: | Ta8—a3 |
| | | | 43) | Ld3—e2 | d5—d4 |
| | | | 44) | Tb7—b6: | d4—d3 |
| | | | 45) | Tb6—f6: | Le8—b5: |
| 22) | e6—f7† | Te7—f7: | 46) | Tc5—b5: | g7—f6: |
| 23) | Sg5—f7: | Kg8—f7: | 47) | Lc2—f3 | Kg8—f7 |
| 24) | Sb1—c3 | Se8—f6 | 48) | Tb5—d5 | h6—h5 |
| 25) | Sc3—a4 | c7—c6 | 49) | Kg1—f2 | h5—h4 |
| 26) | Sa4—b6: | a7—b6: | 50) | Kf2—e3 | Kf7—e7 |
| 27) | a3—a4 | Le8—d7 | 51) | Td5—d3: und gewinnt. | |

## Anmerkungen zur 280. Partie.

8) ... Se7—g6. Der richtige Zug war 8) ... h7—h6.

10) ... Dd8—e8. Auf 10) ... h7—h6 würde folgen 11) Sg5—f7:, Te7—f7: 12) Lc4—f7†, Kg8—f7: 13) f2—f4.

12) ... Ld6—b4. Bei 12) ... h7—h6 oder 12) ... Sf6—e4: würde Weiss mit 13) Sg5—f7: eine schnell entscheidende Combination einleiten.

21) ... Dd7—d8. Es ist ersichtlich, dass Schwarz den Bauer e6 nicht nehmen darf.

## 281. Partie.
### Schottische Partie.

Gespielt in der Schachgesellschaft Augustea zu Leipzig i. J. 1864.

| | S. Paulsen.<br>Weiss. | Dr. C. v. Schmidt.<br>Schwarz. | | Weiss. | Schwarz. |
|---|---|---|---|---|---|
| 1) | e2—e4 | e7—e5 | 11) | Sb1—c3 | 0—0 |
| 2) | Sg1—f3 | Sb8—c6 | 12) | 0—0 | Lb4—d6 |
| 3) | d2—d4 | e5—d4: | 13) | Dd1—d2 | Sc7—f5 |
| 4) | Sf3—d4: | Lf8—c5 | 14) | Ta1—d1 | Df6—h4 |
| 5) | Lc1—e3 | Dd8—f6 | 15) | g2—g3 | Dh4—h5 |
| 6) | c2—c3 | Sg8—e7 | 16) | Le4—g2 | Tf8—e8 |
| 7) | Lf1—e2 | d7—d5 | 17) | Le3—f4 | e7—e6 |
| 8) | Le2—f3 (?) | d5—e4: | 18) | Sc3—e4 | Ld6—f4: |
| 9) | Lf3—e4: | | 19) | Dd2—f4: | Lc8—e6 |
| | | | 20) | Se4—g5 | Sf5—h6 |
| | | | 21) | Sg5—e6: | Te8—e6: |
| | | | 22) | d4—d5 | e6—d5: |
| | | | 23) | Td1—d5: | Dh5—e2 |
| | | | 24) | Df4—d4 | Ta8—e8 |
| | | | 25) | Td5—d7 | Te6—a6 |
| | | | 26) | Lg2—d5 | b7—b5 |
| | | | 27) | Ld5—b3 | Te8—e7 |
| | | | 28) | Td7—d8† | Te7—e8 |
| | | | 29) | Dd4—d7 | Kg8—f8 |
| | | | 30) | Tf1—d1 | Te8—d8: (?) |
| | | | 31) | Dd7—d8† | De2—e8 |
| | | | 32) | Dd8—g5 | Ta6—f6 |
| | | | 33) | Dg5—c5† | Kf8—g8 |
| | | | 34) | Dc5—c7 | |
| 9) | ... | Sc6—d4: (?) | | und Weiss gewinnt. | |
| 10) | c3—d4: | Lc5—b4† | | | |

### Anmerkungen zur 281. Partie.

8) ... **Sc6—d4:** Besser wäre 8) ... Lc5—d4:

12) ... **Lb4—d6.** Schwarz verliert zu viel Zeit; er hätte entweder den Läufer im 10. Zuge sogleich nach d6 ziehen oder jetzt den feindlichen Damenspringer nehmen sollen.

## 282. Partie.
### Schottische Partie.

Gespielt in der Schachgesellschaft Augustea zu Leipzig i. J. 1864.

| | A. Saalbach. | S. Paulsen. |
|---|---|---|
| | Weiss. | Schwarz. |
| 1) | e2—e4 | e7—e5 |
| 2) | Sg1—f3 | Sb8—c6 |
| 3) | d2—d4 | e5 d4: |
| 4) | Sf3—d4: | Lf8—c5 |
| 5) | Lc1—e3 | Dd8—f6 |
| 6) | c2—c3 | Sg8—e7 |
| 7) | Lf1—e2 | d7—d5 |
| 8) | e4—d5: (?) | Se7—d5: |
| 9) | 0—0 | Sd5—e3: |
| 10) | f2—e3: | Df6—h6 |
| 11) | Le2—b5 | Dh6—e3† |
| 12) | Kg1—h1 | 0—0 |
| 13) | Sd4—c6: | b7—c6: |
| 14) | Lb5—c6: | Ta8—b8 |
| 15) | b2—b3 (?) | Tb8—b6 |
| 16) | Lc6—f3 | Tb6—h6 |
| 17) | Dd1—d2 (?) | De3—e5 |

Stellung nach dem 16. Zuge von Schwarz.

| | Weiss. | Schwarz. |
|---|---|---|
| 18) | g2—g3 | Lc8—a6 |
| 19) | Dd2—e1 | De5—f6 |
| | Aufgegeben. | |

**Anmerkung zur 282. Partie.**

15) b2—b3 (?). Warum nicht lieber b2—b4?

---

## 283. Partie.
### Schottische Partie.

Gespielt zu Berlin im Mai d. J. 1864.

| | S. Paulsen. | G. R. Neumann. | | Weiss. | Schwarz. |
|---|---|---|---|---|---|
| | Weiss. | Schwarz. | 8) | e4—e5 | Df6—b6 |
| 1) | e2—e4 | e7—e5 | 9) | Dd4—b6: | a7—b6: |
| 2) | Sg1—f3 | Sb8—c6 | 10) | Sb1—c3 | Ta8—a5 |
| 3) | d2—d4 | e5—d4: | 11) | f2—f4 | f7—f6 |
| 4) | Sf3—d4: | Lf8—c5 | 12) | 0—0—0 | f6—e5: |
| 5) | Lc1—e3 | Sc6—d4: (?) | 13) | b2—b4 | Ta5—a8 |
| 6) | Le3—d4: | Lc5—d4: | 14) | f4—e5: | Sg8—h6 |
| 7) | Dd1—d4: | Dd8—f6 | 15) | Lf1—c4 | Sh6—f5 |

Stellung nach dem 15. Zuge von Schwarz.

| | Weiss. | Schwarz. |
|---|---|---|
| 16) | Sc3—d5 | Ke8—d8 |
| 17) | Th1—f1 | g7—g6 |
| 18) | g2—g4 | Sf5—e7 |

| | Weiss. | Schwarz. |
|---|---|---|
| 19) | Sd5—c7: | Kd8—c7: |
| 20) | Tf1—f7† | Kc7—e8 |
| 21) | e5—e6 | d7—e6: |
| 22) | Tf7—c7: | Aufgegeben. |

---

## 284. Partie.

### Kieseritzky-Gambit.

Gespielt zu London im Cigar-Divan im August d. J. 1864.

Steinitz.     Thorold.

| | Weiss. | Schwarz. |
|---|---|---|
| 1) | e2—e4 | e7—e5 |
| 2) | f2—f4 | e5—f4: |
| 3) | Sg1—f3 | g7—g5 |
| 4) | h2—h4 | g5—g4 |
| 5) | Sf3—e5 | Sg8—f6 |
| 6) | Lf1—c4 | d7—d5 |
| 7) | e4—d5: | Lf8—d6 |
| 8) | d2—d4 | Sf6—h5 |
| 9) | Sb1—c3 | Dd8—e7 |
| 10) | Lc4—b5† | Ke8—f8 |
| 11) | 0—0 | Ld6—e5: |
| 12) | d4—e5: | De7—e5: (?) |
| 13) | Sc3—e2 | c7—c6 |
| 14) | Se2—f4: (!) | c6—b5: |
| 15) | Sf4—h5: | De5—h5: |

Stellung nach dem 14. Zuge von Weiss.

| | Weiss. | Schwarz. |
|---|---|---|
| 16) | Dd1—d4 | Kf8—g8 |
| 17) | Lc1—g5 | h7—h6 |

| | Weiss. | Schwarz. | | Weiss. | Schwarz. |
|---|---|---|---|---|---|
| 18) | Lg5—f6 | Th8—h7 | 22) | Dd4—g4† | Kg8—f8 |
| 19) | Ta1—e1 | Lc8—d7 | 23) | Lf6—e7† | Kf8—e8 |
| 20) | Te1—c5 | Dh5—g6 | 24) | Dg4—g8†. | |
| 21) | h4—h5 | Dg6—c2: | | | |

### Anmerkungen zur 284. Partie.

12) ... De7—e5: Chess Players Magazine bemerkt zu diesem Zuge: „12) ... De7—c5† scheint stärker, z. B.

| 13) | Kg1—h2 (!) | Dc5—e7 | 15) | Kh2—g1 | g4—g3 |
|---|---|---|---|---|---|
| 14) | Lc1—f4: | De7—h4† | 16) | Lf4—h6† | Kf8—g8 |
| [Nicht besser wäre 14) Tf1—f4:; | | | 17) | Tf1—f3 | Dh4—h2† |
| 14) Kh2—g1 mag jedoch zum Remis | | | 18) | Kg1—f1 | Dh2—h1† |
| führen.] | | | 19) | Kf1—e2 | Dh1—d1† |

und Schwarz hat ein gutes Spiel, indem er im nächsten Zuge Lc8—g4 zu spielen droht. Wenn Schwarz indessen mit seiner Dame den Bauer g2 nimmt [19) ... Dh1—g2†], und Weiss darauf den König nach d3 zieht, so kann Schwarz nicht 20) ... Lc8—g4 entgegnen wegen der Antwort 21) Tf3—f7:".

16) ... Kf8—g8. Auf 16) ... Th8—g8 würde folgen 17) Dd4—c5†, Kf8—g7 18) Dc5—c3† und Weiss erobert eine Figur.

### 285. Partie.
#### Philidors Vertheidigung.
Gespielt zu London im Jahre 1862.

| | Roberg. | Mac Donnell. | | Weiss. | Schwarz. |
|---|---|---|---|---|---|
| | Weiss. | Schwarz. | 14) | Dd2—c3: | Lc7—f6 |
| 1) | e2—e4 | e7—e5 | 15) | Ta1—d1 | Lf6—c3: |
| 2) | Sg1—f3 | d7—d6 | 16) | b2—c3: | Dd8—e7 |
| 3) | d2—d4 | e5—d4: | 17) | f4—f5 | Sg6—e5 |
| 4) | Dd1—d4: | Lc8—d7 | 18) | Sf3—e5: | De7—e5: |
| 5) | Lc1—e3 | Sg8—f6 | 19) | De3—c2 (?) | f7—f6 |
| 6) | Sb1—c3 | Lf8—e7 | 20) | c3—c4 (?) | Tf8—c8 |
| 7) | Lf1—e2 | 0—0 | 21) | Td1—e1 | Tc8—e7 |
| 8) | 0—0 | Sb8—c6 | 22) | De2—g4 | Ta8—c8 |
| 9) | Dd4—d2 | Sc6—e5 | 23) | Tf1—f3 | d6—d5 |
| 10) | Sf3—e1 | Ld7—c6 | 24) | c4—d5: | Lc6—d5: |
| 11) | f2—f4 | Se5—g6 | 25) | Tf3—g3 | Ld5—a2: |
| 12) | Le2—d3 | Sf6—g4 | 26) | h2—h4 | La2—d5 |
| 13) | Se1—f3 | Sg4—e3: | 27) | Te1—e2 | Ld5—c6 |

|     | Weiss. | Schwarz. |
|-----|--------|----------|
| 28) | h4—h5 | h7—h6 |
| 29) | Kg1—h2 | b7—b5 |
| 30) | Kh2—h3 | a7—a5 |
| 31) | Te2—e3 | Kg8—h8 |
| 32) | Dg4—e2 | Lc6—d7 |
| 33) | De2—f1 | De5—c5 |
| 34) | Te3—f3 | Te7—e5 |
| 35) | Tg3—g6 | Tc5—e4: (?) |
| 36) | Ld3—e4: | Te8—e4: |
| 37) | c2—c3 | Te4—e5 |
| 38) | g2—g4 | Te5—e3 (!) |
| 39) | Df1—f2 | Te3—f3† |
| 40) | Df2—f3: | Ld7—c6 |
| 41) | Df3—d3 | Dc5—d5 |
| 42) | Dd3—d5: | Lc6—d5: |
| 43) | g4—g5 | Ld5—f7 |
| 44) | g5—f6: | Lf7—g6: |

Stellung nach dem 37. Zuge von Schwarz.

|     | Weiss. | Schwarz. |
|-----|--------|----------|
| 45) | f6—g7† | Kh8—g7: |
| 46) | h5—g6: | a5—a4. |

Weiss giebt die Partie auf.

### Anmerkungen zur 285. Partie.

**7) Lf1—e2.** Besser ist 7) Dd4—d2 nebst Lf1—d3.
**19) De3—e2.** Ein stärkerer Zug wäre 19) f5—f6 gewesen.
**33) De2—f1.** Weiss musste den Bauer f5 decken.

---

## 286. Partie.
### Königsläuferspiel.
Gespielt zu Breslau im April d. J. 1864.

Anderssen. — G. R. Neumann.

|     | Weiss. | Schwarz. |
|-----|--------|----------|
| 1)  | e2—e4 | e7—e5 |
| 2)  | Lf1—c4 | Sg8—f6 |
| 3)  | Dd1—e2 | Sb8—c6 |
| 4)  | c2—c3 | Lf8—c5 |
| 5)  | f2—f4 | d7—d6 |
| 6)  | Lc4—b3 | 0—0 |
| 7)  | Sg1—f3 | c5—f4: |
| 8)  | d2—d4 | Tf8—e8 |
| 9)  | Sb1—d2 | Lc5—b6 |
| 10) | 0—0 | Lc8—g4 |

|     | Weiss. | Schwarz. |
|-----|--------|----------|
| 11) | Kg1—h1 | Sf6—e4: |
| 12) | Lb3—f7† | Kg8—f7: |
| 13) | Sd2—e4: | Kf7—g8 |
| 14) | De2—c2 | Lg4—f3: |
| 15) | g2—f3: | d6—d5 |
| 16) | Se4—f2 | Te8—f8 |
| 17) | Tf1—g1 | Sc6—e7 |
| 18) | Sf2—h3 | Se7—g6 |
| 19) | Sh3—g5 | Dd8—d6 |
| 20) | a2—a4 | c7—c6 |
| 21) | b2—b3 | Dd6—f6 |

|  | Weiss. | Schwarz. |  | Weiss. | Schwarz. |
|---|---|---|---|---|---|
| 22) | Lc1—a3 | Df6—f5 | 38) | Tb7—a7: | Te8—e1 |
| 23) | Dc2—d2 (?) | Tf8—f6 | 39) | Dh3—g4 | Df6—g5 |
| 24) | Dd2—g2 | h7—h6 | | Weiss giebt die Partie auf. | |
| 25) | Sg5—h3 | Kg8—h7 | | | |
| 26) | Ta1—e1 | Ta8—g8 | | | |
| 27) | La3—e7 | Tf6—f7 | | | |
| 28) | Le7—d6 | Lb6—c7 | | | |
| 29) | Ld6—c7: | Tf7—c7: | | | |
| 30) | Te1—e2 | Tc7—f7 | | | |
| 31) | Tg1—e1 | Sg6—h4 | | | |
| 32) | Dg2—f1 | Df5—d3 | | | |
| 33) | Sh3—g1 | Dd3—c3: | | | |
| 34) | Te2—e7 | Tf7—c7: | | | |
| 35) | Te1—e7 | Dc3—d4: | | | |
| 36) | Df1—h3 | Dd4—f6 | | | |
| 37) | Te7—b7: | Tg8—e8 | | | |

**Anmerkung zur 286. Partie.**

19) Sh3—g5. Weiss beabsichtigt den Springer auf h7 zu opfern.

---

## 287. Partie.
### Spanische Partie.

Gespielt zu Berlin im Juli 1864.

G. R. Neumann.    Anderssen.

|  | Weiss. | Schwarz. |
|---|---|---|
| 1) | e2—e4 | e7—e5 |
| 2) | Sg1—f3 | Sb8—c6 |
| 3) | Lf1—b5 | Sg8—f6 |
| 4) | d2—d3 | Lf8—c5 |
| 5) | c2—c3 | 0—0 |
| 6) | Lb5—c6: | b7—c6: |
| 7) | Sf3—e5: | d7—d5 (!) |
| 8) | 0—0 | d5—e4: |
| 9) | d3—d4 | Lc5—d6 |
| 10) | Se5—c6: | Dd8—e8 |
| 11) | Sc6—a5 | De8—b5 (!) |
| 12) | Sa5—b3 | Lc8—g4 |
| 13) | Dd1—d2 (?) | Ld6—h2† |

| 14) | Kg1—h2: | Db5—f1: |
|---|---|---|

Stellung nach dem 7. Zuge von Schwarz.

Stellung nach dem 12. Zuge von Schwarz.

| | Weiss. | Schwarz. |
|---|---|---|
| 15) | Dd2—f4 | Lg4—f3 |
| 16) | g2—f3: | Df1—f2† |
| 17) | Kh2—h1 | e4—f3: |
| 18) | Df4—h2 | Df2—e1† |

Weiss giebt die Partie auf.

**Anmerkung zur 287. Partie.**

5) ... 0—0. Die vorstehende Partie hat uns zu der Ueberzeugung gebracht, dass Anderssen doch wohl mit Recht behauptet, Schwarz bekomme durch die Rochade „einen zu seiner Entschädigung genügenden Angriff" für den preisgegebenen Bauer e5. Wir können demnach unseren pag. 3 geäusserten Zweifel nicht aufrecht erhalten.

---

### 288. Partie.
### Kieseritzky-Gambit.

Gespielt zu London im Jahre 1862.

| | Steinitz. Weiss. | Green. Schwarz. |
|---|---|---|
| 1) | e2—e4 | e7—e5 |
| 2) | f2—f4 | e5—f4: |
| 3) | Sg1—f3 | g7—g5 |
| 4) | h2—h4 | g5—g4 |
| 5) | Sf3—e5 | Sg8—f6 |
| 6) | Lf1—c4 | d7—d5 |
| 7) | e4—d5: | Lf8—d6 |
| 8) | d2—d4 | Dd8—e7 |
| 9) | 0—0 | Sf6—h5 |
| 10) | Tf1—e1 | 0—0 (!) |
| 11) | Se5—g6 | De7—f6 |
| 12) | Sg6—f8: | Kg8—f8: |
| 13) | c2—c3 (?) | Df6—h4 |
| 14) | Sb1—d2 | f4—f3 |
| 15) | Sd2—f3: (!) | g4—f3: |
| 16) | Lc1—h6† | Sh5—g7 |
| 17) | Lh6—g7† | Kf8—g7 |
| 18) | Dd1—f3: | Lc8—g4 |

Stellung nach dem 14. Zuge von Schwarz.

| | Weiss. | Schwarz. |
|---|---|---|
| 19) | Df3—e3 | Ld6—g3 |
| 20) | Le4—e2 | Dh4—h2† |
| 21) | Kg1—f1 | Dh2—h1† |
| 22) | De3—g1 | Dh1—g1† |
| 23) | Kf1—g1 | Lg3—e1: |
| 24) | Le2—g4 | Le1—g3 |

|     | Weiss.    | Schwarz.    |     | Weiss.    | Schwarz. |
|-----|-----------|-------------|-----|-----------|----------|
| 25) | Lg4—c8    | Sb8—a6 (?)  | 27) | Lb7—a6:   | Tb8—b2:  |
| 26) | Lc8—b7:   | Ta8—b8      | 28) | La6—c4    | Remis.   |

### Anmerkungen zur 288. Partie.

9) 0—0. Stärker erscheint uns 9) Lc1—f4:

25) ... Sb8—a6 (?). Schwarz giebt den Sieg aus der Hand; durch a7—a5 wäre der Mehrbesitz eines Offiziers behauptet worden.

---

### 289. Partie.
### Kieseritzky-Gambit.

Gespielt zu London im Jahre 1864.

|     | Steinitz. | Green.   |     | Weiss.   | Schwarz.  |
|-----|-----------|----------|-----|----------|-----------|
|     | Weiss.    | Schwarz. | 13) | Sb1—c3   | Lc5—b4 (?) |
| 1)  | e2—e4     | e7—e5    | 14) | 0—0      | Lb4—c3:   |
| 2)  | f2—f4     | e5—f4:   | 15) | b2—c3:   | Sh5—f4:   |
| 3)  | Sg1—f3    | g7—g5    | 16) | Tf1—f4:  | Th8—f8 (?) |
| 4)  | h2—h4     | g5—g4    | 17) | Tf4—f8†  | De7—f8:   |
| 5)  | Sf3—e5    | Sg8—f6   | 18) | Ta1—f1   | Df8—c5†   |
| 6)  | Lf1—c4    | d7—d5    | 19) | Kg1—h2   | b7—b5     |
| 7)  | e4—d5:    | Lf8—d6   | 20) | Lc4—b5†  | Lc8—d7    |
| 8)  | d2—d4     | Dd8—e7   | 21) | De2—g4: (!) | Dc5—d5: |
| 9)  | Lc1—f4:   | Sf6—h5   | 22) | Dg4—h5†  | Ke8—e7    |
| 10) | g2—g3 (!) | f7—f6    | 23) | Dh5—h7†  | Ke7—e6    |
| 11) | Dd1—e2    | f6—e5:   |     | Weiss giebt auf mehrfache Weise in |
| 12) | d4—e5:    | Ld6—c5   |     | drei Zügen Matt. |

### Anmerkung zur 289. Partie.

10) g2—g3. Auf 10) 0—0 würde Schwarz wohl am besten Sh5—f4: entgegnen, doch nach v. Lasas Urtheil auch dabei nicht in Vortheil kommen.

---

### 290. Partie.
### Kieseritzky-Gambit.

Gespielt zu London im Jahre 1862.

|     | Anderssen. | Green.   |     | Weiss.  | Schwarz. |
|-----|------------|----------|-----|---------|----------|
|     | Schwarz.   | Weiss.   | 3)  | Sg1—f3  | g7—g5    |
| 1)  | e2—e4      | e7—e5    | 4)  | h2—h4   | g5—g4    |
| 2)  | f2—f4      | e5—f4:   | 5)  | Sf3—e5  | Sg8—f6   |

|  | Weiss. | Schwarz. |
|---|---|---|
| 6) | Lf1—c4 | d7—d5 |
| 7) | e4—d5: | Lf8—d6 |
| 8) | d2—d4 | Dd8—e7 |
| 9) | Lc1—f4: | Sf6—h5 |
| 10) | g2—g3 | |

|  | Weiss. | Schwarz. |
|---|---|---|
| 10) | ... | Sh5—f4: (?) |
| 11) | g3—f4: | f7—f6 |
| 12) | Dd1—e2 | f6—e5: |
| 13) | f4—e5: | Ld6—b4† |
| 14) | c2—c3 | Lb4—a5 |
| 15) | Sb1—d2 | Lc8—f5 |
| 16) | Lc4—b3 | La5—b6 |
| 17) | Sd2—c4 | h7—h5 |
| 18) | d5—d6 | De7—h7 |
| 19) | 0—0—0 | Sb8—c6 |
| 20) | d4—d5 | Lf5—e4 |
| 21) | d5—c6: | Le4—h1: |
| 22) | Td1—h1: | b7—c6: |
| 23) | De2—g2 | 0—0—0 |
| 24) | Dg2—c6: | Kc8—b8 |
| 25) | Sc4—b6: | a7—b6: |
| 26) | Lb3—d5 | |

und Weiss gewinnt.

## 291. Partie.

### Kieseritzky-Gambit.

Aus dem neuesten Wettkampfe zwischen Steinitz und Green, den Ersterer mit 7 Partieen gegen 0 gewann.

|  | Steinitz. | Green. |
|---|---|---|
|  | Weiss. | Schwarz. |
| 1) | e2—e4 | e7—e5 |
| 2) | f2—f4 | e5—f4: |
| 3) | Sg1—f3 | g7—g5 |
| 4) | h2—h4 | g5—g4 |
| 5) | Sf3—e5 | d7—d6 |
| 6) | Se5—g4: | Lf8—e7 |
| 7) | d2—d4 | Le7—h4† |
| 8) | Sg4—f2 | Dd8—g5 |
| 9) | Sb1—c3 | Sg8—f6 |
| 10) | Dd1—f3 | Lh4—g3 |
| 11) | Lc1—d2 | Sb8—c6 |
| 12) | Lf1—b5 | Lc8—d7 |
| 13) | Lb5—c6: | b7—c6: |
| 14) | 0—0—0 | |

|  | Schwarz. | Weiss. |
|---|---|---|
| 14) | ... | 0—0—0 (?) |
| 15) | Sf2—d3 | Th8—g8 |

|  | Weiss. | Schwarz. |  | Weiss. | Schwarz. |
|---|---|---|---|---|---|
| 16) | e4—e5 | Sf6—g4 | 23) | Da6—a7: |  |
| 17) | Sc3—e4 | Dg5—e7 |  |  |  |
| 18) | Se4—c5 | d6—c5: |  |  |  |
| 19) | Sd3—c5: |  |  |  |  |

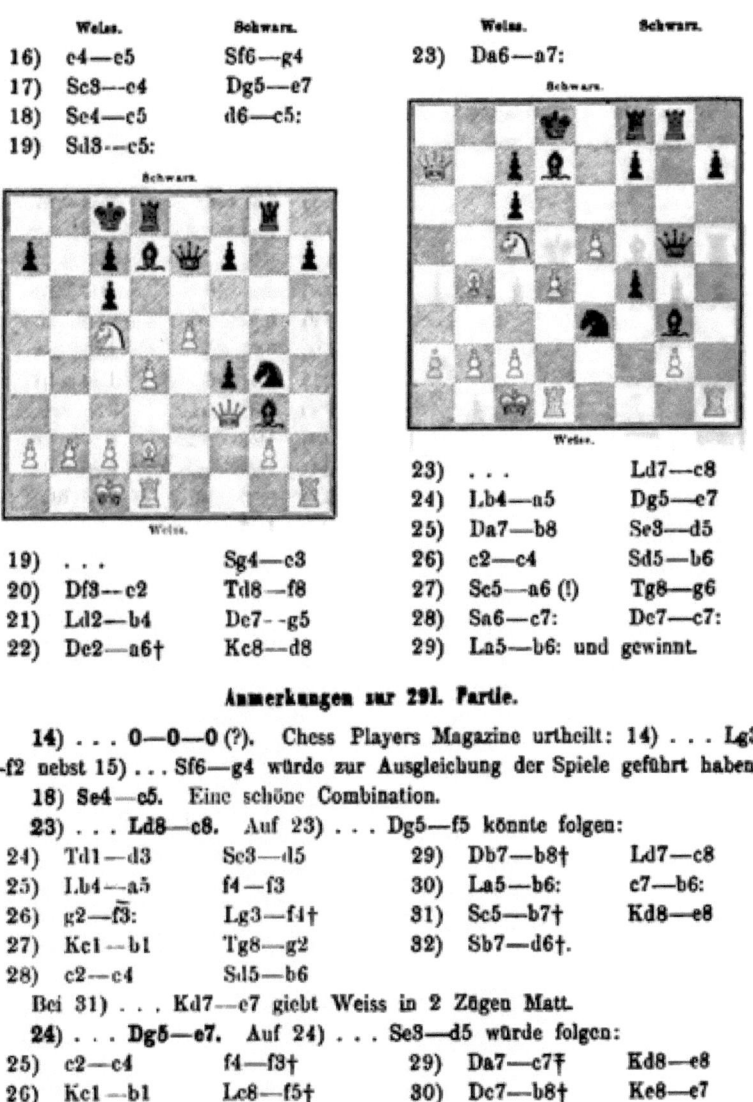

|  | Weiss. | Schwarz. |  | Weiss. | Schwarz. |
|---|---|---|---|---|---|
| 23) | ... | Ld7—c8 |
| 19) | ... | Sg4—e3 | 24) | Lb4—a5 | Dg5—e7 |
| 20) | Df3—e2 | Td8—f8 | 25) | Da7—b8 | Se3—d5 |
| 21) | Ld2—b4 | De7—g5 | 26) | c2—c4 | Sd5—b6 |
| 22) | De2—a6† | Kc8—d8 | 27) | Sc5—a6 (!) | Tg8—g6 |
|  |  |  | 28) | Sa6—c7: | Dc7—c7: |
|  |  |  | 29) | La5—b6: und gewinnt. |

### Anmerkungen zur 291. Partie.

14) ... 0—0—0 (?). Chess Players Magazine urtheilt: 14) ... Lg3—f2 nebst 15) ... Sf6—g4 würde zur Ausgleichung der Spiele geführt haben.

18) Se4—c5. Eine schöne Combination.

23) ... Ld8—c8. Auf 23) ... Dg5—f5 könnte folgen:

| 24) | Td1—d3 | Se3—d5 | 29) | Db7—b8† | Ld7—c8 |
| 25) | Lb4—a5 | f4—f3 | 30) | La5—b6: | c7—b6: |
| 26) | g2—f3: | Lg3—f4† | 31) | Sc5—b7† | Kd8—e8 |
| 27) | Kc1—b1 | Tg8—g2 | 32) | Sb7—d6†. |  |
| 28) | c2—c4 | Sd5—b6 |  |  |  |

Bei 31) ... Kd7—e7 giebt Weiss in 2 Zügen Matt.

24) ... Dg5—e7. Auf 24) ... Se3—d5 würde folgen:

| 25) | c2—c4 | f4—f3† | 29) | Da7—c7† | Kd8—e8 |
| 26) | Kc1—b1 | Lc8—f5† | 30) | Dc7—b8† | Ke8—e7 |
| 27) | Kb1—a1 | f3—g2: | 31) | d5—d6†. |  |
| 28) | c4—d5: | g2—h1:D |  |  |  |

## 292. Partie.
### Evans-Gambit.

Gespielt zu Berlin im Juli d. J. 1864.

| | Anderssen. Weiss. | G. R. Neumann. Schwarz. |
|---|---|---|
| 1) | e2—e4 | e7—e5 |
| 2) | Sg1—f3 | Sb8—c6 |
| 3) | Lf1—c4 | Lf8—c5 |
| 4) | b2—b4 | Lc5—b4: |
| 5) | c2—c3 | Lb4—a5 |
| 6) | d2—d4 | e5—d4: |
| 7) | 0—0 | La5—b6 |
| 8) | c3—d4: | d7—d6 |
| 9) | d4—d5 | Sc6—a5 (!) |
| 10) | Lc1—b2 | Sg8—e7 (!) |
| 11) | Lc4—d3 | 0—0 |
| 12) | Sb1—c3 | f7—f6 (?) |
| 13) | Sc3—a4 | c7—c5 |
| 14) | Sa4—b6: | a7—b6: |
| 15) | Sf3—e1 | Se7—g6 |
| 16) | f2—f4 | Lc8—d7 |
| 17) | g2—g4 | b6—b5 |
| 18) | Se1—g2 | c5—c4 |
| 19) | Ld3—e2 | Tf8—e8 (?) |
| 20) | f4—f5 | Sg6—e5 |
| 21) | Sg2—f4 (!) | b5—b4 |
| 22) | Lb2—e5: | f6—e5: |
| 23) | Sf4—e6 | Ld7—e6: |
| 24) | d5—e6: | Dd8—b6† |
| 25) | Kg1—h1 | Db6—d4 |
| 26) | Ta1—b1 | b4—b3 |
| 27) | a2—b3: | Sa5—b3: |
| 28) | Dd1—d4: | e5—d4: |
| 29) | Ld2—c4: | Sb3—d2 |
| 30) | Lc4—b5 | |
| 30) | ... | Te8—e7 |
| 31) | Tb1—a1 | Aufgegeben. |

### Anmerkung zur 292. Partie.

13) Sc3—a4. Dies ist nach Anderssens Ansicht die beste Fortsetzung des Angriffs, falls von Seiten des Nachziehenden 12) ... f7—f6 geschehen ist. Für den Fall, das 12) ... Se7—g6 geschehen ist, giebt Anderssen in Uebereinstimmung mit uns der Fortsetzung 13) Sc3—e2 den Vorzug.

### 293. Partie.
#### Spanische Partie.

Gespielt zu Brüssel im Jahre 1858.

| | Staunton. | v. d. Lasa. | | Weiss. | Schwarz. |
|---|---|---|---|---|---|
| | Weiss. | Schwarz. | 14) | h2—h3 (?) | Kg8—h7 |
| 1) | e2—e4 | e7—e5 | 15) | h3—g4: | Te8—g8 |
| 2) | Sg1—f3 | Sb8—c6 | 16) | Dg3—f3 | Sf6—g4: |
| 3) | Lf1—b5 | Sg8—f6 | 17) | Df3—f7† | Tg8—g7 |
| 4) | Dd1—e2 | Lf8—d6 | 18) | Df7—f3 | Dd8—d7 |
| 5) | c2—c3 | 0—0 | 19) | Df3—e2 | Ta8—f8 |
| 6) | 0—0 | Tf8—e8 | 20) | Sb1—d2 | Sc7—g6 |
| 7) | d2—d3 | h7—h6 | 21) | Sh4—g6: (!) | Tg7—g6: |
| 8) | Sf3—h4 | Sc6—e7 | 22) | Sd2—f3 | Tg6—f6 |
| 9) | Lb5—c4 | c7—c6 | 23) | Lb3—d1 (?) | Tf6—f3: |
| 10) | De2—f3 (?) | Ld6—c7 | 24) | g2—f3: | Sg4—h2 |
| 11) | Lc1—h6: | d7—d5 | 25) | Kg1—h2: | Tf8—f4 |
| 12) | Lc4—b3 | Lc8—g4 | 26) | Tf1—g1 | Tf4—h4† |
| 13) | Df3—g3 | g7—h6: | 27) | Kh2—g2 | Dd7—h3†. |

#### Anmerkungen zur 293. Partie.

4) ... Lf8—d6. Diesen Zug oder 4) ... a7—a6 empfiehlt v. d. Lasa.

14) h2—h3 (?). Besser wäre 14) f2—f3 gewesen.

23) Lb3—d1 (?). Statt dessen hätte Weiss den Springer nach h4 ziehen sollen, um ihn nach f5 zu bringen.

---

### 294. Partie.
#### Königsläufergambit.

Gespielt zu Leipzig im Februar d. J. 1864.

| | W. Sange. | S. Paulsen. | | Weiss. | Schwarz. |
|---|---|---|---|---|---|
| | Weiss. | Schwarz. | 9) | Dd1—e1 | d6—d5 (!) |
| 1) | e2—e4 | e7—e5 | 10) | Lc4—d3 | Lf8—e7 |
| 2) | f2—f4 | e5—f4: | 11) | Kf1—g1 | g7—g5 |
| 3) | Lf1—c4 | Dh8—h4† | 12) | Sc3—e2 | Lc8—g4 (?) |
| 4) | Ke1—f1 | d7—d6 | 13) | De1—f2 | Sb8—d7 |
| 5) | d2—d4 | Sg8—f6 | 14) | h2—h3 | Lg4—e6 |
| 6) | Sg1—f3 (?) | Dh4—h6 | 15) | h3—h4 | g5—g4 |
| 7) | Sb1—c3 | c7—c6 | 16) | Sf3—g5 | Le7—g5: |
| 8) | e4—e5 | Sf6—h5 | 17) | h4—g5: | Dh6—g5: |

Stellung nach dem 18. Zuge von Weiss.

| | Weiss. | Schwarz. |
|---|---|---|
| 18) | g2—g3 (!) | f7—f5 |
| 19) | Lc1—f4: (!) | Dg5—g6 |
| 20) | Df2—h2 | Le6—f7 (!) |
| 21) | Ta1—f1 (!) | 0—0—0 |
| 22) | Lf4—c1 (!) | c6—c5 |

| | Weiss. | Schwarz. |
|---|---|---|
| 23) | Ld3—f5: | Dg6—a6 |
| 24) | Lf5—g4: (!) | Tb8—f8 |
| 25) | Lg4—h5: | Lf7—e6 |
| 26) | c2—c3 | c5—d4: |
| 27) | c3—d4: | Tf8—f1† |
| 28) | Kg1—f1: | Td8—f8† |
| 29) | Kf1—g2 | Le6—f5 |
| 30) | Se2—c3 | Da6—b6 |
| 31) | Th1—d1 | Sd7—e5: |
| 32) | d4—e5: | d5—d4 |
| 33) | Dh2—g1 | Db6—c6† |
| 34) | Lh5—f3 | Lf5—h3† |
| 35) | Kg2—h3: | Dc6—f3: |
| 36) | Dg1—d4: | h7—h5 |
| 37) | Dd4—d7† | Kc8—b8 |
| 38) | Lc1—f4 | a7—a6 |
| 39) | Dd7—d6† | Kb8—a7 |
| 40) | Dd6—c5† | Aufgegeben. |

**Anmerkungen zur 294. Partie.**

6) Sg1—f3 (?). Bei Paulsens neuer Vertheidigung erscheint uns die frühe Vertreibung der feindlichen Dame von h4 durch den weissen Königsspringer nicht zweckmässig. Wir halten vielmehr folgende Spielart für geeignet, den Gambitbauer mit gutem Spiele zurückzugewinnen:

| 1) | e2—e4 | e7—e5 |
|---|---|---|
| 2) | f2—f4 | e5—f4: |
| 3) | Lf1—c4 | Dd8—h4† |
| 4) | Ke1—f1 | d7—d6 |
| 5) | d2—d4 | Sg8—f6 |
| 6) | Sb1—c3 | c7—c6 |
| 7) | Dd1—e1 (!) | |

(Man betrachte das Diagramm.)

12) ... Lc8—g4 (?). Das Richtige war 12) ... Df6—g7.

## 295. Partie.

### Königsläufergambit.

Gespielt zu London im Jahre 1864.

| | DuBois. | Steinitz. | | Weiss. | Schwarz. |
|---|---|---|---|---|---|
| | Weiss. | Schwarz. | 17) | Lc1—f4: | Le5—d4 |
| 1) | e2—e4 | e7—e5 | 18) | Se4—g3 | Sf5—g3† |
| 2) | f2—f4 | e5—f4: | 19) | Df2—g3: | Dh5—f5 |
| 3) | Lf1—c4 | d7—d5 | 20) | Ta1—e1 | Ld4—e5 |
| 4) | Lc4—d5: (!) | c7—c6 | 21) | Te1—e5: | Te8—e5: |
| 5) | Ld5—b3 | Dd8—h4† | 22) | Dg3—f2 | Te5—e4 |
| 6) | Ke1—f1 | g7—g5 | 23) | Lf4—d6 | Df5—g5 |
| 7) | Sg1—f3 | Dh4—h5 | 24) | g2—g3 | Tf8—e8 |
| 8) | d2—d4 | Lf8—g7 | 25) | d5—c6: | Dg5—b5† |
| 9) | Sb1—c3 | Sg8—e7 | 26) | Kf1—g2 | Te4—e2 |
| 10) | e4—e5 (?) | Lc8—f5 | 27) | Lb3—f7† | Kg8—g7 |
| 11) | d4—d5 (?) | g5—g4 | 28) | Lf7—e8: | Db5—c6† |
| 12) | Sf3—d4 | Lg7—e5: | 29) | Kg2—g1 | Te2—f2: |
| 13) | Sd4—f5: | Se7—f5: | 30) | Kg1—f2: | Dc6—h1: |
| 14) | Dd1—e1 | 0—0 | 31) | Le8—d7: | Dh1—f3† |
| 15) | Sc3—e4 | Sb8—d7 | | und Schwarz gewinnt. | |
| 16) | De1—f2 | Ta8—e8 | | | |

### Anmerkung zur 295. Partie.

10) e4—e5 (?). Die correcte Fortsetzung des Angriffs ist 10) h2—h4, h7—h6, 11) Sf3—e5; man vgl. die vierte Partie des Wettkampfs zwischen Suhle und Anderssen (No. 320).

## 296. Partie.

### Königsläufergambit.

Gespielt zu Berlin im Mai d. J. 1864.

| | S. Paulsen. | G. R. Neumann. | | Weiss. | Schwarz. |
|---|---|---|---|---|---|
| | Weiss. | Schwarz. | 6) | Sg1—f3 | Lb4—c3: |
| 1) | e2—e4 | e7—e5 | 7) | d2—c3: | 0—0 |
| 2) | f2—f4 | e5—f4: | 8) | 0—0 | c7—c6 |
| 3) | Lf1—c4 | d7—d5 | 9) | Ld5—c4 (?) | Dd8—b6† |
| 4) | Lc4—d5: (!) | Sg8—f6 | 10) | Sf3—d4 | Sf6—e4: |
| 5) | Sb1—c3 | Lf8—b4 | 11) | Tf1—f4: | Se4—d6 |

Stellung nach dem 7. Zuge von Weiss.

| Weiss. | Schwarz. |
|---|---|
| 12) Lc4—d3 | c6—c5 |
| 13) Sd4—f5 | Lc8—f5: |
| 14) Ld3—f5: | Sd6—f5: |
| 15) Tf4—f5: | Sb8—d7 (??) |
| 16) Dd1—d7: | Ta8—d8 |
| 17) Dd7 - c7 | |

Schwarz giebt die Partie auf.

**Anmerkungen zur 296. Partie.**

7) ... 0—0. Die Fortsetzung 7) ... c7—c6 8) Ld5—c4, Dd8—d1† 9) Ke1—d1:, Sf6—e4: (?) 10) Th1—e1 wäre nachtheilig für den Vertheidiger; doch könnte statt 9) ... Sf6—e4: (?) 9) ... 0—0 geschehen.

8) **Ld5—c4 (?)**. Noch besser ist der Rückzug des Läufers nach b3, wodurch die Bauern des weissen Damenflügels mehr gesichert werden; man beachte den 11. Zug von Weiss.

---

### 297. Partie.

#### Königsläufergambit.

Gespielt zu Berlin im Café de Belvédère am 14. März 1864.

C. Mayet.    B. Suhle.

| | Weiss. | Schwarz. |
|---|---|---|
| 1) | e2—e4 | e7—e5 |
| 2) | f2—f4 | e5—f4: |
| 3) | Lf1 - c4 | d7—d5 |
| 4) | Lc4—d5: (!) | Sg8—f6 |
| 5) | Sb1—c3 | Lf8—b4 |
| 6) | Dd1—f3 | 0—0 |
| 7) | Df3—f4: | Lb4—b3: |
| 8) | b2—c3: | Tf8—e8 |
| 9) | Sg1—e2 | Sf6—d5: |
| 10) | e4—d5: | Dd8—d5: |
| 11) | Th1—f1 | Dd5—h5 |
| 12) | Tf1—f2 | Lc8—g4 |
| 13) | Df4—c4 | Sb8—c6 |

Stellung nach dem 9. Zuge von Weiss.

| 14) | h2—h3 | Sc6—e5 |

|     | Weiss.     | Schwarz.  |
|-----|------------|-----------|
| 15) | h3—g4: (!) | Dh5—h1†   |
| 16) | Tf2—f1     | Dh1—f1†   |

| | Weiss. | Schwarz. |
|---|---|---|
| 17) | Ke1—f1: | Se5—c4: |

und Schwarz gewann schliesslich durch die Uebermacht.

### Anmerkung zur 297. Partie.

9) ... Sf6—d5: Schwarz konnte auch mit Vortheil 9) ... c7—c6 spielen.

## 298. Partie.
### Königsläufergambit.

Gespielt zu Berlin im Café de Belvédère am 14. März 1864.

C. Mayet.     B. Suhle.

|     | Weiss.   | Schwarz. |
|-----|----------|----------|
| 1)  | e2—e4    | e7—e5    |
| 2)  | f2—f4    | e5—f4:   |
| 3)  | Lf1—c4   | d7—d5    |
| 4)  | e4—d5:   | Sg8—f6   |
| 5)  | Dd1—f3   | Lf8—d6   |
| 6)  | Df3—e2†  | Ke8—d7   |
| 7)  | De2—f3 (!)| c7—c6   |
| 8)  | d5—c6†   | Sb8—c6:  |
| 9)  | Sg1—e2   | Kd7—c7   |
| 10) | h2—h3    | g7—g5    |

|     | Weiss.  | Schwarz. |
|-----|---------|----------|
| 11) | 0—0 (?) | g5—g4    |
| 12) | h3—g4:  | Lc8—g4:  |
| 13) | Df3—b3  | Ld6—c5†  |
| 14) | d2—d4 (!)| Sc6—d4: |
| 15) | Lc1—f4† | Kc7—c8   |
| 16) | Se2—d4: | Lc5—d4†  |
| 17) | Kg1—h1  | Sf6—e4   |
| 18) | Lc4—f7: | Dd8—h4†  |
| 19) | Lf4—h2  | Ld4—e5   |

20) Db3—c4†    Kc8—b8

Weiss giebt die Partie auf.

### Anmerkung zur 298. Partie.

20) Db3—c4†. Auf 20) Lf7—e6† könnte folgen 20) ... Kc8—b8 21) Db3—h3 (!), Dh4—h3: (!) 22) g2—h3:, Lc5—h2:, 23) Lc6—g4:,

Se4—g3† und Schwarz erobert die Qualität. Wir theilen diese Variante ihrer interessanten Verwickelungen wegen mit, obgleich nicht 20) ... Kc8—b8, sondern 20) ... Kc8—d8 die stärkste Antwort des Nachziehenden wäre.

## 299. Partie.
### Abgelehntes Königsgambit.
Gespielt zu London im Jahre 1862.

S. Paulsen.    Mac Donnell.
Weiss.    Schwarz.

| | Weiss. | Schwarz. |
|---|---|---|
| 1) | e2—e4 | e7—e5 |
| 2) | f2—f4 | Lf8—c5 |
| 3) | Sg1—f3 | d7—d6 |
| 4) | c2—c3 | Lc8—g4 |
| 5) | Lf1—e2 (!) | Lg4—f3: |
| 6) | Le2 f3: | Sb8—c6 |
| 7) | d2—d3 | Sg8—f6 |
| 8) | Dd1—b3 | Lc5—b6 |
| 9) | Sb1—a3 | a7—a5 (?) |
| 10) | Sa3—c4 | 0—0 (?) |
| 11) | Sc4—b6: | c7—b6: |
| 12) | 0—0 | h7—h6 |
| 13) | f4—f5 | a5—a4 |
| 14) | Db3—d1 (!) | Dd8—c7 |
| 15) | Lc1—e3 | Tf8—e8 |
| 16) | Ta1—c1 | Ta8—a5 (?) |
| 17) | Tc1—c2 | Dc7—d8 |
| 18) | Tc2—d2 | Te8—c7 |
| 19) | g2—g4 | Sf6—h7 |
| 20) | Td2—g2 | f7—f6 |
| 21) | b2—b4 (!) | Ta5—a8 |
| 22) | b4—b5 | Sc6—b8 |
| 23) | h2—h4 | Tc7—f7 |
| 24) | g4—g5 (!) | f6—g5: |
| 25) | Lf3—h5 | Tf7—d7 |
| 26) | h4—g5: | d6—d5 |

| | Weiss. | Schwarz. |
|---|---|---|
| 27) | f5—f6 (!) | g7—f6: |
| 28) | g5—f6† | Kg8—h8 |
| 29) | Le3—h6: | Sh7—f6: |
| 30) | Tg2—g6 | Td7—f7 |
| 31) | Tf1—f6: | Dd8—f6: |
| 32) | Tg6—f6: | Tf7—f6: |
| 33) | Dd1—g4 | Tf6—h6: |
| 34) | Dg4—e8† | Kh8—g7 |
| 35) | De8—b7† | Sb8—d7 |
| 36) | Db7 a8: | Th6—h5: |
| 37) | Da8—b7 | d5—c4: |
| 38) | Db7—d7† | Kg7—g6 |
| 39) | Dd7—e6† | |

Schwarz giebt die Partie auf.

## 300. Partie.
### Abgelehntes Königsgambit.
Gespielt zu London im Jahre 1862.

| | Steinitz. Weiss. | Rosy. Schwarz. | | Weiss. | Schwarz. |
|---|---|---|---|---|---|
| 1) | e2—e4 | e7—e5 | 24) | Tf1—b1: | Tb8—b1† |
| 2) | f2—f4 | Lf8—c5 | 25) | Dc2—b1: | De8—a4: |
| 3) | Sg1—f3 | d7—d6 | 26) | La3—b4 | Sa5—c6 |
| 4) | c2—c3 | Lc8—g4 | 27) | Lg4—d1 | Da4—b5 |
| 5) | Lf1—e2 (!) | Sb8—c6 | 28) | Dc2—a2† | Kg8—f8 |
| 6) | b2—b4 | Lc5—b6 | 29) | Da2—e6 (!) | Sc6—b4: |
| 7) | a2—a4 | a7—a6 | 30) | Ld1—h5 (!) | g7—g6 |
| 8) | d2—d3 | Dd8—e7 | 31) | f5—g6: | h7—g6: |
| 9) | Sb1—a3 (!) | Sg8—f6 | 32) | Lf5—g6: | Kf8—g7 (!) |
| 10) | Sa3—c4 | Lg4—f3: | | | |
| 11) | Le2—f3: | Lb6—a7 | | | |
| 12) | b4—b5 | Sc6—d8 (!) | | | |
| 13) | b5—a6: | b7—a6: | | | |
| 14) | Sc4—e3 | 0—0 | | | |
| 15) | f4—f5 | Ta8—b8 | | | |
| 16) | 0—0 | Sd8—c6 | | | |
| 17) | Kg1—h1 | Sc6—a5 | | | |
| 18) | Se3—g4 | Sf6—g4: | | | |
| 19) | Lf3—g4: | f7—f6 | | | |
| 20) | Lc1—a3 | Tb8—b7 | | | |
| 21) | Dd1—c2 | Tf8—b8 | | | |
| 22) | Ta1—b1 | De7—e8 | | | |
| 23) | h2—h3 (!) | Tb7—b1: | | | |

Weiss giebt in 5 Zügen Matt.

### Anmerkungen zur 300. Partie.
12) ... Sc6—d8. Auf 12)... a6—b5: folgt 13) a4—b5: nebst b5—b6.
19) ... f7—f6. Es drohte f5—f6 nebst Lg4—f5.

---

## 301. Partie.
### Mittelgambit.
Gespielt zu Leipzig am 4. Februar 1864.

| | M. Lange. Weiss. | S. Paulsen. Schwarz. | | Weiss. | Schwarz. |
|---|---|---|---|---|---|
| 1) | e2—e4 | e7—e5 | 3) | Dd1—d4: | Sb8—c6 |
| 2) | d2—d4 | e5—d4: | 4) | Dd4—d1 | Sg8—f6 |
| | | | 5) | Lf1—d3 | d7—d5 |

| | Weiss. | Schwarz. | | Weiss. | Schwarz. |
|---|---|---|---|---|---|
| 6) | c4—d5: | Dd8—d5: | 25) | Sc1—d3 | Tf4—f5 |
| 7) | Sg1—f3 | Lc8—g4 | 26) | Tc2—c5 | g5—g4 |
| 8) | Ld3—e2 | Dd5—h5 | 27) | h3—g4: | h5—g4: |
| 9) | Lc1—f4 (!) | Sf6—d5 | 28) | Tc5—f5: | Tf8—f5: |
| 10) | Lf4—g3 | 0—0—0 | 29) | Kg1—h2 (!) | Tf5—d5 |
| 11) | Sb1—d2 | Lf8—b4 | 30) | Tf1—d1 | c6—c5 |
| 12) | 0—0 | Th8—e8 | 31) | c3—c4 | Td5—d4 |
| 13) | h2—h3 | Lg4—f3: | 32) | b2—b3 | c7—c6 |
| 14) | Le2—f3: | Dh5—h6 | 33) | Sd3—b2 | Td4—c4 |
| 15) | c2—c3 | Lb4—c5 | 34) | Td1—d2 | Lb6—c7† |
| 16) | Dd1—b3 (!) | Sd5—f4 | 35) | g2—g3 | Lc7—c5 |
| 17) | Db3—f7: | Tc8—f8 | 36) | Sb2—d1 | Lc5—d4 |
| 18) | Lg3—f4: | Dh6—f4: | 37) | Kh2—g2 (?) | Tc4—c1 |
| 19) | Df7—f4: | Tf8—f4: | 38) | f2—f3 (?) | Tc1—g1† |
| 20) | Sd2—b3 | Lc5—b6 | 39) | Kg2—h2 | g4—f3: |
| 21) | Lf3—c6: | b7—c6: | 40) | Td2—d4: (?) | Tg1—g2† |
| 22) | Ta1—c1 (!) | Td8—f8 | 41) | Kh2—h3 | c5—d4: |
| 23) | Tc1—c2 | h7—h5 | 42) | g3—g4 | Tg2—d2 |
| 24) | Sb3—c1 | g7—g5 | | Aufgegeben. | |

#### Anmerkung zur 301. Partie.

M. Lange bemerkt zum 23. Zuge dieser Partie mit Recht: „Weiss hat nun das entschieden bessere Spiel und vermöge seines Bauernvortheils Aussicht auf Gewinn." Wir können nicht umhin, seine Entschuldigung der Uebereilungen im Endspiel: „die letzten Züge wurden vom Führer des weissen Spieles, welchen einer Einladung halber die Zeit drängte, überhaupt sehr schnell und zum Theil unüberlegt gezogen" als die einzige glaubhafte Erklärung der an das Wunderbare grenzenden Wendung zum Verluste anzuerkennen, zumal wir aus eigener Erfahrung wissen, wie ausserordentlich langsam Langes berühmter Gegner zu spielen pflegt.

---

### 302. Partie.
#### Damenbauer gegen Königsbauer.
Gespielt zu London im Jahre 1862.

| | Steinitz. | Mongredien. | | Weiss. | Schwarz. |
|---|---|---|---|---|---|
| | Weiss. | Schwarz. | 4) | d2—d4 | e7—e6 |
| 1) | e2—e4 | d7—d5 | 5) | Sg1—f3 | Sg8—f6 |
| 2) | e4—d5: | Dd8—d5: | 6) | Lf1—d3 | Lf8—e7 |
| 3) | Sb1—c3 | Dd5—d8 | 7) | 0—0 | 0—0 |

434

| | Weiss. | Schwarz. |
|---|---|---|
| 8) | Lc1—e3 | b7—b6 |
| 9) | Sf3—e5 | Lc8—b7 |
| 10) | f2—f4 | Sb8—d7 |
| 11) | Dd1—e2 | Sf6—d5 (?) |
| 12) | Sc3—d5: | c6—d5: |
| 13) | Tf1—f3 | f7—f5 |
| 14) | Tf3—h3 | g7—g6 |
| 15) | g2—g4 | f5—g4: (?) |
| 16) | Th3—h7: (!) | Sd7—e5: |
| 17) | f4—e5: | Kg8—h7: |
| 18) | De2—g4: | Tf8—g8 |
| 19) | Dg4—h5 | Kh7—g7 |
| 20) | Dh5—h6† | Kg7—f7 |
| 21) | Dh6—h7† (!) | Kf7—e6 |
| 22) | Dh7—h3† | Ke6—f7 |
| 23) | Ta1—f1† | Kf7—e8 |
| 24) | Dh3—e6 | Tg8—g7 |
| 25) | Le3—g5 (!) | Dd8—d7 |

**Stellung nach dem 18. Zuge von Weiss.**

| | Weiss. | Schwarz. |
|---|---|---|
| 26) | Ld3—g6† | Tg7—g6: |
| 27) | De6—g6† | Ke8—d8 |
| 28) | Tf1—f8† | Dd7—e8 |
| 29) | Dg6—e8† | |

### Anmerkungen zur 302. Partie.

**15) g2—g4.** Eine ausgezeichnete Combination, welche nach Anderssens Urtheil diese Partie zur schönsten im ganzen Turniere macht.

**15) ... f5—g4:** Besser wäre Abtausch der Springer nebst Lb7—c8 gewesen.

**16) ... Sd7—e5:** Nahm der König sofort den Thurm, so folgte 17) De2—g4:, Sd7—e5: (!) 18) f4—e5:

**18) ... Tf8—g8.** Löwenthal bemerkt mit Recht: „Weiss hat ein solches Uebergewicht, dass nichts mehr das schwarze Spiel zu retten vermag; z. B. 18) ... Dd8—e8 19) Dg4—h5†, Kh7—g8 20) Ld3—g6:, Tf8—f7 (!) 21) Kg1—h1, Le7—f8 (!) 22) Ta1—g1, Lf8—g7 23) Le3—h6 und Weiss muss gewinnen.

---

### 303. Partie.
#### Sicilianische Eröffnung.
Gespielt zu London im Jahre 1862.

| | Lonnah. | Anderssen. | | Weiss. | Schwarz. |
|---|---|---|---|---|---|
| | Weiss. | Schwarz. | 3) | d2—d4 | c5—d4: |
| 1) | e2—e4 | c7—c5 | 4) | Sf3—d4: | Sg8—f6 (!) |
| 2) | Sg1—f3 | e7—e6 | 5) | Lf1—d3 (!) | Sb8—c6 |

|    | Weiss. | Schwarz. |    | Weiss. | Schwarz. |
|----|--------|----------|----|--------|----------|
| 6) | Lc1—e3 | d7—d5 | 11) | Sd4—c2 (??) | Lc5—c3† |
| 7) | Sb1—d2 | Lf8—d6 | 12) | Sc2—c3: | Dd8—b6 |
| 8) | 0—0 | 0—0 | 13) | Dd1—e1 | Sf6—g4 |
| 9) | f2—f4 (?) | Ld6—c5 (!) | 14) | Tf1—f3 | c5—f4: |
| 10) | c2—c3 | e6—e5: (!) | 15) | e4—d5: | Sc6—e5 |
|    |        |          | 16) | Ld3—h7† | Kg8—h7: |
|    |        |          | 17) | Tf3—h3† | Sg4—h6 |
|    |        |          | 18) | Th3—h5 | f4—e3: |
|    |        |          | 19) | Sd2—e4 | Lc8—g4 |
|    |        |          | 20) | Th5—e5: | Ta8—e8 |
|    |        |          | 21) | De1—b1 | e3—e2† |
|    |        |          | 22) | Kg1—h1 | e2—e1† |
|    |        |          | 23) | Db1—e1: | Te8—e5: |
|    |        |          | 24) | De1—b1 | Db6—g6 |
|    |        |          | 25) | Se4—g3 | Sh6—f5 |

Weiss giebt die Partie auf.

### Anmerkung zur 303. Partie.

7) Sb1—d2. Löwenthal empfiehlt statt dessen Abtausch der Springer und Vorrücken des Königsbauern. Dadurch würde aber Weiss nach unserer Ansicht, mit welcher Anderssens und Langes Urtheil übereinstimmt, keineswegs ein vortheilhaftes Spiel bekommen. Für das allein Richtige halten wir 7) e4—d5:

## 304. Partie.
### Sicilianische Eröffnung.

Gespielt zu London im Jahre 1862.

| | Mac Donnell. | Anderssen. | | Weiss. | Schwarz. |
|---|---|---|---|---|---|
| | Weiss. | Schwarz. | 11) | Dd1—e2 | 0—0 |
| 1) | c2—c4 | c7—c5 | 12) | Tf1—f3 | Lc5—c3† |
| 2) | Sg1—f3 | e7—e6 | 13) | Tf3—e3: | Sd7—c5 |
| 3) | d2—d4 | c5—d4: | 14) | Sb1—d2 | Sc5—e4 |
| 4) | Sf3—d4: | Sg8—f6 (!) | 15) | Ta1—f1 | a7—a5 |
| 5) | Lf1—d3 (!) | Sb8—c6 | 16) | Tf1—f3 | Ta8—a7 |
| 6) | Lc1—e3 | d7—d5 | 17) | Tf3—h3 | Dd8—b6 |
| 7) | Sd4—c6: (?) | b7—c6: | 18) | Sd2—f1 | g7—g6 |
| 8) | e4—e5 | Sf6—d7 | 19) | g2—g4 (?) | Ta7—g7 |
| 9) | f2—f4 | f7—f5 | 20) | Kg1—g2 (?) | c6—c5 |
| 10) | 0—0 | Lf8—c5 | 21) | Ld3—e4: | f5—e4: |

|   | Weiss. | Schwarz. |
|---|---|---|
| 22) | Te8—b3 | Db6—c7 |
| 23) | Kg2—g3 | c5—c4 |
| 24) | Tb3—a3 | g6—g5 (!) |
| 25) | f4—g5: | Dc7—e5† |
| 26) | Kg3—g2 | d5—d4 |
| 27) | Th3—h5 | c4—c3 |
| 28) | Sf1—g3 | De5—d5† |
| 29) | Kg2—g1 | Tf8—f2 |
| 30) | De2—f2: | c3—f2† |
| 31) | Kg1—f2: | Tg7—f7† |

und Schwarz gewinnt.

### Anmerkungen zur 304. Partie.

**19) g2—g4 (?).** Der Anziehende will durchaus auf der Königsseite durchbrechen und bereitet dadurch, wie es in der sicilianischen Partie bei solchem Unternehmen sehr häufig der Fall ist, sich selbst den Untergang.

**20) Kg1—g2 (?).** Ein Fehlzug; das Beste unter diesen Umständen war 20) g4—g5.

### 305. Partie.
### Sicilianische Eröffnung.

Consultationspartie, gespielt zu London im Jahre 1862.

Capt. H. A. Kennedy und J. Löwenthal.  
Anderssen und L. Paulsen.

|   | Weiss. | Schwarz. |
|---|---|---|
| 1) | e2—e4 | c7—c5 |
| 2) | Sg1—f3 | e7—e6 |
| 3) | d2—d4 | c5—d4: |
| 4) | Sf3—d4 | Sg8—f6 (!) |
| 5) | Sb1—c3 | Lf8—b4 |
| 6) | Sd4—b5 | 0—0 |
| 7) | e4—e5 | Sf6—e8 |
| 8) | Dd1—g4 (?) | Sb8—c6 |
| 9) | Lf1—d3 | f7—f5 |
| 10) | Dg4—g3 | Dd8—a5 |
| 11) | 0—0 | a7—a6 |
| 12) | Sb5—d6 | Da5—e5: |
| 13) | Lc1—f4 | De5—f6 |
| 14) | Sd6—e8: | Tf8—e8: |

|   | Weiss. | Schwarz. |
|---|---|---|
| 15) | Ta1—e1 | Te8—f8 |
| 16) | Lf4—d6 | Lb4—d6: |

| Weiss. | Schwarz. | | Weiss. | Schwarz. |
|---|---|---|---|---|
| 17) Dg3—d6: | | 23) | Lf3—c6: | d7—c6: |
| | | 24) | Dd6—c6: | Df7—a7 (!) |
| | | 25) | Td1—d3 | c6—c5 |
| | | 26) | Kg1—f1 | c5—c4 |
| | | 27) | Dc6—d5† | Lc8—e6 |
| | | 28) | Dd5—d4 | Da7—c7 |
| | | 29) | Td3—d1 | Dc7—f4∓ |
| | | 30) | Kf1—g1 | Te8—d8 |
| | | 31) | Dd4—b6 | Td8—d1∓ |
| | | 32) | Sc3—d1: | Le6—c4 |
| | | 33) | Sd1—f2 | Df4—e5 |
| | | 34) | c2—c3 | Tf8—b8 |
| | | 35) | Db6—a7 | Tb8—d8 |
| | | 36) | Te3—h3 | De5—g7 |
| 17) ... | b7—b5 | 37) | Da7—a6: | Dg7—d7 |
| 18) Tc1—e3 | Df6—f7 | 38) | Th3—g3 | f5—f4 |
| 19) f2—f4 | Lc8—b7 | | | |
| 20) Ld3—e2 | Ta8—c8 | | | |
| 21) Le2—f3 | g7—g6 | | | |
| 22) Tf1—d1 | Lb7—c8 | | | |

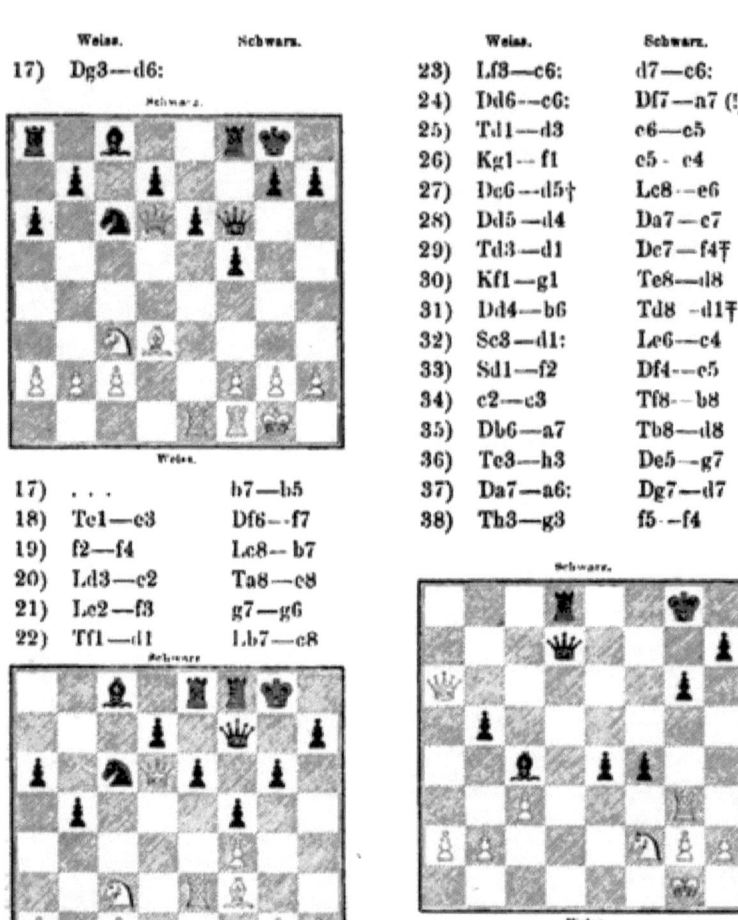

Weiss giebt die Partie auf.

### Anmerkungen zur 306. Partie.

**5) Sb1—c3.** Wir halten den üblichen Zug: 5) Lf1—d3 für sicherer.

**17) ... b7—b5.** Noch vortheilhafter für Schwarz wäre wohl 17) ... Df6—e7 gewesen.

**23) Lf3—c6:** Löwenthal bemerkt zu diesem Zuge, dass Weiss dadurch zwar den verlorenen Bauer zurückerobere, aber den Angriff an die Gegner abtrete und desshalb besser gethan hätte, 23) Sc3—d5 zu ziehen, worauf folgen würde: **A.** 23) ... c6—d5: 24) Lf3—d5:, Te8—c6 25) Te3—c6:, d7—c6:

26) Ld5—c6: mit besserem Spiele für Weiss, oder **B.** 23) . . . Kg8—g7 24) Sd5—c7, Tc8—c7 25) Sc7—c6†, Tc7—c6: 26) Te3—e6:, Df7—e6: 27) Dd6—e6:, d7—e6: 28) Lf3—c6: oder **C.** bei 24) . . . Tc8—d8 25) Sc7—c6†, d7—e6: 26) Dd6—c6:, Td8—d1† 27) Lf3—d1:, Tf8—d8 28) Ld1—f3 mit demselben Ergebniss. Die mitgetheilten Varianten erscheinen uns jedoch nicht überzeugend; in der Fortsetzung **A.** z. B. kann Schwarz nach 23) Sc3—d5, c6—d5: 24) Lf3—d5: durch die Antwort Tc8—e3: für die aufgeopferte Dame einen Thurm nebst zwei leichten Offizieren erhalten, also das numerische Uebergewicht behaupten, ohne der Gegenpartei erheblichen Vortheil in der Stellung einzuräumen.

38) . . . f5—f4. Zieht Weiss den angegriffenen Thurm nach h3 zurück, so erzwingt Schwarz in drei Zügen Matt.

## 306. Partie.
### Sicilianische Eröffnung.

Gespielt zu London im Jahre 1862.

Capt. H. A. Kennedy, J. Loewenthal und Boden.

Anderssen, L. Paulsen und Dubois.

| | Weiss. | Schwarz. |
|---|---|---|
| 1) | e2—e4 | c7—c5 |
| 2) | Sg1—f3 | e7—e6 |
| 3) | d2—d4 | c5—d4: |
| 4) | Sf3—d4: | Sg8—f6 (!) |
| 5) | Sb1—c3 | Lf8—b4 |
| 6) | Lf1—d3 | 0—0 |
| 7) | 0—0 | d7—d5 |
| 8) | e4—e5 | Sf6—e8 |
| 9) | Dd1—h5 | f7—f5 |
| 10) | f2—f4 | Sb8—c6 |
| 11) | Sd4—f3 | Se8—c7 |
| 12) | Sc3—e2 | b7—b6 |
| 13) | a2—a3 | Lb4—e7 |
| 14) | b2—b4 | a7—a5 |
| 15) | b4—b5 | Sc6—b8 |
| 16) | a3—a4 | Sb8—d7 |
| 17) | Se2—d4 | Lc8—b7 |
| 18) | Lc1—e3 | g7—g6 |
| 19) | Dh5—h3 | Sd7—c5 |
| 20) | Sd4—b3 | Sc5—b3: |
| 21) | a2—b3: | d5—d4 |

| | Weiss. | Schwarz. |
|---|---|---|
| 22) | Le3—f2 | Sc7—d5 |
| 23) | Dh3—g3 | Lc7—c5 |
| 24) | Tf1—e1 | Sd5—e3 |
| 25) | Ta1—c1 | Dd8—e7 |
| 26) | Sf3—d4: | Se3—g4 |
| 27) | Sd4—c6 | Lc5—f2† |
| 28) | Dg3—f2: | Lb7—c6: |
| 29) | Df2—b6: | Lc6—d5 |
| 30) | h2—h3 | Sg4—h6 |
| 31) | Ld3—c4 | Tf8—b8 |

|    | Weiss. | Schwarz. |    | Weiss. | Schwarz. |
|----|--------|----------|----|--------|----------|
| 32) | Db6—f2 | Ld5—c4 |    |        |          |
| 33) | Te1—d1 | Sh6—f7 |    |        |          |
| 34) | Td1—d2 | Tb8—d8 |    |        |          |
| 35) | Tc1—d1 | Td8—d2: |    |        |          |
| 36) | Td1—d2: | g6—g5 |    |        |          |
| 37) | Df2—b6 | g5—f4: |    |        |          |
| 38) | Lc4—e6: | De7—a7 |    |        |          |
| 39) | Db6—a7: | Ta8—a7: |    |        |          |
| 40) | Td2—f2 | Ta7—e7 |    |        |          |
| 41) | Le6—c4 | Kg8—g7 |    |        |          |
| 42) | e5—e6 | Sf7—g5 |    |        |          |
| 43) | b3—b4 | a5—b4: |    |        |          |
| 44) | a4—a5 | Sg5—e6: |    |        |          |
| 45) | Tf2—b2 | Se6—c5 |    | Weiss. | Schwarz. |
| 46) | Tb2—b4: | Kg7—f6 | 59) | Kg3—f2 | Lc4—b7 |
| 47) | a5—a6 | Te7—g7 | 60) | Lc4—f1 | Lb7—c8 |
| 48) | b5—b6 | Lc4—g2: | 61) | Kf2—f3: | Lc8—b7† |
| 49) | Kg1—f2 | Lg2—c4 | 62) | Kf3—f2 | Lb7—c8 |
| 50) | Lc4—f1 | Kf6—e5 | 63) | Kf2—f3 | Lc8—b7† |
| 51) | b6—b7 | Sc5—b7: | 64) | Kf3—f2 | h7—h6 |
| 52) | a6—b7: | Tg7—b7: | 65) | Lf1—c4 | Lb7—c8 |
| 53) | Tb4—b7: | Lc4—b7: | 66) | Lc4—f1 | Lc8—d7 |
| 54) | Lf1—e2 | f4—f3 | 67) | Kf2—f3 | Ld7—e6† |
| 55) | Le2—c4 | Ke5—f4 | 68) | Kf3—f2 | Ke5—f5 |
| 56) | Lc4—d3 | Lb7—c4 | 69) | Lf1—g2 (??) | Le6—g2: |
| 57) | Ld3—c4 | Kf4—e5 | 70) | Kf2—g2: | Kf5—e5 |
| 58) | Kf2—g3 | f5—f4† |    | Weiss giebt die Partie auf. | |

**Anmerkungen zur 306. Partie.**

22) Le3—f2. Weiss konnte den Bauer d4 nicht ohne Nachtheil nehmen.

25) Ta1—c1. 25) Sf3—d4: würde zur Folge haben: 25) ... Sc3—g4 26) Sd4—e6:, Lc5—f2† 27) Dg3—f2:, Dd8—d3:

---

### 307. Partie.
#### Sicilianische Eröffnung.

Gespielt zu Berlin im Mai d. J. 1864.

S. Paulsen. G. R. Neumann.

|    | Weiss. | Schwarz. |    | Weiss. | Schwarz. |
|----|--------|----------|----|--------|----------|
| 1) | e2—e4 | c7—c5 | 3) | g2—g3 | d7—d6 |
| 2) | Sb1—c3 | Sb8—c6 | 4) | Lf1—g2 | e7—e5 (!) |
|    |        |          | 5) | Sg1—e2 | Sg8—f6 |

|     | Weiss. | Schwarz. |     | Weiss. | Schwarz. |
| --- | --- | --- | --- | --- | --- |
| 6) | 0—0 | h7—h5 | 18) | d3—d4 | c5—d4: |
| 7) | d2—d3 | h5—h4 | 19) | c3—d4: | Dd8—b6 |
| 8) | Lc1—g5 | h4—h3 | 20) | Sd1—f2 | Ld7—b5 |
| 9) | Lg2—h1 | Lf8—e7 | 21) | d4—c5: | d6—c5: |
| 10) | f2—f4 | Sf6—g4 | 22) | Tf1—d1 | Lb5—c2: |
| 11) | Lg5—e7: | Sc6—e7: | 23) | Dd2—e2: | Se7—c6 |
| 12) | D.l1—d2 | f7—f6 | 24) | Ta1—c1 | Ke8—c7 |
| 13) | Lh1—f3 | Sg4—h6 | 25) | b2—b3 | Sc6—d4 |
| 14) | f4—f5 | Sh6—f7 | 26) | De2—b2 | Th8—d8 |
| 15) | Sc3—d1 | Sf7—g5 | 27) | b3—b4 | Db6—b5 |
| 16) | Lf3—h1 |  | 28) | Tc1—c8: |  |

| 16) | ... | Lc8—d7 | Schwarz kündigt Matt in vier |
| --- | --- | --- | --- |
| 17) | c2—c3 | Ta8—c8 | Zügen an. |

**Anmerkungen zur 307. Partie (von G. R. Neumann).**

4) **Lf1—g2.** Der Königsläufer steht auf g2 in diesem Spiele nach unserer Ansicht durchaus nicht vortheilhaft, wenn nur Schwarz nach Anderssens Rath den Bauer c4 festsetzt und dadurch dem Läufer die Möglichkeit nimmt, in der Richtung nach a8 zu wirken.

16) **Lf3—h1.** Dieser offenbar unvortheilhafte Rückzug, wodurch Weiss den Abtausch vermeiden will, beweis't am deutlichsten Paulsens Vorliebe für die Läufer. Aber der gekränkte Springer nimmt nun furchtbare Rache, indem er nicht von seinem Posten weicht und den stolzen Läufer bis an das Ende des Spieles zur Unthätigkeit verdammt. (Man vgl. das Diagramm am Schlusse der Partie.)

18) **d3—d4.** Paulsen schreibt dem Durchbruch in der Mitte den Verlust seiner Partie zu. In der That kommt Weiss wegen der offenen Stellung seines Königs schon in den nächsten Zügen in Verlegenheit.

27) ... Db6—b5. Auch 27) ... Tc8—c1: 28) Td1—c1:, Sd4—f3†
29) Lh1—f3:, Sg5—f3† 30) Kg1—h1, Td8—d2 31) Db2—a3, Td2—f2:
32) b4—b5†, Ke7—d7 (!) 33) Tc1—d1†, Db6—d4 hätte die Partie für
Schwarz entschieden.

## 308. Partie.
### Fianchetto di Donna.

Gespielt zu Berlin im Mai d. J. 1864.

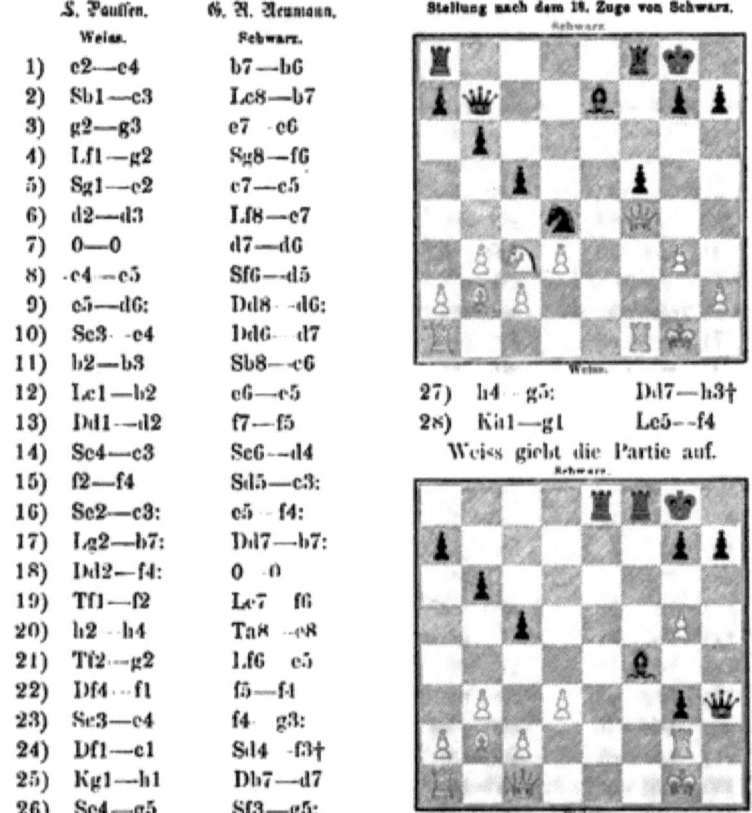

Stellung nach dem 18. Zuge von Schwarz.

| | S. Paulsen.<br>Weiss. | G. R. Neumann.<br>Schwarz. |
|---|---|---|
| 1) | e2—e4 | b7—b6 |
| 2) | Sb1—c3 | Lc8—b7 |
| 3) | g2—g3 | e7—e6 |
| 4) | Lf1—g2 | Sg8—f6 |
| 5) | Sg1—e2 | c7—c5 |
| 6) | d2—d3 | Lf8—e7 |
| 7) | 0—0 | d7—d6 |
| 8) | e4—e5 | Sf6—d5 |
| 9) | e5—d6: | Dd8—d6: |
| 10) | Sc3—e4 | Dd6—d7 |
| 11) | b2—b3 | Sb8—c6 |
| 12) | Lc1—b2 | e6—e5 |
| 13) | Dd1—d2 | f7—f5 |
| 14) | Se4—c3 | Sc6—d4 |
| 15) | f2—f4 | Sd5—c3: |
| 16) | Se2—c3: | e5—f4: |
| 17) | Lg2—b7: | Dd7—b7: |
| 18) | Dd2—f4: | 0—0 |
| 19) | Tf1—f2 | Le7—f6 |
| 20) | h2—h4 | Ta8—e8 |
| 21) | Tf2—g2 | Lf6—e5 |
| 22) | Df4—f1 | f5—f4 |
| 23) | Sc3—e4 | f4—g3: |
| 24) | Df1—e1 | Sd4—f3† |
| 25) | Kg1—h1 | Db7—d7 |
| 26) | Se4—g5 | Sf3—g5: |
| 27) | h4—g5: | Dd7—h3† |
| 28) | Kh1—g1 | Le5—f4 |

Weiss giebt die Partie auf.

**Anmerkungen zur 308. Partie (von G. R. Neumann).**

8) e4—e5. Das Vorrücken des Königs-bauern ist fehlerhaft, da nun der baldige Abtausch der weissen Läufer, durch welchen die Rochadestellung von Weiss bedeutend an Sicherheit einbüsst, unvermeidlich wird.

18) ... O—O. Die gegenwärtige Position, welche durchaus den Charakter eines offenen Spieles hat, ist nicht uninteressant. Schwarz hätte im letzten Zuge den Bauer c2 nehmen können, er hielt aber die Rochade für stärker. um sofort den Angriff auf den entblössten König aufnehmen zu können.

20) h2—h4. Um 20) ... g7—g5 zu verhindern, worauf die Dame kein günstiges Abzugsfeld hatte.

### 309. Partie.
#### Fianchetto di Donna.

Gespielt zu Berlin im Mai 1864.

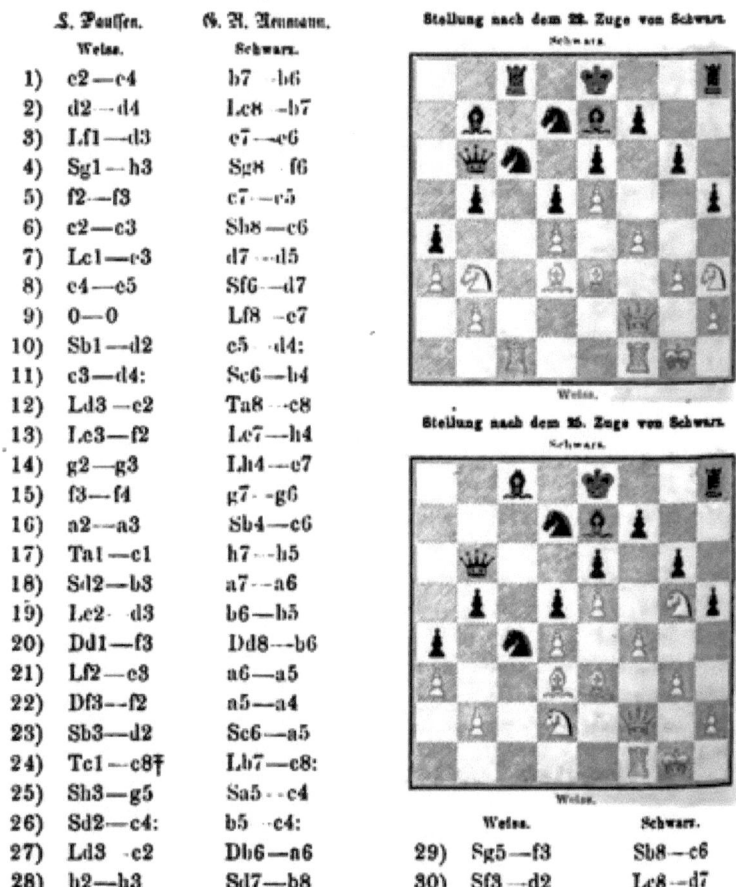

| | S. Paulsen. Weiss. | C. N. Neumann. Schwarz. |
|---|---|---|
| 1) | e2—e4 | b7—b6 |
| 2) | d2—d4 | Lc8—b7 |
| 3) | Lf1—d3 | e7—e6 |
| 4) | Sg1—h3 | Sg8—f6 |
| 5) | f2—f3 | c7—c5 |
| 6) | c2—c3 | Sb8—c6 |
| 7) | Lc1—e3 | d7—d5 |
| 8) | e4—e5 | Sf6—d7 |
| 9) | O—O | Lf8—e7 |
| 10) | Sb1—d2 | c5—d4: |
| 11) | c3—d4: | Sc6—b4 |
| 12) | Ld3—e2 | Ta8—c8 |
| 13) | Le3—f2 | Le7—h4 |
| 14) | g2—g3 | Lh4—e7 |
| 15) | f3—f4 | g7—g6 |
| 16) | a2—a3 | Sb4—c6 |
| 17) | Ta1—c1 | h7—h5 |
| 18) | Sd2—b3 | a7—a6 |
| 19) | Le2—d3 | b6—b5 |
| 20) | Dd1—f3 | Dd8—b6 |
| 21) | Lf2—e3 | a6—a5 |
| 22) | Df3—f2 | a5—a4 |
| 23) | Sb3—d2 | Sc6—a5 |
| 24) | Tc1—c8† | Lb7—c8: |
| 25) | Sh3—g5 | Sa5—c4 |
| 26) | Sd2—c4: | b5—c4: |
| 27) | Ld3—e2 | Db6—a6 |
| 28) | h2—h3 | Sd7—b8 |
| 29) | Sg5—f3 | Sb8—c6 |
| 30) | Sf3—d2 | Lc8—d7 |

|     | Weiss.   | Schwarz. |
| --- | -------- | -------- |
| 31) | Sd2—b1   | Sc6—a5   |
| 32) | Sb1—c3   | Sa5—b3   |
| 33) | Df2—e2   | Le7—f8   |
| 34) | De2—d1.  |          |

Stellung nach dem 22. Zuge von Schwarz.

### Anmerkungen zur 309. Partie.
(Von G. R. Neumann.)

**22) Df3—f2.** Auf 22) Sb3—c5 hätte Schwarz mit 22) ... Sc6—d4: geantwortet.

**23) Sb3—d2.** Folgende interessante Fortsetzung wäre für Weiss nicht günstig gewesen: 23) Sb3—c5, Sd7—c5: 24) d4—c5:, Db6—a6 25) Df2—e2, Sc6—a7 26) c5—c6, Lb7—c8: 27) Lc3—a7:, Da6—a7† 28) Kg1—h1, Da7—b6 29) Tc1—c6:, Tc8—c6: 30) Ld3—b5:, 0—0.

**26) Sd2—c4:** Die Opfercombination 26) Sg5—f7:, Ke8—f7: 27) Ld3—g6†, die wir dem Studium der Leser empfehlen, müsste nach unserer Ansicht zum Vortheile für Schwarz enden.

**27) ... Db6—a6.** Es ist wohl ersichtlich, dass Schwarz den Bauer b2 nicht nehmen durfte.

**34) De2—d1.** Wegen vorgerückter Zeit wurde auf den Vorschlag von Schwarz die Partie als remis abgebrochen.

### 310. Partie.
#### Fianchetto di Donna.

Gespielt zu London im Jahre 1862.

|     | S. Paulsen. | Owen.    |     | Weiss.   | Schwarz.   |
|     | Weiss.      | Schwarz. |     |          |            |
| --- | ----------- | -------- | --- | -------- | ---------- |
| 1)  | e2—e4       | b7—b6    | 8)  | Sc2—c3:  | f5—e4:     |
| 2)  | g2—g3       | c7—e6    | 9)  | Sc3—e4:  | Sf6—e4:    |
| 3)  | Lf1—g2      | Lc8—b7   | 10) | Dd1—h5†  | g7—g6      |
| 4)  | Sb1—c3      | f7—f5    | 11) | Dh5—e5   | 0—0        |
| 5)  | Sg1—e2      | Sg8—f6   | 12) | d3—e4:   | Sb8—c6     |
| 6)  | d2—d3       | Lf8—b4   | 13) | De5—e3   | e6—c5      |
| 7)  | 0—0         | Lb4—c3:  | 14) | Lc1—h6   | Tf8—f7     |
|     |             |          | 15) | f5—f4    | Lb7—a6 (?) |

Stellung nach dem 15. Zuge von Weiss.

| | Weiss. | Schwarz. |
|---|---|---|
| 16) | f4—e5: (!) | La6—f1: |
| 17) | Ta1—f1: | Dd8—e7 |
| 18) | Tf1—f7: | De7—f7: |
| 19) | e5—e6 (!) | Df7—e7 |
| 20) | e6—d7: | Sc6—e5 |
| 21) | Lg2—h3 | g6—g5 |
| 22) | De3—c7: | g5—g4 |
| 23) | d7—d8D† | De7—d8: |
| 24) | De7—g7†. | |

Anmerkung zur 310. Partie.

16) f4—e5: (!). Eine vortreffliche Combination.

## 311. Partie.
### Fianchetto di Donna.

Gespielt zu London im Jahre 1862.

Blackburne.   Owen.
| | Weiss. | Schwarz. |
|---|---|---|
| 1) | e2—e4 | b7—b6 |
| 2) | d2—d4 | Lc8—b7 |
| 3) | Lf1—e2 | e7—e6 |
| 4) | Sg1—f3 | c7—c5 |
| 5) | c2—c3 | Sg8—f6 |
| 6) | Lc1—g5 | h7—h6 |
| 7) | Lg5—f6: | Dd8—f6: |
| 8) | 0—0 | c5—d4: |
| 9) | c3—d4: | Sb8—c6 |
| 10) | La3—b5 | a7—a6 |
| 11) | Lb5—c6: | Lb7—c6: |
| 12) | Sb1—c3 | Lf8—b4 |
| 13) | Tf1—e1 | 0—0 |
| 14) | Ta1—c1 | Ta8—c8 |
| 15) | Tc1—c3 | b6—b5 |
| 16) | Sf3—e5 | Tf8—d8 (?) |
| 17) | Tc3—f3 | Df6—h4 |
| 18) | Se5—f7: | Td8—f8 |

Stellung nach dem 18. Zuge von Weiss.

| | Weiss. | Schwarz. |
|---|---|---|
| 19) | Sf7—e5 | Lc6—e4: |
| 20) | Tf3—f8† | Tc8—f8: |
| 21) | g2—g3 | Dh4—h6 |
| 22) | Sc3—e4: | d7—d5 |
| 23) | Se4—c5. | Schwarz giebt auf. |

## 312. Partie.

### Fianchetto di Donna.

Gespielt zu Berlin im Mai d. J. 1864.

| | S. Paulsen.<br>(Schuldige.)<br>Weiss. | Dr. Lindner.<br>Schwarz. |
|---|---|---|
| 1) | e2—e4 | b7—b6 |
| 2) | d2—d4 | Lc8—b7 |
| 3) | Sb1—c3 | e7—e6 |
| 4) | Lf1—d3 | Sg8—f6 |
| 5) | Sg1—e2 | c7—c5 |
| 6) | Lc1—e3 | c5—d4: |
| 7) | Se2—d4: | Lf8—b4 (!) |
| 8) | Le3—g5 | h7—h6 (!) |
| 9) | Lg5—f6: | Dd8—f6: (!) |
| 10) | Sd4—b5 | Sb8—a6 (?) |
| 11) | 0—0 | 0—0 |
| 12) | Dd1—h5 | d7—d6 |
| 13) | f2—f4 | Lb4—c3† |
| 14) | b2—c3: (!) | Df6—e7 |
| 15) | e4—e5 | d6—e5: |
| 16) | f4—e5: | Sa6—c5 |
| 17) | Sb5—d6 | De7—g5 (!) |
| 18) | Dh5—e2 | Lb7—c6 |
| 19) | Tf1—f2 | Sc5—b7 |
| 20) | Sd6—e4 | Ta8—d8 |

Stellung nach dem 10. Zuge von Weiss.

| | Weiss. | Schwarz. |
|---|---|---|
| 21) | Se4—d2 | Sb7—c5 |
| 22) | Sd2—f3 | Dg5—h5 |
| 23) | Ta1—f1 | f7—f5 (!) |
| 24) | e5—f6: | Tf8—f6: |
| 25) | De2—e1 (?) | Td8—d3: (!) |

Der späten Stunde wegen (um 1 Uhr 10 Minuten) als unentschieden abgebrochen.

### Anmerkung zur 312. Partie.

10) ... Sb8—a6 (?). Hier lässt Schwarz die errungene Positionsüberlegenheit unbenutzt. Er hätte ruhig rochiren sollen, da der Angriffsversuch 11) Sb5—c7 offenbar an der Antwort Lb4—c3† scheitern würde.

---

## 313. Partie.

### Königsfianchetto.

Gespielt zu London im Jahre 1862.

| | Steinitz, Chevalier St. Bon und Aling.<br>Weiss. | Deacon, Valker und Medley.<br>Schwarz. |
|---|---|---|
| 1) | e2—e4 | g7—g6 |
| 2) | f2—f4 | e7—e6 |
| 3) | Sg1—f3 | c7—c5 |
| 4) | d2—d4 | d7—d5 |
| 5) | Sb1—c3 | Lf8—g7 |
| 6) | e4—d5: | e6—d5: |

|   | Weiss. | Schwarz. |   | Weiss. | Schwarz. |
|---|---|---|---|---|---|
| 7) | d4—c5: | Lg7—c3† | 23) | Df6—f4: | Dc7—d7 |
| 8) | b2—c3: | Sg8—e7 | 24) | Tf1—e1 | Te8—e1† |
| 9) | Lc1—e3 | 0—0 | 25) | Ta1—e1: | Ta8—f8 |
| 10) | Lf1—e2 | Sb8—c6 | 26) | Df4—g3 | Dd7—e7 |
| 11) | 0—0 | Se7—f5 | | | |
| 12) | Le3—f2 (!) | Tf8—e8 | | | |
| 13) | Dd1—d2 | Lc8—e6 | | | |
| 14) | Le2—b5 | Dd8—c7 | | | |
| 15) | Lb5—c6: | b7—c6: | | | |
| 16) | g2—g4 | Sf5—e7 | | | |
| 17) | f4—f5 | g6—f5: | | | |
| 18) | Dd2—h6 | | | | |

| 18) | ... | f7—f6 | 36) | h3—g4: | h5—h4 |
|---|---|---|---|---|---|
| 19) | g4—g5 | f5—f4 | 37) | Dg3—e5 | Kg7—g8 |
| 20) | Lf2—d4 | Se7—f5 | 38) | Sd4—f5 | Dh6—f8 |
| 21) | Dh6—f6: | Sf5—d4: | 39) | De5—e8. | |
| 22) | Sf3—d4: | Le6—h3 | | Schwarz giebt die Partie auf. | |

| 27) | Kg1—h1 (!) | Dc7—d7 |
|---|---|---|
| 28) | g5—g6 | h7—h5 |
| 29) | g6—g7 | Tf8—f6 |
| 30) | Dg3—b8† | Kg8—g7: |
| 31) | Te1—g1† | Lh3—g4 |
| 32) | h2—h3 | Dd7—e7 |
| 33) | Db8—g3 | De7—e4† |
| 34) | Kh1—h2 | De4—h7 |
| 35) | Tg1—e1 | Dh7—h6 |

**Anmerkungen zur 313. Partie.**

1) ... g7—g6. Diese nach Löwenthals Urtheil vollkommen sichere Eröffnung ist erst neuerdings gebräuchlich geworden. Sie wird häufig ähnliche Stellungen herbeiführen, wie das Fianchetto di Donna.

31) ... Lh3—g4. Auf 31) ... Tf6—g6 würde folgen: 32) Db8—e5†, Kg7—h6 (!) 33) De5—h8†, Dd7—h7 34) Tg1—g6†, Kh6—g6: 35) Dh8—h7†, Kg6—h7: 36) Sd4—e6: und Weiss muss gewinnen.

## 314. Partie.

### Spanische Partie.

Gespielt zu Leipzig am 2. Februar 1864, Abends 7—11 Uhr.

| | S. Pauffen. Weiss. | A. Lange. Schwarz. | | Weiss. | Schwarz. |
|---|---|---|---|---|---|
| 1) | e2—e4 | e7—e5 | 24) | Tf3—h3 (?) | f6—f5 |
| 2) | Sg1—f3 | Sb8—c6 | 25) | Tf1—f5: | f7—f6 |
| 3) | Lf1—b5 | Sg8—f6 | 26) | Tf5—h5 | Tf8—f7 |
| 4) | d2—d3 | d7—d6 | 27) | c2—c4 | Dc7—b4 (!) |
| 5) | Sb1—c3 | Lc8—d7 | 28) | Th3—g3† | Kg8—f8 (!) |
| 6) | 0—0 | Lf8—e7 | 29) | b2—b3 | Td4—c4: |
| 7) | Sf3—e1 | 0—0 | 30) | De2—e3 | Tc4—f4 |
| 8) | f2—f4 | Ld7—g4 | 31) | h2—h3 | Db4—d4 |
| 9) | Dd1—d2 | Sc6—d4 | 32) | De3—e1 | Dd4—d5: |
| 10) | Lb5—c4 | Lg4—e6 | 33) | Kh1—h2 | Dd5—d6 |
| 11) | Lc4—e6: | Sd4—e6: | 34) | De1—c2 | e5—e4 (!) |
| 12) | f4—f5 | Se6—d4 (!) | 35) | Dc2—e3 | h7—h6 |
| 13) | Se1—f3 | Sd4—f3† | 36) | De3—e4 | Tf4—f3 (!) |
| 14) | Tf1—f3: | d6—d5 | | | |
| 15) | Dd2—e2 | Dd8—d6 | | | |
| 16) | Kg1—h1 | Ta8—d8 | | | |
| 17) | Lc1—g5 | d5—c4: | | | |
| 18) | d3—e4: | Dd6—c6 | | | |
| 19) | Ta1—f1 | Td8—d4 | | | |
| 20) | Sc3—d5 | Sf6—d5: | | | |
| 21) | e4—d5: | Dc6—d6 (!) | | | |
| 22) | Lg5—e7: | Dd6—e7: | | | |
| 23) | f5—f6 | g7—f6: | | | |

| | | |
|---|---|---|
| 37) | De4—f7† (!) | Kf8—f7: |
| 38) | g2—f3: | e4—f3: |
| 39) | Th5—h7† | Kf7—e6 |
| 40) | Th7—g7 | Dd6—d2† |
| 41) | Kh2—h1 | Dd2—e1† |
| 42) | Kh1—h2 | De1—e2† |
| 43) | Kh2—h1 | f3—f2 |
| 44) | Tg3—g1 | De2—f3† |
| 45) | Kh1—h2 | Df3—f4† |
| 46) | Kh2—g2 | f2—g1D† |
| 47) | Kg2—g1: | Df4—c1† |

|  | Weiss. | Schwarz. |  | Weiss. | Schwarz. |
|---|---|---|---|---|---|
| 48) | Kg1—h2 | De1—d2† | 51) | Kg3—g4 | Db3—d1† |
| 49) | Kh2—g3 | Dd2—a2: | 52) | Kg4—h3 | Dd1—h1† |
| 50) | h3—h4 | Da2—b3† | | Aufgegeben. | |

### Anmerkungen zur 314. Partie.

**22) Lg5—e7:** Weiss würde wohl zu einem stärkeren Angriff gelangt sein, wenn er sofort den Königsläuferbauer vorgestossen hätte.

**24) Tf3—h3 (?).** Entschieden besser wäre 24) c2—c3 gewesen. Nahm Schwarz darauf den Bauer d5, so wurde ihm 25) Tf3—g3† nebst 26) De2—g4 verderblich.

**28) ... Kg8—f8 (!).** Auf Kg8—h8 wäre 29) Th5—e5: die Antwort.

**36) ... Tf4—f3 (!).** Ein vortrefflicher Zug. Nimmt Weiss den Thurm, so gewinnt Schwarz durch 37) ... Tf7—g7 u. s. w.

### 315. Partie.

#### Spanische Partie.

Gespielt zu Berlin am 15. Juli 1864.

|  | B. Suhle. | B. v. Guretzky-Cornitz. |  | Weiss. | Schwarz. |
|---|---|---|---|---|---|
|  | Weiss. | Schwarz. | 21) | Sc3—c4: | b5—c4: |
| 1) | e2—e4 | e7—e5 | 22) | f2—f4 (!) | Sd8—e6 |
| 2) | Sg1—f3 | Sb8—c6 | 23) | e4—e5 | d6—e5: |
| 3) | Lf1—b5 | a7—a6 | 24) | d4—e5: (!) | Ta8—d8 |
| 4) | Lb5—a4 | b7—b5 | 25) | Dd1—b1 | Db6—e3 |
| 5) | La4—b3 | Lf8—c5 | 26) | Lc2—h7† | Kg8—h8 |
| 6) | c2—c3 | Dd8—f6 | 27) | Dh1—e4 | De3—e4: |
| 7) | 0—0 | Sg8—e7 | 28) | Lh7—e4: | Lf6—e7 |
| 8) | d2—d4 | e5—d4: | | | |
| 9) | Lc1—g5 | Df6—g6 | | | |
| 10) | Lg5—e7: | Lc5—e7: (!) | | | |
| 11) | c3—d4: | 0—0 | | | |
| 12) | Lb3—d5 | Ta8—b8 | | | |
| 13) | Sb1—c3 | Sc6—d8 | | | |
| 14) | Sf3—e5 | Dg6—h6 | | | |
| 15) | Se5—g4 | Dh6—h6 | | | |
| 16) | Sg4—e3 | d7—d6 | | | |
| 17) | Ld5—b3 | c7—c6 | | | |
| 18) | Kg1—h1 | Le7—f6 | | | |
| 19) | Sc3—e2 | Lc8—e6 | | | |
| 20) | Lb3—c2 | Le6—c4 | | | |

| | Weiss. | Schwarz. | | Weiss. | Schwarz. |
|---|---|---|---|---|---|
| 29) | Ta1—d1 (!) | Sc6—c5 | 39) | Tc4—c6: | Se6—c7 |
| 30) | Se2—c3 (!) | Td8—b8 | 40) | Sa4—c3 | a6—a5 |
| 31) | Tf1—f2 (!) | f7—f5 | 41) | Tf2—b2 | a5—b4: |
| 32) | Lc4—b1 | g7—g6 | 42) | a3—b4: | Le7—b4: (?) |
| 33) | g2—g3 | Kh8—g7 (?) | 43) | Tb2—b4: | Tb7—b4: |
| 34) | Td1—d4 (!) | | 44) | Tc6—c7† | Kg7—h6 |
| | | | 45) | Lb1—c2 (!) | Tb8—a8 |
| | | | 46) | Sc3—d5 | Tb4—b2 |
| | | | 47) | Sd5—f6 | g6—g5 |
| | | | 48) | h2—h4 | |

| | Weiss. | Schwarz. |
|---|---|---|
| 34) | ... | Tb8—b4 |
| 35) | a2—a3 | Tb4—b6 |
| 36) | Td4—c4: | Tf8—b8 |
| 37) | b2—b4 | Sc5—e6 |
| 38) | Sc3—a4 | Tb6—b7 |

Schwarz giebt die Partie auf.

## 316. Partie.
### Kieseritzky-Gambit.
Gespielt zu Paris im Jahre 1864.

| | J. Dupin. | Rosenthal. | | Weiss. | Schwarz. |
|---|---|---|---|---|---|
| | Weiss. | Schwarz. | 10) | Df5—c8† | Df6—d8 |
| 1) | e2—e4 | e7—e5 | 11) | Dc8—b7: (?) | Sb8—d7 |
| 2) | f2—f4 | e5—f4: | 12) | Db7—d5 | Sg8—f6 |
| 3) | Sg1—f3 | g7—g5 | 13) | Dd5—f3 | 0—0 |
| 4) | h2—h4 | g5—g4 | 14) | d2—d3 | Dd8—e7 |
| 5) | Sf3—e5 | Lf8—g7 | 15) | Lf1—e2 | Ta8—e8 |
| 6) | Se5—g4: | d7—d5 | 16) | Sb1—c3 | De7—c5 |
| 7) | e4—e5 | Lc8—g4: | 17) | Sc3—e4: | Sf6—e4: |
| 8) | Dd1—g4: | Lg7—e5: | 18) | d3—e4: | f7—f5 |
| 9) | Dg4—f5 | Dd8—f6 (?) | 19) | Lc1—f4: | Le5—f4: |

| | Weiss. | Schwarz. | | Weiss. | Schwarz. |
|---|---|---|---|---|---|
| 20) | Df3—f4: | Te8—e4: | 23) | Kd1—e2: | Dc5—c2† |
| 21) | Df4—g5† | Kg8—h8 | 24) | Ke2—f1 | Tf8—g8 |
| 22) | Ke1—d1 | Te4—e2: | | Weiss giebt die Partie auf. | |

### 317. Partie.
### Abgelehntes Evansgambit.

Gespielt zu Berlin den 17. Juli 1864. — Dauer der Partie 2¼ Stunde.

1. Partie des Wettkampfs zwischen Anderssen und B. Suhle im Juli 1864.

(Resultat: Jeder gewann drei Spiele, zwei blieben unentschieden.)

| | Anderssen. Weiss. | B. Suhle. Schwarz. |
|---|---|---|
| 1) | e2—e4 | e7—e5 |
| 2) | Sg1—f3 | Sb8—c6 |
| 3) | Lf1—c4 | Lf8—c5 |
| 4) | b2—b4 | Lc5—b6 |
| 5) | a2—a4 | a7—a6 |
| 6) | 0—0 | d7—d6 |
| 7) | c2—c3 | Sg8—f6 |
| 8) | d2—d3 | 0—0 |
| 9) | Lc4—b3 (?) | Lc8—g4 |
| 10) | Sb1—a3 | d6—d5 |
| 11) | h2—h3 | d5—e4: |
| 12) | h3—g4: | e4—f3: |
| 13) | g2—f3: (!) | Sf6—d7 (!) |
| 14) | Kg1—g2 | Sc6—e7 |
| 15) | Tf1—h1 | Se7—g6 |
| 16) | d3—d4 (?) | e5—d4: |
| 17) | c3—d4: | Dd8—f6 |
| 18) | Sa3—c2 | h7—h6 (!) |
| 19) | Th1—h3 | Ta8—d8 |
| 20) | a4—a5 | Lb6—a7 |
| 21) | Ta1—b1 (!) | Sg6—f4† |
| 22) | Lc1—f4: | Df6—f4: |
| 23) | Dd1—d3 (?) | Sd7—e5 |
| 24) | Dd3—e3 | Se5—g6 |
| 25) | Tb1—d1 | Tf8—e8 (!) |
| 26) | De3—c3 (!) | Df4—f6 |
| 27) | Kg2—f1 | Sg6—f4 |
| 28) | Th3—h2 | Sf4—e2 |
| 29) | De3—c4 | Df6—f3: |

| | Schwarz. | Weiss. |
|---|---|---|
| 30) | Td1—d3 | Df3—f4 |
| 31) | Sc2—e3 | Df4—h2: |
| | Weiss giebt die Partie auf. | |

## Anmerkungen zur 317. Partie.

**13) g2—f3**: (!). Unvortheilhaft für den Anziehenden wäre 13) Dd1—f3: wegen der Antwort 13) ... e5—e4 nebst 14) ... Sc6—e5.

**19) Th1—h3**. Nothwendig zur Deckung des Bauern f3, da der weisse König nach dem letzten Vorbereitungszuge von Schwarz nunmehr auf Sg6—h4† das Feld g3 nicht ohne grosse Gefahr betreten würde.

**21) Ta1—b1**. Dadurch wird der von Schwarz beabsichtigte Zug c7—c5 parirt.

**31) ... Df4—h2**: Weiss darf den Bauer f7 offenbar nicht schlagen; nimmt er den Springer c2 mit dem Könige, so erfolgt Dh2—f4, und die Bauern d4 und g4 sind nicht zu halten.

---

## 318. Partie.
### Sicilianische Eröffnung.

2. Partie des Wettkampfs zwischen Anderssen und B. Suhle, gespielt den 20. Juli 1864.

| | B. Suhle. Weiss. | Anderssen. Schwarz. | | Weiss. | Schwarz. |
|---|---|---|---|---|---|
| 1) | e2—e4 | c7—c5 | 22) | Le2—b5 | Tc8—e7 (?) |
| 2) | Sg1—f3 | e7—e6 | 23) | Tf3—f2 | Dc2—e4 |
| 3) | c2—c3 | Sb8—c6 | 24) | De1—c3 (!) | g7—g6 |
| 4) | d2—d4 | d7—d5 | 25) | Tf2—e2 | De4—b1† |
| 5) | e4—d5: | e6—d5: | 26) | Te2—c1 | Db1—a2 |
| 6) | Lf1—e2 (?) | Sg8—f6 | | | |
| 7) | 0—0 | c5—d4: | | | |
| 8) | c3—d4: | Lf8—e7 | | | |
| 9) | Sb1—c3 | 0—0 | | | |
| 10) | Lc1—e3 | Le7—d6 | | | |
| 11) | Dd1—d2 | Lc8—e6 | | | |
| 12) | Sf3—g5 (?) | Le6—f5 | | | |
| 13) | f2—f4 | Tf8—e8 | | | |
| 14) | h2—h3 | Ta8—c8 | | | |
| 15) | Sg5—f3 | Sf6—e4 | | | |
| 16) | Sc3—e4: | Lf5—e4: | | | |
| 17) | a2—a3 | Sc6—a5 | | | |
| 18) | Ta1—c1 | Sa5—b3 | 27) | Lb5—a4 (?) | Sb3—a1 |
| 19) | Tc1—c8: | Dd8—c8: | 28) | b2—b4 | b7—b5 |
| 20) | Dd2—e1 | Le4—f3: | 29) | Tf1—a1: | Da2—c4 |
| 21) | Tf1—f3: | Dc8—c2 | 30) | Dc3—c4: | d5—c4: |

|     | Weiss. | Schwarz. |     | Weiss. | Schwarz. |
| --- | --- | --- | --- | --- | --- |
| 31) | La4—b5: | Tc7—e3: | 45) | h4—h5 | f5—g4† |
| 32) | Lb5—c4: | Ld6—f4: | 46) | Ld7—g4: | g6—h5: |
| 33) | d4—d5 | Kg8—f8 | 47) | Lg4—h5: | Kf4—g5 |
| 34) | Lc4—b5 | Lf4—g3 | 48) | Lh5—f3 | Kg5—f4 |
| 35) | Lb5—c6 | Kf8—e7 | 49) | Lf3—g2 | Kf4—g5 |
| 36) | a3—a4 | Kc7—d6 | 50) | Lg2—h1 | Kg5—f4 |
| 37) | b4—b5 | Te3—e1† | 51) | Kh3—h4 | Kf4—e5 |
| 38) | Ta1—e1: | Lg3—e1: | 52) | Kh4—h5 | Ke5—d6 |
| 39) | Kg1—f1 | Le1—a5 | 53) | Kh5—h6 | Kd6—c5 |
| 40) | g2—g4 | f7—f6 | 54) | Lh1—f3 | Kc5—b4 |
| 41) | h3—h4 | Kd6—e5 | 55) | Lf3—d1 | Kb4—c5 |
| 42) | Kf1—g2 | Ke5—f4 | 56) | Kh6—h7: | Kc5—d5: |
| 43) | Kg2—h3 | La5—c7 |     | Remis. |     |
| 44) | Lc6—d7 | f6—f5 |     |     |     |

### Anmerkungen zur 318. Partie.

**6)** Lf1—e2. Stärker ist 6) Lf1—b5, worauf z. B. folgen kann 6) . . . c5—d4: 7) 0—0 mit vorzüglichem Spiele für Weiss.

**12)** Sf3—g5 (?). Diese Combination erweis't sich als unvortheilhaft für den Anziehenden.

**22)** . . . Te8—e7 (?). Besser wäre Te8—e6 gewesen. Weiss hätte darauf nicht die feindliche Dame mit dem Thurme angreifen dürfen, sondern 23) De1—f2 ziehen müssen.

**27)** Lb5—a4 (?). Ein Irrthum. Weiss hätte die Einsperrung der schwarzen Dame zu einem Angriffe auf den feindlichen Königsflügel benutzen sollen.

### 319. Partie.
#### Sicilianische Eröffnung.

3. Partie des Wettkampfs zwischen Anderssen und B. Suhle, gespielt den 21. Juli 1864.

|     | Anderssen. | B. Suhle. |     | Weiss. | Schwarz. |
| --- | --- | --- | --- | --- | --- |
|     | Weiss. | Schwarz. | 8) | d3—c4: | b7—b6 |
| 1) | e2—c4 | c7—c5 | 9) | Sg1—f3 | Lc8—b7 |
| 2) | Lf1—c4 | c7—c6 | 10) | 0—0 | Lf8—e7 |
| 3) | Sb1—c3 | a7—a6 | 11) | Tf1—e1 | 0—0 |
| 4) | a2—a4 | Sb8—c6 | 12) | La2—c4 | Sc6—d4 (?) |
| 5) | d2—d3 | Sg8—f6 (!) | 13) | Ld2—f4 | h7—h6 (?) |
| 6) | Lc1—d2 | d7—d5 | 14) | Lf4—e5 | Ta8—c8 |
| 7) | Lc4—a2 | d5—c4: | 15) | Dd1—d3 | Sd4—c6 |

Stellung nach dem 6. Zuge von Schwarz.

|     | Weiss.     | Schwarz.   |
|-----|------------|------------|
| 16) | Dd3—f1 (!) | Sc6—e5:    |
| 17) | Sf3—e5:    | Dd8—c7     |
| 18) | f2—f4      | Tc8—a8     |
| 19) | Ta1—d1     | Tf8—d8     |
| 20) | Td1—d3     | Td8—d4     |
| 21) | b2—b3      | Ta8—d8     |

|     | Weiss.   | Schwarz. |
|-----|----------|----------|
| 22) | Td3—e3   | Td4—d2   |
| 23) | Lc4—d3   | c5—c4    |
| 24) | Se5—c4:  | Le7—c5   |
| 25) | Sc4—d2:  |          |

| 25) | ...      | Sf6—g4 (??)              |
| 26) | Sc3—d1 und Weiss gewinnt.           ||

### Anmerkungen zur 319. Partie.

7) ... d5—e4: Wohl zu früh! Das Beste ist wohl 7) ... Lf8—e7.

12) ... Sc6—d4 (?). Dem Charakter der sicilianischen Eröffnung angemessener wäre 12) ... Dd8—c7 (!) gewesen.

25) ... Sf6—g4 (??). Ein Versehen! Durch 25) ... Lc5—e3† 26) Te1—e3:, Dc7—c3: hätte Schwarz für den geopferten Bauer den Vortheil der besseren Stellung bekommen.

---

## 320. Partie.

### Königsläufergambit.

4. Partie des Wettkampfs zwischen Anderssen und B. Suhle, gespielt den 21. Juli 1864.

|     | B. Suhle.<br>Weiss. | Anderssen.<br>Schwarz. |
|-----|---------|---------|
| 1)  | e2—e4   | e7—e5   |
| 2)  | f2—f4   | e5—f4:  |
| 3)  | Lf1—c4  | d7—d5   |
| 4)  | Lc4—d5: | c7—c6   |
| 5)  | Ld5—b3  | Dd8—h4† |

|     | Weiss.   | Schwarz. |
|-----|----------|----------|
| 6)  | Ke1—f1   | g7—g5    |
| 7)  | d2—d4    | Lf8—g7   |
| 8)  | Sb1—c3   | Sg8—e7   |
| 9)  | Sg1—f3   | Dh4—h5   |
| 10) | h2—h4    | h7—h6    |
| 11) | Sf3—e5 (!) | Dh5—d1† |

|  | Weiss. | Schwarz. |  | Weiss. | Schwarz. |
|---|---|---|---|---|---|
| 12) | Sc3—d1: | Lg7—e5: | 23) | Le5—h2 | Te6—e4: |
| 13) | d4—e5: | Th8—g8 | 24) | Th5—h7 | Sg6—f4 |
| 14) | h4—g5: | h6—g5: | 25) | Lh2—f4: | Te4—f4† |
| 15) | Sd1—f2 |  | 26) | Kf1—g1 | Tf4—g4 |
|  |  |  | 27) | Th7—h2 | Ke8—e7 (?) |
|  |  |  | 28) | Ta1—d1 | Ke7—b6 |
|  |  |  | 29) | Td1—d2 | a7—a5 |
|  |  |  | 30) | Th2—h3 | Kb6—b5 |
|  |  |  | 31) | Kg1—h2 | a5—a4 |
|  |  |  | 32) | a2—a3 | c6—c5 |
|  |  |  | 33) | g2—g3 | b7—b6 |
|  |  |  | 34) | Td2—g2 |  |

| 15) | ... | Lc8—e6 |
|---|---|---|
| 16) | Lb3—e6: | f7—e6: |
| 17) | Th1—h5 | Sb8—d7 |
| 18) | Sf2—h3 | Sd7—e5: |
| 19) | Sh3—g5: (!) | 0—0—0 (!) |
| 20) | Sg5—e6: (!) |  |

|  | Weiss. | Schwarz. |
|---|---|---|
| 34) | ... | Kb5—a5 |
| 35) | Th3—h4 | Tg4—g5 |
| 36) | g3—g4 | Ka5—b5 |
| 37) | Kh2—h3 | Kb5—c4 |
| 38) | Th4—h5 | Tg5—g6 |
| 39) | g4—g5 | h6—h5 |
| 40) | Tg2—g4† | Kc4—d5 |
| 41) | Kh3—h4 | Tg6—e6 |
| 42) | g5—g6† | Kd5—d6 |
| 43) | g6—g7 | Te6—e1 |
| 44) | Tg4—g6† | Kd6—e7 |
| 45) | Kh4—g5 (!) | b5—b4 |
| 46) | Kg5—h6 | b4—a3: |
| 47) | b2—a3: | Te1—f1 |
| 48) | Kh6—h7 | Ke7—f7 |

| 20) | ... | Td8—e8 (!) |
|---|---|---|
| 21) | Lc1—f4: (!) | Se7—g6 |
| 22) | Lf4—e5: | Te8—e6: |

|  | Weiss. | Schwarz. |
|---|---|---|
| 49) | Tg6—g5 | Tf1—f6 |
| 50) | Th5—h6 | Tf6—f2 |
| 51) | Tf5—g6 | |

Schwarz giebt die Partie auf.

**Anmerkungen zur 320. Partie.**

5) **Ld5—b3.** Auch Ld5—c4 ist nicht zu verwerfen, für manche Fälle vielleicht sogar besser.

8) **... Sg8—e7.** In der am 27. Juli gespielten achten Partie des Wettkampfs, die wir nicht in unsere Sammlung aufnehmen, weil sie von

Stellung nach dem 51. Zuge von Weiss.

Seiten des Anziehenden in Folge ernstlicher Erkrankung im Ganzen mittelmässig gespielt ist, zog Anderssen 8) ... h7—h6 (?), worauf 9) e4—e5, Lc8—f5 10) Lc1—d2, Sg8—e7 11) h2—h3 (?), Lf5—g6 erfolgte. Statt des letzten Zuges hätte 11) Lb3—c4 (!) geschehen sollen. Weiss würde übrigens auch durch 9) Sg1—f3 u. s. w. das bessere Spiel erlangt haben. Anderssen selbst erklärte nach Beendigung des Spieles 8) ... h7—h6 für einen schwachen Zug.

15) **Sd1—f2.** Nicht vortheilhaft für den Gambitgeber ist der Angriff 15) Th1—h7.

15) **... Lc8—e6.** Besser ist 15) ... Se7—g6; doch erlangt der Anziehende auch darauf durch 16) Th1—h5 (!) das bessere Spiel; z. B. 16) ... Sg6—e5: 17) Lc1—f4: oder 16) ... Sg6—f8 17) g2—g3, f4—g3: 18) Sf2—h1 oder 16) ... g5—g4 17) Th5—h7 (!) u. s. w.

34) **... Kb5—a5.** Dringt der schwarze König nach c4 vor, so tauscht Weiss durch 35) Th3—h4 einen Thurm ab und gewinnt dann mit Leichtigkeit. Das folgende Endspiel bietet interessante Wendungen dar.

---

### 321. Partie.
### Abgelehntes Evansgambit.

5. Partie des Wettkampfs zwischen Anderssen und B. Suhle, gespielt den 22. Juli 1864.

| | Anderssen. | B. Suhle. | | Weiss. | Schwarz. |
|---|---|---|---|---|---|
| | Weiss. | Schwarz. | 5) | a2—a4 | a7—a6 |
| 1) | e2—e4 | e7—e5 | 6) | 0—0 | d7—d6 |
| 2) | Sg1—f3 | Sb8—c6 | 7) | a4—a5 | Lb6—a7 |
| 3) | Lf1—c4 | Lf8—c5 | 8) | b4—b5 | a6—b5: |
| 4) | b2—b4 | Lc5—b6 | 9) | Lc4—b5: | Sg8—e7 |

| | Weiss. | Schwarz. | | Weiss. | Schwarz. |
|---|---|---|---|---|---|
| 10) | d2—d4 | 0—0 (??) | 40) | Ld5—g8 | Se2—c3: |
| 11) | d4—e5: | Sc6—e5: | 41) | Lg8—h7: | Kc7—d8 |
| 12) | Sf3—e5: | d6—e5: | 42) | Se3—d5 | Sc3—d5: |
| 13) | Lc1—a3 (!) | Dd8—d1: | 43) | e4—d5: | g7—g5 |
| 14) | Tf1—d1: | Lc8—g4 | 44) | f4—f5 | Kd8—c7 |
| 15) | Td1—d3 | c7—c5 | 45) | d5—d6† | Ke7—d8 |
| 16) | Sb1—c3 | Tf8—d8 | 46) | Kc5—d5 | Ld7—c8 |
| 17) | Sc3—a4 | Se7—g6 | 47) | Lh7—g6 | Lc8—d7 |
| 18) | La3—c5: | Td8—d3: | 48) | h2—h3 | Ld7—c8 |
| 19) | Lb5—d3: | La7—c5: | | | |
| 20) | Sa4—c5: | b7—b6 | | | |
| 21) | Sc5—b3 | b6—a5: | | | |
| 22) | f2—f3 | Lg4—d7 | | | |
| 23) | Ta1—a5: (!) | Ta8—a5: | | | |
| 24) | Sb3—a5: | Sg6—f4 | | | |
| 25) | Ld3—f1 | Kg8—f8 | | | |
| 26) | Kg1—f2 | Kf8—e7 | | | |
| 27) | Kf2—e3 | f7—f6 | | | |
| 28) | Ke3—d2 | Ke7—d6 | | | |
| 29) | Kd2—c3 | Sf4—e6 | | | |
| 30) | Kc3—b4 | Se6—d4 | | | |
| 31) | Sa5—c4† | Kd6—c7 | | | |
| 32) | c2—c3 | Sd4—e6 | | | |
| 33) | Sc4—e3 | Ld7—c6 | 49) | Lg6—h5 | Lc8—f5: |
| 34) | Lf1—c4 | Se6—f4 | 50) | Lh5—g4 | Lf5—g4: |
| 35) | g2—g3 | Sf4—h3 | 51) | h3—g4: | Kd8—c7 |
| 36) | Kb4—c5 (?) | Sh3—g1 | 52) | Kd5—c5 | f6—f5 |
| 37) | Lc4—d5 | Lc6—d7 | 53) | g4—f5: | g5—g4 |
| 38) | f3—f4 | e5—f4: | 54) | f5—f6 | g4—g3 |
| 39) | g3—f4: | Sg1—e2 | | Remis. | |

## 322. Partie.

### Mittelgambit gegen Läufergambit.

6. Partie des Wettkampfs zwischen Anderssen und B. Suhle, gespielt den 23. Juli 1864.

| | B. Suhle. | Anderssen. | | Weiss. | Schwarz. |
|---|---|---|---|---|---|
| | Weiss. | Schwarz. | 4) | Lc4—d5: | c7—c6 |
| 1) | e2—e4 | e7—e5 | 5) | Ld5—b3 | Dd8—h4† |
| 2) | f2—f4 | e5—f4: | 6) | Ke1—f1 | g7—g5 |
| 3) | Lf1—c4 | d7—d5 | 7) | d2—d4 | Lf8—g7 |

457

| | Weiss. | Schwarz. | | Weiss. | Schwarz. |
|---|---|---|---|---|---|
| 8) | Sb1—c3 | Sg8—e7 | 29) | Tf1—e1 (!) | Td8—f8 |
| 9) | Sg1—f3 | Dh4—h5 | | | |
| 10) | h2—h4 | h7—h6 | | | |
| 11) | Sf3—e5 | Dh5—d1† | | | |
| 12) | Sc3—d1: | Lg7—e5: | | | |
| 13) | d4—e5: | Th8—g8 | | | |
| 14) | h4—g5: | h6—g5: | | | |
| 15) | Sd1—f2 | Se7—g6 | | | |
| 16) | Sf2—d3 (?) | b7—b6 | | | |
| 17) | Kf1—f2 | Lc8—e6 | | | |
| 18) | Lc1—d2 | Sb8—d7 | | | |
| 19) | Ld2—c3 | 0—0—0 | | | |
| 20) | Th1—g1 (?) | Tg8—h8 (!) | | | |
| 21) | Lb3—e6: | f7—e6: | | | |
| 22) | g2—g3 | f4—g3: | | | |
| 23) | Kf2—g3: | Sg6—h4 | 30) | Te1—e3 (?) | Tf8—f4 (!) |
| 24) | Tg1—f1 | c6—c5 | 31) | Sb2—c4: (??) | Sc5—e4† |
| 25) | b2—b3 | b6—b5 | 32) | Te3—e4: | Sh4—f5† |
| 26) | Th1—h2 | c5—c4 | 33) | Kg3—g2 | Th8—h2† |
| 27) | b3—c4: | b5—c4: | 34) | Kg2—h2: | Tf4—e4: |
| 28) | Sd3—b2 | Sd7—c5 (!) | | Weiss giebt die Partie auf. | |

**Anmerkungen zur 322. Partie.**

16) **Sf2—d2 (?).** Dadurch tritt Weiss den Angriff an den Nachziehenden ab; der richtige Zug ist 16) Th1—h5, man vergleiche die Anmerkungen zur 320. Partie.

30) **Te1—e3 (?).** Statt dessen musste Lc8—d4 geschehen.

### 323. Partie.
### Abgelehntes Evansgambit.

7. Partie des Wettkampfs zwischen Anderssen und B. Suhle, gespielt den 23. Juli 1864.

| | Anderssen. | B. Suhle. | | Weiss. | Schwarz. |
|---|---|---|---|---|---|
| | Weiss. | Schwarz. | 6) | 0—0 | d7—d6 |
| 1) | e2—e4 | e7—e5 | 7) | a4—a5 | Lb6—a7 |
| 2) | Sg1—f3 | Sb8—c6 | 8) | b4—b5 | a6—b5: |
| 3) | Lf1—c4 | Lf8—c5 | 9) | Lc4—b5: | Sg8—e7 |
| 4) | b2—b4 | Lc5—b6 | 10) | d2—d4 | e5—d4: |
| 5) | a2—a4 | a7—a6 | 11) | Sf3—d4: | Lc8—d7 |

|  | Weiss. | Schwarz. |
|---|---|---|
| 12) | Sd4—b3 | 0—0 |
| 13) | Lc1—b2 (?) | Sc7—g6 |
| 14) | Sb1—c3 | Dd8—g5 |
| 15) | Kg1—h1 | f7—f5 |

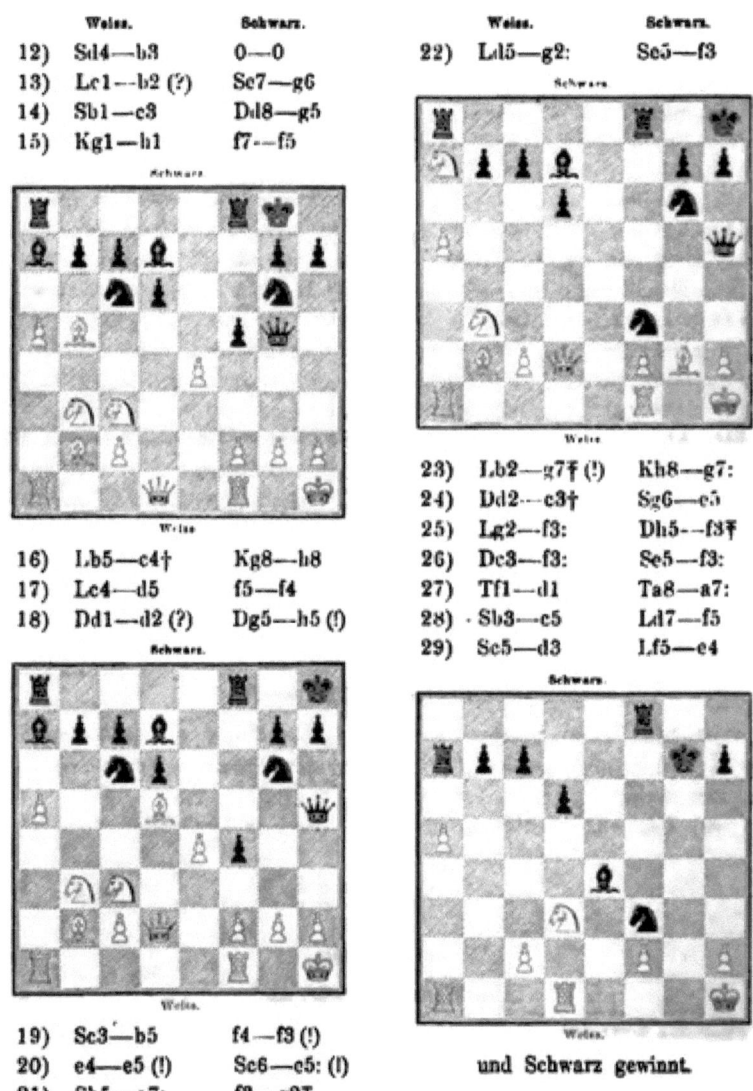

|  | Weiss. | Schwarz. |
|---|---|---|
| 16) | Lb5—c4† | Kg8—h8 |
| 17) | Lc4—d5 | f5—f4 |
| 18) | Dd1—d2 (?) | Dg5—h5 (!) |

|  | Weiss. | Schwarz. |
|---|---|---|
| 19) | Sc3—b5 | f4—f3 (!) |
| 20) | e4—e5 (!) | Sc6—e5: (!) |
| 21) | Sb5—a7: | f3—g2† |

|  | Weiss. | Schwarz. |
|---|---|---|
| 22) | Ld5—g2: | Se5—f3 |

|  | Weiss. | Schwarz. |
|---|---|---|
| 23) | Lb2—g7† (!) | Kh8—g7: |
| 24) | Dd2—c3† | Sg6—e5 |
| 25) | Lg2—f3: | Dh5—f3† |
| 26) | Dc3—f3: | Se5—f3: |
| 27) | Tf1—d1 | Ta8—a7: |
| 28) | Sb3—c5 | Ld7—f5 |
| 29) | Sc5—d3 | Lf5—e4 |

und Schwarz gewinnt.

### Anmerkungen zur 323. Partie.

**13) Lc1—b2 (?).** Nach Beendigung der Partie erklärte Anderssen, dieser Zug sei vorzeitig gewesen, es hätte zuerst der Damenspringer entwickelt und später der Läufer nach b2 gezogen werden müssen.

**16) Lb5—c4†.** Es hat den Anschein, als könne Weiss durch 16) a5—a6, b7—a6: 17) Dd1—d5† einen Offizier gewinnen; der Nachziehende würde jedoch nach 17) ... Kg8—h8 18) Lb5—c6: durch die Entgegnung Sg6—f4 die feindliche Dame erobern.

**18) Dd1—d2 (?).** Weiss verhindert dadurch das augenblickliche Vorrücken des feindlichen Königsläuferbauern und droht zugleich, gelegentlich seine Dame auf das Feld c3 zu bringen zum Angriff auf den Punkt g7. Trotzdem erscheint uns dieser Zug als ein Fehler, denn nach dem Gegenzuge 18) ... Dg5—h5 (!) wird das Vordringen des Bauern f4 nach f3 dem weissen Spiele noch weit mehr gefährlich, als vorher, weil nach der Entfernung der weissen Dame von ihrem Standorte nun die schwarze Dame das Feld f3 beherrscht.

**19) Sc3—b5.** Der Anziehende versucht einen Gegenangriff, um sich aus der gedrückten Stellung zu befreien. Durch den naheliegenden Zug 19) f2—f3 würde er nur scheinbar in Sicherheit gelangen; wir können nicht absehen, wie Weiss dann die Mattcombination Sg6—e5 und Tf8 über f6 nach h6 vereiteln will.

**23) Lb2—g7† (!).** Das einzige Rettungsmittel. Nimmt Schwarz den Läufer nicht, so deckt der Gegner seinen König durch 24) Dd2—h6 und steht nicht schlecht.

### 324. Partie.
#### Spanische Partie.
Gespielt zu Berlin im Juli 1864*).

| | E. Schallopp. | Anderssen. | | Weiss. | Schwarz. |
|---|---|---|---|---|---|
| | Weiss. | Schwarz. | 14) | Ld2—c3 | Sg6—e5 |
| 1) | e2—e4 | e7—e5 | 15) | Dd3—g3 | Le7—c5 |
| 2) | Sg1—f3 | Sb8—c6 | | | |
| 3) | Lf1—b5 | Sg8—e7 | | | |
| 4) | 0—0 | Se7—g6 | | | |
| 5) | d2—d4 | e5—d4: | | | |
| 6) | Sf3—d4: | Lf8—c5 | | | |
| 7) | Sd4—f5 | Dd8—f6 | | | |
| 8) | Sb1—c3 | Sc6—e7 | | | |
| 9) | Sc3—d5 | Se7—d5: | | | |
| 10) | Dd1—d5: | Lc5—e7 | | | |
| 11) | Dd5—d3 | c7—c6 | | | |
| 12) | Lb5—a4 | 0—0 | | | |
| 13) | Lc1—d2 | Tf8—e8 | | | |

*) E. Schallopp spielte im Juli d. J. 1864 mit Anderssen 39 Partieen, von denen er fünfzehn gewann und eine remis machte.

| | Weiss. | Schwarz. | | Weiss. | Schwarz. |
|---|---|---|---|---|---|
| 16) | Kg1—h1 (?) | b7—b5 (!) | 29) | Kh2—g3 | Lg4—f5 |
| 17) | f2—f4 | Df6—g6 | 30) | Kg3—h4 | Lc5—e7† |
| 18) | La4—b3 | Dg6—g3: | 31) | Kh4—h5 | b5—b4 |
| 19) | h2—g3: (?) | Sc5—g4 | 32) | a3—b4: | a5—b4: |
| 20) | Sf5—g7: | Tc8—e4: | 33) | Lc3—e5 | f7—f6 |
| 21) | Ta1—e1 | d7—d5 | 34) | g2—g4 (?) | Lf5—g6† |
| 22) | Te1—e4: | d5—e4: | 35) | Kh5—h6 | f6—e5: |
| 23) | Sg7—h5 | a7—a5 | 36) | f4—f5 | Lg6—f7 |
| 24) | a2—a3 | Sg4—f2† | 37) | f5—f6 | Le7—c5 |
| 25) | Kh1—h2 | Lc8—f5 | 38) | Lb3—f7: | Kf8—f7: |
| 26) | Sh5—f6† | Kg8—f8 | 39) | Kh6—h7: | Ta8—g8 |
| 27) | g3—g4 | Sf2—g4† | | Weiss giebt die Partie auf. | |
| 28) | Sf6—g4: | Lf5—g4: | | | |

**Anmerkungen zur 324. Partie (von E. Schallopp).**

9) **Sc3—d5.** Noch stärker ist wohl 9) Lc1—e3.

16) **Kg1—h1 (?).** Durch 16) b2—b4, Lc5—b6 17) Kg1—h1 hätte Weiss einen Offizier erobert.

20) **Sf5—g7:** Auf 20) Ta1—e1 folgt 20) ... d7—d5.

---

### 325. Partie.
#### Spanische Partie.
Gespielt zu Berlin im Juli 1864.

| | G. Schallopp.<br>Weiss. | Anderssen.<br>Schwarz. | | Weiss. | Schwarz. |
|---|---|---|---|---|---|
| | | | 15) | De2—g4 | Kg8—h8 |
| 1) | e2—e4 | e7—e5 | 16) | Sc3—e2 | Tf8—g8 |
| 2) | Sg1—f3 | Sb8—c6 | 17) | Dg4—h4 | Sc6—e5 (?) |
| 3) | Lf1—b5 | Sg8—f6 | | | |
| 4) | 0—0 | Sf6—e4: | | | |
| 5) | d2—d4 | Lf8—e7 | | | |
| 6) | Dd1—e2 | Se4—d6 | | | |
| 7) | Lb5—c6: | b7—c6: | | | |
| 8) | d4—e5: | Sd6—b7 | | | |
| 9) | Lc1—e3 | 0—0 | | | |
| 10) | Tf1—d1 | Dd8—e8 | | | |
| 11) | Sb1—c3 | d7—d5 | | | |
| 12) | Sf3—d4 | Sb7—c5 | | | |
| 13) | f2—f4 | Sc5—c6 | | | |
| 14) | Sd4—f5 | Le7—b4 | | | |

| | Weiss. | Schwarz. | | Weiss. | Schwarz. |
|---|---|---|---|---|---|
| 18) | Sf5—g3 (?) | Sc5—c4 | 36) | Sg3—e4: | Ld3—e4: |
| 19) | Sg3—e4: | d5—e4: | 37) | Te1—d1 | Te5—e7 |
| 20) | Se2—g3 | Lb4—e7 | 38) | Se4—f6: | Tb8—b2 |
| 21) | Dh4—h5 | f7—f5 | 39) | Sf6—e4 | Lc4—a2: |
| 22) | e5—f6: | Le7—f6: | 40) | f5—f6 | Te7—e8 |
| 23) | Dh5—e8: | Tg8—e8: | 41) | Td2—d8 | Tb2—b8 |
| 24) | c2—c3 | Ta8—b8 | 42) | Td8—e8† | Tb8—e8: |
| 25) | Td1—d2 | a7—a5 | 43) | Td1—a1 | La2—d5 |
| 26) | Ta1—e1 | Lc8—a6 | 44) | Se4—d2 | Te8—a8 |
| 27) | Le3—a7 | Tb8—a8 | 45) | g2—g4 | a3—a2 |
| 28) | La7—d4 | La6—d3 | 46) | h2—h4 | Kh8—g8 |
| 29) | Ld4—f6: | g7—f6: | 47) | g4—g5 | Kg8—f7 |
| 30) | f4—f5 | c6—c5 | 48) | Kf4—e5 (?) | Ld5—c6 |
| 31) | b2—b3 | c5—c4 | 49) | c3—c4 | Ta8—a5† (!) |
| 32) | b3—c4: | Ta8—b8 | 50) | Ke5—d4 | Kf7—g6 |
| 33) | Kg1—f2 | Te8—c5 | 51) | Sd2—f3 | Kg6—f5 |
| 34) | Kf2—e3 | a5—a4 | 52) | Sf3—e5 (?) | c7—c5† |
| 35) | Ke3—f4 | a4—a3 | | und Schwarz gewinnt. | |

**Anmerkungen zur 325. Partie (von E. Schallopp).**

**18) Sf5—g3 (?).** Durch 18) Sf5—e7 hätte Weiss mindestens die Qualität gewonnen, da auf 18) ... g7—g5 19) f4—g5:, De8—e7: 20) Dh4—b4:, auf 18) ... Tg8—f8 dagegen 19) Se7—c8:, Ta8—c8: 20) c2—c3 folgt.

**39) Sf6—e4.** Hier müsste 39) Td2—b2: geschehen, z. B. 39) ... a3—b2: 40) Te1—b1, Lc4—a2: 41) Tb1—b2: und Weiss müsste gewinnen.

**48) Kf4—e5 (!).** Besser wäre zunächst h4—h5.

---

### 326. Partie.
### Spanische Partie.

Gespielt zu Berlin den 23. Juli 1864.

| | C. Schallopp. Weiss. | Anderssen. Schwarz. | | Weiss. | Schwarz. |
|---|---|---|---|---|---|
| | | | 7) | Sf3—c5: | d7—d5 |
| 1) | e2—e4 | e7—e5 | 8) | 0—0 | Lc8—a6 (?) |
| 2) | Sg1—f3 | Sb8—c6 | 9) | Tf1—e1 | d5—e4: |
| 3) | Lf1—b5 | Sg8—f6 | 10) | d3—d4 | Dd8—e8 |
| 4) | d2—d3 | Lf8—c5 | 11) | Lc1—g5 | Lc5—e7 |
| 5) | c2—c3 | 0—0 | 12) | Sb1—d2 | c6—c5 |
| 6) | Lb5—c6: | b7—c6: | 13) | Lg5—f6: | g7—f6: |

|  | Weiss. | Schwarz. |  | Weiss. | Schwarz. |
|---|---|---|---|---|---|
| 14) | Se5—g4 | f6—f5 | 26) | Dh5—g6: | h7—g6: |
| 15) | Sg4—h6† | Kg8—h8 | 27) | Sf5—g3 | f7—f5 |
| 16) | Sh6—f5: | Lc7—f6 | 28) | Sg4—f2 | f5—f4 |
| 17) | Sd2—e4: | De8—c6 | 29) | Sg3—e4 | La6—e2 |
| 18) | Se4—g3 | Dc6—b6 | 30) | Td1—d7 | f4—f3 |
| 19) | Dd1—h5 | c5—d4: | 31) | g2—g3 | Te8—b8 |
| 20) | c3—d4: | Db6—b2: | 32) | Tb1—b8: | Tf8—b8: |
| 21) | Sg3—e4 | Lf6—d4: (?) | 33) | h2—h4 | Tb8—b1† |
| 22) | Ta1—b1 | Ld4—f2† | 34) | Kg1—h2 | Kh8—g8 |
| 23) | Se4—f2: | Ta8—e8 | 35) | Se4—f6† | Kg8—f8 |
| 24) | Te1—d1 | Db2—f6 | 36) | Sf2—e4 | Aufgegeben. |
| 25) | Sf2—g4 | Df6—g6 |  |  |  |

**Anmerkung zur 326. Partie.**

8) ... Lc8—a6 (?). Stärker ist 8) ... d5—e4:; man vergleiche die 287. Partie. S. 420.

### 327. Partie.
### Spanische Partie.

Gespielt zu Berlin im Juli 1864.

| | C. Schallopp. | Anderssen. | | Weiss. | Schwarz. |
|---|---|---|---|---|---|
| | Weiss. | Schwarz. | 18) | f4—f5 | Sh3—g5 |
| 1) | e2—e4 | e7—e5 | 19) | h2—h4 | Sg5—e4 |
| 2) | Sg1—f3 | Sb8—c6 | 20) | Ld3—e4: | d5—e4: |
| 3) | Lf1—b5 | Sg8—f6 | 21) | Sb1—a3 | e4—e3 |
| 4) | d2—d3 | Lf8—c5 | 22) | Dd2—c2 | Lc8—d7 |
| 5) | c2—c3 | 0—0 | 23) | Sa3—c4 | Ld7—c6† |
| 6) | 0—0 | Lc5—d6 (?) | 24) | Kg2—h2 | Db6—b5 |
| 7) | Lc1—g5 | h7—h6 | 25) | a2—a4 | Db5—d5 |
| 8) | Lg5—f6: | Dd8—f6: | 26) | Ta1—d1 | Dd5—g2† |
| 9) | d3—d4 | Sc6—e7 | 27) | Dc2—g2: | Lc6—g2: |
| 10) | Lb5—d3 | Se7—g6 | 28) | Tf1—e1 | e3—e2 |
| 11) | Dd1—d2 | Sg6—f4 | 29) | Td1—d2 (?) | Lg2—f3 |
| 12) | d4—e5: | Ld6—e5: | 30) | Kh2—g1 | Tf8—e8 (?) |
| 13) | Sf3—e5: | Df6—e5: | 31) | Kg1—f2 | Lf3—h5 |
| 14) | g2—g3 | Sf4—h3† | 32) | Td2—d4 | c7—c5 |
| 15) | Kg1—g2 | d7—d5 | 33) | Td4—e4 | g7—g6 (!) |
| 16) | f2—f4 | Dc5—d6 | 34) | f5—f6 | g6—g5 (?) |
| 17) | e4—e5 | Dd6—b6 | 35) | h4—g5: | h6—g5: |

| | Weiss. | Schwarz. | | Weiss. | Schwarz. |
|---|---|---|---|---|---|
| 36) | g3—g4 | Lh5—g6 | 38) | Tc2—c3 (!) | Ld3—c4: |
| 37) | Tc4—c2: | Lg6—d3 | 39) | Tc1—h1 (!) | Ta8—d8 |
| | | | 40) | Tc3—h3 | Td8—d2† |
| | | | 41) | Tf2—c1 | Td2—c2† |
| | | | 42) | Kc1—d1 | Tc8—d8† |
| | | | 43) | Kd1—c1 | Te2—e1† |
| | | | 44) | Th1—e1: | Td8—d3 (!) |
| | | | 45) | Th3—h5 | Lc4—d5 |
| | | | 46) | Th5—g5† | Kg8—f8 |
| | | | 47) | Tc1—d1 | Td3—d1† |
| | | | 48) | Kc1—d1: | Ld5—b3† |
| | | | 49) | Kd1—d2 | |
| | | | | und Weiss gewinnt. | |

### Anmerkungen zur 327. Partie (von E. Schallopp).

29) Td1—d2 (?). Stärker wäre 29) Td1—d4; man vergleiche den 32. Zug.

30) ... Tf8—e8 (?). Hier müsste 30) ... Ta8—d8 geschehen.

39) ... Ta8—d8. Schwarz kann das Matt nicht anders abwehren.

44) ... Td8—d3. Auf 44) ... Lc4—d5 folgt 45) Th3—d3 u. s. w. mit Offiziergewinn.

46) Th5—g5†. Auf 46) Tc1—c2 würde 46) ... Ld5—b3 folgen.

## 328. Partie.

### Mittelgambit gegen Läufergambit.

Gespielt zu Berlin im Juli 1864.

| | E. Schallopp. | Anderssen. | | Weiss. | Schwarz. |
|---|---|---|---|---|---|
| | Weiss. | Schwarz. | 10) | h2—h4 | h7—h6 |
| 1) | e2—e4 | e7—e5 | 11) | Sc3—e2 (?) | Lc8—g4 |
| 2) | f2—f4 | e5—f4: | 12) | Kf1—f2 | Dh5—g6 |
| 3) | Lf1—c4 | d7—d5 | 13) | Dd1—d3 (?) | Sb8—d7 |
| 4) | Lc4—d5: | c7—c6 | 14) | c2—c4 | 0—0—0 |
| 5) | Ld5—b3 | Dd8—h4† | 15) | Dd3—c2 | Lg7—d4† |
| 6) | Ke1—f1 | g7—g5 | 16) | Sf3—d4: | Sd7—c5 |
| 7) | d2—d4 | Lf8—g7 | 17) | Sd4—f5 | Se7—f5: |
| 8) | Sb1—c3 | Sg8—e7 | 18) | Lc1—f4: | Sc5—d3† |
| 9) | Sg1—f3 | Dh4—h5 | 19) | Kf2—g1 | g5—f4: |

Stellung nach dem 15. Zuge von Weiss.

Schwarz.

Weiss.

| | Weiss. | Schwarz. |
|---|---|---|
| 20) | e4—f5: | Lg4—f5: |
| 21) | h4—h5 | Dg6—g4 |
| 22) | Se2—c3 | f4—f3 |
| 23) | Th1—h2 | Dg4—d4† |
| 24) | Kg1—f1 | Th8—g8 |
| 25) | Ta1—d1 | Td8—e8 |

Weiss giebt die Partie auf.

**Anmerkung zur 328. Partie.**

11) Sc3—e2 (?). Der allein richtige Zug ist 11) Sf3—e5; man vgl. die 320. Partie. S. 453.

## 329. Partie.
### Kieseritzky-Gambit.
Gespielt im Jahre 1864.

| | Blackburne. (blindlings.) Weiss. | Dermenon. Schwarz. | | Weiss. | Schwarz. |
|---|---|---|---|---|---|
| | | | 15) | a2—a4 | Kc8—b8 |
| | | | 16) | a4—a5 | d6—d5 |
| 1) | c2—c4 | e7—e5 | 17) | a5—a6 | Sd7—b6 |
| 2) | f2—f4 | e5—f4: | 18) | a6—b7: | Df7—g7 |
| 3) | Sg1—f3 | g7—g5 | 19) | Df3—d3 | Th8—g8 |
| 4) | h2—h4 | g5—g4 | 20) | g2—g3 | Td8—f8 |
| 5) | Sf3—e5 | d7—d6 | 21) | Lb5—c6 | f4—f3 |
| 6) | Se5—g4: | f7—f5 | 22) | Tc1—g1 | Sf6—g4† |
| 7) | e4—f5: (?) | Lc8—f5: | 23) | Kf2—f1 | Lh6—c1: |
| 8) | d2—d4 | Dd8—e7† | 24) | Ta1—a7: | Sg4—h2† |
| 9) | Kc1—f2 | Lf5—g4: | 25) | Kf1—f2 | Kb8—a7: |
| 10) | Dd1—g4: | Sb8—d7 | 26) | Sc3—b5† | Ka7—b8 |
| 11) | Lf1—b5 | 0—0—0 | 27) | Dd3—a3 | Lc1—e3† |
| 12) | Th1—e1 | Sg8—f6 | 28) | Kf2—e1 | f3—f2† |
| 13) | Dg4—f3 | De7—f7 | 29) | Ke1—e2 | f2—g1† |
| 14) | Sb1—c3 | Lf8—h6 | | und Schwarz gewinnt. | |

**Anmerkung zur 329. Partie.**

7) e4—f5: (?). Wir ziehen mit Chess Players Magazine 7) Sg4—f2 vor.

Seit Januar 1864 erscheint in unterzeichnetem Verlage:

# Neue Berliner Schachzeitung.

Herausgegeben von

**A. Anderssen** und **G. R. Neumann.**

Monatlich ein Heft von 2 Bogen im Formate dieses Werkes.

Preis des Jahrganges von 12 sauber broschirten Heften
2 Thlr. 20 Sgr.

Den wesentlichen Inhalt derselben bilden:

1. Theoretische Aufsätze über Eröffnungen und Endspiele.
2. Von Meistern gespielte Partien mit eingehender Analyse.
3. Erlesene Probleme, Spiel-Endungen und interessante Stellungen aus gespielten Partien.
4. Nachrichten über gegenwärtige Schachzustände.
5. Anzeige und Beurtheilung neuer Schachwerke.
6. Historische, philosophische und andere das Schachspiel betreffende Aufsätze.
7. Correspondenz; Beantwortung der an die Redaction gestellten Fragen.

Jedem Jahrgange wird mit dem Decemberhefte ein **Titelblatt** und ein **Inhaltsverzeichniss** beigegeben.

**Preis-Ausschreibungen** werden nach einem Uebereinkommen der Redaction mit der Verlagshandlung jährlich mindestens einmal gestellt.

Die Verlagshandlung ist für eine sehr saubere Ausstattung, deutlichen Druck, sowohl in den Typen als in den Diagrammen, und gutes Papier besorgt.

### Inhalt der bisher erschienenen Hefte.
#### Januarheft.

**Eine Variante des Evans-Gambits.** Theoretischer Aufsatz von B. von Guretzky-Cornitz. **Gespielte Partien:** 1. Zwischen G. R. Neumann und S. Mieses. — 2. Zwischen G. R. Neumann und B. v. Guretzky-Cornitz. — 3. Consultationspartie zwischen B. Suhle u. P. Hirschfeld gegen B. v. Guretzky-Cornitz. — 4 und 5. Zwischen A. Anderssen und C. Mayet. — 6. Zwischen E. Schallopp und Ad. Rothmaler. — 7 u. 8. Zwischen C. Mayet und v. d. Lasa. — 9. Zwischen G. R. Neumann und E. Schallopp. — 10. Zwischen G. R. Neumann und Herrn Wernich aus Washington. — 11. Vorgabepartie zwischen G. R. Neumann und E. Schallopp. — 12. Vorgabepartie zwischen G. R. Neumann und Herrn L. R. (zum Studium für Anfänger). — 13. Vorgabepartie zwischen G. R. Neumann und A. Goehle.

— 14. Vorgabepartie zwischen G. R. Neumann und Herrn Dr. Erner. — 15. Vorgabepartie zwischen G. R. Neumann und Herrn v. Weise (mit Aufgabe 1).
**Nachrichten.**
**Endspiele:** Zwischen v. d. Lasa und C. Mayet. — Zwischen E. Schallopp und Dr. Pomtow. — Zwischen E. Schallopp und stud. theol. Hein. — Zwischen E. Schallopp und stud. phil. Silberstein. — Zwischen G. R. Neumann und Schliemann.
**Aufgaben:** 2. Stellung aus einer zwischen stud. jur. v. Horn und stud. theol. Heim gespielten Partie. — 3. Stellung aus einer zwischen G. R. Neumann und V. Knorre gespielten Partie. — 4. Stellung aus einer zwischen E. Schallopp und Ad. Rothmaler gespielten Partie. — 5 und 6. Von Victor Knorre. — 7. Von Capitain C. Speyer. — 8. Von A. Lichtenstein. — 9 und 10. Von Ad. Rothmaler. — 11 und 12. Von B. v. Guretzky-Cornitz. — 13. Von E. Schallopp für Anfänger. — 14. Von Eugen Knorre für Anfänger.
**Correspondenz.**

## Februarheft.

**Zur Theorie des durch Lc5—b6 abgelehnten Evansgambits.** Theoretischer Aufsatz von B. Suhle mit Partie 16 zwischen B. Suhle und B. v. Guretzky-Cornitz.
**Gespielte Partien:** 17. Zwischen G. R. Neumann und B. v. Guretzky-Cornitz. — 18. Consultationspartie zwischen P. Hirschfeld und B. v. Guretzky-Cornitz gegen B. Suhle. — 19. Zwischen A. de Rivière und P. Morphy. — 20 und 21. Zwischen W. Schulten und B. Suhle. — 22. Zwischen C. Mayet und B. Suhle. — 23. Zwischen B. Suhle und Dr. Pomtow. — 24. Zwischen v. d. Lasa und C. Mayet. — 25 u. 26. Zwischen B. Suhle und B. v. Guretzky-Cornitz. — 27. Zwischen B. v. Guretzky-Cornitz und P. Hirschfeld. - 28. Zwischen E. Schallopp und stud. phil. Dahl. — 29. Zwischen E. Schallopp und Eliason. — 30. Zwischen G. R. Neumann und A. Lichtenstein. — 31 und 32. Zwischen G. R. Neumann und C. Mayet. — 33. Vorgabepartien zwischen G. R. Neumann und Dr. Ritter. — 34. Vorgabepartien zwischen G. R. Neumann und Dr. Pomtow. — 35. Vorgabepartie zwischen G. R. Neumann und Dr. Pomtow (zum Studium für Anfänger). — 36. Vorgabepartie zwischen G. R. Neumann und Techniker v. Weise.
**Nachrichten.**
**Endspiele:** Zwischen Ad. Rothmaler und cand. theol. Ad. Hermes. — Zwischen E. Schallopp und Dr. Pomtow. — Zwischen G. R. Neumann und Dr. Ritter. — Zwischen G. R. Neumann und Dr. Ritter.
**Aufgaben:** 15. Stellung aus einer zwischen B. v. Guretzky-Cornitz und Geiger gespielten Partie. — 16. Stellung aus einer zwischen B. v. Guretzky-Cornitz und stud. jur. Goehle gespielten Partie. — 17. Stellung aus einer zwischen E. Schallopp und Kähler gespielten Partie. — 18. Stellung aus einer zwischen E. Schallopp und Ad. Rothmaler gespielten Partie. — 19. Stellung aus einer zwischen G. R. Neumann und Wernich gespielten Partie. — 20. Stellung aus einer zwischen G. R. Neumann und Dr. Ritter gespielten Partie. — 21 und 22. Von Capitain C. Speer. — 23. Von Victor Knorre. — 24. Von Lichtenstein. — 25 und 26. Von Ad. Rothmaler. — 27. Von Alexander Goehle. — 28. Von G. R. Neumann. — 29, 30 und 31. Von Michael Speyer (für Anfänger).
**Correspondenz.**

## Märzheft.

**Zur Theorie des Kieseritzky-Gambits.** Aufsatz von B. Suhle und G. R. Neumann.
**Zur Theorie des Giuoco piano.** Aufsatz von G. R. Neumann mit Partie 37 zwischen B. Suhle und B. v. Guretzky-Cornitz.
**Gespielte Partien:** 38. Zwischen P. Hirschfeld und B. Suhle. — 39. Zwischen G. R. Neumann und M. — 40. Zwischen J. Kolisch und E. Schallopp. — 41. Zwischen V. Knorre und B. Suhle. — 42. Zwischen A. Lichtenstein und B. Suhle. — 43. Zwischen B. Suhle und M. — 44. Zwischen A. Schlieper und B. Suhle. — 45 und 46. Zwischen X. und B. Suhle. — 47. Zwischen P. Hirschfeld und B. v. Guretzky-Cornitz. — 48 und 49. Zwischen C. Mayet und v. d. Lasa. — 50. Zwischen C. Sch. und H. Meyer. — 51. Zwischen V. Knorre und A. Lichtenstein. — 52. Zwischen G. R. Neumann und J. Dufresne. — 53. Zwischen L. J.... und E. Schallopp (zum Studium für Anfänger).
**Nachrichten.**
**Endspiele:** Zwischen Dr. Pomtow und E. Schallopp. — Zwischen B. v. Guretzky-Cornitz und G. R. Neumann.
**Aufgaben:** 32 und 33. Stellungen aus zwischen E. Schallopp und Dr. Pomtow gespielten Partien. — 34. Stellung aus einer von Schliemann gespielten Partie. — 35. Von Capitain C. Speyer. — 36. Von Victor Knorre. — 37. Von H. Meyer. — 38. Von Ad. Rothmaler. — 39. Von L. v. Bilow. — 40. Von B. v. Guretzky-Cornitz. — 41. Von Georg Mehrtens. — 42. Von Michael Speyer (für Anfänger). — 43. Von F. Zacke (für Anfänger).
**Correspondenz. — Berichtigungen.**

## Aprilheft.

**Das durch d7—d5 abgelehnte Evansgambit.** Theoretischer Aufsatz B. v. Guretzky-Cornitz.
**Gespielte Partien:** 54. Zwischen C. Mayet und B. Suhle. — 55. Zwischen B. Suhle und B. v. Guretzky-Cornitz. — 56. Zwischen M. und B. Suhle. — 57. Zwischen B. Suhle und P. Hirschfeld. — 58. und 59. Zwischen B. Suhle und A. Schlieper. — 60. Zwischen W. Schulten und B. Suhle. — 61 und 62. Zwischen C. Mayet und B. Suhle. — 63. Correspondenzpartie zwischen Postsekretär Specht und A. Lichtenstein. — 64 und 65. Zwischen G. R. Neumann und J. Dufresne. — 66. Zwischen G. R. Neumann und V. Knorre. — 67. Zwischen B. Suhle und Dr. Fischer (zum Studium für Anfänger). — 68. Vorgabepartie zwischen G. R. Neumann und L. Robin.
**Nachrichten.**
**Endspiele:** Zwischen V. Knorre und N. N. — Zwischen G. R. Neumann und N. N.
**Aufgaben:** 44. Stellung aus einer von B. Suhle gespielten Partie. — 45. Stellung aus einer von G. R. Neumann gespielten Partie. — 46. Von B. v. Guretzky-Cornitz. — 47. Von Capitain C. Speyer. — 48. Von Victor Knorre. — 49. Von Heinrich Meyer. — 50. Von Georg Mehrtens. — 51. Von Ad. Rothmaler. — 52. Von L. v. Bilow. — 53. Von Michael Speyer. — 54. Von F. Zacke.
**Lösungen der Aufgaben des Januarheftes.**
**Correspondenz.**

## Maiheft.

**Urtheil über das Spiel des Ruy Lopez.** Aufsatz von B. Suhle und G. R. Neumann.
**Gespielte Partien:** 69—71. Zwischen A. Anderssen und G. R. Neumann. — 72. Zwischen G. R. Neumann und L. Paulsen. — 73. Correspondenzpartie zwischen Newyork und Philadelphia. — 74. Zwischen Steinitz und Mongredien. — 75. Zwischen A. Anderssen und Barnes. — 76. Zwischen J. H. Blackbourne und Steinitz. — 77. Zwischen B. Suhle und A. Lichtenstein. — 78. Zwischen V. Knorre und B. Suhle. — 79. Zwischen Justizrath Wilberg und B. Suhle. — 80. Zwischen H. Meyer und W. Weymann. — 81, 82 und 83. Zwischen L. Paulsen und Dr. E. v. Schmidt. — 84. Zwischen L. Paulsen und S. Dubois. — 85. Zwischen J. H. Blackbourne und Sisson. — 86. Zwischen J. H. Blackbourne und Steinkühler. — 87. Consultationspartie zwischen Blackbourne und Kling gegen Falkbeer und Zytogorsky. — 88. Zwischen Steinitz und Green. — 89. Zwischen Kling und Horwitz. — 90. Vorgabepartie zwischen A. Anderssen und stud. med. Z.
**Nachrichten** mit Partie 91.
**Endspiel** zwischen B. Suhle und V. Knorre.
**Lösungen der Aufgaben 1 und 13—31.**
**Aufgaben:** 55. Stellung aus einer zwischen G. R. Neumann und Dr. Erner gespielten Partie. — 56. Stellung aus einer von G. R. Neumann gespielten Partie. — 57. Von Heinrich Meyer. — 58. Von Georg Mehrtens. — 59. Von L. v. Bilow. — 60. Von Ad. Rothmaler. — 61. Von F. Healey. — 62. Von Michael Speyer (für Anfänger). — 63. Von Heinrich Meyer (für Anfänger).
**Correspondenz.**

## Juniheft.

**Gespielte Partien:** 92—102. Zwischen L. Paulsen und G. R. Neumann. — 103. Zwischen A. Anderssen und G. R. Neumann. — 104. Zwischen L. Paulsen und Justizrath Wilberg. — 105. Zwischen P. Morphy und Sen. Dominguez. — 106. Zwischen P. Morphy und Sen. Golmayo. — 107. Zwischen P. Morphy und Sen. Siere. — 108. Consultationspartie zwischen E. Schallopp gegen J. Hertsch und P. Holdheim.
**Nachrichten.**
**Endspiel** zwischen H. Meyer und Th. Jüdell.
**Lösungen der Aufgaben 32—38.**
**Aufgaben:** 64. Von Heinrich Meyer. — 65. Von Michael Speyer. — 66. Von Ad. Rothmaler. — 66, 67 und 68. Von E. Schallopp. — 69. Von Wustro. — 70. Von Willem Jan Louis Verbeek, Redacteur der „Sissa". — 71. Von S. Loyg. — 72. Von Grosdemange. — 73 und 74. Von Conrad Bayer. — 75. Von W. T. Pierce. — 76. Von J. J. Watts. — 77. Von L. v. Bilow (für Anfänger). — Von Martin Rosenberg (für Anfänger).
**Correspondenz. — Berichtigungen.**

## Juliheft.

**Dame gegen Thurm und Bauer.** Theoretischer Aufsatz von B. v. Guretzky-Cornitz.
**Gespielte Partien:** 109 und 110. Zwischen A. Anderssen und G. R. Neumann. — 111. Zwischen L. Paulsen und Dr. Lindner. — 112. Zwischen V. Knorre und L. Paulsen. —

113. Zwischen L. Paulsen und Alexi. — 114. Zwischen E. Schallopp und L. Paulsen. 115. Zwischen L. Paulsen und A. Goehle. — 116. Zwischen B. v. Guretzky-Cornitz und L. Paulsen. — 117. Zwischen L. Paulsen und A. Lichtenstein. — 118. Zwischen Kühler und L. Paulsen. — 119. Zwischen L. Paulsen und Cordel. — 112. Zwischen v. Helmersen und L. Paulsen.
**Nachrichten.**
**Endspiele:** Zwischen G. R. Neumann und A. Goehle. — Zwischen A. Anderssen und G. R. Neumann. — Zwischen E. Schallopp und N. N.
**Lösungen der Aufgaben 39—52.**
**Aufgaben:** 79. Von Alexander Goehle in Berlin. — 80 und 81. Von Samuel Gold ... in Kővágó-Eörs. — 82. Von Heinrich Meyer in Hannover. — 83. Von Ad. Rothmaler in Nordhausen. — 84. Von Eugen Knorre in Nicolajew. — 85. Von G. R. Neumann. — 86. Von E. Schallopp in Berlin. — 87 und 88. Von L. v. Bilow in Stralsund.
**Correspondenz.**

### Augustheft.

**Ehren-Attest für Herrn Löwenthal.**
**Zweifel.** Aufsatz von Hirschbach.
**Gespielte Partien:** 121—125. Zwischen A. Anderssen u. G. R. Neumann. — 126. Zwischen A. Anderssen und C. Mayet. - 127. Zwischen L. Paulsen und M. Lange. — 128. Zwischen C. Mayet und L. Paulsen. — 129. Zwischen L. Paulsen und V. Knorre. — 130. A. Goehle und E. Schallopp gegen G. R. Neumann. — 131. E. v. Treskow und G. R. Neumann gegen A. Goehle und E. Schallopp. — 132 und 133. Zwischen Dr. Pomtow und E. Schallopp. — 134. Zwischen Steinitz und Thorold. — 135. Vorgabepartie zwischen E. Falkbeer und L.
**Nachrichten.**
**Endspiele:** Zwischen C. Mayet und L. Paulsen. — Zwischen A. Goehle und N. N. — Zwischen R. Hain und E. Schallopp. — Zwischen Kühler und L. Paulsen. — Zwischen G. R. Neumann und E. Schallopp.
**Lösungen der Aufgaben 53—63.**
**Aufgaben:** 89. Stellung aus einer zwischen G. R. Neumann und A. Goehle gespielten Partie. — 90. Von Rudolph Willmers in Berlin. — 91. Von Alexander Goehle in Berlin. — 92. Von Heinrich Meyer in Hannover. — 93. Von Ad. Rothmaler in Nordhausen. — 94. Von Samuel Gold ... in Kővágó-Eörs. — 95. Von Michael Speyer aus Nicolajew. — 96. Von Martin Rosenberg in Hainholz bei Hannover. — 97. Von E. Schallopp in Berlin. — 98. Von L. v. Bilow in Stralsund. — 99. Von F. Zacko in Wien.
**Correspondenz.**

### Septemberheft.

**Dame gegen Thurm und Bauer** (Schluss). Aufsatz von B. v. Guretzky-Cornitz.
**Gespielte Partien:** 136—141. Zwischen A. Anderssen und B. Suhle. — 142—145. Zwischen A. Anderssen und G. R. Neumann. — 146. Zwischen A. Anderssen und Eliason. — 147. Zwischen A. Anderssen und L. Paulsen. — 148. Zwischen G. und L. Paulsen. — 149. Zwischen E. Schallopp und L. Paulsen. — 150. Vorgabepartie zwischen A. Anderssen und stud. med. Z.
**Nachrichten.**
**Warnung.**
**Endspiel** zwischen Ad. Rothmaler und G. R. Neumann.
**Lösungen der Aufgaben 64—72.**
**Aufgaben:** 100. Von Ad. Rothmaler in Nordhausen. — 101. Von A. Pillmeyer in Lauban. — 102. Von S. Loyd in Newyork. — 103. Für Anfänger.
**Neueste Nachrichten.**
**Correspondenz.**

Bestellungen nehmen alle Buchhandlungen an.

# Verlagsbuchhandlung von Julius Springer in Berlin.